중세교회사

교황과 대립의 시대

교황과 대립의 시대
중세교회사
ⓒ 한국기독교사연구소 2024

2024년 8월 15일 1판 1쇄 발행

지은이: 박용규
펴낸이: 박용규
펴낸곳: 한국기독교사연구소
등   록: 2005. 10. 5. 등록 25100-2005-212호
주   소: 서울시 마포구 성지길 54 (04083)
전   화: 02) 3141-1964
이메일: kich-seoul@hanmail.net

기획편집: 한국기독교사연구소
디 자 인: 김은경, 황예준
인   쇄: 아람 P&B

ISBN 979-11-87274-26-1 (93230)

저작권자의 허락 없이 이 책의 일부 또는 전체를
무단 복제, 전재, 발췌하면 저작권법에 의해 처벌을
받습니다.

중세교회사

교황과 대립의 시대

| 박용규 지음 |

A History of the Medieval Church

The Church in an Age of the Papacy and the Struggle

by

Yong Kyu Park, Th.M., Ph.D.

Published by
Korea Institute of Christian History
Seoul, Korea
2024

저자 머리말

필자는 오래 전부터 초대교회사부터 현대교회사까지의 전체 교회사 통사를 저술하려는 소망을 가졌습니다. 1994년 초대교회사를 그리고 1996년 근대교회사를 완성하고, 이어 중세교회사, 종교개혁사, 현대교회사 집필을 계속하려고 했지만 여러 요인들로 인해 이들 교회사에 대한 저술은 불가불 2021년 2월 퇴임 이후로 연기해야 했습니다. 이미 중세교회사 초안을 25년여 전에 만들어 놓은 상태였기 때문에 퇴임 후에 시작한 유튜브를 통해 교회사 전반을 순서대로 업로드해 나가면서 중세교회사를 동시에 연구 보완하여 3년의 작업 끝에 중세교회사 집필을 마칠 수 있었습니다. 본서는 몇 가지 다음 원칙을 가지고 집필했습니다.

첫째, 필자의 모든 저술들이 그렇듯이 역사적 흐름을 존중하면서 중세교회사를 특징 짓는 중요한 사건들과 인물들 그리고 주제들을 동시에 고려하여 집필하여 나갔습니다. 독자들은 본서를 읽으면서 역사적인 흐름과 중요한 주제들을 동시에 이해하면서 중세교회사를 흥미 있게 접할 수 있을 것입니다.

둘째, 중세교회사에서 가장 중요한 사실 중의 하나가 중세시대의 사건들을 중세라는 당대의 시각에서 이해하고 파악하는 것이기 때문에 가능한 원자료에 근거하여 정확하게 역사적 사실을 파악하여 중세의 사건 인물 주제들을 그 당시의 시각 속에서 이해하려고 노력했습니다. 이 말은 역사 서술에서 기본이겠지만 종교개혁이라는 관점을 가지고 중세의 역사를 해석하거나 단죄하려고 하기보다 중세의 시대적 상황에서 중세를 이해하려고 하였습니다.

셋째, 그럼에도 불구하고 중세가 거대한 종교개혁을 향해 움직여 가는 일련의 역사 진행이라는 사실을 중세교회사를 집필하면서 확인할 수 있었습니다. 어떻게 초대교회사를 계승하고 어떻게 신학적으로 변천을 맞았으며, 그리고 어떻게 종교개혁을 준비하여 왔는가를 자연스럽게 파악할 수 있도록 하였습니다. 암흑시대라고 오랫동안 평가해온 중세가 초대교회와 종교개혁을 동시에 고찰하면 중세가 암흑시대를 넘어 그 가운데서도 진리의 역사가 중단되지 않고 흘러온 것을 알 수 있습니다. 중세가 있었기 때문에 종교개혁이 가능했다는 사실을 발견할 것입니다.

넷째, 처음 접하는 독자들이라도 거의 1000년에 가까운 길고 복잡한 중세교회사 이해를 가능한 쉽게 이해할 수 있도록 노력했습니다. 그리고 매장의 서두나 마무리할 때 그 장을 정리하여 독자들이 전후 사건을 연속성을 가지고 중세교회사 흐름을 이해할 수 있도록 배려했습니다.

마지막으로 중요한 신학적인 주제, 이슬람과 관련된 부분, 중세교황권의 교황지상주의와 교황권의 몰락과 부패, 스콜라주의와 르네상스 휴머니즘 등의 서술에 있어서 가능한 객관적으로 1차 사료에 근거하여 기술하면서도 해당 주제들을 잘 이해할 수 있도록 명쾌하고 분명하게 진술한 저술이나 논고들을 인용하여 문제의 핵심이 무엇인지 독자들에게 잘 전달하려고 하였습니다.

필자의 많은 저술이 그랬듯이 중세교회사를 집필하면서 선행 연구자들의 연구에 도움을 받았음을 밝힙니다. 중세의 저술들을 집필하는 과정에서 외국의 문헌들은 물론 한국 학자들이 저술한 저서들과 이미 번역되어 출간된 번역서들, 외국 자료들을 활용할 수 있었습니다. 그 중에서 특별히 필립 샤프의 교회사 시리즈는 중세교회사를 집필하는데 필자에게 많은 도움이 되었음을 밝힙니다. 교회사 분야의 선배 교수님들과 동료 교수님, 그리고 훌륭한 후배 교수님들에게 감사드립니다. 막상 출간하려고 하니 부족하고 참으로 부끄럽습니다. 이분들에게 누가 되지 않기를 바랍니다. 부족한 저술에 대한 비판, 충고, 조언 진심으로 환영하고, 필요하다면 그것들을 훗날 반영하도록 하겠습니다. 개정작업을 진행할 기회를 하나님께서 주시기를 소망하고, 점차 많은 한국인 학자들의 저서들이 나올 것이라고 확신하고 기대합니다. 진행과정에서 수고해준 한국기독교사연구소 오헌 목사와 황예준 강도사에게 진심으로 감사드립니다. 끝으로 하나님께 진심으로 감사드리며, 모든 영광을 하나님께 올려드립니다.

2024년 5월 31일
박용규 (총신대학교 신대원 명예교수, 한국기독교사연구소 소장)

목차

저자 머리말 · 5

서론 · 11

    1. 중세 그 어원적 기원과 '암흑시대' 규정문제 · 13

    2. 게르만민족의 등장과 중세의 출발 · 16

    3. 중세교회사 시대 구분 문제 · 19

    4. 복잡한 로마제국 명칭 이해 · 23

    5. 중세교회사 그 중심주제와 역사적 개관 · 25

제 I 부 중세교회사의 역사적 정치적 신학적 배경

제 1장 중세 발흥의 역사적 배경과 유럽의 재편 ····················· 35

    1. 게르만 민족의 대이동과 서로마 제국의 멸망 · 36

    2. 기독론의 혼란과 성상논쟁으로 인한 혼란(단성론과 경교) · 43

    3. 이슬람의 발흥과 기독교와의 대립 · 46

    4. 그레고리 1세와 중세교황시대 개막 · 58

제 2장 중세시대 기독교 선교와 개종 ································· 68

    1. 잉글랜드, 아일랜드, 스코틀랜드 선교 · 70

    2. 프랑스와 독일 선교 · 87

    3. 스칸디나비아의 선교 · 98

    4. 슬라브 민족의 선교 · 103

제 3장 샤를마뉴와 신성로마제국 ····································· 114

    1. 샤를마뉴 등장과 유럽의 재편 · 117

    2. 샤를마뉴 이후 중세 유럽 · 125

제 4장 중세교리논쟁: 성령발출, 단의론, 예정론 ·················· 133

  1. 성령의 발출 논쟁 · 134
  2. 단의론과 양의론 논쟁 · 138
  3. 예정론 논쟁 · 143
  3. 중세 성만찬 논쟁과 화체설 정착 · 150

제 II 부 중세로의 진입: 동서방교회 분열, 십자군, 수도원운동

제 5장 동방교회와 서방교회의 분립 ························· 157

  1. 동방교회와 서방교회의 일치와 차이 · 159
  2. 분열의 원인들 · 161
  3. 동방교회와 서방교회의 충돌 · 164
  4. 중세의 개혁적인 교황의 등장 · 167
  5. 동서방교회의 재연합을 위한 노력 · 185

제 6장 십자군 전쟁과 그 영향 ··························· 188

  1. 제 1차 십자군 원정 · 194
  2. 제 2차 십자군 원정 · 196
  3. 제 3차 십자군 원정 · 197
  4. 제 4차 십자군 원정과 콘스탄티노플 함락 · 199
  5. 제 5차 십자군 원정에서 8차 원정까지 · 202
  6. 십자군운동의 영향과 결과 · 207

제 7장 중세 수도원의 발흥과 발전 ························ 213

  1. 클루니 수도원 · 216
  2. 시토 수도원과 성 버나드 · 231
  3. 피터 왈도와 왈도파 · 236
  4. 프란시스 수도원과 수도회 · 244
  5. 도미니크 수도원과 수도회 · 253

제 III 부 스콜라주의와 교황지상주의

제 8장 중세 대학과 스콜라주의 발흥과 발전 ·························· 261
1. 중세 학문과 지성의 요람, 대학들의 설립 · 263
2. 스콜라주의 태동: 안셀름, 아벨라드, 피터 · 271
3. 성 클레르보 버나드부터 알베르투스 마그너스까지 · 291
4. 가톨릭신학의 최고 정상 토마스 아퀴나스 · 300
5. 토마스 아퀴나스 이후 스콜라주의: 보나벤튜라, 스코투스, 옥캄 · 316
6. 스콜라주의 평가 · 330

제 9장 교황지상주의, 교회 분열, 그리고 종교회의 ·················· 332
1. 이노센트 3세와 교황지상주의 · 333
2. 보나파스 8세와 교황권 쇠퇴 · 343
3. 교황청의 아비뇽(바벨론) 유수 · 347
4. 교황청의 로마 귀환과 서방교회의 대 분열 · 352
5. 종교회의: 교황권 난립과 교회분열 해결 · 355

제 IV 부 중세의 개혁운동, 그 사상적 역사적 배경

제 10장 중세 독일-네덜란드 신비주의 ····························· 373
1. 마이스터 에크하르트 · 376
2. 요한 타울러 · 381
3. 하인리히 주조, 하나님의 친우회, 로이스부르크의 요한 · 383
4. 공동생활 형제단: 레히트 흐로테, 프로렌티우스 라데빈 · 387
5. 토마스 아 켐피스와 '그리스도를 본 받아' · 389

제 11장 르네상스 휴머니즘 ·· 394
1. 이탈리아 르네상스 · 398
2. 독일 네덜란드 북방 르네상스 · 419
3. 중세 말 성경보급과 성경해석 · 431

제 12장 종교개혁 이전의 개혁자들 ··································437

    1. 존 위클리프, 종교개혁의 할아버지 · 438

    2. 얀 후스 · 450

    3. 공동생활 형제회: 요한 푸퍼, 베셀의 요한, 베셀 한스포르트 · 459

    4. 지롤라모 사보나롤라 · 461

제 13장 교황청타락과 면죄부 판매 ································470

    1. 중세의 마지막 교황들과 족벌주의 · 471

    2. 면죄부 판매 · 486

맺는 말 · 495

중세교회사 연표 · 503

참고문헌 · 515

색인 · 537

서 론

기독교는 주위의 야만주의와 이교주의의 흑암 속에서 빛을 비추어 점차 그 흑암을 몰아내는 빛이었다.

Philip Schaff, *History of Christian Church*, Vol. IV., 12.

흔히 중세사라고 하면 476년 서로마 제국의 멸망 이후 혹은 590년 그레고리 1세(Pope Gregory I, 재위 590-604)의 즉위부터 15세기까지를 말한다. 중세교회사는 초대교회사와 종교개혁사 사이에 끼여 있는 교회사로 초대교회사를 계승하고 종교개혁사를 예비함으로써 초대교회와 종교개혁을 연결시킨다.[1] 안젤로 폴리치아노(Angelo Poliziano, 1454-1494)는 자신의 잡문에서 중세를 고대와 구별되는 '중간기,' '중간시대,' '중간기간'으로 표현했다.[2] 중세기독교는 한편으로 초대교회를 계승하여 발전시켰고 다른 한편으로는 종교개혁을 준비했다는 점에서 그 특징이 있다.

중세를 특징 짓는 중심 키워드는 '교황과 교황권,' '동서방교회의 분리' '십자군운동' '스콜라주의' '르네상스 휴머니즘,' '종교개혁 이전의 개혁자들,' '수도원운동과 신비주의운동'이다. 그 중에서도 중세기독교를 관통하는 중심

---

1   John Fletcher Hurst, *Short History of the Medieval Church* (New York: Chautauqua Press, 1887), 1.
2   최형걸, 중세교회사 (서울: 이레서원, 2000), 8.

주제는 교황제, 수도원주의, 스콜라주의이다.³ 이들 중심주제들의 기원과 발전과 변천을 역사적으로 살펴보는 것이 중세교회사를 이해하는 중요한 열쇠이다. 그런데 중세교회사를 연구하다 보면 이들 중심 주제들과 키워드가 상호 밀접하게 연결되어 있다는 사실을 발견한다. 따라서 이것에 대한 바른 이해는 중세교회사를 이해하는 가장 중요한 지름길이다.

교황제의 발달은 교회의 절대적 권위를 낳았고, 교회의 절대 권위는 다시 "교회 가르침이 그 땅의 법이 되었고 그리고 모든 사회적, 정치적 조직의 그 바로 기초를 형성하였으며,"⁴ 결국에는 교회의 절대 권위는 교회의 부패와 타락으로 이어졌다. 중세 수도원은 금욕적인 삶을 통해 덕을 쌓고 거룩한 성인들을 양성하는 학교였다. 이들은 세상과의 투쟁보다는 세상으로부터의 도피, 결혼생활을 떠나 금욕적인 경건을 추구하는 장이요, 기회였다. 중세수도원은 중세시대 "영적 생명력을 불어넣었고, 학문 활동을 가능케" 만들었다.

중세수도원은 "필사자들을 기용하여 고대 고전들, 성경, 교부들의 저술들의 작품 사본을 남김으로, 고대 문명의 남은 유산을 훗날 잘 쓰일 날을 대비하여 보전했다.⁵ 중세수도원운동은 대학설립의 중요한 배경을 형성했고, 스콜라주의가 중세 대학을 중심으로 활발하게 진행되었다. 교황제발달, 수도원운동, 스콜라주의 못지않게 중세 시대를 특징 짓는 사건은 이슬람의 발흥과 십자군 전쟁, 동서방교회의 분열이다. 따라서 중세를 이해하려면 교황권의 발흥과 발전, 수도원운동의 발흥과 발전, 스콜라주의의 태동과 발전, 이슬람의 발흥과 십자군 전쟁, 동서방교회의 분열을 주의 깊게 연구해야 할 것이다.⁶

---

3   Phillip Schaff, *History of Christian Church, Vol. IV.: Medieval Christianity from Gregory I to Gregory VII A.D. 590-1073* (New York: Charles Scribner's Sons, 1908), 11.

4   Schaff, *History of Christian Church, Volume IV.*, 12.

5   Schaff, *History of Christian Church, Volume IV.*, 364.

6   중세교회사 대해서는 다음을 참고하라. Aziz Suryal Atiya, *A History of Eastern Christianity* (London: Methuen & Co Ltd, 1967); Henry Bettenson, *Documents of the Christian Church*. 2nd ed. (London: Oxford University Press, 1963/1999); Anthony J. Blasi & Duhaime Jean & Turcotte Paul-André, *Handbook of Early Christianity: Social Science Approaches* (Walnut Creek, Calif.: AltaMira Press, 2002); Daniel E. Bornstein, *Medieval Christianity* (Minneapolis: Fortress Press, 2009); Peter Brown, *The World of Late Antiquity, A. D. 150-750* (London:

1. 중세 그 어원적 기원과 '암흑시대' 규정문제

교회사적으로 중세라는 말은 르네상스 시대 이탈리아의 인문주의자 프란체스코 페트라르카(Francesco Petrarca, 1304-1374)가 자신의 편지(*Epistula metrica* XXI⟨III 33⟩)에서 "중간 시대, 쓰레기인 우리의 추악한 시대"(in medium sordes, in nostrum turpia tempus)라는 말을 사용하면서 등장한 것으로 이해되고 있다.[7] 페트라르카가 이 말을 처음 사용할 때 중세라는 말은 당대

Thames and London, 1971); Peter Brown, *The rise of Western Christendom: Triumph and Diversity, A.D. 200-1000* 3rd ed. (Oxford, UK: Blackwell Publishers, 2013); Virginia Burrus, *Late Ancient Christianity* (People's History of Christianity, vol.2) (Minneapolis: Fortress Press, 2005); Norman F. Cantor, *Medieval History: the Life and Death of a Civilization* 2nd ed. (London: Collier-Macmillan Limited, 1969); William R. Cook, *The Medieval World View: An Introduction* (New York: Oxford University Press, 1983); Hubertus R. Drobner, *The Fathers of the Church: a Comprehensive Introduction* (Peabody, Mass.: Hendrickson, 2007); Gillian Rosemary Evans, *Faith in the medieval world* (Downers Grove, Ill.: InterVarsity Press, 2002); Gillian Rosemary Evans, *The Church in the Early Middle Ages* (London: I. B. Tauris, 2007); Charles Freeman, *A New History of Early Christianity* (New Haven: Yale University Press, 2009); Bernard Hamilton, *The Christian World of the Middle Ages* (Stroud, Gloucestershire: Sutton Pub., 2003); Philip Jenkins, *The Lost History of Christianity: the Thousand-Year Golden Age of the Church in the Middle East, Africa, and Asia- and How It Died* (New York: Harper One, 2008); Maurice Keen, *The Pelican History of Medieval Europe* (New York: Viking Penguin, 1968); Noel Lenski, *The Cambridge Companion to the Age of Constantine* (Cambridge: Cambridge University Press, 2012; 2005); Francis Donald Logan, *A History of the Church in the Middle Ages* (London: Routledge, 2013); Cyril Mango, *Byzantium: the Empire of New Rome* (New York: Scribner's, 1980); Diarmaid MacCulloch, *A History of Christianity: the First Three Thousand Years* (London; New York: Allen Lane/Penguin Books, 2009); Roderic L. Mullen, *The Expansion of Christianity: a Gazetteer of Its First Three Centuries* (Leiden; Boston, Mass.: Brill, 2004); Thomas F. X. Noble & Julia M. H. Smith, *Early Medieval Christianities, c.600-c.1100* (Cambridge: Cambridge University Press, 2008); Francis Christopher Oakley, *The Western Church in the Later Middle Ages* (Ithaca: Cornell University Press, 1979); Thomas A. Robinson, *The Early Church: an Annotated Bibliography of Literature in English* (Metuchen: ATLA & The Scarecrow Press, 1993); Philip Rousseau, *The Early Christian Centuries* (London; New York: Longman, 2002); Miri Rubin & Walter Simons, *Christianity in Western Europe, c.1100-c.1500* (Cambridge; New York: Cambridge University Press, 2009); Richard William Southern, *Western Society and the Church in the Middle Ages* (New York: Penguin, 1970); Bard Thompson, *Humanists and Reformers: a History of the Renaissance and Reformation* (Grand Rapids: Eerdmans, 1996); Alexander J. M. Wedderburn, *A History of the First Christians* (London: T&T Clark International, 2004); Frances M. Young, *From Nicaea to Chalcedon: a Guide to the Literature and Its Background* (London: SCM, 2010).

7   Knut Schaferdiek, *Mittelalter*, TRE 23권 110; 최형걸, 중세교회사 (서울: 이레서원, 2000), 7

새롭게 부상하고 있던 이탈리아 르네상스와 비견해서 비판적이고 부정적이고 경멸적인 의미에서 사용되었다.

> 나는 살아 있다. 하지만 우리들은 이 비판의 시대, 이 정말로 추악한 시기로 추방하듯 내던진 운명에 대해 나는 분노를 금치 못한다. 더 일찍 태어났거나 훨씬 후에 태어났어야 했다. 왜냐하면 행복했던 시대는 이전에 있었고, 이마도 이후에나 존재할 것이기 때문이다. 당신은 이들의 중간 시대 쓰레기인 우리의 추악한 시대를 보고 있다.(*Epistula metrica* XXI⟨III 33⟩)

페트라르카는 행복했던 이전의 시대와 이후의 시대 그 중간시대에 자신이 살고 있다고 이해했다. 이것은 자신이 살았던 그 시대에 새롭게 발흥하고 있던 인문주의의 영향을 반영하는 것으로 이전과 이후 그리고 그 중간에 존재하는 중간시대, 이렇게 역사의 시대를 구분하는 새로운 역사 이해가 등장하였음을 보여 주는 것이다.

중세라는 개념 속에는 고대와 중세 이후 근세를 함축하고 자연히 중세 이전의 고대와 중세 이후의 근세로 역사를 구분하는 것을 전제하고 있다. 페트라르카의 관점에서 보면 14세기 이탈리아 르네상스를 통해 새로운 인문주의 운동이 발흥하는 새로운 조류, 고전에 대한 연구가 복고되고 자연과학의 발달이 중시되고 역사의 구심점이 아랍권에서 서유럽으로 이전되고 있는 그 시대적 배경 속에서 중세는 현재와 다른 "중간시대, 쓰레기인 우리의 추악한 시대"일 수밖에 없었다. 당대를 통해 이전의 시대, 그리고 중세 이전의 그레코 로만 시대를 통해 중간 시대의 암흑성을 고발하려는 의도가 내재되어 있었다.

우리가 중세교회사를 시작하면서 반드시 확인하고 넘어갈 것이 하나 있다. 그것은 과연 중세가 암흑시대인가 하는 것이다. 중세를 근대화 이전, 과학문명의 발달 이전의 시대로 보는 인문주의적 시각은 중세를 부정적으로 보는 것

에서 재인용.

을 전제하고 있다. 부정적으로 보는 것은 인문주의자들이 중세를 중세의 교황권의 발달로 교회가 인간 정신을 말살하고 인간의 존엄성이 평가 절하되고 개인의 권리가 교권에 의해 억눌림을 받았으며, 교권자들이 거룩한 이름으로 온갖 만행을 자행하여 왔던 암흑의 시대로 이해하기 때문이다. 중세를 암흑의 시대라고 부른 것은 인간의 존엄성이 존중되고 인간의 본연의 권리가 살아 있던 그레코로만 시대야 말로 참으로 인간이 행복했던 시기이며, 중세는 이와는 대비를 이루는 어두운 시대로 이해했기 때문이다. 그리고 근래에 전개되는 인문주의 시대는 인간의 존엄이 다시 복고되는 시기로 중세와는 다른 양상으로 새롭게 부상되는 시대로 간주한 것이다.

고대-중세-근대라는 틀 속에서 볼 때, 중세는 고대와도 차별화되고 새롭게 도래하는 근대와도 차별화된 시대로 부정성이 내포된 시대인 것은 분명하다. 그러나 중세가 암흑시대라고 하는 것은 "앞 시대인 고대 기독교 시대와 뒤에 이어진 현대 기독교 시대와 비교하면 옳은 말이지만 교회가 암흑에 책임이 있다는 뜻이 실려 있다면 그것은 틀린 말이다."[8] 기독교 역사가 증거하듯 "기독교는 주위의 야만주의와 이교주의의 흑암 속에서 빛을 비추어 점차 그 흑암을 몰아내는 빛이었다."[9] "많은 문제와 부패를 가지고 있던 중세시대에도 하나님께서는 복음과 진리를 지켜 오셨다. 중세에도 위대한 인물들을 통하여 교회를 보존하셨다."[10]

고대와 중세와 자신이 살았던 새로운 시대, 세 시대로 역사를 구분하는 이

---

8   최형걸, 중세교회사, 15. "하지만 중세를 이렇게 암흑시대로 분류하는 것은 너무 피상적 이해일 것이다. 그 이유는 중세는 많은 부정적 요소를 갖고 있는 것만큼, 또는 오히려 부정적 요소 이상으로 중대한 역사적 공헌을 하고 있기 때문이다. 이런 공헌으로 오늘날의 신학이 중세에 만들어 놓은 신학적 틀을 벗어나지 못했다거나 세상과 교회의 관계에 대한 이론적 틀을 세웠다거나 하는 식의 구체적 설명은 오히려 중세의 빛을 가릴 위험이 있다."

9   Schaff, *History of Christian Church, Volume IV.*, 12.

10 원종천, 중세 영성의 진수 성 버나드 (서울: 대한기독교서회, 2004), 13. "고대 종교개혁 근대에 대한 이러한 많은 관심에 비하여 개신교는 중세에는 별 관심을 갖지 못했다. 종교개혁자들의 중세에 대한 혹독한 비판은 개신교 후대들로 하여금 중세를 경계하게 했다. 중세는 암흑시대이고 가톨릭교회의 부패한 역사라는 인식은 개신교로 하여금 중세를 더욱 멀리하게 했다. 그러나 중세도 개신교의 역사이다. 개신교의 뿌리인 종교개혁은 중세에서 나온 것이다."

와 같은 구분 방법은 르네상스를 거치면서 일반화되었다. 페트라르카가 처음부터 중간시대라는 말을 사용한 후 '중간기간'이라는 말을 몇몇 학자들이 사용하기 시작했다.[11] 중세라는 말이 그 후 중세의 신비주의 대변자 요아킴파에 의해 받아들여진 후 많은 인문주의자들에 의해 널리 일반화되었다.[12]

2. 게르만 민족의 등장과 중세의 출발

그러면 과연 중세의 시작을 언제로 잡을 것인가? 여기에 대해서는 약간의 견해 차이가 있다. 켈라리우스는 중세를 330년 콘스탄틴 대제로 시작해서 1453년 5월 29일 터키에 의해 콘스탄티노플이 함락될 때까지로 이해했고, 비에네르트(Bienert)는 중세의 출발을 서로마 황제 로뮬루스(Romulus Augustulus, 재위 475-476)가 게르만 용병대장 오도아케르(Flavius odoacer,

---

11 이탈리아 인문주의자 안젤로 폴리치아노(Angelo Poliziano, 1454-1494)가 1489년에 펴낸 잡문(*Miscellaneorum centuria prima*)에서 고대와는 다른 "중간 기간"이라는 말을 사용하였다. 교황청의 사서였던 지오바니 안드레아 데이 부시(Giovanni Andrea dei Bussi, 1414-1475)가 1469년에, 독일 뉘렌베르그의 의사 하르트만 쉐델(Hartmann Schedel, 1440-1514)이 자신의 1493년의 저술, *Liber Chronicarum*(세계사)에 사용하였고 불란서 파버 스타풀렌시스(Jacobus Faber Stapulensis, 1455-1536)가 사용하였다. 그러나 중세라는 개념이 역사 일반에 사용되기 시작한 것은 하인리히 카니시우스(Heinrich Canisius, -1610)가 자신의 저술에서 16세기까지를 중세로 분류시켜 놓으면서다. 화란의 역사학자 게오르크 호른(Georg Horn, 1620-1670)이 1666년에 자신의 저술에서 300년까지를 고대로 분류하고 1500년까지를 중세로 그리고 그 이후의 역사를 새로운 시대로 구분하여 고대 중세 새로운 시대라는 세가지 시대 분류를 일반시켰다. 라이브니츠(Gottfried Wilhelm Leibniz, 1646-1716)는 자신의 책에서 로마 비잔틴 시대(Historia Romana), 유럽 중세 시대(Historia Rerum Germani-carum seu medii aevi) 그리고 현대(Historia Hodierna)로 구분하였다. 고대 그레코 로만 시대를 고대로 그리고 유럽 중심의 시대를 중세로 그리고 그 후의 시대를 현대로 구분지은 것이다. 약간 차이는 있지만 독일 할레대학 교수 크리스토프 켈라리우스(Christoph Keller Cellarius, 1638-1707)는 1696년에 발간한 자신의 세계사에서 고대사(Historia antiqua), 중세사(Historia medii aevi), 그리고 현대사(Historia nova)로 구분했는데 중세를 콘스탄틴 대제(Constantine the Great, c.272-337)부터 콘스탄티노플이 터키에 의해 함락될 때까지로 규정지었다.

12 Wilson Lloyd Bevan, *Church History, Mediaeval and Modern* (Sewanee, Tenn.: The University Press at the University of the South, 1914), 149; Anthony N. S. Lane, *A Concise History of Christian Thought*, 기독교인물사상사전, 박도웅, 양정호 역 (서울: 홍성사, 2007), 173-175. 또한 Anthony N. S. Lane, 기독교 사상사 (서울: 나침반, 1991), 194-196을 보라.

오도아케르(Flavius odoacer, c.433-493)

c.433-493)에게 멸망당한 476년으로 잡았다. 그러나 대부분의 서구교회사가들은 중세의 출발을 그레고리 1세가 교황으로 즉위한 590년을 출발점으로 잡는다.

중세를 어떤 관점에서 보느냐에 따라 그 출발 기준이 다르다. 330년을 기준을 잡을 때는 콘스탄틴 대제(Constantine the Great, c.272-337)가 등장하면서 로마의 기독교는 새로운 시대를 구가하였기 때문에 그를 기준으로 잡아야 한다는 것이고, 서로마 제국이 멸망하던 476년을 기준으로 잡을 때는 서로마 제국의 멸망으로 게르만족에 기독교가 전래되어 유럽 기독교가 재편되었기 때문에 476년을 중세 출발 기준으로 잡아야 한다는 것이다. 476년을 기준으로 잡는 자들은 게르만의 기독교 개종으로 서유럽의 기독교화가 가능하였기 때문으로 본다. 기독교를 전혀 몰랐던 게르만 인들이 서유럽으로 이주하면서 기독교를 수용하여 새로운 기독교 문화, 교황이나 교회의 세속 지배 혹은 신성로마제국이라는 독특한 기독교 문화 양식을 만들어 간 것이다. 게르만 민족의 대 이동을 중세의 결정적인 사건으로 해석하는 것이 독일교회사가들의 일반적 경향

서론 17

이다.[13] 게르만 족이 서유럽에 정착하면서 중세가 시작되었다고 보기 때문이다. 따라서 중세교회사는 "게르만족의 대 이동이라는 역사적 사건을 통해 서유럽에 정착한 그들이 기독교를 알게 되고 기독교로 개종하면서 새로운 문명의 장을 여는"[14] 것으로 이해한다. "게르만 민족들은 중세와 현대에 신선하고 활력이 넘치며 유망하고 진취적인 민족들"[15]이라고 보기 때문이다. 그래서 비에네르트와 같은 학자는 이렇게 주장한다.

> 중세 고유의 새로움이란 콘스탄틴 대제와 직접적 연관을 가지는 비잔틴 제국과의 관계에서나 또는 아랍과의 관계에서 나타나는 것이 아니라 서로마 제국이 가지고 있던 후기 기독교 유산이 유럽의 지배자로 등장한 게르만 종족과 만나 새롭고도 독자적인 문화를 발전시켜 기독교적 특징을 지닌 신성 제국(Sacrum Imperium)이라는 모습을 만들어 냈다는 데에 있다.[16]

게르만 민족이 서유럽으로 이동해서 기독교를 수용하고 이들이 형성한 신성로마제국과 교회가 세속권력을 동시에 지배하면서 기독교문화 양식을 만들어 가는 긴 역사를 중세의 고유한 특징으로 삼아야 한다는 것이다. 이와 같은 관점은 중세가 서양, 특히 지정학적으로 서유럽의 역사라는 사실을 전제하고 있다는 점에서 설득력이 있다. 따라서 이와 같은 관점에서는 중세 자신이 지닌 고유한 특징을 중세의 가장 중요한 해석의 원리로 이해하게 된다.

---

13 중세의 출발을 게르만 사람들의 서유럽 정착을 기점으로 삼으려는 경향이 있는 것이 사실이다. 특별히 중세사를 연구하는 이들에게서 이런 경향을 강하게 찾아볼 수 있다. 이것은 중세사라는 관점에서 게르만 민족의 이동을 통해서 새 시대가 전개되었다는 점에서 설득력이 있다. 하지만 교회사라는 관점에서 볼 때 대부분의 영미 교회사가들은 교황 그레고리 1세(Pope Gregory I, 재위 590-604)가 교황의 자리에 오른 590년을 중세의 시작으로 보는데 그것은 그가 등장하면서 본격적인 교황 시대를 열어갔기 때문이다.

14 최형걸, 중세교회사, 15.

15 Schaff, *History of Christian Church, Volume IV.*, 9.

16 Wolfgang A. Bienert, *Kirchgeschichte*, 182, in: Georg Strecer, *Theologie im 20. Jahrhundert. Stand und Aufgabe* (Tübingen: Mohr, 1983); 최형걸, 중세교회사 (서울: 이레서원, 2000), 13에서 재인용.

다른 시대와는 달리 중세만이 지니고 있는 특징을 역사적으로 추론하여 그것의 발전과정을 그려내는 것을 중세사 이해의 중요한 연구과제로 삼는다. 로마제국의 붕괴, 노예경제의 붕괴, 기독교의 영향력의 확대로 말미암아 정치적, 종교적, 경제적으로 급격한 변화가 일어났다. 게르만족의 복음의 수용으로 새로운 서양의 질서가 재편되어 독자적인 문화가 창출되었다는 점에서 476년을 기준으로 삼을 수 있지만 이것은 어디까지나 민족의 변화, 곧 게르만족 중심의 유럽의 재편을 일차적으로 염두에 둔 관점이라고 할 수 있다.

일반 서양중세사를 기술할 때 이와 같은 점들을 고려하여 서구 문명의 변화를 추론하는 것은 당연할 것이라고 평가되지만 기독교가 게르만 민족을 넘어 전 유럽의 변화를 가져다 주었다는 점에서 해석적 한계를 노정한다. 그런 면에서 중세기독교사는 좀 더 통시적으로 접근할 필요가 있다. 흥미로운 사실은 이와 같이 476년 서로마 제국의 멸망과 게르만 민족의 대이동을 중세의 출발로 삼으려는 경향이 게르만족의 후예인 독일의 학자들에게 두드러지게 나타난 현상이라는 사실을 간과할 수 없다.

3. 중세교회사 시대 구분 문제

기독교 2천년의 역사를 초대교회사, 중세교회사, 종교개혁사, 근현대교회사로 구분할 때 가장 긴 역사를 지닌 기간이 중세교회사이다. 900년이 훨씬 넘는 이 중세기를 연대기적으로 구분하는 것은 의미도 없고 쉽지도 않다. 사회적 관점을 중시하는 베인톤은 400-1500년을 중세교회사 시간 범주로 잡았지만[17] 대부분의 교회사가들은 590년 그레고리 1세의 등장부터 1517년 종교개혁이 발흥하기 전까지를 중세교회사의 시간의 범주로 삼는다. 중세를 정치적인 관

---

17   Roland Herbert Bainton, *The Medieval Church* (Princeton, NJ: D. Van Nostrand Company, INC, 1962), 7.

점에서 바라보는 것과 교회사적 관점에서 바라보는 것은 접근 방법이 다르다. 정치적으로 중세는 5세기의 민족들의 대 이동과 서로마 제국의 멸망을 기점으로 삼지만, 교회사적으로는 6세기 말 마지막 교부요, 첫 교황 그레고리부터 시작한다.[18] 하지만 정치적이던 교회사적이던 중세는 16세기 마르틴 루터(Martin Luther, 1483-1546)의 종교개혁으로 종식된다.[19] 중세 말엽 인쇄술의 발달과 아메리카 신대륙 발견은 종교개혁과 근대로의 진입을 위한 섭리적 준비였다.

필립 샤프는 917년이라는 긴 중세의 역사를 '1. 선교시기,' '2. 교황 중심적 신정정치의 전성기,' '3. 중세 가톨릭주의의 쇠퇴와 현대 기독교의 준비'로 구분하였다.[20] 선교시기는 그레고리 1세부터 힐데브란트 곧 그레고리 7세(Pope Gregory VII, 재위 1073-1085)에 이르는 시기(주후 590-1073)를 지칭한다. 이 기간의 중요 사건은 '북유럽 야만족들의 회심,' '새로운 문명의 여명,' '이슬람의 발흥과 약진,' '서방교회와 동방교회의 분열을 들 수 있으며 더러는 이 시기를 게르만-로마제국의 창건자 샤를마뉴(Carolus Magnus, c.747-814)'를 기점으로 세분하기도 한다. 교황 중심적 신정정치의 전성기는 그레고리 7세에서 보니파스 8세(Pope Boniface VIII, 재위 1294-1303)에 이르는 시기로 주후 1073년부터 1294년까지이다. 이 기간에는 '교황제, 수도원주의,

---

18 Schaff, *History of Christian Church, Volume IV.*, 5.

19 Schaff, *History of Christian Church, Volume IV.*, 5.

20 Schaff, *History of Christian Church, Volume IV.*, 14. 필립 샤프의 이와 같은 시대구분은 그레고리 1세부터 그레고리 7세까지, 그레고리 7세부터 보니파스 8세까지, 보니파스 8세부터 종교개혁까지로 시대를 구분한 트렌치, 헨리 코완, 존 허트의 시대구분과 정확히 일치한다. Richard Chenevix Trench, *Lectures on Medieval Church History: Being the Substance of Lectures Delivered at Queen's College, London* (London: Macmillan and Co., 1879), 16-17; Hurst, *Short History of the Medieval Church*, 2; Henry Cowan, *Landmarks of Church History to the Reformation* (New York: Anson D. F. Randolph & Co., 1896), 62; Lars Pederson Qualben, *A History of the Christian Church* (New York: Thomas Nelson and Sons, 1956), 137-202. Qualben은 중세교회사를 세 시기로 대별하고 590년 그레고리 1세부터 1050년 그레고리 7세까지를 중세 1기 "교황청의 발흥," 1050년 그레고리 7세부터 1294년 보니파스 8세까지 중세 2기 절대 교황청 시대, 그리고 1294년 보니파스 8세부터 1517년 루터의 종교개혁 95개조 논박까지를 중세 3기 "교황청 쇠퇴시대와 종교개혁의 신호 시대"로 규정했다. 참고로 트렌치는 종교개혁시대가 종식되고 근대교회사가 시작되는 시점을 1648년 베스트팔렌 조약으로 잡았다.

스콜라주의의 전성기, 십자군 전쟁들, 교황과 황제의 대립'을 들 수 있다. 교황 중심적 신정정치의 전성기의 출발을 힐데브란트가 등장한 시기를 기점으로 잡을 경우 그 출발은 1049년이다. 중세 가톨릭 체계의 쇠퇴와 현대 기독교의 예비는 보니파스 8세부터 종교개혁에 이르는 1294년부터 1517년까지로 "교황청의 유배와 분열, 개혁적 공의회들, 스콜라주의 쇠퇴, 신비주의 성행, 학문과 인쇄술의 부흥, 아메리카 신대륙 발견, 개신교의 선구자들, 종교개혁의 여명"이 중요한 중심 사건들이라고 할 수 있다.[21]

중세교회사는 일반 중세사와 매우 밀접한 관계를 지니고 있지만 정치적 사회적 민족적 접근을 중시하는 중세사와 달리 좀 더 종교적이고 영적인 측면을 중시한다. 게르만 민족의 등장은 오도아케르가 서로마 제국의 황제를 폐위시키면서 역사에 본격적으로 등장한 것이다. 그런 정치적 등장을 일차적 기준으로 삼을 경우 그 이전부터 진행되어 온 초대교회 교회의 삶과 신학과 신앙의 발달은 무시되거나 주변으로 밀려날 수 밖에 없다. 그런 면에서 중세사를 연구할 때 우리는 이전의 알렉산드리아 신학과 안디옥 신학의 논쟁을 통해 형성된 삼위일체 논쟁과 기독론 논쟁, 이어 진행된 칼케돈회의와 일련의 종교회의의 결정과 그 영향, 그리고 어거스틴(Augustine of Hippo, 354-430)을 비롯 서방신학의 전통이 교회의 삶을 지배하여 왔고, 교황권의 형성으로 중세의 교회가 이전과 다른 새로운 모습으로 재편되었다는 사실을 충분히 고려해야 할 것이다.

때로는 476년 서로마 제국의 멸망을 출발로 삼기도 하고, 어거스틴을 중세의 출발로 삼으려는 학자도 있다. 그러나 전통적으로 590년 그레고리 1세를 중세교회사의 출발로 보는 견해가 지배적이다.[22] 필립 샤프가 그렇게 보았고, 윌리엄 캐논도 그랬으며 월리스톤 워커도 그런 입장이었다. 라토렛(Latourette)도 크게 다르지 않다. 영미 교회사가들은 그레고리 1세가 교황에 오른 590년을

---

21 Schaff, *History of Christian Church, Volume IV.*, 14.
22 Trench, *Lectures on Medieval Church History*, 14. 어떤 학자는 중세를 이행기(600-1000), 중세초기(1000-1200), 중세융성기(1200-1300), 중세말기(1300-1450)로 구분하기도 한다. Ingeborg C. Henel, 폴 틸리히의 그리스도교 사상사 (서울: 한국신학연구소, 1987), 183.

중세의 출발로 삼으려고 한다. 그것은 중세교회사가 서유럽이라는 지리적인 제약을 받으며 진행된 것이 사실이지만 이전의 초대교회와의 단절이 아니라 신학적 연속성 상에서 진행된 역사라고 이해해야 하기 때문이다. 중세라는 시대가 문화적 사회적 특징을 지니고 있는 것이 사실이지만 이전의 시대와 단절된 것이 아니라는 사실을 기억해야 할 것이다. 590년 그레고리 1세를 기준으로 잡는 것은 그레고리 1세의 교황 즉위로 기독교는 교황 중심의 교회로 새롭게 재편되었다. 교황권의 확립으로 교회와 교황에 의한 세속지배가 이후 중세를 특징지었다는 점에서 그레고리 1세의 즉위는 특별한 의미를 지닌다.

교회사를 고려할 때 시대적 상황과 함께 이전의 교회와 신학과 중세 이후 전개된 교회와 신학의 변천을 포함한 교회 자체의 연속성과 불연속성과 일련의 변화를 동시에 살펴보는 것이 필요하다. 교회가 처한 시대적 환경을 중요하게 고려하면서도 동시에 교회의 내적 영적 변화와 변천을 동시에 주목해야 한다는 것이다. 그레고리 1세의 등장은 분명히 이전의 시대와 차별화되는 새로운 변화를 구축해주었다. 레오 대제(Pope Leo I, 재위 440-461)가 구축한 교황제도가 하나의 견고한 틀로 정착된 것이다.

중세는 교회가 교황의 절대 권위를 내세워 세속의 역사를 지배하고 복음에서 떠난 부정적인 행동을 보여준 것이 사실이지만 그러나 중세가 처음부터 암흑의 시대는 아니었다. 복음의 열정이 살아 있었고, 동서방신학이 중세교회를 지배하였으며, 샤를마뉴 대제의 리더십으로 9세기 경에는 신성로마제국이 형성되었다. 중세 스콜라주의, 수도원 개혁운동, 신비주의 운동, 도미니크수도회와 프란시스코 수도단의 등장, 르네상스의 출현, 그리고 종교개혁 이전의 개혁자들의 등장을 통해 중세는 기독교 역사의 꽃이라 불리우는 종교개혁의 토대를 구축할 수 있었다. 르네상스를 빼놓고 종교개혁을, 스콜라주의 신학이나 신비주의 타울러(Johann Tauler, c.1300-1361)를 빼놓고 루터와 웨슬리(John Wesley, 1703-1791)를 논할 수 없다는 점에서, 토마스 아퀴나스(Thomas Aquinas, 1224/25-1274)를 빼놓고 현대 로마가톨릭 신학을 논할 수 없다는 점에서 중세는 전 기독교의 역사에서 매우 중요한 시대이다. 인간의 약점과 죄악들을 통해 진리는 더욱 빛을 발할 수 있듯이 중세의 교황의 실수와 교회의 죄악들 속에서도 여전히 하나님께서 당신의 교회를 이끌어오셨다. 중세를 연구할 때 이점을 간과해서는 안될 것이다. 예를 들어 버나드(Bernard of Clairvaux, 1090-1153)로 대변되는 수도원의 개혁운동, 성 프란시스코의 구도의 삶, 토마스 아퀴나스의 신학대전은 그 자체가 완벽하기 때문이 아니라 초대교회와 이후의 종교개혁과 근대교회사를 이어주는 중요한 시대적 특징을 반영하며 전 시대와 후 시대를 이어주는 가교역할을 했다는 점을 간과해서는 안될 것이다.

초대교회가 유대주의만 아니라 그레코 로만 배경이라는 이교 문화를 통해 그리스도의 오심을 준비하셨던 것처럼 중세는 게르만 민족의 복음화와 교황권의 확립을 통해 중세라는 새로운 기독교를 형성하게 되었다. 하지만 그런 가운데서도 여전히 하나님의 교회는 세속화의 도전과 외부적인 도전 속에서 고투하면서 생명력을 유지해 올 수 있었다. 따라서 우리는 중세를 특징 짓는 교황권의 발흥 발전 쇠퇴, 동서교회의 분리, 십자군운동, 수도원 개혁운동, 스콜라주의, 중세신비주의 운동, 중세 에큐메니칼 운동, 르네상스 휴머니즘, 그리고 종교개혁 이전의 개혁자들이라는 중요한 주제들을 심도 있게 고찰해야 할 것이다.

4. 복잡한 로마제국 명칭 이해

중세사를 이해하는 열쇠 중의 하나는 다양하고 복잡한 로마제국의 명칭과 역사를 이해하는 것이다. 세계사를 공부하다보면 고대 로마제국, 동로마 제국, 서로마 제국, 신성로마제국 등 다양한 명칭들이 등장한다. 사실 역사를 전공하거나 깊은 관심을 가지신 분들 중에서도 헷갈려 하는 것이 바로 이 부분이다. 흔히 앞에 수식어 없이 로마제국이라고 말하는 것은 고대 로마제국을 지칭하는 경우가 일반적이다. 고대 로마제국은 주후 4세기까지 강력한 제국으로 자리 잡았

다. 고대 로마제국은 주후 395년까지의 로마 제국을 지칭한다.[23]

고대 로마제국은 기독교를 로마의 국교로 선포한 데오노시우스 황제(Flavius Theodosius, 재위 379-395)가 395년 세상을 떠나면서 동로마 제국과 서로마 제국으로 분할되었다.[24] 데오도시우스 황제가 세상을 떠난 후 큰 아들은 동로마 제국을 통치하고 둘째 아들은 서로마 제국을 통치했다. 서로마 제국은 라틴어를 사용하고 동로마 제국은 헬라어를 사용했다. 서로마 제국은 게르만족의 왕 오도아케르가 476년 서로마 제국의 마지막 황제 로뮬루스 황제를 폐위시킴으로 서로마 제국은 역사에 사라졌다.[25] 이와는 달리 콘스탄티노플을 수도로 형성된 비잔틴 제국이라 불렸던 동로마 제국은 476년에 멸망한 서로마 제국과 달리 1453년 오스만 터키제국에 의해 멸망을 당할 때까지 존재했다. 이렇게 해서 기원전 6세기에 발원하여 2천년이 넘는 역사를 지닌 로마 제국은 완전히 역사에 사라졌다.

신성로마제국은 일반적으로 멸망당한 고대 서로마 제국의 부활을 꿈꾸고 출발한 800년 샤를마뉴 1세의 프랑크 왕국을 그 출발로 삼는다. 프랑크-이탈리아-독일로 이어지는 신성로마제국은 800년부터 프란츠 2세(Franz II, 1768-1835)가 폐위당한 1806년까지의 제국 명칭이라고 이해하면 정확하다. 아주 간단하게 이해하기 쉽게 정리한다면 고대 로마제국은 주전 6세기에 시작해서 주후 395년까지의 로마제국을 지칭하고, 동로마 제국과 서로마 제국은 395년 데오도시우스 황제가 죽은 후 두 아들에 의해 제국이 분할되면서 시작된

---

23   고대 로마제국은 기원전 750년으로 거슬러 올라간다. 이탈리아 티베르 강의 제방 작은 마을에서 출발한 로마는 읍, 도시, 작은 국가로 점차 성장했다. 로마제국이 설립된지 약 500년 후 주전 256년에 이탈리아 반도의 지배가 되었다. 그 후 로마는 바다를 건너 서쪽으로 뻗어나가 100년이 채 지나지 않아 1-3차 퓨닉전쟁을 통해 시실리, 사르시카, 사르디니아, 카르타고와 스페인 대부분을 정복했다. 그러나 로마제국이 하나의 강력한 국가로 부상하며 지중해의 최고의 국가로 부상한 것은 주전 27년 아우구스투스 시저로 알려진 가이우스 옥타비아누스 황제(Gaius Julius Caesar Octavianus, 63 B.C.-A.D. 14)가 등장하면서였다. 소위 로마의 평화라고 하는 팍스 로마나는 그때 생긴 말이다. 모든 길은 로마로 통한다는 말도 그의 통치 기간 동안에 생겨난 말이다. 그만큼 그는 로마제국을 강력한 국가로 만들었다.

24   Margaret Deanesly, *A History of the Medieval Church, 590-1500* (London: Methuen & Co., 1925), 1.

25   Deanesly, *A History of the Medieval Church, 590-1500*, 2.

동로마와 서로마 제국을, 그리고 신성로마제국은 고대 로마제국의 부활을 꿈꾸고 800년 샤를마뉴 1세 혹은 936년 오토 1세(Otto I, 912-973)가 즉위해서 프란츠 2세가 폐위된 1806년까지 존속했던 프랑크-이탈리아-독일제국을 지칭한다.

5. 중세교회사 그 중심주제와 역사적 개관

중세 기독교를 특징 짓는 사건은 이슬람의 발흥과 동서방교회의 분열, 십자군전쟁, 수도원 제도, 중세스콜라주의, 교황제도의 부패, 종교개혁 전야의 기독교이다.[26] 이들 중세교회사의 중요 사건에 대한 이해는 중세교회사를 이해하는데 매우 중요하다.[27]

---

26 이 중에서도 수도원 제도와 교황제도는 중세교회사 전 역사를 관통하는 중심 주제이다. 수도원 제도가 생겨나고, 교황권이 강화되면서 성경을 떠난 전통들이 생겨나기 시작했다. 박해 받는 기독교가 콘스탄틴 대제 이후 군림하는 기독교로 바뀌면서 교권과 교황권이 강화되었다. 이것은 결국 중세의 타락을 가속화시킨 요인이었다. 성령이 이끄시는 교회 공동체가 이제는 피라미드 구조의 제도적 교회로 변모하였고, 교황의 권위가 점점 더 강화되어 교황은 절대 권력을 가진 하나님의 대리자가 되었다. 서서히 성경에서 떠난 신학이 형성되면서 하나님의 영광을 드러내야 할 신학이 교권의 시녀로 전락하기 시작했다. 로마제국 멸망 이후 전 서구 기독교회는 물론 서구 사회는 쇠퇴의 길로 접어들었다. 그러나 내면적으로는 스콜라철학의 대두로 신학이 발전했고, 수도원의 발달로 영적갱신운동이 촉진되었다. 물론 스콜라주의와 수도원운동은 긍정적인 요소와 부정적인 요소 모두를 포함하고 있다.

27 중세사의 개관에 대해서는 다음을 참고하라. Everett Ferguson, *Church History: From Christ to the Pre-Reformation* (Grand Rapids: Zondervan, 2013); Margaret Deanesly, *A History of the Medieval Church* (London: Methuen & Co., 1925); Noble & Smith, *Early Medieval Christianities, c.600-c.1100*; Simons, *Christianity in Western Europe, C.1000-C.1500*; Logan, *A History of the Church in the Middle Ages*; Rosalind & Cristopher Brooke, *Popular Religion in the Middle Ages* (New York: Barnes & Noble Books, 1996); Norman Frank Cantor, *The Civilization of the Middle Ages* (New York: Harper Perennial, 1994); Geroge Gordon Coulton, *Medieval Village, Manor, and Monastery* (New York: Harper & Row, 1960); Deanesly, *A History of the Medieval Church 590-1500*; Latourette, *A History of Christianity, Volume 1: Beginnings to 1500*; Colin Morris, *The Discovery of the Individual, 1050–1200* (London: SPCK, 1972); Colin Morris, *The Papal Monarchy: The Western Church from 1050 to 1250* (Oxford: Clarendon, 1989); Colin Morris, *The Sepulchre of Christ and the Medieval West: from the Beginning to 1600* (Oxford: Oxford University Press, 2006).

1) 이슬람발흥과 동서방교회 분열

중세기독교가 가장 먼저 직면한 사건은 이슬람의 발흥과 동서방교회의 분열이었다. 이슬람교의 발흥은 기독교의 판도를 바꾸어 놓았다. 모하메드(Muhammad, c.570-632)가 622년 메카(Mecca)를 떠나 메디나로 옮김으로써 시작된 이슬람교는 중앙아시아와 북아프리카에 걸쳐서 번개처럼 퍼져나갔다.[28] 8세기에는 프랑스 남부까지 세력을 뻗어 나갔다. 그 후 이슬람교는 기독교의 무서운 라이벌로 등장했다. 이슬람의 도전으로 기독교는 살아남기에 급급하였다. 이슬람은 예루살렘, 안디옥, 알렉산드리아, 카르타고를 비롯한 과거 기독교의 중심지들을 다 정복했다.

이슬람세력의 도전 못지않게 중세교회가 직면한 심각한 문제는 동서방교회의 대립과 분열이었다. 동방교회의 중심인 콘스탄티노플과 서방교회의 중심인 로마는 서로 성향이 달랐다. 콘스탄티노플은 헬라의 영향이 강했고, 로마는 전형적인 라틴사상과 라틴정신이 지배했다. 동서방교회는 시간이 지나면서 서로 예배와 교회 풍습이 달라졌다. 서방교회가 라틴어를 사용한 반면 동방교회는 헬라어를 사용하였다. 언어만 다른 것이 아니라 신학도 달랐고, 마리아 이해와 성상에 대한 견해도 달랐다. 동서방교회 대립은 692년 동방감독들로 이루어진 제 2차 투룰란 대회(The Council in Trullo)부터 나타나기 시작했다.

서방교회가 니케아신조에 성령이 아버지와 아들로부터 나오신다는 '필리오쿠에'(Filioque)를 삽입시키자 대립은 더욱 심화되었다. 급기야 로마 교황 레오 9세(Pope Leo IX, 재위 1049-1054)가 파송한 특사 훔벌트(Humbert of Silva Candida, c.1000-1061)가 1054년 7월 16일 대표적인 동방교회 소피아성당에서 교황의 이름으로 콘스탄티노플 대주교 케룰라리우스(Michael Cerularius, 재위 1043-1058)에게 파문장을 던지고, 콘스탄티노플의 주교 케룰라리우스도 교황에게 파문장을 던짐으로 동서방교회는 돌이킬 수 없는 분열

---

28 Trench, *Lectures on Medieval Church History*, 45.

을 맞았다. 150년 후 1204년 서방교회의 십자군이 콘스탄티노플의 동방교회를 약탈하고 수많은 고아들을 살해하면서 동서방교회 분열은 회복할 수 없는 지경에 이르렀다.

2) 십자군전쟁

1096년부터 1270년까지 진행된 십자군운동(The Crusades)은 두 가지 동기와 목적으로 시작했다. 하나는 이슬람의 수중에 들어간 성지를 탈환하는 것이고 다른 하나는 1054년 분립된 동서방교회의 재연합이었다. 1095년 11월 26일 프랑스 클레르몽(Clermont) 회의에서 교황 우르반 2세(Pope Urban II, 재위 1088-1099)가 십자군운동을 선언했다. 십자군 전쟁은 중세기독교를 결집시키고 제 8차에 이르는 십자군전쟁을 통해 약 1세기 동안 성지를 탈환하기도 했다. 하지만 이슬람이 다시 성지를 점령하면서 십자군 전쟁은 실패로 끝났다.

십자군 전쟁에 대한 해석은 복잡하지만 한 가지 분명한 사실은 십자군 전쟁이 중세기독교에 참으로 많은 변화를 가져다주었다는 사실이다. 한편으로 십자군 전쟁은 교황권을 강화하고, 교회에 부를 축적하는 원인을 제공하였으며, 동서방교회의 분열을 더 한층 돌이킬 수 없는 상황으로 몰아갔다. 다른 한편으로 십자군 전쟁은 동서 교류를 활발하게 촉진시키는 중요한 요인이었고, 민족과 국가의 단결을 강화시켰으며, 과거 고립된 유럽의 제국들이 서로 협력하고 교류하는 결과를 가져다주었다. 십자군전쟁의 영향으로 상업이 발달하고 도시가 발전했으며, 화폐가 통용되고 새로운 계급, 부르조아가 등장했다. 봉건제도가 붕괴되고 중앙집권의 군주시대가 생겨난 것도 십자군전쟁의 영향이었다.

시론 27

3) 중세수도원운동

이런 중세의 열악한 환경 속에서도 선교사들에 의하여 복음이 널리 전파되었고 약 10세기부터 영적갱신운동이 서방교회 전역에 나타났다. 대표적인 것이 910년에 창설된 클루니 수도원이다. 우리가 이 수도원을 주목하는 것은 클루니 수도원이 중세 사회의 영적 갱신운동에 새로운 방향을 제공하여 주었기 때문이다. 클루니 수도원은 엄격한 베네딕트(Benedict) 수도원의 순결 전통을 회복하기 위해 세워졌지만 노선을 달리했다. 베네딕트 수도원이 수도사들을 사회로부터 분리시키려고 한 반면에 클루니 수도원은 수도원과 사회를 통합하려고 시도했다. 이 때문에 수도원의 개혁의지는 설득력과 호소력이 있었다. 그들은 성직매매를 근절하고 독신 생활을 부활시켰으며 교회의 부패를 제거하는 등 영적갱신운동을 전개하였다. 클루니 수도원의 개혁운동의 특징은 개혁의지를 가진 교황과 함께 개혁운동을 추진했다는 사실이다. 그 대표적인 인물이 교황 그레고리 7세였다.

클루니 수도원의 뒤를 이어 클레르보의 버나드와 시토수도회, 프란시스 수도원, 도미니크 수도원이 성공적으로 영적갱신과 교회개혁을 시도하였다. 도미니크 수도원과 프란시스 수도원은 클루니 수도원과 시토 수도원이 이룩해온 수도원 개혁을 계승하면서 수도원 운동을 큰 힘으로 결집시키는 역할을 하였다. 클루니 수도원과 시토 수도원이 자신들의 개혁을 수도원의 울타리에 가두었으나 도미니크와 프란시스 두 수도원 수도사들은 세상으로 나가 금욕적인 삶을 통해 세상으로 그 개혁을 확대해 나갔다.

교회개혁과 갱신운동은 선교사 파송으로 이어졌다. 프란시스는 이슬람 선교를 시작하였고, 스칸디나비아인들과 폴란드인들이 개종하였다. 동방교회는 9세기에 동부 유럽에 선교사들을 파송하여 슬라브 민족을, 10세기에 러시아인을 개종시키는 일을 성공적으로 수행하였다.[29] 동방교회로부터 선교를 전해 받은

---

29   William R. Cannon, *History of Christianity in the Middle Ages: From the Fall of Rome to the*

러시아 정교회는 로마와 콘스탄티노플의 진정한 계승자라고 주장할 만큼 급성장하였다. 15세기와 16세기에 이르러서 러시아의 황제들은 러시아를 "제 3의 로마"라고 불렀다.

4) 중세 스콜라주의

십자군운동은 동서 교류를 통해 단순히 상업과 문화적 교류의 차원을 넘어 동방의 철학과 학문을 서방에 도입하는 전기를 마련해주었다. 자연히 동방에서 번성하던 철학과 사상이 십자군운동을 통해 서방으로 유입되어 학문적 교류의 길을 터주었다. 이 중에서도 플라톤주의와 아리스토텔레스 사상이 동방에서 서방으로 유입되고 널리 보급되어 스콜라철학이 번성할 수 있는 토대를 구축해 주었다. 수도원은 교회에 개혁과 갱신을 제공한 것 외에도 신학의 발전을 가져다 주었다. 특별히 12세기와 13세기는 기독교사상의 황금기였다. 비록 후대 중세 말엽의 르네상스 휴머니즘과 같은 대단한 열정은 아니지만 고전에 대한 연구가 새롭게 일기 시작했다.

각 수도원과 도시는 시대적 요청에 따라 새로운 학문의 수용에 앞장섰고 대학 설립 움직임이 강하게 일었다. 12세기와 13세기에 설립된 수많은 대학과 학교들은 많은 교사들을 배출했고, 신학 발전에 중요한 역할을 하였다. 스콜라주의는 11세기 중반부터 14세기 중엽까지 중세의 지성사를 장식했다.

이성과 계시, 자연과 은총의 관계는 스콜라주의자들에게 중요한 관심사였다. 스콜라 신학은 중세의 가톨릭 신학의 토대를 구축하는 역할을 하였다. 실재론이 이성의 역할을 강조하여 신앙의 위치를 평가 절하시켰다면 실재론에 반대하여 일어난 유명론을 통해 신앙의 위치와 성경의 권위가 다시 회복되었다. 중세 스콜라주의는 수도원의 신비주의 운동과 르네상스 휴머니즘을 태동시키는

Fall of Constantinople, 중세교회사, 서영일 역 (서울: 기독교문서선교회, 1995), 192. 러시아 개종은 헬라종교의 가장 중요한 업적이었다.

중요한 영적 학문적 토양을 제공해주었다.

5) 교황권의 발달과 몰락(1198-1303)

교황권은 중세를 특징 짓는 가장 중요한 요소였다. 중세의 교황권의 문제는 교황과 황제의 대립과 갈등을 통해 더욱 선명하게 드러난다. 특히 교황 그레고리 7세와 황제 하인리히 4세(Heinrich IV, 1050-1106)의 대립과 갈등은 그 후에도 계속되어 이노센트 3세가 교황으로 재직하는 동안에도 황제와의 대립과 갈등이 계속되었다. 이노센트 3세는 교황권을 대단히 발전시켰다. 그의 영향력은 프랑스, 영국, 스페인, 그리고 심지어 아일랜드, 불가리아, 그리고 아르메니아에까지 확대되었고 황제 선출을 좌우할 정도였다. 그는 무력으로 콘스탄티노플을 점령하고 동방교회를 서방교회의 교황의 수중에 강제로 편입시켰다.

이노센트 3세의 뒤를 이은 보니파스 8세는 선임자의 영광을 제대로 이어가지를 못했다.[30] 그는 자신의 권위를 한층 높이기를 원했지만 교황권의 쇠퇴를 막을 수 없었다. 그 후에 진행된 교황청의 바벨론 유수(1309-1377)라 불리는 로마교황청의 아비뇽 이주와 이어 진행된 서방교회의 대 분열(1378-1423)은 교황권의 몰락을 가져다 준 결정적인 요인이 되었다. 그 결과 14세기와 15세기 중세교회는 침체 국면을 맞았다. 침체의 주된 요인은 교황권의 부패와 몰락이었다.

6) 종교개혁 전야의 유럽 기독교

강력한 세속권세의 주역 황제와 세속권세와 교회권세 모두를 장악하려는 교황 사이의 대립과 교황의 난립으로 교회는 비판과 개혁의 대상으로 전락했다.

---

30 Williston Walker, *A History of the Christian Church* (New York: Charles Scribner's Sons, 1922), 214. 워커는 교황권의 쇠퇴를 니콜라스 1세(Pope Nicholas I, 재위 858-867) 때로 잡는다.

교회개혁은 이제 피할 수 없는 시대적 요청이 되었다. 종교회의, 르네상스 휴머니즘, 그리고 왈도파, 존 위클리프(John Wycliffe, c.1330-1384), 얀 후스(Jan Hus, c.1370-1415), 사보나롤라(Girolamo Savonarola, 1452-1498)로 대변되는 종교개혁 이전의 개혁자들에 의해 교회개혁이 진행되었다. 성경의 최종적 권위, 믿음으로 말미암는 의, 만인제사장 원리로 대변되는 종교개혁 사상을 이들에게서 찾아 볼 수 있기 때문에 이들을 '종교개혁 이전의 개혁자들'(Reformers before the Reformation)이라고 부른다.

일련의 종교회의(피사 공의회, 콘스탄스 공의회, 바젤 공의회), 르네상스 휴머니즘, 그리고 종교개혁 이전의 개혁자들은 종교개혁 전야의 유럽 기독교를 특징 짓는 중요한 세 가지 요소들이었다. 이들 셋은 비록 성격도 다르고 발흥 배경도 다르지만 종교개혁을 위한 중요한 배경을 제공했다. 종교회의는 비록 외형적으로는 1409년부터 1449년까지 40년이라는 짧은 기간 동안에 진행된 것이지만 교황권의 난립으로 인한 서방교회의 분열을 봉합시키는 데 성공했다. 르네상스 휴머니즘, 특히 북구 르네상스 휴머니즘은 성경과 고전연구를 통해 종교개혁에로의 길을 준비하였다. 르네상스 휴머니즘은 초대교회에 대한 깊은 관심을 불러 일으켜 초대교회 문헌과 성경을 통해 당대를 평가하고 소생할 수 있도록 도전을 주었다.

제1부

중세교회사의 역사적 정치적 신학적 배경

1장
중세 발흥의 역사적 배경과 유럽의 재편

2장
중세시대 기독교 선교와 개종

3장
샤를마뉴와 신성로마제국

4장
중세교리논쟁: 성령발출, 단의론, 예정론

유스티안 l세(Flavius Justinianus, 재위 527-565)

제 1장

중세 발흥의 역사적 배경과 유럽의 재편

> 기독교 선교의 감동적인 힘은 하나님과 인간에 대한 사랑이었고 이슬람의 감동적인 힘은 광신주의와 무력이었다 … 이슬람은 정복의 행진을 강행하며 성경의 지역들과 그리스교회를 강제로 점령했고, 콘스탄틴의 권좌를 찬탈했으며 스페인을 짓밟았고 피레네 산맥을 넘어 심지어 로마교회와 독일제국까지 오랫동안 위협하다가 마침내 빈의 성벽 아래에서 격퇴당했다.
>
> Philip Schaff, *History of Christian Church*, Vol. IV., 150.

> 문자는 사물의 표시이자 말의 상징이다. 그 힘은 너무나 커서 목소리 없이도 부재자의 말을 우리에게 전한다. 왜냐하면 그들은 귀가 아니라 눈으로 말을 전하기 때문이다.
>
> 세비아의 이시도르 (Isidore of Seville, c.560-636)

중세를 바르게 이해하기 위해서는 당시의 중세 역사적 배경을 이해할 필요가 있다. 중세의 배경은 일련의 정치, 종교, 국가적 혼란과 더불어 진행되었다. 그 중에서 서로마 제국의 멸망으로 인한 혼란, 게르만 민족의 대이동과 개종, 삼위일체와 기독론 혼란으로 인한 교회 내부의 분열, 이슬람의 발흥으로 인한 기독교 세력의 위축과 도전, 그리고 그레고리 1세(Pope Gregory I, 재위 590-604)의 등장과 새로운 시대 개막을 들 수 있을 것이다. 그 중에서도 북유럽과 서유럽의 야만족의 회심은 중세기독교의 중요한 무대를 제공한다.

6-10세기에 이루어진 야만족들의 회심으로 특징되는 중세선교는 중세사는 물론 중세교회사를 이해하는 중요한 출발점을 제공한다. 켈트족과 튜턴족, 슬라브족이 기독교를 받아들인 것은 문명을 향한 중요한 거보였다. 그러나 중세 선교는 자발적인 개종, 복음에 기초한 진정한 회개에 의한 복음의 수용이었던 초대교회 선교와 본질적으로 성격이 달랐다. 중세 기독교 전파 방식은 주로 군주의 명령에 따라 강제로 기독교 신앙을 받아들이는 집단적인 개종이었기 때문이다.

1. 게르만 민족의 대이동과 서로마 제국의 멸망

1) 게르만족의 대이동 왜 일어났는가?

중세에 훈족, 게르만족, 고트족, 반달족이라는 복잡한 민족의 출현과 이동이 진행되었다.[1] 그 중에서 게르만 민족의 대이동은 중세사의 중요한 배경을 형성한다. 게르만족은 게르만 계통의 언어를 사용하는 민족을 총칭하는 개념이다. 게르만족은 독일어권과 영어권 백인들의 뿌리가 된 민족을 지칭한다. 현대의 덴마크인, 스웨덴인, 노르웨이인, 아이슬란드인, 잉글랜드인, 네덜란드인, 독일인, 오스트리아인, 스위스인 등이 게르만족에 해당된다.

주요 게르만족으로는 고트족(후에 서고트와 동고트족으로 분화), 노르드족, 반달족, 부르군트족, 알라마니족, 앵글족, 유트족, 튜턴족, 프랑크족, 색슨족, 수에비족, 바바리안족(독어: Bayern. 영어: Bavarii), 바타비안족(독어: Bataver. 영어: Batavi)을 들 수 있다. 이처럼 게르만족은 넓게는 다양한 민족

---

[1] Franz A. J. Szabo & Charles W. Ingrao, *The Germans and the East* (Purdue University Press, 2008); Roger Bartlett & Karen Schönwälder, *The German Lands and Eastern Europe* (London: Palgrave Macmillan, 1999); Timothy Reuter, *Germany in the Early Middle Ages c. 800-1056* (New York: Routledge, 2014).

을 지칭하지만 본래 중세사에서 게르만 민족을 기원적으로 언급할 때는 게르만족 대이동이 일어났던 4세기의 민족대이동 이전 스칸디나비아 반도와 게르마니아 지역에 거주하고 있던 원시 게르만 민족을 뜻한다.

게르만족이 중세 역사에 중요한 관심을 받는 것은 게르만족의 대이동 때문이다. 훈족, 아바르족, 슬라브족, 불가르족 등에게 밀려 고트족 (동고트족, 서고트족 포함), 반달족, 앵글로색슨족, 랑고바르드족, 수에비족, 유트족, 부르군트족, 알레마니족, 프랑크족 등 게르만족들이 서쪽으로 민족이동을 하면서 엄청난 변화가 일어났다. 게르만족의 대이동을 촉진시킨 민족은 중앙아시아를 배경으로 한 훈족이었다.[2] 1세기말에 한족과 남흉노족에 의해 쫓겨난 흉노족은 200년의 세월 동안 서진하면서 다양한 종족을 정복하고 문화와 풍속을 융합하면서 세력을 확장해 나갔다. 흉노족의 이동은 계속되었고 이들의 서진으로 인해 게르만족들은 이들을 피해 서진해 결국 거대한 로마제국 안에 웅지를 틀게 되었다.

중앙아시아에 살던 훈족(Huns)이 서진(西進)하면서 게르만족의 일파인 서고트족, 동고트족을 쫓아낸 것이다. 게르만족들은 훈족을 피해 로마제국으로 서진했다. 게르만족의 대이동으로 게르만족과 로마제국과 무력 충돌이 불가피해졌다는 점에서 게르만족의 대이동과 서로마 제국의 멸망은 상호 깊은 연관성이 있다. 훈족이 한나라에서 쫓겨 서쪽으로 생존을 위해 이동했다. 울딘(Uldin, King of the Huns, c.335-c.412)을 지도자로 한 훈족은 계속 서진하면서 게르만족인 헝가리의 반달족(Vandals), 수에비족(Suebi), 알란족(Alans), 동고트족(eastern Goths)을 몰아냈다. 이들 게르만족들은 훈족을 피해 라인 강을 건너 갈리아로 이동하는 게르만족의 대이동을 시작했다. 이들이 갈리아를 점령하면

---

2 견해차가 있기는 하지만 '흉노=훈족'이라는 주장이 상당히 설득력을 얻어왔다. 1757년, 프랑스의 동양학자 조세프 드 기네(Joseph de Guignes)가 훈족이 중국 역사의 흉노족과 동일하다고 주장했고, 로마제국의 멸망사를 쓴 영국 사학자 에드워드 기번(Edward Gibbon)이 이를 받아들였다. 이후 '흉노=훈족'이라는 학설은 거의 정설로 받아들여지는 것 같다. 중국어 흉노(Xiongnu)와 라틴어 훈(Hunn)이 같은 어원에서 나왔고, 흉노와 훈족 모두 기마민족으로 말을 타고 활을 쏘는 전술이 같았으며, 지역적으로 흉노가 서쪽 중앙아시아로 이동했다는 중국 기록과 훈족이 카스피해 동부에서 발원했다는 서양의 기록과 일치한다. 때문에 흉노족이 훈족을 말하는 것이라고 말한다.

서 로마제국은 이 지역에서 영향을 잃고 말았다. 결국 게르만족의 대이동은 서로마 제국의 가장 위협적인 존재가 되었고, 서로마 제국은 로마제국의 기초를 놓은 율리우스 카이사르(Gaius Julius Caesar, 100?-44 B.C.)가 주전 1세기 정복한 갈리아 북부와 중부를 포기해야 했다. 이어 브리타니아(영국)도 포기했다.

훈족 때문에 동로마로 이동한 서고트족은 알라리크(Alaric I, c.370-c.410)를 왕으로 세우고 일리리쿰(세르비아, 크로아티아)을 정복하였다. 판노이아(헝가리)에 거점을 둔 동고트족 10만 명이 울딘의 훈족에 쫓겨 이탈리아로, 로마로 이동했다. 한족에 패한 흉노족이 서진하면서 게르만족들을 몰아내고 게르만족들은 다시 서진하여 로마제국에 자리 잡았고 결국에는 476년 오도아케르(Flavius odoacer, c.433-493)가 서로마를 멸망시켰다. 동서양의 문명의 충돌과 대립이 결국 고대 로마제국을 멸망시키고 중세사를 넘어 근세까지 이어지는 세계사의 중요한 전환점을 형성한 것이다.

고트족은 스칸디나비아반도에서 연원한 동게르만족의 일파로 서로마 제국의 멸망과 이어 진행된 중세시대를 촉발시킨 민족이다. 최초의 거주지가 동부 스웨덴 지역이었던 이들은 1세기경에 발트 해안과 비스와 강 유역으로 옮겨 왔고, 남하한 고트족은 슬라브족과 바스타르네 인들의 뒤를 따라서 로마제국의 변경(邊境)에까지 도달해 로마제국의 일부를 점령했다. 고트족은 3세기에 접어들어 동고트족(Ostrogoths)과 서고트족(Visigoths)으로 나뉘었다.

반달족(Vandals) 역시 동게르만족의 일파로, 오늘날 폴란드 남부 지역에서 거주했던 사람들이다. 반달족은 주후 5세기에 스페인과 북아프리카를 점령하고 자신들의 왕국을 건립했다. 406년 반달족은 다뉴브 강을 건너고 라인 강을 넘어 갈리아로 남하했다.

2) 로마 제국의 멸망

당시 반달족 출신 로마 장군 스틸리코(Flavius Stilicho, 365-408)는 동고트족의 진격을 막고자 훈족 지도자 울딘에게 군사적 도움을 요청했고, 훈족과 스틸리코의 서로마 연합군이 동고트족과 전투에서 승리했다. 당시 포로로 잡힌 적군들은 노예가 되는 것이 통상이었기 때문에 엄청난 동고트족들이 노예로 팔려나갔다. 일리리쿰에 거점을 둔 서고트족 알라리크가 이탈리아를 침략하려고 하자 로마 장군 스틸리코는 서고트족 왕 알라리크와 협상을 시도했다.

서고트족을 로마제국군에 편입시키고 알라리크를 군사령관에 임명하되, 서로마가 그 대가로 4천 리브라의 금괴를 지불한다는 내용이었다.

하지만 이 협상안을 원로원이 듣고 강하게 반대했고 총사령관 스틸리코는 408년 살해당했다. 혼란한 틈을 타 서고트족이 408년부터 410년까지 세 번 로마를 포위하였고, 410년 8월24일 알라리크가 이끄는 서고트족이 로마 시내로 진입했다. "야만인은 로마 시민의 집에 들어가 사람들을 붙잡아 보물을 숨긴 곳을 대라고 강요했다. 많은 사람들이 목숨을 잃었다. 폭행과 약탈, 살육이 자행되었고, 수녀를 포함해 여자들이 능욕을 당했다. 당시 북아프리카 주교 어거스틴(Augustine of Hippo, 354-430)은 강제로 동의 없이 맺은 성관계는 죄가 되지 않는다며 피해의식에 빠져 있던 로마인들을 달래야 했다. 로마는 폐허가 되었다. 많은 로마시민들이 수도를 떠났다."

로마 제국은 게르만 민족을 받아주고 용병으로도 사용했다. 로마제국이 가장 먼저 용병으로 받아 준 게르만 민족이 '고트족'이다. 고트족은 로마제국에 반란을 일으켜 378년 동로마 제국과 전투를 벌여 동로마 황제 발렌스(Flavius Iulius Valens, c.328-378)가 전사하며 대승을 거두었다. 하지만 새로운 황제 데오도시우스(Flavius Theodosius, 재위 379-395)가 고트족을 물리치고 동로마 제국을 지켰다. 409년 반달족은 히스파니아(지금의 에스파냐)에 정착하고 반달족 지도자 가이세리크(Gaiseric, 재위 428-477)가 8만 명의 반달족과 함대를 이끌고 다시 429년 북아프리카로 진출했다. 이들은 북아프리카 도시 히포 레기우스 성을 포위하였고 14개월 후 결국 히포는 함락했다. 어거스틴은 히포

카탈라우눔 전투(Battle of the Catalaunum, 451)

가 함락되기 직전 성안에서 피난민들을 돌보다가 열병에 걸려 세상을 떠났다.

북아프리카에서 반달족은 439년 카르타고를 수도로 반달 왕국을 세웠다. 이들 반달족은 로마 제국을 여러 차례 침략했고, 455년에도 로마를 침공했다. 반달족에 의한 로마제국의 침공은 로마인들에게 엄청난 충격을 가져다주었다. 462년까지 아프리카의 반달 왕국은 북아프리카 전역과 시칠리아, 사르데냐, 코르시카 등 지중해의 여러 섬들을 지배하는 강력한 왕국으로 성장했다. 그러나 서로마 제국은 게르만족 출신의 로마 장군 "오도아케르"가 476년 서로마 제국 황제 로물루스 황제(Romulus Augustulus, 재위 475-476)를 폐위시키면서 서로마 제국이 멸망당했다.[3] 게르만족의 침입은 동로마보다는 서로마 제국에 더

---

3   이탈리아의 경우 476년 허룰리족의 왕 오도아케르에 의해 서로마 제국의 왕 로물루스가 폐위 당하였으나 곧 허룰리족은 동고트족에 의해 정복당하였다. 서방 종교가 가장 활기를 띠었던 이 지역의 경우 동고트족 역시 아리우스파였기 때문에 가톨릭이나 동방정교회는 그 통치 아래서 고통을 당하게 되었다. 당시 가장 유명한 신학자로 알려진 보에티우스(Boethius, -524)가 524년에 사형에 처해졌다. 562년 비잔틴 제국이 동고트족을 물리치고 이곳을 차지했으나 6년 후 568년에 아리우스파였던 롬바르드족이 침략해 다시 이들의 수중에 돌아가게 되었다. 동로마 제국의 교황들은 위기를 극복하기 위해 프랑크 왕에게 도움을 요청했고 이와 같은 배경에서 교황과 프랑크 왕 사이에 동맹이 이루어지게 되었다.

큰 영향을 미쳤다. 라틴어를 사용하던 스페인, 불란서, 로마는 게르만족의 침입으로 혼란을 맞게 되었고, 이들 국가들 역시 곧 몰락의 길을 걸었고 게르만족이 차지하게 되었다.

반달족은 신학적으로는 아리우스파였기 때문에 정통 기독교인들을 박해하였다. 그러나 비잔틴 황제 유스티안 1세(Flavius Justinianus, 재위 527-565)가 533년경 반달왕국과 전쟁을 통해 반달왕국을 멸망시켰다. 스페인에 정착한 게르만족은 톨레도에 수도를 건립한 서고트족이다. 이들은 아리우스파였기 때문에 동방정교회와 가톨릭교도들을 박해하였다. 그러나 589년 레카레드(Reccared I, 559-601) 왕이 가톨릭 신앙으로 개종하였고 이 시대 유명한 신학자 세비야의 이시도르(Isidore of Seville, c.560-636)가 등장했다. 무어인들이 스페인을 침략하여 서고트족 마지막 왕 로드릭(Roderick, 재위 710-711)을 물리치면서 서고트족 왕국은 역사에서 사라졌다.

갈리아 지역에 정착한 게르만족은 프랑크족이었다. 이 때문에 이 지역이 오늘날 "프랑스"로 불리게 된 것이다. 프랑크족은 이교도들이었으나 496년 클로비스 왕(Clovis I, c.466-511)이 왕비 클로틸다(Clotilde, c.474-548)에 의해 가톨릭교인으로 세례를 받으면서 기독교의 영향을 받기 시작했다. "클로비스와 그 부족은 야만족들 가운데 최초로 통치자와 부족 전체가 이교로부터 정통신앙으로 귀의한 예이다."[4] 클로비스는 알라마니족과의 전투에서 위기 순간에 그는 예수 그리스도에게 기도했고 알라마니족 왕을 쓰러트리고 승리한 후 3천명의 군인들과 함께 세례를 받았다. 그가 정통신앙으로 돌아서면서 상당한 선교가 진행되었다.[5] 프랑크족은 정치적으로는 갈리아를 점령하여 새로운 왕국을 형성했지만 종교적으로는 기독교의 영향을 받았다.[6] 프랑크 왕국은 후에 중세

4　William R. Cannon, *History of Christianity in the Middle Ages: From the Fall of Rome to the Fall of Constantinople*, 중세교회사, 서영일 역 (서울: 기독교문서선교회, 1995), 17.

5　Roland Herbert Bainton, *Christendom: A Short History of Christianity and Its Impact on Western Civilization*, 기독교의 역사, 이길상 역 (일산: 크리스챤다이제스트, 1997), 151.

6　최형걸, 중세교회사, 32, "갈리아 남부 지역, 지금의 스페인에서 프랑스 남부에 이르는 지역은 서고트족의 지배하에 놓여 있었다 이들은 아리우스 신앙을 가지고 있었다. 이들이 아리

기독교를 형성하는데 매우 중요한 역할을 하였다.

중세시대 카톨릭 신앙을 빛나게 만든 것은 샤를마뉴(Carolus Magnus, c.747-814)와 신성로마제국이다. 프랑크 왕국으로도 불리는 신성로마제국은 갈리아 전역은 물론 서유럽 거의 전역을 통일한 대왕국으로 발전했다. 게르만식 통치, 갈리아 문화, 로마 카톨릭 기독교 신앙을 배경으로 형성된 신성로마제국은 교황권과 긴밀한 유대관계를 형성하며 중세를 특징 짓는 중요한 정치 문화 배경을 형성했다. 프랑크족이 형식적이기는 하지만 이교에서 니케아 정통신앙으로 회심했기 때문이다. 그의 회심으로 아리우스주의는 5세기말부터 6세기 중엽까지 급속히 몰락하기 시작했다.[7] 8세기에 유럽으로 이슬람이 진출을 꾀하자 프랑크 왕국은 투르 전투(Battle of Tours, 732) 혹은 포에티에 전쟁(Battle of Poitiers, 732)을 통해 이들 이슬람의 진출을 저지시켰다. 800년 즉위하여 새로운 중세 르네상스 시대를 연 샤를마뉴 황제가 프랑크 왕으로 재위하는 동안 프랑크 왕국은 최고 번성했다.

앵글로족과 색슨족은 로마화된 지역에 정착하였으나 스코틀랜드 지역의 픽트족과 스코트족은 로마에 의해 정복되지 않았었다. 이 지역의 경우 영국 출신의 선교사 성 패트릭에 의해 아일랜드 대부분이 기독교로 개종했으며 여기서 훈련받은 이들이 앵글로족과 색슨족 선교사로 파송을 받아 복음을 전했다. 하지만 그레고리 대제가 파송한 켄터베리 어거스틴처럼 유럽대륙에서 파송받은 자

우스 신앙을 가졌던 계기는 4세기 중반에 동게르만 인들인 동고트족이 갑바도기아 지역에 침입했다가 아리우스 신앙의 기독교를 접한 것으로 알려져 있다 … 동게르만 사람들에게 전해진 아리우스 기독교는 그 후 거의 모든 게르만 사람들에게 전해져서 로마 제국에 침입한 게르만 사람들의 대부분이 아리우스 신앙을 가지게 되었다. 그런 연유로 갈리아 남부 지역을 지배하고 있던 서고트족이 아리우스 신앙을 가지고 있었고 물론 원래 로마 제국 사람들은 정통 신앙, 곧 아타나시우스 신앙을 갖고 있었다. 이런 상황에서 클로비스가 카톨릭 신앙으로 개종하고 서고트족과 전쟁을 벌였던 것이다. 이 전쟁에서 그 지역 주민들은 클로비스를 해방자로 환영하고 받아들인 것은 예사하기 어렵지 않다. 클로비스는 직접 이렇게 말했다고 한다. '나는 아리우스파 이단자들이 갈리아 지방의 일부를 장악하고 있음을 용납할 수 없다. 자 나아가 그들을 쳐부수자, 하나님이 우리와 함께 하시니라.' 그는 이 전쟁에서 승리하여 서고트족을 스페인 쪽으로 쫓아내는 데 성공한다." 게르만족의 기독교 관습은 고해성사, 참회, 교회의 세속적인 삶의 개입이라는 특성을 지녔다(위 책 43-46).

7 Wilson Lloyd Bevan *Church History, Mediaeval and Modern* (Sewanee, Tenn.: The University Press at the University of the South, 1914), 9-10.

클로비스(Chlodovechus I, 재위 509-511)의 세례

들도 있었다. 켄터베리 어거스틴은 영국의 기독교와 대륙의 기독교를 이어주는 중요한 역할을 하였다.

2. 기독론의 혼란과 성상논쟁으로 인한 혼란

서방세계가 게르만족의 침입으로 혼란을 맞는 동안 동로마 제국에서는 신학적 논쟁이 활발하게 진행되었다. 그 논쟁은 기독론 논쟁을 중심으로 전개되다 후에는 성상논쟁으로 발전하였다. 주지하다시피 기독론 논쟁은 325년 니케아 신조에서 예수 그리스도를 완전한 하나님 완전한 인간이라고 규정한 후 어떻게 그가 완전한 하나님이시며 완전한 인간일 수 있는가, 신성과 인성이 그리스도의 한 인격 안에 어떤 관계로 존재하는가 하는 문제를 놓고 오랫동안 논쟁을 벌인 것을 의미한다. 381년 콘스탄티노플회의(First Council of Constantinople, 381)에서 인간의 영혼의 자리에 로고스가 위치해 완전한 신성은 보존했으나 완전한 인간을 평가절하시킨 아폴리나리우스(Apollinarius, c.310-c.390)가 이단으로 정죄를 받았다. 431년 에베소회의(The Council of Ephesus, 431)에서는 양성을 지나치게 강조하는 네스토리우스(Nestorius, c.386-451)가 이단으로 정죄를 받고 마리아를 데오토코스(Theotokos)라고 불러야 한다는 시릴(Cyril of Alexandria, 376-444)이 정통으로 인정을 받았다. 네스토리우스를 따르는 이들은 페르시아, 인도, 중국으로 선교의 방향을 돌렸다.

451년 칼케돈회의(The Council of Chalcedon, 451)에서는 유티키스(Eutyches, c.375-454)의 단성론(Monophysism)이 이단으로 정죄를 받았다.[8] 칼케돈회의에서 안디옥 학파가 주장해 온 양성과 알렉산드리아 학파가 주장해 온 연합이 하나로 통합되어 양성의 연합, 연합 후 양성의 교리 즉 그리스도의 신성과 인성 양성은 혼합 없이, 분리 없이, 나뉘어짐 없이, 변함이 없이 그리스도의 한 인격 안에 연합되었다는 교리가 정착되었다. 553년 콘스탄티노플회의(Second Council of Constantinople, 553)에서는 네스토리우스파의 소위 3개의 장(Three chapters)을 정죄하였고, 680년부터 681년까지 진행된 6차 에큐메니칼회의(Third Council of Constantinople, 680-681)에서는 그리스도의 한 인격 안에 신성과 인성 양성이 분리, 분할, 혼합, 나뉘어짐 없이 연합되었기 때문에 신성에 따른 의지와 인성에 따른 의지 두 개의 의지가 존재한다고 결정함으로써 오직 하나의 의지만 존재한다는 단의론(Monothelitism)이 정죄를 받았다.[9]

이와 같은 논쟁과 일련의 회의는 제국을 통치하는 통치자가 제국의 통일과

---

8   박용규, 초대교회사 (서울: 한국기독교사연구소, 2004), 389-400.
9   박용규, 초대교회사, 400.

안정을 위해 하나의 일치된 교리를 만들려고 하는 정치적인 목적에서 출발한 것이다. 통치자들은 모든 제국의 사람들이 하나의 교리를 가지고 한 가지 신앙으로 통일성을 갖기를 원했다. 그렇게 하였을 때 제국의 통치가 훨씬 힘을 얻을 것이라고 판단했기 때문이다. 하나의 통일된 교리를 만들려는 일련의 에큐메니칼 회의는 정통의 형성을 촉진시키는 중요한 촉매 역할을 했으며 이로 인해 혼란된 기독론이 하나의 틀로 정착될 수 있었다. 자연히 이 가르침에서 이탈한 자들, 이단으로 정죄를 받은 자들은 제국에서 발을 붙이기 힘들었다. 경교와 단성론자들이 주류에서 이탈하여 자신들의 집단을 형성하기 시작한 것이다. 경교로 알려진 네스토리안주의는 페르시아, 아라비아, 인도, 중국으로 퍼져나갔다.

단성론자들은 아르메니아, 이집트, 이디오피아, 시리아에서 세력을 확장했다. 이 중에서 아르메니아는 콘스탄틴 황제 이전에 기독교를 받아들인 곳으로 칼케돈회의 때 페르시아의 침략을 받아 대표를 파송할 수 없었다. 이들은 로마제국에 도움을 요청했으나 로마제국이 아르메니아를 지원하지 않아 단성론자들이 되었다. 이들은 박해를 받아 전 세계로 흩어지게 되어 현재 서유럽에 아르메니아 기독교인들이 살고 있다. 이집트의 콥트인들로 구성된 콥틱교회는 고대 이집트인들의 후예들로 칼케돈의 신조를 거부하고 단성론의 입장을 따르고 있다.

4세기 이집트 선교사들에 의해 설립된 이디오피아 교회는 이집트가 단성론의 중요한 중심지가 되면서 이디오피아도 단성론의 입장을 따르게 되었다. 시리아인들도 칼케돈회의의 결정을 거부하고 콥트인들과 같이 단성론의 입장을 취하면서 이들 역시 단성론자들로 알려졌다. 이들에 의해 인도까지 선교의 영향이 확대되었으며, 이들의 지도자 야코브스 바라데우스(Jacobus Baradaeus, 543/544-578)를 따르는 이들은 야곱파(Jacobites)로 불리우게 되었다.

성상(images) 문제는 오랫동안 중요한 논제가 되었다.[10] 그 핵심 인물은 철저하게 성상숭배를 반대했던 동로마 황제 레오 3세(Leo III the Syrian, 재위

10　John Fletcher Hurst, *Short History of the Medieval Church* (New York: Chautauqua Press, 1887), 27.

717-741)였다. 가장 첨예한 성상논쟁은 "레오 3세에 의해 주도되어 아들 콘스탄틴 5세(Constantine V the Kopronimos, 재위 741-775), 손자 레오 4세(Leo IV the Khazar, 재위 775-780)에 의해 계속되었으며 결국 비공개 종교회의(787)에서 일단 막을 내렸다."[11]

730년 성상금지를 명하는 칙령을 공포하고 성상 숭배자들에 대한 대대적인 박해 정책을 실시했다. 레오 3세를 비롯하여 황제들은 성상을 반대하는 교서를 발표하여 이를 금하였지만 적지 않은 사람들, 특히 수도사들은 성상 사용을 주장하였다. 때문에 이로 인한 혼란은 보통 큰 문제가 아니었다. 오랜 논쟁 끝에 787년 7차 에큐메니칼 회의인 니케아회의(The Council of Nicaea II, 787)에서 엄격한 의미에서 숭배는 하나님에게만 해당되지만 그러나 성상이나 초상은 존경받을 만한 가치가 있다고 규정하였다. 성상논쟁은 동방교회에서 가장 심하게 일어났고 서방에서는 성상에 대한 공의회의 결정을 심하게 반대하였기 때문에 성상논쟁은 동방교회와 서방교회가 분열을 맞는 결정적인 요인 중의 하나로 작용했다.[12] 기독론 논쟁과 성상 문제는 후에 예배의 본질이 무엇인가를 규명하는 중요한 논거를 제공하였다.

3. 이슬람의 발흥과 기독교와의 대립

혜성처럼 등장해 기독교에 가장 위협적인 세력으로 발흥하는 종교가 있었으니 바로 이슬람이었다.[13] 732년 프랑크 왕국의 찰스 마르텔(Karl Martell, c.680-741)이 투르 전투에서 이슬람의 기세를 꺾지 않았다면 이슬람은 유럽

---

11 Cannon, 중세교회사, 133.

12 Williston Walker, *A History of the Christian Church* (New York: Charles Scribner's Sons, 1922), 234-236.

13 Henry Cowan, *Landmarks of Church History to the Reformation* (New York: Anson D. F. Randolph & Co., 1896), 69-74.

전체를 지배했을 것이다.[14] 이슬람 종교는 창시자의 이름을 따라 모하메드교라고 불리기도 하고 참된 신에게 절대복종하는 특징을 고려하여 "이슬람교"라고 부른다. 셈족에서 태어났지만 유럽을 무대로 한 기독교와 달리 사막 지대를 거점으로 삼아 발전했다. 7세기 이슬람은 동로마 제국, 아프리카, 그리고 8세기 스페인까지 정복하고 수학, 천문학, 화학, 기계 분야에 이르는 괄목할만한 발전을 이룩한다.[15]

하지만 이슬람의 선교의 방향과 인류 문명에 끼친 영향은 카톨릭과 너무도 달랐다. 이슬람은 세력 확장을 진행하면서 칼로 정복을 했고 일부다처제와 노예제, 극단적인 종교와 독재가 어우러진 국가정치를 세웠다. 기독교가 원수사랑, 비폭력, 무저항의 기조를 잃지 않았던 것과 극명하게 대비를 이룬다. 필립 샤프는 이렇게 기독교와 이슬람을 대비시켰다.

> 기독교 선교의 감동적인 힘은 하나님과 인간에 대한 사랑이었고 이슬람의 감동적인 힘은 광신주의와 무력이었다 … 이슬람은 정복의 행진을 강행하며 성경의 지역들과 그리스교회를 강제로 점령했고, 콘스탄틴의 권좌를 찬탈했으며 스페인을 짓밟았고 피레네 산맥을 넘어 심지어 로마교회의 독일 제국까지 오랫동안 위협하다가 마침내 빈의 성벽 아래에서 격퇴당했다.[16]

이슬람의 팽창은 중세교회사에 지대한 영향을 미친 중요한 사건이었다. 왜냐하면 이슬람의 발흥으로 중세이후 지중해 문화는 비잔틴, 유럽, 그리고 이슬

---

14 William E. Watson, "The Battle of Tours-Poitiers Revisited," *Providence: Studies in Western Civilization* 2.1 (1993): 51-68. 다음을 참고하라. Alessandro Barbero, *Charlemagne: Father of a Continent* (LA: University of California Press, 2004); Roger Collins, *The Arab Conquest of Spain: 710–797* (Oxford, England: Blackwell, 1989); Edward Gibbon, *The History of the Decline and Fall of the Roman Empire*, 6 Vols (London: Strahan & Cadell, 1776-1789); Charles W. Oman, *Art of War in the Middle Ages A.D. 378–1515* (New York: Cornell University Press, 1960);

15 최형걸, 중세교회사, 58.

16 Schaff, *History of Christian Church, Volume IV.*, 150.

모하메드(Muhammad, c.570-632)

람 세 문화권으로 분할되었기 때문이다.

이슬람교의 창시자는 모하메드(Muhammad, c.570-632)이다.[17] 그는 570년 메카에서 출생했다. 어머니는 아미나였고 아버지는 압달라였다. 아버지가 24살에 세상을 떠나 어머니가 젊은 나이에 미망인이 되었다. 그의 성장과정은 고난과 고달픈 삶의 연속이었다.[18] 할아버지 밑에서 자라다 578년 할아버지가 세상을 떠난 뒤 숙부 밑에서 성장하며 숙부를 따라 시리아로 장사 여행을 하기도 했고 대상의 사환 노릇을 하고 양들과 염소들을 지켜주면서 근근이 살았다. 25살 때 과부 카디자(Kadija)와 결혼했는데 그보다 15살이 연상이었고 과거에 전남편이 그를 장사 일로 고용하여 데리고 간 적이 있었다. 모하메드는 아내의 대상을 맡아 크게 성공했고 아들 둘, 딸 넷 자녀를 낳았다. 자녀들은 막내

---

17   김영재, 기독교교회사 (경기: 합동신학대학원출판부, 2005), 218.
18   Sidney M. Houghton & Iain H. Murray, *Sketches from Church History: An Illustrated Account of 20 Centuries of Christ's Power*, 복음적 개혁신앙의 관점에서 본 기독교 교회사, 정중은 역, (서울: 도서출판 나침반사, 1990), 60. 그는 어릴 때 간질병을 앓았고 이로 인해 평생 고생했으며 게다가 양친을 잃고 삼촌 아부 탈립 집에서 자랐다.

딸 파티마만 남고 모두 세상을 떠났다. 그는 아내 카디자에 대해 늘 감사하는 마음을 품고 지냈고, 카디자와 사별한 뒤 여러 아내를 얻었다.

모하메드가 종교적인 관심을 갖기 시작한 것은 장사 차 시리아에 갔다가 유대인들과 그리스도인들을 만나면서 그들의 전승을 알게 되면서였다. 유대교와 기독교에 대한 이야기를 들은 후 그는 많은 시간을 은거와 기도와 금식과 명상을 하며 보냈다. 심한 경련과 간질적 발작이 그를 괴롭혔다. 그 원인을 처음에는 귀신의 탓으로 나중에는 하나님의 압도적인 임재 탓으로 돌렸다. 더 나아가 하나님과 합일해야겠다는 일념이 그를 지배했다. 그러던 중 그는 자신이 하나님의 사자라는 '대범한 자각'을 하게 되었다.[19] 필립 샤프의 말을 빌린다면 "그는 동족에게 우상숭배를 버리고 유일하신 참 하나님을 섬김으로 지옥의 심판과 정죄를 피하라고 경고하시기 위해 부름 받은 하나님의 사자라는 대담한 생각에 이르게 되었다."[20]

610년 모하메드는 40살의 나이에 가브리엘 천사로부터 하라 산의 황막한 곳에서 "주의 이름으로 외치라"는 지시를 받았다.[21] 그는 서둘러 내려와 아내에게 이 사실을 알려주었고, 그러자 아내는 "크게 기뻐하며 그가 백성의 예언자가 될 것이라고 그에게 말해주었다."[22] 하라 산에 다시 올라가서 그는 가브리엘 천사를 만났다. 천사는 그에게 이렇게 소명을 주었다고 알려졌다. "나는 가브리엘이고 그대는 하나님의 예언자 모하메드이니라. 두려워 말라."

이런 계시는 20년이 넘게 여러 번 계속되었다. 첫 3년 동안 그는 가족과 친구들을 대상으로 자신의 깨달음을 전했고, 제일 먼저 아내가, 장인 아부 바크르, 딸 파티마와 양자 알리, 노예 자이드가 모하메드가 신에게 사명을 받았다고 믿었다. 모하메드는 알라가 유일신이시고 모세와 예수도 그의 선지자이며, 자기

19　Houghton, 복음적 개혁신앙의 관점에서 본 기독교 교회사, 7. 그는 어릴 때 간질병을 앓았고 이로 인해 평생 고생했으며 게다가 양친을 잃고 삼촌 아부 탈립 집에서 자랐다.

20　Schaff, *History of Christian Church, Volume IV.*, 164.

21　Cowan, *Landmarks of Church History to the Reformation*, 70; Houghton, 복음적 개혁신앙의 관점에서 본 기독교 교회사, 61.

22　Schaff, *History of Christian Church, Volume IV.*, 164.

가 알라의 가르침을 가장 완벽하게 전해주는 마지막 선지라고 주장했다. 그는 자신의 새로운 종교를 이슬람이라고 불렀는데 이는 '순종', '헌신'이라는 의미이다.[23] 이렇게 해서 모하메드는 예언자로 새 종교의 창시자가 되었다.

3년이 지나 그는 공적으로 메카에 모여드는 사람들에게 전도를 하고 우상숭배를 비판하고 반대자들과 논쟁을 벌였다. 박해와 폭동이 일어나 그는 추종자들을 데리고 622년 7월 16일 메카에서 400km 떨어진 메디나로 도피했다.[24] 도피 혹은 이주를 헤지라라고 부르며 경이로운 성공의 발단이자 이슬람교 출범의 시작이 되었다.[25] 모하메드는 메디나에서 예언자와 입법자로 인정을 받았다.

모하메드는 처음에 신앙에는 강제가 있어서는 안 된다며 관용을 선포하다 시간이 지난 뒤에는 모든 불신자들은 이슬람교에 들어오게 해야 하고 거역하는 자들은 칼로 다스려야 한다고 가르쳤다. 632년 6월 8일에 집에서 고열로 격심한 고통 속에서 울부짖으며 침상에서 몸을 이리저리 굴리며 세상을 떠났다.[26] 그가 마지막으로 남긴 말은 바로 이것이다. "주님께서 유대인들과 그리스도인들을 멸하소서! … 아라비아 전역에서 이슬람교 외에는 어떤 다른 신앙도 남지 않게 하옵소서."[27] 필립 샤프는 스프렝거(Aloys Sprenger)의 글을 인용하여 이렇게 평했다. "그의 추종자들은 오늘날까지도 그를 하나님의 가장 위대한 예언자로 여기지만, 그는 기독교 세계에서 사악한 사기꾼, 성서에 예언되고 거짓의 아비의 영감을 받은 적그리스도, 즉 거짓 선지자로서 오랫동안 혐오를 받았다."[28]

일본이 천황숭배 이데올로기를 포기하지 않는 한 패권주의를 포기할 수 없는 것처럼 이슬람교 역시 모하메드의 다음과 같은 말을 포기하지 않는 한 무력충돌을 피할 수 없다. "칼이 천국과 지옥의 열쇠이며, 알라를 위해 흘린 피 한

---

23 Houghton, 복음적 개혁신앙의 관점에서 본 기독교 교회사, 61.
24 Cowan, *Landmarks of Church History to the Reformation*, 70.
25 Cannon, 중세교회사, 83.
26 Paul Fouracre, *The New Cambridge Medieval History Volume I c.500-c.700* (Cambridge: Cambridge University Press, 2015), 334.
27 Schaff, *History of Christian Church, Volume IV.*, 166.
28 Schaff, *History of Christian Church, Volume IV.*, 168.

방울, 무장한 가운데 보낸 하룻밤은 금식이나 기도로 보낸 두 달보다 더 유효하고, 누구든지 전투에 참전하면 그의 죄가 사함을 받고 심판 날에 팔다리 대신에 천사들과 그룹들의 날개로 보호를 받을 것이다."[29] 필립 샤프는 이렇게 평했다. "이것이 그의 성공 비결이다. 우상 숭배자들은 이슬람이냐, 노예냐, 죽음이냐 사이에서 하나를 선택해야 했다."[30]

이슬람은 놀라운 기세로 세력을 확장해 나갔다. "비잔틴 제국이 약해진 틈과 그리스 교회의 내부 혼란에 힘입은 사막의 야인들(the wild sons)은 강렬한 광신주의에 영감을 받고 가장 간소한 음식에 만족하면서 전쟁과 고난과 험난한 인생 학교에서 훈련을 받고 팔레스타인, 시리아, 이집트를 정복하면서 초대기독교의 고전적인 토양을 삼켜버렸다. 그리하여 예루살렘, 안디옥, 알렉산드리아 총대주교구들에 있는 수천 개의 기독교 교회들이 무참하게 파괴되거나 이슬람 사원으로 개조되었다."[31]

이슬람은 서양에서 더 많은 성공을 거두었다. 709년에 북아프리카 정복을 완료했고, 2년 후 711년 타릭(Tariq ibn Ziyad, -c.720)이 알라 군대를 이끌고 지브롤터 해협을 건너 서고트족 마지막 왕 로드릭을 죽이고 스페인을 점령하고,[32] 720년 이전에 서고트 왕조를 무너트렸다.[33] 그 후 이슬람은 피레네 산맥을 통과해 남부 프랭클랜드, 나르본, 카르카소네, 니메스의 마을을 자신들의 손에 넣었다. 무슬림들은 동방에서 계속 정복을 해나가 9세기에 아프가니스탄, 인도를 점령하고, 11세기에 셀주크 터키를 정복했고, 투르 전투의 패배로 유럽 진출은 막혔지만[34] 마침내 1453년 콘스탄티노플이 오스만 터키에 함락당했다. 동방

---

29   Schaff, *History of Christian Church, Volume IV*., 171.
30   Schaff, *History of Christian Church, Volume IV*., 171.
31   Schaff, *History of Christian Church, Volume IV*., 172.
32   Bainton, 기독교의 역사, 159.
33   Bevan, *Church History, Mediaeval and Modern*, 31.
34   Cowan, *Landmarks of Church History to the Reformation*, 75-76. 732년 투르 전투는 "세계 15대 결정적 전투" 중 하나로 꼽힌다. 튜턴과 사라센 중 어느 쪽이 로마의 뒤를 이어 유럽을 지배할 세력이 될지를 결정하는 중차대한 기로에서 기독교의 튜턴이 승리함으로 사라센의 이슬람을 격파할 수 있었다. 8세기 초 이슬람은 북아프리카에서 스페인으로 영역을 확장했

교회를 대표하는 성소피아 성당도 엄숙한 기독교 예배가 아닌 코란을 낭독하는 이슬람교 사원으로 변했다.

"광신주의와 약탈이라는 무감각한 분노로 불타오른 타타르 터키족은 지독한 동유럽의 가장 아름다운 지역을 황폐화하고 폐허로 만들었다. 그들은 다른 모든 종교를 극도로 경멸하면서 그리스도인들을 소위 '개'처럼 대하면서 사실상 노예 상태에 놓이게 되었다. 그들은 내부 문제에 개입하지 않고 교회 직분을 상품으로 삼았다. 이슬람교도를 개종시키려는 모든 시도에 대해 사형을 언도했다. 신앙을 배반하는 것은 또한 국가에 대한 반역이며, 이 세상에서 가장 엄한 형벌을 받을 뿐만 아니라 다가올 세상에서는 영원한 저주를 받을 죄악이다."[35]

코란은 무엇인가?

코란은 이슬람의 경전이고 그들의 신조이고 법전이고 전례이다. 코란은 114개의 수라(Sura, 장)와 6,225개의 절로 구성되었고 수라는 아홉 번째를 제외하고는 모두 "자비의 신이요, 자비가 풍성한 알라의 이름으로"라는 문구로 시작된다. 이슬람교도들은 계시를 두 부류로 구분한다. 하나는 천사가 말한 '하나님의 말씀'이고 다른 하나는 예언자가 한 말이다.

> 전기, 중기, 후기의 수라 사이에는 상당한 차이가 있다. 초기에는 시적이고, 거칠고 광상적인 요소가 두드러진다. 중기에는 산문, 서사, 선교사에 관한 것이고, 후기에는 공적이고 법률적인 것이다. 모하메드는 자연적인 대상들, 심판, 천국과 지옥에 대한 설명, 열정적이고 단편적인 발언, 대부분이 짧은

고, 711년에는 북서쪽의 산악 지방을 제외한 반도 전역에 걸쳐 사라센의 통치가 확대되었다. 그로부터 몇 년 후 이슬람교도들은 피레네 산맥을 넘어 프랑스 남부 보르도를 점령하고 루아르 강까지 침투했으며, 콘스탄티노플도 침략의 위기 상황에 처했다. 732년 투루에서 찰스 마르텔(Karl Martell)이 지휘하는 군대가 이슬람의 사라센 군을 격퇴하면서 이슬람의 진격이 멈춘 것이다.

35 Schaff, *History of Christian Church, Volume IV*., 173.

문장으로 시작한 후 계속해서 독단적인 주장, 유대교와 기독교 자료의 역사적 진술, 선교적 호소와 설득을 다루고는 입법자와 전사의 독재적인 명령으로 마친다.[36]

필립 샤프에 따르면 코란의 자료들은 모하메드가 아라비아와 시리아의 전승들 중에서 랍비적 유대교와 변질된 기독교에서 유래한 것을 취해서 자신의 목적에 맞게 고친 것이다. "모하메드가 아라비아에서 발견한 이슬람교는 이교와 유대교와 기독교를 종합하려는 거친 시도에 불과했고 그것도 기존 여러 종교들의 요소들을 혼합하거나 짜깁기(모자이크)하는 매우 불완전한 형식이었다. 그런데도 이슬람교는 이삭과 이스마엘의 공동 조상인 아브라함의 믿음의 회복이라고 공언했다. 하지만 그것은 복음의 경륜을 그 목표와 성취로 직접적으로 바라보는 메시아적 희망과 열망을 지닌 아브라함의 진정한 믿음이 아니라, 이스마엘의 사생아 유대주의와 탈무드의 후기독교적이고 반기독교적인 유대주의에 불과했다."[37] 만약 모하메드가 성경을 주의 깊게 읽었다면 그런 심한 왜곡은 없었을 것이다.

"코란에서 진실한 것은 무엇이든 성경에서 차용한 것이며, 독창적인 것은 거짓이거나 경박하다. 성경은 역사적이며 모든 시대에 걸쳐 최종 완성에 이르기까지 인류의 가장 고귀한 열망을 담고 있지만 코란은 모하메드에서 시작하여 모하메드로 끝난다."[38] 이슬람주의자들은 코란이 '세상에서 가장 위대한 책들 가운데 한권'이라고 말하지만 서구 학자들은 종교 여부를 떠나 코란의 내용과 글의 통일성에 대해 매우 비판적이다.[39] 그것은 코란에는 "시적인 아름다움, 종교적인 열정, 현명한 조언이 담긴 구절들이 많지만 터무니없고 허황되고 의미 없

---

36 Schaff, *History of Christian Church, Volume IV.*, 177.
37 Schaff, *History of Christian Church, Volume IV.*, 183-184.
38 Schaff, *History of Christian Church, Volume IV.*, 181.
39 Hurst, *Short History of the Medieval Church*, 19-20.

는 이미지, 저급한 관능적 내용들이 뒤섞여 있기" 때문이다.[40] 기번(Gibbon)은 코란이 "우화와 계율과 선언으로 이루어지는 끊임없고 일관성 없는 광상곡"이라고 혹평했고, 칼라일(Carlyle) 역시 이렇게 평했다. "코란은 지루하고, 혼란스럽게 뒤범벅이 되었고, 조잡하고, 불합리하며, 끝없이 반복적이고, 장황하고, 얽혀 있어 어느 유럽인이라도 종교적 의무감으로가 아니라면 코란을 끝까지 읽어낼 수가 없다."[41]

이슬람 신조는 하나님, 예정, 천사들(선한 천사와 악한 천사), 책들, 예언자들, 영원한 상과 영원한 형벌이 따를 부활과 심판 여섯 조항이다. 모하메드교에서 항상 반복하는 것은 "하나님(알라 즉 참되고 유일하신 하나님) 외에는 다른 신이 없으며 모하메드는 그의 예언자이다." 이슬람의 유일신론은 기독교의 삼위일체와 다르다.

그렇다면 예수 그리스도는 이슬람교에서 어떤 존재인가? 코란은 예수를 "마리아의 아들 메시야 예수", "하나님의 사도"라고 부른다. 이슬람교도들은 그리스도의 신성을 절대로 용납하지 않는다.[42] 예수 그리스도의 동정녀탄생, 대속 십자가, 부활과 승천 사건도 부인한다. 그러면서도 예수가 모하메드의 도래를 예언했다며 다음과 같은 터무니없는 주장을 한다. "이스라엘 자손들이여! 나는 내 앞에 주신 율법을 확증하고, 내 뒤에 올 아흐메트라 이름하는 한 사도를 알리기 위해 당신들에게 보냄을 받은 하나님의 사도니라."[43]

이슬람교의 윤리는 알라의 뜻에 대한 순종, 구제, 그리고 기도 실천이다. "알라의 전능한 뜻에 귀의하는 것이 이슬람의 최고의 미덕이다. 그것이 행동과 고난 양면에서 가장 강력한 동기이며 결과적으로 숙명론과 무관심에 이르게 된다. 돼지고기와 포도주의 사용은 엄격히 금지되고, 기도와 단식(특히 라마단 기간 동안), 자선(almsgiving)을 명한다. 기도는 사람을 하나님에게 반쯤 인도하

---

40   Schaff, *History of Christian Church, Volume IV*., 179.
41   Schaff, *History of Christian Church, Volume IV*., 180.
42   Schaff, *History of Christian Church, Volume IV*., 185-188.
43   Schaff, *History of Christian Church, Volume IV*., 187.

며, 금식은 그를 하나님의 궁전 문에 데려가며 자선은 그를 그 안에 안전하게 들어가게 해준다."[44]

이슬람의 윤리는 하나님의 형상으로 지음 받은 남녀의 평등사상에 기초한 가정-사회 윤리를 근간으로 하는 기독교 윤리와 본질적으로 다르다.[45] 그 전형적인 것이 결혼제도이다. 필립 샤프에 따르면 "모하메드는 감각적 욕정의 노예였다. 그의 사적인 성격과 습관을 가장 잘 알았던 아예샤는 이렇게 말하곤 했다. '예언자는 여자들, 향수, 음식 세 가지를 사랑했다. 그는 마음속으로 처음 두 가지를 간절히 갈망했지만 마지막 세 번째는 마음으로 갈망하는 정도는 아니었다.' 그가 일부다처제를 과도하게 행한 동기는 나이가 들수록 커지는 정욕과 남성 자손에 대한 욕망 때문이었다. 그의 추종자들은 아브라함, 다윗, 솔로몬의 예와 그의 선지자 직분의 어려움을 근거로 그를 변명하거나 정당화했다. 그의 예언적 사역의 어려움이 너무 커서 하나님께서 그에게 성적 유희의 보상을 주셨고, 그에게 30명의 보통 남자를 능가하는 정욕을 부여해 주셨다."[46]

24년 동안 아내 카디자에게 충실했지만 아내가 619년 죽은 뒤 너무도 많은 여자들을 아내로 삼았다. 필립 샤프는 이렇게 말한다. "그에게는 적어도 열네 명의 법적 아내가 있었고, 그 외에 노예 첩도 여럿 있었다. 그는 죽을 때 아홉 명의 과부를 남겼다."[47] 모하메드는 여자관계가 복잡했고 그런 자신의 행위를 계시를 빙자해 정당화시켰다. 심지어 양자이자 절친한 친구인 자이드의 아내 제이납도 자기 아내로 삼았다. 아부 바크르의 딸 아예샤가 모하메드의 아내가 될 때 그녀는 9살의 어린 소녀였고 모하메드는 53살이었다. 아예샤가 시집 올 때 인형 아기를 가지고 왔다. 아예샤가 20살 때 모하메드가 세상을 떠나, 그녀는 47년을 과부로 살았다.

모하메드 때부터 내려오는 일부다처제와 축첩제도는 이슬람교가 시행하는

---

44   Schaff, *History of Christian Church, Volume IV.*, 188.
45   Cowan, *Landmarks of Church History to the Reformation*, 72-74.
46   Schaff, *History of Christian Church, Volume IV.*, 169.
47   Schaff, *History of Christian Church, Volume IV.*, 170.

가장 악한 관습이다. 일반 신도는 아내를 4명까지 둘 수 있고 여자 노예를 첩으로 취하는 행위는 모든 사람에게 무제한 허용되고 적국에서 잡아 온 여자들을 범하는 것을 정복자의 적법한 보상으로 인정했다. 필립 샤프는 이렇게 말한다.

> 일부다처제와 노예 축첩은 여성의 존엄성과 가정의 아름다움과 평화를 파괴한다. 모든 이슬람 국가에서 여성은 무시당하고 지위가 매우 낮다. 그녀는 베일(보호뿐만 아니라 여성 폄하의 표시)에 의해 대중의 시야에서 숨겨져 있다. 그녀는 기도하라는 명령을 받지도 않았고 모스크에서도 거의 볼 수 없다. 심지어 그녀에게 영혼이 있는지 여부가 공개적인 질문이지만, 그녀는 심지어 낙원에서조차 남성의 정욕을 만족시키기 위해서 필요한 존재이다. 이슬람교도는 아내의 건강에 대한 질문을 받으면 모욕감을 느낀다. 일부다처제는 고대 이교도들 사이에서 그랬던 것처럼 이슬람교도들 사이에도 무서울 정도로 만연해 있다. 이슬람에 대한 기독교의 무한한 우월성은 여성과 가정생활의 조건에서만큼 뚜렷이 드러나는 것도 없다. 여자는 복음의 종교 기독교에 너무도 많은 빚을 지고 있다.[48]

모하메드교에서는 전쟁을 교리적으로 정당화시킨다. 이슬람은 칼을 통한 무력정복을 통해 자신들의 신앙을 확장하는 것을 전혀 이상하게 여기지 않고 합법적인 행위로 변호한다. "불신자들과의 전쟁은 코란에 의해 합법화되었다. 싸우는 남자들은 살륙을 당하고 여자와 아이들은 노예로 전락한다."[49]

이슬람주의자들은 기도를 이슬람 예배의 핵심으로 삼는다. 그들은 모스크에 들어가 수건을 머리에 쓰고 맨발로 기도드린다. 기도하기 전에 손을 씻는다. 물이 없는 사막에서는 물 대신 모래를 사용한다. 새벽, 정오 조금 전, 오후, 해지고 나서, 밤이 되어, 그리고 밤에 두 번 더 드려야 한다. "독실한 이슬람교도는

---

48 Schaff, *History of Christian Church, Volume IV.*, 189.
49 Schaff, *History of Christian Church, Volume IV.*, 190.

이슬람 사원에서든, 거리에서든, 배 위에서든 대중 앞에서 공개적으로 자신의 경건(기도)을 실천하는 것을 결코 부끄러워하지 않는다."[50] 많은 여성들이 교회에서 발견하듯이 모스크에는 늘 남성들로 가득 차있다.[51] 필립 샤프가 지적한 대로 "이슬람교는 남성을 위한 종교이다. 여성은 중요하지 않다."[52]

지난 1500년의 역사가 증거하듯 이슬람교와 기독교는 이스마엘과 이삭 관계처럼 항상 적대적이어서 계속해서 대립과 전쟁이 일어났다. 그렇다고 이슬람교가 서양문명과 기독교에 부정적인 영향만 미친 것은 아니다. "이슬람은 기사도 발전에 도움을 주었고, 기독교 건축에 영향을 미쳤으며, 수학, 화학, 의학 연구를 자극했으며"[53] 아리스토텔레스 저서들의 번역을 통해 스콜라주의 철학적 기반을 놓았으며 터키가 콘스탄티노플을 점령하자 동방교회 학자들이 헬라어 성경 사본을 들고 이탈리아로 망명하여 그곳에서 종교개혁을 위한 길을 닦아주었다.

하지만 우리가 중세교회사를 통해 마음에 새겨야 할 것이 있다. 이슬람의 강력한 부상을 동서방교회가 힘을 합쳐 대처하지 못한 일이다. 이슬람의 발흥과 도전과 위협에도 불구하고 동방교회와 서방교회는 반목과 질투와 대립에서 벗어나지 못하였다. 동방교회는 니케아-콘스탄티노플 신조에 필리오쿠에를 삽입한 서방교회를 이슬람보다 더 유해한 이단으로 간주했다. 서방교회는 교황권을 앞세우며 십자군 원정 기간 동안 동방교회를 무참하게 유린하는 죄를 범하였다. 이슬람은 동방에서 거대한 종교로 세력을 확장했고, 기독교의 가장 강력한 라이벌로 부상했다.

---

50   Schaff, *History of Christian Church, Volume IV.*, 193.
51   Schaff, *History of Christian Church, Volume IV.*, 193.
52   Schaff, *History of Christian Church, Volume IV.*, 193. 이슬람에서는 여성의 교육과 향상이 이슬람체제를 파괴한다고 판단한다.
53   Schaff, *History of Christian Church, Volume IV.*, 151.

4. 그레고리 1세와 중세교황시대 개막

이슬람의 놀라운 세력 확장은 기독교에 가장 큰 도전이었다. 그레고리 1세의 등장으로 서방교회가 종교적 교리적 틀을 다지지 못했다면 중세기독교는 이슬람의 세력 앞에 완전히 무너져 내렸을 것이다. 이슬람이 놀랍게 세력을 확장하기 앞서 중세교회는 두 가지 기둥, 교황직과 수도원을 중심으로 세력을 집결해 나갔다.[54] 서고트 족이 로마를 위협할 즈음 레오 1세(Pope Leo I, 재위 440-461)가 칼케돈회의에서 중요한 리더십을 발휘하였다. 그 결과 헬라어권 교회를 분열시키는 기독론 논쟁을 종식하였다.

레오 1세보다도 더 중요하게 교회의 권위를 구축한 인물이 "590년 9월부터 604년 3월까지 14년 동안"[55] 교황으로 재직한 그레고리 1세였다. 본인이 고사했지만 590년 성직자단과 원로원과 백성의 만장일치로 교황에 선출되었다. 수도원주의 지도자가 교황에 오른 첫 사례가 되었다. 교황에 오른 뒤에도 그는 수도원 시절과 다름 없이 매우 검소하게 생활하였다. 그는 롬바르드족이 이탈리아를 침범하고 로마를 위협할 때 협상과 무력으로 로마를 지켰고, 이탈리아 남부 프랑스와 북부 아프리카에 이르기까지 교회령을 넓혀 수입을 올리고 교세의 확장과 빈민 구제에 노력하여 교황권을 발전시키는데 크게 기여하였다. 그를 중세기독교의 출발로 보는 이유가 거기 있다.

---

54 Cowan, *Landmarks of Church History to the Reformation*, 63. 그레고리 1세는 중세 수도원주의를 장려한 인물 중 한명이다. "540년경 귀족 혈통으로 태어나 570년 로마의 성직자가 된 그레고리는 575년 몬테 카지노 수도원장의 영향을 받아 세상의 모든 화려함과 세속적인 열망을 포기하고 베네딕트회 수도사 겸 봉헌 수도사가 되었다. 그는 자신의 재산을 교단의 확장에 바쳤고, 코엘리안 언덕에 있는 조상의 궁전을 수도원으로 개조하여 초대 수도원장으로 취임했다. 590년 포페돔으로 승격한 그는 수도원의 대관식을 거행했고, 수도원의 영역을 넓히고 영향력을 심화시키는 수단이 되었다. 베네딕트회 수도사들은 대주교와 교황의 대리인이 되었다. 성 베네딕트 규칙은 교황과 로마 공의회의 권위를 동시에 인정받았다. 공의회 법령을 통해 수도원 공동체는 주교의 간섭과 세속적 소외로부터 수도원 재산을 보호받았다. 이러한 후원 아래 베네딕트회 수도회는 번성했다."

55 Margaret Deanesly, *A history of the medieval church, 590-1500* (London: Methuen & Co., 1925), 19.

여러 면에서 그레고리 1세는 중세교회사에서 특별한 인물이다.[56] 무엇보다 그레고리 1세는 중세 교황권을 확립한 인물이다.[57] 그레고리는 주교이면서 수도 대주교였고 그러면서 총대주교였다. 로마의 주교였고, 로마 영토에 속한 일곱 속주교들(추기경 주교라 불림)을 감독하는 수도대주교였으며, 서방세계 혹은 라틴교회 전체를 총괄하는 이탈리아 총대주교였다. 주교, 총대주교 직위를 모두 지닌 입지전적 인물이었다. 그레고리 1세는 암브로스(Ambrose, c.339-397), 어거스틴(Augustine of Hippo), 제롬(Jerome, c.347-419/20)과 더불어 라틴교회의 제 4대 교회 박사로 불렸다.[58] 그는 "역대 교황들 가운데 몇 안 되는 뛰어난 지도력을 가진 신령한 인물"[59]로 평가를 받았다. 그레고리 1세는 고대교회와 중세교회를 이어주는 가교, "그리스-로마 유형의 기독교와 로마-독일 유형의 기독교를 연결시킨"[60] 인물이다. 중세가톨릭교회를 가장 잘 대표하는 인물이 그레고리 1세이다. 필립 샤프는 그 이유 다섯 가지를 들고 있다. 첫째, 수도

---

56   그레고리 1세에 대해서는 다음을 참고하라. Anonymous Monk of Whitby & Bertram Colgrave, *The Earliest Life of Gregory the Great* (Cambridge: Cambridge University Press, 1985); Francis Clark, "St. Gregory the Great, Theologian of Christian Experience," *American Benedictine Review* 3 (September, 1988): 261-276; George E. Demacopoulos, *Gregory the Great: Ascetic, Pastor, and First Man of Rome* (Notre Dame: University of Notre Dame Press, 2015); Frederick Holmes Duffen, *Gregory the Great: His Place in History and Thought* 2 Vols (London: Longmans, Green, and Co, 1905); Bradford L. Eden, "Gregory I, Pope," in *Medieval Italy: An Encyclopedia*, edited by Christopher Kleinhenz (New York: Routledge, 2004); Robert Austin Markus, *Gregory the Great and His World* (Cambridge: Cambridge University Press, 1997); John Moorhead, *Gregory the Great. The Early Church Fathers* (New York: Routledge, 2005); Robert Louis Wilken, "Interpreting Job Allegorically: The Moralia of Gregory the Great," *Pro Ecclesia*. 10.2 (2001): 213-226.

57   Cowan, *Landmarks of Church History to the Reformation*, 65; Deanesly, *A History of the Medieval Church, 590-1500*, 15-28, 82. "그레고리 1세의 죽음과 그레고리 7세가 즉위하는 사이에 교황권은 승리뿐만 아니라 많은 우여곡절과 재난을 겪었다 … 그레고리 1세는 그리스도의 대리자이자 성 베드로의 후계자인 영적 수위권을 주장했지만, 주제로서 겸손하게 콘스탄티노플의 황제에게 편지를 썼다. 그레고리 7세는 최고의 영적 권력뿐만 아니라 최고의 현세적 권력을 주장하고, 황제의 폐위를 선언하고, 그의 뜻을 집행하기 위해 독일과 이탈리아를 전쟁에 빠뜨릴 예정이었다. 그와 함께 교황권에 대한 중세의 개념이 완전히 형성되었다."

58   Lane, 기독교인물사상사전, 153.
59   Lane, 기독교인물사상사전, 153.
60   Schaff, *History of Christian Church*, Volume IV., 212.

그레고리 1세(Pope Gregory I, 재위 590-604)

원적이고 금욕적이고 독실하고 미신적이고 둘째, 성직 위계 중심적이면서 겸손했고 셋째, 고전 세속문화에 무관심했고 종교 교회 학문에 우호적이었고 넷째, 공의롭고 인도적이었고 다섯째, 기독교와 로마교황청을 위한 설교 열정으로 충만했다.[61] 이것들은 탁월한 행정 능력, 근면한 습성, 그리고 경건 생활의 강조로 집약할 수 있을 것 같다. 대(the Great)라는 칭호를 그에게 붙인 것은 정당했다.

그레고리 1세가 교황에 오를 때 로마는 전염병과 기근이 끊이지 않았고 항상 약탈이 자행되었으며 유럽 전역이 무정부 상태나 다름없는 혼돈에 빠졌다. 사람들은 종말이 가까웠다고 생각했다. 그런 시대적 상황에 그레고리 1세가 역

---

61 Schaff, *History of Christian Church, Volume IV*., 399-401. "예배의 가장 중요한 주요 부분을 사람들이 이해할 수 없었기 때문에 모국어로 설교하고 교리 교육을 통해 이를 보완하는 것이 더욱 중요했다. 그러나 바로 이것이 중세 교회의 약점이다. 교황 그레고리 1세는 때때로 매우 진지하게 설교했지만 후대 그의 모범을 따르는 교황은 거의 없었다. 설교하는 것이 주교들의 의무였으나 그들은 종종 그것을 등한히 했다."

사에 등장했다. 540년 로마의 유서 깊은 부유한 원로원 가문에서 태어나 좋은 교육을 받은 그레고리 1세는 라틴문학을 배우고 대수도원장이 되었다. 그는 지극히 검소하고 철저하게 금욕적인 생활을 했으며 시칠리아에 여러 곳에 수도원을 세우고 남은 재산을 가난한 사람들에게 나누어주었다. 그는 대수도원장으로 재직하는 동안 앵글로색슨족에 대한 선교 열정에 타올라 캔터베리 대주교가 된 어거스틴을 잉글랜드에 파송하였다.

그레고리 1세는 초대교회 에큐메니칼회의 신조들과 자신의 작품을 통해 라틴신학의 토대를 구축했다. 그는 한번 옳다고 판단한 것은 한치의 양보도 없이 확고하게 견지했고 "교회의 권리와 사도직의 특권을 위해 가장 열성적으로 싸웠지만 개인적인 명예를 구하지는 않았다."[62] 그는 그토록 바쁘게 사역하는 중에서도 매우 영향력 있는 작품들을 후대에 남겼다.[63] 그는 움직일 수 없는 2개의 정통신학의 기둥이 있다고 생각했다. 하나는 첫 네차례의 초대교회 에큐메니칼 공의회이고 다른 하나는 4복음서이다.

그의 신학은 온건한 어거스틴주의에 기울었고 그러면서도 그는 매우 실제적이고 탈사변적이고 탈비평적이었으며, 죄와 은총에 대한 그의 입장은 반펠라기우스주의에 가까웠다. 예정을 내지에 종속시켰으며, 타락한 본성은 죽은 것이 아니라 병든 것이라고 보았으며 선행의 공로를 강조했다. 그레고리는 연옥에서 불로 죄를 연단한다는 "연옥의 불교리와 연옥에 있는 영혼들의 유익을 위한 미사"를 제정한 장본인이다.[64] 그레고리 1세의 작품들을 전체적으로 분류 정리하면 다음과 같다. 첫째, 35권의 도덕대전(*Magna Moralia*), 둘째, 22편의 에스겔서에 관한 설교, 셋째, 40편의 복음서 설교, 넷째, 4부로 구성된 목회지침서, 다섯째, 4권으로 구성된 대화록, 여섯째, 838편의 서신, 일곱째, 그레고리 성례전, 여덟째, 미사를 위한 교송 모음 아홉째 기타 저술들이다.

---

62   Schaff, *History of Christian Church, Volume IV.*, 217.
63   Deanesly, *A History of the Medieval Church, 590-1500*, 27. 딘슬리는 그의 독보적인 족적에도 불구하고 그레고리 1세가 독창적이고 창의적인 신학자는 아니라고 말한다.
64   Schaff, *History of Christian Church, Volume IV.*, 226.

그레고리 1세의 작품들:

	저술 종류	저술 분량	핵심 내용	특기사항
1	도덕대전 Magna Moralia	35권	세비야의 주교 레안데르(Leander)의 권유로 콘스탄티노플에서 쓰기 시작해서 로마에서 완성한 것으로 욥기를 역사적 혹은 문학적 알레고리적 도덕적 의미에 따라 3중으로 해석해 놓은 주해서이다.	그레고리에게 도덕은 기독교윤리학의 대요이다.
2	에스겔서에 관한 설교	22편	아길룰프(Agiluph)가 로마를 포위하고 있는 동안 전한 것이다.	
3	복음서 설교	40편	당시 상황을 염두에 두고 전했다.	
4	목회지침서 Liber Regulae Pastoralis	4부로 구성	목회자들의 책임과 의무를 다룬 것으로 중세에 가장 높은 평가를 받고 있다. 헬라어, 앵글로 색슨어로 번역되었고 엄격한 독신생활을 요구한다.	
5	대화록 Dialogues	4권으로 구성	누르시아의 베네딕트와 그 밖의 성인들의 생애와 기적, 영혼불멸을 다루었다.	
6	서신들	838편	주교들과 제후들 선교사들 그밖에 기독교 세계 전역에 사는 사람들에게 보낸 서신들이다. 주제는 신학 도덕 정치 외교 수도원주의 주교직 및 교황직 수행 등 다양하다.	그레고리의 인격과 성직 수행방식 그리고 앵글로 색슨족의 개종에 대한 정보
7	그레고리 성례전		겔라시우스와 레오 1세가 작성한 성례전을 토대로 작성	
8	미사를 위한 교송 모음		그레고리 성가는 시적이고 선율적인 교송인 암브로스 성가에서 고대의 단순한 창송형식으로 회귀했다는 평가를 받는다. 진정성이 의심되는 것도 있다.	신앙시와 음악에도 상당히 조예가 깊었다.
9	기타저술들		열왕기상 주해, 알레고리적인 아가 주해는 진정성이 의심된다고 샤프가 지적한다.	

필자가 필립 샤프의 그레고리 1세 관련 논고(4권 216-220)를 토대로 정리

그레고리의 저술 중에서 가장 탁월한 저서는 중세 주교들의 교재로 사용된 목회지침서(*Pastoral Rule*)이다. 목회지침서 1:2에는 다음과 같은 내용이 있다. "교묘한 관심 속에서 영적 교훈들을 탐구하는 자들이 있으나 그들은 그들이 머리로 깊이 이해한 것들을 그들의 생활 속에서 짓밟아 버린다. 그들은 행함으로 배운 것이 아니라 학문으로 배운 것들을 그냥 가르친다. 그들은 말로 설교한 것을 행위로는 부정한다."[65]

1. 목회지침서, 2:2.

지도자는 항상 순결한 생각을 지녀야 한다. 왜냐하면 다른 사람들의 마음에서 오염의 흔적들을 지우는 직책을 맡은 자가 부정한 생각으로 오염되어서는 안되기 때문이다.

2. 목회지침서, 2:5.

지도자는 무엇보다도 깊은 묵상에 잠겨야 하고 또한 동정심을 품어 모든 사람들에게 친근한 이웃이 되어야 한다.

3. 목회지침서, 2:6.

온유함은 엄격함과 혼합되어야 하며 두 가지가 섞여 하나의 혼합체가 되어야 한다. 신도들에게 너무 엄격히 대하여 괴로움을 주어서도 안되고 너무 온유하게 대하여 방종에 빠지도록 해서도 안 된다.

4. 목회지침서, 3:40.

모든 설교자는 그의 말보다는 그의 행위로 외쳐야 한다. 그는 단지 말로써 행할 길을 가리키는 것보다 선한 행실로써 한 발자국을 남겨야 한다.[66]

우리가 지금 사용하고 있는 찬송가 59장 '하나님 아버지 어둔 밤이 지나'는 그레고리 1세가 작사한 찬송가이다.

---

65 Anthony N. S. Lane, *A Concise History of Christian Thought*, 복음주의 입장에서 본 기독교 사상사, 김응국 역 (서울: 나침반, 1991), 168에서 재인용.

66 Lane, 기독교 사상사, 168에서 재인용.

> 하나님 아버지 어둔 밤이 지나 먼동이 터서 밝은 아침 되니
> 우리가 이 시간 주님 앞에 나아와 주 찬양합니다.
> 만유의 주시여 주님 앞에 비는 우리들에게 힘을 주시옵고
> 하나님 나라의 한량없는 은혜를 내리어 주소서
> 거룩한 아버지 삼위일체 주님 구원의 사랑 한량없이 크니
> 영광의 주 이름 영원토록 빛나서 온 땅에 찼도다 아멘[67]

이것은 통일 찬송가 68장에 실렸던 찬송이다. 1400년이 더 지난 지금에도 그레고리 1세는 여전히 깊은 영향을 미치고 있다.

그레고리 1세는 한편으로는 로마 외 네 개의 총대주교들의 권위를 인정하면서도 다른 한편으로 로마교회의 우위성과 교황의 수위권을 동시에 확립했다. 그는 자신이 다른 네 명의 총대주교와 같은 총대주교이지만 로마교회의 우위성을 근거로 다른 4명의 총대주교들 위에 자신을 위치시켰다.

> 그는 콘스탄티노플, 알렉산드리아, 안디옥, 예루살렘 네 총대주교가 최고의
> 머리이신 그리스도 밑에서 그들의 공동 기초인 네 개의 에큐메니칼공의회
> 와 사복음서와 일치하는 하나의 관습적인 신앙고백을 가진 교회의 공동협
> 력 지도자들로 간주하면서도 그 자신이 교황으로 선출되었음을 공포함으로
> 결국 교황의 수위권을 확고하게 믿었다.[68]

그레고리 1세가 정착시킨 교황권은 교회의 삶에서 중요한 역할을 하였다. 그레고리 1세가 교황권을 확립한 후 중세 역사가 교황권을 중심으로 진행되었다.[69]

---

67 그레고리 1세, "하나님 아버지 어둔 밤이 지나," 찬송가 (서울: 한국찬송가공회, 2009), 59.
68 Schaff, *History of Christian Church, Volume IV.*, 219.
69 Deanesly, *A history of the medieval church, 590-1500*, 84-86. 마가렛 딘슬리는 중세 교황권 강화에 다음 몇 가지가 중요하게 작용했다고 말한다. "첫 번째는 이탈리아의 세속 통치자들

이렇게 시작된 중세교황권은 그레고리 1세가 등장한 590년부터 레오 9세(Pope Leo IX, 재위 1049-1054)까지, 그리고 빅토르 2세(Pope Victor II, 재위 1055-1057)부터 레오 10세(Pope Leo X, 재위 1513-1521)까지 크게 두 시기로 구분할 수 있다. 이렇게 교황권의 시기를 둘로 구분하는 것은 중세사의 가장 중요한 사건 중의 하나인 동서방교회의 분립이 1054년에 있었고, 1517년 종교개혁이 일어났기 때문이다.

590년부터 1517년까지 927년의 중세교황의 역사는 동서방교회의 대분열을 기점으로 크게 590년 그레고리 1세부터 1054년 동서방교회 대분열 당시 교황 레오 9세까지, 동서방교회 분열 이후 교황에 오른 빅토르 2세부터 1517년 종교개혁 당시 교황 레오 10세로 크게 대별할 수 있다. 그레고리 대제부터 레오 9세까지 464년, 빅토르 2세부터 레오 10세까지 463년으로 1054년 동서방교회 대분열을 기점으로 마치 중세시대를 양분한 것처럼 놀랍게도 시대의 범주가 같다.

그레고리 1세 평가

그레고리 1세의 족적은 단순히 14년간의 교황 재직기간만 아니라 그 이전부터 진행하던 그의 사역과 족적을 포함해서 중세교황권의 발달, 중세선교, 저술 등 종합적으로 평가를 해야 할 것이다. 그레고리 1세는 다음 몇 가지 점에서 중세로 접어드는 시기 교회의 삶에 중요한 역할을 하였다.

첫째, 그레고리 1세가 남긴 많은 족적 중에서 가장 두드러진 것은 교황권 확립이다.

둘째는 카톨릭 신앙의 확장을 들 수 있다.[70] 현대적인 표현을 빌린다면 그

사이의 균형을 맞추려는 교황의 정책이었다 … 두 번째는 계층 구조에 대한 현대적 개념에 반응하여 봉건주의가 성장했다는 것이다 … 셋째, 중세 교황권은 유럽에 유용한 중재 및 항소 법원을 제공했다 … 넷째, 교황의 영토 관할권의 성장은 그들의 권력에 어느 정도 기여했다."

70 Bainton, 기독교의 역사, 145.

는 선교의 중요성을 인식하고 실천한 인물이다. 그는 스페인 왕 레카레드를 도와 스페인이 서방신앙을 회복하는 일에 중요한 역할을 하였고 캔터베리 어거스틴을 영국에 선교사로 파송하여 영국선교에 지대한 공헌을 하였다.

셋째는 수도원 운동의 확장을 들 수 있다. 그는 서유럽 전역에 베네딕트 수도원 제도를 전파하여 이 지역의 교회들로 하여금 영적 생명력을 유지하도록 하는 일에 중요한 공헌을 하였다.

넷째는 많은 저술들을 통해 교회의 예식과 신학적 토대를 구축했다. 그는 성경주해, 욥기 해석(*Moralia*), 목회자의 임무(*Regula Patoralis*), 이탈리아 교부들의 생애와 기적 및 설교집 등이 있다. 그의 많은 작품들이 고대 히포의 감독 어거스틴(Augustine of Hippo)의 작품을 섭렵하여 그것을 비록 통속적이기는 하지만 당대에 재진술하였다.

많은 예배 의식의 토대 그 중에서 성가는 그가 이룩한 중요한 업적 가운데 하나였다. 그는 지금까지 지역에 따라 다르게 시행되어 오던 예배 형식을 일반화시켰으며 성가를 지었고 시편 송을 통해 교회 음악을 발전시켰다. 그레고리안 성가는 지금까지 서방교회의 예배에 사용되고 있을 정도로 그레고리는 서방기독교 음악에 지대한 영향을 미쳤다.

그레고리는 카톨릭 신앙의 확장, 수도원운동의 확장, 선교, 발달을 통해 전형적인 중세로 이어지는 신학을 구축하였다는 점에서 그를 중세의 출발로 볼 수 있을 것이다.[71] 하지만 그는 어거스틴이 강조했던 예정론 보다는 성례론에 관심을 더 기울였으며, 세례를 통해 구원에 이르며 세례 이후에 지은 죄는 회개하고 보상을 치러야 된다고 주장했다. 그리고 성찬이야 말로 주님의 희생의 반복이기 때문에 죄를 씻고 공적과 참회를 돕는다고 이해했다. 이렇게 해서 그레고리 1세는 화체설의 길을 터놓았고 말씀 중심의 교회에서 성례 중심의 사제주의(司祭主義) 교회를 낳았다.

그는 연옥사상을 신앙의 중요 요목으로 가르쳤다. 그 결과 중간상태(죽음

---

71 Cowan, *Landmarks of Church History to the Reformation*, 63-68.

과 심판 사이)를 말하는 동방교회와는 달리 서방교회는 연옥설을 그대로 받아들였다. 그레고리 1세에 따르면 작은 죄는 연옥의 불로써 정결함을 받으며 다른 사람의 기도로 연옥으로부터 구원에 이르게 된다.

제 2장

중세 시대 기독교 선교와 개종

> 아일랜드에 와서 나는 매일 양을 치면서, 하루에 여러 번 기도했다. 그러자 하나님의 사랑과 그분에 대한 경외심과 믿음이 점점 더 내 안에 자라나 영이 강건해져서 하루에 백 번이나 기도드렸고 밤에도 거의 그만큼 기도했다.
>
> St. Patrick(c.386-c.461)
>
> 어거스틴은 596년 40명의 동행자들과 함께 켄트의 동부해변에 위치한 타넷(Thanet)이라 부르는 약 600가정이 거주하는 작은 섬에 도착했다.
>
> Oliver J. Thatcher & Edgar H. McNeal, *A Source Book for Medieval History*, 92

교회사는 교회의 확장을 면밀하게 살피는 것을 생명으로 한다. 우리가 중세의 유럽 각국의 기독교화 과정을 역사적으로 고찰하는 것은 그 교회들이 성경적인 완벽한 교회이기 때문이 결코 아니다. 교회사가 완벽한 교회의 역사만을 서술의 대상으로 삼는 것도 아니다. 이 땅에 세워진 교회는 처음 그 순수한 신앙에서 점차 멀어지고 이상한 전통이 형성되었으며 성경의 가르침에서 벗어난 경우가 많았다. 특별히 중세기독교는 그 점에서 더욱 심했다. 그럼에도 불구하고 그 불완전한 교회들을 통해서 기독교 역사가 이어져 왔고, 그들의 불완전한 교회 모습을 통해서 이 땅에 우리는 많은 교훈을 얻는 것이다.

중세 잉글랜드의 앵글로색슨족, 켈트족, 브리튼족, 유럽의 게르만의 튜턴

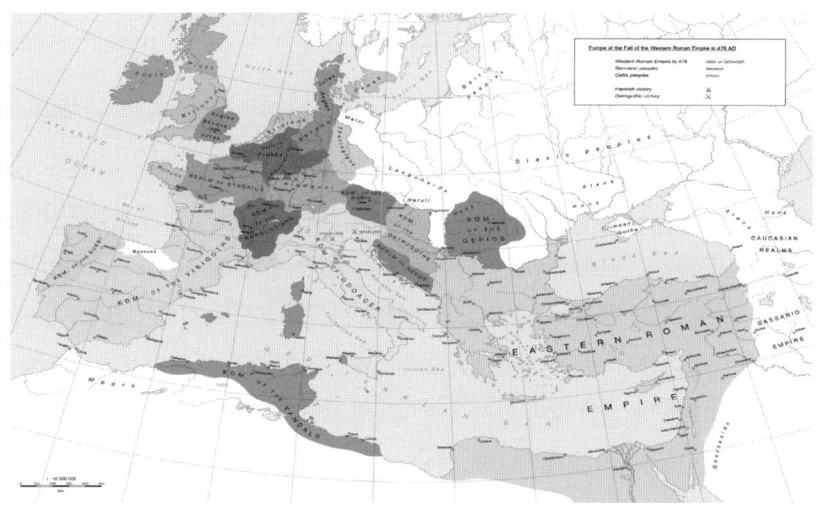

서로마 제국 멸망 후 바바리안 왕국들

족, 특별히 프랑스의 프랑크족, 독일의 작센족, 스칸디나비아-덴마크-스웨덴족들 가운데 어떻게 기독교가 전파되어 나갔는지를 살피는 것은 중세교회사의 큰 그림을 그리는 데 너무도 중요하다.[1] 브리튼족, 켈트족 가운데 기독교가 전래되었지만 그레고리 1세가 잉글랜드 앵글로색슨족에 파송한 어거스틴(Augustine of Canterbury, -604)의 성공적인 선교사역으로 잉글랜드 기독교가 로마교회로 통일되었고, 이어 아일랜드와 스코틀랜드교회들이 로마교회로 통일되었다.[2] 이어 프랑스 프랑크족과 독일 튜턴족의 기독교가 로마교회로 들어오면서 로마교회는 잉글랜드, 프랑스, 독일, 스칸디나비아를 장악하는 데 성공했다. 이런 일련의 과정을 본 장에서 살펴보려고 한다.

---

1 Margaret Deanesly, *A History of the Medieval Church, 590-1500* (London: Methuen & Co., 1925), 42. 중세의 유럽의 기독교화는 천천히 그리고 점진적으로 진행되었다.

2 Richard Chenevix Trench, *Lectures on Medieval Church History: Being the Substance of Lectures Delivered at Queen's College, London* (London: Macmillan and Co., 1879), 28.

1. 잉글랜드, 아일랜드, 스코틀랜드 선교

기독교 역사를 면밀히 살펴보면 복음은 갈리아인들, 브리튼인들, 게르만족, 켈트족과 튜턴족, 그리고 슬라브족 개종 순으로 중세선교가 확산된 것을 알 수 있다.[3] 처음 유대인들에서 헬라인들에게로 그리고 로마인들에게로 복음이 전해져 초대교회를 견고하게 한 후 초대교회 2세기 이후 갈리아인들, 브리튼인들, 게르만족, 켈트족과 튜턴족, 그리고 슬라브족 복음화 순으로 진행되었다.

한국에 파송된 선교사들이 한글문자, 서양학문, 문학, 서양교육 도입을 통해 단순히 복음만 전한 것이 아니라 근대화의 중요한 초석을 놓은 것처럼 당시 선교사들은 '문자, 학문, 농경, 법, 예술을 위한 토대'를 구축했다.[4] 그래서 막스 뮐러(Friedrich Max Müller)는 그의 유명한 언어학에서 "언어학은 생성 단계에서 기독교에 큰 혜택을 입었다. 이 학문의 선구자들은 온 세상으로 나아가 만민에게 복음을 전하라는 사명을 받은 사도들과 그들의 진정한 계승자들인 기독교 교회의 선교사들이었다."[5]고 말했다. 중세의 선교사들은 거의 다 수사들이었다.

> 그들은 일반적으로 교육이 부족하고 시각도 좁았지만 헌신적인 열심과 영웅적인 자기 부정의 정신을 소유한 사람들이었다. 그들은 원시적인 단순한 삶에 익숙했고, 모든 세속적 인연과 거리를 두었으며, 온갖 유형의 궁핍에 잘 훈련되었다. 그들은 어떤 노고도 감당할 자세를 갖추었으며, 비범한 습관, 독신생활, 단식 및 끊임없는 경건으로 세인들의 관심과 존경을 받았다. 전체적으로 그들은 북유럽과 서유럽의 야만인 종족들 사이에서의 기독교화

3　Williston Walker, *A History of the Christian Church* (New York: Charles Scribner's Sons, 1922), 195. 워커는 영국 선교를 중세의 출발로 본다.

4　Phillip Schaff, *History of Christian Church, Vol. IV.: Medieval Christianity from Gregory I to Gregory VII A.D. 590-1073* (New York: Charles Scribner's Sons, 1908), 14.

5　Max Müller, *Science of Language*, I, 121; Schaff, *History of Christian Church, Volume IV*, 18에서 재인용.

와 문명화에 있어서 가장 뛰어난 선구자들이었다.[6]

하지만 중세의 선교는 선교사들의 선교 사역을 통해서만 진행된 것은 아니었다. 중세의 선교는 한 개인이 복음을 받아들이고 주님께로 돌아오는 개별적 회심 방식이 아니라 한 민족의 왕이나 군주가 개종하면 명령에 따라 기독교 신앙을 받아들이는 집단 회심이었다. 점령자의 정치적 무력에 의해 피정복 백성들이 기독교로 개종하는 경우도 흔하게 있었고, 또 이교도 통치자가 예수를 믿는 여인을 아내로 맞아 기독교로 개종하는 역사도 자주 일어났다.

1) 잉글랜드 앵글로색슨족 선교

오늘날 '영국'이라 불리는 브리타니아에 언제 복음의 씨가 뿌려졌는지는 불확실하다.[7] 역사가들은 콘스탄틴 대제(Constantine the Great, c.272-337)가 브리타니아에서 태어났으며 그의 어머니 헬레나 역시 브리타니아 출신으로 추정하고 있다. 이미 4세기에 복음이 확산되어 그곳에 주교, 사제, 부제가 있었다. 그것은 314년 아를 공의회(The Council of Arles, 314)에 참석한 대표 중에 요크의 에보리우스(Eborius), 런던의 레스티투투스(Restitutus), 링컨의 아델피우스(Adelfius) 세 사람의 주교가 사제와 부제의 수행을 받고 참석했다는 사실에서도 확인할 수 있다. 영국 기독교는 아리우스 논쟁 때 아타나시우스(Athanasius, c.293-373)와 니케아신조 편에 섰다. 어거스틴 시대 이단으로 정죄를 받았던 펠라기우스(Pelagius, c.354-418)가 브리타니아 출신이었고 펠라기우스주의 지도자 켈레스티우스(Celestius)가 아일랜드 출신이었다는 사실도 일찍이 브리타니아와 아일랜드에 기독교가 활짝 꽃이 피었음을 보여준다.[8]

---

6   Schaff, *History of Christian Church, Volume IV.*, 19.
7   최형걸, 중세교회사 (서울: 이레서원, 2000), 35. 영국의 기독교 선교는 앵글로색슨의 개종을 통해서 진행된 역사와 그 이전의 아일랜드를 통한 기독교 전파 두 흐름이 진행되었다.
8   Albert Henry Newman, *A Manual of Church History* (Philadelphia: American Baptist

하지만 410년 로마제국의 브리타니아 통치가 종식되면서 그곳의 기독교는 심한 침체를 맞았다. 정치적 불안정은 기독교에도 심각한 영향을 미쳤다. 브리타니아 기독교는 정복자들에 의해 영향을 받지 않을 수 없었다. 브리튼족은 픽트족과 스코트족의 공격을 받자 이를 막기 위해 독일의 헹기스트와 호르사에게 도움을 요청했고, 이후 독일의 색슨족, 앵글족, 주트족, 프리지아족이 브리타니아로 이주하면서 앵글로색슨이라는 민족성과 언어를 형성하기 시작했다. 오늘날 영국을 지칭하는 잉글랜드는 앵글족의 땅이라는 의미로 여기서 앵글로-색슨이라는 용어가 기원되었다.

앵글로색슨족은 주로 독일의 서부와 북부, 엘베 강, 베세르 강, 아이더 강 이북과 특히 홀슈타인 슐레스비히, 유틀란트에서 이주한 민족이었다. 이들은 한 세기 반 만에 잉글랜드의 주인으로 정착민들이 되었고 켄트, 서섹스, 웨섹스, 에섹스, 노섬브리아, 머시아, 버니시아, 데이라 등 8개 독립왕국을 수립했다.[9] 브리타니아에 유입된 색슨족이 강력한 세력으로 부상했고 이들에 의해 브리타니아가 정복을 당한 후 그토록 번창하던 교회와 수도원은 파괴당했고 사제들도 학살당했으며 그 결과 기독교는 거의 멸절하고 말았다.

브리타니아에 다시 복음이 전해지기 시작한 것은 그레고리 1세가 595년 어거스틴(Augustine of Canterbury, -604)을 이곳 선교사로 파송하면서였다.[10] 그레고리 1세가 앵글로색슨족에게 선교사를 파송한 데는 특별한 스토리가 있었다.[11] 그레고리 1세는 교황이 되기 전 대수도원장으로 있을 때 로마의 노예

Publication Society, 1912), 409. "4세기 초에 이르러 기독교는 영국에서 상당한 영향력을 행사하게 되었다. 아르레스회의(314년)에는 여러 명의 영국 주교가 참석했고, 350년 아리미니움 공의회(the Council of Ariminium)에는 더 많은 영국 주교가 참석했다. 니케아 공의회(325년)에 영국인이 참석했다는 증거는 없다. 펠라기우스와 그의 제자 파우스투스(Faustus)와 파스티디우스(Fastidius)는 영국인이었고, 또 다른 주요 제자인 실레스티우스(Caelestius)는 아마도 스코틀랜드인[혹은 아일랜드인]이었을 것이다."

9   Schaff, *History of Christian Church, Volume IV.*, 29.
10 Wilson Lloyd Bevan, *Church History, Mediaeval and Modern* (Sewanee, Tenn.: The University Press at the University of the South, 1914), 14.
11 Deanesly, *A History of the Medieval Church, 590-1500*, 43. "앵글로색슨족의 개종은 영국 남동부에서 교황 그레고리 대제에 의해 시작되었고, 조금 후에 북동부에서 켈트족 수도사 에

캔터베리의 어거스틴(Augustine of Canterbury, -604)

시장에서 3명의 앵글로색슨 소년 노예를 만난 적이 있었다. 이들과의 만남을 통해서 그레고리 1세는 영국선교의 필요성을 깊이 절감했다.[12]

그레고리 1세의 어거스틴 영국 파송은 매우 중요한 의미를 지닌다. 어거스틴의 노력을 통해 영국이 로마카톨릭화 되고, 다시 여러 명의 선교사들이 영국에서 유럽으로 파송되어 그들에 의해 설립된 유럽의 많은 교회들이 로마 교황청에 복종하는 결과를 초래했기 때문이다. 영국에서 파송한 보니파스가 독일에서 교회를 조직하고 독일교회를 교황의 통제 하에 두었고, 다시 영국과 독일 선교사들에 의해 독일 북부와 동부의 야만인, 즉 덴마크인, 노르웨이인, 스웨덴인, 폴란드인, 보헤미안인, 헝가리인들에게 기독교를 전해 이들 나라의 교회들을 로

이단에 의해 계속되었으며, 664년 휘트비 시노드에서 마침내 두 선교 운동이 융합되었다 … 595년 그레고리는 잉글랜드 노예 소년들을 사서 '수도원에서 하나님께 바친 다음' 영국 선교사로 파견할 계획을 세우고 있었다. 596년에 그는 실제로 40명의 수도사들을 파견하여 이탈리아에서 론 계곡을 따라 투르, 파리, 영국으로 여행하도록 했다."

12   William R. Cannon, *History of Christianity in the Middle Ages: From the Fall of Rome to the Fall of Constantinople*, 중세교회사, 서영일 역 (서울: 기독교문서선교회, 1995), 50.

마교황청에 속하도록 만들었다. 이렇게 해서 어거스틴에 의해 영국이, 영국이 파송한 보니파스에 의해 독일이, 다시 영국과 독일에서 파송한 선교사들에 의해 유럽 여러 나라와 스칸디나비아와 슬라브족이 기독교화된 것이다.[13]

그런 의미에서 그레고리 1세가 어거스틴을 앵글로색슨 선교사로 파송한 것은 세계교회사적으로 매우 중요한 의미를 지닌다. 어거스틴의 잉글랜드 도착은 매우 시의적절했다. 어거스틴은 596년 40명의 동행자들과 함께 켄트의 동부해변에 위치한 타넷(Thanet)이라 부르는 약 600가정이 거주하는 작은 섬에 도착했다.[14] 기독교인 공주 버타와 결혼한 에델버트 왕(Ethelberht of kent, 550-616)의 환영을 받았고, 왕은 어거스틴이 가지고 온 로마 가톨릭 종교를 받아들일 준비가 되어 있었다.[15]

> 에델버트(Ethelbert) 왕은 주교를 데리고 온 파리 출신의 기독교 공주 버타(Bertha)와 결혼함으로써 이미 종교를 바꿀 준비가 되어 있었다. 그는 자신을 찾아오는 낯선 사람들을 만나러 나가 야외에서 그들을 영접했다 … 따라서 그는 그들이 자신의 왕국의 수도이자 곧 영국 교회의 수도가 될 캔터베리시(도로번, 두로베르눔)에 거주하도록 허락했다. 그들은 복음을 전하고 혹독한 수도생활을 감당했다. 몇몇 사람들은 베데(Bede)가 말했듯이 '그들의 순진한 삶의 단순성과 천국 교리의 감미로움'에 '감탄하여' 믿고 세례를 받았다 … 에델버트 왕은 개종하고 세례를 받았으며(아마도 597년 6월 2일), 그리스도를 섬기는 것은 자발적이어야 하기 때문에 강제로 권력을 사용하지 말라고 선교사들에게 배웠음에도 불구하고 점차적으로 그의 온 백성이 그를

---

13 Oliver Joseph Thatcher & Edgar Holmes McNeal, *A Source Book for Medieval History: Selected Documents Illustrating the History of Europe in the Middle Age* (New York: Charles Scribner's Sons, 1905), 92.

14 Thatcher & McNeal, *A Source Book for Medieval History*, 92.

15 Bede, *Ecclesiastical History of the English Nation* (London: J. Parker & Co., 1870), Book One, Chapter 23 and 25; Thatcher & McNeal, *A Source Book for Medieval History*, 92-93.

따르게 되었다.[16]

어거스틴(Augustine of Canterbury)의 잉글랜드 선교 사역은 매우 성공적이었다. 그런 선교 결실에 힘입어 597년 11월 16일 그는 잉글랜드 국가의 최초의 대주교로 임명되었다.[17] 그가 대주교로 임명된 597년 크리스마스에 1만 명의 앵글로색슨 사람들이 그에게서 세례를 받았다. 그는 캔터베리에 교회 겸 수도원을 설립하였다.

한 가지 주목할 사실은 그레고리 1세가 어거스틴에게 토착적 선교 방식을 제안했다는 사실이다. 선교사들이 이교 성전을 파괴하지 말고 기독교 예배당으로 개조하고 우상숭배를 성유물 숭배로 대체하도록 했다. 대표적 사례가 축일에 가축을 죽여 봉헌하는 전통을 수용하되 마귀에 드리는 것이 아니라 하나님을 찬송한다는 방향 전환을 지도한 일이다. 중국의 경교와 유사한 선교 정책을 사용한 것이다. 이와 같은 선교방식은 이교사상에 깊이 물든 그들이 기독교에 쉽게 들어오도록 수용적인 환경을 만들어 주었지만 기독교 신앙의 순수성을 퇴색시켜 본래의 순수한 기독교 신앙을 회복하는 데 수 세기가 걸리는 결과를 초래하고 말았다.

어거스틴은 잉글랜드에서의 성공적인 선교사역으로 그레고리 1세로부터 두터운 신임을 받았다. 그레고리는 601년 6월 22일에 "수도대주교의 영대(the metropolitan pall), 몇몇 사제들(멜리투스, 저스투스, 폴리누스, 그리고 다른 사람들), 많은 서적들, 예전 그릇과 의복들, 사도들과 순교자들의 유물을 보냈다."[18] 그리고 어거스틴에게 캔터베리에 12명의 주교, 요크에 1명의 대주교, 인근 지역에 복음이 확산될 경우 12명의 주교를 임명하라고 지시하며 주교 임명권까지 위임했다. 604년 런던의 초대 주교에 멜리투스(Mellitus, 재임 604-619), 로체스터의 주교에 유스투스(Justus, 재임 604-624), 625년에 요크의

16　Schaff, *History of Christian Church, Volume IV.*, 31-33.
17　Newman, *A Manual of Church History*, 416.
18　Schaff, *History of Christian Church, Volume IV.*, 35.

대주교에 파울리누스(Paulinus of York, c.584-644)가 임명되었다.[19] 어거스틴은 에델버트의 지원을 받으며 앵글로색슨 선교를 지속했다. 어거스틴은 독일에서 이주한 앵글로색슨족을 상대로 한 선교에서 브리튼족의 선교로 관심을 확장했다.

어거스틴이 오기 전부터 기독교 신앙을 받아들인 브리튼족의 주교들은 로마의 전통을 따르지 않고 독자적으로 자신의 종교전통을 실천에 옮기고 있었다. 가장 두드러진 차이는 부활절 날짜와 세례 방식이었다. 자연히 둘 사이에는 갈등과 긴장이 지속되었다. 로마교회의 전통을 강조하는 어거스틴과 더 오랜 선교 역사를 지니고 자신들의 독자적인 전통을 그대로 준수하려는 브리튼족 사이에 갈등은 브리튼족 선교의 큰 장애물이었다.

어거스틴은 브리튼족 주교 7명과 만나 "부활절 날짜에 대해 로마의 관례를 따를 것과 로마식 세례를 따를 것, 그리고 잉글랜드 백성들을 회심시키려는 노력에 힘을 보태"면 고유한 브리튼 전통을 관용해주겠다고 제의했다. 하지만 브리튼족 주교들은 어거스틴의 요구를 거절했다. 브리튼 주교들은 어거스틴이 매우 독선적이라고 판단하고 그의 겸손을 시험하기 위해 회합을 가질 때 어거스틴이 자기들 앞에서 일어나지 않고 그대로 앉아 있으면 그가 교만한 인물이라는 사실을 증명하는 것으로 간주하고 경멸하기로 사전에 상호 일치를 보았다. 그런데 실제로 그레고리 1세가 자신들이 가까이 다가갔는데도 그대로 의자에 앉아 있었던 것이다. 브리튼 주교들은 이 중요한 회합에서도 이렇게 교만한데 만약 어거스틴이 만약 그의 권위 아래 브리튼족 기독교가 들어간다면 자기들을 무시할 것이 당연하다고 판단하고 그의 제안을 단호히 거절했다.

어거스틴 대주교는 604년 세상을 떠나고 이어 라우렌티우스(Laurentius of Canterbury, 재임 604-619)가 대주교에 올랐고,[20] 그리고 멜리투스(Mellitus, 재임 619-624)가 대주교직을 계승했다. 캔터베리와 요크의 초대

---

19   Bede, *Bede's Ecclesiastical History of the English Nation*, 113.
20   Bede, *Bede's Ecclesiastical History of the English Nation*, 113-116.

대주교들과 잉글랜드 남부 대다수의 교구의 주교들을 비롯한 초기 잉글랜드 고위 성직자들은 이탈리아에서 파송된 이들이었다. 그러다 시간이 지나면서 잉글랜드 출신 성직자들이 배출되기 시작했다.[21] 어거스틴이 파송된 뒤 1세기가 지나 앵글로색슨 7개 왕국이 기독교 신앙으로 돌아섰다. 잉글랜드 기독교는 철저하게 로마와 긴밀한 유대관계를 가지며 로마의 종교적 관습에 충실하며 로마의 기독교의 일부로 역사를 이어왔다. 중세 잉글랜드의 선교는 다음과 몇 가지로 정리할 수 있을 것 같다.

첫째, 영국에서의 기독교로의 개종은 지적이고 명목적이고 의식적이었다. 성직자와 수사들만 교육을 시켰고, 헬라어와 히브리어는 교육시키지 않았으며, 십계명, 사도신경, 주기도문 그리고 약간의 라틴어만 교육시켰다.

둘째, 로마교회에 매우 충실했다. "앵글로색슨 기독교는 탁월함과 결점들을 동시에 지닌 로마 기독교와 종교개혁 때까지 계속 존재했다. 여기에는 라틴미사, 성인 숭배, 화상과 성유물숭배, 수도원의 미덕과 악덕, 성지순례, 그리고 많은 맹신과 미신이 포함되었다."[22]

셋째, 앵글로색슨족 선교와 브리튼족 선교 사이의 갈등이 오랫동안 존재하며 영국선교의 장애물로 존재했다.

넷째, 잉글랜드 교회는 캔터베리, 런던, 로체스터, 요크를 거점으로 역사가 이어져왔다. 이 중에서 캔터베리가 가장 중요한 중심이었고, 대주교 아우구스티누스 604년 세상을 떠난 뒤 라우렌티우스, 멜리투스, 유스투스(재임 624-627), 호노리우스(Honorius, 재임 627-653), 데우스테디트(Deusdedit, 재임 655-664), 테오도루스(Theodorus Tarsiensis, 재임 668-690), 브리트월드(Berhtwald, 재임 693-731), 타타윈(Tatwine, 재임 731-734)으로 계승되어 왔다.

---

21 Deanesly, *A History of the Medieval Church, 590-1500*, 48. "캔터베리 교회들과 린디스판 교회들의 관계는 7세기 중반에도 여전히 불안정하여 서로 다른 교회월력으로 인해 불편을 초래했다. 653년 최초의 영국인 토착민이 캔터베리 대주교로 임명되면서 린디스판과의 재결합이 쉬워졌다."

22 Schaff, *History of Christian Church, Volume IV.*, 38.

2) 패트릭과 아일랜드 선교

아일랜드 기독교는 성 패트릭(Patrick, c.386-c.461)의 선교를 통해 로마교회와 독립적인 카톨릭 신앙으로 출발했다.[23] 아일랜드 백성들은 고대 히베르니아인들로 혼합 민족이지만 대다수가 켈트족이었다. 아일랜드는 11세기까지 스코티아 혹은 스코틀랜드라 불리기도 했다. 아일랜드 선교는 성 패트릭과 성 브리젯(Brigid of Kildare, c.450-525)에 의해 진행되었다.[24] 전자는 남성이고 후자는 여성이다. 아일랜드에 포로로 잡혀 갔다 탈출해서 432년 주교 서품을 받은 패트릭은 다시 아일랜드로 돌아가 30년 동안 복음을 전했고 그곳 아일랜드를 복음화하는 데 성공했다. 패트릭이 남긴 작품 중에 신뢰할 만한 작품은 그가 죽기 직전 493년경에 저술한 것으로 알려진 25장으로 구성된 고백록(Confession)과 10장으로 구성된 코로티쿠스에게 보내는 항의서이다. '아일랜드의 사도'[25] 패트릭은 고백록에서 자신을 다음과 같이 소개하고 있다.

> 나 패트릭은 죄인이고 모든 신자들 가운데 가장 무례하고 가장 작은 자이며 가장 경멸을 받아 마땅한 자이다. 나의 아버지는 사제 포티투스(혹은 포티우스)의 아들이자 부제인 칼포르누스(혹은 칼푸르니우스)로 타베르니아의 반나벰이라는 마을에서 사셨다. 나의 아버지는 내가 붙잡혔던 인근에 별장 하나를 가지고 계셨다. 그 때 나는 열여섯 살이었으며, 참 하나님을 모른 채 히베르니아에 포로로 끌려갔다.[26]

16세에 아일랜드에 포로로 끌려간 뒤 자신이 어떻게 살았는지 고백록에

---

23 Newman, *A Manual of Church History*, 412.
24 Cannon, 중세교회사, 26.
25 William Bullen Morris, *The Life of Saint Patrick Apostle of Ireland* (London & New York: Burns & Oates, Limited, 1888), 1.
26 Schaff, *History of Christian Church, Volume IV.*, 48.

성 패트릭(Patrick, c.386-c.461)

서 밝힌 것이다. 사제의 아들이었지만 16살 이전에는 그가 제대로 신앙을 갖고 생활하지 않았다. 그러나 포로로 끌려간 후 그는 하나님께 간절히 기도하였다. "아일랜드에 와서 나는 매일 양을 치면서, 하루에 여러 번 기도했다. 그러자 하나님의 사랑과 그분에 대한 경외심과 믿음이 점점 더 내 안에 자라나 영이 강건해져서 하루에 백 번이나 기도드렸고 밤에도 거의 그만큼 기도했다. 그래서 나는 숲과 산에 머물렀고 새벽이 되기 전에 눈과 얼음과 비로 인해 기도하게 되었고, 나는 그것들로 인해 고통을 겪지 않았으며, 지금 보는 것처럼 그 때에 성령

2장 중세시대 기독교 선교와 개종 · 79

이 내 속에서 불타오르고 계셨다."[27] 풀려나기를 간절히 사모하며 기도하던 중에 해안에 프랑스로 보내는 사냥개를 싣고 있는 배에 몰래 올랐다가 선원들이 그를 발견하고 갑판으로 끌어내 개들을 돌보는 일을 그에게 맡겼다. 얼마 후 그는 자신의 집으로 돌아올 수 있었다.[28]

그러다 패트릭은 복음의 좋은 소식을 전해달라는 청을 받고 그는 주교의 신분으로 아일랜드로 돌아간 것이다. 성 패트릭이 고백한 대로 아일랜드 선교 결실은 대단했다. 그는 이렇게 말했다. "나는 하나님께 대단히 큰 빚을 진 자이다. 하나님께서 나에게 큰 은혜를 베풀어 주셔서 많은 사람들이 나를 통해 하나님께로 거듭나게 되었다. 하나님을 알지 못하고 우상과 부정한 것들만을 섬겼던 아일랜드 사람들은 이제 주의 백성이 되어 하나님의 아들들이라 일컬음을 받고 있다."[29] 패트릭은 그 자신이 "수천 명의 사람들에게 세례를 주었다"고 말한다. 성 패트릭의 아일랜드 선교는 놀라운 결실을 거두었다. 그 중요한 요인은 성 패트릭은 물론 그의 동역자들 모두가 성령충만한 사역자들이었다는 사실이다. 필립 샤프는 이렇게 기록했다.

> 성 패트릭 시대의 성인들은 모두가 성령 충만한 주교들이었으며, 그 수가 350명이었으며, 모두가 교회 설립자들이었다. 그들은 하나의 머리이신 그리스도와 한 명의 지도자인 패트릭을 섬겼고, 한 번의 미사와 귀에서 귀까지의 한 번의 체발(one tonsure)을 준수했으며, 춘분 후 오는 음력 14일에 부활절을 지켰다. 그들은 평신도나 여성을 배제하지 않았다. 왜냐하면 그들은 그리스도의 반석 위에 세워졌기 때문에 강력한 유혹에도 전혀 두려워하지 않았기 때문이다. 그들은 로마인, 프랑크인, 브리튼인, 스코트인들 가운데서 일

---

27 Morris, *The Life of Saint Patrick Apostle of Ireland*, 62-63.
28 Roland Herbert Bainton, *Christendom: A Short History of Christianity and Its Impact on Western Civilization*, 기독교의 역사, 이길상 역 (일산: 크리스챤다이제스트, 1997), 149.
29 Schaff, *History of Christian Church, Volume IV.*, 46.

어났다.[30]

　패트릭이 아일랜드에 전파한 기독교는 수도원 중심의 신앙생활이었다. 그가 아일랜드에 세운 기독교는 로마 교황의 지도를 받지 않는 독립적인 교회로 종교의식에 있어서 로마 카톨릭과 달랐다. 그가 남긴 고백록에는 교황에 대한 언급은 전혀 없고 성경에서 25번, 외경에 3번 인용하는 등 신앙 문제에 있어서 철저하게 성경에 근거한 것을 알 수 있다.

　패트릭 외에 또 한명의 아일랜드 선교의 선구자는 성 브리젯이다. 그녀에 대해 알려진 것은 많지 않다. '아일랜드의 마리아'라고 불린 성 브리젯(St. Briget of Ireland, 451-525)은 패트릭의 수의를 마련한 여인으로 패트릭보다 여러 해를 더 살며 아일랜드 선교에 헌신하다 523년(혹은 525년) 2월 1일 세상을 떠났다.

　성 패트릭이 세상을 떠난 뒤 그에게서 훈련 받은 제자들이 패트릭의 사역을 계승했다. 5-6세기에 앵글로색슨족의 잉글랜드 침공으로 수많은 브리튼족 사제들과 수사들이 잉글랜드에서 쫓겨나 아일랜드로 피신해 왔다. 이들의 유입은 아일랜드의 기독교를 더욱 활기차게 만들었다. 패드릭이 생을 떠난 지 불과 1세기도 되지 않아 아일랜드 전역에 수도원과 수녀원들이 세워졌다.

　대표적인 아일랜드의 수도원은 뱅커(558), 클로나드(500), 클론막노이스(528), 대리(555), 글렌돌로우(618)에 세워진 수도원들이었다. 당시 수도원은 성직자들과 선교사들을 양성하는 성직자 양성기관이면서 성경과 기타 기독교 신앙서적들을 필사하는 작업장의 역할을 동시에 감당했다. 당시 성직자들은 물론 여성들도 전쟁에 참여했기 때문에 내전과 혼란이 계속된 아일랜드에서 선교 사역은 많은 어려움이 있었다. 하지만 그런 가운데서도 아일랜드는 당시 유럽의 어떤 나라보다도 성인들을 많이 배출한 '성인들의 섬'으로 평가를 받았다. 그러다 여성들의 전쟁 참전을 면제해 주고 9세기에 접어들어 성직자들에게도

30　Schaff, *History of Christian Church, Volume IV.*, 54.

면제를 해주었다.

샤프는 아일랜드 선교를 1기와 2기와 3기로 대별하고 1기를 "교회 중심적 성인시대"로, 2기를 "수도원과 선교 중심적 시기"로, 그리고 제 3기를 "백 명의 경건한 사제들과 소수의 주교들"의 활동 시기로 규정했다. 1기에는 활발하게 교회가 세워졌고 패트릭이 임명한 350명의 주교들과 300명의 사제들이 활발하게 사역을 감당했고, 패트릭이 이들에 대한 감독권을 갖고 있었다. 2기에는 수도원들이 아일랜드 전역에 세워졌다. 켈트족 수도원은 시골의 조야한 통나무 건물이나 강변의 오두막집으로 수도원 안에는 교회당, 식당, 방앗간, 숙박소가 있었다. 젊은 수사들은 밭일과 대장간 일, 다음 세대 교육을 감당했고 선임 수사들은 기도와 성경필사를 맡았다. 주변 이교도들을 전도하여 회심하면 위험과 폭력에서 피할 수 있도록 그들에게 피난처를 제공했다.

이들은 선교열이 대단해 스코틀랜드, 브리타니아 북부, 프랑스, 독일, 스위스, 이탈리아 북부에 선교사들을 파송했다. 563년 스코틀랜드에 성 콜롬바(Columba, c.521-597)를 머리로 한 12명의 아일랜드 사도들을 파송하고, 612년에는 콜롬바누스(Columbanus, c.543-615)의 12동료들을 대륙으로 파송했다. 12명을 파송한 것은 한 팀을 구성해 효과적인 선교사역을 수행하기 위한 목적이지만 예수 그리스도의 12제자를 염두에 둔 것이다. 콜롬바누스는 프랑크 왕국에 갔다가 추방을 당하고 이탈리아로 가서 보비오 수도원을 세웠다.[31]

아일랜드의 교회들은 로마교회와 직접 연관은 없었다. 오랫동안 아일랜드 교회는 로마와 독립적으로 자신들의 종교적 관습을 지켜 나갔다. 하지만 어거스틴이 앵글로색슨족을 상대로 놀라운 선교의 결실을 거두자 교황청은 아일랜드 교회를 교황청 안으로 끌어들여 그들에게 로마의 관습을 따를 것을 강요하기를 원했다. 629년 호노리우스 교황(Pope Honorius I, 재위 625-638)이 아일랜드 성직자들에게 로마교회의 부활절 관습을 아일랜드교회도 준수하도록 권고하는 편지를 발송했다. 이 문제를 해결하기 위해 아일랜드는 3명의 총대주교를 로

---

31 Bainton, 기독교의 역사, 157.

마 교황에게 파송했다.

아일랜드 남부에서 로마의 부활절 월력을 준수하기 시작했고 이어 북부에서도 준수하기 시작했다. 그리고 아이오나에서도 대수도원장 아담난(Adamnán of Iona, c.624-704)가 704년 세상을 떠난 뒤에 로마의 부활절 관습을 따랐다. 남부에서는 부활절 관습을 1년 동안 연구한 아일랜드 학자 쿠미안(Cummian of Ireland, c.591-661/62)이, 북부에서는 교황과 서신을 주고받으며 이 문제를 조사한 이마의 대주교 겸 대수도원장이었던 아일랜드의 당대 최고 학자 토미안(Tómméne, c.580-661)을 통해서 로마의 부활절 월력을 받아들였다.

하지만 가장 결정적인 전환점은 윌리엄 1세(William the Conqueror, 재위 1066-1087) 때 노르만의 정복 이후 아일랜드 교회가 로마교회와 더욱 긴밀한 관계를 갖기 시작하면서였다. "아일랜드 캔터베리 대주교인 란프랑쿠스(Lanfranc of Canterbury, c.1005-1089)와 안셀름(Anselm of Canterbury, 1033/34-1109)은 노르만족 정착민들인 자신들에게 주교들과 사제들을 보내달라고 청원한 것에 근거해서 아일랜드의 가장 중요한 3개의 항구 도시인 더블린과 워터포드, 리메릭에 대한 일송의 감독권을 주장하고 행사했다. 이들은 아일랜드가 로마에 순응하도록 그들의 영향력을 행사하였다."[32] 이보다 더 결정적인 사건은 헨리 2세(Henry II of England, 1133-1189) 치하에 진행된 잉글랜드의 아일랜드 침공과 정복이다. 잉글랜드 출신의 하드리아누스 4세 교황(Pope Adrian IV, 재위 1154-1159)은 1155년 아일랜드 침공이 교황청에 유익이 된다는 교서를 발표했다. 헨리 2세는 1171년 아일랜드를 침공해 아일랜드를 잉글랜드에 복속시켰다. 그 이듬해 1172년에 열린 교회회의는 '아일랜드의 모든 직무들'은 '영국(잉글랜드)교회의 관습을 따라야 한다'[33]고 법령으로 공표했다. 그레고리 1세가 어거스틴을 파송하여 앵글로색슨족 가운데 로마 가

---

32 Schaff, *History of Christian Church, Volume IV.*, 59.
33 Schaff, *History of Christian Church, Volume IV.*, 61.

톨릭 신앙을 견고하게 뿌리내리게 만들었고, 그것을 기반으로 브리튼족과 아일랜드 켈트족 교회들을 로마 교황청에 복속시켜 잉글랜드, 스코틀랜드, 아일랜드 교회들마저 로마 교황청 산하에 두게 만든 것이다. 결국 로마 교황청이 승리했다. 이후 아일랜드는 로마 교황청과 긴밀한 관계를 유지하면서 강력한 로마 카톨릭 세력으로 남게 되었다.[34]

3) 중세 스코틀랜드 선교

스코틀랜드에 선교가 시작된 것은 4세기 말엽 성 니니안(Ninian of Casa, c.360-c.432)이 이곳에서 선교 사역을 감당하면서였다. "10세기 이전의 스코틀랜드는 아일랜드(히베르니아)와 구분되어 브리튼(브리타니아)이라는 일반 명칭에 포함되었다."[35] 브리튼족 왕의 아들로 태어난 니니안은 로마에 가서 교황으로부터 칼레도니아 이교도들의 사도로 임명 받고 스코틀랜드의 동부 지역에 거주하던 픽트족에게 복음을 전하기 시작했다.

아일랜드 선교에 큰 기여를 한 또 한명의 인물은 성 켄티건(St. Kentigern, c.518-c.612)이다. 성 켄티건은 스코틀랜드 선교의 개척자였다. 그는 글래스고의 초대 주교였고 컴벌랜드와 웨일즈, 클라이드 강 주변의 주민들과 픽트족에게 복음을 전했다. 잉글랜드 북서부 지방(당시 컴브리아), 스코틀랜드 남서부지방(당시 스트래스클라이드)의 이교도 왕의 손자였던 켄티건은 고행자의 옷차림으로 빵과 채소만 먹는 금욕적인 생활을 하며 사역을 하였고 로마를 일곱 번 방문하였으며 교황으로부터 '다양한 특권과 성경사본들'을 받았다.

아일랜드 선교에 기여한 또 한 명의 인물을 든다면 687년에 세상을 떠난 성 크트베르트(Cuthbert of Lindisfarne, c.634-687)이다. 그는 메일로스 수도원 원장으로 나중에는 린디스판의 주교로 활동했고, 스코틀랜드 성인으로 알

---

34   Schaff, *History of Christian Church, Volume IV.*, 64.
35   Schaff, *History of Christian Church, Volume IV.*, 61.

려졌다.[36]

이 모든 인물들보다 가장 알려진 스코틀랜드 선교의 개척자는 콜롬바였다. 필립 샤프가 '스코틀랜드의 실제적인 사도,' 윌리스톤 워커가 '위대한 스코틀랜드 선교사'[37]라고 불렀던 콜롬바는 521년 도니골 군의 가탄에서 태어났다. '콜롬바'는 세례명이었다. 그는 클로나드 수도원 신학교, 더블린 근처의 수도원에서 수학하고 사제가 된 뒤 데리에 교회(545), 더로에 수도원(553)을 비롯하여 교회들을 설립하였다. 563년 40세 때 콜롬바는 12명의 동료 사도들과 스코틀랜드 서부로 가서 그곳 왕으로부터 스코틀랜드 앞 바다의 아이오나라 불리는 척박한 섬을 하사 받고 그곳을 선교의 전진 기지로 발전시켰다.

> 콜롬바가 아이오나에 발을 디딘 것이 스코틀랜드의 켈트 교회의 출발이었다. 그 당시 이 섬은 픽트족과 스코트족의 관할 구역에 속해 있었고 스코틀랜드 사람을 상대로 선교 사역을 하기에 편리한 전진 기지를 형성하고 있었다. 스코트족은 명목상으로는 이미 그리스도인들이었지만 분명한 확신이 필요했고 픽트족은 여전히 이교도들이었고, 몸에 문신을 하고 나체로 전투를 한 것에서 그들의 이름이 유래되었다. 콜롬바는 먼저 픽트족 개종에 열정을 쏟아부었다. 그는 요새에 있는 브리데이(Bridei I of Picts, 재위 554-584) 왕을 방문하였고 그로부터 그의 백성들에게 기독교를 전파할 수 있도록 존경과 협력을 받아내는 데 성공했다. '그는 말로만 아니라 행실로도 그들을 개종시켰다.' 콜롬바는 아일랜드와 스코틀랜드에 직접적으로 혹은 그의 제

---

36 Schaff, *History of Christian Church, Volume IV.*, 64.
37 Walker, *A History of the Christian Church*, 196. 스코틀랜드의 위대한 선교사 콜롬바는 아일랜드의 가장 강력한 부족 가문과 밀접한 관련이 있으며 클로나드의 피니안(Finnian of Clonard, 470-549)의 제자였다. 이미 아일랜드에서 수도승이자 수도원 설립자로 명성을 떨치던 콜롬바는 563년 동료이자 친척인 달리아다 왕(Conall mac Comgaill King of Dalriada)의 보호 아래 12명의 동료와 함께 아이오나 섬에 자리를 잡고 34년 동안 스코틀랜드 선교에 전념했다. 콜롬바와 그의 동료들의 선교로 스코틀랜드 북부의 3분의 2를 점령한 픽트족 왕국이 복음화 되었다.

콜롬바(Columba, c.521-597)

자들을 통해서 수많은 교회와 수도원을 설립했다.[38]

콜롬바의 전기를 쓴 아담난(Adamnán)에 따르면 콜롬바에게 "천사 같은 얼굴, 선지자적인 예지, 그리스도가 행하신 것들과 같은 선지자적인 예지와 기적이 나타났다. 예를 들어 성찬 집례를 위해 물을 포도주로 바꾸었고, 포도주를 얻을 수 없을 때 쓴 과일을 단 것으로 바꾸었으며, 바위에서 물이 나오고, 바다의 폭풍우를 잠잠하게 하고, 많은 질병들을 고쳤다."[39] 콜롬바는 제단 곁에서 기도를 하다 세상을 떠나기까지 아이오나를 선교의 거점으로 만들고 놀라운 선교 결실을 거두었다. 필립 샤프는 이렇게 그의 선교 결실에 대해 평했다.

콜롬바와 그의 후계자들의 노력으로 아이오나는 기독교 선교 역사상 가장

---

38   Schaff, *History of Christian Church, Volume IV.*, 69.
39   Schaff, *History of Christian Church, Volume IV.*, 70.

존경받고 흥미로운 곳 중의 하나가 되었다. 그것은 이교의 어둠 속에 하나의 등대였다. 우리는 살기 힘든 험난한 기후 속에서 강도와 맹수들에게 노출된 채 야만인들의 개종을 위해 일생을 바친 극단 북부지역(the extreme North)의 영웅적인 선교사들의 자기 부정의 열정에 대해서는 어떻게 표현할 길이 없다. 콜롬바와 그의 친구들은 돌이나 나무로 된 기념물을 남기지 않았다.[40]

콜롬바의 사역은 그의 제자들에게 의해 계승되었다. 베데(Bede the Venerable, 672/73-735)에 따르면 "아이오나 수도원은 오랫동안 픽트족과 북부의 스코틀랜드 수도원들과 교회들보다 우위를 점했고," 콜롬바의 후계자들은 자제력, 하나님에 대한 사랑, 규율과 규칙에 대한 엄격한 준수에 있어서 훌륭한 모범이 되었다.[41] 하지만 8세기 초 콜롬바의 후계자들이 픽트족 왕국에 의해 아이오나에서 추방을 당하면서 픽트족 왕국에서 그동안 견지해오던 수위권도 중단되고 말았다. 게르만족의 개종과 복음화 과정의 역사를 담은 앵글족 교회사(*Historia ecclesiastica gentis Anglorum*)가 베데에 의해 기술되었다.[42]

2. 프랑스와 독일 선교

고트족이 기독교 신앙을 받아들이면서 프랑스와 독일의 게르만족 혹은 튜

40　Schaff, *History of Christian Church, Volume IV.*, 67-68.
41　Schaff, *History of Christian Church, Volume IV.*, 71.
42　Bede, *Bede's Ecclesiastical History of the English Nation*. 베데(673-735년경)는 노섬브리아 왕국에 살았던 영국의 수도사, 역사가, 학자였다. 베데 대제라고 불리는 베데는 다작 작가였으며 그의 작품 중 다수가 오늘날까지 남아 있다. 그 중에서 그의 대표작 영국 교회사는 수세기 동안 초기 영국 역사 연구에 지대한 공헌을 하였다. 이 때문에 '영국 역사의 아버지'로 불린다. 베데에 대해서는 다음을 참고하라. Ricard Gameson, *St. Augustine and the Conversion of England* (UK: Sutton Pub Ltd, 1999); Bede, *Bede's Ecclesiastical History of the English People* (Oxford: Oxford University Press, 1993); David Peter Kirby, *The Earliest English Kings* (New York: Routledge, 2000); Nicholas John Higham. *An English Empire: Bede, the Britons, and the Early Anglo-Saxon Kings* (Manchester: Manchester University Press, 1995).

턴족 가운데 기독교 신앙이 전해지기 시작했다.

프랑크족 선교

고트족이 로마 제국의 속주들을 침공해서 붙잡아 온 포로들 가운데 고상한 덕성과 기적 능력이 있는 것을 발견하고 그런 모습을 흠모하게 되었다. 이것이 고트족이 기독교에 처음 깊은 관심을 갖기 시작한 동기였다. 고트족 가운데 복음이 전해졌다는 사실은 325년 니케아회의(First Council of Nicaea, 325)에 참석한 교부들 가운데 고트족 주교 테오필루스(Theophilus, Bishop of the Goths)가 있었다는 것을 통해서 확인할 수 있다.

처음 고트족들에게 복음을 전한 사람은 아리우스주의자들이었다. 고트족의 사도로 알려진 울필라스(Ulfilas, c.311-c.382)는 348년 콘스탄티노플에서 주교로 축성된 인물로 "고트족 문자를 창제하고 성경을 고트어로 번역"하는 대단한 족적을 이룩했다. 그러나 그는 반아리우스주의자였다. "아리우스주의는 서고트족, 동고트족, 부르군트족, 반달족 사이에 매우 빠른 속도로 확산되었다."[43] "그러나 이러한 이단적인 기독교 형태는 게르만족 사이에서 선호나 신념의 문제이라기보다는 우연의 문제였으며, 따라서 그들이 그것을 알게 되자 곧 정통주의로 돌아섰다."[44]

존 크리소스톰(John Chrysostom, c.347-407)이 동방의 고트족을 가톨릭 신앙으로 돌아서게 하려고 많은 노력을 기울였으나 그가 세상을 떠나면서 그 일은 중단되었다. 그러다 프랑크족이 가톨릭 신앙으로 회심하고 다른 여러 정치적 상황들에 의해 게르만족의 고트족이 아리우스주의에서 가톨릭 신앙으로 돌아섰다. 이어 "라인 강에서 론과 손 강으로 퍼져나간 부르고뉴족은 517년에 가톨릭 기독교를 받아들였으며, 534년에는 프랑스 왕국에 편입되었다. 동

---

43 Schaff, *History of Christian Church*, Volume IV., 78.
44 Schaff, *History of Christian Church*, Volume IV., 78.

부 독일에서 프랑스와 스페인으로 퍼진 수에비족은 550년에 가톨릭 신앙을 받아들였다."[45] 스페인의 서고트족도 589년 제 3차 톨레도공의회(The Councils of Toledo, 589)에서 정통신조에 서명하였고 이탈리아 북부를 점령한 "아리우스주의의 마지막 요새"로 알려진 "롱고바르드족 곧 롬바르족"도 처음에 가톨릭 교회를 박해하다가 "교황 그레고리 1세와 가톨릭 신자였던 왕비 테오델린다(Theodelinda, c.570-628)의 지혜로운 영향에 힘입어 정통신앙으로 개종했다."

게르만 튜턴족 가운데 선교 역사에서 가장 주목할 것은 프랑크족의 개종이었다. 그것은 튜턴족 가운데 살리안 프랑크족(the Salian Franks)이 제일 먼저 가톨릭 정통 기독교로 개종했고, 그 영향이 튜턴족과 다른 게르만족들에게 지대한 영향을 미쳤기 때문이다. 프랑크족의 집단 개종은 클로비스(Clovis I, c.466-511) 왕 치하에서 일어난 사건이었다. 프랑크족의 개종은 클로비스가 그리스도인 공주와 결혼하고 알레미이족과의 전쟁에서 승리하면서 급속히 진행되었다. 클로비스는 부르군트족 왕의 딸 클로틸다(Clotilde, c.474-548)라는 그리스도인 공주와 493년 결혼했다.

톨비악에서 사활이 걸린 중대한 전투가 벌어졌을 때 처음에는 자신의 부족의 신에게 빌다가 예수 그리스도에게 도와 달라고 간절히 기도했다. 만약 전쟁에서 승리한다면 병사들과 함께 세례를 받겠다고 서약했다. 전쟁은 클로비스의 승리로 끝났다. 그는 승리를 거둔 후에 랭스의 주교 레미기우스(St. Remigius, c.437-533)를 통해 예수 그리스도가 십자가에 달려 죽으셨다는 이야기를 듣자 '내 용감한 프랑크 병사들과 함께 그 자리에 있었더라면 시원하게 응징을 해 드렸을 텐데요!'하고 분통을 터뜨렸다고 한다. 클로비스는 3천 명의 자신의 프랑크 병사들과 함께 세례를 받았다.

496년 크리스마스에 그는 랭스 대성당 앞 세례식 장소(the baptismal basin)

---

45 Schaff, *History of Christian Church, Volume IV.*, 79.

로 내려갔고, 3천 명의 전사들이 천국의 기쁨을 누리듯이 그를 따라갔다. '그들이 그리스도의 제자로서 물에서 일어났을 때, 혹자는 14세기에 걸친 제국, 즉 기사도 전체, 일련의 십자군, 스콜라주의 학파의 심오한 철학, 한 마디로 모든 영웅주의, 모든 자유, 후대의 모든 배움을 목도했을 것이다. 위대한 민족이 세계에서 자신의 경력을 시작하였으니 그 민족은 곧 프랑크족이었다.'[46]

클로비스는 정통 카톨릭 신앙으로 개종한 최초의 게르만 군주였다. 프랑크족의 집단 개종은 중세역사의 판도를 바꾸어주었다. 프랑스 제국, 정부, 법의 역사만 아니라 프랑스 민족, 종교, 도덕습관도 그와 더불어 시작되었다.

프랑크족이 로마 가톨릭으로 기독교화하면서 다른 게르만족의 개종이 이어졌다. 필립 샤프는 이렇게 집약했다. "프랑크족의 개종은 다른 게르만 부족들 사이에서 아리우스 이단을 몰락시키고 샤를마뉴(Carolus Magnus, c.747-814) 통치하의 독일제국에서 교황권이 승리할 수 있는 길을 마련했다."[47] 이런 이유 때문에 교황들은 프랑크 왕을 '교회의 맏아들'이라고 불렀다.

비록 프랑크족이 기독교 신앙을 받아들였지만 그들의 거친 민족성은 변하지 않았다. 그런 민족성에 기독교 옷을 입혀준 것은 바로 수도원과 수도원 수사들이었다. 베네딕트 수도원의 수사들이 남쪽으로부터 프랑스 중심부에 와서 사역을 감당하였다. 아일랜드의 콜롬바와 아일랜드의 켈트 선교사들의 활동은 프랑크족 복음화에 너무도 중요한 역할을 했다. 590년 콜롬바는 12명의 동료들과 함께 갈리아에 상륙해 "수년 동안 여행하면서 복음을 전하고 겸손과 사랑의 실천의 본이 되었다 … 부르고뉴에서 그는 클로비스의 손자 중 한 명인 콘트란(Chilpericus I, Guntram, c.532-c.592/93) 왕의 환대를 받았다. 그는 부유한 지역을 제안 받았지만 거부하고 보주 산맥의 조용한 곳을 택했다. 부르고뉴와

---

46 Schaff, *History of Christian Church, Volume IV.*, 82.
47 Schaff, *History of Christian Church, Volume IV.*, 80.

오스트라시아의 접경지대에 유명한 수도원을 설립했다. 퐁텐에도 유사한 수도원을 설립했다. 수백 명의 제자들이 그의 주변에 몰려들었다. 뤽쇠일(Luxeuil)은 갈리아 수도원의 수도가 되어 여러 주교들과 성인들을 배출하는 성직 양성소와 유사한 수도원들의 모체가 되었다."[48]

콜룸바는 대단한 사역을 감당했지만 그의 선교 사역은 순탄하지 않았다. 아일랜드식 삭발과 관습(Irish tonsure and costume)을 엄격히 고수했고 부활절 월력을 아일랜드식으로 지켰다. "프랑스 성직자들과 부르고뉴 궁전과 논쟁"으로 인해 610년 추방을 당하고 말았다. 하지만 이 일을 계기로 그의 선교 지평은 더 넓어져 프랑크 왕국에서 추방된 뒤 독일 브레겐츠에 기독교의 씨앗을 뿌리고 보비오에 수도원을 건립했으며 아리우스주의에 용감하게 맞섰다. 콜룸바가 남긴 다음의 설교는 그가 어떤 사역자였는가를 말해준다.

> 오 필멸의 인생이여! 여러분들이 속이고 유혹하고 눈멀게 한 사람이 얼마나 많습니까! 여러분들은 날아다니지만 실상은 아무것도 아닙니다. 여러분들은 세상에 나타나지만 단지 그림자에 지나지 않습니다. 여러분들은 일어나시만 단지 안개일 뿐입니다. 여러분들은 매일 오면서 날고 날면서 오지만 출발점은 같고 끝이 다를 뿐입니다. 어리석은 자에게는 달고 지혜로운 자에게는 쓴 것입니다. 여러분들을 사랑하는 자들은 여러분들을 알지 못하고 여러분들을 멸시하는 자들만 여러분들을 알고 있습니다. 그러면 여러분들이여 인생이 무엇입니까? 여러분들은 생명의 길이 아니라 필멸자의 길입니다. 죄로 시작하여 죽음으로 마칩니다.[49]

콜룸바의 여러 제자들은 스위스 헬베티아와 리아티아 동쪽, 라인 강 상류, 스위스 슈타이나하 강변에서 사역하며 많은 결실을 거두었다.

---

48 Schaff, *History of Christian Church, Volume IV.*, 85.
49 Schaff, *History of Christian Church, Volume IV.*, 87-88.

독일 선교

그레고리 1세가 파송한 어거스틴을 통해 앵글로색슨이 복음화된 후 잉글랜드 선교사들이 독일에 파송되어 기독교를 전파했다.[50] 중세 로마 카톨릭의 어거스틴 파송, 어거스틴을 통한 앵글로색슨 개종, 앵글로색슨에 의한 독일선교라는 선교순환이 일어난 것이다.[51] 필립 샤프가 지적한 것처럼 독일 선교는 첫째, 이탈리아 프랑스 스코틀랜드-아일랜드 선교사들이 활동하면서 이뤄 놓은 예비기, 둘째, 잉글랜드의 보니파스(Boniface, c.675-754)와 그의 계승자들이 이룩한 독일 내 로마교회 터 구축과 샤를마뉴 치하에 색슨족을 군사력으로 강제 개종시킨 시기, 셋째, 독일 북동부의 프로이센족과 슬라브족의 개종 시기로 나뉠 수 있다.

독일이 기독교 신앙을 받아들인 것은 프랑스, 스코틀랜드-아일랜드, 그리스에서 파송된 선교사들을 통해서였다. "콜롬바와 그의 아일랜드 동료들과 제자들의 효율적인 선교사역은 보주 산맥에서부터 남부 독일과 스위스 동부로 확장되었다. 앵글로색슨족 윌리브로드(Willibrord of Utrecht, c.658-739)는 아일랜드 수도원에서 자랐으며 열두 형제와 함께 690년 프리지안(Friesians, 오늘날 네덜란드)으로 떠났고, 그곳에서 프리지아인들의 사도가 되었으며, 교황에 의해 클레멘스라는 이름으로 위트레흐트의 첫 번째 주교(Trajectum)로 축성되었다. 그는 739년 죽을 때까지 거의 50년 동안 광범위한 활동을 전개했다."[52]

---

50 Walker, *A History of the Christian Church*, 197. 콜롬바누스는 독일 남부에서 선교사역을 감당한 선교사 중의 한 명이다.

51 Deanesly, *A History of the Medieval Church, 590-1500*, 50. "프랑크족의 이교도 국경지대인 '독일'의 개종은 대부분 영국에서 온 선교사들에 의해 이루어졌다. 요크의 윌프리드 주교 (Wilfrid of York, c.633-709)는 주교단의 분열에 반대하여 로마로 항해하던 중 프리슬란트, 즉 네덜란드 해안에서 난파되어 그곳에서 겨울 동안 전도하고 많은 추장들과 추종자들에게 세례를 베풀었다. 그러나 라인 강 하구의 진정한 회심은 또 다른 노섬브리아 수도사 윌리브로드(Willibrord of Utrecht)에 의한 것이었다."

52 Schaff, *History of Christian Church, Volume IV*., 90-91.

보니파스(Boniface, c.675-754)

갈리아 사람으로 라인 강의 프랑스 연안에서 사역하며 설교로 큰 감동을 끼쳤던 아델베르트(Adalbert of Gaul)와 아일랜드인으로 프랑코니아 동부에서 활동했던 클레멘스(Clement of Ireland, c.750-818)도 독일 선교에 중요한 몫을 했다. 그러나 독일 선교에 가장 결정적인 영향을 미친 인물은 보니파키우스라고도 불리는 보니파스였다.[53]

그는 독일 선교 지역에서 그의 수고의 범위와 결과에 있어서 그의 모든 전임자들을 능가했으며, '독일사도'라는 이름을 얻었다.[54] 앵글로색슨 왕국 안에

---

53 Trench, *Lectures on Medieval Church History*, 64.
54 Newman, *A Manual of Church History*, 419.

있는 데본 지방의 엑스터 근처에서 출생한 보니파스는 4, 5세 어린 나이에 수도사가 되기로 결심하고 엑샘체스터(Examchester) 수도원에서 엄격한 규율 속에 성장하면서 초대교회 성인들의 생애를 롤 모델로 삼았다. 누르스링(Nursling) 수도원에서 문법과 수사학과 성경주해를 배우고 선교사로 헌신했다.[55] 보니파스는 "독일 선교지에서 그의 수고의 범위와 결과에 있어서 일찍이 그의 모든 전임자들을 능가했으며 독일의 사도라는 이름을 얻었다."[56]

30세에 사제로 서품 받은 그는 귀족 가문에서 태어났음에도 화려하고 보장된 미래를 뒤로하고 715년 두세 명의 동료와 함께 네덜란드 위트레흐트 주변에 사는 프리지아인들을 대상으로 선교를 시작했다. 그는 "프리지아에서 시작해서 헤세와 바바리아와 작센에 이르기까지" 멀리 선교 여행을 하면서 선교 사역을 감당했다.[57] 보니파스는 앵글로색슨 선조들이 살았던 나라들을 기독교화 하겠다는 비전을 품고 평생 실천에 옮겼다. 그는 교황 그레고리 2세(Pope Gregory II, 재위 715-731)로부터 유럽 중부에 로마교회를 전파하는 승인을 받았다. 723년 보니파스가 두 번째 로마를 방문해 그레고리 2세를 만났을 때 '주교구 없는 선교사 주교'로 임명을 받았다.

보니파스는 "세속 권력의 지원과 교황의 영적 권위의 뒷받침"을 받으며 선교사역을 급속하게 확장해 나갈 수 있었다. 그를 통해 나타난 이적으로 말미암아 튜턴족 가운데 이교 신앙이 무너지고 기독교 신앙이 널리 확산되었다. 그의 이적 중의 하나는 그들이 "성스럽게 떠받들어지던 천둥 신의 떡갈나무를 도끼로 찍어 쓰러뜨리고 성 베드로 예배당 혹은 교회"를 세운 일이다. 그의 헌신적인 사역과 그가 이룩한 놀라운 결실로 인하여 보니파스는 교황으로부터 절대적인 신임을 받았다.

732년에 교황 그레고리 3세(Pope Gregory III, 재위 731-741)는 그를

---

55   Cannon, 중세교회사, 54-55.
56   Samuel Astley Dunham, *History of the Germanic Empire* (London: Longman & John Taylor, 1835), 58; Schaff, *History of Christian Church, Volume IV.*, 92.
57   Bainton, 기독교의 역사, 161.

대주교와 교황특사로 임명했고, 732년 그가 세 번째 로마를 방문했을 때 교황은 그에게 주교들의 교회회의를 소집할 수 있는 권한을 부여했다. 이후 보니파스는 참으로 많은 결실을 맺었다. 739년 "잘츠부르크, 프라이징, 파사우, 라티스본 혹은 레겐스부르크, 네 지역에 바이에른 주교구"를 신설하고 742년에 "독일 중부에 뷔르츠부르크, 브라부르크, 에르푸르트, 아이히슈태트 교구들"을 세웠다. 739년까지 그가 세례를 준 사람은 수만 명에 달했다.[58]

보니파스가 상당히 복음적인 사역을 감당했다는 사실은 그의 설교 내용을 통해서 확인할 수 있다. 다음은 보니파스가 남긴 설교 중 일부이다.

I. 나의 형제들이여, 여러분들이 세례를 받을 때 무엇을 엄숙히 포기했는지 귀를 기울이고 잘 생각해 보십시오. 여러분들은 마귀와 그의 모든 일들과 그의 모든 허영을 버렸습니다. 그런데 마귀의 일들은 대체 무엇입니까? 교만, 우상 숭배, 시기와 살인과 중상과 거짓말과 위증과 원수를 맺는 것과 음행과 간음과 모든 음란과 도적질과 거짓 증거와 강도질과 탐식과 술 취함과 비방과 싸움과 악독과 중상과 주문과 마녀와 늑대 인간에 대한 신앙, 낙태, 주님에 대한 불순종, 부석 이것들과 다른 악한 일들은 마귀의 일이며, 사도가 말한 것처럼 여러분은 세례를 통해 이 모든 것을 버렸습니다. 이런 일을 하는 자는 죽어 마땅하며 천국을 유업으로 받지 못할 것입니다. 그러나 우리는 여러분이 하나님의 자비에 힘입어 은혜를 받기에 합당한 사람이 되기 위해 마음과 손으로 이 모든 것을 버릴 것을 믿으며, 사랑하는 형제 여러분, 전능하신 하나님께 여러분이 약속한 것을 기억할 것을 권고합니다.

II. 여러분은 먼저 전능하신 하나님과 그리고 그의 아들 예수 그리스도와 성령, 완전한 삼위일체이신 한분 전능하신 하나님을 믿기로 약속했습니다.

III. 여러분들이 지키고 이행해야 할 계명은 이것이니 곧 마음을 다하고 목숨을 다하고 힘을 다하여 여러분이 믿는 하나님을 사랑하고 네 이웃을 네 몸과 같

---

58 Schaff, *History of Christian Church, Volume IV.*, 95.

이 사랑하는 것입니다. 이는 이 계명들이 온 율법과 선지자들의 대강령이기 때문입니다. 오래 참고, 자비와 긍휼을 베풀고, 순결하고 순수하십시오. 당신의 아들들에게 하나님을 경외하도록 가르치십시오. 온 가족에게 그렇게 하도록 가르치십시오. 어디를 가든지 화평에 힘쓰고 법정에 앉은 사람은 공의로운 판결을 내리고 뇌물을 받지 마십시오. 뇌물은 현명한 사람도 눈을 멀게 하기 때문입니다."[59]

보니파스의 설교는 삼위일체 신앙을 포함하여 현대적 관점에서 평가해도 상당히 복음적인 내용으로 구성되었다. 열정과 헌신과 세상의 지혜와 조직, 행정력을 두루 겸비한 인물이었던 "보니파스는 불굴의 인내로 성공했고 그의 사역은 그의 사후에도 지속되었다. 이것은 그의 선교사역의 정당성을 입증해 주는 것임에 틀림없다."[60]

보니파스의 제자들인 윌리볼드(Willibald of Eichstätt, c.700- c.787), 위트레흐트의 그레고리(Gregory of Utrecht, c.700-776), 풀다의 스투름(Sturm of Fulda, c.705-779)은 보니파스의 사역을 너무도 훌륭하게 계승했다. 이들 세 사람은 모두 보니파스의 설교를 듣고 회심했거나 가르침을 직접 전수 받은 자들이었다. 윌리볼드는 로마에서 보니파스를 만나 742년 바이에른 지방 아이히슈테트 주교가 되었고, 위트레흐트의 그레고리는 보니파스의 설교를 듣고 회심한 후 프리지아인 선교를 맡았고, 풀다의 스투름은 풀다에 수도원을 설립했다. "풀다 수도원은 교황 자카리아스(Pope Zacharias, 재위 741-752)와 그의 후계자들로부터 특별한 특권을 부여받았고 독일 기독교와 문명의 중심지가 되어 거기로부터 숲을 개간하고 토지를 경작하며 젊은이들을 교육하는 일이 진행되었다."[61]

게르만족 가운데 가장 늦게 기독교 신앙을 받아들인 민족은 하노버, 올덴

---

59 Schaff, *History of Christian Church, Volume IV*., 96-97.
60 Schaff, *History of Christian Church, Volume IV*., 99.
61 Schaff, *History of Christian Church, Volume IV*., 102.

부르크, 브룬즈비크, 베스트팔렌 지역에 거주하던 작센족이었다. 이들은 마지막까지 기독교 신앙을 거부하던 민족이었다. 이들의 개종은 자발적인 개종이 아니라 샤를마뉴의 무력에 의한 집단 개종이었다. 768년 프랑크의 왕에 오른 샤를마뉴는 하나의 대제국, 하나의 종교, 로마종교로 백성의 종교를 통일시키려는 야망을 가졌다. 이를 위해 샤를마뉴는 작센족을 군사력을 동원해서 굴복시키던지 아니면 모두를 말살해 버리던지 둘 중의 하나를 택해야 한다고 생각했다. 샤를마뉴는 처음 타협을 시도하다 이것이 불발되자 군대를 동원해 작센족을 침략했다. 프랑크 군대가 베르덴에서 작센족 포로 4천 5백 명을 학살하자 작센족은 프랑크 군대가 철수한 후 "교회를 파괴하고 사제들을 살해했다."[62]

샤를마뉴는 무력으로 작센족을 집단 개종시켰지만 작센족은 샤를마뉴의 기독교 강요에 쉽게 굴복하지 않았다. 772년부터 805년까지 진행된 33년의 전쟁 결과로 작센족 족장 비두킨트와 알비오가 785년 세례를 받으면서 집단 개종이 이루어졌고, 샤를마뉴는 법으로 옛 이교 신앙으로 돌아가는 것을 금지했다. 샤를마뉴는 교회를 확장하고 기독교화를 시키기 위해 군사력을 동원한 무력적 방법을 동원했다. 알퀸(Alcuin, c.732-804)은 샤를마뉴의 이와 같은 무력에 의한 강제 개종에 항의하며 기독교회 과정에서 간과해서는 안될 부분을 신지하게 건의했다.

> 알퀸은 이방인들이 세례를 받고 십일조를 바치기 전에 먼저 교육을 받아야 한다고 주장하는 것이 타당하다고 생각했다. 믿음이 없는 물세례는 아무 소용이 없다는 것이다. 세례는 눈에 보이는 세 가지, 즉 제사장, 몸, 물, 그리고 눈에 보이지 않는 세 가지, 즉 성령, 혼, 믿음을 의미하며, 성령은 믿음으로 영혼을 거듭나게 하신다. 그 믿음은 강요될 수 없는 자유로운 행위이다. 교훈과 설득과 사랑과 자기부인은 이방인을 개종시키는 유일한 적절한 수단

---

62 Schaff, *History of Christian Church, Volume IV*., 103.

이다.[63]

샤를마뉴는 797년에 가서 교회법령을 완화시켰다. 로마 교회는 이렇게 해서 잉글랜드의 로마 가톨릭 기독화에 성공한 데 이어 프랑스와 독일의 튜턴족과 작센족의 기독교화에도 성공함으로써 잉글랜드, 프랑스, 독일 교회가 교황청 산하에 들어오게 만드는 데 성공했다.

3. 스칸디나비아의 선교

윌리스톤 워커의 지적대로 "10, 11세기는 기독교가 크게 확장된 시대였다."[64] 서유럽으로 한정된 기독교가 스칸디나비아, 폴란드, 보헤미아, 그리고 러시아와 발칸반도에까지 확장되었다.[65] 그 중에서도 스칸디나비아 선교는 중세의 교회 확장의 대표적인 사례라고 할 수 있다.[66] 스칸디나비아 튜턴족은 가장 거칠고 사납고 용맹스런 부족이었다. 오늘날 덴마크 스웨덴 노르웨이가 바로 여기에 속한다.

흥미로운 사실은 선교사들이 스칸디나비아에 도착했을 때 튜턴족 가운데 그들이 숭배하는 '알지 못하는 신'이 있다는 사실을 발견했다. 그런데 그 종교는 민족적 종교 형식을 취하면서도 '스칸디나비아 이교주의는 결코 제도화 되지 않았다.'[67] '모든 사람이 저마다 사제였다.' 민족적 종교이면서도 개인의 사고에 전혀 지배권을 갖지 않았다. "한편으로는 실제로 기성종교를 뛰어넘어 더 높고 더 깊은 것을 발전시키는 특성들이 나타났지만 다른 한편에서는 자신들의

---

63 Schaff, *History of Christian Church*, Volume IV., 104.
64 Walker, *A History of the Christian Church*, 236.
65 최형걸, 중세교회사, 132-133.
66 John Fletcher Hurst, *Short History of the Medieval Church* (New York: Chautauqua Press, 1887), 46-51. 이들 나라들의 기독교 선교는 독일과 프랑스로부터의 확장이었다.
67 Schaff, *History of Christian Church*, Volume IV., 109.

힘 외에는 아무것도 믿지 않는 기성종교를 철저하게 무시하는 특성들이 더 자주 나타났다."[68]

튜턴족의 이 종교가 갖고 있는 종교적 윤리는 튜턴족 가운데 기독교화를 막는 가장 큰 장애물이었다. 폭식과 폭음이 자랑거리였고, 의무감은 가장 중요한 개인이 실천해야 할 책무였다. 그런데 그 의무감은 기독교의 윤리와 정반대였다. 이들은 복수를 가장 고상한 정서로 이해했고, 따라서 용서는 죄였다. "피가 흐르고 불을 뿜어대는 전쟁터는 이 땅에서 볼 수 있는 가장 아름다운 장면이었으며, 반면 인내하고 평화롭게 일하는 장면은 가증스러운 것이었다."[69] 튜턴족들이 갖고 있는 이 종교에 대한 불타는 종교적 열망은 기독교 신앙을 받아들이는 중요한 종교적 배경을 제공했다.

덴마크-함부르크 선교

덴마크에 기독교를 최초로 전파한 인물은 윌리브로드(Willibrord of Utrecht)였다. 그는 700년 덴마크에 와서 왕 잉그린(Yngrin[Ogendus])의 환대를 받으며 교회를 설립하고 기독교 신앙을 가르쳤다. 저명한 시그발느(Sebaldus of Nuremberg)는 그가 도착해서 돈을 주고 사서 처음으로 가르친 30명의 소년 중의 한명이었다. 그러나 덴마크의 기독교화에 큰 기여를 한 사람은 801년 9월 9일에 출생한 안스가르(St. Anschar, c.801-865)였다. 안스가르는 독일 코르베이 수도원의 신설학교 교사로 차출을 받아 사역하면서 '설교자로서의 역량과 뜨거운 경건에 힘입어 대단한 명성'을 얻었다.[70] '안스가르는 가난한 사람, 병든 사람, 곤경에 처한 모든 사람을 친절하게 대해 주목을 받았다.'

안스가르는 함부르크 초대 주교로 임명을 받은 후 황제는 843년에 함부르

---

68 Schaff, *History of Christian Church, Volume IV.*, 109.
69 Schaff, *History of Christian Church, Volume IV.*, 110.
70 Schaff, *History of Christian Church, Volume IV.*, 112-113.

안스가르(St. Anschar, c.801-865)

크 교구에 토루크 수도원을 하사했다. 선교가 급속하게 성공적으로 진행되었으나 전혀 예기치 않은 난관을 만났다. 834년 데인족 왕 호리크 1세(Horik I or Hårik, 재위 813-854)가 함부르크를 포위하였고 도시는 곧 함락되었고 약탈과 방화가 자행되어 안스가르가 세운 교회, 수도원, 황제가 선물한 성경사본을 포함한 도서관이 파괴되었다. 이런 위기 속에서도 안스가르는 846년 교황의 대칙서를 통해 함부르크 교구를 브레멘 교구와 통합하고 대주교로 임명받았다. 안스가르는 브레멘에 거점을 두고 덴마크 선교에 착수해 왕 호리크를 기독교로 끌어들였고 국가로부터 기독교 공인을 받았다.

스웨덴 선교

스웨덴의 기독교화를 착수한 사람도 안스가르였다. 안스가르는 829년 비트마르(Witmar)를 대동하고 스웨덴으로 가서 2년 동안 사역하는 동안 당시 고위관료인 왕의 대신 헤르게이르(Herigar)를 통해 스웨덴에 최초의 기독교 예배당을 건립하였다. 안스가르는 함부르크 주교로 임명된 후 가우트베르트(Gautbert)를 스웨덴에 파송했고 헤르게이르의 지원을 받으며 스웨덴 전역에 교회를 세우는 데 성공했다. 하지만 기독교회에 질투를 느낀 이교도들과 야만족들이 교회와 선교사들을 약탈하고 난입하고 교회에 방화함으로 큰 위기에 직면했다. 다행히 헤르게이르의 도움으로 안정을 찾았다.

안스가르는 848-849년 스웨덴을 다시 방문하여 스웨덴에서 기독교가 공인을 받는 데 성공했다. "그의 영적 성품의 주된 특징은 엄격한 금욕적인 삶의 실천이었다. 그는 피부에 닿는 거친 마모직 옷을 입고 금식을 많이 했으며 대부분의 시간을 기도로 보냈다. 그러나 그는 이러한 금욕주의를 삶 속에서의 놀라운 실천과 연결시켰다. 다른 선교사들이 현명함과 조직력 면에서 그를 능가했을지 모르지만, 영웅적인 인내와 겸손 면에서는 어느 누구도 그를 능가할 수 없었다."[71]

왕과 자녀들이 기독교 신앙을 받아들이고 덴마크에서 사역하던 잉글랜드 선교사 지그프리드(Sigfrid of Växjö, -c.1045)가 스웨덴에 들어와 사역하면서 "그의 노력으로 많은 사람들이 개종했으며 옛 이교주의 외에 기독교가 그 나라에서 합법적으로 인정을 받는 종교가 되었다. 스웨덴 남부에서는 이교 제사가 중단되었고 이교 제단들도 사라졌다."[72] 안스가르가 865년 2월 3일 브레멘에서 숨을 거둔 후 안스가르의 함부르크-브레멘 대주교는 림베르트(Rimbert, 재임 865-888)가 계승했고, 다시 아달가르(Adalgar, 재임 888-909)와 우니

71　Schaff, *History of Christian Church, Volume IV*., 114-115.
72　Schaff, *History of Christian Church, Volume IV*., 120.

(Unni, 재임 918-936)로 이어졌다. 12세기 중엽까지 스웨덴의 기독교화는 성공적으로 이룩되었다.

노르웨이 선교

노르웨이에 기독교화는 왕들이 무력으로 압력을 가해 백성들이 기독교 신앙을 받아들이도록 강요한 결과였다. 그런 방식으로 10세기 중반 '선량자 하콘'(Haakon the Good, c.920-c.961)에 의해 처음 기독교가 소개되었다.

> A.D. 1014년부터 1030년까지 통치한 성자 올라프 2세(Olaf II Haraldsson, c.995-1030)의 통치 기간 동안 그 나라의 기독교화가 완성되었다. 그의 임무는 여전히 숨어 있는 이교를 근절하고 기독교에 교회 조직을 부여하는 것이었다. 전임자들과 마찬가지로 그도 목표를 달성하기 위해 술책과 폭력을 사용했다. 이교의 우상과 제단은 사라졌고, 이교의 관습과 축제는 폐지되었으며, 시민법은 기독교 도덕의 규칙과 일치하게 되었다. 나라는 교구와 본당으로 나누어졌고, 교회가 세워졌으며, 성직자들의 생계를 위해 정기적인 수입이 마련되었다. 성 올라프는 대부분 영국의 수도사와 신부를 고용했지만, 함부르크-브레멘 대주교의 동의를 받아 노르웨이 교회를 그의 권위 아래 두었다."[73]

당시 노르웨이에 속해 있던 아이슬란드에는 주교 프레데릭이 4년 동안 그 섬에 머물면서 복음을 전했고 주민들은 그의 설교에 마음의 문을 열었다. 노르웨이와 아이슬란드 사이의 우호적인 관계는 복음의 씨앗이 급속하게 성장하는 환경을 제공했다.

---

73   Schaff, *History of Christian Church, Volume IV.*, 123.

4. 슬라브 민족의 선교

"발트해에서 발칸 반도에 이르는 동유럽 전역을 차지했던" 슬라브 민족은 모라비아, 불가리아, 보헤미아(체코), 폴란드, 러시아의 민족들을 총칭하는 용어이다. 이들 외에도 더 많은 슬라브 민족이 있었지만 오래 존속하지 못하고 역사에 사라졌다. "오보트리트족(Obotrites)과 벤드족(Wends)은 엘베 강과 비스툴라 강 사이의 지대를, 폴란드인들은 비스툴라 강 유역을, 러시아인들은 그들 배후 지역을, 체코인들은 보헤미아를 각각 차지했다."[74] 이들에게 복음이 전해진 것은 약 10세기였다.[75] 슬라브 민족은 농경민들로 종교적으로는 상호 커다란 차이가 존재했지만 대부분이 자연 세력을 대표하는 신들이었다. 슬라브 민족은 라디고스트와 스비아토비트, 스바로그와 다츠보그를 숭배했고, 요정과 트롤에 대한 믿음도 대단했다.[76]

동방교회와 서방교회가 얼마 동안 슬라브족들의 개종을 위해 노력했지만 다음 몇 가지 이유로 쉽지 않았다. 첫째는 이들 슬라브족의 왕국들의 "정치적 상황이 워낙 혼란스럽고 늘 가변적"이었기 때문이고, 둘째는 동방교회와 서방교회 사이에 차이가 급속하게 커졌고, 반목도 점증하여 이것들이 선교의 장애물로 작용했기 때문이며, 셋째는 슬라브 민족을 위해 파송된 선교사들이 슬라브 민족의 언어를 습득하는 데 매우 큰 어려움을 겪어 선교가 크게 지장을 받았기 때문이었다.[77] 이런 이유 때문에 슬라브족의 개종을 기술하는 것은 간단하지 않았다.

---

74 Schaff, *History of Christian Church, Volume IV.*, 125.
75 최형걸, 중세교회사, 133.
76 Schaff, *History of Christian Church, Volume IV.*, 125. "오보트리트족과 벤드족이 숭배하던 라디고스트와 스비아토비트는 잔인한 신이었고, 그들의 신전들 특히 뤼겐섬의 아르코나에 있는 것과 같은 신전들에서는 인간존재를 제물로 바쳤다. 반면에 폴란드족이 숭배하던 스바로그와 보헤미아족이 숭배하던 다츠보그는 온순한 신들로 사랑과 기도를 요구했다. 하지만 모든 슬라브족에게 공통적인 것은 요정과 트롤에 대한 매우 정교한 믿음이었다."
77 Schaff, *History of Christian Church, Volume IV.*, 125-126.

무력을 동원한 샤를마뉴 선교

슬라브 민족에게 기독교를 이식하려는 최초의 시도는 샤를마뉴 대제에 의해 착수되었다. 엘베 강 어귀에서 비스툴라 강에 이르는 발트해 연안에는 슬라브 민족의 벤드족, 좀 더 구체적으로 홀슈타인에 바그리안족, 메클렌부르크에 오트리트족, 작센에 소르비아족, 브란덴부르크에 빌지아족이 살고 있었다.

샤를마뉴는 무력으로 이들에게 기독교 개종을 시도했다. 정치적 압력과 무력을 동원하여 기독교 개종을 시도하여 대규모 기독교 개종이 이루어져 하벨베르크(946), 알텐부르크 혹은 올덴부르크(948), 마이센과 메르데부르크와 자이츠에 주교구들이(968) 생겨났고, 마그데부르크에 대주교구가 설치되었으며, 보소(Boso)와 아달베르트(Adalbert)와 같은 대주교를 배출했다. 하지만 무력을 동원한 집단 개종의 후유증은 선교의 장애물이 되었다. "샤를마뉴의 손에서 기독교 선교는 정치적 무기였다. 그리고 슬라브인들에게 기독교를 받아들이는 것은 정치적, 국가적 예속과 동의어였다."[78]

때문에 신앙을 명분으로 한 탄압에 불만을 품은 민중들의 민란이 끊이지 않았다. 오토 2세(Otto II, 955-983)의 왕자 미스티보이(Mstiwoi)가 이교 거점 중 하나인 베트르에 부족을 소집하여 983년에 일으킨 전쟁은 "독일 북부 전역을 황폐화시켰다. 교회들과 수도원들이 불탔고 기독교 사제들은 추방당했다."[79] 1032년 아버지가 살해되었다는 소식을 들은 미스티보이 손자 고트샬크(Gottschalk, Obotrite Prince, 재위 1043-1066)는 수도원을 떠나 기독교 신앙을 버리고 대대적으로 기독교를 박해했다.

그러다 작센 저지대 베르나르드에게 패하고 포로가 된 뒤 기독교로 다시 되돌아갔고 덴마크의 기독교인 공주와 결혼하고 오보트리트족 통치를 맡았다. "위대한 전사인 그는 홀슈타인과 포메라니아를 정복하고 강력한 벤드 제국을

---

78 Schaff, *History of Christian Church, Volume IV.*, 126.
79 Schaff, *History of Christian Church, Volume IV.*, 127.

형성했다. 그리고 이 확고한 정치적 기반 위에 그는 기독교 교회를 세우려고 시도하였고, 실제로 상당한 성공을 거두었다."[80] 하지만 이교도들의 강력한 저항을 받고 1066년 6월 7일 고트샬크는 렌츠에서 대수도원장 우포와 함께 살해되었다. 대규모 민란이 일어나 "교회와 학교가 파괴되었고, 사제들과 수도사들이 돌에 맞아 죽임을 당했고 살해되어 이교 제단의 제물로 바쳐졌다. 그리하여 기독교는 문자 그대로 그 나라에서 완전히 제거당했다."[81]

모라비아, 보헤미아, 폴란드의 기독교화 역시 간단하게 기술하기 쉽지 않은 복잡한 역사 과정을 거쳤다. 기독교화가 무력에 의한 집단 개종과 정치적 이해관계가 복잡하게 얽혀 진행되었기 때문이다. 샤를마뉴가 모라비아의 슬라브족을 정복하고 기독교 집단 개종을 시도했고 파사우의 주교를 임명했고, 족장 모이미르가 개종했다. 독일인 루이스(Ludwig II, c.804-876)는 족장 모이미르가 독립을 꾀할 것을 우려해서 그를 해임하고 그 자리에 라스티슬로(Rastislav of Moravia, c.815-870)를 임명했다. 하지만 라스티슬로는 모라비아 왕국을 세우고 독일인 루이스를 물리치고 "독일과 정치 및 교회 관계를 단절하고서 비잔틴 황제 미카엘 3세(Michael III, 재위 842-867)에게 그리스 선교사들을" 파송해 줄 것을 요청했다

시릴과 메토디우스의 슬라브 선교

이 요청에 따라 '슬라브인 중 가장 유명한 선교사' 시릴(Cyril, c.827-869)과 메토디우스(Methodius, c.815-885)가 파송되어 슬라브족들을 대상으로 한 그리스 정교 선교를 성공적으로 이뤄냈다. 슬라브족의 사도로 알려진 이들 형제는 데살로니가 출신으로 동로마 제국에서 높은 지위를 누리고 있었다. 둘 모두 학자, 신학자, 어학자로 동생 시릴은 콘스탄티노플에서 철학을 가르치

---

80 Schaff, *History of Christian Church, Volume IV.*, 127.
81 Schaff, *History of Christian Church, Volume IV.*, 128.

고 형 메토디우스는 흑해 북방의 수도원장이었다. 모라비아 공작 라스티슬로의 요청에 따라 동방 황제 미카엘 3세가 864년에 이들 형제를 그곳으로 파송했고, 그들은 그곳에서 성공적으로 선교사역을 감당했다.[82]

시릴은 헬라어 문자를 토대로 아르메니아어와 히브리어 문자들을 사용해서 슬라브어 알파벳을 창안한 인물이다. 그가 창안한 "슬라브어 알파벳은 오늘날도 러시아, 발카키아, 몰다비아, 불가리아, 세르비아에서 약간 변형된 형태들로 사용된다. 그는 전례서와 성구집을 슬라브어로 번역"했다. 이러한 노력과 라틴어가 아닌 본토어로 설교를 하고 예배를 집전하는 등 토착적 선교사역에 힘입어 수많은 본토인들이 기독교로 개종했다. 그 결과 슬라브 민족 교회가 급속히 발전했고 라틴어 예배만을 고집하던 독일사제들이 그 나라를 떠났다. 이러한 변화는 "독일 고위 성직자들로부터 완전히 독립된 교회를 설립하려는 라스티슬로의 정치적 계획과도 잘 일치하는 것이었다."[83] 다만 독일사제들이 모라비아를 떠났지만 선교를 포기한 것은 아니었다.

로마 전통을 따르는 서방 독일 성직자들과 동방 전통을 준수하는 그리스 성직자들 사이의 대립이 심해졌다. 독일성직자들은 자신들의 미사에 슬라브어를 사용하는 것을 반대하고 동방교회 전통을 따라 필리오쿠에를 반대하고 성령이 성부에게만 발출된다는 가르침을 이단으로 간주하고 필리오쿠에를 강하게 비판했다. 상황이 이렇게 되자 처음 동방교회를 지지하던 스바토폴루크 (Svatopluk Olomoucky, c.1075-1109)는 독일-로마의 입장으로 기울었다. 게다가 스바토폴루크가 세상을 떠나고 모라비아 왕국이 독일인들, 보헤미아의 체코인들, 헝가리의 마자르인들로 정치적 분할이 일어나면서 슬라브교회는 "말하자면 기반 자체를 잃어버렸다."[84] 슬라브 교회는 10세기 초에 이르러 "민족적 특성을 완전히 상실"하고 말았다. "슬라브 사제들은 추방되었고 슬라브 전례는 폐지되었으며 독일 사제와 라틴 전례가 그 자리를 대신했다. 추방된 사제들은

82　Walker, *A History of the Christian Church*, 214.
83　Schaff, *History of Christian Church, Volume IV.*, 129.
84　Schaff, *History of Christian Church, Volume IV.*, 130.

시릴과 메토디우스

불가리아로 도망하여 슬라브어로 성경과 전례서를 번역했다."[85] 중요한 사실은 샤를마뉴와 루이스가 결과적으로 보헤미아를 정복하지 못했고 보헤미아 민족들은 여전히 이교도로 남았다는 사실이다.

폴란드 슬라브 민족에게 복음이 처음 전해진 것은 시릴과 메토디우스 형제에 의해서였다. 이후 폴란드의 기독교는 모라비아 왕국이 외해된 뒤 모라비아의 귀족들과 사제들이 폴란드로 망명한 이후 이들에 의해, 특별히 공작 세모비트가 통치하는 동안 개종이 강하게 확산되었다. 공작 메에치슬라프(Mieczysalv)와 결혼한 보헤미아 공주 기독교인 돔브로카(Dombrowka)는 965년 많은 보헤미아 사제들을 폴란드로 데려왔고, 그녀의 남편 메에치슬라프도 966년 개종하고 세례를 받았다. 메에치슬라프는 개종 후 이교제사를 금하고 많은 교회를 폴란드에 설립하였다.

불가리아인들의 개종은 슬라브 민족들이 그랬던 것처럼 선교가 참으로 힘들었다. 이들은 종족으로는 슬라브 민족이 아니라 투라니아 후손으로 우랄알타이어족에 속했지만 "수 세기 동안 슬라브 부족들 사이에서 살면서 슬라브 언어

85　Schaff, *History of Christian Church, Volume IV.*, 130.

와 종교와 관습과 습관을 받아들였다."[86] 외세의 지배와 간섭을 싫어했던 불가리아인들은 로마교회의 간섭을 받지 않는 독립된 민족교회를 세우기를 원했다. 비잔틴 황제 바실리우스 마케돈(Basilius Makedon)이 불가리아에 헬라 정교회 주교들과 대주교를 세워 불가리아교회는 콘스탄티노플 총대주교 아래 들어갔다. 1877년 러시아-터키 전쟁의 결과 그 이듬해 1878년 불가리아는 술탄의 종주국 아래 있지만 자율적인 기독교 정부와 군대를 가진 국가가 되었다.

러시아 선교

러시아의 기독교회는 슬라브 민족 가운데 특별했다. 러시아 기독교는 다른 슬라브족들이 동방의 정교회를 통해 기독교를 받아들였지만 안드레가 자신들에게 처음 기독교 신앙을 전해준 사도라고 믿었다. 그것은 무라비에프(Boris Mouravieff)가 저술한 러시아교회사에도 분명하게 나타난다. "다른 동방 정교회와 마찬가지로 러시아교회도 창립자가 사도였다. 12사도 중 가장 먼저 사도로 부름을 받은 안드레가 훗날 기독교가 우리나라에 운명적으로 소개되기 오래전에 우리에게 복음을 전해주었다."[87] 862년으로 추정되는 러시아 제국의 설립 그 즈음에 비잔틴 제국과의 교섭을 통해서 기독교를 알게 되었지만 동방교회는 러시아 선교를 대규모로 추진하지 않았다.

블라드미르(Vladimir Sviatoslavich, c.956-1015)가 등장할 때까지 러시아 선교 속도는 매우 완만하게 진행되었다. 867년 콘스탄티노플 총대주교 포티우스(Photius, c.820-c.893)는 러시아 제국이 설립되고 러시아인들이 이미 회심하고, 945년 러시아 대공 이고르(Igor I Ruricovich, c.877-945)와 비잔틴 황제와 평화조약이 체결될 때, 일부 러시아 병사들이 기독교 신앙을 받아들였다고 알려졌고, 당시 드네프르 강 유역 키예프에 기독교 교회가 있었으며, 이고르

---

86   Schaff, *History of Christian Church, Volume IV.*, 134.
87   Schaff, *History of Christian Church, Volume IV.*, 138-139.

블라디미르 스비야토슬라비치(c.956-1015)의 세례

의 아내 올가(Olga of Kiev, c.890-969)가 955년 콘스탄티노플에 가서 세례를 받았다.

그러다 러시아에 기독교가 본격적으로 전파되기 시작한 것은 기독교를 러시아 국교로 만든 블라디미르에 와서이다. "러시아인들 사이에 기독교의 발전은 더디게 진행되다가 올가의 손자이자 이사포스톨로스('사도와 동등')로 존경받는 블라디미르 대공이 일거에 기독교를 러시아의 종교로 수립했다. 대공 블라디미르 때까지는 매우 완만했다."[88] 블라디미르가 세례를 받았고 그 이후 키예

---

88 Schaff, *History of Christian Church, Volume IV.*, 140. "이 사건에 대한 네스토르의 설명은 매우 극적이다. 그리스 교회와 로마 교회, 이슬람교와 유대인들(카자레스족 사이에 정착해 있던)의 사절들이 블라디미르를 찾아와 그의 옛 신들을 떠나도록 설득했다. 그러나 그는 주저했고 자신이 어떤 새로운 종교를 선택해야 할지 몰랐다. 마침내 그는 그 문제를 조사하기 위해 동족 가운데서 박사들을 여러 곳으로 보내기로 결정했다. 사절들은 최후의 심판 사진과

프의 모든 사람들이 세례를 받았다.

러시아의 수사 겸 연대기 저자인 네스토르(Nestor the Chronicler, c.1056-1113)는 세례 장면을 다음과 같이 기록했다.

> 어떤 사람들은 목에까지 차는 물에 들어가 서 있었고 다른 사람들은 자신들의 어린 아이들을 팔에 안고 가슴까지 차는 물속에 서 있었다. 사제들은 해변에서 기도문을 읽으면서 동시에 모든 무리의 이름을 같은 이름으로 불렀다. 그것은 놀랍도록 호기심 어리고 보기에 아름다운 광경이었다. 사람들이 세례를 받은 후에 각자 자기 집으로 돌아갔다. '그리하여 러시아 민족은 전제 권력에 의해 집단적으로 기독교로 개종했다. 그것은 통치자의 최고의 영향력과 그 나라의 백성들의 노예적인 복종의 특성이 어우러진 결과였다.'[89]

다른 슬르브족에 비해 러시아 선교는 매우 성공적이었다. 러시아에 기독교가 들어온 후 다른 슬라브 민족들에 비해 기독교가 쉽게 민중 속으로 파고 들었기 때문이다. 필립 샤프의 표현을 빌린다면 "비교적 짧은 기간 동안에 종교의 형식과 민족성의 완벽한 연합이 완성되었다."[90] 이와 같은 현상 이면에는 시릴의 슬라브어 성경이 중요한 역할을 했다. "모라비아와 보헤미아에서 로마교회 사제들에 의해 배척당했던 슬라브어 성경이 불가리아에서 러시아로 전래되

콘스탄티노플에 있는 성 소피아성당의 예배에 너무도 강력한 인상을 받았다. 그 문제는 즉시 비잔틴 궁정의 종교에 찬성하는 방향에서 결정되었다. 하지만 블라디미르는 보상 없이는 그것을 도입하지 않았다. 그는 크리미아의 케르손(Cherson)에 머물고 있었는데, 그가 방금 그곳을 빼앗고 약탈한 후 바실리우스 황제에게 자신이 기독교를 받아들이고 황제의 누이인 안네와 결혼하게 하거나 그렇지 않다면 콘스탄티노플과 그가 케르손에게 했던 것처럼 콘스탄티노플에 가서 그 도시를 침략하고 약탈하겠다고 전갈했다. 그는 앤과 결혼했고, A.D. 988년 그의 결혼식 당일 세례를 받았다. 그가 세례를 받자마자 그의 백성들의 세례를 위한 준비가 이루어졌다. 나무로 만든 페룬(Perun) 상을 말 꼬리에 달고는 전국으로 끌고 다니게 하고는 모든 행인들이 그것을 채찍질하게 한 다음에 마침내 드네프르 강에 던져버렸다. 그 다음, 정해진 시각에 키에프의 모든 백성들, 남자 여자 어린이들이 강으로 내려왔고, 대공이 무릎을 꿇고 있는 동안 기독교 사제들이 해안 절벽 꼭대기에서 기도문을 낭독했다."

89 Schaff, *History of Christian Church*, Volume IV., 140-141.
90 Schaff, *History of Christian Church*, Volume IV., 141.

어 그곳에서 뿌리를 내렸다. 로마교회는 항상 라틴어 역본 성경과 라틴어 예배만 고집한 반면에, 그리스교회(동방교회)는 언제나 자국어 사용을 허용했다. 그리하여 그리스교회의 후원으로 성경이 콥트어 · 시리아어 · 아르메니아어 · 슬라브어로 번역되었으며, 이러한 원칙이 끼친 효과는 적어도 러시아에서는 가장 유익했다."[91]

친 기독교적인 블라디미르의 종교정책은 그의 후임자 야로슬라프(Yaroslav I Vladimirovich, 980-1054)가 그대로 계승했다. 그는 전국에 교회, 수도원, 학교를 설립하고 신학서적들을 출간했던 인물이다.

> 블라디미르의 후계자 야로슬라프(Jaroslaff, 재위 1019-1054) 통치 기간 동안 전국에 교회와 수도원, 학교가 세워졌을 뿐만 아니라 그리스교회의 신학서적들이 번역되었고, 러시아 교회는 초기에 백성들의 자국어로 된 기독교 문헌을 보유하게 되었다. 야로슬라프는 그의 유명한 법전에 따라 러시아의 유스티니아누스 황제가 되었다. 황제와 러시아 국민은 그 이후로 두 대륙의 북쪽 경계선을 따라 제국의 성장과 함께 발전한 동방교회를 충실히 고수해 왔다. 서구에서와 마찬가지로 러시아에서도 수도원주의는 이교도 야만인들 사이에 기독교를 전파하는 주요 제도였다. 힐라리온(Hilarion of Kiev, 훗날 수도대주교가 됨), 안토니(Anthony of Kiev, c.983-1073), 테오도시우스(Theodosius of Kiev, 1009-1074), 세르기우스(Sergius), 라자루스(Lazarus)가 러시아 초기 수도원 역사에서 중요한 이름들이다.[92]

이후 러시아교회는 변화의 과정을 거쳤다. 처음에 콘스탄티노플 총대주교 권위 아래 있다가 1325년 모스크바가 건설되면서 키예프 대신 모스크바에 수도대주교가 상주했고, 1461년 동방교회의 콘스탄티노플이 오스만 터키군에 함

---

91 Schaff, *History of Christian Church, Volume IV.*, 141.
92 Schaff, *History of Christian Church, Volume IV.*, 141-142.

락된 뒤 모스크바는 독립된 지위를 가지게 되었다. 1587년에는 모스크바 수도대주교가 동방교회의 다섯 총대주교 가운데 하나로 승격되었다.

"표트르 대제(Pyotr I Alekseyevich, 1672-1725)는 자신이 건설한 북부 도시를 정치적 중심지이자 교회적인 중심지로 만들었고, 모스크바 총대주교의 권위를 상트페테르부르크에 영구적으로 존재하는 '성회'(Holy Synod)로 이관했다(1721), 이 성회는 로마 교황의 가장 강력한 경쟁자인 차르의 정교일치의 제왕적 통치하에서 러시아 최고의 교회 법원 역할을 했다."[93]

중세 기독교 선교 요약

지금까지 중세시대 잉글랜드, 프랑스와 독일, 스칸디나비아, 슬라브족의 기독교화와 선교를 살펴보면서 중세 잉글랜드와 유럽 그리고 슬라브족의 기독교화의 역사를 통해서 우리는 다음 같은 몇 가지 사실을 확인할 수 있다.

첫째, 그레고리 1세가 어거스틴을 잉글랜드의 앵글로색슨족 로마교회 확장의 일환으로 파송한 후 본격적으로 중세 선교가 시작되었다. 그의 성공적인 사역을 통해 앵글로색슨족이 로마교회로 들어왔고 결국 아일랜드와 스코틀랜드 교회들도 로마교회의 권위 아래 들어오게 되었다.

둘째, 프랑스와 독일의 선교는 앵글로색슨족 선교사들의 활동이 활발하고 결실도 커지면서 로마교회로 들어와 통제를 받게 되었다. 로마 가톨릭의 권위에 충실한 프랑크족 샤를마뉴에 의한 무력을 통해 개종도 중요한 몫을 감당했다.

셋째, 기독교화가 진행되면서 정치적인 집단 개종에 대한 불만이 민중들 가운데 지속되어 옛 종교로 돌아가려는 민중들의 봉기가 일어나고 교회와 수도원이 파괴되고 선교사들과 성직자들이 죽음을 당하는 일들을 여러 곳에서 발생했다.

마지막으로 유럽과 슬라브 민족의 선교 과정에서 정도의 차이는 있지만 로

---

93   Schaff, *History of Christian Church, Volume IV*., 142.

마교회와 동방교회 간에 갈등과 대립이 지속되었고, 결국에는 많은 슬라브족들이 동방교회를 받아들였다. 특별히 러시아는 동방교회를 받아들여 토착화시킨 러시아정교회를 정착시켰다. 그 과정에서 시릴의 슬라브 성경은 러시아 개종에 중요한 역할을 감당했다. 처음 키이우에 자리를 잡았고, 모스크바가 생성된 후 거점을 모스크바로 옮겼다.

제 3장

샤를마뉴와 신성로마제국

> 그 후 성탄절에 모두가 앞서 말한 성 베드로 교회에 모였고 존경받는 교황은 웅장한 왕관으로 자신의 손으로 샤를마뉴에게 왕관을 씌웠다. 그러자 모든 로마인들은 하나님과 천국의 열쇠를 간직한 성 베드로의 영감을 받아 샤를마뉴의 보호와 그가 거룩한 로마 교회와 교황에게 베푼 사랑의 가치를 인식하고 큰 목소리로 '하나님의 면류관을 받은 경건한 아우구스투스, 위대하고 평화를 가져오는 황제 샤를마뉴에게 장수와 승리를!'이라고 외쳤다. 사람들은 모든 성인의 이름을 부르며 성 베드로의 거룩한 고백 앞에서 이 말을 세 번 외쳤고, 그렇게 그는 모든 사람들에 의해 로마인의 황제가 되었다. 그런 다음 교황은 샤를마뉴와 그의 아들에게 성유를 부었다.
>
> Duchesne, *Liber Pontificalis*, II, 7.

> 정의는 모든 사람에게 자신의 몫을 돌려주려는 지속적이고 끊임없는 소망이다.
>
> 유스티니아누스(Flavius Iustinianus, 재위 527-565)

"칠흑 같은 밤에 유성처럼 갑자기 등극"해서 1천년의 신성로마제국의 토대를 구축한 인물이 샤를마뉴 대제(Carolus Magnus, c.747-814)였다. 그는 "당대의 군주들 위에 우뚝 솟아 있으며 8세기부터 19세기까지 독일 황제 중에서 가장 위대할 뿐만 아니라 최초의 황제였다."[1] 그는 보니파스(Boniface,

---

1 Phillip Schaff, *History of Christian Church, Vol. IV.: Medieval Christianity from Gregory I to Gregory VII A.D. 590-1073* (New York: Charles Scribner's Sons, 1908), 238-239.

c.675-754)의 후원자이자 프랑크 왕 피핀(Pippinus III Brevis, c.714-768)의 아들로 신성로마제국의 창설자요, 중세 가장 강력한 세속 권력자였다. 768년부터 814년까지 통치하는 동안 샤를마뉴는 "프랑크족의 모든 영토를 자신의 통치하에 통합했을 뿐만 아니라 피레네 산맥을 넘어 스페인까지, 그리고 정복되지 않은 고대 색슨족과 슬라브족까지 정복하여 자신의 영역을 확장했다."[2] 그의 영향은 영국과 기독교도 스페인까지 미쳤다. 그는 프랑스와 독일 두 지역과 민족을 다스린 가장 위대한 황제였다. 프랑크 왕국과 로마 교황청을 결속시킨 것도 샤를마뉴였다.[3]

그의 등장은 시의적절했고, 역사도 그의 등장을 도왔다.[4] 그의 부친 피핀은 이슬람의 서진을 막는 일에 결정적인 역할을 한 프랑크 왕국의 실질적인 지배자 찰스 마르텔(Karl Martell, c.680-741)의 후임으로 프랑크 왕에 오른 인물이었다. 마르텔이 이슬람을 막을 수 있었던 것은 대규모 기병을 양성하여 강력한 군대를 소유했기 때문이다. 마르텔은 대규모의 기병을 양성하면서 이들이 생명을 바쳐 국가에 봉사하는 대가로 토지와 경작할 수 있는 노동력을 제공하였다. 이것은 중세 봉건제도의 중요한 계급이었던 기사제도의 형성 배경이 되었다. 계급 구조가 생성되고 밑에는 있는 자는 위에 있는 자들에게 충성과 봉사를 맹세하고 위에 있는 자는 밑에 있는 자들에게 보호를 약속하는 신의에 기초한 사회, 봉건제도가 등장해 장차 중세의 근간이 되었다. 유럽 사회를 지탱한 중세 봉건

---

2 Margaret Deanesly, *A History of the Medieval Church, 590-1500* (London: Methuen & Co., 1925), 56. "보니파스의 후원자이자 프랑크 왕 페핀의 아들은 샤를마뉴 대제로 768년부터 814년까지 통치했다. 그는 프랑크족의 모든 영토를 자신의 통치하에 통합했을 뿐만 아니라 피레네 산맥을 정복하여 스페인까지 영토를 확장했다. 정복되지 않은 올드 색슨족과 슬라브족에 대해. 이탈리아 북부의 롬바르드족은 그의 영향력을 인정했고, 교황은 그들로부터 보호해 달라고 그에게 호소한 후 800년 성탄절에 성 베드로 대성당에서 그를 황제로 즉위시켰다."

3 Roland Herbert Bainton, 기독교의 역사 (일산: 크리스찬다이제스트사, 1997), 164. 샤를마뉴의 등장으로 중세는 새로운 시대로 돌입했다. 강력한 신성로마제국의 등장이 그것이다. 교황은 그의 세속 권력의 권위를 인정해주었고 샤를마뉴는 교황청을 보호하며 교황을 보호하는 역할을 감당하였다.

4 John Fletcher Hurst, *Short History of the Medieval Church* (New York: Chautauqua Press, 1887), 4.

제도는 이렇게 역사에 태동되었다.[5]

교황의 도움으로 왕위에 오른 피핀은 프랑크 왕국의 새로운 왕조, 카롤링거 왕조의 첫 왕이 되었다. 피핀은 교황의 요청에 따라 로마를 위협하는 롬바르드 왕 아이스툴프(Aistulf, 재위 749-756)를 물리치고 차지한 라벤나를 교황에게 양도했다.[6] 샤를마뉴는 부친 피핀이 768년 9월 24일 세상을 떠난 뒤 형제 카를로만(Carlomanus I, 751-771)과 함께 부친의 왕국을 양분하여 동생이 남부를 맡고 자신은 북부를 맡았다.[7] 그러다 동생 카를로만이 771년 세상을 떠나자 통치권을 독점하고 동생의 영토도 다스렸다.

평생을 전쟁으로 생을 보내며 전투에 능했던 샤를마뉴는 북쪽으로는 발트해와 엘베 강으로부터 남쪽으로는 에브로 강까지, 도버해협에서부터 로마까지, 이탈리아와 시실리, 프랑스 독일 헝가리 이탈리아와 스페인의 상당지역에 이르는 광활한 영토를 다스렸다.[8] 샤를마뉴는 "공격적이고 야심만만하며 목적을 위해서는 수단과 방법을 가리지 않는 냉혹한 성격의 소유자"[9]였다. 그는 위풍당당하면서도 선천적으로 웅변가 기질을 타고 났다. 게다가 그의 말은 조리와 설득력이 있었다. 게다가 그는 먹고 마시는 일에 매우 절제 있게 행동했다.

샤를마뉴의 가장 큰 족적은 교육과 종교에 쏟아 부은 놀라운 열정이었다. 그는 궁정학교와 수도원학교를 세우고 자신이 직접 만든 학교들을 방문하여 교육을 독려했다. 샤를마뉴는 학자는 되지 못했지만 가끔씩 궁정학교의 학생으로 모범을 보였다.[10] "그가 제정한 법률 가운데는 모든 남자 어린이들에게 보통 교육을 실시하도록 명하는 법률도 있었다."[11] 그는 신학문제에 깊은 관심을 가졌

---

5   최형걸, 중세교회사 (서울: 이레서원, 2000), 62, 121-122.
6   최형걸, 중세교회사, 74-78.
7   Williston Walker, *A History of the Christian Church* (New York: Charles Scribner's Sons, 1922), 202.
8   Schaff, *History of Christian Church, Volume IV.*, 239.
9   최형걸, 중세교회사, 80.
10 Walker, *A History of the Christian Church*, 207.
11 Schaff, *History of Christian Church, Volume IV.*, 242.

고 문화가 발달한 사회를 좋아했으며 신학자들과 학자들과 시인들과 사가들을 불러 자신 곁에 지내게 했다. 이들 대부분은 앵글로색슨 출신으로 그 중에 대표적인 인물은 알퀸(Alcuin, c.732-804)이다.[12]

1. 샤를마뉴 등장과 유럽의 재편

샤를마뉴는 742년 4월 2일 엑스라샤펠에서 출생했다. 그 외 샤를마뉴의 어린 시절에 대해서는 거의 알려지지 않았다. 모든 시대의 영웅이 그런 것처럼 샤를마뉴는 전쟁을 통해서 자신의 입지를 구축하고 세력을 확장했으며, 자신의 이름을 역사에 드높일 수 있었다. 필립 샤프에 따르면 그는 형식적인 종교인이 아니라 실질적인 신앙의 지도자였다. 그는 확고한 기독교 신앙의 소유자로 예배에 정기적으로 참석하였으며 아침, 저녁, 심지어 밤중에도 교회에 갔다. 제국 전역에서 거둬들인 십일조를 교회들에게 주었고 주교와 대수도원장의 자리에는 그만한 자격을 갖춘 인물을 임명하였고 많은 돈을 교회에 기부하였다.

그럼에도 불구하고 역사는 샤를마뉴를 좋게만 평가하지 않았다. 그가 중세 기독교에 적지 않은 부정적인 해악을 끼친 측면도 분명했기 때문이다. 정복에 대한 야망을 위해 무수한 인명을 희생시켰고, 앵글로색슨족을 무력으로 개종시켰다.[13] 그는 이교를 뿌리 뽑기 위해 종교전쟁을 불사했으며 전쟁을 수행하는 원칙 역시 '개종 아니면 죽음'이라는 이슬람교와 다를 바 없는 무력 개종을 요구였다. 이것은 그리스도의 십자가의 놀라운 사랑과 믿음에 근거한 기독교 복음정신과 배치되는 것이었다.

12　Oliver Joseph Thatcher & Edgar Holmes McNeal, *A Source Book for Medieval History: Selected Documents Illustrating the History of Europe in the Middle Age* (New York: Charles Scribner's Sons, 1905), 51-52. 샤를마뉴는 평생 알퀸을 곁에 두었고, 전쟁 때도 그의 생명을 지켜주었으며, 언제나 그의 학생으로 알려지기를 열망했다.

13　Henry Cowan, *Landmarks of Church History to the Reformation* (New York: Anson D. F. Randolph & Co., 1896), 82-83.

독실한 기독교인이라고 하면서 그가 보여준 가정과 결혼생활은 성경이 가르치는 것과 너무도 거리가 멀었다. 그는 혼인의 신성함을 무시하고 무절제하게 살았다. "이 점에서 그는 동양의 전제군주나 이슬람교 칼리프보다 조금도 나을 것이 없었다. 그는 여러 명의 아내와 결혼했지만 자기 마음대로 이혼했다. 그는 롬바르디아 공주와 결혼하기 위해 첫 번째 아내(이름은 알려지지 않음)를 내 버렸고, 재혼한 롬바르디아 공주도 1년도 되지 않아 내보냈다. 다섯 번째 아내가 죽은 후 그는 서너 명의 첩으로 만족했다."[14]

교황들은 권력이 약한 군주들에게는 혼인의 신성함을 아주 강하게 요구하면서도 최고의 권력을 가진 샤를마뉴의 이런 행동에 대해서 책망조차 하지 않았다. 샤를마뉴는 814년 1월 28일 71세의 나이로 세상을 떠났다.

800년 성탄절 황제에 오른 샤를마뉴

하드리아누스 1세(Pope Adrian I, 재위 772-795) 교황의 뒤를 이어 레오 3세(Pope Leo III, 재위 795-816)가 교황에 올랐다. 주후 800년 성탄절에 샤를마뉴는 제단 앞에 무릎을 꿇고 기도하고 있었다.[15] 바로 그 때 교황 레오 3세는 그의 머리에 금관을 씌워주었고 황제와 아우구스투스라는 칭호를 부여해 주었다.[16]

> 그 후 성탄절에 모두가 앞서 말한 성 베드로 교회에 모였고 존경받는 교황은 웅장한 왕관으로 자신의 손으로 샤를마뉴에게 왕관을 씌웠다. 그러자 모든 로마인들은 하나님과 천국의 열쇠를 간직한 성 베드로의 영감을 받아 샤를마뉴의 보호와 그가 거룩한 로마 교회와 교황에게 베푼 사랑의 가치를 인식

---

14 Schaff, *History of Christian Church, Volume IV.*, 243.
15 Cowan, *Landmarks of Church History to the Reformation*, 81-83.
16 Richard Chenevix Trench, *Lectures on Medieval Church History: Being the Substance of Lectures Delivered at Queen's College, London* (London: Macmillan and Co., 1879), 78.

하고 큰 목소리로 '하나님의 면류관을 받은 경건한 아우구스투스, 위대하고 평화를 가져오는 황제 샤를마뉴에게 장수와 승리를!'이라고 외쳤다. 사람들은 모든 성인의 이름을 부르며 성 베드로의 거룩한 고백 앞에서 이 말을 세 번 외쳤고, 그렇게 그는 모든 사람들에 의해 로마인의 황제가 되었다. 그런 다음 교황은 샤를마뉴와 그의 아들에게 성유를 부었다.[17]

이렇게 해서 신성로마제국이 탄생했고 샤를마뉴가 '신성로마제국'으로 알려진 제국의 황제로 등극한 것이다. 샤를마뉴는 프랑스로 돌아가서는 자신을 카이사르로 이해하고 충성맹세를 강요하였다. 대관식은 튜턴족의 입장에서는 옛 로마제국을 다시 수립하는 것이었다. 이 신성로마제국은 교황청과 함께 중세역사를 지배하게 되었다. "대관식은 로마의 법적 통치자인 그리스 황제로부터의 교황의 완전 독립과 해방을 뜻하는 최종 선언이었다."[18]

교황청은 군사적 지원과 도움을 제공할 세속권력의 비호가 필요했고, 황제는 자신의 권위의 종교적 정당성을 지지해줄 종교권력이 필요했다. 그런 점에서 신성로마제국은 거룩한 로마교회의 필수적인 대응 짝(counterpart)인 것처럼 보였다."[19] 이 둘의 관계는 중세사의 중신주제가 되었다. 신성로마제국의 수립 이후 중세유럽의 역사는 로마 교황청과 신성로마제국의 역사라고 해도 과언이 아니다. 교황청과 신성로마제국은 "교회와 세상을 다스리는 하나님의 두 팔

---

17 Duchesne, *Liber Pontificalis*, II, 7. in Thatcher & McNeal, eds., *A Source Book for Medieval History*, 48; William R. Cannon, *History of Christianity in the Middle Ages: From the Fall of Rome to the Fall of Constantinople*, 중세교회사, 서영일 역 (서울: 기독교문서선교회, 1995), 101.

18 Hurst, *Short History of the Medieval Church*, 5-6. "476년 이후 서방에는 황제가 없었고 콘스탄티노플의 황제는 로마 제국의 일부에 대한 통제권을 잃었다. 그러나 서방은 여전히 스스로를 하나의 위대한 제국의 일부로 여겼다. 800년 샤를마뉴 대제의 대관식은 교황 권 이론에 따르면 교황이 콘스탄티노플의 황제들로부터 로마 제국의 왕관을 빼앗아 프랑크족의 왕에게 수여하는 유명한 제국의 양도(the famous translatio imperii)이다. 이러한 관점에서 볼 때 이것은 동방 황제들의 지배로부터 교황이 반란을 일으킨 마지막 행위였다. 프랑크족 역사의 관점에서 보면 피핀의 대관식으로 시작된 교황과 프랑크족 왕의 관계의 정점이었다." 또한 다음을 참고하라. Schaff, *History of Christian Church, Volume IV*., 252.

19 Schaff, *History of Christian Church, Volume IV*., 255.

샤를마뉴 대제(Carolus Magnus, 재위 800-814)의 대관식

로 간주되었다. 이 이중 정부는 전체적으로 기독교 문명과 자유를 위한 야만인 종족을 훈련시키는 최고의 학교였다. 교황권은 군사 독재를 견제하는 역할을 했고, 제국은 사제직의 남용을 견제하는 바람직한 역할을 했다."[20] 신성로마제국은 5세기가 넘게 로마카톨릭과 명목상의 관계를 유지하면서 기독교 세계 세속 권력의 수장으로서 존속했다. "샤를마뉴 치하에서는 설교를 장려하고 설교집을 준비했다. 아직 의무는 아니었지만 고해성사가 권장되었다. 모든 기독교인은 주기도문과 사도신경을 암송해야 했다. 샤를마뉴는 무너졌던 대감독구 제도를 새

---

20 Schaff, *History of Christian Church, Volume IV.*, 256.

롭게 정비하고 확장했다. 그의 통치 초기에 프랑크 왕국에는 대감독구가 단 하나뿐이었다. 하지만 마지막에는 22개로 늘어났다."[21]

샤를마뉴는 수많은 전쟁을 통해서 영토를 확장하여 바이에른, 스페인 북부를 비롯 서유럽의 지배자가 되었다. 그는 자신의 영토에 기독교적 이상을 구현하는 것을 통치 목적으로 삼았다. 그는 사제의 행동을 규제하고, 주교의 의무를 규정하는 등 세속 군주이면서 동시에 하나님의 통치를 대행하는 왕이라는 자의식을 가졌다.[22] "교황과 황제는 교회와 국가에서 최고의 존엄과 권력을 대표했다. 그러나 교황은 둘 중에 더 위대하고 더 지속적인 권력이었다."[23] 하지만 샤를마뉴 황제의 입장은 달랐다. 교황은 영적 군주로 황제는 세속적 군주로 성격 규명을 했지만 중세의 교황과 황제는 이 두 영역을 자신들이 모두 장악하려고 하였다. 실제로 영역을 정확히 구분하여 분담하기 힘들었고, 자연히 이로 인해 두 권력자 사이의 권력투쟁이 불가피했다. 신정 정치에서는 교회와 국가의 일치를 근간으로 하기 때문에 교황과 황제가 끊임없이 투쟁할 수 밖에 없다.

> 교황은 자원해서 샤를마뉴에게 제국의 왕관을 씌워줌으로써 제국이 그 자신의 선물이며 즉위권이 그 자신의 부인할 수 없는 권리임을 함축하는 것이라고 주장할 수 있었다. 그리고 이 권리는 후대의 교황들에 의해 행사되었는데, 그들은 세속적인 검과 영적인 검을 휘두르며 국가들에게 충성 맹세를 면제하기도 했다 … 그레고리 7세(Pope Gregory VII, 재위 1073-1085)는 교회를 태양에 비유했고, 국가를 태양으로부터 빛을 얻는 달에 비유했다. 교황은 항상 국가에 대한 교회의 절대적 우월권 원칙을 견지할 것이며, 교황 위계의 이익에 대한 복종 정도에 따라 정부(제국이든 왕국이든 공화국이든)를 지지하거나 반대하였다 … 샤를마뉴는 비록 교회와 교황에 헌신적으로 애착을 가졌음에도 불구하고 자신의 주권 내에서 다른 하나의 주권을 인정하기

21　Walker, *A History of the Christian Church*, 208-209.
22　최형걸, 중세교회사, 88.
23　Schaff, *History of Christian Church, Volume IV.*, 253.

에는 너무 절대적인 군주였다. 그는 구약성경과 모세와 아론의 관계에서 신권정치에 대한 자신의 생각을 이끌어냈다. 그는 콘스탄틴 대제(Constantine the Great, c.272-337)와 테오도시우스 대제(Flavius Theodosius, 재위 379-395)가 비잔틴 제국에서 했던 것과 거의 같은 방식으로 자신의 제국적 위엄을 이해하고 행사했다. 비잔틴 제국은 원칙과 실천에 있어서 황제-교황주의를 표방했고, 그 후계자인 러시아 제국도 마찬가지였다.[24]

샤를마뉴는 중세시대 많은 기독교적 족적을 역사에 남겼다. 대제국을 건설하고 교리적 통일을 제국 안에 정착시켰다. 교황권의 협력 속에 기독교적 이상을 세속 통치에 적용하여 카톨릭 신앙으로 통일된 신성로마제국을 건설한 인물도 샤를마뉴였다. 영국의 저명한 학자 알퀸을 불러 학문을 장려했고, 궁정학교를 설립하여 교육을 장려했으며, 문법, 논리학, 수사학 등 3학과 산수, 기하, 천문, 음악 등 4과를 도입하여 교육을 시켰으며, 수도원을 집중적으로 장려하여 수도원을 고대문화와 학문의 중심지로 삼았다.[25]

789년 샤를마뉴는 모든 수도원에 일반 백성들을 위해 기초교육학교를 개설하는 칙령을 발표하였다. "그는 일반 신자들에게는 자신의 재산을 지나치게 많이 교회에 헌납하므로 가족들이 경제적 어려움에 빠지게 되는 것을 법으로 금지했고 교회의 수입은 주교와 사제 또 교구의 빈민들에게까지 골고루 분배되도록 했으며 결혼식이나 장례식 등에서 신자들이 자발적으로 헌금을 하는 것은 허용

---

24   Schaff, *History of Christian Church, Volume IV.*, 253-254.
25   Cowan, *Landmarks of Church History to the Reformation*, 83-85; Hurst, *Short History of the Medieval Church*, 21-24; 최형걸, 중세교회사, 91. "샤를마뉴는 자신의 궁정에 모여 온 학자들과 함께 교육에 대한 열정이나 정신적으로 새로운 것을 창조하고자 하는 열정을 불태웠다. 교육은 모든 백성에게 확산되어야 했고 학교 제도는 정비되어야 했으며 수도원과 교회에서는 설교의 내용이 더욱 깊어져야 했으며 성경주석이나 예배의식 교회의 법적 문서들이 정리되고 통일되어야 했다. 제국의 모든 시민은 주기도문과 신앙고백을 외우는 것이 의무로 되었다. 그리고 이런 노력의 결과가 9세기의 유럽에서 필법 공예, 책의 그림 장식, 공예, 건축이나 대형 벽화, 세계 연대기, 역사 서술, 수도원에서의 연대기나 전기 등 풍요로운 문화적 결실을 낳았던 것이다. 그리고 이것이 교황이 아니라 한 나라의 문화가 기독교와 결합될 수 있는 가능성을 제공하고 있는 것이다."

했으나 이것을 의무로 하는 것은 폐지시켰다. 또한 교회나 수도원이 유산을 기증받았을 경우, 기증자의 뜻대로 사용할 것을 의무화했으며 십일조는 일정액을 내는 헌금으로 대체시켰다. 그리고 특히 교회나 수도원의 재산은 궁극적으로 가난한 자들을 위한 것이므로 수도원 근처에 병자와 빈민들 또 나그네를 위한 병원과 숙소를 건축하도록 했다."[26]

샤를마뉴는 제국 내의 여러 곳에 수도원이 설립되어 경작지를 개간하고 과학적인 영농을 개발하도록 독려했고, 수도원을 선교, 교육, 문화, 경건, 학문의 중심지로 삼는 정책을 구사했다. 샤를마뉴는 외교적, 군사적, 종교적 측면에서 탁월한 수완을 발휘했다. 813년 샤를마뉴가 동로마 제국의 황제 미카엘 1세(Michael I Rangabé, c.770-844)에게 편지를 보내 동로마 제국과 평화협정을 맺고, 동로마 제국 황제로부터 인정을 받기를 원했다.

> 성부 성자 성령의 이름으로 프랑크와 롬바르드의 황제와 아우구스투스 왕인 카를은 하나님의 은혜로 사랑하고 경외하는 형제, 영광스런 황제이자 아우구스투스 마카엘에게 우리 주 예수 그리스도 안에서 영원한 인사를 드립니다. 우리는 우리 주 예수 그리스도께서 우리를 풍요롭게 해주신 그분의 헤아릴 수 없는 친절의 선물에 대해 온 마음과 힘을 다해 축복하고 찬양합니다. 왜냐하면 그분은 우리 시대에 우리가 오랫동안 추구하고 항상 갈망하던 동서양의 그 평화를 이루시고, 우리가 매일 그분께 드리는 기도에 대한 응답으로 온 세상의 거룩하고 성결한 가톨릭교회를 하나로 통일하시고 전 세계에 평화를 주셨습니다. 우리는 이 평화에 대해 마치 이미 이루어진 것처럼 말합니다. 왜냐하면 우리는 우리의 역할을 다했고 여러분도 기꺼이 여러분의 역할을 수행할 것이라고 확신하기 때문입니다. 우리는 이 일, 즉 우리 사이에 평화가 이루어지도록 정하신 하나님을 온전히 신뢰합니다. 그분은 신실하시고 진실하시며 선한 일에 종사하는 모든 사람을 도우시고, 우리가 시

---

26   최형걸, 중세교회사, 94.

작한 이 일을 온전히 이루실 것입니다. 우리는 이제 이 완성을 가져 오기를 바라면서 우리의 사절인 트리어의 존경받는 주교인 아말하르와 노난툴라 수도원의 원장인 베드로를 보내어 성스러운 제단에서 사제들의 서명이 담긴 평화 조약 사본을 받아오도록 했습니다. 족장, 귀족들의 서명이 담긴 평화 조약 사본을 당신의 대리인, 존경하는 대주교 미카엘과 왕실 근위대 대장인 아르사피우스와 테오그노스토스가 우리의 서명과 사제들의 서명이 포함된 사본을 우리에게서 받았습니다.[27]

샤를마뉴 황제는 형식적으로는 동로마 제국 황제 미카엘 1세와 우호적인 입장을 취하면서 자신의 제국 안에서는 교황에게 경건한 태도를 유지하면서도 세속 최고 통치자로서 자신의 절대권 안에 다른 절대권을 용납하지 않았다.[28] 제국 내에서 그는 세속 지배자이자 통치자였다.

그의 통치 기간 세속 권력과 영적 권력은 구분하기 힘들었다. 샤를마뉴는 제국의 최고의 권위를 가진 종교회의를 직접 소집하여 자신이 의장 자리에 올라 종교문제 결정을 자신의 방향으로 이끌었고 신학과 교리의 내용의 결정에 결정적인 영향을 미쳤다. 신학이나 교리 문제에 있어서 그의 주재 하에 종교회의를 통해 결정된 것은 교황이나 비잔틴 제국의 황제의 권위보다 더 높은 권위를 지녔다. 그는 794년 교회회의를 교황에게 문의하지 않고 소집했고, 813년에는 교황이나 로마인들에게 자문을 구하지 않고 자기 아들 경건자 루트비히 (Ludwig I, Ludovicus I Pius, 778-840)를 엑스샤펠에서 왕으로 임명했다.

---

27 Thatcher & McNeal, *A Source Book for Medieval History*, 58-59.
28 Thatcher & McNeal, *A Source Book for Medieval History*, 107. 이미 796년 샤를마뉴 대제는 교황이 단지 영적인 의무만을 가진다고 선언하였다.

2. 샤를마뉴 이후 중세 유럽

샤를마뉴 사후 그의 아들 경건자 루트비히가 왕위를 계승했지만 루트비히가 840년 죽은 후 세 아들에게 양분된 후 신성로마제국이 사분오열되면서 신성로마제국 역시 점차 몰락의 길을 걸었다.[29] 샤를마뉴가 역사에 등장해 강력한 리더십을 발휘했지만 그의 계승자들에게는 그런 강력한 리더십도 열정도 찾을 수 없었다.[30] 무능과 방탕만이 그들이 보여준 실상이었다. 샤를마뉴 대제의 아들 경건자 루트비히 이후 신성로마제국이 급속히 분할된 것이 이를 단적으로 증명한다.

경건자 루트비히는 튜턴족의 후예로 프랑스와 독일을 동시에 대표했지만 840년 그가 세상을 떠나고 제국의 주도권을 두고 그의 세 아들 사이에 내전이 발생했다. 3년간의 내전 후 루트비히의 세 아들(로타르, 루트비히 독일왕, 대머리왕 샤를)이 843년 8월 11일 베르뎅에서 만나 제국분할 문제를 놓고 협상을 했다. 그 결과로 체결된 것이 베르뎅 조약(영어: Treaty of Verdun, 프랑스어: Traité de Verdun)이다. 베르뎅 조약은 신성로마제국을 중프랑크, 동프랑크, 서프랑크 세 왕국으로 분할하는 조약이다. 843년 베르뎅 조약이 체결되면서 제국의 중앙 즉 로타링기아, 알사스, 부르군트(부르고뉴), 프로방스, 그리고 이탈리아 왕국(이탈리아반도의 북쪽 절반에 해당)은 로타르(Lotarius I, 795-855)

---

29   Schaff, *History of Christian Church, Volume IV.*, 260. "독일신성로마제국의 점진적인 몰락에는 여러 가지 원인이 있었다. 스위스 산지 주민들의 반란 성공, 스페인, 프랑스, 영국 독립 왕국들의 성장, 선제후들과 독일 군소군주의 질투, 서부에서의 신대륙 발견, 동방제국에서의 투르크족의 침략, 독일 국민을 양대 적대적인 종교로 갈라놓은 종교 개혁, 30년 전쟁의 무서운 파괴, 프리드리히 2세의 뛰어난 천재성으로 인한 독일의 호헨촐레른 가문과 프로이센 왕국의 부상, 그리고 프랑스 혁명으로 인해 지속적으로 발생한 전쟁들이 그것이다. 마지막 국면에 가서는 신성로마제국은 단순한 그림자에 불과했고, 신성로마제국은 신성하지도 않고 로마도 아니고 제국도 아니라는 볼테르의 풍자가 전혀 틀리지 않았다. 마지막 황제인 프란시스 2세는 1806년 8월 6일에 선거에 의한 독일 왕위를 포기하고 프란시스 1세(Franz II/Franz I, 1768-1835)로 오스트리아의 세습 왕위로 그것을 대체했다. 이렇게 해서 신성로마제국은 1006세를 향유하고 평화롭게 세상을 떠났다." 신성로마제국이 수명을 다하고 역사의 뒤안길로 사라진 뒤 유럽에는 나폴레옹 제국의 등장, 독일연맹, 새로운 독일제국 등장했다. 교황청도 유사한 길을 걸어갔다.

30   Walker, *A History of the Christian Church*, 209-210.

손에 들어갔다.[31] 이를 중프랑크 왕국이라 부르며 로타르가 신성로마제국 황제의 직함을 가졌다. 라인 강 동쪽에서 이탈리아 북동쪽에 이르는 게르만 지역은 독일왕 루이(Ludwig II, c.804-876)가 차지했다. 이 지역은 현대 독일에 해당하는 지역으로 동프랑크 왕국으로 불렸다. 그리고 현대 프랑스의 모태가 된 제국의 서쪽지역, 론 강, 손 강, 세르트 강 서쪽에 이르는 서프랑크 왕국은 대머리왕 샤를(Charles II, 823-877)에게 넘어갔다.[32] 베르뎅 조약이 체결되기 전에 이미 이탈리아는 로타르가, 바이에른은 루이가, 아키텐은 대머리왕 샤를이 차지하고 있었다.

이렇게 해서 843년 베르뎅 조약의 체결로 네덜란드, 벨기에, 룩셈부르크, 알사스, 로렌, 스위스, 부르고뉴 그리고 이탈리아 북부의 중프랑크가 로타르에게, 현대 프랑스가 된 서프랑크는 대머리 샤를에게, 현대 독일이 된 동프랑크는 독일왕 루이에게 넘어갔다.[33] 이후 프랑스, 이탈리아, 독일 세 나라는 개별적인 역사를 지닌 독립된 국가로 존속하게 되었다. 황제의 지위는 독일왕의 소유가 되었고 1806년까지 그 지위를 유지하게 되었다. 이들 중프랑크와 동프랑크 서프랑크 세 나라와 여기서 파생된 유럽의 여러 국가들이 중세 이후 유럽의 역사를 대변하는 나라가 되었다. 흥미로운 사실은 이탈리아는 로마 카톨릭의 본부, 프랑스는 로마 카톨릭 신학의 발전, 독일은 개신교 종교개혁의 본산지가 되었다. 888년에는 아키텐을 포함하여 독일, 이탈리아, 프랑스, 프로방스, 부르고뉴 등 6개의 개별 왕국이 존재했다.[34]

---

31   M. G. LL. 4 to, II, 2, no. 204. in Thatcher & McNeal, *A Source Book for Medieval History*, 360-361. 로타르, 루드비히, 샤를은 다시 4년 후 847년 다음과 같이 합의했다. "2. 우리는 모든 자유인이 우리 왕국에서 우리와 충실한 신하들 중에서 원하는 senior를 받아들일 것을 선언한다. 3. 우리는 누구도 정당한 이유 없이 senior를 떠나서는 안되며, 우리 전임자들의 관습에 따르지 않는 한 어떤 영주도 선배를 떠난 사람을 받아 들여서는 안된다고 명한다. 4. 왕국이 침략을 받아 모든 신하가 집단으로 소집되어 격퇴하지 않는 한, 우리 각자의 모든 신하는 그의 senior와 함께 전쟁이나 기타 필요한 원정에 나가야 하며, 이를 방위군(landwehr)이라고 한다."

32   Thatcher & McNeal, *A Source Book for Medieval History*, 63.
33   Bainton, 기독교의 역사, 168.
34   Thatcher & McNeal, *A Source Book for Medieval History*, 66.

확실히 814년 신성로마제국 황제 샤를마뉴 대제가 세상을 떠난 이후 요한 12세(Pope John XII, Octavianus, 재위 955-964)까지 약 150년의 중세 유럽의 역사는 한 마디로 유약한 계승자들에 의해 제국이 사분오열되었고 불안정과 혼돈이 계속된 역사였다. 중세를 암흑시대라고 한다면 10세기를 암흑시대라고 불릴만하다.[35] 베인톤의 지적대로 바이킹족의 남하, 데인족의 영국 침략, 마자르족의 압박은 이 시대 가장 두렵고 위협적인 사건이었다.

"바이킹 족은 북부 지방의 해로를 타고서 남하했다 … 835년에는 이미 스칸디나비아 왕국이 아일랜드에 수립되어 있었다. 845년에는 데인(덴마크)족이 함부르크와 파리를 약탈했다. 850년에도 노략자들이 르와르 강과 센 강을 타고 내려왔다. 865년에는 데인족이 영국 동해안을 점령하고서 전 국토를 장악하는데 거의 성공했다. 880년 2월에는 색슨족의 전군이 데인족에게 패배했다. 두 명의 주교와 열한 명의 백작들이 다른 사람들과 함께 살해당했다. 900년에 이르면 바이킹의 침략은 잠잠해졌으나 이번에는 동쪽에서 마자르족이 압박해왔다. 한편 서쪽에서도 이루어진 침략은 영국 동부의 수도원 문화를 남김없이 쓸어가 버렸다. 프랑스의 많은 교회들과 수도원들도 파괴되었다. 카롤링조 제국은 휘청거리고 있었다."[36]

게다가 교황청은 온갖 부패와 타락과 도색정치가 만연한 추문의 온상이었고 이 기간 제국은 분열되고, 왕과 왕, 왕과 교황 사이에 패권 다툼이 강하게 일어났다.[37] 왕들과 귀족들이 자기들끼리 투쟁을 벌였고 민중을 억압했으며 주교구들과 대수도원들은 저들끼리 나누어 갖거나 수입을 가로채는 것이 일상이었다. 불의가 판을 치고 폭력과 무질서가 난무했으며 착취와 억압이 만연했고 화적떼가 법 모르고 곳곳에서 출몰하고 날뛰는 세상이 도래한 것이다. 힘이 곧 정의가 된 세상이 바로 그 시대였다. 유럽의 정치적 혼란 속에서 교회가 사회개혁과 공의로운 사회를 만들어가는 촉매 역할을 담당해야 했지만 교회 역시 세속에

---

35   Bainton, 기독교의 역사, 167.
36   Bainton, 기독교의 역사, 167.
37   Cannon, 중세교회사, 167-172.

그대로 물들어 가고 말았다.

신성로마제국이 사분오열되어 영향력을 상실하는 동안 교황청은 제대로 된 인물을 배출하지 못했다. 그레고리 1세(Pope Gregory I, 재위 590-604)와 그레고리 7세 사이 그 사이에 재위한 위대한 교황으로 알려진 니콜라스 1세(Pope Nicholas I, 재위 858-867)가 등장해서 왕 로타르의 이혼을 금하고 대주교 앙크마르에게 굴욕을 주는 등 "주교들을 집행 기관으로 삼아 질서와 기율과 공의를 유지하고 오류와 악을 처단하기 위해 하나님에게 온 교회의 감독자로 임명을 받은 자"로서의 소임을 충실하게 감당하려고 했다.

하지만 그가 재위한 기간은 불과 10년이었다. 그 시대가 어떤 시대였는지는 909년 한 저자가 남긴 다음과 같은 글에서 어렵지 않게 추론할 수 있다. "모든 사람이 인간과 하나님의 법을 무시하고 교회의 명령을 업신여긴 채 자기 소견에 옳은 대로 행동한다. 강한 자는 약한 자를 억누르며 세상은 가난한 자에 대한 강포와 교회 재산에 대한 약탈로 가득하다."[38] 필립 샤프의 말대로 "니콜라스부터 힐데브란트까지 거의 200년 동안(867-1049) 교황의 자리는 극히 소수의 예외를 제외하고는 평범하고 심지어 자격이 없는 사람들로 채워졌다."[39]

이 시대 교황의 이름과 그들의 행적은 역사가의 양심을 억압하고 강요하지 않는다면 기록하고 싶지 않은 역사이다. 교황이 살해당하고, 성직매직이 자행되었고, 성적 타락이 널리 퍼졌으며 서열에 따라 교황직을 번갈아가며 차지했다. 재위 기간도 짧았고 그들이 이룬 종교적 종적도 전무하거나 너무도 미미했다. 교황청의 타락은 10세기에 접어들어 극에 달했다. 이 시대의 교회의 타락상을 다시 역사에 들추어내는 것은 너무도 부끄러운 일이다. 하지만 과거 역사는 오늘의 거울이고 그렇게 하지 않는다면 반복되는 인간의 부패와 타락을 읽어낼 수 없다. 필립 샤프는 10세기 교황청의 타락을 이렇게 고발했다.

38　Bainton, 기독교의 역사, 169에서 재인용.
39　Schaff, *History of Christian Church, Volume IV*., 277.

10세기는 교회와 국가에서 무지와 미신, 무정부 상태와 범죄가 만연했던 세기로 암흑시대 중에서도 가장 어두운 세기였다. 11세기 전반부에 접어 들어서도 조금도 나아지지 않았다. 세상의 멸망이 눈앞에 다가온 것 같았다. 진지한 사람들은 기독교 시대의 첫 번째 천년기가 끝날 무렵에 끔찍한 심판의 날이 임할 것이라고 고대하고 세속적 사업을 소홀히 하였고 재산을 기부하거나 의미 있는 문구(appropinQuante mundi termino-세상의 종말이 다가오고 있다)를 새겨 교회에 기타 예물들을 헌물했다. 도덕적 타락이 국가에서 시작해서 교회로 확산되었고, 그것은 교황청에서 최절정에 달했다. 사회 개편도 동일한 과정을 경험했다. 기독교 세계의 어떤 교회나 분파도 10세기 라틴 교회만큼 타락한 적이 없었다.[40]

필립 샤프의 표현을 빌린다면 "명목상의 기독교 세계 내에서는 왕들과 귀족들이 서로 다투고 백성들을 억압했고, 주교직과 대수도원직을 측근끼리 나눠 갖거나 수입을 챙겼다. 대주교들은 주교들을 억압했고 주교들은 사제들을 억압했으며 사제들은 평신도들을 억압했다. 곳곳에 강도떼가 출몰하여 법 무서운 줄 모르고 전국적으로 날뛰었다. 힘이 곧 정의였다."[41] 교황청의 타락은 너무도 극심했다. 지난 기독교 역사가 증거하듯 교황청이 '관대한 면과 악하고 표독한 면을 동시에 지니고' 있는 것이 일반적이지만 "이 시기의 교황청은 거의 오로지 반기독교적인 면만 지니고 있었다." 그 상태가 너무도 심각해 "어떤 교리나 정치 체계로도 교회를 쇠퇴와 타락으로부터 구할 수 없었다."[42]

아담의 원죄를 이어 받은 인간은 본질적으로 부패해 중생의 은혜와 성령의 권능을 통해 성화의 은혜를 힘입지 않는다면 분명 "인간 본성은 사탄적인 사악함을 가질 가능성이 있다."[43] 그리고 부정할 수 없는 것은 "적그리스도가 하나님

---

40   Schaff, *History of Christian Church, Volume IV.*, 280.
41   Schaff, *History of Christian Church, Volume IV.*, 282.
42   Schaff, *History of Christian Church, Volume IV.*, 281.
43   Schaff, *History of Christian Church, Volume IV.*, 281.

의 성전 안에 몰래 들어가 종종 성직자의 예복을 입고 나타났다"[44]는 사실이다. 필립 샤프는 이렇게 당시 교황청의 타락을 고발했다.

> 교황청 자체가 모든 독립성과 존엄성을 상실하고, 탐욕과 폭력과 음모의 먹이가 되었으며 그야말로 사탄의 회당이 되었다. 교황청은 가장 어두운 범죄의 수렁에 빠져 있었고, 섭리가 더 나은 시대를 위해 그것을 보존해 주지 않았다면 완전한 치욕 속에 멸망했을 것이다. 교황 승계가 급속하게 진행되어 교황이 연달아 새 교황으로 교체되었는데 그들 대부분은 폐위, 투옥, 살해 등으로 교황직을 마감했다 … 이 시대의 몇몇 교황들은 악독한 이교 로마의 황제만큼 사악했으며, 그들에 비해 훨씬 더 변명의 여지마저 없었다.[45]

교황과 황제의 지위를 한 사람이 독식한 경우도 있었다. 알베릭의 아들 옥타비아누스(요한 12세)가 신성로마황제의 지위에 올랐고, 불과 18세에 교황에 선출되어 세속권력과 교회권력을 양손에 쥐었다. 옥타비아누스라는 세속 군주의 권좌에 올랐으면서도 교황 요한 12세의 자리도 차지했다.[46] 세속 권력과 교회 권력을 양손에 쥔 것이다. 그가 중세 역사에서 베네딕트 9세(Pope Benedict IX, 재위 1032-1044, 1045, 1047-1048)와 요한 23세(Antipope John XXIII, 재위 1410-1415), 알렉산더 6세(Pope Alexander VI, 재위 1492-1503)와 더불어 "지극히 패륜적이고 악한 교황"으로 평가받는 것은 결코 우연이 아니다.[47] 절대권력은 절대부패로 이어질 수밖에 없다.

이 시대 교황청과 권력자들의 타락을 가름할 수 있는 또 하나는 당시 만연된 성적 타락이다. 그 시대 심지어 근친상간이 극에 달했다. "회플러는 10세기 이탈리아의 모든 제후 가문이 근친상간의 혈통으로 물들었으며 아내와 자

---

44 Schaff, *History of Christian Church, Volume IV.*, 281.
45 Schaff, *History of Christian Church, Volume IV.*, 283-285.
46 Schaff, *History of Christian Church, Volume IV.*, 287.
47 Schaff, *History of Christian Church, Volume IV.*, 287.

매, 어머니와 딸을 구별하기가 어려웠다고 주장했다."⁴⁸ 로마 원로원의 아내 테오도라(Theodora the Rome, Senatrix, c.875-c.925)와 그녀의 두 딸 마로지아(Marozia de Tusculum, c.892-c.936)와 소(小)테오도라(Theodora II senatrix, 교황 요한 13세의 할머니)는 권력과 쾌락을 향한 욕구로 가득차 악마적 욕구를 불태우려고 한 나머지 "성 베드로 교회를 강도의 굴혈로 만들었고 그의 계승자들의 관사를 매음굴로 만들었다."⁴⁹ 마로지아가 교황 세르기우스(Pope Sergius III, 재위 904-911)와 정을 통해 낳은 아들이 교황에 올랐으니 그가 요한 11세(Pope John XI, 재위 931-935)이다.⁵⁰ 이 시대 교황청의 역사는 "교황청의 도색정치," "매춘부 정치"라는 타이틀이 무색할 정도로 참으로 부끄러운 역사였다.⁵¹

능력 있는 정치 지도자들이 전혀 없었던 것은 아니었다 "데인족과 슬라브족, 헝가리족을 굴복시키고 접경 지역의 야만족들을 개종시켰으며 질서를 확립하고 카롤링거 제국을 회복"한 오토 대제같은 힘 있는 지도자가 역사에 등장했다. 오토 왕은 961년에 파비아에서 크리스마스를 축하하고 로마로 가서 교황 요한 12세에 의해 모든 로마인과 성직자들의 환호를 받으며 962년 황제가 되었다.⁵² "교황의 주인이자 로마교회의 보호자"였던 오도 1세(Otto I, 936-973)는 샤를마뉴의 위상을 다시 회복하였지만 교황청의 타락을 근본적으로 막을 수 없었다. 오토 1세의 "교황청의 개혁은 일시적인 것에 불과했다. 그 후에 두 번째 타락기(973-1046)가 이어졌는데 그것은 11세기 중반까지 지속되었다."⁵³ "로마의 거리에는 살인청부업자들로 득실거렸고 온 나라에는 강도들이 들끓었고 순례자들의 미덕이 공개적으로 공격을 당했으며 심지어 교회당들과

---

48   Schaff, *History of Christian Church, Volume IV*., 283.
49   Schaff, *History of Christian Church, Volume IV*., 284.
50   최형걸, 중세교회사, 115.
51   Bainton, 기독교의 역사, 171.
52   Thatcher & McNeal, *A Source Book for Medieval History*, 78-79.
53   Schaff, *History of Christian Church, Volume IV*., 293.

사도들의 무덤까지도 피로 더럽혀졌다."[54]

　　22살의 나이에 지성이 충만했고 활력이 넘쳤던 프랑코니아 가문 출신의 황제 하인리히 3세(Heinrich III, 1017-1056)가 제국의 주도로 교회개혁을 시도했지만 거대한 타락의 물줄기를 정화시킬 수 없었다. 그레고리 6세(Pope Gregory VI, 재위 1045-1046)는 교황직을 매수한 성직매매 죄로 교황직을 자진 사임하면서 이렇게 고백했다.

> 주교요, 하나님의 종들의 종인 나 그레고리는 성직매매의 불순함이 나의 선거에 스며들어 교황선거를 훼손하는 엄청난 오류를 범했기 때문에 나 자신을 거룩한 로마교회의 교황직에서 해임하기로 선언하노라.[55]

　　1046년 12월 23-24일 로마의 성베드로 교회에서 새 교황을 선출하기 위한 교회 회의가 열렸지만 "'성직매매와 음행'에서 자유로운 로마 성직자를 찾을 수 없었다."[56] 개혁의 필요성을 절감하고 용기 있게 실천하려고 한 교황이 없었던 것은 아니다. 아마도 적어도 그 당시의 관점에서 평가한다면 힐데브란트는 그런 류의 교황으로 평가 받을만 하다.

　　힐데브란트는 교회청 개혁을 위해 중추적인 역할을 감당하였고, 1073년 그 자신이 그레고리 7세로 교황직에 오르게 되었다.[57] 하지만 주교들과 대수도원장들을 선출하는 서임권을 놓고 황제 하인리히 4세(Heinrich IV, 1050-1106)와 교황 그레고리 7세는 심각하게 대립했다.[58] 이후 50년 동안 두 권력 사이의 갈등이 계속되었다. 교황과 황제는 1122년 9월 23일 보름스 정교조약으로 서로 절충적 타협을 모색했다.

54　Schaff, *History of Christian Church, Volume IV.*, 299.
55　Schaff, *History of Christian Church, Volume IV.*, 300.
56　Schaff, *History of Christian Church, Volume IV.*, 301.
57　Schaff, *History of Christian Church, Volume IV.*, 303.
58　최형걸, 중세교회사, 169.

제 4장

중세교리논쟁: 성령발출, 단의론, 예정론

> 9세기 이래로 필리오쿠에(the Filioque)는 점차적으로 서방 전역에서 니케아 신조에 삽입되었으며, 교황들도 그들의 무오성에도 불구하고 자신들의 전임자들이 정죄했던 것을 승인했다.
>
> Schaff, *History of Christian Church*, Vol. IV., 482.

> 기독교 신앙의 심오한 문제들을 이성적으로 논의하기에 앞서 먼저 그것을 믿는 것이 올바른 순서이다.
>
> 캔터베리 안셀름(Anselm of Canterbury, 1033/34-1109)

초대교회에 기독론과 삼위일체로 인해 종교회의가 여러 차례 열리고 교리 논쟁이 계속되었다. 이 논쟁은 초대교회 시대에 종식된 것도 있지만 몇몇 주제는 중세시대에서도 계속되었다.

성령의 발출(나오심), 단의론 논쟁(單意論, Monotheletism), 양자론 논쟁(養子論, Adoptionism), 화체설, 예정론 논쟁, 화상 논쟁은 대표적인 사례이다. 이 중에서 성령의 발출, 단의론 논쟁, 예정론 논쟁은 가장 첨예한 중세 교리 논쟁이었다. '성령발출'로 알려진 성령의 나오심은 동방교회와 서방교회를 가르치는 너무도 심각한 영향을 미친 주제였다. 단의론은 유티키스(Eutyches, c.375-454)와 단성론 논쟁의 연장으로 단의론이 이단으로 정죄를 받고 칼케돈 그리스도론에 그리스도께서 두 본성뿐 아니라 두 의지도 지니신다는 조항이 첨가되었다.

예수 그리스도의 신성과 인성의 속성의 완벽한 교류(communicatio idiomatum)를 부정한 네스토리우스(Nestorius, c.386-451)의 가르침 역시 431년 에베소회의(The Concil of Ephesus, 431)에서 정죄를 받았다. 성찬 논쟁을 통해 화체설이 널리 확산되었다. 예정론 논쟁은 어거스틴(Augustine of Hippo, 354-430)의 이론을 중세에 다시 시대적 상황에서 논의하는 계기를 제공했다.[1]

위의 교리 논쟁 중에서 성령의 나오심, 단의론논쟁 그리고 화상논쟁은 동방교회와 서방교회 모두에게 깊은 영향을 미쳤고 양자론, 성찬논쟁, 예정논쟁은 서방교회에서 진행된 논쟁이었다. 이들 중요 논쟁들을 간단하게 역사적으로 정리하면 다음과 같다.

1. 성령의 발출 논쟁

'필리오쿠에' 논쟁으로 알려진 성령의 발출 교리 논쟁은 중세 시대 가장 첨예한 신학 논쟁이었다.[2] 성령이 성부에게서만 나오시느냐 아니면 성자에게서도 나오시느냐 하는 문제로 동방교회와 서방교회는 심각하게 논쟁을 벌였다. 동방교회는 성령께서 성부에게서만 나오신다는 단일발출을 정통신학으로 받아들였다. 반면 서방교회는 '필리오쿠에' 즉 성령은 성부와 성자로부터 나오신다는 입

---

1 Phillip Schaff, *History of Christian Church, Vol. IV.: Medieval Christianity from Gregory I to Gregory VII A.D. 590-1073* (New York: Charles Scribner's Sons, 1908), 475. "고트샬크 (Gottschalk of Orbais, c.803-c.868)와 앙크마르(Hincmar, c.806-882) 사이에 전개된 예정 논쟁은 아우구스티누스 체제의 영향력을 약화하고 반(半)펠라기우스적 견해와 관행을 촉진하는 경향을 띠었다."

2 John Fletcher Hurst, *Short History of the Medieval Church* (New York: Chautauqua Press, 1887), 25-26.

장이다.³ 서방교회는 니케아신경 원본에는 '필리오쿠에'라는 말이 없었으나 후대에 이 용어를 니케아신조에 삽입하여 성령의 이중 발출을 명문화시켰다. 325년 니케아신조 원형은 '그리고 성령을 믿습니다'라고 기록되었다. 373년 에피파니우스(Epiphanius of Constantia, c.315-403)와 362년 예루살렘의 시릴(St. Cyril of Jerusalem, c.315-387)의 글을 보면 '주이시오. 생명을 주시는 이인 그분은 아버지에게서 발출하신다'라는 문장이 추가되었다. 동방교회는 451년 칼케돈 이후 이 전통을 그대로 받아들여 '성령을 믿습니다'라는 고백과 '그분은 아버지에게서 발출하신다'는 본래의 니케아신조의 전통을 받아들이고 있다. 그러나 서방교회는 어거스틴과 레오 1세(Pope Leo I, 재위 440-461) 이후 성령의 단일발출에 대해서 니케아신조가 이 부분에서는 불충분했다고 평가하였다. 서방교회가 후에 '필리오쿠에'를 삽입했는데 이것은 동방교회의 입장을 고려하지 않은 서방교회의 단독적인 결정이었다.

589년에 톨레도에서 제3차 스페인 전국 교회회의가 열렸다. 이 회의는 스페인 왕 레카레드(Reccared I, 559-601)가 가톨릭 신앙으로 개종한 아리우스 이단에 대항하여 예수 그리스도의 신성을 분명하게 확립하는 차원에서 진행되었다. 이 회의에서 동방교회와 전혀 상의하지 않고 처음으로 필리오쿠에를 니케아신조 라틴어판에 삽입했다. 니케아신조 라틴어 판의 필리오쿠에 삽입은 톨레도에서 개최된 다른 회의에서도 동일한 결정이 내려졌다.

스페인에서의 이와 같은 경향은 곧 프랑크교회로 확산되었다. 아퀼레이아의 파울리누스(Paulinus II of Aquileia, 726-802/804), 알퀸(Alcuin, c.732-804), 오를레앙의 테오둘프(Theodulph of Orleans, 750-821)가 라틴 교회의 견해를 옹호했다.⁴ 그러나 가장 선두에 선 인물은 샤를마뉴(Carolus Magnus, c.747-814)였다. 그는 성령의 이중 발출 문제를 "809년 엑스라샤펠 공의회

---

3   Rosamond McKitterick, *The New Cambridge Medieval History Volume 2 c.700-c.900* (Cambridge: Cambridge University Press, 2006), 334, 579. 성령의 나오심의 논쟁이 일면서 동서방교회는 이렇게 정리했다. "동방에서는 성령이 '성부로부터 아들을 통하여' 나오셨다고 믿었다. 반면에 서방에서는 성령이 '성부와 성자에게서' 나오셨다고 주장했다."

4   Schaff, *History of Christian Church, Volume IV.*, 482.

(The Council of Aix-la-chapelle, 809)에 상정했고, 공의회는 이중 발출을 지지하는 쪽으로 결정했다."⁵ 샤를마뉴는 이 문제를 해결하기 위해 교황 레오 3세 (Pope Leo III, 재위 795-816)에게 "사신들을 보내어 니케아신조에 그 구절을 삽입하는 것을 재가해달라고 요청"했다. 교황은 "이중 발출 교리에는 찬성했으나"⁶ 니케아신조에 필리오쿠에를 삽입시키는 것은 반대했다. 교황은 "니케아 신조의 그리스어 원문과 라틴어 번역본을 두 서판에 새겨 성 베드로 교회에 보관하고 그로써 수정을 금하는 항구적인 증거로 비치했다." 하지만 "9세기 이래로 필리오쿠에(the Filioque)는 점차적으로 서방 전역에서 니케아 신조에 삽입되었으며, 교황들도 그들의 무오성에도 불구하고 자신들의 전임자들이 정죄했던 것을 승인했다."⁷

이처럼 샤를마뉴의 등장과 '필리오쿠에' 논쟁과 니케아 신조의 필리오쿠에 삽입이 거의 동시에 맞물려 진행되었다. 강력한 샤를마뉴의 정치적 영향력이 서방교회의 필리오쿠에 교리를 정착시키는데 결정적인 역할을 했다. 하지만 동방교회와 서방교회 사이에는 성령의 이중발출에 대해서 서로 찬반 논쟁이 계속되었다. 특별히 콘스탄티노플 총대주교 포티우스(Photius, 재위 858-867; 877-886)와 교황 니콜라스 1세(Pope Nicholas I, 재위 858-867)가 성령의 발출 문제를 놓고 심각한 논쟁을 벌였다.⁸

---

5   Schaff, *History of Christian Church, Volume IV.*, 482.
6   Schaff, *History of Christian Church, Volume IV.*, 482.
7   Schaff, *History of Christian Church, Volume IV.*, 483.
8   Schaff, *History of Christian Church, Volume IV.*, 483-484. "포티우스는 단일 발출을 성령의 위격과 신성이 걸려 있는 성령 교리의 주요 부분으로 간주했으며, 그것을 부정하는 것을 이단과 신성모독으로 공포했다. 이때 이후로는 비록 양 진영에서 많은 글이 발표되긴 했으나 차이를 해소하는 방향으로 이렇다 할 진전이 없었다. 포티우스 논쟁 이후에 그리스 교회의 견해를 앞장서시 변호한 사람들은 테오필락투스(Theophylactus), 유티미우스 지가베누스(Euthymius Zigabenus, -c.1118), 메토네의 니콜라우스(Nicholas of Methone, -c.1160/1166), 니케투스 코니아테스(Nicetas Choniates, c.1155-1217), 유스트라티우스 (Eustratius of Nicaea, c.1050/1060-c.1120), 그리고 현대에 들어 와서는 러시아 신학자들인 프로코피치(Feofan Prokopovich, 1681-1736), 조에르니카프(Adam Zoernikav, 1652-1692/1694), 무라비에프(Boris Mouravieff, 1890-1966), 필라레트(Philaret Voznesensky, 1903-1985)이다. 라틴 교리를 변호한 주요 인물들은 이 쟁점에 관하여 9세기 프랑스 성직자들을 대표한 파리의 주교 아이네아스(Aeneas of Paris, 재위 858-870), 코르비의 수사 라트

종교개혁 시대에는 성령론이 주된 관심사가 아니었기 때문에 이중발출교리는 쟁점이 되지 않았다. 사실, 예수 그리스도는 요한복음에서 성령을 아버지가 보내실 자라고 말씀하셨고, 직접 내가 보낼 자라고도 말씀하셨다. 사도행전 1장에 승천하시기 전 주님은 '내게서 들은 바 아버지의 약속하신 성령'이라고 말씀하시고 사도행전 2장 33절에서 하나님이 예수를 오른손으로(우편에) 높이신 후 예수 그리스도가 약속하신 성령을 아버지께서 받아서 오순절에 부어주셨다고 증거하고 있다. 성령의 발출 교리의 해석학적 출발점과 토대는 우리 주님께서 제자들에게 행하신 고별사에도 분명하게 등장한다. "내가 아버지께로부터 너희에게 보낼 보혜사 곧 아버지께로부터 나오시는 진리의 성령이 오실 때에 그가 나를 증언하실 것이요"(요 15:26)[9] 예수 그리스도는 성령이 아버지에게서 나오시고 자신이 성령을 보낸다고 밝히셨다.

성령발출이 동방교회와 서방교회 사이에 그토록 첨예한 논쟁으로 발전한 근본 이유는 그것이 삼위일체의 위격과 신성의 문제와 깊이 맞물려 있기 때문이다. 성부가 신성의 유일한 원천이신가? 성자의 신성과 성령의 신성이 성부의 신성과 동등하신가? 성자와 성령이 성부와 동등하신가 아니면 종속되어 의존하시는가 하는 것이다. 787년 제 7차 에큐메니칼 공의회(Second Council of Nicaea, 787)에서는 '성자를 통해서 성부에게서'(Ex Patre per Filium)가 이 회의를 주재한 총대주교 타라시우스(Tarasius of Constantinople, c.730-806)에 의해 사용되었고 교황 하드리아누스 1세(Pope Adrian I, 재위 772-795)가 이를 재가했다.

그러나 동방교회는 이 교리가 필리오쿠에와 별 다를 것이 없다고 보고 배

람누스(Ratramnus of Corbie, -c.868), 잉글랜드 캔터베리의 안셀름(Anselm of Canterbury, 1033/34-1109), 밀라노의 대주교 페트루스 크리솔라누스(Peter Chrysolanus, -1112/16), 하벨베르크의 안셀름(Anselm of Havelberg, c.1100-1158), 토마스 아퀴나스(Thomas Aquinas, 1224/25-1274), 그리고 좀 더 최근에 와서는 레오 알라치(Leo Alacci, 1586-1669), 미카엘 르 퀴앵(Michael Le Quien, 1661-1733), 헤르겐뢰터(Joshep Hergenröther, 1824-1890) 추기경이다."

9 Schaff, *History of Christian Church, Volume IV.*, 477-478. 니케아 교부들은 이 구절에 성령의 발출(發出, procession) 교리의 토대를 두었다.

격하는 경향이 강했다. 동방교회는 성부에게서의 나오심이라는 성령의 성부 단일발출설이 예수 그리스도의 말씀(요 15:26)이며, 본래 니케아신조와 헬라교부들, 특히 아타나시우스(Athanasius, c.293-373) · 나지안주스의 그레고리우스(Gregory of Nazianzus, c.330-c.389) · 크리소스톰(John Chrysostom, c.347-407) · 몹수에스티아의 테오도레(Theodore of Mopsuestia, c.350-c.428) · 키루스의 테오도레투스(Theodoret of Cyrus, c.393-c.458) · 다마스쿠스의 요한(John of Damascus, c.675-749) 그리고 안디옥학파의 입장이었음을 강조한다. 알렉산드리아 학파의 경우는 '아들을 통해서'라는 문구 쪽으로 기울었다.

헬라교부들은 라틴교회의 이중발출이 신성의 근원을 성부와 성자 둘로 만들어 버렸다며 비판했고 라틴교부들은 이중발출이 신성의 근원을 둘로 보는 것이 아니라 '성부와 성자 모두에게 공통된 동일한 근원에서 나온 것'이라고 맞섰다.[10] 헬라 교부들은 어거스틴을 이중발출 교리의 창안자로 이해했다. 그러나 어거스틴 이전에 암브로스(Ambrose, c.339-397)가 성부와 성자의 이중 발출 입장을 취했고, 어거스틴, 제롬(Jerome, c.347-419/20), 레오 1세, 그레고리 1세(Pope Gregory I, 재위 590-604) 등 라틴교부들이 필리오쿠에를 지지했다.

2. 단의론과 양의론 논쟁

예수 그리스도에게는 한 개의 의지가 있느냐 두 개의 의지가 있느냐 하는 것이 논쟁의 핵심이다. 단의론과 양의론은 모두 주장의 근거를 그리스도에게서 찾았다. 단의론은 그리스도의 한 인격에서 찾으려고 했고,[11] 양의론은 예수 그리스도의 완전한 신성과 완전한 인성 즉 예수 그리스도의 신성과 인성 양성에서

---

10 Schaff, *History of Christian Church, Volume IV.*, 487.
11 Schaff, *History of Christian Church, Volume IV.*, 495-496.

찾으려고 했다. "단의론은 의지를 인간(person)의 한 속성으로 간주하는 반면에, 양의론(兩意論, Dytheletism)은 본질(nature)의 한 속성으로 간주한다."[12] 양의론을 주장하는 이들은 실제로 예수 그리스도의 사역 가운데 나타나는 인성적 의지와 신성적 의지를 언급하는 성경구절들을 그 근거로 들었다. 예를들어 마태복음 26장 39절, 요한복음 6장 38절, 빌립보서 2장 8절, 요한복음 1장 43, 17장 24, 19장 28절, 마태복음 27장 34절, 누가복음 13장 34절, 요한복음 5장 21절이다.[13] 이들 성경구절들은 인간적 의지와 그것과 다른 하늘 아버지의 의지를 밝히고 있다.[14]

칼케돈신조 역시 그리스도의 한 인격 안에 신성과 인성의 연합을 분명히 진술하면서도 그 연합이 분할, 분리, 혼합, 나뉘어짐이 없는 연합이라고 진술함으로 신성과 인성 두 본성, 두 본성의 연합 교리를 명문화시켜 단성론을 이단으로 정죄했다. 때문에 그리스도의 신성과 인성은 연합 후에도 여전히 한 성이 된 것이 아니라 여전히 신성과 인성 양성을 갖고 계시다. 따라서 신성에 따른 의지

---

12 Schaff, *History of Christian Church, Volume IV.*, 491.

13 Schaff, *History of Christian Church, Volume IV.*, 492. "반면에 양의론의 옹호자들은 완전한 구속을 위해서는 성육신이 완전해야 한다고 주장했고, 완전한 성육신은 인간의 의지가 로고스의 선재적 신적 의지와 결합하는 것을 함의한다. 인간의 의지가 죄와 죄책의 근본 원인이므로 구속받고 정화되고 성화되어야 한다. 그리고 그리스도께서 만약 인간의 의지가 없으셨다면 그가 온전한 사람이 될 수 없었을 것이고, 유혹을 받을 수도 없었을 것이며, 선과 악 사이에서 하나를 선택할 수도 없으셨을 것이며, 도덕적이고 책임 있는 행위를 행하실 수도 없었을 것이다. 아가토와 다른 양의론의 옹호자들이 인용한 성경 구절은 다음과 같다. 마태복음 26:39("나의 원대로 마시옵고 아버지의 원대로 하옵소서"), 누가복음 22:42("내 원대로 마시옵고 아버지의 원대로 되기를 원하나이다"), 요한복음 6:38("내가 하늘에서 내려온 것은 내 뜻을 행하려 함이 아니요 나를 보내신 이의 뜻을 행하려 함이니라")이다. 인간 의지에 대해서는 누가복음 2:51("예수께서 함께 내려 가사 나사렛에 이르러 순종하여 받으시더라"), 빌립보서 2:8("죽기까지 복종하셨으니"), 그리고 요한복음 1:43; 17:24; 19:28; 마태복음 27:34를 인용했고, 신적 의지에 대해서는 누가복음 13:34; 요한복음 5:21을 인용했다."

14 Schaff, *History of Christian Church, Volume IV.*, 492-493. "결국 논쟁을 결정해야 하는 이 성경 구절들은 예수의 인간 의지를 분명히 가르치지만, 그것과 구별되는 다른 의지는 하늘에 계신 아버지의 의지이며, 예수께서는 죽기까지 그 의지에 복종하신 것이다. 정통 교의는 그리스도의 신적 의지와 아버지 하나님의 의지가 동일함을 함축하며, 신적 삼위에는 단 하나의 의지만 있다고 함축한다. 그것은 그리스도 안에는 한 위격과 두 본성이 있지만, 하나님 안에는 세 위격과 한 본성이 있다고 가르친다. 여기서 우리는 뚜렷한 의지가 없는 인격을 생각하는 데 따른 형이상학적, 심리학적 어려움을 만나게 된다. 그러나 인격이라는 용어가 하나님(the Deity)에게 적용될 때는 독특하고 쉽게 정의할 수 없는 어려움이 있다. 신적 삼위(three Divine persons)가 세 개체(three individuals)로 인식될 수 없기 때문이다."

와 인성에 따른 의지 두 개의 의지가 예수 그리스도에게 있는 것이다. 완전한 인간에게는 인간의 의지가 있어야 하듯이 예수 그리스도 역시 완전한 인간이기 때문에 인간적 의지가 있는 것이고, 예수 그리스도는 동시에 완전한 하나님이시기 때문에 신성에 따른 의지가 있는 것이다. 그래서 예수 그리스도는 두 개의 의지를 갖는다. 예수 그리스도의 신성과 성부의 신성은 동질이기 때문에 예수 그리스도의 신적 의지와 성부의 신적 의지는 같다고 할 수 있다.

동방교회와 서방교회 모두 단의론을 단성론과 유사한 이단으로 정죄를 하고 680년 제 6차 에큐메니칼 공의회(Third Council of Constantinople, 680-681)에서는 451년 칼케돈신조에 다음과 같은 내용을 채택하기로 결정했다.

> 그리고 우리도 마찬가지로 그[예수 그리스도] 안에 있는 두 본성적 의지와 두 본성적 사역이 거룩한 교부들의 교리에 따라 나뉘어지지 않고 변하지 않으며 구별되지 않고 혼합되지 않는다고 가르친다. 두 개의 본성적 의지(불경건한 이단들이 주장하는 것처럼)는 모순되지 않는다. 그런 일은 없다! 오히려 그의 인간의지가 신적 의지를 따르며 저항하거나 꺼리지 아니하고 오히려 신적이고 전능한 의지에 복종한다. 현명한 아타나시우스에 따르면 육신의 의지는 작동했지만 신적 의지에 복종하는 것이 합당했다. 그의 육체가 로고스-하나님 육체라고 불리고 그의 육신의 본성적 의지가 실제로 그런 것처럼 그가 친히 하신 말씀대로 로고스의 본연적 의지이다. '내가 하늘에서 내려온 것은 내 뜻을 행하려 함이 아니요 나를 보내신 이의 뜻을 행하려 함이니라'(요 6:38) … 그러므로 우리는 인류의 구원을 위해 두 개의 본성적 의지와 작용이 조화롭게 연합되었다고 고백한다.[15]

단의론과 양의론은 633년부터 680년까지 50년 동안 매우 치열한 교리적 논쟁의 중심 주제였다. 양의론이 638년 엑크테시스(Ekthesis) 칙령과 648년

15　Schaff, *History of Christian Church, Volume IV.*, 493.

타이페(Type) 칙령을 거쳐 680년 6차 에큐메니칼 공의회에서 최종 승리했다. 단의론과 양의론 분쟁은 처음에는 "정치적 동기에서 시작되었지만, 곧 신학적이고 종교적인 성향을" 띠게 되었다.[16]

양의론의 승리에 결정적인 역할을 한 사람은 막시무스(Maximus of Constantinople, c.580-662)였다. 그는 "580년경에 콘스탄티노플의 유력한 가문에서 태어나 한동안 헤라클리우스(Flavius Heraclius Augustus, c.575-641)황제의 개인 비서로 지냈으나, 630년에 영광되고 영향력이 있는 이 자리를 떠나서 크리소폴리스(오늘날의 스쿠타리)에 있는 수도원에 입문했다. 그는 심오한 사상가였고 유능한 논쟁가였다."[17] 그는 양의론을 변호하고 단의론의 세력을 꺾는 일에 자신의 온생애를 바쳤고, 실제로 그의 노력으로 양의론을 지지하는 세력이 대세를 이뤘다.

교황 마르티누스 1세(Pope Martin I, 재위 649-653) 역시 양의론이 승리하는데 너무도 중요한 역할을 감당했다. 그는 649년 7월 5일 교황이 된 뒤 그해 10월 150명의 주교들이 참석한 가운데 로마 라테란성당에서 제 1회 라테란회의(First Council of Lateran, 649)를 개최하였다. 여기서는 단의론을 정죄하고 양의론을 재가했다. 제 1회 라테란 공의회의 결정은 에큐메니칼 공의회 설정에 준하는 권위 있는 결정이었다. 1회 라테란 공의회의 "법령들과, 에크테시스와 모형을 경고하는 교황의 회칙이 기독교 세계 전역에 발송"되었고, "동시에 교황은 법령의 그리스어 번역본을 황제 콘스탄스 2세(Constans II Pogonatus, 630-668)에게 보냈고, 그에게 공의회가 참된 교리를 확증하고 이단을 정죄했다고 정중하게 알렸다."[18]

이렇게 해서 마르티노 교황은 양의론을 정통으로 인정하고 단의론을 이단으로 정죄했다. 하지만 콘스탄스 2세가 단의론의 입장에서 온갖 정치적 권력을 동원하여 양의론 주창자들을 극심하게 박해하고 편파적으로 단의론을 지지하면

---

16 Schaff, *History of Christian Church, Volume IV.*, 495.
17 Schaff, *History of Christian Church, Volume IV.*, 496.
18 Schaff, *History of Christian Church, Volume IV.*, 498.

서 혼란이 일어났다. 653년 6월 황제 콘스탄스 2세가 교황을 "반역자이자 이단자로 몰아 폐위시키고 로마에서 추방"하고, 콘스탄티노플 감옥에 투옥시켰다. 황제는 다시 655년 3월에 교황을 흑해 연안의 케르손에 있는 동굴로 보내 그곳에서 갖은 학대를 가했다. 교황은 6개월 후 9월 16일 그곳에서 쓸쓸하게 세상을 떠났다. 양의론을 변호하는 일에 큰 공헌을 한 막시무스도 653년 콘스탄티노플로 압송되어 수년 동안 감옥에 갇혔고 채찍질 당했으며 혀가 뽑히고 오른손이 잘렸다. 그는 '노년의 나이에' 흑해 연안의 라치카 콜키스로 추방당했다가 662년 8월 13일 세상을 떠났다. 교황의 동료 2명도 교황 마르티노와 같이 체포되어 유배된 후 유배지에서 죽었다.

정통교리를 변호하려다 순교한 이들의 희생과 헌신과 노고는 결코 헛되지 않았다. 이들을 유배시킨 콘스탄스 2세가 668년 시라쿠사의 공중목욕탕에서 비참하게 살해당하고 아들 포코나투스 콘스탄티누스 4세(Constantine IV Pogonatus, c.650-685)가 황위를 계승했다. 아들은 아버지 콘스탄스 2세와 달리 성령의 발출 교리 논쟁으로 인한 혼란이 제국 통치에 걸림돌이 된다고 판단하고 동방교회와 서방교회의 화해를 위해 680년 에큐메니칼 공의회를 개최하였다. 680년 11월 7일부터 681년 9월 16일까지 174명이 참석한 가운데 트룰란(Trullan) 성당에서 제 6차 에큐메니칼공의회가 열렸다. 이 회의가 트룰란 성당에서 열렸다고 해서 트룰란공의회라고도 알려졌다.

황제가 회의를 직접 주재했으며 18차 마지막 회의에서 황제는 '교황 아가토가 그에게 보낸 편지의 문안대로" 양의론을 "정의하고 재가했다." 아가토의 서신은 과거 451년 칼케돈회의 때 레오 1세가 보낸 서신이 칼케돈 정통신학의 토대가 된 것처럼 680년 제 6차 에큐메니칼 공의회의 토대가 되었다. 황제는 공의회가 끝난 후 단의론을 이단으로 정죄하고 양의론을 공포하고 단의론을 가르치는 자들을 면직하고 재산을 몰수하고 추방하겠다고 선포했다.[19] 682년 1

---

19 Schaff, *History of Christian Church, Volume IV.*, 500. "공의회가 끝난 직후, 황제는 공의회 결정을 집행하는 칙령과 시몬 마구스(Simon Magus)부터 파란의 테오도르, 세르기우스, 교황 호노리우스에 이르기까지 모든 이단자를 파문하는 칙령과 함께 공의회 결정을 발표했다. 칙

월 10일 아가토가 세상을 떠나고 레오 2세(Pope Leo II, 재위 681-683)가 교황에 올랐다. 레오 2세는 교황에 오른 뒤 제 6차 에큐메니칼 공의회를 재가하였다.

3. 예정론 논쟁

'고트샬크 논쟁'으로 알려진 예정론 논쟁은 850년을 전후해서 일어났다. 중세 850년을 전후하여 진행된 예정론 논쟁은 엄격한 어거스틴주의 예정론과 온건한 어거스틴주의 예정론 사이에 벌어진 논쟁이었고, 이 사건이 역사에 드러난 것은 800년이 지난 17세기에 와서이다.[20] 그 핵심은 어거스틴의 예정론을 두고 벌어진 교리 논쟁이었다.

어거스틴이 마니교와의 논쟁을 통해서 신론을, 도나투스파와의 논쟁을 통해서 교회론을, 펠라기우스(Pelagius, c.354-418)와의 논쟁을 통해서 구원론과 은총론을 정립한 것은 널리 알려진 일이다. 어거스틴의 견해는 서방교회의 전통이 되었다라고 말할 정도로 라틴교회는 어거스틴을 위대한 신학사도 평가하고 존중해왔다. 하지만 네안더(Neander)가 말한 것처럼 어거스틴의 예정론과 관련하여서는 8세기 중엽까지도 공식적으로 결정된 것이 없었다. 가이슬러(Gieseler) 역시 예정론과 관련하여 "엄격한 어거스틴주의가 서방에서조차 보

령은 앞으로 누구든지 단일 의지와 단일 에너지의 교리를 가르치는 것을 금하고 가르칠 경우 해임, 몰수 및 추방의 처벌을 공언했다."

20 Schaff, *History of Christian Church, Volume IV*., 537. 코트샬크 논쟁은 얀센, 모귀앵을 중심으로 한 얀센파와 시르몽과 셀로를 중심으로 한 예수회 사이에 첨예하게 진행되었고 어서(James Ussher, 1581-1656), 호팅거(Johann Heinrich Hottinger, 1620-1667) 등 칼빈주의 역사가들은 코트샬크와 얀센파 입장을 지지했다. 이 논쟁의 본질에 대한 접근도 네안더(Johann August Wilhelm Neander, 1789-1850)나 쿠르츠(Johann Heinrich Kurtz, 1809-1890)처럼 엄격한 어거스틴주의와 온건한 반어거스틴주의 대립으로 이해한 이들과 바우어(Ferdinand Christian Baur, 1792-1860), 바이츠새커(Karl Heinrich Weizsäcker, 1822-1899)처럼 어거스틴주의와 반펠라기우스주의 대립으로 이해한 이들이 있다. 필립 샤프는 "전자의 견해가 좀 더 정확하다"고 분명하게 밝혔다.

편적으로 채택된 적이 없었다"고 밝힌 바 있다.

우리는 중세 예정론 논쟁을 정확하게 파악하기 위해서 먼저 어거스틴의 예정론 견해가 무엇인지를 이해할 필요가 있다. 어거스틴의 예정론은 그의 구원론과 인간론과 깊이 맞물려 있다. 어거스틴은 모든 인류가 아담의 타락으로 인해 아담 안에서 타락하여 원죄 아래 세상에 태어났고, 예수 그리스도의 대속의 십자가 보혈을 통해서 인류가 믿음으로 구원을 얻으며, "일부 사람들이 은혜로 구원을 얻는 반면에 나머지 사람들은 자신들의 죄 때문에 멸망을 당한다"고 이해했다.

하나님의 절대예정은 하나님의 절대주권의 작정에 근거하며, 타락전 인간에게는 자유의지가 있어서 선과 악을 택할 수 있었기 때문에 아담의 범죄로 인한 그의 타락 책임이 하나님이 아닌 아담에게 있다고 본다. 어거스틴은 하나님이 어떤 사람은 구원으로 예정하셨고 어떤 사람은 멸망으로 예정하셨다는 선택과 유기 사상을 가르쳤다. 그리고 그 선택은 조건적 선택이 아닌 무조건적 선택이라고 믿었다. 이것이 엄격한 어거스틴주의 예정론의 핵심이다.

하지만 반(半)어거스틴주의(Semi-Augustinianism)는 선택과 유기를 하나님의 절대예정에서 찾지 않고 "인간들의 공과(功過)"에서 찾으려고 하였다. 반면 반어거스틴주의는 하나님의 예정을 인정하고 하나님의 은혜에 철저하게 의존해야 한다고 믿지만 구원에 있어서 인간의 책임이 있다고 믿는다. 그러나 구원은 하나님 쪽에서 먼저 은혜를 베풀어 주셔야 한다고 생각한다. 그리고 비록 타락한 인간이라고 하더라도 인간을 구원하시기를 원하신다는 하나님의 거룩한 사랑을 중요한 근거로 삼는다. 그런 면에서 "어거스틴주의 체계는 더 신학적이고 논리적이며, 반(半)어거스틴주의 체계는 더 교회적이고 실천적이다."[21]

중세 예정론 논쟁은 색슨족 신학자이자, 수도사요, 시인이었던 고트샬크(Gottschalk of Orbais, c.803-c.868)에 의해 제기되었다. 그는 오르베 수도원에서 어거스틴과 로스페의 풀겐티우스(St. Fulgentius of Ruspe, 467-533)

---

21   Schaff, *History of Christian Church, Volume IV.*, 538.

를 연구하면서 어거스틴의 예정론이 선택과 유기라는 이중예정이라고 확신했다. 고트샬크는 자신의 입장이 어거스틴의 입장이라고 변호했다. 그는 자신의 이중예정론을 "하나님의 불변성과 분리될 수 없는 근본적인 신학 원리로 삼았다. 그는 타락후 예정론자(an infralapsarian)라기보다 타락전 예정론자(a supralapsarian)였다 … 그가 택함 받은 자들이 구원으로, 유기된 자들이 멸망으로 예정되었다는 이중예정을 견지했지만 두 개의 분리된 예정이라는 의미가 아니라 긍정적인 면(선택)과 부정적인 면(유기) 양면(gemina, 즉 bipartita)을 지닌 하나의 예정이다. 그는 후자(유기) 없는 전자(선택)를 생각할 수 없었다. 그렇지만 그는 죄인이 죄를 짓도록 예정되어 하나님을 죄의 창시자로 만드는 그런 예정론은 가르치지 않았다."[22]

고트샬크는 베르나의 주교 노팅을 만나 자신의 예정론 견해를 전달했고, 노팅은 이를 마인츠 대주교 라바누스 마우루스(Rabanus Maurus, c.780-856)에게 알리면서 이 새로운 이단을 논박해줄 것을 요청했다. 라바누스 마우루스는 노팅에게 고트샬크의 예정론을 살펴보고 이를 논박하는 편지를 보냈다. 라바누스가 제기한 논박의 핵심은 다음과 같다. "주로 이중예정이 하나님이 공의롭지 못하시다는 비판을 받으실 소지가 있고, 미덕에 대한 영원한 보상을 약속하는 성경과 모순되며, 그리스도께서 잃어버린 자들을 위해 헛되이 피를 흘리셨다고 선언하는 것이며, 그리고 그것은 어떤 사람들에게는 육신의 안전으로, 다른 사람들에게는 절망에 이르게 한다."[23] 이런 지적을 한 다음에 라바누스는 자신의 교리가 중도적 형태의 어거스틴주의라고 밝혔다. 라바누스는 예지된 자들과 예정된 자들을 구분하고, 형벌이 죄인들을 위해 예정되었다는 사실을 인정했지만 죄인들이 형벌을 위해 예정되었다는 것은 부정했다.

고트샬크는 848년 10월 1일 독일 왕이 참석한 가운데 마인츠에서 개최된 교회 회의에 출석해서 이중 예정론을 분명하게 밝혔다. 그가 제기한 핵심은 바

---

22   Schaff, *History of Christian Church, Volume IV.*, 530-531.
23   Schaff, *History of Christian Church, Volume IV.*, 526.

로 이것이다. "생명과 죽음에 대한 이중예정에 대한 자신의 믿음을 담대히 고백했다. 즉 하나님께서 친히 영원부터 그의 택하신 자들을 값없는 은혜로 영생으로 예정하시었고, 또한 이와 마찬가지로 모든 유기된 자들을 그들의 악한 행실에 대해 공의로운 심판에 의해서 영원한 죽음으로 예정하셨다."[24] 고트샬크는 라바누스에 맞서 "하나님의 아들이 사람이 되셨고 오직 택하신 자들을 위해서만 죽으셨다 … 하나님은 절대불변하시며 그 분의 뜻은 반드시 이루어진다."고 주장했다.[25]

848년 마인츠 교회 회의는 고트샬크를 '사악한 교리' 주창자로 단죄하고 그를 처벌하기로 하고 구금시켰다. 849년 봄 고트샬크는 치에서 교회 회의 앞에 소환되었다. 그는 사상을 철회하라는 요구를 받았지만 그 제안을 거부했다. "그는 교정할 수 없는 이단자로 정죄 받고 사제직에서 파면 당했으며, 성 베네딕트수도회의 규칙에 따라 완고하다는 죄목으로 공개적으로 채찍질을 당했고 그의 저서들이 강제 소각되었으며 그리고 랭스관구의 수도원 감옥에 투옥되었다."[26]

이중예정을 주창했다는 이유로 가진 고문을 당하고 투옥되었지만 고트샬크는 자신의 이중예정이 어거스틴의 입장이라고 확신하고 조금도 물러서지 않았다. 그는 감옥에서 자신의 이중예정교리를 강력하게 주장하는 두 편의 신앙고백을 작성했다. 이 신앙고백에서 그는 이렇게 기술했다.

> 나는 하나님께서 거룩한 천사들과 선택된 자들을 아무런 공로 없이 영생으로 미리 아시고 미리 정하셨으며, 동일하게(pariter) 마귀와 함께 그의 군대와 모든 유기된 사람들을 그들의 미래의 악한 행위를 미리 아시고 공의로운 심판에 의해 마땅히 받을 영원한 죽음으로 예정하셨다.[27]

---

24   Schaff, *History of Christian Church, Volume IV.*, 527.
25   Schaff, *History of Christian Church, Volume IV.*, 528.
26   Schaff, *History of Christian Church, Volume IV.*, 528-529.
27   Schaff, *History of Christian Church, Volume IV.*, 531.

20년의 수감생활에도 고트샬크는 마지막 순간까지도 자신의 입장을 철회하지 않았다. 868년 혹은 869년 그는 전혀 믿음이 흔들리지 않은 상태에서 숨을 거두었다. 엄격한 이중예정을 반대하는 이들은 고트샬크가 "허황되고 완고하고 이상한 미몽에 빠져 있다"고 비판했다. 시르몽, 페토, 첼로를 비롯한 예수회 수사들도 고트샬크의 교리를 이단으로 단죄했지만 어셔(Ussher), 호팅거(Hottinger), 모귀앵 등 얀센파와 칼빈주의자들은 고트샬크를 "진리를 위해 목숨을 잃은 순교자"로 높이 평가했다.

고트샬크가 수감되어 있는 동안 논쟁이 활발하게 일어났다. 그 논쟁은 엄격한 어거스틴주의 예정론자들과 온건한 어거스틴 예정론주의자들 사이에 벌어진 논쟁이었다. 엄격한 어거스틴주의 인간론과 구원관을 포함한 예정론을 집약하면 다음과 같다.

(1) 모든 사람은 죄인이며 아담의 타락으로 말미암아 마땅히 정죄를 받았다.

(2) 따라서 자연 상태의 인간은 선택의 자유가 없고 다만 죄의 종이다. (그러나 이것은 레미기우스와 발랑스 회의에서 반펠라기우스주의의 방향에서 승인되었다.)

(3) 하나님은 값없으신 은혜로 말미암아 영원부터 인류의 일부를 성결과 구원으로 택하셨다. 하나님은 그들의 모든 선행의 근원이시다. 반면에 하나님께서는 나머지 사람들은 그 분의 불가해한 경륜 속에서 그들이 마땅히 받아야 할 정죄에 내버려두셨다.

(4) 하나님은 회개하지 않고 완고한 죄인을 영원한 형벌로 변개하심이 없이 예정하셨으나 죄에 대해서는 예정하지 않으셨으니 죄는 인간의 죄책이며, 하나님에 의해 정죄를 받는다.

(5) 그리스도께서 오직 택하신 자들만을 위하여 죽으셨다.[28]

---

28   Schaff, *History of Christian Church, Volume IV*., 533.

트루아의 주교 프루덴티우스(Prudentius of Troyes, -861), 코르비의 수사 라트람누스(Ratramnus of Corbie, -c.868), 페리에레의 대수도원장 세르바투스 루푸스(Servatus Lupus, c.805-862), 리옹의 대주교 레미기우스(Remigius of Lyon, -875)는 엄격한 어거스틴주의 절대예정교리를 옹호했다. 이들의 입장은 비록 고트샬크의 견해와 비교하면 온건하고 신중한 태도였지만 본질적으로 고트샬크가 주창한 이중예정교리의 입장에 서있었다. 이들의 견해는 "855년의 발랑스 교회회의와 859년의 랑그레 교회회의에 의해서 확정되었다."[29]

반면 마인츠의 대주교 라바누스 마우루스, 랭스의 대주교 앙크마르(Hincmar, c.806-882), 랑의 주교 파르둘루스(Pardulus of Laon, 재위 847-857)는 자유의지와 조건 예정 교리를 옹호했다. 853년 치에시 교회회의는 이들의 입장을 추인했고 859년 사보니에레에서 열린 교회 회의도 부분적으로 추인했다. 853년 치에시 회의는 다음과 같은 4가지 명제를 채택했다.

(1) 전능하신 하나님께서는 인간을 죄에서 해방하시고 그에게 이성과 선택의 자유를 부여하시고 낙원에 두셨다. 그런데 인간은 이 자유를 남용함으로써 죄를 범했고, 온 인류는 멸망의 집단이 되고 말았다. 하나님께서는 이 멸망의 집단으로부터 은혜로 말미암아 영생에 이르도록 예정하신 자들을 택하셨고, 다른 사람들은 그들이 멸망할 것을 미리 아시고 공의로운 심판으로 말미암아 멸망의 집단으로 남겨두셨으나 비록 그가 그들에게 영원한 형벌을 미리 예정하셨지만 멸망으로 예정하신 것은 아니었다. 이것은 어거스틴주의이지만 마지막 부분에 약화되었다.

(2) 우리는 첫 사람의 타락으로 말미암아 의지의 자유를 상실했고, 그리스도로 말미암아 그것을 다시 되찾았다. 그러나 이 장은 너무 모호하게 표현되어서 어거스틴주의적 의미는 물론 세미(半)펠라기우스적 의미로도 이해될 수 있

---

29 Schaff, *History of Christian Church, Volume IV.*, 530.

다.

(3) 비록 모든 사람들이 실제로 구원 받은 것은 아니지만 전능하신 하나님께서는 모든 사람들이 예외 없이 구원받기를 바라신다. 구원은 값없이 주어지는 은혜의 선물이고, 멸망은 죄를 계속 짓는 자들이 마땅히 받아야할 형벌이다.

(4) 예수 그리스도께서는 과거, 현재, 그리고 미래의 모든 인간을 위해 죽으셨으나 그분의 수난의 비밀로 말미암아 그들의 불신앙 때문에 모든 사람들이 구속을 받는 것은 아니다.[30]

860년 10월 앙크마르가 주도한 프랑스 전국교회회의에서 절대예정을 주장하는 이들과 조건예정을 주장하는 이들이 다음과 같은 반어거스틴주의 입장에서 합의했다. "하나님은 모든 사람이 구원받고 아무도 멸망 받지 않기를 바라신다; 그는 타락 후에도 인간의 자유의지를 박탈하지 않으시고, 은혜로 말미암아 그것을 치유하시고 지원하신다; 그리스도는 만민을 위해서 십자가에 돌아가셨다; 지금은 멸망의 무리(massa perditio) 가운데 흩어져 있는 모든 예정된 자들이 종국에는 하늘에서 영원한 교회의 충만 가운데 모이게 될 것이다."[31] 이와 같은 합의안은 엄밀한 의미에서 어거스틴주의이라기보다 반어거스틴주의 사상이라고 할 수 있다.

중세 로마 가톨릭이 반펠라기우스로 기우는 반어거스틴주의 입장을 택한 것은 그 가르침이 자신들이 지향하는 구원관 노선과 맞았기 때문이다. 하나님의 절대주권에 근거한 엄격한 이중예정론보다 하나님의 은혜와 인간의 책임을 동시에 강조하는 반어거스틴주의 예정론이 중세 당시 로마 카톨릭교회 신앙과 더 조화를 이루었다.

"중세 교회는 도덕적 책임과 인간의 죄책과 공로를 유지하기 위한 기초로서, 그리고 구원에 대한 성직적이고 성례전적인 중개에 대한 하나의 지지로서

---

30 Schaff, *History of Christian Church, Volume IV.*, 535.
31 Schaff, *History of Christian Church, Volume IV.*, 536.

자유의지와 보편적 소명의 교리가 필요했다. 반면에 시간 전 혹은 창세전의 작정에 의해 모든 개인의 영원한 운명이 변경할 수 없이 결정된다는 엄격한 예정론체계는 논리적 결과에 있어서 죄인의 양심에 호소하는 것을 무력화시키고, 공로와 보상에 대한 강력한 동기를 근본적으로 차단시키며, 성례의 효과를 선택받은 자들에게만 제한시키고, 카톨릭교회의 위계질서를 약화시키는 것처럼 보인다."[32]

이렇게 해서 이중예정이 부정되고 조건예정이 승리한 것이다. 하지만 그것이 최종적인 승리요, 엄격한 어거스틴주의가 완전히 배척된 것을 의미하지 않는다. 우리는 이와 관련하여 두 가지 사실을 더 추가할 필요가 있다. 첫째, 반어거스틴주의가 프랑스에서는 승리했지만 보편교회 차원의 재가는 없었다는 사실이다. 둘째, "위계적 근거에 대해 힌크마르에 불만을 품은 니콜라스 교황은 어느 정도 고트샬크에 동정심을 가졌으며, '이중예정'과 제한 속죄에 관하여 발랑스 교회회의와 랑그르 교회회의의 어거스틴주의 정통(canons)을 승인했다."[33] 비록 교회 공식 회의에서는 반어거스틴주의의 입장이 승리했지만 교황은 엄격한 어거스틴주의 예정론 입장을 우호적으로 이해했다. 그리하여 예정론 논쟁에서 반어거스틴주의가 승리했지만 엄격한 어거스틴주의를 지지하는 상당한 세력이 로마 카톨릭 안에 잔존할 수 있었다.

4. 중세 성만찬 논쟁과 화체설 정착

빵과 포도주가 그리스도의 몸과 피가 된다는 화체설은 중세에 정착된 성만찬 견해였다. 화체설이 정착되기까지 중세시대에 지속적인 논쟁이 있었다. 윌리엄 캐논의 말대로 "예정론보다 더 오래 끌었고 따라서 당시 학자들에게 더욱 심

---

32   Schaff, *History of Christian Church, Volume IV.*, 536-537.
33   Schaff, *History of Christian Church, Volume IV.*, 537.

각했던 문제는 성찬식의 성격과 관련한 교리 논쟁이었다."[34]

그 논쟁은 베네딕트수도회 수도원장 파스카시우스 라트베르투스 (Paschasius Radbertus, c.785-860)와 라트람누스가 주의 몸과 피라는 동일 제목의 책을 출간하면서 9세기에 시작되었다. 라트베르투스는 주의 몸과 피(De corpore et sanguine Domini, 831-833)에서 빵과 포도주가 실제로 그리스도의 몸과 피가 된다는 견해를 피력했다. 그는 "빵과 포도주가 성령의 거룩케 함으로 말미암아 참으로 그리스도의 살과 피로서 능력 있게 창조"[35]되는 것이며 성찬의 몸은 바로 부활하신 예수 그리스도의 동일한 몸이라고 주장했다.

844년 라트람누스가 동일 제목의 책을 저술하였는데 떡과 포도주가 실제적으로 그리스도의 몸과 피로 바뀌는 것이 아니라 비유적, 영적으로 이해하여 라트베르투스처럼 그 몸이 부활하시고 승천하신 그리스도의 동일한 몸이라고 보지는 않았다.[36] 그리스도의 현존을 부정하는 것은 아니지만 그리스도의 물리적이고 육적인 현존과 영적인 현존을 구별하였다. "그 빵과 포도주는 비유적으로 그리스도의 몸과 피라는 것은 분명하다. 보이는 바로는 그 빵에 육체의 모양을 볼 수도 없고 그 포도주에서는 피의 냄새를 맡을 수 없다. 하지만 신비한 봉헌 이후에는 더 이상 빵과 포도주라 하지 않고 그리스도의 몸과 피라고 말한다."[37] 라트람누스는 그리스도가 물리적으로 현존하시는 것이 아니라 영적으로 현존하는 것이라는 입장을 가졌다. 그는 자신의 입장의 근거를 암브로스에게서 끌어 왔고 반면 라트람누스는 자신의 주장의 근거를 어거스틴에게서 끌어 왔다. 이렇게 해서 물리적이고 육체적인 그리스도의 현존이냐 아니면 영적인 현존이

---

34 William R. Cannon, *History of Christianity in the Middle Ages: From the Fall of Rome to the Fall of Constantinople*, 중세교회사, 서영일 역 (서울: 기독교문서선교회, 1995), 125.

35 Radbertus, "De corpore et sanguine domini," in Adolf Martin Ritter & Bernhard Lohse & Volker Leppin, *Kirchen-und Theologiegeschichte in Quellen vol. II: Mittelalter*, 공성철 옮김, 교회의 역사와 신학 원전 II - 중세교회 (서울: 한국신학연구소, 2010), 137; 정원래, "중세의 성찬논쟁과 화체설교리의 발달," 개혁논총 Vol. 63 (2023): 78에서 재인용.

36 Cannon, 중세교회사, 126.

37 Radbertus, "De corpore et sanguine domini," in Ritter & Lohse & Leppin, *Kirchen-und Theologiegeschichte in Quellen vol. II: Mittelalter*, 교회의 역사와 신학 원전 II - 중세교회, 138-139. 정원래, "중세의 성찬논쟁과 화체설교리의 발달," 81에서 재인용.

나라고 하는 성만찬 논쟁이 이후 진행되었다. 라트베르투스의 견해는 교회에 받아들여졌지만 라트람누스의 견해는 1050년과 1059년 두 차례 정죄를 당했고 트렌트 공의회 금서 목록에도 오르게 되었다.

서방신학에서 라트베르투스와 라트람누스의 논쟁은 11세기 후반에 란프랑(Lanfranc of Canterbury, c.1005-1089)과 베렝가르(Berengar of Tours, c.999-1088) 논쟁으로 발전했다. 베렝가르는 라트베르투스의 성만찬 견해를 "천박한 미신"이라고 판단했고 "제단에 있는 빵과 포도주는 축성 후에 성례일 뿐이며 우리 주 예수 그리스도의 참 몸과 참 피"[38]가 아니라고 이해했다. 그는 "성만찬에서 주님의 몸과 피를 받는 것은 순전히 영적인 일이며 빵과 포도주는 실제 물질에서는 아무런 변화도 결코 일어나지 않는다고 보았다. 분명히 그리스도는 현존하시지만 그의 현존은 영적인 것이다"[39]고 생각했다.

베렝가르는 1050년 4월 정죄를 받았다. 1059년 라테란 공의회에서는 성찬의 빵과 포도주가 실제로 그리스도의 참 몸과 피가 아니라고 주장하는 견해가 이단으로 정죄를 받았다. 1215년 제 4차 라테란 공의회는 화체설을 공식적으로 로마 카톨릭 교리로 확정했고, 트렌트 공의회에서 재확인했다.

중세 성찬 논쟁과 화체설 발전 과정

중요한 종교회의	화체설 발전 과정
1059 라테란 공의회	성찬의 빵과 포도주가 실제로 그리스도의 참 몸과 피가 아니라고 주장하는 견해를 이단으로 정죄
1215 4차 라테란 공의회	"신적 권능으로(potestate divina) 빵은 몸으로 포도주는 피로 실체변화함으로써(transsubstantiatis) 그분의 몸과 피는 빵과 포도주의 형상으로 제단의 성사 안에 참으로 현존하신다(veraciter continentur)."

---

38   정원래, "중세의 성찬논쟁과 화체설교리의 발달," 86.
39   정원래, "중세의 성찬논쟁과 화체설교리의 발달," 86.

Tomas Aquinas, *Summa Theologica*, Vol. 3		"이 성례전에서 이것은 신적인 능력(divina virtute)으로 이루어진다. 왜냐하면 떡의 전체 실체(substantia)가 그리스도의 몸의 전체 실체로, 포도주의 전체 실체는 그리스도의 피의 전체 실체로 변경되기 때문이다. 그러므로 이것은 형식적인(formalis) 것이 아니라, 실질적인(substantialis) 전환이다."
1439 피렌체 공의회		"말씀 자체에 의해서 빵의 실체가 그리스도의 몸으로, 포도주의 실체가 그리스도의 피로 변한다(convertuntur)."
1551 트렌트 공의회 13차회		"빵과 포도주의 축성에 의해서 빵의 모든 실체가 우리 주 그리스도의 몸의 실체로 변화되며, 포도주의 모든 실체가 그의 피의 실체로 변한다. 이 변화를 거룩한 가톨릭교회는 적합하고도 올바로 화체(Transsubstantiatio)라고 부른다."

출처: 정원래, "중세의 성찬논쟁과 화체설 교리의 발달," 94-99.

9세기 시작된 성만찬 논쟁은 11세기 베렝가르와 란프랑의 논쟁, 4차 라테란 공의회, 피렌체 공의회, 그리고 트렌트 공의회를 거치면서 화체설이 로마 카톨릭의 견해로 완전 정착했다.

제 II 부

중세로의 진입:
동서방교회 분열, 십자군, 수도원운동

5장
동방교회와 서방교회의 분립

6장
십자군 전쟁과 그 영향

7장
중세 수도원의 발흥과 발전

클루니 수도원

제 5장

동방교회와 서방교회의 분립

> 찬탈이 아니라 하나님의 거룩한 임명에 따라 왕 위에 오른 나 하인리히는 교황이 아니라 거짓 수도사 힐데브란트에게 알린다. 이것은 당신이 마땅히 받아야 할 인사이다. 왜냐하면 당신은 교회의 직분을 영광과 축복 대신에 그리스도인들에게 교회의 직분을 혼란과 저주의 근원으로 만들어 버렸기 때문이다.
>
> 1076년 1월 24일, **하인리히 4세가 그레고리 7세에게 보낸 편지**

> 사람들은 자신의 어휘에서 '나와 너' 두 단어를 제거한다면 가장 행복한 삶을 살 수 있을 것이다.
>
> 아일레드 (Aelred of Rievaulx, c.1110-1167)

동방교회와 서방교회의 분열은 교회의 일치를 깬 기독교 역사에서 가장 슬프고 마음 아픈 사건이다. 교회사적으로 기독교라고 할 때 동방정교회, 로마가톨릭, 개신교 모두를 포함하여 사용하는 용어이다.[1] '개신교'라는 용어는 종교개혁과 더불어 역사에 등장했기 때문에 중세시대의 기독교는 동방교회와 서방교회로 불린 라틴교회였다.

동방교회는 초대교회 발전과 성장에 지대한 공헌을 이룩하였다. 특별히

---

1 로마 가톨릭이라는 이름은 종교개혁 이후 개신교와 비교해서 사용하는 용어로 정착했다.

325년 니케아회의(First Council of Nicaea, 325)부터 680년 제3차 콘스탄티노플회의(Third Council of Constantinople, 680-681)에 이르는 초대교회 여섯차례 에큐메니칼 회의는 동방교회가 축이 되어 추진한 것이다. 그런 면에서 초대교회 교리 형성에 동방교회는 지대한 공헌을 이룩한 셈이다. 뿐만 아니라 동방교회 교구들을 거슬러 올라가면 콘스탄티노플을 제외하고는 사도들이 직접 세웠다. 초대교회 삼위일체와 기독론 발전에 지대한 공헌을 한 인물들 중 절대다수도 동방교회가 배출한 인물들이었다.

동방교회의 고유명칭은 '거룩한 동방정통사도교회'(The Holy Oriental Orthodox Apostolic Church)이지만 '정교회'와 '동방교회'로 더 널리 알려졌다.[2] 동방정교회는 오늘날 크게 세 가지로 나뉜다. 첫째, 터키의 정교회, 콘스탄티노플, 알렉산드리아, 안디옥, 예루살렘총대주교들 관할(유럽쪽 터키와 그리스도 제도, 소아시아, 시리아, 팔레스타인) 정교회, 둘째, 러시아 국교회 정교회, 셋째, 그리스 왕국교회이다. 네스토리안파, 아르메니안파, 야코부스파, 콥트파, 아비시니안파, 동방분리파는 본래 동방교회에 속했으나 기독론 논쟁 때 분리되어 나온 동방교회 계열의 기독교 종파들이다.

동방교회와 서방교회는 교부시대부터 교리, 교회법, 예배형식에 있어서 동일한 유산을 물려받았다. 동방교회 혹은 그리스도교회와 서방교회 혹은 로마교회는 상당히 유사한 면이 많은데도 불구하고 서로 깊은 반감을 가지고 있고 서로 상대방을 이단시한다. 동방교회는 자신들이야 말로 "정통"이라고 보고 서방 기독교를 이단으로 간주하고 서방교회는 보편성을 내세우고 나머지를 이단이나 분파집단으로 간주한다. 지금도 둘 사이에는 서로간의 대립과 반감이 심각하다.[3] 이 둘의 갈등과 대립과 분열은 중세교회사를 이해하는 가장 중요한 열쇠 가

---

2   Phillip Schaff, *History of Christian Church, Vol. IV.: Medieval Christianity from Gregory I to Gregory VII A.D. 590-1073* (New York: Charles Scribner's Sons, 1908), 309.

3   Schaff, *History of Christian Church, Volume IV.*, 306. 필립 샤프는 이렇게 둘의 갈등을 표현했다. "오늘날 세상에는 동방교회 혹은 그리스교회, 서방교회 혹은 로마교회만큼 서로 비슷하면서도 서로 적대적인 교회는 없다. 그들은 교부시대의 유산으로서 본질적으로 동일한 교리체계, 동일한 규율 규범, 동일한 예배 형식을 견지하지만 그들의 적대감은 화해할 수 없는

운데 하나이다.⁴

1. 동방교회와 라틴교회의 일치와 차이

동방교회와 라틴교회는 많은 신학적 유산을 공유하고 있다. 양 교회는 필리오쿠에를 제외한 니케아신조를 받아들이고 325-787년 사이에 진행된 일곱 차례 에큐메니칼 공의회 결정을 공유한다. 이것들 외에도 "교회 전승의 권위를 성경과 동일한 신앙의 준칙으로 인정"하고, "성모와 성인들과 그들을 묘사한 그림들(조각들이 아닌), 그리고 성유물을 숭배"하고, "믿음과 선행이 공동의 조건이 되어 의롭다 하심을 받게 한다"는 사상을 갖고 있으며, "선행, 특히 자발적 독신과 청빈의 공로"를 인정하고 "일곱 가지 성사(견신례·종부성사 혹은 도유식에서 사소한 차이가 있음)"와 "세례에 의한 중생과 구원에서 물세례의 필요성"을 가르친다.

그 외에도 "화체설과 그에 따른 성례의 성물들에 대한 숭배," "살아 있는 자들과 죽은 자들을 위한 미사 제사와 죽은 자들을 위한 기도," "사제가 신적

---

4   단계에 있는 것처럼 보인다. 바로 그 동질성이 질투와 마찰을 낳았다. 그들 둘 모두가 동등하게 배타적이다. 동방교회는 배타적인 정통성을 주장하면서 서방 기독교 세계를 이단적인 교회로 간주한다. 로마교회도 배타적 카톨릭주의 보편성을 주장하면서 다른 모든 교회를 이단이거나 분열적인 종파로 간주한다. 전자는 자신들의 신조를 자랑스러워하고, 후자는 자신의 관할권을 자랑스러워한다. 로마교회와 개신교 사이의 모든 쟁점에서 그리스교회는 로마교회에 훨씬 더 가깝지만, 그들이 연합할 가능성의 전망은 로마와 제네바, 모스크바와 옥스퍼드가 연합할 가능성 전망보다 희박하다. 교황과 차르는 기독교 세계에서 가장 강력한 두 경쟁자-독재자이다. 두 교회가 가장 가깝게 만나는 점, 우리 구주의 탄생과 무덤이 위치한 전통적인 장소인 베들레헴과 예루살렘에서 그들은 서로가 극심하게 미워하고, 그들의 무지하고 완고한 수도사들 사이에 상호 폭력적인 충돌이 발생하지 않도록 이슬람교 군사들이 막고 있다."

4   John Fletcher Hurst, *Short History of the Medieval Church* (New York: Chautauqua Press, 1887), 52. 동서방교회의 분열 요인은 복잡하다. 로마의 수도를 비잔티움으로 옮기면서 종교보다 정치적 고려가 우선시되었고, 로마교회는 자신들의 우위성을 주장했다. 그리스인은 사변적이고 공상적이며 흥분하기 쉬웠고, 로마 기독교인은 실용적이고 안정적이며 보수적이었다. 로마는 새로운 것을 받아들이는 데는 느렸지만, 일단 인정한 후에는 그것을 포기하도록 유도하는 것은 거의 불가능에 가까웠다.

권위를 가지고 베푸는 사죄"를 종교적 관습으로 실천하고 있으며, "성직의 삼중직과 총대주교를 정점으로 하는 성직위계제도의 필요성," "무수한 종교 의식들과 행사들,"[5] 그리고 죽은 후 "중간 상태," "죽은 자들을 위한 기도와 미사의 효과"에서도 거의 견해가 같다. 하지만 둘 사이에는 다음 몇 가지 사실에서 분명한 차이가 존재한다.[6]

첫째, 평신도의 성경 사용에 대한 허용 및 관용의 태도이다. 서방교회는 평신도의 성경 사용을 철저하게 금했지만 동방교회는 평신도의 성경 사용을 금한 적이 없다. 심지어 러시아 정교회는 "공인된 자국어 번역 성경을 무료로 유포하는 사업을 지지한다."

둘째, 성령의 나오심에 대한 견해가 다르다. 동방교회는 성령이 오직 성부에게서만 나오신다는 입장을 확고하게 갖고 있는 반면에 라틴교회는 어거스틴 이후 성령이 성부와 성자에게서 나오신다는 필리오케 사상을 갖고 있다.

셋째, 교황의 무죄 사상에 대하여 둘의 입장은 다르다. 서방교회는 교황의 보편적 권위와 무오성을 주장하는 반면 동방교회는 이를 부정한다.[7]

넷째, 서방교회가 성모의 무원죄 잉태설을 주장한 반면 동방교회는 이 가르침을 인정하지 않는다.[8]

다섯째, 성직자의 결혼관에 대해서 다르다. 동방교회는 하위직 성직자의

---

5   Schaff, *History of Christian Church, Volume IV.*, 307.
6   Albert Henry Newman, *A Manual of Church History* (Philadelphia: American Baptist Publication Society, 1912), 423-434.
7   Schaff, *History of Christian Church, Volume IV.*, 308. "로마교회가 주장하는 교황의 보편적 권위와 교황 무오성에 대해 그리스 교회는 부정한다. 전자가 교황 중심의 군주제라면 후자는 총대주교 중심의 과두제이다. 그리스교회 이론에 따르면 로마교황, 콘스탄티노플, 알렉산드리아, 안디옥, 예루살렘의 총대주교 5명은 평등권 갖고 있다. 때때로 그들은 몸의 오감에 비유되기도 한다. 그들 다섯 명에 후에 러시아교회의 모스크바 총대주교(지금은 '성교회회의'에 의해 다스려진다)가 추가되었다. 로마의 감독에게 이전에는 수위권이 주어졌으나 제국의 권좌와 함께 이 수위권은 콘스탄티노플 총대주교에게 넘어가서 그러므로 그는 친히 '새 로마의 대주교이자 에큐메니칼 총대주교'라고 서명했다."
8   Schaff, *History of Christian Church, Volume IV.*, 308. "1854년 교황이 하나의 도그마로 선포한 동정녀 마리아의 무흠수태설에 대해서 동방교회가 부인하였지만 동방 교회도 서방교회와 마찬가지로 실제로는 마리아를 숭배한다."

결혼을 허용하는 반면 라틴교회는 이를 허용하지 않는다.

여섯째, 평신도의 성찬 참여 때 서방교회는 빵만 제공하지만 동방교회는 "금수저를 사용하여 빵을 포도주에 적셔서 평신도에게 준다."[9] 동방교회는 성찬 시 철저하게 무교병을 사용할 것을 고집하고 3번 물에 담그며, 유아들도 성찬에 참여하게 한다. 반면 서방교회는 이 전통을 지키지 않는다.

2. 분열의 원인들

동서방교회의 분열의 원인은 원인과 근인으로 나뉠 수 있지만[10] 가장 근본

---

9 Schaff, *History of Christian Church, Volume IV.*, 308.
10 Schaff, *History of Christian Church, Volume IV.*, 309-312. "세상의 역사와 마찬가지로 교회의 역사도 태양과 함께 동쪽에서 서쪽으로 움직인다 … 그리스교회와 라틴교회는 결코 하나의 정부 아래 유기적으로 통합되지 않았으며, 국적, 언어, 다양한 의식에서 처음부터 상당히 달랐다 … 그리스교회는 6세기나 7세기까지 신학을 주도했고, 라틴교회는 감사하게도 그리스교회에게서 배웠다. 모든 에큐메니칼 공의회는 콘스탄티노플이나 그 근처 비잔틴제국의 땅에서 열렸고, 교회회의도 그리스어로 진행되었다 … 그리고 교회의 궁극적인 분열과 치유할 수 없는 석대감을 갖게 된 데는 크게 세 가지 원인이 있었다. 첫 번째 원인은 비잔틴 제국의 지원을 받는 콘스탄티노플 총대주교와 새로운 독일제국과 관련된 로마주의의 정치-교회적 경쟁이다. 두 번째 원인은 교황권 내에서 그리고 교황권을 통해 라틴 교회가 점점 더 중앙집권화되고 압도적인 권위를 행사하였다는 사실이다. 세 번째 원인은 그리스교회의 정체적인 성격과 중세 라틴교회의 진취적인 성격이다. 그리스교회는 자신의 신조가 완벽하다고 상상하면서 자부심이 대단했다 … 반면 그리스교회가 정체 상태에 있을 때 라틴교회는 가장 강력한 에너지를 발전시키기 시작했다. 라틴교회는 북유럽과 서유럽의 새롭고 역동적인 민족들의 풍요로운 어머니가 되었고, 학문적이고 신비주의적인 신학과 새로운 문명 질서를 만들어냈으며, 웅장한 대성당을 건축하고, 신대륙을 발견했고, 인쇄술을 발명했으며 학문의 부흥과 더불어 세계 역사의 새로운 시대를 위한 길을 준비했다. 따라서 딸 라틴교회는 어머니 그리스교회보다 더 커졌고, 프로테스탄트의 분열을 계산하지 않는다면 수적으로 라틴교회는 그리스도교회보다 두 배나 교세가 더 강했다. 동시에 동방교회는 자신들이 기독교화한 슬라브 민족들 사이에서 새로운 미래를 여전히 기대할 수 있었다. 이제 동방교회가 필요한 것은 초대 기독교의 정신과 힘의 부활이다. 일단 두 교회가 정신적으로 멀어지고 수위권 패권을 향해 비기독교적인 경쟁에 빠져들 때는, 오래 전에 존재했던 모든 작은 교리적이고 의식적인 차이가 과도하게 무겁게 부각되고 그것들이 서로 이단과 범죄로 낙인이 찍히게 되었다. 로마감독은 콘스탄티노플 총대주교를 사도적 기원이 아니라 정치적 영향력에 힘입어 권력을 얻은 신생교회의 인물로 본다. 반면 동방교회의 총대주교들은 교황을 빈기독교 찬달자이자 최초의 프로테스탄트로 바라본다. 그들은 교황의 수위권을 '말세의 주요 이단으로, 이전 시대에 그 선임자 아리우스주의가 번성했듯이 지금 번성하고 있으며, 그것과 마찬가지로 같은 방식으로 폐기되어 사라질 것'이라고 낙인을 찍는다!"

레오 1세 (Pope Leo I, 재위 440-461)

적인 원인은 레오 1세(Pope Leo I, 재위 440-461)의 교황권 강화이다. 동방교회와 서방교회 사이에 뚜렷한 이상 징후가 나타나기 시작한 것은 레오 1세에 와서였다. 레오 1세가 교황권을 강화시키면서 동서방교회는 서서히 적대감에 휩싸이게 되었다. 필립 샤프에 따르면 여기에는 세가지 원인이 배경에 깔려 있었다.

첫째, 콘스탄티노플 초대주교와 로마주교와의 대립과 경쟁이다. 로마교회의 우월성이 초대교회 3세기 동안 굳게 자리를 잡았다. 그러다 콘스탄티노플로 수도를 옮기고 비잔틴 제국에 강력한 영향력을 미치면서 동방교회는 절대적인 권위를 지닌 중심세력으로 부상한 반면 476년 서로마 제국이 멸망하면서 로마교회는 위기에 직면하고 영향력을 급격하게 상실했다. 그러나 신성로마제국이 시작되고 황제가 로마주교와 연합하여 정치적 교회적 영향력을 확대하면서 콘스탄티노플 총대주교와 경쟁을 벌였다.

둘째, 라틴교회가 신성로마제국의 황제와 제도를 통해서 권력의 중심에 서기 시작한 일이다.

셋째, 중세에 접어들어서 라틴교회는 상당한 발전을 이룩하였지만 초대교회 에큐메니칼 회의를 통해서 교리적 발전을 이룩한 동방교회는 오히려 "자신들의 신조가 완벽하다"는 교만한 사고에 빠져 별 발전이 없었다.[11] 동방교회는 막시무스(Maximus of Constantinople, c.580-662), 다마스쿠스의 요한(John of Damascus, c.675-749), 포티우스(Photius, 재위 858-867; 877-886), 외쿠메니우스(Oecumenius of Trikka), 테오필락투스(Theophylact) 같은 학자들을 배출했다. 하지만 이들은 에큐메니칼 회의의 교리적 틀 그 이상을 발전시키지 못하고 "그들은 대부분 그리스 교부들의 전통 신학을 요약하고 체계화하는 작업에 그치는"[12] 차원이었다.

"동방에서는 어거스틴과 같은 위대한 사상가도 나타나지 않았으며 새로 입교한 슬라브족들은 교회에 전혀 새로움을 더해주지 못하였다. 서방에서는 새로운 왕국들이 일어나는 등 정치적으로 활기를 띠고 있었으나 동방에서는 그렇지가 못했다. 이런 서방교회의 분위기와 달리 동방에서는 새로 입교한 민족들이 교회에 어떤 새로운 바람을 불어넣지 못했다."[13]

성상숭배 문제도 분열의 중요한 요인이었다. 성상 파괴 논쟁은 726년부터 842년까지 지속되었으며, 오랜 논쟁이 끝나자 비잔틴 교회는 약화되었을 뿐

---

11   Schaff, *History of Christian Church, Volume IV*., 311.
12   Schaff, *History of Christian Church, Volume IV*., 311.
13   김영재, 기독교교회사 (경기: 합동신학대학원출판부, 2005), 273. 김영재는 이렇게 동방교회와 서방교회의 분열 원인을 기술하였다. "교회의 분열은 로마제국의 몰락에 기인한 것이기도 하지만 양교회가 가진 각자의 특성이 점차로 발전하여 이질적인 차이를 더욱 드러내게 된데에서도 온 것이었다. 말하자면 언어와 문화적인 배경이 달랐으며 백성들의 성격과 사도방식도 달랐다. 그뿐만 아니라 정치적으로는 동로마가 영유권을 가진 것으로 주장하는 지역에 교회 국가를 건설한 일이라든지 교황들이 프랑크 왕국과 밀접한 관계를 가지게 된 일이며 프랑크 왕국의 왕을 황제로 호칭하는 일, 아직 비잔틴 영토인 이탈리아의 남부를 공략한 일 등등으로 말미암아 서로 대립적인 관계에 들게 되었다. 그리고 교회적으로는 그리스도의 사역에 대한 견해를 달리하였고, 특히 성령론을 두고 서방교회가 성령께서 아버지와 아들에게서 나오신다(filioque)고 고백하는데 반하여 동방에서는 아버지에게서 아들을 통하여 나오신다고 하여 열띤 논쟁을 벌였다. 이러한 신학적인 견해의 차이가 분열의 요인으로 작용하였다."

만 아니라 로마 교회와 콘스탄티노플 교회 사이도 매우 소원해졌다.[14] 동방교회가 형이상학적 논쟁에 집중하는 동안 서방교회는 죄와 은총, 인간론과 구원론에 관한 논쟁들이 활발하게 일어나고 게르만민족과 슬라브민족의 복음화, 스콜라주의신학, 대성당 건축, 신대륙 발견, 인쇄술 발명, 문예부흥을 통해 새로운 시대의 도래를 예비할 수 있었다. 이처럼 서방교회가 세력을 확장하며 선교, 신학, 교회건축, 학문 활동이 활발하게 진행되었지만 동방교회 안에는 특별한 변화가 없었다. 게다가 이슬람의 침략으로 인해 많은 지역이 이슬람에 의해 점령당하면서 동방교회는 그리스 본토에서만 세력을 유지하는 정도의 교회로 축소되었다.[15]

이런 여러 요인들로 인하여 동방교회와 서방교회의 예배와 교회풍습은 시간이 흐르면서 간극이 더욱 더 넓어졌다. 그러면서 교회의 우위성을 강조하는 로마교회와 영향력 확대를 꾀하는 동방교회 간의 갈등은 더욱 표출되었다. 동서방교회의 대립은 692년 동방감독들로 이루어진 제 2차 투룰란 대회(The Council in Trullo)에서 더 한층 선명하게 나타나기 시작했다.

3. 동방교회와 서방교회의 충돌

동서방교회의 심각한 충돌은 몇 세기에 걸쳐 크게 두 차례 진행되었다. 동서방교회가 심각하게 갈등과 대립으로 인해 서로 1차로 심각한 충돌이 발생한 것은 9세기 중엽이다. 동방교회를 대표하는 총대주교 포티우스와 서방교회를 대표하는 교황 니콜라스 1세(Pope Nicholas I, 재위 858-867)가 그 중심에

---

14 Margaret Deanesly, *A history of the medieval church, 590-1500* (London: Methuen & Co., 1925), 75. "성상 파괴 논쟁은 726년부터 842년까지 지속되었으며, 오랜 논쟁이 끝나자 비잔틴 교회는 약화되었을 뿐만 아니라 로마 교회와 콘스탄티노플 교회 사이의 소원화 과정도 훨씬 더 깊어졌다. 이제 이 논쟁은 단순히 성상(그리스도나 성자와 같은 종교적 인물의 그림) 사용을 둘러싼 다툼이 아니라 동방제국의 동양화의 징후로 인식되고 있다."

15 김영재, 기독교교회사, 274.

있었다. 니콜라스 1세는 평신도 포티우스가 858년 이그나티우스(Ignatius of Constantinople, 재위 847-858; 867-877)의 뒤를 이어 콘스탄티노플 대주교에 오르자 합법성을 문제 삼고 강하게 반대하였다.

동방교회는 교황의 권위를 인정하지 않았다. 콘스탄티노플 대주교 포티우스는 두 번에 걸쳐 재임하면서 동방교회를 서방교회로부터 독립시키려고 하였다. 포티우스 대주교는 성화 논쟁에서 승리한 여세를 몰아 서방교회에 로마 교회의 우월성을 주장하지 말 것을 요구했고 북서방 슬라브 족에 헬라 선교사들을 파송하여 동방교회의 영향력을 확대하려고 하였다. 이와 같은 선교를 통한 교세의 확장은 자연히 두 교회 간의 대립으로 이어졌다.

그런 상황에서 동방교회와 서방교회는 성령의 발출 문제로 심각하게 대립하였다. 서방교회가 강하게 주창한 성령의 이중발출 교리 즉, 성령은 아버지와 아들로부터 나오신다는 "필리오쿠에"를 동방교회가 인정하지 않고 반대했다. 서방교회는 동방교회와 의논도 하지 않고 니케아신조에 필리오쿠에(Filioque)를 삽입시켜 동방교회로부터 반발을 산 것이다. 비록 서로 간의 갈등이 869년 콘스탄틴 대회를 통해 어느 정도 수습되었으나 그 후 2세기 동안 서로 간의 긴장은 늘 내재되었다.

동방교회와 서방교회가 두 번째로 크게 대립한 것은 콘스탄티노플의 주교 미가엘 케룰라리우스(Michael Cerularius, 재위 1043-1058)에 와서이다. 콘스탄티누스 9세(Constantine IX Monomachos, c.980-1055)가 교황 레오 9세(Pope Leo IX, 재위 1049-1054)의 우위권을 인정한 것과 달리 케룰라리우스는 선교의 확장을 통해 로마 교회의 우월성에 문제를 제기하고 로마교회의 영향에서 벗어나기를 원했다. 그는 동방교회를 서방교회로부터 분리시키고 동방교회의 교황에 오르기를 원했다. 그는 서방을 이단으로 간주하고 강하게 비판하였다.

반면 레오는 개혁을 통해 교황권을 강화시키려고 하였다. 레오가 이탈리아 남부 교회에 교황권을 행사하려고 하자 케룰라리우스는 레오 9세가 노르만 족의 침입으로 영향력이 상실된 틈을 타 발효되지 않은 빵을 성찬에 사용했다는 이유로 1053년 콘스탄티노플에 있는 라틴교회의 수도원을 폐쇄시켰다. 그리고 그는 불가리아 레오 주교를 통해 이탈리아 남부 지방의 감독들에게 라틴교회의 부정을 폭로하였다.

동방교회와 서방교회의 갈등의 심각성을 감지한 황제 콘스탄티누스 9세 모노마쿠스가 훔벌트(Humbert of Silva Candida, c.1000-1061)를 단장으로 사절단을 콘스탄티노플로 파송하여 이 문제를 해결하려고 하였지만 둘 사이의 골이 너무 깊었다. 로마 교황을 대표한 훔벌트는 더 이상 둘의 화해가 불가능하다고 판단하고, 1054년 7월 16일 "로마교회의 신앙과 그 교회의 거룩한 제사 방식을 지속적으로 비판하는 총대주교와 모든 사람들에 대해서"[16] 동방교회의 대표적 교회 소피아 교회에 교황의 이름으로 파문장을 던졌다. 교황특사들은 "'하나님께서 보시고 판단하시옵소서'(Videat Deus et judicet)라고 적힌 영장을 하기아 소피아교회의 제단에 올려놓았다."[17]

콘스탄티노플의 주교 케룰라리우스도 "자신의 성직자들과 민중의 지원을 받아 즉각 교황 특사들에게 아나테마를 선포하고 그들을 사기죄로 고소"하며 교황에 파문장을 던졌다. 케룰라리우스는 세례 때 단회 침수, 세례자의 입에 소금을 뿌리는 행위, 성인들의 화상과 성물을 공경하지 않는 것, 그레고리, 바실(Basil of Caesarea, 329-379), 크리소스톰(John Chrysostom, c.347-407)을 성인 반열에 올려 놓지 않는 행위, 필리오쿠에를 비롯한 "로마의 수치스러운 교리적 관행"[18]을 안디옥 총대주교 페트루스(Patriarch Peter III of Antioch)에게 환기시켰다. 알렉산드리아, 안디옥, 예루살렘의 총대주교들은 콘스탄티노플 교구를 지지했다.

동방교회와 서방교회는 1054년 이후 지금까지 분리되고 말았다. 윌리엄 캐논의 말대로 "교회의 역사에 있어서 1054년은 결정적인 해였다."[19] 1054년

---

16   Schaff, *History of Christian Church, Volume IV.*, 320.

17   Schaff, *History of Christian Church, Volume IV.*, 320.

18   Schaff, *History of Christian Church, Volume IV.*, 320.

19   William R. Cannon, *History of Christianity in the Middle Ages: From the Fall of Rome to the*

동서방이 분열할 때 동서방교회는 주교 수에서 큰 차이가 없었다. 하지만 이후 동서방교회는 상황이 급변했다. 특별히 서방교회는 놀랍게 발전의 발전을 거듭했으나 동방교회는 그렇지 못했다. 교제의 단절은 다시는 영속적 교제의 수복을 불가능하게 만들 정도로 둘 사이를 갈라놓아 이제 동서방교회는 "거의 두 개의 서로 다른 종교들처럼 되었다."[20] 동서방교회는 십자군전쟁 동안 서방의 프랑스와 베네치아의 군인들이 콘스탄티노플에 진입해서 약탈과 만행을 자행하고 그곳에 라틴제국을 수립하고 교황이 그리스 교구에 라틴주교들을 임명하면서 동서방교회는 돌이킬 수 없는 분열의 강을 건너고 말았다.

4. 카노사의 굴욕: 그레고리 7세와 하인리히 4세의 대립

극심한 교황청의 타락 속에서도 1049년부터 1122년 사이에 수도원 개혁을 통해 레오 9세와 그레고리 7세(Pope Gregory VII, 재위 1073-1085)와 같은 몇 명의 개혁적인 교황들이 역사에 등장했다.[21] 하인리히 3세(Heinrich III, 1017-1056)는 클레멘트 2세(Pope Clement II, 재위 1046-1047)를 교황에 임명하고, 그가 죽은 후에는 제국에 있는 다른 감독을 교황의 자리에, 새 교황이 몇 달이 못되어 세상을 떠나자 세 번째로 자신의 사촌 레오 9세를 교황의 자리에 앉혔다. 레오 9세는 추기경직에 있는 사람들이 개혁운동에 미온적인 것을 감지하고 적극적인 개혁성향의 인물들을 추기경에 앉혔다. 레오 9세는 개혁운동에 적극적인 인물들을 자신의 참모로 기용했는데 그들 중에 훔벌트와 힐데브란트도 포함되었다.

Fall of Constantinople, 중세교회사, 서영일 역 (서울: 기독교문서선교회, 1995), 165.
20   Cannon, 중세교회사, 165.
21   Henry Cowan, *Landmarks of Church History to the Reformation* (New York: Anson D. F. Randolph & Co., 1896), 100-107.

1) 레오 9세

레오 9세는 자신의 삼촌이 원장으로 있는 베네딕트 수도원에서 교육을 받았고, 그곳에서 개혁정신에 눈을 뜨기 시작했다.[22] 이 수도원은 클루니의 개혁정신으로 운영되었기 때문에 힐데브란트는 어릴 때부터 엄격한 수양생활을 하면서도 개혁정신에 불타고 있었다. 그는 청년 시절에 접한 교회 안에 자행되는 죄악들 그리고 교황과 연루된 추잡한 소문들로 몹시 괴로워했다. 그는 교회의 권세가 바로 세워질 수 있는 것은 도덕적 개혁을 통해 가능하며, 이것을 통해 이 지상에서 교황은 그리스도의 대표자로서의 지위를 획득할 수 있다고 확신했다. 교황은 그리스도의 지상의 대표자라는 확신이 그의 중심에 깊이 자리 잡고 있었다. 그리고 그는 이를 위해 좋은 기회를 얻은 것이다.

1049년 힐데브란트가 추기경에 취임하고 나서 교황권은 한층 더 강화되었다. 그는 교황의 고문으로 교회의 개혁을 추진하고 교황권을 강화하는 일에 남다른 재능을 소유했다.[23] "그는 다른 사람을 통하여 자기의 정책을 실현하는 천재성을 가지고 있었다." 레오 9세는 힐데브란트의 협력과 지원을 받으면서 자신의 영향력을 더욱 확대했다.[24] 힐데브란트가 1049년에 추기경으로 임명 받은 후 그는 클루니의 개혁정신에 따라서 교황제도의 개혁을 위하여 열심히 활동하였다. 먼저 성직매매를 금지하고 성직자의 독신생활을 강조하였다.

중세 역사를 면밀하게 살펴보면 교황권 강화가 중세 기독교에 미친 영향은 지대했다. 힐데브란트의 지원을 받으며 교황권을 강화시킨 레오 9세는 교황권 강화에는 성공했지만 그의 재직 중에 동방교회와 서방교회가 분열을 맞고 말았다. 서방교회가 교황권을 강화하면서 나타난 현상이었다. 교황권의 강화는 로마

22　최형걸, 중세교회사 (서울: 이레서원, 2000), 152.
23　Elgin Sylvester Moyer, *Great Leaders of the Christian Church*, 인물중심의 교회사, 곽안전 역 (서울: 대한기독교서회. 2003), 231.
24　Williston Walker, *A History of the Christian Church* (New York: Charles Scribner's Sons, 1922), 223-225.

레오 9세(Pope Leo IX, 재위 1049-1054)

교회의 우월성을 배경으로 하고 있어 자연히 동방교회와의 권위 경쟁에서 우위를 주장할 수 밖에 없고, 자연히 동방교회와 서방교회의 대립은 더욱 첨예해졌다. 또 하나 교황권의 강화가 가져다 준 것은 교황과 황제의 대립과 충돌이었다. 교황은 교회 영역만 아니라 세속권세까지 지배하기를 원했고 황제는 세속권세만 아니라 종교 영역에서도 자신의 절대권을 행사하기를 원했다.

교황, 추기경, 감독들은 교회가 황제의 지배에서 벗어나기를 바랐다. 마침 하인리히 3세의 뒤를 이은 하인리히 4세(Heinrich IV, 1050-1106)는 불과 여섯 살 밖에 되지 않아 교황은 이 기회가 영향력을 확대할 수 있는 절호의 기회라고 판단했다. 1056년 훔벌트는 성직매매를 반대하는 책을 펴내 속인의 성직서임식 주장을 반대했다. 그는 황제가 새로 취임하는 감독에게 반지와 지팡이를 주는 것도 일종의 성직 매매라고 판단했고, 황제의 성직서임식을 반대했다. 이와 같은 분위기에 힘입어 교황 레오 9세는 1059년 로마에서 열린 로마회의에서 속인이 성직서임을 주관하는 것을 금지하였다.

5장 동방교회와 서방교회의 분립

레오 9세의 개혁은 여기서 멈추지 않았다. 힐데브란트가 추기경으로 재직하는 동안 추기경회의와 교황의 선출에 중대한 변화가 일어났다. 지금까지 추기경회의는 교황이 로마 가까이에 살고 있는 교황파의 교회의 장로와 집사들이 로마의 가장 가까운 곳에 살고 있는 7명의 감독들과 모이던 회의였다. 이제는 추기경회의가 레오 9세에 의해 여러 나라 대표들이 참석하는 국제회의로 전환되었고, 오늘날의 추기경회의와 같이 감독, 신부, 집사 등 전원 70명이 참석하는 회의로 바뀌었다.

과거에는 교황의 선출이 로마시의 교직과 백성들에 의해서 이루어져 로마에서 패권을 잡고 있던 정치적 세력의 지배와 영향을 받아왔다. 그러나 힐데브란트는 교황이 세상을 떠나면 반드시 추기경회에서 교황을 선출하도록 명문화시켰고, 교황의 선출을 로마 이외의 지방에서 실시하기로 결정했다.[25] 그 후 개혁적인 교황들이 등장하여 교회 개혁이 강하게 추진되었고, 교회의 권위가 다시 회복되기 시작했다.

1061년 교황에 오른 알렉산더 2세(Pope Alexander II, 재위 1061-1073)는 고문 힐데브란트의 자문을 받으며 세계에 교황의 영향력을 확대해 나갔다.[26] 힐데브란트는 스페인교회와 긴밀한 관계를 유지하는 한편, 영국에서는 힐데브란트의 열렬한 지지자 영국의 정복자 윌리엄(William the Conqueror, 재위 1066-1087)이 왕위에 올랐다. 윌리엄은 1066년 노르만 왕국을 세우고 영국의 분파적인 교회들을 교황청 관할 하에 들어오게 하였다. 힐데브란트의 영향력은 스페인과 영국에 이어 독일까지 확대되었는데 독일 교회 전체가 완전히 교황의 지휘에 들어왔다.

---

25 Walker, *A History of the Christian Church*, 223.
26 Walker, *A History of the Christian Church*, 228. "알렉산더 2세는 힐데브란트의 도움으로 교황권을 현저히 증진시켰다."

2) 그레고리 7세

알렉산더 2세가 세상을 떠나자 교회 지도자들과 로마의 백성들이 힐데브란트를 교황으로 추대하였다. "25년간 힐데브란트는 수도사의 몸으로 서방교회를 통치하였다."[27] 1073년 힐데브란트는 추기경회에서도 인준 받고 그레고리 7세로 교황에 올랐다.[28] 교황에 오른 그는 자신의 세력을 한층 더 확장할 수 있었다. 이미 추기경으로 재직하는 동안 교황을 통해 교직자의 독신생활, 속인의 성직 서임 거부, 성직 매매 금지 등을 통해 교회의 권위를 높인 뒤였기 때문에 그는 이와 같은 분위기를 십분 활용하여 교황권을 한층 강화시켰다.[29] 교황 그레고리 7세는 1074년 로마공의회를 열어 목회자의 성직매매와 결혼을 금지하였다.

"어떤 등급의 성직의 질서이던지 혹은 어떤 성직이던지 성직매매, 즉 금전 지불을 통해 승진한 사람은 앞으로는 거룩한 교회에서 직무를 수행할 권리가 없다. 돈을 주고 교회를 확보한 자들도 반드시 박탈당할 것이다. 그리고 장래에는 누구든지 교회 직분, 직위 등을 사고 파는 것이 불법이 될 것이다. 결혼한 성직자 또한 어떤 식이든지 미사를 집전하거나 제단을 섬기시는 안 된다."[30] 그레고리 7세는 또한 결혼한 모든 성직자들이 미사를 집전하는 것을 금했고, 만일 결혼한 신부가 집례 할 때 모든 평신도가 참석하지 말라고 명했다.[31]

그레고리 7세의 리더쉽 아래 교회의 권위는 더 한층 강화되었다. 그는 뇌

---

27 Cannon, 중세교회사, 205.

28 Cowan, *Landmarks of Church History to the Reformation*, 100-107; Richard Chenevix Trench, *Lectures on Medieval Church History: Being the Substance of Lectures Delivered at Queen's College, London* (London: Macmillan and Co., 1879), 115-131; Walker, *A History of the Christian Church*, 228-229.

29 Wilson Lloyd Bevan, *Church History, Mediaeval and Modern* (Sewanee, Tenn.: The University Press at the University of the South, 1914), 79.

30 "Simony and Celibacy. The Roman Council, 1074," Mansi, *XX, 404*. Oliver Joseph Thatcher & Edgar Holmes McNeal, *A Source Book for Medieval History: Selected Documents Illustrating the History of Europe in the Middle Age* (New York: Charles Scribner's Sons, 1905), 134-135.

31 Thatcher & McNeal, *A Source Book for Medieval History*, 134.

물을 바치고 교직에 오른 자들을 다 해임시키고 모든 군주에게서 반지와 지팡이를 교직자 서임의 표로서 제공하는 것을 금지시켰다. 그는 교황에 오른 뒤 보니 파스의 수도원장 게이조와 성 사바의 수도원장 마우루스를 교황사절로 여러 곳에 파송하면서 모든 신자들에게 편지를 보내 사절단을 받아들이고 순종할 것을 요구하였다. 그레고리 7세가 교황사절을 교황권 강화와 개혁을 위해 활용한 것이다.[32]

교황권의 위상을 강화시킨 교황 그레고리 7세는 황제의 권위를 제한시켜서 교황의 영향력을 세속적인 면에까지 확대하길 원했다. 그는 세속 통치자들에게 충성서약을 받거나 충성을 요구하였다.[33] 교황이 세속 권세를 손에 쥐고 황제 임명권까지 주장한 것이다. 마침 독일 왕 하인리히 4세는 나이 어렸고 자신이 교황에 오른 뒤 바로 이듬해 하인리히 4세가 교황과 교회의 호감을 사기 위해 교황의 사절 앞에서 고해를 하고 교황에게 순종할 것을 서약하자 1075년 그레고리 7세는 속인 성직서임을 반대하는 포고령을 발표하여 왕이 성직 임직에 관여하지 못하도록 만들었다.

세속권력이 성직임명에 손을 떼도록 만든 것이다. 교황 지상주의와 세속통치권은 물론 성직임명권까지 주장하는 황제 사이에 두 권세의 충돌은 불가피했다. 그 결과 교황과 황제 사이에 권력 투쟁이 첨예하게 대두되기 시작했다.[34]

---

32 Thatcher & McNeal, *A Source Book for Medieval History*, 139.

33 Thatcher & McNeal, *A Source Book for Medieval History*, 141-151. 다음은 대표적인 사례들이다. The Oath of Fidelity which Richard, Prince of Capua, Swore to Gregory VII, 1073; Letter of Gregory VII to the Princes Wishing to Reconquer Spain, 1073; Letter of Gregory VII to Wratislav, Duke of Bohemia, 1073; Letter of Gregory VII to Sancho, King of Aragon, 1074; Letter of Gregory VII to Solomon, King of Hungary, 1074; Letter of Gregory VII to Demetrius, King of the Russians, 1075; Conflict between Henry IV and Gregory VII; Letter of Gregory VII to Henry IV, December, 1075.

34 M. G. LL. folio, II, pp. 47 ff; Doeberl, III, no. 8 b. in Thatcher & McNeal, "75. The Deposition of Gregory VII by Henry IV, January 24, 1076," *A Source Book for Medieval History*, 151. "그레고리 7세가 성직매매와 성직자의 결혼을 금지하는 법을 집행하려 했을 때 독일 성직자들과 국왕으로부터 격렬한 반대를 받았다. 1075년 2월 24-28일에 로마에서 열린 종교회의에서 그레고리는 성직매매 죄로 하인리히 4세의 친밀한 조언자 다섯 사람을 파문했다. 하인리히 4세는 이 파문의 타당성을 받아들이기를 거부하고 교황의 항의에도 불구하고 주교직(예를 들어 밀란, 페르모, 스폴레토 등)을 해임했다. 그레고리는 7세는 극단적인 조치를 취하기

하인리히 4세는 아직 황제에 오르기 전이었기 때문에 교황에 과감하게 대응하지 않다가 하인리히 4세가 색슨족을 물리치고 황제에 오른 뒤 교황을 폐위시켰다. 그리고 하인리히 4세는 1076년 1월 24일 그레고리 7세에게 다음과 같이 편지로 알렸다.

> 찬탈이 아니라 하나님의 거룩한 임명에 따라 왕 위에 오른 나 하인리히는 교황이 아니라 거짓 수도사 힐데브란트에게 알린다. 이것은 당신이 마땅히 받아야 할 인사이다. 왜냐하면 당신은 교회의 직분을 영광과 축복 대신에 그리스도인들에게 교회의 직분을 혼란과 저주의 근원으로 만들어 버렸기 때문이다. 많은 경우 중에서 가장 명백한 경우만 언급하자면, 당신은 주님의 기름부음 받은 자들, 대주교, 주교, 사제들에게 감히 손을 대었을 뿐만 아니라 당신은 그들을 주인이 하는 일을 알 자격도 없는 무식한 종인 것처럼 멸시하고 모욕하였다. 당신은 저속한 군중의 호감을 얻으려고 이렇게 한 것이다. 당신은 주교들은 아무것도 모르고 당신은 모든 것을 알고 있다고 선언했다. 그러나 당신이 그토록 큰 지혜를 가지고 있다면 당신은 그것을 교회를 세우는데 사용한 것이 아니라 파괴하는 데 사용한 것이다 … 당신은 우리의 겸손을 두려움으로 착각하고, 우리가 하나님께 받은 왕권과 황제의 권위를 감히 공격하였다. 당신은 심지어 우리가 그것을 당신에게서 받은 것처럼, 마치 제국과 나라가 당신의 마음대로 되고 하나님의 마음대로 되지 않는 것처럼 빼앗겠다고 위협하기까지 했다. 우리 주 예수 그리스도께서는 우리를 제국의 통치자로 부르셨지만 결코 당신을 교회의 통치자로 부르지 않으셨다 … 그리고 당신은 평화의 자리에서 평화를 쫓아내었다. 당신은 그들의 정당

로 결심하고 성직매매와 성직자의 결혼에 반대하는 자신의 법령을 옹호하는 편지를 사자(使者)를 통해 하인리히 4세에게 전달했다. 그리고 이를 굳게 지키고 온 세상이 이를 받아들이도록 강요하겠다는 결심을 밝혔다. 그레고리 7세는 또한 하인리히 4세가 자신의 사악한 삶을 고치지 않고 파문당한 보좌관들을 궁정에서 몰아내지 않는다면 그를 파문할 뿐만 아니라 그를 해임할 것이라는 구두 메시지도 전했다. 그러자 하인리히 4세는 1076년 1월 24일 보름스 회의를 열어 그레고리 7세를 해임하고 자신의 편지와 독일 주교들의 편지를 통해 교황에게 이 사실을 알렸다. 그러자 그레고리 7세 역시 왕을 파문하고 폐위시키는 것으로 응수했다."

한 통치자인 주교를 경멸하도록 가르쳐 백성들이 고위 성직자들에게 반항하도록 선동했다. 당신이 평신도들에게 사제들에 대한 권위를 주는 바람에 그들은 주교들이 그들을 가르치도록 임명한 사람들을 정죄하고 면직시켰다 … 성 베드로 자신도 이렇게 말씀하셨다. "하나님을 두려워하고 왕을 공경하라."(벧전 2:17). 그러나 하나님을 두려워하지 아니하는 당신이 하나님이 세우신 나를 욕되게 하였다. 참된 교리 외에 다른 것을 가르치는 자는 하늘의 천사라도 저주를 받아 마땅하다고 말한 사도 바울은 그대가 거짓 교리를 가르치는 것을 허락하도록 당신에게 예외를 두지 않았다. 왜냐하면 "우리나 혹은 하늘로부터 온 천사라도 우리가 너희에게 전한 복음 외에 다른 복음을 전하면 저주를 받을지어다"(갈 3:11)라고 말씀하셨기 때문이다. 그러니 당신이 폭력으로 얻은 사도의 자리에서 내려오라. 당신은 거짓 교리로 인해 사도 바울로부터 저주를 받았고, 당신의 사악한 통치로 인해 우리와 우리 주교들로부터 정죄를 받았기 때문이다. 또 다른 사람이 성 베드로의 왕좌에 오르게 하라. 종교를 폭력의 구실로 삼지 않고 사도의 왕자인 성 베드로의 생명을 주는 교리를 가르칠 다른 사람이 성 베드로의 왕좌에 오르게 하라. 하나님의 은혜로 왕이 된 나 하인리히는 나의 모든 주교들과 함께 당신에게 말하노니, '교황직에서 내려오라, 내려오라, 대대로 저주를 받을 지어다.'[35]

그레고리 7세라는 공식 호칭은 이 글에서 전혀 찾을 수 없다. 대신 '거짓 수도사 힐데브란트'라고 호칭하고 있다. 성경이 가르치는 복음이 아니라 바울이 갈라디아서 1장에서 말한 거짓 복음을 가르치는 거짓 수도사라고 단정한 것이다. 같은 날 1월 24일 마인츠 대주교 지그프리트(Siegfried I Archbishop of Mainz, 재임 1059-1084), 트리어 주교 우도(Udo of Nellenburg Archbishop of Trier, 재임 1066-1078), 위트레흐트 주교 윌리엄(William I, Bishop of

---

35 M. G. LL. folio, II, pp. 47 ff; Doeberl, III, no. 8 b, in Thatcher & McNeal, "75. The Deposition of Gregory VII by Henry IV, January 24, 1076," *A Source Book for Medieval History*, 151-152.

Utrecht, 재임 1054-1076)을 비롯한 26명의 주교들은 "힐데브란트 형제에게"라는 수신 호칭으로 그레고리 7세에게 다음과 같은 편지를 보냈다.

처음에 당신이 교황이 되었을 때 우리는 당신의 행동이 불법임을 무시하고 당신의 통치에 복종하는 것이 더 낫다고 생각했습니다. 당신이 교회의 정의롭고 의로운 통치를 통해 당신의 잘못된 출발을 회복할 수 있기를 바라면서 말입니다. 그러나 우리는 그때도 깨달았습니다. 당신이 저지른 죄가 너무 크다는 사실을 말입니다. 그러나 이제 전체 교회의 비통한 상황은 우리가 당신 안에서 어떻게 속았는지 너무나 잘 보여줍니다. 당신의 폭력적인 취임은 일련의 사악한 행위와 불의한 법령 중 첫 번째에 불과했습니다. 우리의 주님이시며 구속주이신 구주께서는 우리가 여기에 열거할 수 있는 것보다 더 많은 곳에서 사랑과 온화함이 그분의 제자의 표이지만, 당신은 교만과 야망과 투쟁을 사랑하는 것으로 알려져 있다고 말씀하십니다. 당신은 교회에 세속적인 것을 도입했습니다. 당신은 거룩하다는 평판보다 큰 이름을 원했습니다. 당신은 교회를 분열시켜 당신 시대 이전에 평화와 사랑 속에서 함께 살고 있던 교인들에게 상처를 입혔습니다. 당신이 미친 행동으로 인해 현재 이딜리아, 독일, 프랑스, 스페인의 교회에 불화의 불길이 일어났습니다. 주교들은 서품(안수)을 통해 받은 성령의 은혜에 근거한 그들의 신성한 권위를 박탈당했습니다. 당신이 경솔하고 무지한 평신도들에게 준 교회 문제에 대한 모든 행정 권한으로 인해서 말입니다. 오늘날 교회에는 당신의 야심찬 계획을 비굴하게 묵인함으로 자신의 직무를 수행하지 않는 주교나 신부는 없습니다. 주께서 교회의 행정을 맡기신 주교들의 반차를 당신이 혼란에 빠뜨리고 바울이 여러 곳에서 칭찬하고 가르쳤던 그리스도의 지체들의 탁월한 조화를 당신이 어지럽혔습니다. 그리스도는 이 땅에서 거의 사라졌습니다. 그리고 이 모든 것은 당신이 자랑스러워하는 그 법령을 통해 이루어진 것입니다. 동료 주교들에게서 공동의 권리와 권한을 빼앗으려는 유일한 권위에 대한 당신의 주장에 놀라고 분노하지 않을 사람이 어디 있을까요? … 성경을 아는 사람 중 누가 이 주장의 광기를 인식하지 못합니까? 그러므로 이제 당신의 참람으로 말미암아 하나님의 교회가 멸망의 위험에 처해 있는 것이 분명하므로 우리는 이 사태를 더 이상 참을 수 없다고 판단하고 침묵을 깨고 당신이 교황으로서 교회를 통치하기에 부적합하고 항상 부적합했음을 지적하지 않을 수 없습니다. 그 이유들은 다음과 같습니다. 첫 번째로, 축복된 황제 하인리히 3세의 통치 기간에 당신은 그 황제나 그의 재위 기간 동안 결코 당신의 교황직을 받아들이지 않을 것이며 다른 누구도 교황직을 받아들이도록 허용하지 않겠다고 맹세했습니다 … 둘째, 교황 니콜라스 2세 시대에 125명의 주교가 참석한 종교회의에서 추기경 선출을 받지 못한 사람은 파문의 처벌을 받으며 교황직을 받아들여서는 안 된다는 합의가 이루어졌습니다 … 당신은 그 법령을 제안하고 장려했으며 친필로 서명했습니다. 세 번째로, 당신은 가족이 아닌 여인(마틸다 백작부인)과 지나치게 친밀한 관계를 맺음으로써 교회 전체를 추문의 악취로 가득 채웠습니다 … 마지막으로 당신이 주교들을 창녀의 자식들 그리고 다른 비열한 욕설로 부르며 당신이 주교들에게 가한 모욕과 분노를 표현하기에는 아무리 많은 불평도 부족할 것입니다. 그러므로 당신의 교황직이 위증과 범죄로 시작되었고, 당신의 혁신이 하나님의 교회를 가장 큰 위험에 빠뜨렸으며, 당신의 삶과 행실이 오명으로 얼룩졌기 때문에 이제 우리가 당신에게 순종하지 않을 것입니다. 사실 그것은 법적으로 당신에게 약속할 수 없는 것입니다. 당신은 우리를 주교로 여기지 않는다고 공개적으로 선언했습니다. 우리 중 누구도 당신을 교황으로 여기지 않을 것이라고 분명히 응답합니다.[36]

사실 존칭으로 번역을 해서 강도가 중화되었지만 그레고리 7세에 대한 26명의 주교들의 비판은 보통 강도가 높은 것이 아니다. 하인리히 4세 황제가 26

---

36   *Codex Udalrici, no. 162; M. G. LL. folio, II*, pp. 44 ff; Doeberl, *III, no. 8 a,* in Thatcher & McNeal, "76. Letter of the Bishops to Gregory VII, January 24, 1076," *A Source Book for Medieval History*, 153-155.

명의 주교들과 뜻을 같이하여 그레고리 7세를 폐위시킨 것은 그레고리 7세에게는 깊은 충격이었고 교황의 절대 권위에 대한 용서할 수 없는 도전이었다.

1076년 교황 그레고리 7세는 단순히 하인리히 4세를 폐위하는 차원에 그치지 않고 곧 바로 다음과 같이 그를 폐위하고 파문했다.

> 사도들의 왕자인 성 베드로, 당신의 귀를 기울이소서, 당신에게 간청하오니, 당신이 내 어린 시절부터 양육 하셨고 주님에 대한 충성심 때문에 나를 미워하는 원수들로부터 구해 주신 당신의 종인 내 말을 들으시기를 간청합니다 … 내가 그리스도께서 특별히 주님께 맡기신 기독교 세계를 다스리게 된 것은 나의 노력이 아니라 당신의 은혜로 말미암은 것입니다. 당신의 은혜로, 당신의 대리자로서 하나님께서 하늘과 땅에서 묶고 푸는 권세를 내게 주신 것입니다. 나의 성실과 권위를 확신하며, 나는 이제 전능하신 하나님, 성부, 성자, 성령의 이름으로 황제 하인리히의 아들 하인리히가 독일과 이탈리아의 왕국을 박탈당했음을 선언합니다. 나는 당신의 권위로 그리고 당신의 교회의 명예를 지키기 위해 이 일을 합니다. 그가 반역했기 때문입니다. 교회의 명예를 파기하려고 시도하는 사람에게서는 그가 가졌을지도 모르는 그러한 명예를 박탈해야 합니다. 그는 그리스도인으로서 마땅히 순종해야 할 순종하기를 거부하고, 방황하던 길에서 하나님께로 돌아오지 않았으며, 파문당한 사람들과 거래하고, 많은 죄악을 범했으며, 주께서 증인이신 내가 그의 구원을 위해 그에게 보낸 경고를 멸시하고 주님의 교회에서 그 자신을 끊고 교회를 무너뜨리려 버리려 했으므로 나는 당신의 권위로 그를 저주 아래 두었습니다. 내가 주의 이름으로 그를 저주하는 것은 모든 사람이 당신이 베드로인 것과 살아계신 하나님의 아들이 당신의 반석 위에 그의 교회를 세우셨으며 음부의 권세가 그것을 이기지 못함을 모든 사람이 알게 하기 위함이니이다.[37]

37　*Greg VII. Reg., III, no. 10* a; Jaffé, *II*, pp. 223 ff; Doeberl, *III, no. 9*. in Thatcher & McNeal,

교황과 황제의 일대 접전에서 전체 분위기는 그동안 지지 세력을 구축해 온 교황 그레고리 7세에게 절대 유리하게 진행되었다. 하인리히 4세가 비록 교황을 폐위시키기는 했지만 교황 그레고리 7세는 여전히 자신의 지위와 권세를 유지하고 있었다. 더구나 파문을 당한 하인리히 4세의 문제를 토의하기 위해 아우크스부르크에서 독일제국 전체의 정치문제와 종교문제를 토의하기 위해 회의가 열렸을 때 그레고리 7세가 초청을 받아 그곳에 참석할 예정이었다.

게다가 교황이 하인리히 4세를 파문하고 출교하자 독일의 여러 지역에서는 황제에 대항하는 반란이 일어났고, 저항 세력은 더욱 강화되었다. 하인리히는 자신이 이들 저항세력의 요구를 거부할 수 없다는 사실을 깊이 깨닫고 태도를 완전히 바꾸고 모든 일에 있어서 교황에게 순복하기로 마음을 먹었다. 그는 교황을 폐위시킨 칙령을 취소하는 것은 물론 자신의 모든 신하들에게 교황에게 복종하라고 촉구했다. 하인리히 4세는 그레고리 7세에게 절대 순종하겠다는 약속을 전했다.

> 신하들의 조언에 따라, 나는 이제부터 사도직과 그레고리 교황님에게 합당한 존경과 순종을 보일 것을 약속드립니다. 또한 나는 당신이나 당신의 직위가 나로 인해 겪었을 수 있는 모든 명예 훼손에 대하여 적절하게 배상할 것을 약속합니다. 그리고 나는 어떤 중대한 범죄로 기소되었으므로 나의 결백을 증명하거나 시련을 겪음으로써 나 자신을 깨끗이 하겠으며, 그렇지 않으면 당신이 내 잘못에 합당하다고 결정하는 대로 나는 속죄할 것입니다.[38]

하인리히 4세의 태도가 며칠 전 그레고리 7세에게 파문장 편지를 보낼 때와 완전히 달라졌다. 하인리히 4세는 며칠 전의 그레고리 7세에 대한 폐위 결정

"77. The First Deposition and Excommunication of Henry IV by Gregory VII, 1076." *A Source Book for Medieval History*, 155-156.

38 M. G. LL. 4to, IV, I, nos. 64, 65; *Codex Udalrici*, nos. 145, 155; Doeberl, III, no. 12. in Thatcher & McNeal, "78. The Agreement at Oppenheim, October, 1076," *A Source Book for Medieval History*, 156.

도 취소했다.

> 하인리히는 만왕이신 하나님의 은혜로 대주교, 주교, 후작, 백작, 그리고 모든 계급과 엄위를 지닌 백성들에게 인사를 드리며 축복합니다. 우리의 충실한 백성들은 최근 교황 그레고리와의 논쟁에서 우리가 어떤 사악한 조언자들에 의해 잘못된 길로 인도되었다고 확신합니다. 그러므로 우리는 이전 행위를 회개하고 모든 일에 우리 전임자들이 우리 앞서 행했던 것과 같이 이제부터 모든 일에 그분[교황]께 순종하고, 그리고 우리가 그와 그의 직임에 대해 입힌 어떤 상처에 대해서도 온전히 배상하기로 결심하였음을 모든 사람에게 알려드립니다. 우리는 여러분 모두에게 우리의 모범을 따르고 성 베드로와 그의 대리인 그레고리 교황에게 여러분이 저지른 모든 잘못에 대해 보상하고, 여러분 중 누구라도 그의 금지령 아래 있다면 그에게서 용서를 구할 것을 명령합니다.[39]

하인리히 4세는 교황이 아우크스부르크 회의에 도착하기 전 그를 만나 사면을 간청하기 위해 1077년 1월 25일 엄동설한에 알프스 산을 넘어 북부 이탈리아에 있는 한 도시로 교황 그레고리 7세를 찾아갔다. 교황이 안전을 위해 카노사(Canossa) 성으로 피신하자 하인리히 4세는 연 사흘 동안 맨발로 성문 앞으로 나아가 고해하는 옷을 입고 사면을 애원했다. 교황은 사흘 째 되던 1월 28일 자기 앞으로 나오게 하고 파문을 철회하였다.

워커의 말대로 "이 사건은 중세의 제국이 교회의 권세 앞에 아주 심한 굴욕을" 당한 사건이었다. 카노사의 굴욕으로 알려진 이 이야기는 결코 단순한 사건은 아니다. 그것은 당시 최고의 교황권을 구사하던 그레고리 7세와 막강한 권세를 지닌 황제 하인리히 4세 사이의 권력 다툼, 세력 다툼의 성격을 띤 대립과

---

39 M. G. LL. 4to, IV, I, nos. 64, 65; Codex Udalrici, nos. 145, 155; Doeberl, III, no. 12. in Thatcher & McNeal, "79. Edict Annulling the Decrees Against Pope Gregory," *A Source Book for Medieval History*, 156.

카노사의 하인리히(1862)

논쟁과 충돌이었기 때문이다. 1077년 1월 28일 당사자 그레고리 7세는 독일의 모든 추기경, 주교, 공작, 백작 및 기타 왕자들에게 직접 이 사건의 진상을 다음과 같이 보고했다.

> 여러분이 최근의 논쟁에 있어서 우리와 공동 목적을 갖고 우리의 위험을 공유했기 때문에 우리는 여러분에게 최근 사건의 진행 과정, 하인리히 4세 왕이 참회하기 위해 이탈리아에 어떻게 왔는지, 그리고 우리가 어떻게 사면을 허락하도록 인도함을 받게 되었는지를 알려주는 것이 옳다고 생각했습니다. 여러분의 대표자들과 맺은 합의에 따라 우리는 롬바르디아에 와서 여러

분의 땅으로 우리를 에스코트하기 위해 여러분이 보낼 사람들을 기다리고 있었습니다. 그러나 이미 정해진 시간이 지난 후에 우리는 그 당시에는 그 길에 있는 많은 장애물로 인하여 에스코드 할 사람을 보낼 수 없다는 연락을 받았습니다. 우리는 이로 인해 큰 연단을 받았고 우리가 무엇을 해야 할지 심각한 의심에 빠졌습니다. 그 사이에 우리는 하인리히 왕이 다가오고 있다는 것을 알게 되었습니다. 이제 그가 이탈리아에 들어오기 전에 우리에게 사람을 보내 우리가 그를 사면하고 축복해준다면 모든 일에 있어서 개혁하고 순종하겠다고 약속하면서 자신의 잘못에 대해 뉘우치고 대가를 지불하겠다고 제안했습니다. 우리는 협상 과정에서 그의 이전 죄에 대해 날카롭게 책망할 기회를 가지며 한동안 망설였습니다. 마침내 그는 우리가 머물고 있는 카노사로 직접 왔는데, 그와 함께 소수의 일행만을 데리고 왔으며 어떠한 적대적인 의도도 나타내지 않았습니다. 도착하자마자 그는 맨발에 비참한 모직 옷만 입은 채 성문 앞에 나타나 눈물을 흘리며 자신을 사면해주고 용서해달라고 간청했습니다. 그는 이 일을 사흘 동안 계속했고, 마침내 우리 주변의 모든 사람들은 그의 곤경에 동정심을 갖고 눈물과 기도로 그를 위해 중보했습니다. 사실 그들은 우리의 완고한 마음에 놀랐으며, 어떤 사람들은 우리의 행동이 가혹한 징계보다는 무자비한 폭정에 가깝다고 불평하기까지 했습니다. 마침내 그의 끈질긴 회개 선언과 우리와 함께 있던 모든 사람의 간구가 우리의 마음 내키지 않음(our reluctance)을 극복하고, 우리는 그에게 내린 파문을 풀고 그를 거룩한 어머니 교회의 품으로 다시 받아들였습니다. 그러나 먼저 그는 우리가 이 편지에 첨부한 맹세를 했습니다. 클루니 수도원장, 마틸다 백작부인, 애들레이드 백작부인, 그리고 다른 많은 성직자와 세속 왕자들이 그를 위해 보증을 섰습니다. 이제 교회와 제국의 공동 이익을 위해 이 합의가 이루어졌으니, 우리는 가능한 한 빨리 여러분들의 땅으로 당신을 방문하려고 합니다. 왜냐하면 여러분이 맹세에 명시된 조건에서 알 수 있듯이, 우리가 여러분과 협의하기 전까지는 문제가 해결된 것으로 간주할 수 없기 때문입니다. 그러므로 우리는 처음에 여러분의 행동을 촉발시킨 정의에 대한 충성과 사랑을 유지하기를 촉구합니다. 우리는 왕이 자신의 구원과 명예를 바라는 모든 일에서 그를 돕도록 우리에게 의지할 것이라고 왕에게 확신시킨 것 외에는 그 어떤 것에도 구속되지 않았습니다.[40]

교황 그레고리 7세는 하인리히 4세에 대해 단호한 입장을 취하면서도 동시에 그가 자신의 잘못을 인정하고 낮은 자세로 나오자 관용하고 용서하는 유연한 태도를 보였다. 그레고리 7세는 아무런 조건 없이 사면해 준 것이 아니라 하인리히 4세로부터 굴욕적이라고 여겨질 충성맹세 서약을 받고 사면해주었다.[41] 카노사의 굴욕 사건은 교황과 황제의 권력 투쟁에서 분명 교황의 권세가 절대적이었음을 보여준 대표적인 사건이었다. 그만큼 그레고리 7세는 교황지상주의를 실천에 옮긴 교황지상주의를 대변하는 인물이었다. 다음과 같은 그의 진술이 이를 더욱 더 확증해 준다.

> 로마 교회는 홀로 하나님께서 세우신 것이다. 홀로 로마 교회만 세계적인 성직자라고 불리울 권리가 있으며 그만 홀로 황제의 표장을 사용할 수 있으며 그의 발만 오직 모든 왕에게 입맞춤을 받을 수 있다. 교황은 황제를 폐위시킬 수 있으며 아무도 교황을 심판할 사람은 없다. 로마교회는 절대로 잘못한 일이 없으며 또한 영원히 잘못을 범하지 않을 것이다.[42]

---

40 Greg. VII. *Reg.*, *IV*, nos 12, 12 a; Jaffé, II, pp. 256 ff: Doeberl, *III*, no. 13. in Thatcher & McNeal, "80. Letter of Gregory VII to the German Princes Concerning the Penance of Henry IV at Canossa, ca. January 28, 1077," *A Source Book for Medieval History*, 158.

41 "The Oath of King Henry," in Thatcher & McNeal, *A Source Book for Medieval History*, 158. "나, 하인리히 왕은 교황 그레고리가 정한 기한 내에 그의 조건에 따라 나의 대주교, 주교, 공작, 백작, 독일의 다른 왕자들 또는 그들의 추종자들이 나에 대해 가질 수 있는 불만을 해소할 것을 약속합니다. 충분한 사유로 인해 해당 시간 내에 이 일을 수행할 수 없는 경우 가능한 한 속히 해당 과업을 수행하겠습니다. 더욱이, 교황 그레고리가 독일이나 다른 나라를 방문하기를 원할 경우, 그곳으로 여행하고 체류하고 귀국하는 동안 나나 내가 통제할 수 있는 사람은 그[교황]를 추행하거나(molested) 포로의 위험에 빠뜨리지 않을 것입니다. 이는 그의 호위와 수행, 그리고 그의 봉사를 위해 오고 가는 모든 사람에게 적용되어야 합니다. 더욱이 나는 그[교황]를 방해하거나 추행하려는 어떠한 계획도 결코 세우지 않을 것이며, 누군가가 그를 반대한다면 선의로 최선을 다해 그[교황]를 도울 것입니다."

42 Moyer, 인물중심의 교회사, 235.

교황 그레고리 7세는 세상의 모든 기독교 국가들이 교황을 머리로 한 국가를 이루어 어거스틴이 말한 바 신의 도성을 이 땅에 구현하기를 원했다. 세계신정국가 건설을 꿈꾼 것이다. 교황 그레고리 7세는 자신의 명령에 반대하는 자들은 곧 하나님의 명령을 반대하는 자들이라고 생각했다. 그는 교회를 정화시키기를 원했지만 한 역사가의 말대로 그 방법은 간계하고 완고하고 교만했다. 그는 "교황의 절대성 옹호"와 "도덕적 개혁"을 추진하기를 원했다.[43]

힐데브란트와 다른 나라와의 관계는 독일과의 큰 투쟁 때문에 무시되었다. 비록 그가 하인리히 4세와의 갈등에 너무 열중해서 영국과 프랑스의 왕들과의 문제를 그렇게 극단적으로 추진하지는 않았지만 그의 목표는 비슷했다고 말하는 것으로 충분할 것이다. 그는 모든 곳의 고위 성직자들을 자신의 통제 하에 두려고 시도했다. 그는 교회법의 광범위한 성문화(成文化)를 이루었다. 그는 성직자의 독신 생활을 로마 교회의 이론적 규칙일 뿐만 아니라 실제적인 규칙으로 강요했다. 만약 그의 방법이 의심할 바 없이 세속적이고 비양심적이었다면 어떤 불행도 그의 주장을 약화시키지 않았으며 명백한 패배 속에서도 도덕적인 승리를 거두었다 그가 교황권을 위해 세운 이상은 그 이후에도 계속되는 것이었다.[44]

교황 그레고리 7세는 교황 지상주의를 통해 과거 황제들이 갖고 있던 세속에 대한 통치권세까지 자신의 손에 넣기를 원했다. 역사에 카노사의 굴욕으로 알려진 이 사건은 이런 배경 속에서 나왔다. 그러나 카노사의 굴욕은 표면적으로는 교회가 승리한 것처럼 보였지만 실제적으로는 황제 하인리히 4세의 승리였다. 교황 그레고리 7세가 황제 하인리히 4세를 사면해줌으로써 하인리히 4세의 반대자들을 혼란에 빠뜨리게 만들었다. 하인리히 4세는 교황의 지휘 아래 모

---

43 Moyer, 인물중심의 교회사, 235.
44 Walker, *A History of Christian Church*, 232.

여 하인리히 4세 문제를 심의하려던 아우크스부르크 회의를 열지 못하도록 만들어 결국 황제를 완전히 폐위시키려는 교황의 계획이 실현되지 못하게 되었다.

자신의 위치를 다시 회복한 하인리히 4세는 1084년 카노사의 굴욕을 복수하기 위해 로마로 진군하여 그레고리 7세를 귀양살이 보냈다. 그레고리 7세는 그 이듬해 귀양지에서 쓸쓸하게 세상을 떠나고 말았다. 이렇게 해서 그레고리 7세로 역사에 알려진 힐데브란트의 생애는 마감되었다. 비록 그가 귀양 중에 외롭게 세상을 떠났지만 그는 교황권을 가장 고양시키고 독신을 실천하고 성직매매를 금지하고 교회를 개혁하려고 한 점에서, 그리고 실제로 이 분야에서 상당히 성공을 거두었다는 점에서 중세 교황제도에서 독특한 위치를 차지한다.

교황 그레고리 7세와 황제 하인리히 4세 사이에서 첨예해진 교황과 황제의 갈등의 주 원인, 곧 세속 지도자에 의한 성직 수임권 문제는 그 후에도 계속되었다. 황제 하인리히 4세가 자신의 아들이 축이 되어 일으킨 반란으로 1105년 황위에서 물러난 뒤 아들 하인리히 5세(Heinrich V, 1086-1125)가 아버지의 뒤를 이었다. 하인리히 5세 역시 황제의 성직서임권에 대한 권한을 포기하지 않고 주창하였다. 결국 이 문제는 1122년 보름스 회의에서 교황과 황제 하인리히 5세 사이에 타협안이 체결되면서 일단락되었다. 여기에서 합의된 내용은 세가지이다. 첫째 "모든 감독과 수도원장의 선출은 교회 법에 따라 실시하되 황제의 감독 하에 한다." 둘째 "반지와 지팡이를 줌으로써 성직을 서임하는 권리는 교황에게 속한다." 셋째 "황제가 성직서임의 권리를 행사하려면 세속적인 권리와 권위의 상징으로서의 왕의 지팡이를 접촉시킴으로써 해야 된다."

이 타협안은 서로 우위권을 주장하기보다 견제와 협력을 담은 것이다. 이렇게 해서 황제와 교황 둘 사이에 타협안이 이루어졌다. 이것은 황제의 우위로 인한 교회의 세속화 현상을 방지하고 다른 한편으로 교황의 우위로 인한 유럽 각국의 왕권의 불안정을 막을 수 있었다는 점에서 긍정적으로 평가할 수 있다. 필립 샤프는 그레고리 7세를 이렇게 평가했다.

그레고리 7세는 이전의 그 어떤 교황보다 이러한 정치-교회 체제를 인간의 에너지와 신중함이 인정하는 한도 내에서 더욱 완벽하게 실현했다. 교회의 영광은 그의 삶을 지배하는 열정이었다. 그는 가장 암울한 순간에도 그것을 굳게 붙잡았으며 역경 속에서도 가장 큰 인물이었다 … 그는 교황이 오랫동안 잃어버렸고 다시는 회복할 수 없는 기독교계의 현세 권력에 대한 절대적인 권위를 주장하고 행사했다. 힐데브란트는 비록 개인적으로 무가치하더라도 자신의 공식적인 성격상 베드로의 후계자이자 전투적인 교회에서 그리스도의 대리자임을 확신했다. 그는 자신을 사도단의 수장이자 천국 열쇠의 수호자인 베드로와 완전히 동일시했다 … 그는 끊임없이 그리스도의 유명한 말씀인 마태복음 16장 18, 19절에 호소했다 … 교황은 베드로의 높은 지위를 이어받았다. 그분은 교회의 반석이다.[45]

그레고리 7세가 도덕적 개혁가로서도 높은 평가를 받지만 무엇보다도 교황지상주의를 가장 강도 높게 실현한 교황이라는 평가를 받았다. 그레고리 7세가 세상을 떠나고 몬테 카시노 원장 데시데리우스가 빅토르 3세(Pope Victor III, 재위 1086-1087)로 교황에 올랐다. 하지만 1년 후 1087년 말에 세상을 떠나고 교황 우르반 2세(Pope Urban II, 재위 1088-1099)가 빅토르의 뒤를 이어 교황직에 올랐다.[46]

5. 동서방교회의 재연합을 위한 노력

1054년 분열 이후 동방교회와 서방교회 사이에 재연합을 위한 노력이 없었던 것은 아니다.[47] 터키인들의 공격을 지속적으로 받으며 위협을 안고 살아가

---

45 Philip Schaff, *History of Christian Church, Vol. V.: The Middle Ages from Gregory VII to Boniface 1294* (Grand Rapids: Wm. B. Eerdmans, 1907), 29.
46 Walker, *A History of Christian Church*, 232.
47 Hurst, *Short History of the Medieval Church*, 54-55. 1054년 이후 동서방교회 사이에 재결합

는 동방교회는 교황과 협상을 벌이며 서방의 도움을 얻기를 희망했다.

재연합을 위한 시도는 세 가지 방향에서 나왔다. 첫째, 무력에 의한 방법, 둘째, 정치적인 협상에 의한 방법, 그리고 셋째, 종교적인 대화 방법이었다. 첫 번째 방법은 서방의 일방적인 방식이고, 두 번째 방법은 "교황의 외교와 동로마 제국의 합작"[48]이었고, 세 번째 방법은 14-15세기에 주로 진행되었고, 공의회를 통하여 추진되었다. 공의회를 통한 대표적인 재연합 움직임은 리옹 공의회(The Council of Lyon, 1274)와 페라라-피렌체 공의회(The Council of Ferra-Florence, 1438-1439)이다. 1273년과 1274년에 리옹에서 동방과 서방의 재연합을 위한 총공의회가 열렸다. "500명의 라틴교회 주교들, 70명의 대수도원장들, 그리고 약 1,000명의 다른 성직자들이 영국, 프랑스, 독일 및 다른 나라 대사들과 함께 참석하였다."[49] 그러나 동방의 총대주교들은 대표단을 파견하지 않았고 콘스탄티노플 민중은 로마와의 연합을 극도로 혐오했다.

페라라-피렌체 공의회는 황제, 콘스탄티노플 총대주교, 21명의 동방교회 고위 성직자들이 참석했다. 성령의 발출, 연옥, 무교병, 교황의 수위권이 논의되었다. 이 공의회는 교황에게 복종하는 것으로, 성령의 발출에 대해서는 동방교회의 '아버지로부터 아들을 통해'(ex Patre per Filium)를 서방교회의 필리오쿠에와 동일한 것으로 공포하는 한편 "교황을 베드로의 계승자이자 그리스도의 대리자"로 인정하는 재통합 문서에 교황과 황제와 여러 대주교들과 주교들, 콘스탄티노플 총대주교를 제외한 모든 동방 총대주교들의 대표들이 서명했다. 하지만 재통합안의 굴욕적인 조건들이 동방교회에 알려지면서 동방과 러시아는

을 위한 시도가 있었지만 시간이 지날수록 이견은 더욱 커졌다. 둘 사이의 교리적 차이가 더욱 더 두드러졌고, 라틴 교회에서 교황의 권위가 지속적으로 높아지면서 화해가 현실적으로 불가능해졌다. 십자군 전쟁 동안 동방교회가 이슬람의 침략 앞에 서방교회에 도움을 요청했고 서방교회는 동방교회의 요청을 받아들여 십자군에 참전하면서 동서양의 일치를 회복하려는 강력한 시도가 있었지만 오히려 십자군이 콘스탄티노플을 침략하면서 사태를 더욱 악화시키고 말았다. 1274년 리옹 공의회에서 재결합이 완료되었다고 선언했지만 동방교회가 받아들이지 않았다. 일치를 위한 노력은 15세기 중반까지 계속되었지만 1453년 비잔틴 제국이 무너지면서 모든 연합 시도는 중단되고 말았다.

48 김영재, 기독교교회사, 277.
49 Schaff, *History of Christian Church, Volume IV.*, 322.

서방교회를 '정통신앙을 위해한 반역자'로 규정하였다. 그 결과 공의회 합의는 실질적인 교회 연합으로 발전하지 못했다. 동방교회와 서방교회의 "재연합을 위한 모든 정치적 계획은" 콘스탄티노플이 1453년 이슬람의 오스만 터키의 침략을 받고 함락되면서 완전히 '종식'되고 말았다.[50]

이렇게 해서 역사에 너무도 부끄러운 일이 발생했다. 동방교회와 서방교회가 분열하고 서로 원수처럼 소모전을 계속하는 동안 이슬람은 놀라운 속도로 자신들의 영향력을 확장시켜 나갔다. 교황은 기독교의 대의보다 자신의 권력을 사랑하였고 콘스탄티노플이 터키의 침략을 받아 무너지는 것을 보고 전혀 분개하지 않았다. 역사에는 가정이 없지만 만약 동방교회와 서방교회가 연합하여 이슬람세력의 확장에 맞섰다면 세계종교지형은 물론 세계정치적인 지형 역시 분명 달라졌을 것이다.

이후 동서방교회는 너무도 깊은 대립과 반목의 수렁에 빠져들었다. 마리아의 무원죄설(1854)과 교황무오설(1870)로 인해 동방교회와 서방교회의 분열은 더욱 심화되었다.[51]

필립 샤프의 말대로 "왕좌를 전복시키겠다고 위협하는 끔찍한 투르크족의 압박을 받은 그리스 황제들은 때때로 교황과의 협상을 통해 서방의 긴격한 지원을 확보하려고 했다. 하지만 재연합을 위한 모든 계획은 서방교회의 교황의 절대주의와 그리스교회의 완고함이라는 바위 앞에서 산산이 부서지고 말았다."[52]

---

50 Schaff, *History of Christian Church, Volume IV*., 324. "이슬람교 투르크족이 콘스탄티노플을 함락시키고(1453년) 비잔틴 제국을 무너뜨림으로써 통일을 위한 모든 정치적 계획은 종식되었지만, 동방에서 교황의 선진 활동의 길을 열었습니다."
51 Schaff, *History of Christian Church, Volume IV*., 324-325.
52 Schaff, *History of Christian Church, Volume IV*., 321.

제 6장

십자군 전쟁과 그 영향

나는 이 자리에 참석한 자들에게 말한다. 또한 이 자리에 참석하지 못한 자들에게도 이 내용이 전달되기를 바란다. 그리스도께서 이를 명령하신다. 길에서나 육지에서나 바다에서나 이방인과의 전쟁에서 죽은 모든 사람은 즉시 죄 사함을 얻을 것이다.

1095. 11. 26. 우르반 2세 (Pope Urban II)

군인은 그리스도를 위해서 죽일 때 더 안전하게 죽일 수 있고 그리스도를 위해 죽을 때 더 안전하게 죽을 수 있습니다. 죽으면 자신을 복되게 하고 죽이면 그리스도를 복되게 합니다. 악인을 죽이는 것은 살인이 아니라 악을 죽이는 것입니다. 이교도가 죽을 때 그리스도가 영광을 받으시기 때문에 그리스도인은 영광을 얻습니다.

버나드 (Bernard of Clairbeaux, 1090-1153)

동서방교회가 분열되고 얼마 지나지 않은 1096년부터 1270년까지 거의 2세기 동안 십자군 전쟁이 중세 유럽의 기독교를 지배했다. 십자군운동(The Crusades)은 이슬람에 의해 빼앗긴 성지를 다시 탈환하고 1054년 분립된 동서방교회를 하나로 다시 연합하겠다는 동기에서 출발하였다. 롤란 베인톤은 십자군운동을 기독교 사회학적 시각에서 "바이킹족의 정복욕과 신앙열정이 혼합된

운동"¹이라고 평했다.

그레고리 1세(Pope Gregory I, 재위 590-604) 이후 선행과 공로를 강조하고 성지 순례를 공로축적의 한 계기로 인정하면서 성지 순례에 대한 열망은 더욱 점증했다.² 그러나 1073년 터키가 성지를 점령한 후 성지 순례는 너무도 많은 제약을 받게 되었다. 비번의 말대로 "수세기 동안 아랍인들의 손에 속해 있던 팔레스타인은 이제 더욱 광신적인 투르크인들의 지배를 받게 되었고, 더 이상 서방의 순례자들이 접근할 수 없게 되었다."³

제일 심한 타격을 받은 곳은 콘스탄티노플을 수도로 한 동방 비잔틴 제국이었다. 이와 같은 상황에서 비잔틴 황제 알렉시우스 1세(Alexius I Comnenus, c.1057-1118)는 당시 교황 우르반 2세(Pope Urban II, 재위 1088-1099)에게 터키군의 횡포를 견제해달라는 청원을 요청했고 우르반 2세는 1095년 11월 26일 불란서 클레르몽에서 열린 회의(The Council of Clermont, 1095)에서 십자군운동을 선언한 것이다.⁴ 동방교회의 상황을 서방

---

1   Roland Herbert Bainton, 기독교의 역사 (일산: 크리스챤다이제스트사, 1997), 182.

2   Philip Schaff, *History of Christian Church, Vol. V.: The Middle Ages from Gregory VII to Boniface 1294* (Grand Rapids: Wm. B. Eerdmans, 1907), 214-215. "십자군은 십자가의 깃발 아래 예루살렘으로 향한 무장 순례자들이었다. 그들은 중세 시대의 가장 특징적인 장 중 하나를 형성하며 종교적·군사적 흥미뿐만 아니라 낭만적이고 감상적인 흥미를 자아낸다 ⋯ 십자군들은 종교를 전쟁에 종속시키고 전쟁을 종교에 종속시켰다. 그들은 수위권을 놓고 각축을 벌인 두 대륙과 두 종교 즉 유럽과 아시아, 기독교와 이슬람교 사이의 연속적인 대결이었다 ⋯ 십자군 원정은 1095년에 시작해서 2세기 이상 유럽의 관심을 끌었다. 그렇다, 십자군 원정은 16세기가 시작될 때까지 계속된 교황들의 주된 관심사였다 ⋯ 일곱 번의 대규모 십자군 원정이 있었는데, 첫 번째 십자군은 1095년에 시작되었고 마지막 원정은 1270년 성 루이스(Louis IX of France, 1214-1270)의 죽음과 더불어 종식되었다. 이 기간과 1270년 이후에는 또 다른 소규모 원정들이 있었는데 그중 가장 주목할 만한 사건은 비극으로 끝난 어린이 십자군이었다."

3   Wilson Lloyd Bevan, *Church History, Mediaeval and Modern* (Sewanee, Tenn.: The University Press at the University of the South, 1914), 92. "수세기 동안 아랍인들의 손에 속해 있던 팔레스타인은 이제 더욱 광신적인 투르크인들의 지배를 받게 되었고, 더 이상 서방의 순례자들이 접근할 수 없게 되었다. 기독교 역사의 성지를 구하려는 열망은 클루니 수도원의 가르침으로 인해 일어난 종교 부흥으로 더욱 강조되었다."

4   Bainton, 기독교의 역사, 183. 이 회의에는 프랑스인들만 참석했다. 크게 4부류의 사람들이 참석했다. "첫째, 부이용의 고드프리(Godfrey of Bouillon, c.1060-1100)와 볼드윈(Baldwin I King of Edessa, 1058?-1118)이 이끄는 프랑스 북부 사람들, 둘째, 툴루즈의 레이몽과 퓌의 주교 아드헤마르가 이끄는 프로방스 사람들, 셋째, 노르망디의 로베와 폴랑드르의 로베르가

알렉시우스 1세(Alexius I Comnenus, 1048-1118)

교회의 유익을 위해 이용하는 일에 그만큼 뛰어난 수완을 보인 인물도 드물었다.[5] 그는 성지탈환이야 말로 이교도들에 의해 약탈된 성지를 다시 회복하는 차원을 넘어 하나님의 거룩한 명령이라고 확신했다. 교황 우르반 2세는 십자군 전사자들의 모든 죄 용서와 영생을 약속하며 십자군을 이렇게 독려했다.[6]

> 오 하나님의 아들들이여, 여러분은 서로 간의 평화를 지키고 교회의 권리를 지키겠다고 그 어느 때보다 굳게 약속했지만, 여전히 여러분이 해야 할 중요한 일

이끄는 노르만족, 넷째는 보헤몽과 탕크레드가 이끄는 시칠리아의 노르만족이다."

5   William R. Cannon, *History of Christianity in the Middle Ages: From the Fall of Rome to the Fall of Constantinople*, 중세교회사, 서영일 역 (서울: 기독교문서선교회, 1995), 216.

6   Schaff, *History of Christian Church, Volume V*., 219. "십자군 원정들은 프랑스에서 시작되어 프랑스에서 끝났다. 랭스 인근 샤티옹 출신인 우르반 2세와 아미앵의 피터부터 세인트 루이스에 이르기까지 프랑스인이 십자군 운동에서 지배적인 요소로 작용했다. 십자군 전쟁에 대한 현대의 기록은 대부분 프랑스인에 의해 작성되었다. 노겐트의 기베르와 다른 연대기 작가들은 십자군을 특히 자국민의 작품으로 간주한다. 십자군 전쟁의 목표에 프랑스어 표현인 아우트르메르(outre-mer, 바다 건너)가 사용되었다. 이 십자군 운동은 헝가리에서 스코틀랜드에 이르기까지 전 유럽으로 확산되었다. 다만 스페인만 예외였다."

이 남아 있습니다. 신적 교정을 통해 새롭게 깨어난 여러분은 하나님뿐만 아니라 여러분과 관련된 다른 문제에도 의의 힘을 적용해야 합니다. 동방에 사는 여러분의 형제들은 여러분의 도움이 절실히 필요하므로, 여러분이 그들에게 약속한 대로 서둘러 도와주어야 합니다. 대부분의 여러분이 이미 들었듯이 터키와 아랍인들이 그들을 공격하여 루마니아[그리스 제국]의 영토를 지중해 연안과 성 조지의 팔이라고 불리는 헬레스폰트 서쪽까지 정복했기 때문입니다. 그들은 점점 더 많은 기독교인의 땅을 점령했고 일곱 번의 전투에서 그들이 승리했습니다. 그들은 많은 사람을 죽이고 포로로 잡았으며 교회를 파괴하고 제국을 황폐화시켰습니다. 만약 여러분들이 불순한 상태로 그 일을 한동안 계속하도록 내버려 둔다면 하나님의 신실한 자들은 그들에게서 훨씬 더 광범위하게 공격을 받을 것입니다. 그러므로 나는, 아니 오히려 주님께서는 그리스도의 전령인 여러분에게 이 사실을 모든 곳에 널리 알리고 보병과 기사, 가난하고 부유한 사람을 막론하고 모든 사람을 설득하여 그리스도인들에게 즉시 도움을 주고 우리 친구들의 땅에서 그 사악한 인종을 멸하라고 간청하는 바입니다. 나는 이 말을 여기 있는 자들에게만 말하는 것이 아니라 여기 없는 자들에게도 하는 것입니다. 더욱이 그리스도께서는 그것을 명령하십니다.

육지에서든 바다에서든 이교도와의 전투에서든 길에서 죽는 모든 사람은 즉시 죄 사함을 받을 것입니다. 나는 이것을 내게 주신 하나님의 능력으로 말미암아 그들에게 허락합니다. 악마를 숭배하는 멸시 받고 천박한 족속이 전능하신 하나님을 믿으며 그리스도의 이름으로 영광스럽게 된 백성을 정복한다면 얼마나 수치스러운 일입니까! 우리와 함께 기독교 신앙을 고백하는 사람들을 우리가 돕지 않는다면 우리가 주님으로부터 얼마나 큰 책망을 받을 것입니까! 신자들에 대하여 불의하게 사적 싸움을 벌이던 자들이 이제는 이교도들과 맞서 싸워 오래 전에 시작되었어야 할 이 전쟁을 승리로 끝내게 합시다. 오랫동안 강도였던 자들이 이제는 기사가 되게 합시다. 형제와 친척들과 싸우던 사람들이 이제는 야만인들을 상대로 합당한 방법으로 싸웁시다. 적은 급여를 받고 용병으로 복무하던 이들이 이제 영원한 보상을 받게 합시다. 몸과 영혼이 다 지친 자들이 이제 두 배의 영광을 위해 일하게 합시다. 보래! 이쪽에는 슬픔에 잠기고 가난한 자들이, 저쪽에는 부자들이, 이쪽에는 주님의 원수들이, 저쪽에는 주님의 친구들이 있을 것입니다. 가는 사람들은 십자군 여행을 미루지 말고 땅을 빌려 지출할 경비를 마련하고, 겨울이 끝나고 봄이 오자마자 하나님을 인도자로 삼아 열심히 길을 떠날 수 있도록 하십시오.[7]

1095년 클레르몽 공의회는 "명예나 이익이 아닌 오직 헌신에서 하나님의 교회를 해방시키기 위해 예루살렘으로 떠나는 사람은 십자군 여정을 모든 참회와 동등한 것으로 간주할 것이다."고 결정했다.[8] 교황은 십자군 전쟁에서 죽은 사람들이 모든 죄를 용서받고 영생을 약속 받는다고 선언했다.

군중은 교황의 연설에 "그것이 하나님의 뜻입니다"라고 화답했고 교황은 이렇게 호소했다. "맞습니다. 그것은 하나님의 뜻입니다. 여러분이 칼을 뽑아 들 때 이 말이 여러분의 외침이 되기를 바랍니다. 여러분은 십자가의 군병입니다."[9] 말 그대로 성전을 선포한 것이다. 교회 지도자들은 "성지를 이교도의 손에서 다시 찾자"고 외치며 성지 탈환을 촉구하였다. 토마스 아퀴나스(Thomas Aquinas, 1224/25-1274)도 세속적 이득이 목적이 아니라 "교회나 가난하고 억울한 자들을 보호"하는 목적이라면 전쟁에 참전할 수 있다고 해석했다.

당시 많은 귀족들이 십자군 전쟁에 참전했다. 성지가 약탈당한 것을 치욕적인 사건으로 여긴 수많은 젊은이들이 자신들의 죄를 사함받고 영생까지 보증하자 대거 십자군에 자원했다. 여성들 중에는 남편들에게 십자군에 참여하라고

---

7   Bongars, *Gesta Dei per Francos*, 1, pp. 382 f., trans in Oliver Joseph Thatcher & Edgar Holmes McNeal, *A Source Book for Medieval History: Selected Documents Illustrating the History of Europe in the Middle Age* (New York: Charles Scribner's Sons, 1905), 516-517. Medieval Sourcebook: Urban II (1088-1099): Speech at Council of Clermont, 1095, "https://sourcebooks.fordham.edu/source/urban2-5vers.asp 〈2024. 04. 12 접속〉. 또한 참고하라. Schaff, *History of Christian Church, Volume V*., 228; Albert Henry Newman, *A Manual of Church History* (Philadelphia: American Baptist Publication Society, 1912), 458.

8   Mansi, *XX*, 816. in Thatcher & McNeal, "281. The Truce of God and Indulgence for Crusaders. The Council of Clermont, 1095," *A Source Book for Medieval History*, 522.

9   Schaff, *History of Christian Church, Volume V*., 228.

강권하기도 했다. 십자군은 말 그대로 십자가 표시를 십자군의 상징으로 사용했다. "십자가가 십자군 병사들의 배지이자 그들이 가장 좋아하던 이름"이었고, 자연히 "십자군 부대들에게는 '십자가의', '그리스도의', '주님의', '믿음의' 군대라는 칭호들이 붙었다."[10]

제일 먼저 앞장선 인물은 은둔자 베드로(Peter the Hermit)였다.[11] 그는 팔레스타인을 직접 탐방하고 그곳의 그리스도인들이 심한 박해를 받는 것을 목도하고는 유럽 각지를 다니며 성지 탈환에 앞장설 것을 촉구하였다. 십자군이 성지 탈환을 위해 채택한 노선은 육로, 지중해, 이집트를 먼저 공략하고 이를 성지 탈환의 발판 기지로 삼으려는 접근 방식을 택했다.[12]

십자군운동은 처음 의도했던 목표를 완전히 달성하지는 못했다. 그것은 이슬람 신도들이 자신들의 힘을 다시 결집해 십자군에 대항했기 때문이다. 동서방교회는 제 4차 십자군 전쟁을 통해 일시적인 통일을 이룩하였지만 연합전선은 오래가지 못하였다. 1세기 동안 성지를 장악했지만 이슬람의 공격으로 다시 점령당하고 말았다. 십자군 원정은 제 1차부터 제 7차까지 진행되었고 기간은 1096년부터 1270년까지 174년 간이다.[13]

---

10   Schaff, *History of Christian Church, Volume V*., 216. "십자군 군대는 '십자가의 군대,' '그리스도의 군대,' '주님의 군대,' '신앙의 군대,' 순례자들(peregrini), '십자가에 서명한 사람들'(crucisignati 혹은 서명자)이라 불렀다. 십자군에 나가기로 결심하는 것을 '십자가를 지다' 혹은 '십자가 표징을 받다'라고 불렀다."

11   Thatcher & McNeal, "283. Peter the Hermit. Anonymi Gesta Francorum, 1097 – 99," *A Source Book for Medieval History*, 524-526.

12   Schaff, *History of Christian Church, Volume V*., 224. "십자군은 성지에 도달하기 위해 세 가지 경로를 선택했다. 첫 번째는 다뉴브 강, 콘스탄티노플, 소아시아를 경유하는 육로였다. 두 번째는 제 3차 십자군 전쟁에서 필립과 리처드가 채택한 지중해에서 아크레(Acre)로 가는 길이었다. 루이 9세의 마지막 두 십자군 원정의 경로는 지중해를 건너 이집트로 향하는 것이었고, 이집트는 예루살렘에 도달하기 위한 작전 기지로 사용되었다."

13   Henry Cowan, *Landmarks of Church History to the Reformation* (New York: Anson D. F. Randolph & Co., 1896), 111; Williston Walker, *A History of the Christian Church* (New York: Charles Scribner's Sons, 1922), 238-245. 십자군 원정을 정확히 재구성하기가 쉽지 않다. 윌리스톤 워커에 따르면 제 1회 십자군은 1096-1099, 제 2회 십자군은 1147-1148, 제 3회 십자군은 1189-1192, 제 4회 십자군은 1202-1204, 제 5회 십자군 1212, 1218-1229, 제 6회 십자군 1227-1229, 그리고 마지막 십자군은 1270년이다. 십자군 횟수와 관련하여 앨버트 뉴먼은 1-9차로 구분한다. 1차 (1095), 2차(1147-1153), 3차(1190-1193), 4차(1196-1197), 5차(1216-1229), 7차(1239-1242), 8차(1248), 그리고 9차 (1259-1291)이다. Newman, *A*

1. 제 1차 십자군 원정

제 1차 십자군 원정(1096-1099)은 시기적으로 터키의 이슬람 세력이 약할 때 시작되었다.[14] 구성원들이 주로 프랑스인들이었다.[15] 십자군 1차 원정 바로 직전인 1092년 몰릭 샤(Malik-Shah I, 1055-1092)가 세상을 떠난 후 터키 이슬람 세력은 경쟁 왕조들과 파벌로 인해 분열되었다. 분열로 말미암아 이슬람 세력 안에 힘의 공백이 생겼다. 바로 이 때 1차 십자군 원정이 시작되었다. 필립 샤프의 지적대로 "더할 나위 없이 적절한 시기에" 십자군 원정이 착수되었다.[16] 하지만 '발터'의 지휘 하에 1만 2천에서 2만명 가량의 제 1차 원정 첫 번째 무리는 "헝가리를 무사히 통과했지만 베오그라드 습격으로 산산이 흩어져 불가리아 숲에서 괴멸되었다. 지도자와 몇몇 패잔병들만 콘스탄티노플에 도착한 것이 전부였다."[17]

1차 원정 두 번째 그룹은 은자 피터(Peter the Hermit)가 이끌었다. "대중적인 십자군 원정"을 가능케 만든 은자 피터의 지원으로 상당수의 사람들이 여기에 지원하였다. 기사들, 잘츠부르크의 대주교와 쿠르와 스트라스부르의 주교들도 십자군에 참전했다. 볼로냐의 고드프리(Godfrey of Bouillon, c.1060-1100)가 이끄는 주력부대가 1096년 크리스마스 날 콘스탄티노플에 도착하였고 1097년 6월에 니케아를 함락시켰다. 그리고 "몇 주 뒤에 프리기아의 도릴라이움에서는 터키 군대를 격퇴"했다. 이어 그해 10월에는 안디옥에 도착해 얼마 후 그곳을 수중에 넣었고 1099년 7월 15에는 예루살렘을 점령하고 모슬렘들을 성지에서 몰아냈다.[18] 십자군 전쟁을 착수한 우르반 2세는 1099년 7월 29일

  Manual of Church History, 459-461.
14 Margaret Deanesly, *A History of the Medieval Church, 590-1500* (London, Methuen & Co., 1925), 107.
15 Bainton, 기독교의 역사, 183.
16 Schaff, *History of Christian Church, Volume V.*, 241.
17 Schaff, *History of Christian Church, Volume V.*, 232.
18 Bainton, 기독교의 역사, 185.

1차 십자군

성지탈환 소식을 듣지 못한 채 세상을 떠났다.

십자군은 1099년 8월 12일에는 이집트의 원병을 아스칼론(Ascalon) 근방에서 격퇴하고 성지를 회복하는데 성공하였다. 볼로냐의 고드프리는 곧 그곳의 왕으로 추대되었다.[19] 1100년 7월 고드프리가 세상을 떠난 후 그의 동생 볼드윈(Baldwin I King of edessa, 1058?-1118)이 봉건제도의 정치 형태에 기초한 라틴 왕국(the Latin Kingdom of Jerusalem)을 세우고 안디옥 트리블리 에뎃사까지 팔레스타인 전역을 점령하였다.

예루살렘에는 라틴교회의 대감독이 상주하고 전국에는 4개의 대감독구와 10개의 감독구가 세워지고 수도원도 여러 곳에 설립되었다. 이 왕국은 1187년 예루살렘이 함락될 때까지 지속되었다. 십자군에 참여한 이들 대부분은 농민들이거나 가난한 사람들이었다. 그들은 충분한 준비도 하지 않고 훈련도 받지 않은 상태에서 짐 보따리를 짊어지고 성지를 향해 출발한 경우가 대부분이었다.

---

19 Walker, *A History of the Christian Church*, 241. 비록 고드프리가 십자군의 유능한 지도자는 아니었지만 십자군에 대한 헌신은 대단했다.

2. 제 2차 십자군 원정

제 2차 십자군 원정(1147-1148)은 교황 유게니우스 3세(Pope Eugene III, 재위 1145-1153)에 의해 추진되었다. 그는 1144년 12월 투르크(Turk)족 알레포(Aleppo)의 술탄(Imad al-Din Zengi, 1084-1146)이 이끄는 회교군이 에뎃사(Edessa)를 함락시키고 예루살렘 동북부의 요새를 함락시켜 성지가 위기를 만났다는 소식을 전해 듣고 십자군 원정을 착수했다.[20]

2차 십자군 원정은 1차 원정과는 달리 상당히 유력한 인물들이 십자군운동에 참여하였다. 예루살렘 왕국의 구원을 위해 정규군을 촉구한 것이다. 클레르보의 성 버나드(Bernard of Clairvaux, 1090-1153)의 "열정적인 웅변"에 감동을 받은 이들이 앞다투어 십자군 자원입대에 나섰다. 그는 원정 기사단에 이렇게 설교했다.

> 군인은 그리스도를 위해서 죽일 때 더 안전하게 죽일 수 있고 그리스도를 위해 죽을 때 더 안전하게 죽을 수 있습니다. 죽으면 자신을 복되게 하고 죽이면 그리스도를 복되게 합니다. 악인을 죽이는 것은 살인이 아니라 악을 죽이는 것입니다. 이교도가 죽을 때 그리스도가 영광을 받으시기 때문에 그리스도인은 영광을 얻습니다.[21]

수많은 이들이 십자군에 지원하면서 20만 명에 가까운 대군이 만들어졌다. 프랑스 왕 루이 7세(Louis VII of France, c.1120-1180)와 독일의 황제 콘라드 3세(Conrad III of Germany, 1093-1152)가 십자군을 이끌었다. 하지만 2차 십자군은 바다에서 파선을 당하고 육지에서는 투르크 군에 의해 패전을 당하고 게다가 종교적인 열정도 사라져 이미 소아시아에 도달했을 때 상당

20　Deanesly, *A History of the Medieval Church, 590-1500*, 109; Cowan, *Landmarks of Church History to the Reformation*, 111.
21　Bainton, 기독교의 역사, 198에서 재인용.

2차 십자군

수의 병력을 잃었다. 2차 십자군 원정은 소수의 무장 병사들과 기사들이 단기간 성지에서 봉사하기 위해 십자군에 합류한 경우가 많았다. 때문에 결집력이 약했다. 2차 십자군은 1148년 다마스커스를 침략하려다 실패하고 말았다.

3. 제 3차 십자군 원정

1187년 10월 2일 거룩한 도성 "예루살렘이 이교도들의 손에 함락되었다는 믿기 어려운 소식이 전해졌을 때 서방에서의 충격은 가히 짐작할 수가 있다."[22] 제 3차 십자군 원정(1189-1192)은 이집트의 살라딘(Selahaddin Eyyubi, c.1137-1193)에게 함락당한 예루살렘을 수복하기 위한 목적으로 시작되었다.[23] 회교군의 내부의 분열로 예루살렘 왕국은 계속 유지될 수 있었으나 1187년 이집트의 술탄 살라딘의 영도 아래 예루살렘이 함락되었다. 이 소식이 들은 그레고리 8세(Pope Gregory VIII, 재위 1187)는 십자군 원정의 필요성을 외쳤다. 1189년부터 1192년까지 3년 동안 진행된 3차 십자군 원정은 서유럽의 강력한 군주 프레데리히 바르바로사(Frederick Barbarossa, Frederick I, c.1122-1190), 영국의 왕 리차드 1세(Richard the Lionhearted of England, 1157-1199), 그리고 불란서 필립 2세(Philip II of France, 1165-1223) 세 명이 주도했다.[24]

세 나라 연합군으로 구성된 3차 십자군이었지만 프레데릭이 강을 건너다 물에 빠져 죽었고 그의 군대는 해산되었다. 리차드와 필립이 아크레를 함락시키기는 했지만 큰 소득은 아니었다. 더구나 필립이 자국의 정치적 불안을 핑계로 귀국해 버렸다. 자국의 정치적 불안정은 사실 핑계였고 실제로는 리차드의 부재를 이용해 그의 영토를 빼앗을 속셈으로 귀환한 것이었다. 잔유 병력을 가지고 리차드는 3년 8개월 동안 살라딘군과 대결했지만 끝내 예루살렘을 탈환하지 못하였다. 다만 리차드는 술탄 살라딘(Saladin)과 기독교인들이 예루살렘을 순례하도록 이를 허용하는 협정을 맺고 귀환했다.

"아크레를 탈환하고 예루살렘으로 향하는 순례자들을 보호한 것은 인명 손실, 십자군 전쟁 준비에 소요된 오랜 시간, 비용 지출, 유럽 강대국들의 연합을 고려할 때 미미한 성과에 불과했다. 다른 십자군 원정들도 마찬가지였지만, 이번 3차 십자군 원정에서도 십자군을 패배시킨 요인은 사라센족이나 살라딘의

---

22 Cannon, 중세교회사, 270.
23 Deanesly, *A history of the medieval church, 590-1500*, 110; Migne, 180, *cols.* 1064 f. in Thatcher & McNeal, "Eugene III Announces a Crusade, December 1, 1145," *A Source Book for Medieval History*, 526-529.
24 M. G. SS. folio, XX, pp. 318, ff in Thatcher & McNeal, "285. The Third Crusade, 1189 – 90. From the Chronicle of Otto of St. Blasien," *A Source Book for Medieval History*, 529-535.

3차 십자군과 살라딘

탁월한 능력도 아니었다. 그들 십자군 부대 사이의 불화였나."[25] 실제로 3차 십자군 원정은 내부의 분열과 이해관계로 실패하고 말았다. 제3차 십자군 원정을 끝으로 "다시는 유럽의 대규모 병력이 시리아 땅에서 십자가를 위해서 가서 싸우지 않았다."[26]

4. 제 4차 십자군 원정과 콘스탄티노플 함락

1200년부터 1204년 사이에 교황 이노센트 3세(Pope Innocent III, 재위

---

25 Schaff, *History of Christian Church, Volume V.*, 265-266.
26 Schaff, *History of Christian Church, Volume V.*, 266.

1198-1216)에 의해 주도된 제 4차 십자군 원정은 한 마디로 비극적인 원정이었다. 윌리엄 캐논의 표현을 빌린다면 "제 4차 십자군 원정은 비잔틴 제국의 최후를 의미하였다. 마찬가지로 이는 헬라교회에도 치명타였다."[27] 성지 탈환을 목적으로 시작된 십자군 원정이 완전히 본질을 벗어나 형제 동방교회의 도성 콘스탄티노플을 침략해 도시를 완전히 파괴해 버렸기 때문이다. 4차 십자군 원정을 주도한 인물은 이노센트 3세였다. 그는 교황에 즉위하자마자 십자군 원정에 총력을 기울였다. 이노센트 3세는 프랑스, 잉글랜드, 헝가리, 시실리아 왕들과 비잔틴황제에게 편지를 발송해 십자군 원정의 필요성을 역설했다. 교황은 물론 추기경 시토회 대수도원장은 십자군 원정의 당위성을 역설했다. 이들 외에도 수많은 귀족들과 민중들이 십자군에 자원입대했다.

플랑데르 볼드윈(Baldwin I, Latin Emperor, 1172-1205)이 이끈 제 4차 십자군 원정은 애굽 원정 다음에 성지 탈환을 하겠다는 계획 아래 시작되었으나 군대 수송문제로 성지 탈환을 포기하고 1204년 4월 12일 콘스탄티노플로 향했다. 보물과 교회의 성물을 다 약탈하고 서방교회로 옮겼다.[28] "무자비한 약탈과 난동이 잇따랐다. 심지어 수녀원에 거주하는 수녀들조차 고삐 풀린 욕정에 희생되었다. 궁전들뿐 아니라 교회들과 제단들도 파괴되었다. 성찬용 잔들이 술잔으로 천하게 사용되었다. 성 소피아 성당의 총대주교 권좌에 매춘부가 배치되어 병사들의 즐거움을 위해서 음란 송을 부르고 춤을 추었다."[29] 동방교회는 십자군에 의해 무참하게 유린당했다.

이노센트 3세는 콘스탄노플 정복에 대해 이렇게 탄식했다. "당신들은 나이와 성별에 관계없이 신성한 것을 아끼지 않았다. 당신들은 온 세상 앞에서 매춘과 간음, 방탕에 탐닉했다. 당신들은 기혼 여성뿐만 아니라 구세주께 자신을 드

---

27 Cannon, 중세교회사, 306.
28 Walker, *A History of the Christian Church*, 243. 1204년 십자군 원정을 제5차 십자군 원정으로 보는 학자도 있다. Richard Chenevix Trench, *Lectures on Medieval Church History: Being the Substance of Lectures Delivered at Queen's College, London* (London: Macmillan and Co., 1879), 142.
29 Schaff, *History of Christian Church, Volume V.*, 274.

4차 십자군

린 여성들과 처녀들에게도 음욕을 불태웠다. 너희는 제국의 보물과 부자와 가난한 자의 재물에 만족하지 않고 교회의 재산과 교회에 속한 것까지 탈취했다. 너희는 제단의 은 탁자를 약탈하고, 성구실에 침입하여 성물을 깨트리고 그릇을 도적질하였다."[30] 침략자로 돌변한 십자군이 성소피아 성당에 들어가 "교회의 제단들을 부수고 거리와 대로변에 서 있는 귀중한 청동 조각상들을 녹여 가지고 갔다."[31]

　　동로마 제국의 알렉시우스 3세(Alexius III Angelos, c.1153-1211)를 폐위시키고 이곳에 콘스탄티노플 라틴 제국(1204-1261)을 세우고 라틴계 주교를 임명하고 비잔틴 제국의 교회를 그의 지도하에 두었다. 이노센트 3세도 이를 교회의 연합으로 받아들였다. 이렇게 교황의 지배하에 둠으로 표면적으로는 동서방교회가 하나로 연합된 것처럼 보였지만 침략을 통한 이와 같은 방식은 서로 간의 골만 더 깊게 만들었다. 4차 십자군이 콘스탄티노플을 점령한 후 수립

30　Reg. VIII. Ep., 133. Schaff, *History of Christian Church, Volume V*., 274.
31　Schaff, *History of Christian Church, Volume V*., 275.

한 라틴제국은 1204년부터 1261년까지 57년 동안만 존속했다.[32] 이 기간에 동방교회는 교황에게 예속되어 지배를 받았다. 이로 말미암아 동서방교회의 연합을 의도했던 처음 십자군 전쟁이 이제는 동서방교회의 분열과 갈등을 더욱 증폭시키는 결과를 초래하고 말았다. 그리하여 서방라틴교회에 대한 동방교회의 증오와 적개심은 극에 달하였다.

5. 5차 십자군 원정에서 8차 원정까지

1212년 프랑스의 목동 스테반과 독일 쾰른의 소년 니콜라스가 수천명의 소년들을 모아 십자군 원정을 시작했으나 "다수가 이탈리아로 흩어지고 기타는 애굽에서 노예로 팔렸다."[33] 5차 십자군 원정의 동기부여는 성지를 재정복하기를 간절히 열망했던 이노센트 3세에 의해 시작되었다.[34] 그는 팔레스타인을 재정복하기를 간절히 열망했고, "새로운 십자군 원정은 제 4차 라테란 공의회(The Council of Lateran IV, 1215)가 소집된 주요 목적 중 하나였다. 1217년 6월 1일 십자군 원정이 시작되었고, 이것은 제 5차 십자군으로 알려져 있다."[35] 교황은 개인적으로 3만 파운드와 배 한척의 비용을 대겠다고 약속하고 추진했지만 십자군 출발을 보지 못한 채 세상을 떠났다.

제 5차 십자군 전쟁은 칼보다는 외교를 통해 성과를 거두었다. 지도자 프리드리히 2세(Friedrich II, 1194-1250)는 십자군 정신이 거의 없었고, 그의 선조 콘라드와 바르바로사의 경험도 그를 격려하는 데 도움이 되지 못했다. 아헨에서 대관식을 거행하고 로마에서 대관식을 거행할 때 반복했던 그의 서

---

32   Schaff, *History of Christian Church, Volume V*., 276.
33   Walker, *A History of the Christian Church*, 244.
34   Thatcher & McNeal, *A Source Book for Medieval History*, 537-544.
35   Schaff, *History of Christian Church, Volume V*., 278.

약은 그에게 구속력이 거의 없었던 것 같다 ⋯ 마침내 황제는 40척의 갤리선과 600명의 기사와 함께 출발하여 1228년 9월 7일 아크레에 도착했다. 당시 이집트와 다마스쿠스의 술탄들은 격렬한 갈등을 겪고 있었다. 이러한 상황을 이용하여 프리데릭는 말리크 알 카밀(Malik Al-Kamil Ayyubid, 1177-1238)과 조약을 체결하였다.[36]

"프리먼(Freeman)은 프리드리히 2세의 십자군을 마지못해 참전한 십자군이라 불렀고, 그의 예루살렘 정복을 그의 생애의 기괴한 에피소드"라고 평했지만[37] 1227년부터 1229년까지 독일 황제 프리드리히 2세가 이끌었던 5차 십자군 원정은 지금까지 어느 십자군 원정보다 더 많은 결실을 얻었다. 애굽의 군주 술탄과 조약을 맺어 예루살렘, 베들레헴, 나사렛, 지중해 해안 통로를 소유할 수 있었기 때문이다. 그리하여 1244년까지 예루살렘을 차지할 수 있었다. 하지만 1247년 예루살렘은 다시 회교도의 손에 들어가 1947년 이를 탈환할 때까지 700년 동안 이슬람의 수중에 있었다.

6차와 7차 십자군 원정으로 알려진 마지막 십자군 원정은 1248년과 1270년에 있었다. "제 6차와 제 7차 십자군은 일반적으로 성 루이로 알려진 프랑스 왕 루이 9세(Louis IX of France, 1214-1270)의 헌신에 기원을 두고 있다."[38] 성지 탈환을 간절히 염원했던 루이는 1248년 6월 12일 "생 드니에서 교황특사 아르투아로부터 순례자의 전대와 지팡이를 받았다. 그는 세 명의 형제, 아르투아의 백작 로버트(Robert I, Count of Artois, 1216-1250), 푸아티에의 백작 알폰소(Alphonse of Poitiers, 1220-1271), 앙주의 샤를 백작(Charles I of Anjou, 1226-1285)과 합류했다. 왕과 동행한 사람들 중에는 십자군 전쟁의 연대기를 기록해서 후대에 남긴 샴페인의 장 드 조인빌(Jean de Joinville, c.1224-1317)도 있었다. 군대의 수는 3만 2천 명이었다. 베네치아

36　Schaff, *History of Christian Church, Volume V.*, 279.
37　Schaff, *History of Christian Church, Volume V.*, 280.
38　Schaff, *History of Christian Church, Volume V.*, 281.

십자군 투옥자들

와 제노바 함대는 그들을 키프로스로 데려갔고, 그곳에서 병력을 유지하기 위한 대규모의 준비 작업을 마쳤다. 거기서 십자군은 키프로스를 떠나 이집트로 항해했다."[39] 그들은 다미에타를 함락했으나 십자군들이 병영에서 악들을 자행했다. 상당수의 병력이 열병과 이질로 세상을 떠났고, 십자군은 만수라에서 터키군에

---

39   Schaff, *History of Christian Church, Volume V.,* 283.

게 패했다. 프랑스 왕과 푸아티에 백작은 퇴각하던 길에 생포되었고, 아르투아의 백작은 전사했다. "십자군의 굴욕은 그 어느 때보다도 심각했다."[40]

루이 9세는 자신의 병력과 그 자신의 몸값을 지불하고 가까스로 풀려났다. 루이는 아크레를 거점으로 몇 년 동안 정열을 가다듬고 다시 성지를 탈환하기 위해 1254년 봄 배를 타고 아크레를 떠났다. 당시 십자군은 연속적으로 원정에 실패했다. 성지를 다시 탈환한다는 것이 현실적으로 쉽지 않은 상태였다. 게다가 십자군 안에 내분마저 일어났다. 1258년 40척의 베네치아 함대와 50척의 제노바 함대가 교전을 벌여 1천 700명이 죽는 사건이 발생했고 그 이듬해 1259년에는 성전 기사단과 자선 기사단 사이에 전투가 벌어져 많은 희생자가 생겨났다. 십자군이 깊이 자신들을 반성하며 전열을 가다듬어도 쉽지 않은 상황에서 내분이 일어난 것이다. 이런 틈을 타 이집트의 말루크 왕조의 창건자 바이바르스(Baibars I, 1223-1277)는 아크레를 침략했고 1268년에 안디옥을 함락시켰다.

프랑스 왕 루이 9세가 약해진 몸을 이끌고 6만 명의 병력을 가지고 다시 십자군 원정을 추진했지만 "전염병이 창궐했을 때 카르타고에 막사가 거의 설치되지 못했다. 전염병 희생자들 가운데는 바비에나에서 태어난 왕의 아들 장 트리스탕(John Tristan, Count of Valois, 1250-1270)과 왕 자신도 포함되었다."[41] 루이 9세는 1270년 8월 24일 의식을 잃은 가운데서도 예루살렘을 잊지 못하고 "예루살렘아! 예루살렘아! 우리가 간다."고 외쳤다. 그는 "주님, 제가 당신의 집에 들어가 당신의 성소에서 경배하고 당신의 이름을 영화롭게 하리이다."라는 말을 마지막으로 남기고 숨을 거두었다. 이렇게 해서 1248년 불란서의 루이 9세의 7차 십자군의 이집트 원정에 이어 1270년 8차 원정도 실패로 끝났다. 이것으로 팔레스타인을 다시 회복할 것이라는 희망은 완전히 사라졌다.

교황 그레고리 10세가 1274년 리옹 공의회(The Council of Lyon, 1274)

---

40   Schaff, *History of Christian Church, Volume V.*, 284.
41   Schaff, *History of Christian Church, Volume V.*, 286.

를 소집하고 십자군 문제를 의제로 다루었지만 2년 후 죽으면서 그가 추진하던 십자군 사업도 폐기되고 말았다. 이후 기독교는 성지에서 존립마저 위협받았다.

1289년 트리폴리가 무너졌고, 군대 기사단 간의 치열한 반목으로 1291년에 이커마저 항복하면서 시리아의 모든 기독교 통치도 종말을 고했다. 기사단과 호스피탈러(Hospitallers)는 탈출했다. 6만 명의 인구가 노예로 전락하거나 칼에 맞아 죽었다. 150년 동안 에이커는 동방에서 라틴인들의 삶의 중심지였다. 수많은 군대가 이곳에 진지를 마련했고, 유럽 주요 국가의 왕과 왕비가 이곳에 입출국하는 것을 목격했다. 그러나 이 도시는 또한 혼란과 악덕의 대명사였다. 니콜라스 4세(Pope Nicholas IV, 재위 1288-1292)는 포위당한 사람들을 돕기 위해 배를 보냈고, 다시 유럽의 왕자들에게 도움을 요청했지만 아무도 귀담아 듣지 않았다. 십자군 전쟁이 진행되면서 여기저기서 그러한 운동의 종교적 당위성과 궁극적 가치에 의문을 제기하는 목소리가 높아졌다.[42]

---

42   Schaff, *History of Christian Church, Volume V.*, 287-288. 십자군 전쟁을 반대하는 이유로 다음 몇 가지를 들 수 있다. 첫째, 칼로 교세를 확장하는 것은 신약성경의 가르침에 위배된다. 둘째, 그리스도인들이 자기 방어를 할 수 있지만, 다른 나라를 침공할 권한은 없다. 셋째, 불신자들과 사라센족의 피를 흘리는 것은 옳지 못하다. 넷째, 십자군들이 당한 재앙은 십자군 운동이 하나님의 뜻이 아니었음을 입증한다. 라몬 룰(Ramon Llull, c.1232-c.1316)은 북아프리카 선교를 마치고 돌아온 1308년에 다음과 같이 주장했다. "'성지 정복은 그리스도와 사도들이 기도와 눈물, 우리 자신의 목숨을 바쳐서 성취한 것처럼 다른 방법으로 시도해서는 안 된다'고 선언했다. 많은 왕자들과 기사들이 약속의 땅을 정복하기 위해 그곳으로 갔지만, 이 방법이 주님을 기쁘시게 했다면 그들은 분명히 그 전에 사라센으로부터 그 땅을 빼앗았을 것이다. 그러나 니콜라스 4세의 후계자들은 무력으로 성지를 정복하겠다는 생각을 계속 고수했다. 14세기와 15세기 동안 그들은 서유럽의 경건과 기사도에 대해 반복적으로 호소했지만, 이는 지나간 다른 시대의 목소리로 밖에 들리지 않았다. 칼에 의한 팔레스타인의 구원은 이미 생명력을 잃어버린 문제였다. 새로운 문제가 사람들의 마음을 사로잡고 있었다. 아비뇽에 유배되어 로마에서 호화로운 삶을 누리거나 교황의 영토를 놓고 전쟁을 벌이는 교황의 권위는 예전처럼 유럽의 에너지를 통합하고 지휘하는 데 무능했다. 그들은 시대의 징조를 분별하지 못했다. 동방의 성지를 구하는 일보다 기독교 세계가 성취해야 할 더 중요한 임무가 있었다. 에라스무스(Desiderius Erasmus Roterodamus, c.1469-1536)는 이를 정확히 간파하고 후대의 견해를 표현했다. 그는 중세가 막을 내리던 중세 말기에 터키와의 전쟁에 대해 설교하고 말하고 복음 선포를 호소하는 글을 쓰면서 이렇게 말했다. '진실로 많은 사람을 죽이는 것이 아니라 많은 사람을 구원함으로써, 수천 명의 이교도를 지옥으로 보내는 것이 아니라 많은 이교도를 그리스도인으로 만드는 것이, 잔인하게 저주하고 파문하는 것이 아니라 경건한 기도와 마음으로 그들의 안녕을 기원하고 하나님께 기도하여 그들에게 더 올바른

1291년 팔레스타인의 최후 거점 아크레가 회교도에 손에 넘어가면서 십자군운동은 종식을 고하고 말았다.

6. 십자군운동의 영향과 결과

윌리스톤 워커의 말대로 "십자군은 여러 가지 점에서 중세기의 괄목할 만한 사건이었다."[43] 하지만 우리는 십자군 전쟁을 살펴보면서 과연 십자군이 꼭 필요한 전쟁이었는가라는 궁극적인 질문을 던지지 않을 수 없다. 이슬람에 의해 강탈당한 성지를 다시 찾겠다는 목적으로 추진한 십자군 전쟁이 처음부터 기독교 정신과는 본질적으로 맞지 않았고 소기의 목적도 달성하지 못했기 때문이다. 역사가들은 십자군 원정이 군사적으로 실패작이라고 말한다.[44]

십자군전쟁은 중세기독교를 결집시키고 제 8차에 이르는 십자군전쟁을 통해 약 1세기 동안 성지를 탈환하기도 했지만 이슬람이 다시 성지를 점령하면서 십자군 전쟁은 실패로 끝났다. 실제로 성지를 탈환한 것도 회교군을 격퇴한 것도 그렇다고 동서방교회의 분열을 치유한 것도 아니기 때문이다. 필립 샤프에 따르면 "십자군은 세 가지 점에서 실패했다. 첫째로, 성지를 얻지 못했다. 둘째로, 이슬람의 진격을 항구적으로 저지하지 못했다. 셋째로, 동방과 서방의 분열을 치유하지 못했다. 이것이 십자군 전쟁의 본래의 주요 목표였다."[45]

게다가 가장 차원 높은 도덕성을 자랑하는 기독교 윤리를 십자군 원정군들

정신을 주시도록 간청하는 것이 우리 스스로가 그리스도인임을 선언하는데 더 합당하다.'"

43　Walker, *A History of Christian Church*, 238.

44　Walker, *A History of Christian Church*, 244. "성지회복이라는 십자군 목적의 측면에서 볼 때 십자군 전쟁은 분명 실패였다. 그들은 성지를 영구적으로 정복하지 못했다. 그들이 회교도의 발전을 크게 지연시켰는지도 의문이다. 생명과 재산의 손실은 엄청났다. 비록 그들이 높은 헌신의 정신으로 시작했지만 그들의 방법은 적어도 현대 기독교가 복음의 모범으로 간주하는 방법이 아니었고, 그들의 행동 역시 다툼, 분열된 동기, 수준 낮은 개인행동으로 인해 전체적으로 불명예스러웠다."

45　Schaff, *History of Christian Church, Volume V.*, 290.

에게서 전혀 찾을 수 없었고 "기독교 병사들의 야만성, 그들의 비양심적인 재산 약탈, 십자군 부대의 잔인한 폭력은 동방의 사람들에게 한 가지 영향을 미칠 수 있는 치욕적인 광경이었다."[46] 하지만 십자군 전쟁이 중세에 가져다 준 엄청난 변화를 동시에 우리는 주목해야 할 것이다. 분명 십자군 전쟁은 교황권을 강화시키고, 교회에 부를 축적하는 원인을 제공하였으며, 동서방교회의 분열을 돌이킬 수 없는 상황으로 몰아갔지만 "그럼에도 불구하고 십자군이 헛되고 무익한 것"만은 아니었다. 몇 차례에 걸친 십자군 원정은 중세 후반에 엄청난 도덕적 · 종교적 · 사회적 변화를 유럽에 가져다주었다.[47] 윌리스톤 워커는 십자군이 가져다 준 변화를 이렇게 집약했다.

> 문명은 매우 복잡한 요인들이 복합적으로 작용한 결과이므로 한 가지 원인에 정확한 가치를 부여하기는 어렵다. 십자군 전쟁이 없었다면 유럽은 이 기

46　Schaff, *History of Christian Church, Volume V.*, 290-291. "십자군은 큰 악들의 원인이었다. 실용적인 종교와 도덕의 학교로서 그들은 의심할 바 없이 대부분의 십자군에게 재앙을 안겨주었다. 적의 나라에 들어가 체류하면서 전쟁을 치르는 동안 도덕을 해이하게 하는 나쁜 영향에 깊이 물들었다. 십자군 막사에서의 악은 유럽에서 깊은 수치의 원천이었다. 교황들은 그것들을 개탄했다. 버나드는 그것들을 폭로했다. 저자들은 지상의 예루살렘을 정복하는 데 열중하느라 하늘의 도성을 잊어버린 사람들의 치명적 실수를 지적했다. '많은 사람들이 우리의 예루살렘이 이 땅에 없는 줄도 모르고 거룩한 성으로 향하였다.' 1187년에 살라딘이 승리를 한 후 영국인 월터 맵(Walter Map)은 이렇게 썼다. 교황이 동방에 라틴 총대주교를 설립하고 라틴 제국 건국에 동의함으로써 동방과 서방 사이의 분열이 확대되었다. 그리스 황제와 성직자들에게 가해진 모욕에 대한 기억은 아직 잊혀지지 않았다. 또 다른 악은 이슬람교도들의 마음속에 기독교 교리에 대한 경멸과 증오가 깊어진 것이었다. 기독교 군인들의 잔인함, 재산에 대한 그들의 부도덕한 취급(약탈), 그리고 십자군 진영의 신랄한 적개심은 동방 사람들에게 단 한 가지 영향을 끼칠 수 있는 치욕스러운 광경이었다. 십자군 전쟁이 아직 진행 중인 동안 서유럽에서는 십자군 전쟁이 영적인 열매를 전혀 거두지 못했고, 오히려 사라센인들이 기독교 신앙으로의 개종하기보다 하나님을 신성 모독하는 쪽으로 돌아섰다는 기독교 거부 현상이 나타났다. 그들은 죽임을 당하여 지옥으로 보내졌다. 또한 십자군 전쟁은 중세 신학자들의 교리가 된 교회의 면죄부 제도를 급속하게 발전시키는 기회를 제공했다. 일단 십자군운동의 초기 우르반 2세(Urban II)에 의해 시작된 면죄부 관행은 점점 더 확대되어 십자군운동 초기에는 동방의 사라센족에 맞서 무기를 든 전사들뿐만 아니라 서유럽의 기독교 이단자들과 기꺼이 싸우려는 사람들에게도 죄에 대한 면죄부가 약속되었다. 면죄부는 고해성사의 핵심이 되었으며, 그리스도교 세계의 도덕의식에 헤아릴 수 없을 만큼 해악을 끼쳤다. 이 해악에다 교황들과 그들의 특사들이 부과한 엄청난 세금의 폐해도 추가할 수 있다. 매튜 패리스(Matthew Paris, c.1200-1259)는 십자군 원정 비용의 갹출이 그 신성한 대의에 크나 큰 오점을 남겼다고 불평한다."

47　Schaff, *History of Christian Church, Volume V.*, 291.

간 동안 더 많은 발전을 이뤘을 것이다. 하지만 그 변화가 너무도 놀랍기 때문에 다양한 분야에서 십자군전쟁이 유럽 전반에 가장 큰 영향을 미쳤다는 결론을 내릴 수밖에 없다. 십자군 전쟁으로 인해 이탈리아 북부의 도시들과 알프스를 넘어 라인 강을 따라 내려가는 거대한 무역로가 형성되면서 이탈리아의 도시들의 중요성이 역사에 부상했다. 봉건적 토지와 재산의 희생으로 인해 특히 프랑스에서는 새로운 정치적 요소인 '제3의 영지'인 도시 형성을 크게 자극했다. 십자군으로 말미암아 서구 세계의 정신적 지평은 헤아릴 수 없을 정도로 확장되었다. 무지와 편협한 사고 속에서 성장한 수천 명의 사람들이 동양의 화려한 도시와 고대 문명을 접하게 되었다. 모든 곳에서 지적 각성이 일어났다. 이 시기에는 중세 최고의 신학 발전, 즉 스콜라주의가 일어났다. 교회 안팎에서 대중적인 종교 운동이 크게 일어났다. 대학이 발전했다. 로마법에 대한 연구가 활발하게 진행되어 이 시대에 큰 영향을 미쳤다. 현대 모국어 문학이 번성하기 시작했다. 위대한 예술적 발전, 고딕 양식으로 불리는 프랑스 북부의 국가 건축은 이제 그 영광스러운 유산으로 후대에 남았다. 십자군 전쟁 당시의 유럽은 그 이전의 수세기에 비해 잠에서 깨어나 더 넓은 세계를 자각하게 되었다.[48]

십자군 전쟁은 동서 교류를 활발하게 촉진시키는 중요한 요인이었고, 민족과 국가의 단결을 강화시켰으며, 과거 고립된 유럽의 제국들이 서로 협력하고 교류하는 결과를 가져다주었다. 십자군전쟁의 영향으로 상업이 발달하고 도시가 발전했으며, 화폐가 통용되고 새로운 계급, 부르주아가 등장했다. 봉건제도가 붕괴되고 중앙집권의 군주시대가 생겨난 것도 십자군전쟁의 영향이었다. 우리는 십자군에 대해 다음과 같이 종합적으로 평가를 내릴 수 있을 것 같다.

첫째, 십자군은 회교도들의 유럽 진군을 막는 역할을 하였다. 십자군의 계속적인 진군을 통해 회교도들은 성지를 지키기 위해 막대한 군사력을 동원하고

48　Walker, *A History of the Christian Church*, 244-245.

여기에 대한 경계를 늦추지 않아야 했으며 또한 이를 위해 상당한 군사비를 지불해야 했다. 십자군 전쟁으로 회교도의 세력을 약화시키지 않았다면 벌써 콘스탄티노플은 회교도에게 넘어 갔을 것이다.

둘째, 유럽의 사회와 문화에 변화를 가져다주었다. 당시 유럽에 진행되었던 경제적 인구의 변화는 십자군운동과 밀접히 연계되었다. 십자군 전쟁은 비록 실패로 끝났지만 민족과 국가의 단결을 강화시켰고 과거 고립된 유럽의 제국들이 서로 협력하고 교류하는 결과를 가져왔다. 십자군은 중세 봉건제도를 붕괴시키고 중앙집권의 군주시대를 태동시켰다. 뿐만 아니라 해운의 발달을 촉진시켜 무역의 발달, 공업과 상업의 발달, 도시의 발달을 가속화시켰다.

> 상업에 관해서는 이탈리아 항구의 기업이 동방과의 무역과 해운업의 자극으로 인해 시간이 지남에 따라 발전하지 않았을 것이라고 말하는 것은 위험한 진단일 수 있다. 하지만 십자군 전쟁이 상업에 엄청난 자극을 주었다는 것은 의심할 여지가 없다. 마르세유의 함대들과 이탈리아 항구들은 수만 명의 십자군들의 수송에 대한 요구로 말미암아 놀랍게 확대되었고, 피산, 제노바, 베네치아 사람들이 아그레, 다미에타 및 기타 항구들에서 분주하게 교류하였다.[49]

당시까지 토지가 부의 근원이었으나 동서의 왕래를 통해 통상과 교역이 중요한 수단으로 부상하기 시작한 것이다. 도시들의 성장과 상업의 발달 그리고 교역의 증대는 공산주의 국가 중국에서 신흥 갑부가 등장하는 것처럼 부르주아라 불리는 새로운 계급을 탄생시켰다. 부르주아지(Bourgeoisie)는 본래 "도시에 사는 자들"이었는데 이들이 새로운 계급의 대명사로 불린 것은 도시에 사는 자들이 점차 경제와 정치력을 장악하는 중심 세력으로 부상했기 때문이다. 이들은 이와 같은 막강한 세력을 배경으로 국왕과 동맹관계를 맺으며 자신들의 입지

---

49   Schaff, *History of Christian Church, Volume V.*, 293.

를 더욱 강화시켜나갔다.

셋째, 교황권의 강화와 평신도의 위상 증진을 동시에 가져다주었다. 우르반 2세가 십자군 원정을 선언했을 때 교황의 위치는 그리 크지 않았다. 그러나 이노센트 3세가 콘스탄티노플을 점령했을 때 교황의 권세는 절정에 달했다. 황제에 대해 상대적으로 약했던 교황의 권위를 십자군 전쟁이 강화시켜주는 결과를 가져다 준 것이다. 그 결과 교황청은 막강한 국제적 영향력을 획득할 수 있었다. 확실히 십자군은 "교황의 권위 신장에 전례 없이 대단한 기회를 제공했다." 하지만 역설적이게도 십자군은 "다른 한편으로는 평신도를 교육하고 세속적 이익을 발전시킴으로써 성직의 위계제도의 권한을 약화시키는 데도 일조했다."[50] 모든 계층의 사람들이 십자군에 참여하여 공동의 목표를 향해 나갔다는 것은 일종의 놀라운 혁명이었다.[51] 한 목적으로 제국의 황제에서부터 천민 중의 천민 농노에 이르기까지 모두가 뭉쳐 행군한다는 것은 귀족과 평민이 철저하게 계급화된 중세에서 보통 대단한 일이 아니었다. 실제로 십자군은 유럽의 봉건제도를 무너뜨리고 민족운동을 자극하여 한 국가의 태동을 가능케 만든 민족주의 배경을 제공하였다. "유럽의 정치 제도의 관점에서 본다면 십자군은 민족정신을 불러일으키고 발선시켰다. 이 민족정신은 그동안 거의 변하지 않고 유지되어 온 봉건제도 형태에서 벗어나 유럽 국가들을 통합시키는 결과를 가져다주었다. 십자군 전쟁이 시작될 때는 봉건주의가 번성했다. 하지만 십자군 전쟁이 끝났을 때 봉건주의는 유럽 전역에서 시대에 뒤진 제도가 되었고 일부 지역에서는 거의 사라졌다."[52]

50　Schaff, *History of Christian Church, Volume V.*, 292.
51　Schaff, *History of Christian Church, Volume V.*, 292-294. 필립 샤프는 십자군이 종교사에서 지니는 의미를 이렇게 압축했다. "6세기 이상의 세월이 흐른 지금에도 십자군운동은 지혜와 경고의 교훈을 남기고 있다. 바로 이 점이 십자군운동 결과 중 가장 중요한 것이다. 십자군처럼 그토록 웅장한 규모로 비이기적인 고상한 목표를 위해 헌신한 장엄한 광경이 기독교 역사상 반복된 적이 거의 없었다. 이 광경은 계속해서 영감을 불러일으키고 있다. 마치 '복음'이라는 단어가 모든 복된 메시지를 상징하는 데 사용되듯이 '십자군'이라는 단어는 고상한 도덕적 또는 신앙 운동의 대명사가 되었다."
52　Schaff, *History of Christian Church, Volume V.*, 292.

넷째, 종교적인 양식에 변화를 가져다주었다. 십자군운동의 결과 이 시대 군대적인 양식을 가진 수도원이 생겨났다. 12세기 팔레스타인에 처음 생긴 요한 기사 수도원은 세례 요한을 기념하여 예루살렘에 세운 건물의 이름을 따서 세운 것으로 병자와 가난한 자를 돕는 한편 성지 순례를 하는 기독교인들이 이슬람교도들에 의해 박해 받는 것을 막기 위해 조직되었다. 이와 유사한 기사수도원도 생겨났다. 이것은 성지 순례자들이 지중해변을 지나 예루살렘으로 올라가는 동안에 도중에서 당하는 여러 가지 위험을 막고 이들을 보호하기 위해 조직되었다. 그 외에도 독일에 조직된 뉴톤 기사수도회가 있는데 이들은 독일인들로만 구성되었다. 마니교 계통, 알비파, 바울파를 비롯한 다양한 동방의 이단들이 서방에 증가하였다.[53]

다섯째, 4차 십자군 원정 때 콘스탄티노플을 점령하고 약탈과 온갖 죄악을 자행하고 라틴교회를 세워 처절하게 동방교회를 유린하였다. 그 결과 서방교회에 대한 동방교회의 반감은 극에 달하였고 기왕의 동서방교회의 갈등과 분열을 더 한층 가속화시키는 결과를 초래하였다. 십자군 전쟁으로 서방교회의 결집력은 한결 강화되었지만 전체 기독교의 결집력은 심각하게 손상을 입고 말았다. 동서간의 골이 더욱 깊어졌고 동서방교회의 재연합은 물 건너갔으며 약화된 동로마 제국은 급기야 1453년 이슬람의 오스만 터키에 의해 힘없이 무너져 내렸다.

마지막으로 이 모든 것보다 십자군은 기독교의 근본정신과 사명이 무엇인가를 새로 정립하도록 과제를 남겨주었다. 하나님 나라는 결코 칼과 창을 통해 도래하는 세상 나라와 본질적으로 다르다. 성령의 임재를 통해 도래하는 하나님 나라는 결코 특정지역에 국한된 것도 아니며 더더욱 무력에 의해 쟁취되는 나라는 아니다.

---

53 Deanesly, *A history of the medieval church, 590-1500*, 116-117.

제 7장

중세 수도원운동의 발흥과 발전

내 아들아 스승의 계명에 귀를 기울이며 네 마음의 귀를 기울이라. 네 사랑하는 아버지의 훈계를 단 마음으로 받고 신실히 행하라. 순종하여 노력한다면 불순종과 태만으로 말미암 아 멀어졌던 그분께로 다시 돌아갈 것이다.

약 530. 누르시아 베네딕트(St. Benedict of Nursia), **베네딕트 규칙 서언**

하나님께서는 죄인을 부르셔서 그를 회심시키실 때 천개의 하늘과 땅을 창조하실 때보다 더 많은 권능을 사용하신다. 죄는 우리 안에 있는 하나님의 형상을 깨뜨리기 때문에 본성 에 대한 범죄 행위이다. 영혼에게 죄는 죽음이고, 하나님은 영혼의 참된 생명이시기 때문 이다.

마이스터 에크하르트 (Meister Eckhart, c.1260-1327/28)

중세만큼 수도원운동이 활발하게 일어난 적이 없다.[1] 중세 수도원은 6세기

---

1 George Holmes, *The Oxford History of Medieval Europe* (Oxford: Oxford University Press, 2002); Willem Pieter Blockmans & Peter C. M. Hoppenbrouwers, *Introduction to Medieval Europe 300-1500* (New York: Routledge, 2017); Oliver H. Creighton, *Castles and Landscapes* (UK: Equinox Publishing Limited, 2004); Cyril Mango, *The Oxford History of Byzantium* (Oxford: Oxford University Press, 2002); David W. Rollason, *Early Medieval Europe 300-1050* (New York: Routledge, 2012); John H. Rosser, *Historical Dictionary of Byzantium* (Metuchen: ATLA & The Scarecrow Press, 2001); Jonathan Shepard, *The Cambridge History of the Byzantine Empire c.500-1492* (Cambridge: Cambridge University Press, 2019); Jeffrey L. Singman, *The Middle Ages* (New York: Sterling, 2013); Francis & Joseph Gies, *Life in a*

에 누르시아의 베네딕트(St. Benedict, 480-547)가 몬테 카시노에 베네딕트 수도원을 설립한 후 어거스틴파, 카터시안파, 시스터시안파, 프레몬스트란트파 수도원 등 크고 작은 수많은 수도원들이 중세 시대 생겨났다. 이들 외에도 클루니 수도원, 도미니크 수도원 그리고 프란시스 수도원은 중세에 설립된 대표적인 수도원이라고 할 수 있다. 수도원은 사람들이 조용히 자신의 영혼을 돌볼 수 있는 너무도 훌륭한 장소였다. "수도원 생활은 지상에서 존재하는 가장 숭고한 삶의 형태로 칭송되었다. 수녀원이 가나안에 비유되었고, 천국으로 가는 가장 짧고 확실한 길로 여겨졌다 … 수도원 회랑으로 들어가는 통로를 회심이라 불렀고, 수사들을 회심자들(conversi) 혹은 종교인들(the religious)이라 불렀다. 그들은 기독교적 이상에 도달한 사람들로 이해되었다."[2]

중세 수도원은 안식과 명상의 도피처였다.[3] 하지만 수도원은 세속에서의 개인의 도피 차원을 넘어 많은 사역을 감당했다.

> 수도사는 땅을 경작하는 선구자였으며, 당시 알려진 가장 과학적인 영농방식으로 농업, 포도나무와 양어양식, 가축사육, 양모재배를 가르쳤다. 수도사는 도로와 최고의 건물을 건축했다. 지적, 예술적 측면에서 수도원은 당대 최고의 학교였다. 수도원은 건축가들, 화가들, 조각가를 양성했다. 그곳에서

Medieval City (New York: Harper Perennial, 2016); Francis & Joseph Gies, *Life in a Medieval Village* (New York: Harper Perennial, 2016); Maurice Keen, *The Penguin History of Medieval Europe* (New York: Penguin Books, 1991); Rosalind & Christopher Brooke, *Popular Religion in the Middle Ages* (New York: Barnes & Noble Books, 1996); Norman F. Cantor, *The Civilization of the Middle Ages* (New York: Harper Perennial, 1994); Danis De Rougemont, *Love in the Western World* (Princeton: Princeton University Press, 1983); Margaret Deanesly, *A History of the Medieval Church 590-1500* (London: Methuen & Co., 1925).

2   Philip Schaff, *History of Christian Church, Vol. V.: The Middle Ages from Gregory VII to Boniface 1294* (Grand Rapids: Wm. B. Eerdmans, 1907), 314.

3   Schaff, *History of Christian Church, Volume V.*, 311. "이 시대는 수도원 공동체가 발전하기에 유리한 시대였다. 만약 우리 시대가 평신도의 시대라면 중세 시대는 수도사의 시대였다. 사회는 불안정하고 혼란스러웠다. 수도원은 휴식과 명상의 안식처를 제공했다. 버나드는 수사들을 "평화의 수도사"라고 불렀다. 당시 사회는 불화와 전쟁이 없이는 통치할 수 없었다. 모든 영주들의 저택은 요새였다. 하지만 수도원은 형제애와 협력의 장이었다. 이 수도원은 지상의 신앙적인 가족의 이상을 그 시대에 제공했다."

신학과 철학의 심오한 문제들이 연구되었고, 사본들을 필사하였으며, 대학교들이 생겨났을 때 수도원은 그들의 첫 번째이자 그들의 가장 유명한 교사들을 공급했다.[4]

이처럼 중세수도원은 단순히 도를 닦는 차원만 아니라 농업, 축산, 공업, 직물공업, 건축, 미술, 철학, 교육, 훈련, 인재양성 그리고 신학에 이르기까지 너무도 중요하고 다양한 역할을 감당했다. 일반적으로 중세 "수도원은 자급자족"이 가능했다. "수사들은 과수원과 밭을 소유하고 가축도 키웠다. 그들 중 일부는 자신의 벌통에서 꿀을 채취하는 양봉도 하고, 풍성한 양어장을 갖고 있었으며, 양을 키워 양털을 얻고, 직접 포도주를 만들고, 맥주를 양조했다."[5] 한 마디로 "그 안에서 모든 활동이 이루어지고, 모든 물품과 식량이 공급되는 일종의 사회주의적 공동체였다."

십자군운동의 실패로 기사의 인기는 대중들로부터 시들기 시작했고 대신 수도사의 인기가 급상승했다. 당시 종교적 타락도 중세시대 수도원운동의 발달을 촉진시킨 중요한 요인이었다. 찰스 대제 이후 제국이 붕괴됨에 따라 교회 안의 도덕 상태는 눈에 띠게 악화되기 시작했다.[6] 도덕적 타락은 교직자들과 수도원 그리고 교황제도 자체에 심각한 영향을 미쳤다. 성직자의 부도덕은 10세기와 11세기에 가장 극심했다. 교황들은 가장 부도덕한 성직자의 표본이었다. 성직자의 부패는 자연스럽게 일반 신도들의 부패로 이어졌고 모두가 도덕적 불감

---

4   Schaff, *History of Christian Church, Volume V.*, 313; Phillip Schaff, *History of Christian Church, Vol. IV.: Medieval Christianity from Gregory I to Gregory VII A.D. 590-1073* (New York: Charles Scribner's Sons, 1908), 364. "수도원들은 나그네들과 여행자들에게 숙소를 제공했으며, 여행이 어렵고 위험한 시기에 큰 유익을 끼쳤다. 금욕적 덕을 훈련하고, 성인들을 길러낸 학교들이었으며, 고대 문명의 남은 유산을 훗날 잘 쓰일 날을 대비하여 보전했다. 필사자(筆寫者)들이 기용되어 고대 고전 작품들과 성경, 교부들의 저서들을 사본으로 남겼다."

5   Schaff, *History of Christian Church, Volume V.*, 322.

6   Elgin Sylvester Moyer, *Great Leaders of the Christian Church*, 인물중심의 교회사, 곽안전 역 (서울: 대한기독교서회, 2003), 144; John D. Woodbridge, *Great Leaders of the Christian Church*, 인물로 본 기독교회사 상, 박용규 역 (서울: 도서출판 횃불, 1993), 231; Justo Luis Gonzalez, *The Story of Christianity, Volume 1: The Early Church to the Dawn of the Reformation*, 중세교회사 (서울: 은성출판사, 1995), 91.

증에 걸리고 말았다. 이 같은 도덕적 타락 속에서 자신들의 신앙을 지키며 경건한 생활을 하기를 원하는 자들은 은퇴하거나 금욕생활을 갈망하였다.

이와 같은 배경 속에서 10세기 초에 이르러 새로운 금욕적인 종교생활이 발흥하기 시작했다. 이 같은 현상이 가장 먼저 나타난 것이 910년 동부 프랑스의 클루니 수도원이었다. 이 수도원은 이후 200년 동안 수많은 사람들에게 가장 큰 영향을 끼친 수도원이 되었다.[7] 중세개혁운동의 중요한 전환점을 제공했다.[8]

1. 클루니 수도원

클루니 수도원은 중세 수도원의 선구자 성 베네딕트 수도원으로 거슬러 올라간다. 중부 이탈리아 누르시아에서 출생한 베네딕트는 로마로 공부하러 갔다가 그곳의 저급한 도덕 수준에 혐오감을 갖고 약 529년에 수비아코의 한 동굴에서 은둔생활을 하다가 가리그리아노 계곡이 내려다보이는 몬테 카시노

---

[7] 클루니 수도원의 뒤를 이어 클레르보의 버나드(Bernard of Clairvaux, 1090-1153)와 시토 수도회, 프란시스(Francis of Assisi, 1181/82-1226) 수도원, 도미니크(Dominic de Guzman, c.1170-1221)수도원이 성공적으로 영적갱신과 교회개혁을 시도하였다. 도미니크 수도원과 프란시스 수도원은 클루니 수도원과 시토 수도원이 이룩해온 수도원 개혁을 계승하면서 수도원운동을 큰 힘으로 결집시키는 역할을 하였다. 이들은 십자군 전쟁으로 밀려온 동방의 사치를 배격하고 낡은 옷을 입고 맨발로 다니며 그리스도의 사랑을 실천하였다. 당시 중세의 세속주의에 대항하여 시대를 거슬러 올라가는 모습을 보여주었다. 이들은 매우 의미 있는 개혁운동을 전개했다. 클루니 수도원과 시토 수도원이 자신들의 개혁을 수도원의 울타리에 가두었으나 도미니크와 프란시스 두 수도원 수도사들은 세상으로 나가 금욕적인 삶을 통해 세상으로 그 개혁을 확대해 나갔다. 이런 이유로 이들은 중세의 사회개혁자, 진정한 신앙의 실천자라는 평가를 받았다. 교회개혁과 갱신운동은 선교사 파송으로 이어졌다. 프란시스는 이슬람 선교를 시작하였고, 스칸디나비아인들과 폴란드인들이 개종하였다. 동방교회는 9세기에 동부 유럽에 선교사들을 파송하여 슬라브 민족을, 10세기에 러시아인을 개종시키는 일을 성공적으로 수행하였다. 동방교회로부터 선교를 전해 받은 러시아는 로마와 콘스탄티노플의 진정한 계승자라고 주장할 만큼 급성장하였다. 15세기와 16세기에 이르러서 러시아의 황제들은 러시아를 "제 3의 로마"라고 불렀다.

[8] 최형걸, **중세교회사** (서울: 이레서원, 2000), 147.

누르시아의 베네딕트(St. Benedict of Nursia, 480-547)

(Monte Cassino)에 성 베네딕트 수도원을 설립하였다.[9] 당시 수도사들은 새벽 2시에 일어나 5시까지 수도원 예배와 개인 묵상을 하고 9시까지 4시간 동안 공부하고 그리고 정오까지 3시간 동안 밭에서 일했다. 정오에 식사를 하고 1시간 휴식을 취하고 다시 저녁기도 때까지 일하고 6시 30분에 잠자리에 들었다. 이들의 생활 패턴은 오늘날과 상당히 달랐다. 철저하게 경건과 노동을 연결시킨 것이다.

---

9   Roland Herbert Bainton, 기독교의 역사 (일산: 크리스챤다이제스트사, 1997), 142. "A Brief History of the Benedictine Order," https://osb.org/our-roots/a-brief-history-of- the-benedictine-order/ 〈2023. 11. 20. 접속〉

베네딕트 규칙

베네딕트 수도원은 콘스탄틴 대제(Flavius Valerius Aurelius Constantinus, 272-337)의 등장으로 영적 생명력을 상실하고 세속화된 교회에 새로운 활력을 불어 넣었다. 그는 몬테 카지노에 대수도원을 설립하고[10] 수도원 공동체를 이끌면서 529년에 장차 수세기 동안 서구 수도원 운동의 발전에 지대한 공헌을 한 '베네딕트 규칙'으로 알려진 수도원 규칙을 만들었다.[11] 육체노동, 성경과 신앙서적 읽기, 그리고 예배는 수사들이 해야 할 중요한 의무였다. 규칙은 서언과 각 내용을 담은 장으로 구성되었다. 규칙 서언에는 이렇게 기록되어 있다.

> 내 아들아 스승의 계명에 귀를 기울이며 네 마음에 귀를 기울이라. 네 사랑하는 아버지의 훈계를 단 마음으로 받고 신실히 행하라. 순종하여 노력한다면 불순종과 태만으로 말미암아 멀어졌던 그분께로 다시 돌아갈 것이다 … 만일 우리가 지옥의 고통을 피하고 영원한 생명에 도달하기를 원한다면 … 우리에게 영원한 유익을 줄 것을 지금 서둘러서 행해야 한다. 그것을 세움에 있어 우리는 거친 것이나 가혹한 것을 명령하지 않기를 소망한다.[12]

베네딕트에서 추구한 핵심 규칙은 7장, 33장, 48장, 53장, 73장에 잘 나

---

10 Deanesly, *A History of the Medieval Church, 590-1500*, 38.

11 Oliver Joseph Thatcher & Edgar Holmes McNeal, "The Rule of St. Benedict. About 530," *A Source Book for Medieval History: Selected Documents Illustrating the History of Europe in the Middle Age* (New York: Charles Scribner's Sons, 1905), 432-486. 베네딕트 규칙은 530년에 초안이 만들어졌고, 이후 추가 및 수정이 베네딕트가 543년 세상을 떠나기 전에 진행되었으며, 그것을 널리 소개하고 알린 인물은 바로 그레고리 1세였다.

12 Anthony N. S. Lane, *A Concise History of Christian Thought*, 복음주의 입장에서 본 기독교 사상사, 김응국 역 (서울: 나침반, 1991), 168에서 재인용. 또한 William Carl Placher, *A History of Christian Theology: An Introduction*, 기독교 신학사, 박경수 역 (일산: 크리스챤다이제스트, 2000), 168을 참고하라. 프랫처에 따르면 베네딕트 규칙에는 다음과 같은 내용도 있다. "우리는 하나님의 봉사를 위한 학교를 열려고 하는데, 거기에서 우리는 가혹하거나 억압적인 것은 아무것도 지시되지 않기를 희망한다. 자선을 유지하고 결함을 교정하기 위해 정의의 이성에 의해 때로는 조금 더 엄격해질 수도 있을 것이다. 이것을 두려워하여 물러서지 말라. 왜냐하면 구원으로의 길은 멀고 그 문은 좁기 때문이다."

타나 있다. 특별히 7장에는 겸손의 12단계가 기록되었다. "겸손의 첫 단계는 모든 태만을 쫓아내며 항상 자신의 면전에서 하나님에 대한 경외심을 품고 사는 것이다. 우리는 항상 하나님께서 명령하신 것을 기억해야 한다. 또한 그분을 경외하는 자에게는 영생이 예비되어 있으나 그분을 경홀히 여기는 자는 그 죄로 인해 지옥불에 던지워진다는 사실도 명심해야 한다 … 겸손의 둘째 단계는 자신의 뜻을 사랑하지 않는 것, 또는 자신의 욕망의 성취를 기뻐하지 않는 것이다 … 겸손의 셋째 단계는 하나님께 대한 사랑 때문에 그분의 상급자에게 모든 순종을 바치는 것이다. 겸손의 넷째 단계는 이렇게 순종하는 도중에 어려움, 모순, 또는 심지어 손해 등을 당하더라도 그것들을 인내로 포용하는 것, 즉 낙망하거나 포기하지 않고 평온한 마음으로 받아들이는 것이다."[13]

다섯째 단계는 자신의 죄를 원장에게 고백하는 것, 여섯째 단계는 자신의 물건에 만족하는 것, 일곱째 단계는 다른 사람보다 자신이 가치 없는 천한 자라고 믿고 고백하는 것, 여덟째 수도원이나 선배가 인정하지 않는 것은 행하지 않는 것, 아홉째 혀를 자제하는 것, 열 번째 쉽게 혹은 흔하게 웃지 말 것, 열한 번째 웃지 않고 점잖게 겸손하고 신중하게 말을 하는 것, 열두번째는 만나는 모든 사람에게 마음으로 행동으로 겸손하는 것이다.

베네딕트 규칙 33장에 따르면 "사유재산 제도의 해악은 특히 수도원에서 근절되어야 한다. 아무도 수도원장의 허가 없이는 어떤 것-책, 서판, 펜, 등등의 일체를 포함하여-도 주거나 받아서는 안되며, 또 자신의 소유로 생각해서는 안된다."[14] 수도사들이 필요로 하는 것은 수도원장으로부터 받아야 한다고 명문화시켰다.

규칙 48장에는 근면 성실할 것을 요구하고 있다. "게으름은 영혼의 적이다 따라서 형제들은 때때로 육체 노동을 하거나 거룩한 책들을 읽은데 시간을 보내야 한다."[15] 529년에 설립된 베네딕트 수도원과 베네딕트 규칙은 육체적 노동과

13　Lane, 기독교 사상사, 168-169에서 재인용.
14　Lane, 기독교 사상사, 169에서 재인용.
15　Lane, 기독교 사상사, 169에서 재인용.

순종, 순결, 청빈, 안정에 관한 것으로 수도원 운동의 하나의 정신적 모델이 되었다.[16] 규칙 53장에는 그리스도를 영접하는 것처럼 모든 손님을 영접해야 한다고 말한다. "모든 손님은 마치 그리스도처럼 영접해야 한다 … 그들이 도착하거나 떠날 때 머리 숙여 인사하거나 심지어 땅에 부복하는 등, 그들 속의 그리스도가 경배되어야 한다."[17] 규칙 73장에는 규칙을 작성한 것은 덕목을 얻고 거룩한 생활을 하도록 돕기 위해서라고 밝히고 있다.

수도사 지원자가 수도원에 입문하려면 반드시 베네딕트 규칙을 준수하겠다는 서약을 해야 했다. 수도원장은 지원자가 구술 서약을 마치면 미사를 집전할 예복을 입고 수도사를 지망하는 지원자와 몇 가지 문답을 한다.

> 수도원장: "(OOO) 형제님, 세상과 그 모든 헛되고 공허한 것을 포기하시겠습니까?"
>
> 지 원 자: "예, 그렇습니다."
>
> 수도원장: "당신은 삶의 회심을 약속하십니까?"
>
> 지 원 자: "예, 그렇습니다."
>
> 수도원장: "당신은 성 베네딕트의 통치에 온전히 복종할 것을 약속하십니까?"
>
> 지 원 자: "예, 그렇습니다."
>
> 수도원장: "하나님께서 당신을 도와주시기를 바랍니다."

그런 다음 지원자나 그를 대신하는 누군가가 그의 서면 서약을 읽고 그것을 먼저 그의 머리 위에 얹은 다음 강단 위에 올려놓는다. 그런 다음 팔을 십자가 모양으로 벌린 채 땅에 엎드려 "주님, 저를 받아주소서", "성부에게 영광

---

16 Deanesly, *A History of the Medieval Church, 590-1500*, 40. 3월 중순의 평균 하루 일과는 다음과 같이 진행되었다. 수도사들은 2시에 일어나 한 시간 동안 명상이나 독서가 이어졌다. 새벽 4시 30분에는 찬송을, 9시까지 독서로 시간을 채웠다. 9시 15분부터 4시까지는 밭에서 일했다. 4시까지는 아무 말도 하지 않았고, 5시에 한 끼 식사를 했다. 6시에 하루가 완전히 끝났다. 한겨울에는 수도사들은 9시간 정도 잠을 자고 한여름에는 실제로 매우 짧은 밤을 보냈다.

17 Lane, 기독교 사상사, 169에서 재인용.

을", "주여 자비를 베푸소서", "우리 아버지"라고 하는 말을 외친다. 지원자는 예배가 끝날 때까지 강단 앞에 엎드려 기도한다. 그리고 합창단의 형제들은 기도가 진행되는 동안 무릎을 꿇는다. 그런 다음 조상들이 명한 대로 그 행사를 위해 기도드린다 … 미사가 끝난 후 지원자는 땅에서 일어나 낡은 옷을 벗고 예복을 입는다. 그동안 수도원장은 "주께서 네 간구를 들으시기를" 등을 낭송한다. 그런 다음 형제들은 차례로 영입 지원자에게 평화의 키스를 보낸다. 그 후 그는 삼일 동안 머리를 가리고 돌아다니며 날마다 성찬을 받으며 완전히 침묵한다.[18]

베네딕트 수도사들은 반드시 베네딕트 규칙에 순종하겠다는 서약을 해야 했다. "나, (○○○)는 복되신 순교자와 고해사제 (○○○)의 거룩한 수도원에서 하나님과 그의 거룩한 천사들과 우리 수도원장 (○○○)의 앞에서 지금부터 평생을 이 거룩한 수도원에서 성 베네딕트의 규칙에 따라 살 것이며, 내게 명령하는 모든 것에 순종할 것을 하나님의 이름으로 약속합니다. 나 (○○○)는 이 약속을 하고 내 손으로 직접 작성하여 증인 앞에서 서명했습니다."[19]

베네딕트수도회는 하루에 여덟 번 모여 기도하고 성경과 경건서적들을 읽는 것을 명문화시켰다. 이들은 단순한 은둔자라는 개념의 수도사들이 아니라 고대 사본의 필기자였고, 약제사였으며, 동시에 농업기술자와 선교사였다. 이들은 중세 기독교 문화의 창달자들이었다. 이 규칙은 중세 수도원 운동에 지대한 영향을 미쳐 샤를마뉴 대제 때 거의 모든 수도원에서 이 규칙을 따랐다.[20]

베네딕트 수도원의 정신을 계승하는 수도사들이 있었다. 아니아네의 성 베네딕투스(Benedictus of Aniane, c.747-821), 성 닐루스(Nilus of Rossano,

---

18 Migne, *66, cols.* 829 ff. in Thatcher & McNeal, "258. The Ceremony of Receiving a Monk into the Monastery," *A Source Book for Medieval History*, 488-489.

19 Jaffé, *IV*, p. 365 in Thatcher & McNeal, "252. Oath of the Benedictines," *A Source Book for Medieval History*, 485.

20 Placher, 기독교 신학사, 168.

c.905 or 910-1005), 성 로무알드(St. Romuald, 951-1025)는 대표적인 인물이었다. 아니아네의 성 베네딕투스는 고향 아니아네에 성 베네딕투스의 수도회칙을 따르는 수도원을 설립하였다.[21]

성 닐루스는 헬라 사람으로 940년경에 아내가 세상을 떠난 뒤 독신으로 지내면서 성 안토니우스(Anthony the Great, c.251-356)와 성 힐라리온(Hilarion the Great, 291-371)을 본받아 살면서 이탈리아 남부에 여러 곳에 수도원을 설립했다. 성 로무알드(St. Romuald)는 스무살에 인근에 있던 베네딕투스회의 클라시스 수도원에 들어갔고, 후에 여러 수도원을 설립했다. 그가 세운 수도원 암자들 가운데 가장 유명한 곳은 그가 1009년경에 세운 "토스카나 아레초 근처, 아펜니노 산맥 지대의 캄포 말돌리 혹은 카말돌리 수도원이다."

클루니 수도원 설립

프랑스 마콩에서 약 20km떨어진 부르고뉴에 자리 잡은 클루니 수도원은 베네딕트 수도원의 규칙과 정신을 계승했다. 클루니 수도원은 910년에 프랑스 아키텐의 경건한 공작 기욤(William I, Duke of Aquitaine, 875-918)이 성 베네딕투스의 수도회칙을 토대로 성 베드로와 성 바울을 기리기 위해서 설립되었다.[22] 클루니 수도원의 규칙도 성 베네딕트 수도원의 규칙에 준하여 만들

21　Williston Walker, *A History of the Christian Church* (New York: Charles Scribner's Sons, 1922), 219. "베네딕트의 목적은 모든 수도원에서 누르시아의 베네틱트의 수도원 규칙을 준수케 함이었다 … 779년 자기 소유인 아니아네에 수도원을 세웠는데 프랑스 모든 수도원들이 개혁 중심지가 되었다."

22　Richard Chenevix Trench, *Lectures on Medieval Church History: Being the Substance of Lectures Delivered at Queen's College, London* (London: Macmillan and Co., 1879), 107; Schaff, *History of Christian Church, Volume V.*, 331-332. 클루니 수도원의 대수도원장 히르샤우의 빌헬름(Wilhelm von Hirschau, 재임 1069-1091)은 엄격한 규율가이자 개혁자였다. 레겐스부르크의 성 에메람 수도원에서 철저한 스콜라 신학으로 교육을 받았고, 안셀름(Anselm of Canterbury, 1033/34-1109)과 편지를 주고받았고, 1075년경에는 로마를 방문하여 그레고리 7세를 만났다. 클루니 수도원은 그 교황이 서임권 논쟁을 벌일 때 그의 요새가 되었다. 기욤은 1077년에 기존에 있던 클루니회의 수도회칙과 병행하여 히르샤우를 위해서

어졌지만 덜 엄격했다.[23] 클루니 수도원의 수사들은 '수도원주의와 사회'를 하나로 통합하려고 노력했고 그 결과 "세상에서 수도원의 역할은 더 이상 영혼 구원에만 국한되지 않고 기독교의 이상들을 사회에 스며들게 하는 데로 발휘되었다."[24] 노동이 중시되고 세상을 위한 기도와 구제와 지식이 강조되면서 과거 수사들이 사회와 격리되었던 것이 사라졌다. 방문객들에게 거처와 먹을 것을 제공하는 것도 수도원이 담당한 중요한 사역이었다. 수사들에게는 독신을 요구했고, 성직매매를 금했다. 확실히 클루니 수도원은 중세 개혁운동의 모범이었다.

마가렛 딘슬리는 클루니 수도원이 4가지 방식으로 교회 개혁에 영향을 미쳤다고 주장한다. 첫째, 세속 통제를 전혀 받지 않고 자유로운 선거를 통해 수도원장과 원장들을 선출한 일이다. 이것은 당시 일반 베네딕토회 수도원장들과 주교들의 선출과 달랐다. 둘째, 많은 클루니 수도사들이 주교가 되어 교구를 다스렸다. 셋째, 클루니 수도원장은 교구와 지방대회에 참석하여 교회개혁, 특히 성직에 속한 성직자의 독신을 강화하는 입장을 취했다. 넷째, 클루니는 수도원장을 통해 내전의 참상을 완화하는 운동에 앞장섰고 이러한 평화 증진은 개혁 촉진으로 이어졌다.[25]

그것과 유사한 히르샤우 헌장(Constitutiones Hirsaugienses)을 작성했고, 클루니회에 흰 수사복을 도입했다. 이로 인해 수사들이 마음은 닦지 않고 세탁에만 분주하다는 비웃음을 받기도 했다.

23 Wilson Lloyd Bevan, *Church History, Mediaeval and Modern* (Sewanee, Tenn.: The University Press at the University of the South, 1914), 62. "개혁은 로마가 아니라 부르고뉴의 클루니 수도원에서 시작되었다. 이 수도원은 910년 아키텐의 윌리엄 공작에 의해 평신도 통제에서 해방된 후 교황의 감독 하에 자치 공동체가 되었고 교구 관할권에서 면제되었다. 수도원장은 공동체에 의해 선출되었으며 전임자가 지명한 사람을 받아들였다. 그래서 정책의 연속성이 유지되었다. 규칙은 베네딕토수도회 규칙을 따랐지만 지나치게 금욕적이지 않도록 수정되었다. 순종이 주된 요구 사항이었고 순례 준수, 유물에 대한 헌신, 기적적인 개입에 대한 믿음에 엄격한 관심이 기울여졌다." Walker, *A History of the Christian Church*, 219. "클루니의 원래 목적은 다른 수도원을 클루니에 의존하게 하거나 광범위한 교회 정치 계획을 수립하는 것은 아니었다. 클루니의 목표는 모범과 영향력을 통한 수도원 개혁이었다. 그러나 초대 수도원장이 죽었을 때만해도 클루니 수도원의 통제 아래 있던 수도원은 대여섯 개에 불과했다. 그러나 다섯 번째 수도원장 오딜로(994-1048)가 클루니가 설립하거나 개혁한 모든 수도원을 모원에 종속시키고, 클루니 수도원장이 수도원장을 직접 임명하고 책임지게 함으로써 클루니가 '수도회'의 수장이 되었다."
24 Bainton, 기독교의 역사, 173.
25 Deanesly, *A history of the medieval church, 590-1500*, 99.

클루니 수도원은 "설립한 뒤 계속해서 슬기로운 대수도원장들의 지도를 받았다." 이 수도원은 "서방의 수도원들 가운데 몬테카시노 수도원에 이어 두 번째 명성을 얻었으며, 그 후 아드리아 해에서 스코틀랜드까지 유럽 전역으로 퍼져나간 수도원 부흥운동의 산실이 되었다."[26] 백작 브루노(St. Bruno. 재임 910-925)가 초대 대수도원장을 지내면서 엄격한 규율을 도입했다.[27] 910년 아키텐의 기욤 공작에 의해 설립되고 여러 현명한 수도사들의 지도를 받아 서양의 수도원 중 몬테카시노 다음으로 대단한 명성을 날리며, 이후 아드리아해에서 스코틀랜드에 이르기까지 유럽 전역으로 확산된 수도원 부흥의 모태가 되었다.

클루니 수도원은 교황의 보호 하에 있으면서 자치적으로 운영하였고 수도원이 있는 구역을 누구도 침해하거나 속화시키지 못하도록 금지하였다. 클루니회(the Cluniacs)는 성 베네딕투스의 수도회 규칙을 더 한 층 엄격하게 준수하는 방향으로 발전해 나갔다.[28] 이들은 자신들의 개인 소유를 금하고 네발 달린 짐승의 고기를 금했으며 일정한 침묵의 경건 시간을 정하여 지켰고 수도원장의 명령에 절대적으로 복종하도록 하였다.

클루니 수도원은 중세 사회의 영적 갱신운동에 새로운 방향을 제공하여 주었다. 클루니는 베네딕트 수도원과 노선을 달리했다. 베네딕트 수도원이 수도사들을 사회로부터 분리시키려고 한 반면에 클루니 수도원은 수도원과 사회를 통합하려고 시도했다. 이 때문에 수도원의 개혁의지는 설득력과 호소력이 있었다. 그들은 성직 매매를 근절하고 독신 생활을 부활시켰으며 교회의 부패를 제거하는 등 영적갱신운동을 전개하였다.

---

26   Schaff, *History of Christian Church, Volume V.*, 331.
27   Schaff, *History of Christian Church, Volume IV.*, 368.
28   Schaff, *History of Christian Church, Volume V.*, 331.

오도의 개혁과 클루니 수도원의 발전

클루니 수도원이 한 층 발전되기 시작한 것은 클루니 수도원 개혁운동을 추진한 두 번째 원장 오도(Odo, 재임 927-942)에 의해서였다. 그는 "처음에는 군인이었다가 나중에는 학식과 지혜, 거룩한 성품을 갖춘 성직자가 된 인물로 몇 개의 베네딕트회 수도원의 개혁자가 되었다."[29] 그는 그리스도인의 삶에 대해 계몽된 견해를 갖고 있는 데다 높은 차원의 도덕성을 지녔다. 오도의 개혁운동의 핵심은 이것이다. 첫째, 교회는 세속적인 지배를 절대로 받지 말아야 한다는 것과 둘째, 성직 매매를 철저하게 금지하였고, 셋째, 성직자의 결혼을 금지하였으며, 넷째, 교황의 자리를 높여 교회의 최고 치리자가 되게 만들었다. 오도의 클루니 개혁은 교회법과 교황의 절대권을 기준 삼아 전체 교회를 개혁하려는 목적을 가지고 있었다.[30] 필립 샤프는 다음과 같이 클루니 수도원을 평가했다.

> 클루니회는 힐데브란트(Pope gregory VII, 재위 1073-1085)가 등장하기 전까지 거의 한 세기 동안 서유럽의 유일한 개혁 세력이었으며, 힐데브란트 자신도 클루니 수도원에서 훈련을 받은 듯하다. 클루니는 예하 수도원들과 동맹 수도회들을 통해서 한 세기 더 뜨겁게 타오르는 신앙 열정의 중심지 역할을 했다. 그 뒤 수도원주의가 쇠퇴할 무렵 아시시의 프란체스코와 스페인의 도미니크에 의해 태어난 탁발수도회들이 유럽을 휩쓸었던 유력한 신앙 부흥운동들 가운데 하나의 원동력이 되었다. 그밖에도 독일에서 활동한 히르샤우의 빌헬름(Wilhelm von Hirschau, 1030-1091), 브루노, 노르베르트(Norbert of Xanten, c.1075-1134), 프랑스에서 활동한 버나드와 가경자 피

---

29 Schaff, *History of Christian Church, Volume IV.*, 368.
30 Walker, *A History of the Christian Church*, 220. "클루니 운동이 성장함에 따라 성직자들의 지지를 얻었고 처음에는 수도원의 개혁이 아니라 성직자 생활의 광범위한 개혁을 위해 노력했다. 11세기 전반까지 클루니 파는 전체적으로 사이머니(Simony, 행 8:18-24), 니콜라이타니즘(Nicolaitanism, 계 2:6,14,15)에 반대하였다. 전자는 금전이나 기타 더러운 대가를 받고 성직을 매매하는 행위를 지칭하고, 후자는 결혼이든 축첩이든 성직자 독신주의를 위반하는 것을 의미했다."

에르(Peter the Venerable, c.1092-1156), 이탈리아의 성 프란시스도 인류 진보에 이바지한 점에서 무시할 수 없는 인물들이다.[31]

오도의 개혁운동은 후계자들에 의해 어느 정도 계승되었다. "눈이 멀게 되었을 때 사임한 아이마르두스(Aymardus, 재임 942-948), 교황직을 고사한 마욜루스(Majolus, Maieul, 재임 948-994), '선량자'라는 별명을 지닌 오딜로(Odilo, 재임 994-1048), 위고(Hugh of Cluny, 재임 1049-1109)가 같은 정신을 이어갔다. 뒤의 두 사람은 황제들과 교황들에게 큰 영향력을 행사했으며, 교황청과 교회의 개혁을 고취했다 … 힐데브란트의 친구 위고가 60년간 다스리면서 클루니 수도원의 명성은 절정에 달했다."[32] 클루니 수도원은 개혁의 지를 갖고 있는 교황 그레고리 7세와 함께 개혁을 추진했다.

클루니 수도원 개혁운동은 교직자들로부터 지지를 받았고 자연히 교직자들의 삶에 폭넓은 영향을 끼쳤다. 대중들은 생활이 순결하고 교회와 교황에게 좀 더 충성적이고 순종적인 교직자를 원하였다. 클루니 개혁운동은 당시 감독과 교황의 권위를 증진시켰으며, 제 11세기 힐데브란트와 제 13세기 초 이노센트 3세(Pope Innocent III, 재위 1198-1216)와 같은 유력한 인격적인 교황이 등장하는 중요한 배경을 제공해주었다.[33]

이처럼 클루니 수도원의 개혁운동은 교회의 삶과 교황에까지 지대한 영향을 미쳤다. 클루니 수도원은 엄격한 금욕생활과 자비로운 행동 때문에 일반인들에게도 적지 않은 영향을 미쳤다. 클루니 수도원은 여러 개의 수도원을 세웠고 설립된 수도원에는 클루니 수도원의 규칙들을 그대로 적용했다. 클루니가 설립한 수도원들은 모두 클루니 수도원장이 임명하고 그 관할 하에 두었다. 클루니 수도원의 영향력이 높아지면서 클루니 수도원장은 대수도원장의 지위에 있다고 일반인들이 생각하게 되었다. "클루니는 개혁과 베네딕투스회 수도원들의 센터

---

31 Schaff, *History of Christian Church, Volume V.*, 310.
32 Schaff, *History of Christian Church, Volume IV.*, 368.
33 Moyer, 인물중심의 교회사, 230.

였고, 그 수장은 수석 대수도원장(archiabbas)이었다."[34]

10세기 이후 클루니 수도원의 세력은 더욱 확장되었다. 클루니 수도원이 발전하는데 대수도원장 히르샤우의 빌헬름(Wilhelm von Hirschau, 재임 1069-1091)과 휴(Hugh of Cluny)가 결정적인 역할을 했다. 기욤은 엄격한 규율가이자 개혁자로서 스콜라주의 신학교육을 받은 인물로 클루니 수도원의 대수도원장에 오른 뒤 수많은 개혁을 추진했다. 그는 안셀름(Anselm of Canterbury, 1033/34-1109)과 서신을 교환하고, 1075년경에는 로마에서 교황 그레고리 7세를 만났다. 빌헬름의 클루니 수도원은 그레고리 7세 교황이 "서임권 논쟁을 벌일 때" 황제의 서임권 주장을 반대하는 교황의 요새가 되었다. 빌헬름은 1077년에는 히르샤우 헌장(*Constitutiones Hirsaugienses*)을 작성하고, 흰 수사복을 클루니수도회에 도입했다.

"클루니의 대수도원장직을 60년간(1049-1109) 맡아본 휴(Hugh)는 그레고리 7세의 친구였고, 그의 재직 기간에 휴의 제자인 교황 우르반 2세(Pope Urban II, 재위 1088-1099)가 클루니 수도원을 방문했다."[35] 휴가 원장으로 재직하는 클루니 수도원은 17개에서 200개로 급증했다. "전성기에는 이 수도원이 2천 곳이 넘는 수도원들을 감독했다."[36] 필립 샤프는 이렇게 클루니 수도원을 평가했다.

> 라틴 교회에서 클루니보다 더 순수한 명성을 누린 종교적 지역은 없었다. 클루니수도원의 대수도원장 중 네 명 즉 오도, 마욜루스, 오딜로 그리고 휴가 성인의 반열에 올랐다. 그 수도회의 수사 중인 그레고리 7세와 우르반 2세, 파스칼 2세(Pope Paschal II, 재위 1099-1118), 그리고 반교황 아나클레투스 2세(Antipope Anacletus II, 재위 1130-1138) 등 세 명의 수도승이 클루니 수사 출신이었다. 1118년 로마에서 쫓겨난 겔라시우스 2세(Pope Gelasius II,

---

34 Schaff, *History of Christian Church, Volume IV.*, 368.
35 Schaff, *History of Christian Church, Volume V.*, 392.
36 Schaff, *History of Christian Church, Volume IV.*, 368.

재위 1118-1119)는 수도원 성벽 안으로 피신했다가 그곳에서 재에 누워 죽어 묻혔다. 그의 후계자인 칼릭투스 2세(Pope Callixtus II, 재위 1119-1124)를 선출한 추기경들이 클루니에서 모였다. 교황들만 아니라 왕들도 클루니 수도회를 명예롭게 했다.[37]

클루니 수도원은 중세교회 지도자들을 배출하는 창구 역할을 했다. "이 수도원은 많은 저명한 주교들과 세 명의 교황(그레고리 7세 · 우르바누스 2세 · 파스칼리스 2세)을 배출했다."[38] 더구나 수도원에서 영향력 있는 교황들이 나오고 유명한 대학교수들이 배출되면서 수도원은 중세인들에게 지상 최고의 위치로 부상되었다.

하지만 중세 수도원 개혁운동의 상징이었던 클루니 수도원 안에서도 변화가 나타나기 시작했다. 부와 세속과 권력을 멀리하고 영적 가치를 생명으로 여겼던 수도원이 타락하기 시작한 것은 아니러니 하게도 중세 수도원에 집중된 부, 세속, 권력 때문이었다. 십자군 전쟁으로 가장 재정적 부를 챙긴 곳은 바로 수도원이었다. "특히 십자군 전쟁 중에는 수도원에 땅을 증여하는 일이 흔했다. 수도원을 세우는 사람은 천국으로 올라가는 사다리를 놓는 것으로 여겨졌다."[39] 십자군에 출정하는 이들은 자신들의 재산을 수도원에 기증하고 위탁하였다. 살아 돌아오지 못한 이들의 재산이 수도원에 귀속되면서 수도원은 엄청나게 부유해졌다. 십자군운동 이후 수도원은 재산의 증가로 인해 과거와는 다른 차원의 거대한 시설들을 갖출 수 있었다. 특별히 교회의 직할을 받은 클루니 수도원은 많은 기부와 특권을 누렸다.[40]

---

37   Schaff, *History of Christian Church, Volume V.*, 331.
38   Schaff, *History of Christian Church, Volume IV.*, 368.
39   Schaff, *History of Christian Church, Volume V.*, 320.
40   Schaff, *History of Christian Church, Volume IV.*, 369. "클루니 수도원은 교황의 직접 관할 하에 있었고 대단한 기부와 특권의 호혜를 받았다. 클루니수도회와 연결된 교회는 프랑스(아마 유럽 전체에서)에서 규모가 가장 크고 부유했으며, 25개의 제단과 종, 값비싼 예술품으로 인해 찬사를 받았다. 이 교회는 위고(Hugh)에 의해 설립되었고, 70년 후 가경자 피에르(Peter the Venerable)의 통치 때인 1131년 교황 이노센트 2세(Pope Innocent II, 재위 1130-1143)에

수도원이 부유해지면서 수도원은 화려해지기 시작했다. "수도원이 부유해지면서 그와 함께 당대 최고의 건축물을 보여주는 거대한 석조 수도원들이 생겨났다. 시토, 클루니, 그랑 샤르트뢰즈(Grande Chartreuse), 영국의 대수도원은 모두 정교한 규모로 지어졌다. 건축과 설비에 돈과 인력을 아끼지 않았다. 스테인드 글라스, 조각물, 자수, 화려한 제의 등이 재정에 제약을 받지 않고 자유롭게 사용되었다. 잘 지어진 수도원에는 예배당, 식당, 난방된 집(calefactory), 집필을 위한 저술실(scriptorium), 대화를 위한 장소(locutorium), 기숙사, 의무실, 병원 등 많은 부속 건물들이 있었다."[41]

클루니 수도원의 경우 981년 오딜로(Odilo) 원장은 클루니 본 건물을 대리석으로 다시 건축하였고 8년 후 1089년 다시 재건 작업을 착수했다. 1132년 준공할 때는 유럽에서 제일 큰 교회당 건물이 되었다. 다시 1245년에는 교황과 프랑스 왕과 콘스탄티노플 황제와 그 일행 전체를 수용할 수 있을 만큼 거대한 시설을 갖추었다.[42] 12세기와 13세기 눈부신 중세 고딕 건축양식은 이 시대에 역사에 등장했다.[43] 본래 비잔틴시대 "고딕 건축은 고통과 긴장, 죄책감과 구속의 기쁨, 천상의 난간에 오르려는 인간의 안간힘과 그를 끌어 올리시려고 내미신 하나님의 팔을 소중하게 다루었다." 이런 이유로 고딕 양식의 가장 두드러진 특징은 상승에 있었다. 하지만 이 시대 "고딕 대성당은 비잔틴교회와는 달리 평

의해서 축성되었다."

41 Schaff, *History of Christian Church, Volume V.*, 321.
42 Schaff, *History of Christian Church, Volume V.*, 321. "수도원의 대규모 시설은 단독 건물 구조가 아니라 여러 건물들이 들어선 복합 시설이었다. 1245년 클루니 수도원은 교황, 프랑스 왕, 콘스탄티노플 황제와 그들의 수행원들을 동시에 수용할 수 있을만큼 큰 규모였다. "매튜 패리스(Matthew Paris)에 따르면 스코틀랜드의 던펌린 수도원(Dunfermline Abbey)은 서로에게 불편을 끼치지 않고 세 명의 군주를 동시에 대접할 수 있을 만큼 충분한 시설을 갖춘 수도원이었다고 말했다. 최신 편의 시설이 이 수도원에 도입되었고 최신 뉴스가 들어왔다. 수도원은 세속적인 사회 복지의 관점에서 볼 때에도 전체적으로 머물기에 아주 좋은 곳이었다. 물질적 관점에서도, 중세 수도원은 도시에 있는 현대 클럽 하우스와 비견할 수 있다. 부자들은 수도원의 금고에 귀중품을 보관했다. 억압받는 사람들이 보호를 받기 위해 피난처를 찾아 수도원으로 피신했다. 웨스트민스터, 생 드니, 던펌린에서와 마찬가지로 왕과 제후들은 수도원에 묻히는 쪽을 택했다. 그리고 그들은 생시에도 수도원을 자신들의 여행을 위해 찾을 수 있는 가장 눈에 띄는 안락하고 평안한 장소로서 종종 즐겨 머물고 싶어 했다."
43 Bainton, 기독교의 역사, 199.

정감을 주지 않고 오히려 균형이 불활실하다는 느낌을 주었다 … 대성당은 인간 영혼을 얻기 위해 전투를 벌이는 모든 세력들을 묘사한다. 따라서 인간은 이 땅을 순례하는 동안 평정을 누리지 못한다."[44]

가경자 피에르는 클루니 수도원을 발전시킨 또 한명의 중요한 지도자였다. 프랑스 오베르뉴에서 출생해 시토 수도원에서 훈련을 받은 피에르는 성 버나드의 친구였으며 "수도원장이 되었을 때 겨우 스물여덟 살이었다."[45] 그는 1122-1156년까지 33년을 수도원장으로 재직하면서 전임자 제 7대 대수도원장 폰티우스(Pontius, Pons of Melgueil, 재임 1109-1122) 때 위기를 극복하고 수사의 수를 200명에서 460명으로 증가시켰다.

피에르의 탁월한 리더십 덕분에 그가 대수도원장으로 재직하는 동안 클루니 수도원은 옛날의 명성을 회복했다. 그는 성경연구만 아니라 고전연구도 장려하고, 영국과 스페인에 있는 수도원도 방문했다. 피에르는 대수도원장의 직책을 충실하게 감당하면서 저술활동도 왕성하게 했다. "이 온화하고 현명한 피에르가 대수도원장으로 재직하던 동안에 아벨라드(Peter Abelard, 1079-1142)가 클루니 수도원에 입문하기 위해 수도원 문을 두드렸고, 대수도원장의 흔쾌한 승낙으로 그의 인생의 마지막 지친 시간을 수도원 안에서 보냈다."[46] 피에르의 재직 기간 중에 클루니 수도원에 가입한 버나드(Bernard of Clairvaux, 1090-1153)는 수도사들의 방종을 신랄하게 비판했다.[47]

---

44   Bainton, 기독교의 역사, 201-204.
45   Schaff, *History of Christian Church, Volume V*., 333-334.
46   Schaff, *History of Christian Church, Volume V*., 334.
47   Schaff, *History of Christian Church, Volume V*., 335. "수도원 논쟁 문학의 연대기에서 유명한 이 소책자는, *버나드가 자신이 감독하는 시토회 수사들의 영성 부족을 비판하는 내용으로 시작한다. '우리 배에 콩이 가득차 있고 우리 마음은 교만으로 가득찬 우리가 어떻게 고기로 배부른 사람들을 비난할 수 있는가?' … 그런 다음에는 식사와 대화와 익살에서 절제하지 못하고 방만하게 행동하는 클루니회 수사들을 비판한다. 그들이 식사 시간에 접시를 몇 개씩 사용하고, 다채롭게 요리한 계란을 먹고, 한 자리에서 여러 종류의 포도주를 마셨다고 말한다. 그의 비판은 다음과 같이 이어진다. 수사들은 성경을 읽는 것보다 대리석을 바라보는 것을 더 좋아했다. 촛대와 제단보가 화려하고 정교하다. 예술과 건축이 과도하게 사치스럽다. 화려한 외관 장식은 통회와 참회의 마음보다는 탐욕과 과시욕이 그 안에 자리잡고 있다는 방증이다. 버나드는 그들 중 한 명이 60명의 기병을 거느리고 있는 것을 보았는데, 영혼

2. 시토 수도원과 성 버나드

클루니 수도원에 이어 중세 수도원 운동의 확산에 영향을 미친 수도원은 시토(Citeaux) 수도원이었다. 시토회(the Cistercians)는 클루니수도회와 더불어 중세 시대 가장 규모를 자랑했다. 클루니 수도원이 "11세기를 지배했다"면 "시토 수도원은 12세기를 지배했다."[48] 시토수도회는 클루니수도회와 마찬가지로 베네딕트수도회에서 출발했고, 시토수도회 원장이었던 성 버나드 때문에 프랑스 버나드회라고 불리기도 한다. 시토회는 두 명의 교황 유게니우스 3세(Pope Eugene III, 재위 1145-1153)와 베네딕투스 12세(Pope Benedict XII, 재위 1334 -1342)를 배출했다.

시토수도회 설립자는 로베르 몰레즘(Robert of Molesme, c.1027-1110)이다. 1024년 샹파뉴에서 출생한 로베르는 1098년 22명의 수도사들과 함께 디종(Dijon)에서 약 20km 떨어진 시토 근처의 늪지대에 새로 수도원을 설립했다.[49] 1098년 수도원장 로베르와 몰렘 수도원을 떠나 디종 남쪽 시토(Citeaux)에 수도원을 새로 설립한 것은 당시 베네딕트 수도원 규칙과 전통을 준수한다고 하면서도 너무도 느슨 것을 못하고 새로운 수도원의 설립의 필요성을 깊이 느꼈기 때문이다.[50] 시토 수도원은 마콘에 세워진 클루니 수도원과 더불어 불란서에 위치했으며 클루니 수도원과 달리 수도사들이 농부와 빈민 출신들이었다. 이들은 클루니 수도원과 달리 학문 연구보다는 농사와 노동 그리고 명상에 집중하였다.

로베르가 새로 설립한 수도원은 굶주림과 질병으로 시달리며 도저히 더 이

을 돌보는 목사의 모습은 전혀 찾아볼 수 없었다. 그는 그들에게 성, 별장, 소작농, 노예를 선물로 받고 불평하는 사람들만 잡아들였다고 비난했다. 이러한 신랄한 비판에도 불구하고 베드로는 버나드와 친밀한 관계를 유지했다. 그는 버나드를 가차 없이 교회의 빛나는 기둥이라고 불렀다."

48 Walker, *A History of the Christian Church*, 245.
49 Schaff, *History of Christian Church, Volume V*., 338.
50 원종천, 중세 영성의 진수 성 버나드 (서울: 대한기독교서회, 2004), 40-41.

프랑스 퐁트네 수도원(Cistercian Abbey of Fontenay)

상 운영을 하기 힘든 상황에 직면하고 있을 때인 1112년 버나드가 30명 이상의 동료들을 데리고 여기에 합류한 것이다. 버나드가 이곳에 들어온 지 2년 후 1115년에 클레르보(Clairbaux)에 새로운 수도원을 세우고 버나드와 12명의 수도사를 그곳에 파견하였다. 버나드는 클레르보에 설립한 새 수도원의 설립자 겸 원장이 되었다.[51] 25세의 버나드는 탁월한 리더십을 발휘하며 수도원을 발전시키고 저술을 통해 영향력을 확대해 나갔다. 1153년 그가 세상을 떠날 때 시토 수도원은 343개의 방계 수도원을 갖는 유럽 최대의 수도원이 되었다.[52]

버나드가 명성을 더해가면서 시토 수도원의 영향력도 더해갔다.[53] 버나드는 이곳의 수도원장으로 재직하는 동안 이곳을 중세의 가장 모범적인 수도원 중의 하나로 개척해 나갔다.[54] 하나님은 부흥운동도 그렇고 종교개혁도 그렇고 세

---

51 원종천, 중세 영성의 진수 성 버나드, 41.
52 원종천, 중세 영성의 진수 성 버나드, 41.
53 Walker, *A History of the Christian Church*, 246.
54 Schaff, *History of Christian Church, Volume V.*, 343-344, 346-347. "버나드는 매력적인 성품, 생동감 넘치는 상상력, 풍부한 교양, 하나님과 인간에 대한 불타는 사랑의 마음을 소유했다. 오늘날의 관점에서 볼 때 근엄한 교회의 지도자라고 불리는 것에서 자유롭지는 못했겠지

계선교도 그렇고 변화된 한 사람, 하나님의 뜻에 순종한 한 사람, 그의 나라와 그의 의를 간절히 열망하는 한 사람을 세우셔서 당신의 역사를 이끌어 가셨다.

한 인물이 얼마나 영향을 미칠 수 있는가를 전형적으로 보여준 것이 버나드였다. 생 티에리의 기욤(Guillaume de Saint-Thierry, c.1075-1148)은 버나드와 며칠을 함께 지낸 후 다음과 같은 글을 남겼다.

> 비록 나는 그럴만한 자격이 없었지만 그와 함께 며칠간 머물렀다. 내가 어디를 둘러보아도 나는 새 하늘과 새 땅을 보았다는 경이적인 생각이 들었다. 그러면서도 나는 그곳에서 조상인 이집트 수사들이 걸어간 옛 길 그 안에 우리 시대의 사람들이 남긴 최근의 발자국 표식도 보았다. 나는 그 황금 시대가 클레르보에 다시 돌아와 그곳에서 그 옛 세계를 다시 만난 듯했다 … 언덕을 내려와 당신이 수도원에 들어서면 당신은 첫눈에 그곳에 하나님께서 계시다는 것을 느낄 수 있을 것이다. 그 고요한 계곡은 그 건물의 소박함 속에 그곳에 거하시는 가난하고 순수한 그리스도의 겸손을 보여준다. 정오의

만 교회와 인간을 위한 봉사에서는 그는 분명 동시대 사람들과 달랐다. 그를 잘 아는 동시대의 전기 작가에 따르면, '그의 용모는 땅의 순결함이 아닌 하늘의 순결함으로 빛났고 그의 눈은 천사의 깨끗함과 비둘기의 온유함이 가득 서려 있었다.' 이 세상에 흠 없는 성인이 없고 버나드 역시 완벽함을 주장하는 것과는 상당히 거리가 멀었지만, 그가 살았던 그 세기의 어느 사람과 마찬가지로 중세적 이상의 금욕주의적 거룩함에 근접한 인물이었다."(343) "수사라는 지위를 선호했지만 버나드는 교황권, 십자군 전쟁, 신비주의, 수도원주의, 찬송가의 역사에서 거의 동등한 명성을 갖고 있었다. 수도원주의, 강단, 경건 문학의 연대기에서 그는 쉽게 선두 자리를 차지했다."(344) 버나드가 시토회에 입문한 것은 1113년이었다. 그의 시토수도원 입문 후에 입증되었지만 이 신설 수도회의 역사에 새로운 획을 긋는 사건이었다. 버나드는 수사로 입문한 뒤 금욕생활을 혹독할 정도로 실천에 옮겼다. 그는 빵과 우유 혹은 야채를 삶은 물을 먹고 지냈으며 종일 서서 기도하는 바람에 발이 퉁퉁 부어서 몸을 제대로 가눌 수 없을 정도였다. 그가 자신의 약해진 몸을 극복할 수 있었던 원동력은 그의 정신력이었다. 1115년에 버나드는 12명의 동료들과 함께 탁 트인 계곡(Claravallis)에 클레르보(Clairvaux)를 설립했다. 이 지역은 이전에 웜우드(Wormwood)라고 불렸던 강도들의 본거지였다. 버나드의 절친한 친구이자 전기 작가인 생 티에리의 윌리엄(William of St. Thierry, 1075-1148)은 한때 악명 높았던 폭력적 장소에 버나드와 그의 동료들이 소박한 집을 지은 후에 그곳에 평화가 지배해 과거 폭력적 장소와 평화가 대비를 이루었다고 증언했다. 그는 이렇게 말했다. "언덕은 단맛을 증류하기 시작했고, 메마른 들판은 신성한 축복 아래 꽃이 피고 기름지게 되었다." "이 새로운 수도원 안식처에서 버나드는 설교하고, 기적을 행하고, 수많은 편지를 썼고, 영주들과 고위 성직자들을 맞이했다. 그곳에서 그는 그의 시대에 대단히 중요한 봉사를 하였다. 클레르보 수도원은 곧 폭넓은 명성을 얻었고 많은 수도원을 설립하는 수도원의 모체가 되었다."(346-347)

고요함은 한밤 중의 고요함과 같았고 수사들의 합창단의 찬송 소리와 정원과 들판의 연장 소리만 고요함을 깼다. 게을러 한가한 사람은 아무도 없었다. 잠을 자거나 기도하는 일에 전념하지 않는 시간에는 형제 수사들이 괭이와 낫과 도끼를 들고 황무지를 길들이고 숲을 개간하느라 분주했다. 계곡에 많은 이들이 있었지만 각자가 고적한 수도자처럼 보였다.[55]

교황과 제황들이 그의 가르침을 받기 위해 찾아왔고 그의 설교와 연설은 당시 엘리트들의 지성을 감동시켜 대거 십자군에 참군하게 만들었다. 그의 설교는 가장 탁월한 명설교로 널리 알려졌다. 루터(Martin Luther, 1483-1546)에 따르면 그의 설교는 어거스틴(Augustine of Hippo, 354-430)이나 모든 신학자들의 설교 보다 더 훌륭했다. 그 이유는 그리스도를 가장 뛰어나게 증거하는 설교였기 때문이다.

버나드의 작품에는 그리스도 중심이 깊이 자리 잡고 있었다. 윌리스톤 워커의 표현을 빌린다면 "그의 주된 동기는 그리스도의 사랑이었다."[56] 그는 모든 작품과 설교에서 그리스도를 높였다. 그의 작품 중에서 80편의 아가서 설교는 오랫동안 많은 사람들에게 지대한 영향을 미쳤다. 버나드의 작품이 그렇게 훌륭하게 평가를 받는 것은 그가 지성적으로 탁월할 뿐만 아니라 그의 영성이 탁월하였기 때문이다. 영감이 넘치는 그의 찬송시 "오 거룩한 머리에 가시관 쓰셨네" "구주를 생각만 해도"와 같은 찬송은 수세기를 거쳐오면서 가장 감동적인 찬송가로 널리 애용되었다.

그는 또한 신유의 은사를 소유해 그를 통해 많은 환자들이 치유를 받았다.

---

55 Schaff, *History of Christian Church, Volume V.*, 347.
56 Walker, *A History of the Christian Church*, 246. "그의 주된 동기는 그리스도에 대한 사랑이었으며, 극도의 수도원적 자기 수양에도 불구하고 루터와 칼빈의 열렬한 지지를 받을 만큼 복음적인 표현을 찾아냈다. 그리스도에 대한 신비로운 묵상은 버나드에게 최고의 영적 기쁨이었다. 그것은 단지 그 자신의 경건의 유형을 결정했을 뿐만 아니라, 그보다 더 고상한 표현으로 그 시대의 경건을 결정했다. 무엇보다도 사람들은 버나드의 도덕적 힘, 그의 모든 말과 행동에 무게를 더해준 일관성 있는 인격을 예찬했다."

버나드의 신학은 당시의 일반적인 신학 조류와는 달리 개혁적인 성향이 강했다. 그 대표적인 것이 당시 구원의 절대조건으로 이해한 세례관이나 마리아 무흠설을 부정한 것이 전형적인 예이다. 그의 지성과 영성과 뛰어난 리더쉽 아래 아우베(Aube) 강을 낀 클레르보 수도원은 클루니 수도원과 더불어 중세의 수도원 개혁을 이끈 두 개의 대표적 수도원 개혁운동의 산실이 되었다.

필립 샤프에 따르면 "시토회는 서유럽 전역으로 퍼져나갔다. 스페인에서는 알칸타라회와 칼라트라바회가 시토회의 수도회칙을 채택했다. 이탈리아 최초의 시토회 수도원은 1120년에 리구리아 지방의 틸리에토(Tiglieto Abbey)에 세워졌고, 독일은 1123년경에 알텐캄프에 세워졌다. 잉글랜드에서는 1128년에 윈체스터의 주교 기퍼드(William Giffard, 재임 1100-1129)가 서리에 웨이벌리 수도원(Waverley Abbey)을 설립하면서 시토수도회가 발판을 마련했다. 영국의 유명한 시토회 수도원들 중에는 헨리 3세가 설립한 사우샘프턴 근처 네틀리 수도원(Netley Abbey), 리볼크스 수도원(Rievaulx Abbey), 영국 북부에서 가장 규모가 큰 파운튼스 수도원(Fountains Abbey)이 있다. 1152년 영국에는 50개의 시토회 수도원이 있었다. 스코틀랜드의 멜로즈 대수도원(Melrose Abbey)도 시토회에 속했다."[57]

시토계 수도원은 1151년까지 300개가 세워졌고 그 수가 13세기 중엽에는 1,800개로 증가했다. 하지만 13세기에 접어들면서 수적으로 프란시스수도회와 도미니크수도회에 밀려났다. 여러 시토 수도원들이 새로 부상한 프란시스와 도미니크수도회로 넘어갔다. 시토수도회의 영향력 감소를 막기 위해 교황 베네딕투스 13세(Antipope Benedict XIII, c.1328-1423)가 1335년 엄격한 규율과 규정을 제정했고, 유게니우스 4세(Pope Eugene IV, 재위 1431-1447)가 1444년 엄격한 개혁을 제도화하기 위해 노력했지만 기왕의 기울어진 흐름을 되돌릴 수 없었다. "종교개혁이 일어나면서 영국과 독일의 수많은 수도원들

---

57 Schaff, History of Christian Church, Volume V., 341.

을 잃었다."⁵⁸

이처럼 13세기 후반에 접어들어 시토 수도원의 영향력은 급속하게 줄어들었다. 여러 이유 중에 가장 두드러진 것은 수도원의 타락과 수사들의 오만과 방탕이었다. 생 아무르의 기욤(Guillaume de Saint-Amour, c.1200-1272)을 비롯한 파리대학 교수들은 당시의 시토수도회 소속 수사들의 오만함과 방탕한 생활을 통렬하게 비판하였고 클레망제의 니콜라우스(Nicholas of Clemanges, c.1363-1437) 역시 그 당시의 수사들의 부패 특히 그들의 탐욕과 방탕과 게으름과 낭비를 강도 높게 비판했다.⁵⁹

3. 피터 왈도와 왈도파

중세 수도원운동과 성격이 다르지만 중세의 개혁운동을 이해하는데 너무도 중요한 이들이 왈도와 왈도파들이다.⁶⁰ 이들은 평신도들이었지만 철저하게 성경을 가르치고 그 가르침을 실천하고 가난을 실천하면서 기독교 신앙을 전파하였다.⁶¹ 중세 성경에 기초한 평신도 신앙 혁명의 주역들이다. 이들은 최초로

---

58 Schaff, *History of Christian Church, Volume V.*, 341-342.
59 Schaff, *History of Christian Church, Volume V.*, 324-325.
60 Malcolm Charles Barber, *The Cathars: Dualist Heretics in Languedoc in the High Middle Ages* (New York: Routledge, 2000); Brooke, *Popular Religion in the Middle Ages*; Deanesly, *A History of the Medieval Church 590-1500*; Heinrich Fichtenau, *Heretics and Scholars in the High Middle Ages, 1000-1200* (Pennsylvania: Penn State University Press, 1998); Walter Nigg, *The Heretics: Heresy Through the Ages* (New York: Dorset Press, 2019); Zoé Oldenbourg, *Massacre at Montsegur* (New York: Marboro Books, 1988).
61 Albert Henry Newman, *A Manual of Church History* (Philadelphia: American Baptist Publication Society, 1912), 570-571; Trench, *Lectures on Medieval Church History*, 213; Lars Pederson Qualben, *A History of the Christian Church* (New York: Thomas Nelson and Sons, 1956),182. 칼벤은 왈도파의 중요한 특징을 5가지로 집약했다. "(1) 교회는 성경의 순수한 가르침으로 돌아가야 한다 (2) 연옥은 없다 (3) 교회는 오류가 없지 않다 (4) 평신도 기독교인들도 설교할 자격이 있다 (5) 가난한 사람들에게 자신의 물건을 팔거나 주는 것은 기독교인의 성결의 행위이다. 왈도파는 분열주의가 아니라 교회 내에 개혁을 수행하려고 하였다." 이들은 지리적으로는 이탈리아와 프랑스에 거주했고, 중부 유럽의 전역에 흩어져 있었다.

성경을 프랑스어로 번역하고 그 성경을 기준으로 신앙생활을 했다. 이들은 한 마디로 성경에 토대를 둔 평신도 신앙개혁운동의 선구자들이었다.[62]

만약 현대적 의미에서 영적각성운동을 주도한 지도자를 중세시대에도 도출할 수 있다면 가장 근접할 수 있는 인물 가운데 하나는 프랑스 리용(Lyon)을 거점으로 활동한 피터 왈도(Peter Waldo, c.1140-c.1205)와 왈도파들(Waldensians)이다.[63] 피터 왈도는 프랑스 동쪽 국경에 있는 리옹 후작의 마을인 왈덤(Waldum)에서 태어났기 때문에 그런 이름이 그에게 붙여졌다.[64] 이들은 로마 가톨릭이 지배하는 중세시대 로마 가톨릭과 단절하고 자신들의 신앙의 공동체를 형성하며 신앙을 지켜왔다. 남부 프랑스 부유한 상인의 아들로 태어난 왈도는 한 모임을 만들었다. 1170년 그는 심오한 신앙적 체험을 경험하고 가난한 삶과 복음전파의 삶에 헌신하기로 결심했다. 그에게 결정적인 영향을 미친 성경구절은 마태복음 19장 21절이었다. "네가 온전하고자 할진대 가서 네 소유를 팔아 가난한 자들에게 주라 그리하면 하늘에서 보화가 네게 있으리라. 그리고 와서 나를 따르라."

왈도는 이 명령에 문자적으로 순종했다. 그는 자신의 소유를 팔아 "아내와 딸들을 부양하고 나머지 재산을 가난한 사람들에게 나누어 주었다."[65] 그는 그리스도께서 사도들에게 주신 말씀을 그에게 주신 말씀으로 받아들이고 그대로 실천했다. 그런 후 아시시의 프란시스(Francis of Assisi, 1181/82-1226)처럼 아무것도 가지고 다니지 않고 프랑스 남부의 도시와 시골 마을을 여행하면서 그가 방문하는 마을에서 주는 것에 의존하며 복음을 전했다. 그의 단순한 삶, 청빈한 삶은 당시 화려한 부를 구가했던 로마 가톨릭 지도자들과 대비되었다.

---

62 John Fletcher Hurst, *Short History of the Medieval Church* (New York: Chautauqua Press, 1887), 64-66.

63 박용규, 세계부흥운동사 (서울: 한국기독교사연구소, 2023), 144-147. 왈도와 왈도파에 대한 부분은 이 책에 있는 내용이다.

64 Adam Blair, *History of the Waldeness*. Vol. 1. (Edinburgh: Adam & Charles Black, 1833), 248.

65 Walker, *A History of the Christian Church*, 251.

자국어 성경번역과 평신도 설교자

피터 왈도는 "탁월한 설교자"[66] 중 한 명이었다. 그는 성경을 평민의 언어로 번역하고 평신도 설교자 제도를 채택했다.[67] 그는 곧 대중들로부터 인기를 얻었고 프랑스 남부에 폭넓은 지지자들을 얻었다. 그는 강력한 메시지를 전했으며, 암송을 통해 신약성경에서 긴 말씀을 인용했다. 왈도가 창립한 "리용의 가난한 사람들"(the Poor of Lyons)회라 불리는 이들은 피터 왈도의 가르침에 깊은 감동을 받고 그의 단순한 삶의 스타일을 본받기 시작했다.[68] 왈도의 제자들, 왈도파들은 성경을 암송하고 복음전파에 전념하여 "집에서, 심지어 미사 후 교회에서 둘씩, 둘씩 다니며 회개를 외쳤다."[69] 이탈리아, 독일, 보헤미아, 스페인, 그리고 네덜란드에 복음이 놀랍게 확산되었다.

1177년 이들은 그들 스스로를 '심령이 가난한 자'라고 불렀고, 1179년 제3회 라테란회의에 설교 자격을 요청했으나 교황 알렉산더 3세(Pope Alexander III, 재위 1159-1181)는 이들이 교육 받지 않은 평신도라는 이유로 거절했다.[70] 리용의 감독 귀차드(Guichard de Pontigny, -1181)는 왈도를 불러 "비록 네 말대로 그것이 성경을 설명하는 것이라 해도 중얼거리며 복음을 전하는 것을 금한다. 너는 순종 외에는 다른 길이 없다"[71]며 복음전파를 중단하라고 명했다. 그럼에도 불구하고 왈도는 "하나님 앞에서 하나님의 말을 듣는게 옳은가 사람의 말을 듣는게 옳은가 너희가 판단하라. 우리는 '너희는 온 세상을 가

66　정원래, "12/13세기 설교에 대한 이해," 성경과 신학 Vol. 87 (2018): 136.
67　Paulus Scharpf, *History of Evangelism: Three Hundred Years of Evangelism in Germany, Great Britian, and the United States of America*, trans by Helga Bender Henry (Grand Rapids: Eerdman, 1964), 6.
68　Henry Cowan, *Landmarks of Church History to the Reformation* (New York: Anson D. F. Randolph & Co., 1896), 117; Charles Guignebert, *Ancient, Medieval and Modern Christianity The Evolution of a Religion* (New Hyde Park, NY: University Books, 1961), 297.
69　Scharpf, *History of Evangelism*, 6.
70　Walker, *A History of the Christian Church*, 251.
71　Emilio Comba, *History of the Waldenses of Italy, from Their Origin to the Reformation* (New York: AMS Press, 1978), 23-24.

피터 왈도(Peter Waldo, c.1140-c.1205)

서 모든 피조물들에게 복음을 전하라'고 말씀하신 그분께 순종하지 않을 수 없다"[72]며 거절하고 계속해서 복음을 전했다.

이런 이유로 1184년 베르나 공회(Council of Verna)가 왈도파를 제명하였고, 그들에게 박해를 가하기 시작했다. 이런 핍박 속에서도 왈도와 그를 따르는 이들이 본토어로 복음을 전하고 성경을 전하면서 왈도파 부흥이 일어나 1200년 이전에 이미 프랑스와 독일 남부, 이탈리아와 스페인의 북부에 왈도파가 급속하게 확산되었다.[73]

---

72 Comba, *History of the Waldenses of Italy*, 28.
73 Bainton, 기독교의 역사, 218; Cowan, *Landmarks of Church History to the Reformation*, 118.

왈도는 2명씩, 2명씩 복음이 메아리치도록 리용 주변 지역으로 자신의 동료들을 파송했다. 수천 명의 백성들이 복음을 접했다":[74]

> 왈도파는 설교와 가르침에서 성경을 강조했다. 피터 왈도는 지방어로 성경을 즉석에서 번역했으며 자기 동료들이 성경을 암송하도록 격려했고, 그리고 성경 말씀대로 살았다. 왈도파는 복음전파의 중요성을 강조했고 그들은 평신도 남자나 평신도 여성 모두에게 설교하는 일을 허용했다. 그들은 크리스찬들이 산상수훈대로 살아야 한다고 가르쳤다. 그들은 죽은 자들을 위한 미사와 기도를 거부하고 연옥(purgatory)은 단지 지상에서의 삶에서 기독교인들에게 영향을 미친 문제들에 국한된다고 가르쳤다. 그들은 일반인들이 이해할 수 없기 때문에 라틴어로 예배를 드리는 것을 반대했다. 그들은 부도덕한 신부들이 시행하는 성례는 유효하지 않다고 선언하고 평신도들도 고해성사를 청취할 수 있다고 가르쳤다. 그들은 서약하는 것을 거절하고 어떤 형태로든 인간의 생명을 취하는 것은 죄라고 여겼다. 그들은 자신들의 교회를 이끌고 갈 자신들의 목회자, 감독, 신부, 그리고 집사들을 안수하여 세웠다.[75]

왈도파들은 자국어로 성경을 번역했을 뿐만 아니라 성경의 많은 부분을 외웠다. 전도방식도 주님의 방식을 따랐다. 사복음서에 기록된 것처럼 이들은 두 명씩 조가 되어 전도하였고, 옷도 검소하게 입었으며, 맨발이나 샌들을 신고 다녔으며, 복음을 전해 받은 사람들이 주는 것으로 살아갔다. 이들은 월, 수, 금 일주일에 세 번 금식했고 맹세하는 것과 피를 흘리는 것을 금하였고 기도 역시 주기도문과 식탁기도만을 드렸다. 이들은 참회를 하고 성만찬을 같이 하였고 자기들 중에서 성직자를 임명하였다. 당시 로마 카톨릭과 달리 화체설을 부정하고

---

74   Malcolm McDow and Alvin L. Reid, *FireFall: How God Shaped History Through Revivals* (Nashville, Tenn.: Broadman and Holman, 1997), 115.
75   Kenneth S. Latourette, *A History of Christianity* (New York: Harper & Row, 1953), 452-53.

죽은 자를 위한 미사와 기도, 연옥을 성경적인 가르침이 아니라고 받아들이지 않았다.[76]

왈도파들은 성경의 최고 권위와 모든 사람이 자신의 언어로 성경을 읽고 자신의 판단에 따라 해석할 수 있는 권리를 주장했다. 그들은 교황의 권위와 사제의 중보를 부인하고 신자들의 만인 제사장직을 강조하면서도 질서와 편의를 근거로 특별히 임명된 (종교개혁 이전 시대에는) 삼중사역을 유지했다. 그들은 연옥, 죽은 자를 위한 미사, 동정녀와 성인의 기도, 극단적인 기름부음, 화체설을 거부했지만, 사제의 손이 아닌 신실한 전달자가 받을 때 빵 안에 그리스도의 신비로운 임재가 있다고 믿었다. 그들은 의무적인 독신주의를 거부하면서도 그것을 더 높은 상태로 존중했고, 의무적인 십일조 또한 부정하면서도 지원해야 할 사역의 주장을 인정했다. 그들은 면죄부를 거부했지만 고해성사, 사죄는 유지했는데, 이는 경건한 평신도들이 충분히 집행할 수 있는 법으로 간주했다.[77]

이들은 자격이 없는 신부들이 베푸는 성례를 효력이 없는 것으로 여겼고 교회에서 기도 드리는 것보다 은밀하게 기도를 드리는 것을 더 중시하였으며 평신도 남녀의 설교를 장려했다.[78]

그들은 프랑스어로 사람들에게 복음을 전했다. 그들은 겸손한 성품을 소유했고, 검소하게 옷 입었으며, 근면하고 손으로 노동하기를 기꺼이 했으며, 자비를 베풀었고 먹고 마시는 데 있어서 절제했으며 술과 댄스를 금했고 언어가 진실했으며, 분을 내지 않았고 부를 축적하는 것을 악으로 생각하고 피했다. 그들에게서는 청교도적 삶과 신앙개혁, 종교개혁자들의 성경적 신앙, 경건주의자들의 경건이 하나의 신앙-삶 체계로 정착되어 개인과 공동체의 삶을 지배했다. 그

---

76 Newman, *A Manual of Church History*, 580.
77 Cowan, *Landmarks of Church History to the Reformation*, 119.
78 Walker, *A History of the Christian Church*, 252.

들은 말씀을 듣기를 원하는 이들에게는 누구에게나 복음을 전했다. 그들의 단순한 삶의 스타일이 많은 사람들에게 매력을 느끼게 했고, 많은 사람들이 그들의 진실된 헌신과 충성스런 믿음에 영향을 받았다.

맥도와 리드가 지적한 것처럼 세상적인 기준을 초월한 영적 확신, 하나님의 말씀의 전파, 그리고 그들의 신앙에서의 성경의 우위성 등 세 가지는 왈도파 운동에서 찾을 수 있는 영적각성의 특징들이다. 왈도파의 가르침은 중세시대 이들이 영적각성과 영적 생명력을 유지할 수 있는 원동력이 어디 있는지를 잘 보여 준다. 그는 라틴 성경을 프랑스어로 번역하여 복음전도의 핵심으로 활용하였다.[79] 위클리프(John Wycliffe, c.1330-1384)보다 200년 앞서 왈도가 성경의 일부를 프랑스어로 번역하였다는 것은 놀라운 일이다. 그는 성경을 암송하고 여성들을 사역에 활용하는 면에서도 선구자였다. 그 결과 1217년 왈도가 세상을 떠날 때까지 그 신앙운동은 유럽 대부분의 지역으로 확산되었다.[80]

1211년 약 80명의 왈도파들이 스트라스부르그에서 순교를 당했다.[81] 이후에도 이들에 대한 박해는 계속되어 1233년부터 1686년까지 450년 동안 투옥, 고문, 화형 등 가혹한 종교재판이 계속되었다.[82] 왈도파들은 보헤미아 형제단, 후스파, 재침례파 등 개혁그룹에 지대한 영향을 미쳤다. 특히 동유럽에서 영향력이 강했다.[83] 왈도파는 종교개혁에 지대한 영향을 미쳤으며, 지금도 유럽, 우르과이, 노스캐롤라이나에 왈도파교회가 존재한다. 1532년 그들은 공식적으로 종교개혁운동에 합류해 개혁의 기치를 높이 들었다. 워커(G. S. M. Walker)가 왈도파를 가리켜 "최초의 개신교도들"[84] 이라고 평한 것은 과장이 아니다.

---

79   Ronald Finucane, "The Waldensians," *Eerdmans' Handbook to the History of Christianity*, edited by Tim Dowley (Grand Rapids: Eerdman, 1987), 315-317.

80   McDow & Reid, *FireFall*, 115.

81   John Gillies, *Historical Collections of Accounts of Revival* (Edinburgh, UK: Banner of Truth Trust, 1981), 24.

82   Cowan, *Landmarks of Church History to the Reformation*, 119.

83   Ronald Finucane, "The Waldensians," 317.

84   George Stuart Murdoch Walker, *The Growing Storm; Sketches of Church History from A.D. 600 to A.D. 1350* (Grand Rapids: Eerdmans, 1961), 143; Cowan, *Landmarks of Church*

카타리파 혹은 알비파

왈도파 외에 12, 13세기 프랑스 남부의 도시 알비와 그 일대에서 세력을 떨치며 영향을 미친 집단은 알비파(the Albigenses)이다. 신학적으로 알비파는 왈도파와 달랐다. 카타리파 혹은 순결파로 알려진 알비파는 영지주의와 마니교 전통과 상당히 유사한 가르침을 갖고 있어 영은 선한 원칙의 창조물이고 물질은 악한 원칙의 창조물이라고 이해했다. 이들은 영지주의와 마찬가지로 물질과 영혼, 육체와 영혼, 구약과 신약을 예리하게 구분하였다. 이들은 구약성경을 배척하고 예수 그리스도가 실제로 성육신했다고 믿지 않았다. 이들은 화체설을 부정하고 연옥교리도 배척했다.[85] 알비파는 1209년 십자군 원정 때 집중적인 공격을 받았고, 이로 말미암아 급속하게 세력이 줄어들었다.

중세시대 로마 카톨릭의 교리와 전통에서 벗어나거나 모든 개혁적인 성향의 운동이나 단체가 이단으로 정죄를 받고 극심한 박해를 받았던 것처럼 왈도파와 알비파 역시 심한 박해를 받았다. 교황 그레고리 9세(Pope Gregory IX, 재위 1227-1241)는 1233년 왈도파와 알비파 이단들 소탕하기 위해 종교재판소를 설치하였다. 재판관들은 "감언과 협박, 독방과 감금과 고문을 번갈아 사용하여 이단에게서 죄책에 대한 자백을 받아내려 했다. 신앙을 철회하는 자는 차꼬에 채인 채 지하 감옥에서 종신형을 살거나 화형 당하기 전에 교수형을 당하는 은총을 입을 수 있었다. 신앙을 철회한 뒤에 다시 이단에 빠지면 곧장 화형에 처했다."[86] 이들의 처형은 성직자들이 담당하지 않고 시 행정관들이 맡았다.

History to the Reformation, 120-121. 헨리 코완의 말대로 왈도파들은 종교개혁의 선구자라는 칭호를 받을 자격이 충분하다. 그들은 성경 지식과 성경 교리의 확산, 로마 카톨릭의 오류와 남용에 대한 그들의 비판, 그들의 개혁정신과 진지한 경건과 순수한 삶의 실천은 지적으로나 영적으로 미래의 종교개혁의 중요한 토양을 구축했다.

85 Bainton, 기독교의 역사, 219.
86 Bainton, 기독교의 역사, 221-222.

4. 프란시스 수도원과 수도회

왈도파는 중세교회에 심원한 영향을 미쳤고 도미니크수도회와 프란시스수도회 태동의 중요한 배경을 제공했다.[87] 중세 수도원 운동을 더욱 활성화시키는데 크게 기여한 것은 1209년 설립된 프란시스수도회와 1214년 설립된 도미니크수도회이다. 윌리스톤 워커의 표현을 빌린다면 "이 두 단체는 중세 수도원 제도의 가장 고귀한 모범이었다."[88] 프란시스와 도미니크수도회는 수도사 도미니크와 프란시스에서 유래했다. 1216년 도미니크(Dominic de Guzman, c.1170-1221)가 새로운 수도회를 창설하고 이어 아시시의 프란시스가 프란시스수도회를 설립했다.[89]

도미니크수도회와 프란시스수도회는 "파리와 옥스퍼드, 쾰른과 그 밖의 대학교들"을 통해서 탁월한 역량의 스콜라 학자들을 공급했다.[90] 두 수도회는 로마 교황청의 특별한 호의를 받았다. 그레고리 9세는 재위 초반부터 프란시스와 도미니크 두 수도회에게 큰 호의를 베풀었다. 교황 호노리우스 3세(Pope Honorius III, 재위 1216-1227)는 먼저 1222년 도미니크수도회에, 다음에는

---

87 Walker, *A History of the Christian Church*, 254.
88 Walker, *A History of the Christian Church*, 254-255.
89 Cowan, *Landmarks of Church History to the Reformation*, 124-125.
90 Schaff, *History of Christian Church, Volume V.*, 385. "토마스 아퀴나스(Thomas Aquinas, 1224/25-1274), 알베르투스 마그누스(Albertus Magnus, c.1200-1280), 두란두스(Durandus of Saint-Pourçain, c.1270-1334)가 도미니크수도회 소속이었고, 생 질의 장(Jean de Saint Albans, Jean de Saint Gilles, 1198-1258), 알렉산더 헤일스(Alexander of Hales, 1170/85-1245), 아담 마쉬(Adam Marsh, -1259), 보나벤투라(St. Bonaventure, c.1217-1274), 둔스 스코투스(John Duns Scotus, c.1266-1308), 옥캄(William of Ockham, c.1285-1347/49), 로저 베이컨(Roger Bacon, c.1220-1292)이 프란시스수도회 소속이었다. 다른 저명한 중세 프란시스 수도사들 가운데 성경 해석주석가 리라의 니콜라우스(Nicholas of Lyra, c.1270-1349), 설교자 파두아의 안토니우스(Sanctus Antonius de Padua, 1195-1231)와 아우크스부르크의 다비드(David of Augsburg, -1272)와 시에나의 베르나르디노(Bernardinus de Siena, 1380-1444), 그리고 레겐스부르크의 베르톨트(Bertold of Regensburg, 1210-1272), 선교사들로는 루브루퀴스와 몬테 카시노의 요한, 찬송가 저자 첼라노의 토마스(Tomás de Celano, 1190-1260)와 야코포네 다 토디(Jacopone da Todi, c.1230-1306)가 있었다. 도미니크수도회에는 신비주의자들인 에크하르트(Meister Eckhart, c.1260-1327/28)와 타울러(Johann Tauler, c.1300-1361), 멕시코 선교사인 라스 카사스(Bartolome de las Casas, 1474-1566), 그리고 사보나롤라(Girolamo Savonarola, 1452-1498)가 있었다."

프란시스수도회에 "성무중지령이 발효 중인 지역의 프란시스수도회 교회들에서 예배를 드릴 수 있는 주목할만한 특권을 부여했다."[91] 프란시스수도회와 도미니크수도회는 정통신앙을 변호하고, 이단에 맞서 로마 카톨릭의 교리와 전통을 수호하는 일에 늘 선두에 서 있었다.[92]

도미니크와 프란시스수도회의 등장은 클루니 수도원과 시토 수도원이 이룩해온 수도원의 개혁을 계승하면서 더욱 수도원 운동을 큰 힘으로 결집시키는 역할을 하였다. 이들은 십자군 전쟁으로 밀려온 동방의 사치를 배격하고 낡은 옷을 입고 맨발로 다니며 그리스도의 사랑을 실천에 옮겼다. 이들은 당시 중세의 세속주의에 맞서 시대를 거슬러 올라가며 개혁운동을 전개했다. 클루니 수도원과 시토 수도원이 자신들의 개혁을 수도원의 울타리에 가두었으나 이들은 세상으로 나가 세상 속에서 개혁을 실천해 나갔다. 그런 면에서 이들은 당대의 사회 개혁자들이며 진정한 신앙의 실천자들이었다. "그들이야 말로 타락과 사치의 깊은 잠을 깨운 중세 기드온 나팔이요, 무너져가는 중세 교회를 지탱하게 될 기둥과 같았다."[93]

프란시스는 이탈리아 앗시시 마을에서 앗시시의 부유한 의복상 상인 아버지와 프랑스 남부 출신이 어머니 사이에 태어났다.[94] 프란시스는 '프랑스인'(Frenchman), 프랑크(Frank), 그리고 자유인(freeman)이라는 의미의 라틴어 프란시스쿠스(Franciscus)에서 유래했다. 아버지가 프랑스로 상업 차 떠난 사이 태어났기 때문에 프란시스라는 이름이 붙게 되었다. 프란시스는 젊은 날 전쟁에 출정하였다가 포로로 잡혀 1년 동안 포로 생활을 하다 22세에 석방되었으나 중병에 걸리고 말았다. 이것이 동기가 되어 내적 변화를 경험하고 자신의 생애를 하나님께 드리기로 새롭게 헌신을 다짐했다.

처음 앗시시 근처의 굴에서 은둔생활을 하며 청렴한 삶을 구도하던 그는

91　Schaff, *History of Christian Church, Volume V.*, 386.
92　Schaff, *History of Christian Church, Volume V.*, 386.
93　김의환, 기독교회사, 196.
94　Walker, *A History of the Christian Church*, 257.

아시시의 프란시스
(Francis of Assisi, 1181/82-1226)

로마로 순례의 여행을 떠나면서 지갑과 신발을 버리고 청빈을 생명으로 하며 가는 지역 마다 복음을 전하였다. 얼마 후 그는 베네딕트 수도원으로부터 작은 기도처를 제공받았다. 이곳은 그와 그를 따르는 이들에게는 안식처가 되었다. 1209년 그가 29세가 되었을 때 "전도하라 하나님 나라가 가까워왔느니라. 병자를 고치고 문둥병자를 깨끗게하고 사귀를 몰아내라 너의 지갑에 금이나 은이나 또는 놋쇠라도 준비하지 말라"는 음성을 들었다.[95]

---

95 Schaff, *History of Christian Church, Volume V.*, 396. "1209년에 프란시스는 다음과 같은 말

1209년 수도회를 설립한 프란시스는 1210년 몇 가지 규율을 정하고 10여명의 동료와 함께 로마로 가서 이노센트 3세로부터 수도회 설립 허가를 받은 후 앗시시의 참회단(Penitents of Assisi)을 설립하였다. 프란시스수도회 회칙 1, 2, 7, 19조는 이렇게 엄격한 청빈의 삶을 실천할 것을 요구하고 있다.

> 프란시스수도회의 생활 규칙과 양식은 다음과 같다. 우리 주 예수 그리스도의 교훈과 모범을 따라 순종과 청빈의 삶을, 그리고 사유재산이 없는 삶을 영위해야 한다 … 순종을 서원한 자는 후드 있는 겉옷 한 벌과 후드 없는 겉옷 한 벌, 그리고 만일 필요하다면 코르덴 바지와 속 고의(袴衣)를 입을 수 있다. 모든 수도사들은 수수한 복장을 착용해야 한다 … 하늘나라에서 영광스러운 옷을 입기 위하여는 이 세상에서 비싼 옷을 탐하지 않아야 한다 … 어느 곳에 있든지 바로 이것을 주의해야 한다 … 수도사는 어느 장소든 소유할 수 없고 자신의 것이라고 주장해서도 안된다. 그리고 그들에게 찾아오는 자에게는 누구든지 친구든 원수든 도둑이든 강도든 구별 없이 정중히 접대해야 한다 … 수도사들은 어느 곳에 있든지 혹은 어디를 가든지 어떤 방법으로도 돈을 취하거나 받아서는 안된다. 또한 의복을 위해서든 책을 위해서든 혹은 노동의 대가로서든 요컨대 아픈 형제의 긴급한 필요를 제외하고는 어떤 이유에서도 돈을 추구해서는 안된다. 우리는 돈을 돌같이 여겨야 한다. 사단은 돈을 가치 있게 생각하거나 추구하는 자의 눈을 가리려고 찾아다닌다. 그러므로 모든 것을 부정한 후에 그처럼 사소한 것으로 인해 하늘나라를 상실하는 일이 없도록 주의하자. 만일 우리가 어느 곳에서 우연히 돈을 줍게 되었어도 그것을 발로 밟는 먼지 이상으로 여기지 말자. 돈이란 '헛되고

을 들었다. '전파하라 천국이 가까웠느니라. 병자를 고치며 나병환자를 깨끗하게 하며 귀신을 쫓아내라. 너희 지갑에 은이나 금이나 놋(돈)을 넣지 말라.' 그는 지팡이와 지갑과 신발을 버리고 이 사도적 명령을 생활의 법칙으로 삼았다. 그는 회개를 전파하고 버나도 디 킨타발로(Bernard of Quintavalle, -1241), 에지디오(Egidius van Assisi, c.1190-1262) 및 다른 동료들을 자기 주위에 모았다. 가난을 명령하고 십자가를 지는 세 구절, 마 16:24-26; 19:21; 눅 9:1-6이 그들의 규칙이 되었다.'

헛되며 모두 헛된 것'이다 … 모든 수도사들은 카톨릭 교회의 회원이 되어야 하며, 카톨릭 교회의 전통대로 생활하고 말해야 한다.[96]

프란시스수도회 규칙에서 우리는 두가지 사실, 철저한 청빈의 삶의 실천과 로마 카톨릭교회에 대한 충성을 확인할 수 있다.

프란시스 수도사들은 둘씩 짝을 이루어 전도를 다녔다. 노래를 많이 부르고 일하는 농부를 돕고 문둥병자를 간호하고 병자와 부랑자들을 돌보아주었다.[97] 그들은 맨발로 다니고 어떤 곳이나 심지어 문둥병자의 집이라도 의지할 수 있는 곳에서 묵었다. 그는 아무 직업도 없는 자들에게 한 가지 직업을 가르쳐주었다. 게으른 생활을 버리게 하기 위해서였다.

이들은 설교나 지식을 통해서 보다는 자신들의 청렴한 삶을 통해 복음을 증거하는 것을 자신들에게 주어진 중요한 의무라고 생각했다. 때문에 자신들 보다 가난한 자들을 돌보고 그들을 구제하는 것을 생명으로 여겼다. 이들은 어려운 사람을 돕기 위해서는 제단의 장식물이라도 팔아 구제해야 한다고 생각했다. 이들은 빈곤을 중요한 미덕으로 여겼다. 그것은 빈곤이야 말로 주님이 이 세상에서 실제로 모범을 보이시고 초대교회 많은 사람들이 실천에 옮겼던 믿음의 덕목이라고 생각했기 때문이다.

프란시스수도회의 발전

프란시스는 1216년에는 소형제단(Minor Brethren)이라는 이름으로 수도회의 이름을 개명하여 영향력을 확대해나갔다. 프란시스수도회는 1221년에 이르러 참여자들이 3,000명 이상으로 늘어나자 이들로부터 토지의 기증을 받

---

96 회칙 1, 2, 7, 8, 19. Anthony N. S. Lane, *A Concise History of Christian Thought*, 복음주의 입장에서 본 기독교 사상사, 김응국 역 (서울: 나침반, 1991), 201-202에서 재인용. 또한 Anthony N. S. Lane, 기독교인물사상사전, 박도웅, 양정호 역 (서울: 홍성사, 2007), 179-180을 보라.

97 Bainton, 기독교의 역사, 212.

아 수도회 건물을 세우고 엄격한 규칙을 정해 빈곤, 독신, 순종 3대 서약을 단원들에게 요구하였다. 프란시스수도회는 클라리스 수녀원을 자매 수녀원으로 두었다. 이것은 클라라(Clare of Assisi, 1194-1253)라는 젊은 여인이 프란시스의 전도를 받고 프란시스 수도사가 된 것을 계기로 프란시스가 여인들을 위해 세운 수녀원이었다. 이외에도 프란시스는 제 3 수도회라는 일종의 보조기관을 설립하였는데 이것은 속세를 떠나지 않으면서도 프란시스의 이상에 찬성하는 자들이 수도생활을 할 수 있도록 만든 것이다.

프란시스의 헌신과 희생과 사랑 실천은 그 후 하나의 신화처럼 교회사에 널리 전해 내려오고 있다. 프란시스수도회의 형제애의 실천은 선교로 이어져 광범위한 선교운동이 진행되었다. 선교를 통해 프란시스수도회의 영향력은 곧 유럽전역으로 확산되었다. 남으로는 모로코, 동으로는 중국 그리고 서쪽으로는 북아메리카와 남아메리카에 이르기까지 광범하게 영향을 미쳤다. 대륙과 특히 영국에서 영향력을 확대해 위대한 영국의 학자들이 프란시스수도회에 속해 있었다. 프란시스는 이슬람교도들을 위한 선교도 대단히 열심히 감당하여 1219년에 수리아와 이집트로 가서 이집트의 황제 앞에서도 복음을 전했다.

프란시스가 전도여행에서 돌아와 보니 그가 세운 수도회가 변화를 겪고 있음을 발견했다. 후에 교황 그레고리 9세가 된 추기경 우골리노(Ugolino)가 수도단을 엄격한 규율과 통제하에 두고 수도회 단원 모두가 교황에 절대복종하도록 빈틈없는 규율을 만들어 놓았던 것이다. 그러나 프란시스는 이와 같은 모습에 대해 전혀 반항하지 않고 자신이 가르쳐 온대로 몸소 순종을 온 몸으로 실천했다. 이처럼 프란시스는 목적이 순결하고 정신이 겸손한 사람이었다. 결코 명예나 지위를 구하지 않았다. 오직 복음을 전하는 것이 그의 목적이었다. 프란시스는 탁월한 신학적 실력을 갖추거나 예리한 지성을 소유하지 않았지만 많은 사람들에게 행동을 통해 그리스도의 사랑을 실천했다.

성 프란시스의 평가와 성 프란시스 기도문의 역사성

프란시스는 자연을 사랑한 신앙인으로도 널리 알려졌다. 그는 죽기 2년 전 자연에 대한 사랑을 담은 "태양에 부치는 송가"라는 시를 지었다. 그는 벌과 돌과 새와 들의 초목 그리고 태양 그 모두를 사랑했다. 프란시스는 맹수들과 새들에게도 설교한 것으로 널리 알려졌다.[98]

> 나의 형제들인 새들이여, 여러분은 당신들의 창조주를 사랑하고 그에게 영광을 돌리지 않으면 안되오. 그는 여러분에게 깃을 주어 옷으로 삼게 하시고 날개를 주어 날 수 있게 하셨으며 또한 모든 것을 주어 여러분이 이용할 수 있도록 하신 것이오. 여러분은 심지도 않고 거두지도 않지만 하나님께서는 여러분을 보호하시는 것이요.[99]

프란시스는 수도회가 큰 규모로 성장했음에도 자신의 건강도 제대로 돌보지 못하고 여전히 청빈한 삶과 전도와 봉사에 전념하면서 구도자의 삶을 실천하다 1226년 10월 3일 밤, 불과 45세의 젊은 나이로 세상을 떠났다. 프란시스는 유언에서 이렇게 말했다. "아무도 내가 마땅히 행해야 할 길을 가르쳐 주지 않았다. 지존자, 그 분이 직접 나에게 거룩한 복음서에서 가르친 형태의 삶을 살아야 할 것을 계시하셨다."[100] 그는 이런 유언도 남겼다. "주님의 도우심으로 나는 그들[나환자들]에게 찾아가 사랑을 보여줄 수 있었다. 그들을 떠나올 때 나의 괴로웠던 몸과 영혼이 부드럽게 바뀌는 것을 느낄 수 있었다. 이 일이 있고 나서

---

98 Schaff, *History of Christian Church, Volume V.*, 402. "'형제 새들이여, 너희는 창조주를 매우 사랑하고 대단히 찬송해야 한다. 그분은 너희에게 옷을 위한 깃털과 날 수 있는 날개, 그리고 너희에게 유용한 모든 것을 다 주셨다. 너희는 심지도 않고 거두지도 않지만, 그분이 너희를 돌보신다.' 그러자 새들은 그들의 목을 구부리고 마치 고맙다는 듯이 그를 바라보았다. 그는 황제로 하여금 "우리 자매인 새들"을 죽이거나 해를 입히는 것을 금하는 특별법을 제정하게 했을 지도 모른다."

99 Moyer, 인물중심의 교회사, 244.

100 Lane, 기독교 사상사, 202에서 재인용.

얼마 후 나는 이 세상을 버릴 수 있었다 … 가장 존귀하신 주님께서 자신을 내게 보이셨고 거룩한 복음서에 전한 말씀대로 살아야 할 것을 알려주셨다."[101] 프란시스는 선을 행하되 마지막 날까지 계속해야 한다고 부탁하는 것으로 자신의 유언을 마쳤다.

필립 샤프는 이렇게 그를 평했다. "역사상 인물 가운데 프란시스 만큼 깊은 인상을 세인에게 남긴 사람은 별로 없다. 그의 인격은 그가 살아 있을 때 사방으로 빛을 비추었고 그의 사명은 오늘날까지 변치 않고 전해 내려오고 있다 … 그는 그리스도 이후에 그리스도의 말씀의 의미를 가장 잘 알고 있던 사람이었으며 또한 그리스도의 정신을 가장 잘 체득한 사람이었다." 아돌프 하르낙은 그를 가리켜 "아시시의 놀라운 성자"라고 불렀다.

확실히 프란시스는 역사상의 인물 중에 가장 깊은 인상을 남긴 사람 중의 한 명이었다. 필립 샤프의 말대로 루터 때까지 프란시스 만큼 교회에 귀한 말을 남긴 사람은 없었다. "프란시스는 기독교 역사상 가장 사심이 없고 순결한 마음을 가진 사람 중 한 사람이었다."[102] 프란시스가 세상을 떠난 후 그레고리 9세는 프란시스에게 성자의 칭호를 부여하여 그의 공로를 기렸다.

성 프란시스와 관련하여 한 가지 사실을 언급해야 할 것 같다. 그것은 오늘날 성프란시스의 기도로 알려진 평화의 기도 시의 진위성 여부이다.

주여!
나를 당신의 평화의 도구로 써 주소서.
미움이 있는 곳에 나로 사랑을,
훼손이 있는 곳에 나로 용서를,
의심이 있는 곳에 나로 믿음을,
실망이 있는 곳에 나로 희망을,

---

101   Lane, 기독교인물사상사전, 180.
102   Schaff, *History of Christian Church, Volume V.*, 393.

암흑이 있는 곳에 나로 광명을,

슬픔이 있는 곳에 나로 기쁨을 심게 하소서.

하늘에 계신 주시여

나로 위안을 받기 보다 주게 하시며

남의 이해를 받기 보다 남을 이해하게 하시며

남의 사랑을 받기 보다 남을 사랑하게 하소서

남에게 줌으로써 우리가 얻으며

남을 용서함으로써 우리도 용서를 받으며

죽음으로써 우리가 영원히 사는 것을 알게 하소서

아멘

이 평화의 기도 시는 저자가 프란시스로 알려졌지만 그가 쓴 것이 아니다.[103]

---

[103] https://www.loyolapress.com/catholic-resources/prayer/traditional-catholic-prayers/saintsprayers/peace-prayer-of-saint-francis/ 영어 원문은 다음에서 확인할 수 있다. https://medicine.yale.edu/psychiatry/care/ cmhc/ spiritual%20care_prayers_421484_284_4172_v1.pdf. "Lord, make me an instrument of your peace: where there is hatred, let me sow love; where there is injury, pardon; where there is doubt, faith; where there is despair, hope; where there is darkness, light; where there is sadness, joy. O divine Master, grant that I may not so much seek to be consoled as to console, to be understood as to understand, to be loved as to love. For it is in giving that we receive, it is in pardoning that we are pardoned, and it is in dying that we are born to eternal life. Amen." 이 시의 기원에 대해서는 다음을 참고하라. Christian Renoux, "The Origin of the Peace Prayer of St. Francis," https://www.franciscan-archive.org/franciscana/peace.html 〈2023. 11. 20. 접속〉 평화의 기도가 처음 등장한 것은 1912년 프랑스에서 발행된 작은 영성 잡지 '라 클로셰트(작은 종)'에서였다. 이 기도문은 1901년 프랑스 신부인 에스더 부케렐(1855-1923) 신부가 설립한 가톨릭 단체인 라 리그 드 라 생트메스(La Ligue de la Sainte-Messe, 거룩한 미사 연맹)에 처음 등장한다. 이 기도문의 원제는 '미사 중에 바치는 아름다운 기도'(Belle prière à faire pendant la Messe)로 익명으로 출판되었다. 저자는 부케렐 신부일 가능성이 있지만, 저자의 신원은 여전히 미스터리로 남아 있다. 이 기도문은 1915년 프랑스 스타니슬라스 드 라 로쉐툴롱 후작이 교황 베네딕토 15세(Pope Benedict XV, 재위 1914-1922)에게 프랑스어로 보냈다. 이 기도문은 곧이어 1916년 바티칸의 일간지 로세르바토레 로마노에 이탈리아어로 실렸다. 1920년경 프랑스 프란치스코회 신부가 성 프란치스코의 초상화 뒷면에 '프리에르 푸르 라 파스'(평화를 위한 기도)라는 제목으로 이 기도문을 인쇄했지만, 이 기도문은 프란시스의 저작은 아니었다. 두 차례의 세계대전을 거치면서 이 기도문은 유럽에 퍼져나갔고 영어로 번역되었다. 1927년 에티엔 바흐(Etienne Pierre Bach, 1892-1986)가 설립한 프랑스 개신교 운동 단체인 레 슈발리에 뒤 쁘랭 드 라 뻬(평화의 왕자 기사단)에 의해 처음으로 이 시가 성 프란시스가 쓴 것으로 소개되었다. 우리가 알고 있는 최초의 영어 번역본은 1936년 그리스도의 제자 교단 소속 목사이자 평화주의자, 사회 전도자, 작가이자 '내일의 세계'(뉴욕)

역사 속의 모든 신앙공동체가 그런 것처럼 그 운동을 이끈 지도자가 세상을 떠난 후 분열과 갈등이 있었던 것처럼 프란시스수도회에도 유사한 현상이 일어났다. 프란시스가 세상을 떠난 후 몇 십 년 동안 프란시스 내부에서는 엄수파와 수도파로 나뉘어 내부적인 갈등을 겪었다. 엄수파(엄격파, Observant)는 프란시스의 정신을 그대로 계승하기를 원했고 수도파(온건파, Conventual)는 빈곤과 엄격한 규율에 대해 느슨한 입장을 취했다. 교황은 수도파를 지지하였다.[104]

5. 도미니크 수도원과 수도회

도미니크수도회는 여러 면에서 프란시스수도회와 비슷했다. 그 출발은 도미니크라는 한 인물에서 기원되었다.[105] 도미니크는 스페인 예수 구즈만 가문 출생으로 14세부터 수도를 시작했다. 1191년 기근 때에는 빈민을 구제하기 위해 자기 도서까지 포함해서 모든 소유를 팔았다. 1199년 도미니크는 오스마의 어거스틴 수도원에 들어가 그곳에서 훈련을 받고 지도자가 되었다.[106]

프란시스가 청렴한 삶을 통해 기성교회와 신자 그리고 사회에 도전을 주었

의 편집자였던 커비 페이지(Kirby Page, 1890-1957)의 저서 용기 있게 살기에 실린 것이다. 페이지는 이 글의 출처를 아시시의 성 프란치스코로 분명히 밝혔다. 제2차 세계대전과 그 직후 이 평화를 위한 기도는 프란치스코 추기경의 저서를 통해 '성 프란시스의 기도'라는 이름으로 널리 퍼지기 시작했으며, 수년에 걸쳐 모든 종교를 가진 사람들에게 전 세계적으로 인기를 얻었다.

104 Walker, *A History of the Christian Church*, 260-261. "프란시스의 생전에 그리스도를 닮은 단순한 청빈의 삶을 강조하는 사람들과 교세, 권력, 영향력을 중시하는 사람들로 나뉘었는데, 프란시스수도회 안에 프란시스가 죽고 나서 분열은 더욱 심해졌다. 전자를 대변하는 엄격파는 레오 형제(Brother Leo, -1270)가 지도자가 되었고, 후자를 대변하는 느슨 파는 코르토나의 엘리아스(Elias of Cortona, c.1180-1253)가 지도자가 되었다. 교황의 정책은 초기 수도회의 노선을 따라 교단의 성장과 통합을 통해 교회 정치가 발전할 수 있기 때문에 느슨한 쪽을 선호했다."
105 Bainton, 기독교의 역사, 213.
106 Walker, *A History of the Christian Church*, 255.

도미니크(Dominic de Guzman, c.1170-1221)

다면 신학과 지성을 겸비한 도미니크는 고행이나 의식 보다는 연구와 설교를 통해 중세 교회에 대단한 도전을 주었다. 정통신앙을 전파하고 교회와 교직제도의 발전에 크게 기여하였다. 1140년 스페인에서 태어난 도미니크는 프랑스 남부에 산재한 알비겐스파(Albigenes)라는 이단들에 대항하여 수도회 설립을 이노센트 3세에게 요청했으나 이미 프란시스수도회가 있어 여기에 합류할 것을 권고하는 바람에 무산되었다.

254 중세교회사

1214년 수도회를 설립한 도미니크는 1216년 이노센트 3세가 세상을 떠나고 교황 호노리우스 3세가 즉위하자 새 교황을 통해 수도회 설립 허락을 받았다. "이 수도회의 주요한 일은 교회의 교리를 가르치며 선교 사업을 하고 또한 이단과 대항하여 싸우는 것이었다." 도미니크는 수도회가 창설되자 선교사업을 할 수 있는 수도사들을 각처에 파송하였다. 이들은 교황으로부터 어디를 가든지 자유롭게 설교할 수 있는 권리를 얻어 교황의 후원 하에 더욱 활동 범위를 넓힐 수 있었다. 이들은 프란시스의 영향을 받아 수도회에 속한 각 수도사들의 재산 소유권을 포기할 것을 요구하였으나 프란시스수도회와 달리 수도사의 육체적 노동을 엄격히 규정하지 않았다. 이들은 육체적 노동 대신 설교와 공부하는 것을 장려하였다.

1220년 1회 도미니크 볼로냐(Bologna) 회의가 개최되어 걸식을 통한 청빈, 설교와 봉사를 통한 이웃 사랑이라는 두가지 원칙을 설정하고 이를 실행에 옮겼다. 1221년 도미니크가 세상을 떠날 때 프로방스, 툴루스, 프랑스, 롬바디, 로마, 스페인, 독일, 영국에 60개의 수도원이 있었다.[107] 이들은 걸식과 봉사를 강조하면서도 연구를 동시에 중시했다. 도미니크수도회의 특징은 "연구하고 전도하리"(Study and Preaching)이다.

도미니크수도회는 4년간 철학과 신학을 연구한 후에야 설교 면허를 얻을 수 있었고 면허가 주어진 뒤에도 3년간 신학 연구를 의무화했다. 이와 같은 연구에 대한 강조로 수많은 중세의 스콜라주의 신학자들과 신비주의자들 그리고 개혁자들이 여기서 배출되었다. 도미니크 수도사들은 늘 학문을 열심히 연구하고 전도 교육에 힘쓰며 대학 도시들에서 일을 했기 때문에 오래지 않아 많은 대학교수들을 배출했다.[108] 알베르투스 마그누스와 토마스 아퀴나스같은 위대한 중세 신학자들, 에크하르트와 타울러 같은 중세 신비주의자들, 그리고 사보나롤라 같은 개혁자들은 대표적인 사례들이다.[109]

---

107 Walker, A *History of the Christian Church*, 255.
108 Walker, A *History of the Christian Church*, 256.
109 Walker, A *History of the Christian Church*, 256.

정리한다면 프란시스와 도미니크 두 수도회는 첫째, 자기들의 재산을 가난한 자들에게 나누어주고 복음을 전했다. 이들 모두 회개와 사랑을 강조하였다. 둘째, 두 수도회 모두 각처에 다니면서 구걸하면서 청빈을 실천하며 복음을 전했다. 셋째, 두 수도회 모두 직접 교황의 지배를 받았다.[110] 이들 수도원은 교황에 절대충성했고, 교황은 수도원에 대단한 특혜를 제공했다. 당시 수도회는 교황의 절대적 후원과 지원을 받았기 때문에 프란시스와 도미니크 수도원의 대수도원장의 영향력은 막강했다.[111] 넷째, 두 수도회 모두 예술 과학 일반 학문에까지 깊은 관심을 가졌고 대학과 학교에 중요한 위치를 차지하게 되었다. 도미니크수도회는 육체 노동을 중시한 프란시스수도회와 달리 노동보다 설교와 학문 연구에 더 힘썼다. 다섯째, 두 수도회 모두 예배 의식에서 설교를 부활시켰다. 여섯째, 이들 수도원은 처음에는 개별적인 것으로 시작했으나 점차 조직과 교회와의 연계성을 가졌으며, 당시의 이단들에 대항하는 중요한 역할을 하였다.

그러나 중세 수도원이 중세 시대 순기능의 역할만 한 것은 아니다. "많은

110　Schaff, *History of Christian Church, Volume V.*, 325-327. "세상을 포기하고 세상을 지배하는 양 극단을 대표하는 수도원주의와 교황권은 이상하게도 가장 긴밀한 동맹을 맺었다. 수사들은 교황의 상비군이 되었고, 교황이 세속 통치자들과 벌인 전투에서 그들의 순종적이고 용맹한 옹호자였다. 최고의 교황 중 일부는 훈련이나 습관, 또는 두 가지 모두에서 수도승이었다. 그레고리 7세는 로마 아벤티누스 언덕에 세워진 베네딕트 수도원에서 훈련을 받았고, 빅토르 3세는 몬테 카시노 수도원 출신이었고, 우르반 2세와 파스칼 2세는 클루니수도회 출신이었으며, 하드리안 4세는 세인트 올번스 수도원 출신이었다. 성 버나드의 제자인 유게니우스 3세는 교황이 된 후에도 계속해서 시토 수도원의 내의를 입었다. 이노센트 3세는 금욕적인 저서인 세상에 대한 경멸을 썼다."(326) "교황들은 수도회를 장려하고 이를 사용하여 교회 권력을 로마에 집중시키는 기민한 지혜를 발휘했다. 각 수도회에는 고유한 수도원 규칙과 고유한 관습이 있었다. 이들 규칙들과 조례들은 교황에 의해 승인을 받고 확인을 받았으며 즉각 또는 보다 느슨하게 교황의 주권 관할권에 속하게 되었다. 프란시스수도회와 도미니크수도회 같은 탁발 수도회는 교황청에 직접적으로 복종하는 수도회였다 … 교황의 특권과 면제가 수도회, 특히 탁발수도회에 자유롭게 주어졌다. 그들은 교황의 사랑을 받는 수도회였다. 그들은 주교들과 그들의 관할권에 관계없이 언제 어디서나 설교하고 성찬을 집례할 수 있는 실질적인 자유가 주어졌다."(327)

111　Schaff, *History of Christian Church, Volume V.*, 328. "큰 규모의 수도원의 부와 사치와 권력은 속담이 될 정도로 대단했다. 로렌과 유럽의 다른 지역에서는 그들이 주도적인 영향력을 행사했다. 대 수도원장은 종종 주교보다 서열이 앞섰다. 가장 먼 동쪽에서 대서양에 이르는 대표자들로 구성된 수도회의 총회들이 교구와 심지어 지역공의회보다 더 큰 영향력을 행사했다 … 그들은 대단한 인물이었다. 그들은 에큐메니칼 공의회에 참석했고, 그들이 지나가는 동안 종이 울렸다. 그들은 사냥을 즐겼고, 말과 무장한 수행원이 딸려 있었으며, 정교한 격식의 즐거움을 제공받았다."

다른 세상의 이상들과 마찬가지로, 수도원이 목표로 한 평화와 도덕, 행복할 정도의 만족점에 도달하지 못하거나 혹 초기의 열정의 순간에 근접했을 지라도 곧 그 열정을 상실하고 말았다. 왜냐하면 수도원주의의 방법이 근본적으로 잘못되었기 때문이다. 여기저기 회랑은 '하나님의 알현실'(the audience chamber of God)이었다. 그러나 수도원의 벽이 저절로 거룩해지는 것은 아니라는 점은 잘 알려져 있다. 이전에 제롬(Jerome, c.347-419/20)과 니사의 그레고리우스(Gregory of Nazianzus, c.330-c.389), 어거스틴이 그러한 취지의 증언을 했듯이, 지금도 다른 목소리를 내고 있다. 샤르트르의 이보(Ivo of Chartres, c.1040-1116)는 교만의 누룩으로 가득 차고 금욕적인 행위를 자랑하는 수도사들을 정죄하면서 디모데전서 4장 8절과 로마서 14장 17절을 언급했다."[112]

앨버트 뉴먼이 지적한 것처럼 중세수도원운동이 긍정적인 측면만 있었던 것은 아니다.[113] 프란시스수도회는 점점 더 부를 축척하면서 다른 수도회들과 마찬가지로 처음 가졌던 청빈과 희생과 봉사의 정신을 잃고 명예와 재물로 인해 규율이 문란해지고 부패해지기 시작했다. "종교는 부를 가져왔고, 부는 종교를 파멸시켰다." 그 결과 교회에 대한 개혁에 대한 생명력을 잃고 말았다. 역사는 "사람을 낚는 어부가 돈을 낚는 어부"로 선락하면 복음의 생명력을 상실한다는 사실을 여실히 보여주었다. 수도원이 처음에는 금욕과 궁핍을 표방하였으나 교황권의 오른팔 역할을 하였고 점점 더 부유해지면서 사치를 일삼고 부와 막강한 권력을 양손에 쥐어든 군림하는 자가 되었다. 부의 축적은 외형적 화려함과 사치로 이어졌고 결국에는 부패하면서 수도원에는 많은 역기능적 현상들이 나타났다.

---

112 Schaff, *History of Christian Church, Volume IV.*, 322-323.
113 Newman, *A Manual of Church History*, 454. "초기에 수도원 식민지는 문명을 확산시키는 수단이었고 따라서 경제적으로 가치가 있었지만, 수도원 생활의 엄청난 확장은 경제적으로 결국 해를 끼쳤다 … 수십만 명의 남성과 여성이 가정생활보다 수도원 생활을 선택함으로써 가능한 주택 수가 크게 줄어들었고 중세 국가의 이익이 되었을 생산 인구의 증가를 방해했기 때문이다. 게다가 유럽에, 매춘, 불법 출산, 낙태, 영아 살해가 도처에서 만연했는데, 이는 주로 수도원 생활과 성직자의 독신 생활로 인해 발생했다."

제 III 부

스콜라주의와 교황지상주의

8장
중세 대학과 스콜라주의 발흥과 발전

9장
교황지상주의, 교회 분열, 그리고 종교회의

토마스 아퀴나스(Thomas Aquinas, 1224/25-1274)

제 8장

중세 대학과 스콜라주의 발흥과 발전

중세 대학들은 젊은 세대의 이상과 희망의 센터였다.

Schaff, *History of Christian Church, Vol. V.*, 563.

철학을 공부한다는 것은 인간이 무엇을 생각했는지 알기 위한 것이 아니라 사물의 진실이 무엇인지 알기 위한 것이다.

토마스 아퀴나스 (Thomas Aquinas, 1224/25-1274)

지배욕보다 더 위험한 독이나 치명적인 칼은 없다.

버나드가 유니게우스 3세(1145-1153)에게

스콜라주의는 중세사를 이해하는 가장 중요한 중심 주제이다.[1] 11세기 중반 안셀름(Anselm of Canterbury, 1033/34-1109)이 등장하고부터 윌리암 옥캄(William of Ockham, c.1285-1347/49)이 활동했던 14세기 중엽까지 중세의 지성사를 장식했던 스콜라주의는 고전에 대한 복고이며 종교개혁과 후

---

1   William R. Cannon, *History of Christianity in the Middle Ages: From the Fall of Rome to the Fall of Constantinople*, 중세교회사, 서영일 역 (서울: 기독교문서선교회, 1995), 240-241.

대 신학적 발전을 위해 한 차원 높은 토대를 구축해주었다.

신비주의운동이 수도원을 중심으로 발전했다면 스콜라주의는 학교와 대학을 거점으로 발전했다. 중세의 당시 학문운동이 학교(Scholae)를 통해 진작되었기 때문에 스콜라주의(Scholasticism)라고 불리게 되었다.² 샤를마뉴 대제(Carolus Magnus, c.747-814)가 교직자 양성을 목적으로 교회와 수도원에 설립한 학교들은³ 훗날 중세 대학 설립의 중요한 배경을 제공했다. 십자군 이후 대학의 학문활동이 활기를 띠고 십자군을 통해 헬라와 아랍의 문명과 사상이 서방에 유입되면서 스콜라주의 운동은 더욱 활발해졌다.⁴

중세 스콜라주의 신학자들은 대부분이 도미니크수도회와 프란시스수도회에서 배출된 수도사들이었다. 그것은 이들 수도회가 대학에 지대한 영향을 미치고 있었기 때문이다. 특히 도미니크수도회는 연구를 생명으로 여기고 있어 이를 통해 수많은 학자, 수도사들이 배출되었다.

수도원운동을 통해 개혁운동이 일어나면서 교회 안에서도 개혁의지를 지닌 교황들이 등장하였고 이와 함께 도미니크와 프란시스수도회가 등장하여 비록 희미하지만 어두운 중세에 신앙의 불빛을 밝혀나갔다. 그래서 이 시대를 연

---

2   Charles Guignebert, *Ancient, Medieval and Modern Christianity The Evolution of a Religion* (New Hyde Park, NY: University Books, 1961), 257. 그는 스콜라주의가 11세기에 하나의 뚜렷한 신앙운동으로 역사에 부상했지만 그 기원을 알퀸(Alcuin, c.732-804), 라바누스 마우르스(Rabanus Maurus, c.780-856)와 요하네스 스코투스 에리우게나(John Scotus Eriugena, 810-c.877)에게로 거슬러 올라간다.

3   Albert Henry Newman, *A Manual of Church History* (Philadelphia: American Baptist Publication Society, 1912), 469. 중세 대학의 기원은 대체로 수도원학교와 교회학교 두 부류였다.

4   정원래, "중세 스콜라 신학에 미친 이슬람 철학자들의 영향," 한국개혁신학 Vol. 73 (2022): 143-144. "중세 이슬람과의 만남은 서방 기독교에 커다란 영향을 주었다. 초기에는 기독교인들이 이슬람 진영의 학문과 철학의 발달에 지대한 영향을 끼쳤다. 이슬람 진영에서 활동한 기독교 학자들은 헬라 철학자들의 저서들을 적극적으로 번역하며, 이슬람 학문의 번영을 낳는데 기여했다. 이렇게 소개된 헬라의 철학들은 이슬람 세계의 학문과 신학의 발전에만 기여한 것이 아니라, 12세기부터 역으로 기독교 세계로 다시 전달되기 시작했다. 특히 이슬람 학자들의 해석과 주석을 통해 소개된 고대철학 중에서도 아리스토텔레스의 영향은 매우 컸다. 이슬람의 영향을 지닌 아리스토텔레스의 사상은 기독교 세계관과 여러 면에서 충돌하였다. 이러한 사상적 도전에 맞서 서방의 기독교는 거부와 활용 혹은 적극적 수용의 다양한 형태를 보여 주었다. 이러한 태도들은 수많은 논쟁과 저술들을 낳았으며, 스콜라 신학의 전성기를 가져오는 주요 원인이 되었다."

구한 사람들은 이 시대야 말로 중세의 황금시대라고 불렀다.

거의 동시대 수도원 운동이 모체가 되어 중세를 화려하게 빛낸 종교운동이 발흥하였다. 그 중요한 출발점을 제공해준 것이 유럽 전역에 지성의 요람으로 발전한 중세대학들의 설립이다. 이 시대에 설립된 대학들은 1180년에 설립된 볼로냐(Bologna)대학과 몽펠리에(Montpellier)대학, 1200년에 설립된 파리대학과 옥스포드대학, 살레르노(Salerno) 대학, 1365년에 설립된 비엔나대학, 1379년에 설립된 에르푸르트대학, 그리고 1385년에 설립된 하이델베르그대학이다. 이 중 볼로냐대학, 파리대학, 옥스포드대학은 중세의 인재 양성의 센터가 되었다.

이처럼 스콜라주의의 발흥이 중세 대학 설립운동과 맞물려 진행되었고, 중세 스콜라주의가 대학을 통해 활발하게 진행되었기 때문에 스콜라주의를 바르게 이해하기 위해서는 중세 대학의 발흥을 먼저 고찰할 필요가 있다.

1. 중세 학문과 지성의 요람, 대학들의 설립

11세기 후반 서유럽은 학문에 눈을 뜨기 시작했다. 필립 샤프의 지적대로 "11세기의 르네상스로 인해 학교에 대한 관심이 눈에 띠게 부활하였고, 저명한 교사들이 역사에 등장했으며 고전연구가 새롭게 진행되었고 인간정신의 폭이 크게 확장되었다."[5] 중세 초기의 학교들은 수도원 및 주교좌성당들과 깊은 관련이 있었다.[6]

---

5 Philip Schaff, *History of Christian Church, Vol. V.: The Middle Ages from Gregory VII to Boniface 1294* (Grand Rapids: Wm. B. Eerdmans, 1907), 534.

6 Schaff, *History of Christian Church, Volume V.*, 536. 404년 마르세유에 생빅토르 수도원학교를 설립한 카시아누스가 선구자로 평가 받는다. 중세의 새로운 학교로서의 틀을 시작한 것은 베네딕트수도회와 거기서 파생된 시토수도회를 통해서였다. 샤를마뉴가 독일 제국을 위한 표준학교로서 궁정학교를 설립하고 11세기에는 독일의 모든 수도원들과 주교좌성당들이 학교를 운영하였고 이탈리아에는 밀라노와 파르마의 학교들이 세워졌다. 11세기 중세 교육의 중심지는 프랑스였다. "베크 랭스 오를레앙 랑 파리의 학교들은 경쟁 상대가 없었다.

동서 문화와 학문교류를 통해 중세대학설립을 자극한 것 중의 하나가 십자군운동이다. 십자군운동은 동서 교류를 통해 단순히 상업과 문화적 교류의 차원을 넘어 동방의 철학과 학문을 서방에 도입하는 전기를 마련해주었다. 자연히 동방에서 번성하던 철학과 사상이 십자군운동을 통해 서방으로 유입되어 학문적 교류의 길을 터 주었다. 이 중에서도 플라톤주의와 아리스토텔레스 사상이 동방에서 서방으로 유입되어 널리 보급되어 스콜라철학이 번성할 수 있는 토대를 구축하여 주었다. 새로운 문물의 유입으로 유럽의 지성의 조류가 변화를 맞기 시작한 것이다.

중세대학 설립을 자극한 십자군운동

찰스 대제 이후 수많은 학교들이 설립되었다. 대제 이후 학문적 르네상스라고 부를 만큼 수도원의 학교를 중심으로 문법, 논리, 수사학, 음악, 수학, 기하학, 천문학이 널리 보급되었다.[7] 기왕의 학문에 대한 존경은 동방으로부터 유입된 플라톤과 아리스토텔리스의 학풍으로 새로운 자극을 받으며 고전에 대한 연구가 새롭게 복고되기 시작했다.

특히 이와 같은 움직임은 12세기부터 13세기에 절정에 달했고, 십자군운동이 쇠퇴해질 즈음부터 더욱 부상했다.[8] 비록 후대 중세말엽의 르네상스 휴머니즘과 같은 대단한 열정은 아니지만 고전에 대한 연구가 새롭게 일기 시작했

그들 학교의 명성은 학생들, 심지어 영국과 독일로부터 수도사, 신부, 그리고 주교들까지 끌어들였다."

[7] Newman, *A Manual of Church History*, 469. 알퀸이 가르치던 팔라틴 궁정학교(Palatine school)는 대학은 아니었지만 대학의 선구자로 샤를마뉴와 그의 후계자들은 트라이비움(the trivium, 문법, 논리, 수사학)과 콰드리비움(the quadrivium, 음악, 수학, 기하학, 천문학)을 학교에서 배웠다. 중세 초기에는 교육이 거의 수도원에만 국한되어 있었다."

[8] Bernard J. Otten, *A Manual of the History of Dogmas Vol. II The Development of Dogmas During the Middle Ages and After 869-1907* (St. Louis, Mo: B. Herder Book Co., 1918), 11-13; Newman, *A Manual of Church History*, 469. 십자군 동안에 동방과의 접촉을 통해 서방교회의 스콜라주의는 상당한 발전을 이룩했다. 뉴만이 말한 대로 "십자군 전쟁으로 깨어난 지적 활동은 12세기에 모든 곳에서 나타나기 시작했다. 지식에 대한 열망은 12세기, 13세기, 14세기에 유행했다고 할 수 있다."

다. 이와 같은 시대적 요청에 따라 각 수도원과 도시에서는 새로운 학문의 수용에 앞장섰고 이를 위해 대학을 설립하려는 움직임이 강하게 일어났다.

12세기에 접어들어 여러 대학교들이 설립되었다. 80여개의 대학들이 중세 기간에 설립되었다.[9] 중세 대학은 학생들과 교수들이 있으면 대학이 만들어졌고, 오랫동안 오늘날과 같은 캠퍼스와 대학 건물들은 존재하지 않았다. 그렇지만 필립 샤프의 말대로 "중세 대학들은 젊은 세대의 이상과 희망의 센터였다."[10] 가장 먼저 살레르노대학(Universita degli Studi di Salerno)이 설립되었고, 1080년 볼로냐대학(Università di Bologna), 12세기에 몽펠리에대학(Universite de Montpellier), 파리대학(Universite de Paris, 1150), 옥스포드 대학(University of Oxford, 1096), 레조와 모데나대학이 설립되었고, 이어 13세기에 비첸차대학(University of Vicenza, 1204), 케임브리지대학(University of Cambridge, 1209), 팔렌시아대학(University of Palencia, 스페인)이 설립되었다.[11]

13세기에 프랑스, 이탈리아, 스페인에서 여러 대학들이 설립되었고,[12] 14세기에도 세계적인 명문대학들이 계속 설립되었다. 1365년에 설립된 비엔나대학(Universitat Wien), 1379년에 설립된 에르푸르트대학(Universitat Erfurt), 그리고 1385년에 설립된 하이델베르그대학(Ruprecht Karls Universitat Heidelberg)은 대표적인 사례이다. 12세기와 15세기에 설립된 이들 수많은 대학과 학교를 통해 많은 교사들이 배출되었으며 이들 교사들은 교회의 신학 발전에 중요한 역할을 하였다. 이 중 볼로냐대학, 파리대학, 옥스퍼드대학은 중세의 인재 양성의 산실이었다.[13] 파리대학은 신학으로, 볼로냐대학은 교회법과 민법

---

9   Roland Herbert Bainton, *Christendom: A Short History of Christianity and Its Impact on Western Civilization*, 기독교의 역사, 이길상 역 (일산: 크리스챤다이제스트, 1997), 187.
10   Schaff, *History of Christian Church, Volume V.*, 563.
11   Newman, *A Manual of Church History*, 470.
12   David Knowles, *The Evolution of Medieval Thoughts* (New York: Vintage Books, 1962), 169.
13   Williston Walker, *A History of the Christian Church* (New York: Charles Scribner's Sons, 1922), 267-268.

으로 그리고 살레르노대학은 의학으로 유명했다.

볼로냐대학

필립 샤프에 따르면 이탈리아의 볼로냐대학교는 "유럽대학 중 가장 신망을 받은 대학이었다."[14] 볼로냐대학은 유럽에서 법학으로 가장 명성을 날렸다. 그것은 로마 법에 정통한 일네리우스(Irnerius, 1050-1125)가 이 대학에 교수로 있었기 때문이다.[15] 처음 법학으로 시작된 볼로냐대학은 1221년에 인문학부, 1260년에 의학부, 1360년에 신학부를 증설하여 완전히 대학의 틀을 갖추었다. 볼로냐대학의 경우 행정이 학생회에 의해 운영되었기 때문에 처음부터 교황청의 간섭을 배제할 수 있었다. 그러나 학생들이 행정과 재정을 운영하는 것은 한계가 있어 시 당국이 그것을 관장하게 되었다.

볼로냐대학교는 여성들을 학생으로 받아들였고 여성들에게 교수직도 허용했다. 저명한 법학자 지오바니 단드레아(Giovanni d'Andrea, 1270/1275-1348)의 딸 노벨라 단드레아(Novella d'Andrea, c.1312-c.1366)가 이곳에서 여성으로 철학과 법학을 가르쳤다. 다만 수강생들이 여자 교수 얼굴을 보고 딴 생각을 할까봐 커튼을 쳐놓고 강의를 진행했다. 볼로냐대학은 민법 전공자들은 7년, 교회법 전공자들은 6년을 이수해야 했다. 두 분야의 박사가 되려면 10년 과정을 이수해야 했다. 볼로냐의 명성은 다른 대학들이 놀랍게 발전하면서 점차 퇴색되었다.

파리대학

볼로냐대학과 쌍벽을 이루었던 파리대학은 볼로냐대학과는 달리 교황의

---

14 Schaff, *History of Christian Church, Volume V.*, 564.
15 Knowles, *The Evolution of Medieval Thoughts*, 157.

지원을 받으며 운영했다. 종교개혁까지 신학과 일반학문의 주요 좌소로 평가 받았던 파리대학은 1150-1170년 사이에 설립되었다. 파리대학은 노트르담 대성당 학교의 직접적인 파생물이었다. 아벨라드 시대에는 도시 내부 또는 근처에 대성당학교, 아벨라드(Peter Abelard, 1079-1142)가 가르쳤던 성 제네바(Ste Genevieve) 학교, 성 빅토르(St. Victor) 수도원 학교 셋이 존재했다. 이 중에서 파리대학은 대성당학교에서 발전했다.[16]

그레고리 9세(Pope Gregory IX, 재위 1227-1241)는 파리대학을 "학문의 부모"(the parent of the sciences)[17]라고 예찬했고, 알렉산더 4세(Pope Alexander IV, 재위 1254-1261)도 파리대학을 "가장 탁월한 문학의 정부, 유명한 예술의 도시, 주목할만한 학식의 학교, 최고의 지혜의 공장"[18]이라고 예찬했다. 파리대학은 1200년에 프랑스 왕 필립 아우구스투스(Philip II of France, Philippe Auguste, 1165-1223)에 의해 파리대학이 시정(市政)의 관할에서 벗어나 독립권을 얻어 교황과 국왕의 직접적인 지원을 받으면서 대학이 놀랍게 발전했다.

파리대학은 소르본대학을 신과대학으로 편입시킨 뒤 유럽에서 가장 명성 있는 대학으로 발전했다. 파리대학은 1231년 그레고리 9세가 "학문의 어머니"라고 일컬을 만큼 유럽에서 학문의 요람으로 자리 잡았다. 그 결과 파리대학은 1200년부터 1500년까지 3세기 동안 유럽의 지성사를 지배하였고 수많은 지도자들이 이곳에서 배출되었다. 볼로냐대학이 법학분야에서 두각을 나타냈고 살레르노대학이 의학에서 그 역할을 했다면 파리대학은 학문의 전 분야에서 타 대학에 견줄 수 없는 독보적인 위치를 차지했다. 특히 오랫동안 그곳에서 가르친 중세 지성사의 거장 아벨라드는 파리대학의 명성을 더해주었다. 중세의 수많은 지도자들이 파리대학을 통해 배출되었다. 비록 중세는 아니지만 종교개혁자 존 칼빈(Jean Calvin, 1509-1564)과 당대의 가톨릭의 거장 로욜라(Sanctus

---

16　Knowles, *The Evolution of Medieval Thoughts*, 163.
17　Schaff, *History of Christian Church, Volume V.*, 568.
18　Schaff, *History of Christian Church, Volume V.*, 569.

Ignatius de Loyola, 1491-1556)도 파리대학 출신이다.

옥스퍼드대학과 케임브리지대학

철학과 신학 분야에서 파리대학에 버금가는 대학이 1096년 설립된 옥스퍼드대학이었다. "옥스포드에는 1115년에 수백 명의 성직자가 다니는 학교가 있었고, 후에 추기경이 된 로버트 풀렌(Robert Pullen, c.1080-c.1146)이 1133년에 그곳에서 성서(즉 신학)를, 40년 후 로마 변호사 바카리우스(Roger Vacarius, c.1115-c.1198)가 그곳에서 가르쳤다."[19] 이 대학이 얼마나 일찍 설립되었는가를 말해준다.

옥스퍼드는 영국 종교사에서 매우 중요한 위치를 차지한다. 이 대학에서 가르친 초창기 인물들 중에는 둔스 스코투스(John Duns Scotus, c.1266-1308), 윌리엄 옥캄(William of Ockham, c.1285-1347/49), 존 위클리프(John Wycliffe, c.1330-1384) 같은 걸출한 학자들이 있었고, 훗날 웨슬리 형제(John Wesley, 1703-1791 / Charles Wesley, 1707-1788)와 조지 휫필드(George Whitefield, 1714-1770)가 이 대학에서 공부했으며, 감리교운동이 옥스퍼드에서 태동되었다.

1209년 옥스퍼드 시장이 옥스퍼드대학교 학생 3명을 교수형에 처하자 무려 3천명에 달하는 교수들과 학생들이 옥스퍼드를 떠나 새로 설립한 대학이 케임브리지였다.[20]

중세대학의 교육, 교수진, 학제

정규대학교가 되려면 인문학부, 법학부, 의학부, 신학부 네 개의 학부가 있

---

19   Knowles, *The Evolution of Medieval Thoughts*, 167.
20   Knowles, *The Evolution of Medieval Thoughts*, 168.

어야 했다.²¹ 당시 대학교는 자체 정부와 재산특권들을 가지고 있었다. 그래서 파리대학교 구성원이 제기한 소송은 파리 주교 앞에서 재판이 진행되었다. "대학교는 하나의 국가 내의 국가 즉 자유로운 학문의 공화국이었다. 스승과 학생이 말하자면 별도의 계층을 형성했다."²² 중세의 학위는 학사, 석사, 박사로 구성되었다. 당시 대학은 문과, 신과, 법과, 의과로 나뉘었으며²³ 세 가지 주요 학문(Trivium)으로 알려진 문법, 논리학, 수사학을 이수하는 자들에게 학사학위를 수여했고, 음악, 산수, 기하학, 천문학 등 네 개의 학문(Quadrivium)을 이수하는 자들에게 석사학위를 수여했으며 석사학위를 수여 받은 자들이 법학, 의학 신학을 이수하면 박사학위를 수여했다.²⁴ 중세의 대학은 학사과정의 기초학문, 석사과정의 전공분야, 그리고 수학 연한을 더 요구하는 박사과정의 법학, 의학, 신학 등 전문 분야 세 단계의 학제로 구성되었다.

이 중에서도 신학은 학문의 꽃이었다. 그것은 대학 자체가 교회의 발전을 위해 출발했기 때문이다. 중세 대학의 강의는 라틴어로 이루어졌으며, 이 때문에 유럽의 유명대학에서는 라틴어가 오랫동안 학문연구를 위해 갖추어야 할 필수적인 언어로 이해되었다. 중세의 대학의 경우 강의가 있었지만 질문과 토론이 반드시 강의 시간에 포함되어 오늘날의 세미나와 같은 토론식의 강의진행이 있었다.

학교의 교칙은 매우 엄격했다. 채찍질을 건강한 교육 수단으로 간주하여 당시 '회초리를 맞는다'는 것은 곧 교육을 받는다는 또 다른 표현이었다.²⁵ 기베르(Guibert of Nogent, c.1053-c.1125)는 당시 아동이 학업을 받으면서 겪는

---

21 Bainton, 기독교의 역사, 187.
22 Schaff, *History of Christian Church, Volume V.*, 556.
23 Knowles, *The Evolution of Medieval Thoughts*, 153.
24 Cannon, 중세교회사, 367. "고등교육의 단계는 지금이나 마찬가지로 학부, 대학원들로 나뉘어져 있었다. 학부에서는 인문과학의 일반교육인 3개의 주요학문(Trivium)과 4개의 주요 학문(Quadrivium)을 가르쳤다. 그 후 대학원을 거쳐야 전문분야의 박사로서 학생들을 가르칠 자격을 주었다. 이러한 전문분야는 대개는 교양과목과 철학, 의학 혹은 신학 등으로 나뉘어졌다."
25 Schaff, *History of Christian Church, Volume V.*, 541.

이야기를 소개했다. 홀어머니에 의해 학교에 위탁된 한 어린이가 문법교사에게 무자비하게 주먹질과 매질을 당했다. 매질은 하루도 쉴 날이 없었다. 그런 중에도 어린이의 배움에 대한 욕구는 시들지 않았다. 어느 날 집에 돌아와 옷을 벗는 아들을 본 홀어머니는 어깨에 심한 매자국이 있는 것을 발견하고 아들에게 사제의 길을 포기하고 기사가 되는 것이 어떠냐고 제안했다. 기베르는 몹시 화를 내면서 다시는 그런 소리를 하지 말라고 대답했다고 알려졌다.[26]

프랑스 출신의 랑의 안셀름(Anselm of Laon, c.1050-1117), 샹포의 기욤(William of Champeaux, c.1070-1121), 샤르트르의 베르나르(Bernard of Chartres, c.1080-c.1130), 콩셰의 기욤(Guillaume de Conches, c.1100-c.1154), 그리고 특히 아벨라드가 이 시기에 활동한 탁월한 교사들이었다.[27] 당시는 오늘날과 같은 대학 캠퍼스가 존재하지 않았고 교사를 따라 학생들이 학교를 찾아다녔다. 초창기 대학이 태동될 때 대학교는 본래 학문단체나 학문을 수행하는 캠퍼스를 뜻하지 않았다. 교사들과 학생들의 집단을 뜻했다.[28] 탁월한 가르침과 매력적인 인간성을 지닌 학생들에게 인기를 끌었던 교사들은 중세 대학의 태동과 발전에 중요한 역할을 감당했다.[29]

학교 강의는 개인 숙소와 수도원에서 이루어졌다. 예를 들어 1253년 파리대학교에는 12명의 신학 교수들이 있었는데 이들 가운데 아홉 명은 수도회 소속으로 수도원에서 강의를 진행했다. 대학교 학사 행정에 볼로냐대학은 학생들이, 파리대학은 교수들과 학생들이 학사 행정에 참여했는데 이것을 당시 타 대학들이 모델로 삼아 실시했다.[30] 중세에 대학교에 해당하는 동의어는 연구(studium-스투디움) 혹은 스투디움 제너럴(studium generale)이었다.[31] 볼로

---

26 Schaff, *History of Christian Church, Volume V.*, 542.
27 Schaff, *History of Christian Church, Volume V.*, 537.
28 Schaff, *History of Christian Church, Volume V.*, 554.
29 Schaff, *History of Christian Church, Volume V.*, 552-554.
30 Schaff, *History of Christian Church, Volume V.*, 556-557.
31 Knowles, *The Evolution of Medieval Thoughts*, 153.

나대학은 스투디움 볼로냐로 불렸다. 대학교라는 용어가 현재의 의미로 사용되기 시작한 것은 15세기에 접어들어서였다.

당시 대학 강의가 라틴어로 진행되었기 때문에 학생들과 교수들에게 라틴어는 필수였다. 학생들은 믿기 힘들 정도로 많아 13세기 볼로냐대학에는 1만 명, 파리대학은 25,000명, 옥스퍼드대학은 3만 명이 재학했고 당시 존 위클리프에게 배우는 학생이 6만 명이라는 기록이 있다. 하지만 정작 위클리프는 재학생이 3천명, 아벨라드 역시 학생이 3천 명이라고 증언한다. 학자들은 당시 옥스퍼드대학의 경우 재학생이 1,500명에서 3천 명으로 추산한다. 당시 학칙은 존재하지 않았다.

샤프에 따르면 "중세의 어느 저자는 가톨릭 신앙을 유지될 수 있게 만든 세 가지 원동력이 사제제도와 제국, 그리고 대학교"라고 꼽을 정도로 중세대학교는 가톨릭 신앙의 유지에서 매우 중요한 역할을 했다. 동시에 파리대학교는 교황절대주의에 강력한 타격을 가한 집단이었다. 후스(Jan Hus, c.1370-1415)가 프라하대학에서 나왔고 위클리프가 옥스퍼드대학에서 나왔고, 루터(Martin Luther, 1483-1546)가 비텐베르그 대학에서 나왔다는 점에서 대학이 종교개혁의 선봉장이었다. 중세 대학은 말 그대로 학문의 상이었다.

2. 스콜라주의의 태동: 안셀름, 아벨라드, 피터

스콜라주의는 중세 신학에 붙여진 용어이다.[32] 중세의 신학과 철학을 지칭하는 중세신학, 스콜라신학, 스콜라철학은 스콜라주의로 널리 통용되고 있다. 스콜라주의의 '스콜라'는 그리스어 스콜레(σχολη)라는 말에서 기원되었다.[33] 이 말은 1) '여가, 자유시간' 2) 휴식 3) '여가 시간을 보내는 것, 특히 강의,

---

32 Otten, *A Manual of the History of Dogmas Vol. II*, 3; Schaff, *History of Christian Church, Volume V.*, 587.
33 서요한, 중세교회사 (서울: 그리심, 2009), 463.

스콜라주의(Scholasticism)

논쟁, 토론' 4) 철학 5) '강의가 이루어지는 장소, 학교, 강의실' 등 다양한 의미를 지닌다. 이 중에서 가장 많이 사용되는 것은 학교이고 오늘날에는 학파에 스콜라를 적용하여 사용한다.

스콜라주의에서 가장 중요한 것은 성경과 교부들의 저술과 사상이고, 신앙에 대한 이해, 변증법이다. "스콜라주의 학자들이 성취하고자 한 목표는 두 가지였다. 하나는 교리와 이성을 조화시키는 것이고, 다른 하나는 교회의 교리들을 신학대전(summa theologiae)이라 부르는 질서정연한 체계로 정리하는 것이었다."[34] 이들이 교의와 이성을 조화시키려고 한 것은 두 가지 목적이 있었는데 하나는 이성을 신앙의 뒷받침으로 삼기 위한 것이고 다른 하나는 하나님에 대한 인간의 지식을 정리하여 세상으로 하여금 분명한 진리의 체계 속으로 들어

---

34 Schaff, *History of Christian Church, Volume V.*, 588: Guignebert, *Ancient, Medieval and Modern Christianity The Evolution of a Religion*, 267.

오게 하려는 동기에서였다.[35] 스콜라학자들은 논리학과 철학을 통해서 '신학의 정통체계'(the orthodox system of theology)를 입증하려고 노력했다.[36] 중세 스콜라신학은 계시와 이성, 신앙과 학문, 신학과 철학이 일치한다고 결론을 내렸다. 그것들이 스스로 모순될 수 없는 한 분 하나님에게서 나왔기 때문이다.[37]

스콜라주의의 가장 큰 원천은 어거스틴(Augustine of Hippo, 354-430)과 아리스토텔레스(Aristotles, 384-322 B.C.) 저술들이었다. "서방에서 최초로 아리스토텔레스의 철학적 접근을 이룬 인물은 신학자 오버의 윌리엄(William of Auvergne, c.1180-1249)과 과학자 로버트 그로세테스테(Robert Grosseteste, c.1175-1253)였다. 전자는 프랑스인으로 교황 그레고리 9세의 반대에도 불구하고 파리 주교직을 차지했으며 후자는 영국인으로 옥스퍼드 대학 학장과 그 후 링컨주교를 역임한 인물이다. 오버의 윌리엄은 아리스토텔레스의 인과율을 받아들여 이를 이용해서 하나님과 피조세계 사이의 연결성을 강조했던 신비주의적이고 신플라톤적 이론을 배척하고 하나님과 피조세계 사이의 분리성을 강조하였다."[38]

어거스틴이 질료를 제공했다면 아리스토텔레스는 형식을 제공했고, 어거스틴이 교의적 원리를 제공했다면 아리스토텔레스는 방법론을 제공했다. 특히 그 중에서도 아리스토텔레스는 중세 스콜라주의에 가장 큰 기여를 한 철학자이자 사상가였다.[39] "아리스토텔레스는 기독교 진리의 선구자로, 자연사에 대한 방법과 지식에 있어서 그리스도의 선구자 세례 요한으로 간주되었다."[40] 파리의 생 빅토르의 고드프리(Godfrey of Saint Victor, c.1125-1194)의 표현을 빌

---

35   Elgin Sylvester Moyer, *Great Leaders of the Christian Church*, 인물중심의 교회사, 곽안전 역 (서울: 대한기독교서회. 2003), 239.
36   Schaff, *History of Christian Church, Volume V.*, 590.
37   Schaff, *History of Christian Church, Volume V.*, 590.
38   Cannon, 중세교회사, 328.
39   William Carl Placher, *A History of Christian Theology: An Introduction*, 기독교 신학사, 박경수 역 (일산: 크리스챤다이제스트, 2000), 204. 1200년대에 아리스토텔레스가 서유럽에 도입되었다.
40   Schaff, *History of Christian Church, Volume V.*, 591.

린다면 "아리스토텔레스의 갑옷을 입지 않고 오는 사람은 모두가 배제되고 금지되었다."[41] 고전에 대한 연구 특히 아리스토텔레스에 대한 연구는 신학에 새로운 도전을 주었다. 인간의 이성을 통해 교리와 신앙을 합리적으로 해석하고 체계화시키려는 노력이 수많은 사람들에 의해 일어났다.

스콜라주의를 이해하는 가장 중요한 열쇠는 우주의 개념의 본질에 대한 논의 곧 보편과 실재에 대한 이해이다. 극단의 실재론자, 실재론자, 그리고 유명론자로 크게 대별할 수 있다.[42] 보편과 실재에 대한 스콜라학자들의 이해와 접근 방법에 따라 크게 실재론(Realism)과 유명론(Nominalism)으로 분류된다.[43] 아리스토텔레스는 보편과 개체가 분리될 수 없는 것으로 보편은 실재 즉 개체 안에 존재한다고 보았다. 반면 플라톤은 보편과 실재의 관계에서 이데아와 현상의 세계를 구분하고 현상의 세계는 이데아의 반영이라고 이해했다. 보편이 개체 이전에 존재한다는 것이다.

보편과 개체가 분리될 수 없기 때문에 보편은 개체 안에 존재한다는 것이 실재론의 핵심 논지다. 이와는 달리 유명론은 보편의 실재를 부정하고 보편은 명칭에 불과하다고 보았다. 보편은 사물에 앞설 수 없고 사물 안에 존재할 수 없

---

41 Schaff, *History of Christian Church, Volume V.*, 592.
42 Walker, *A History of the Christian Church*, 262. 워커는 극단의 실재론자들(extreme realities)은 플라톤의 영향을, 실재론자들(moderate realities)은 아리스토텔레스의 영향을, 그리고 유명론은 스토아 철학의 영향을 받았다고 주장한다.
43 Bainton, 기독교의 역사, 188. 이와 같은 분류는 접근 방법론을 어디에 두느냐에 따라 차이가 나는 것으로 이상론은 신플라톤주의에, 실재론은 아리스토텔레스 사상에, 그리고 유명론은 스토아 철학에 토대를 둔 것으로 볼 수 있다. 우리가 잘 아는대로 초기 알렉산드리아 학파의 경우 신플라톤주의에 적지 않은 영향을 받아 그것을 신학 방법론으로 사용하였다. 어거스틴 역시 신플라톤주의 방법론을 채택하여 자신의 신학을 집대성하는 도구로 사용하였다. 그러나 스콜라주의는 이상론 보다는 실재론과 유명론 사이에 진행된 일련의 흐름이 더 강했다. 12세기의 스콜라주의자들은 아리스토텔레스의 철학과 방법을 사용하여 자신들의 신학을 집대성하려고 하였는데 이와 같은 것은 아리스토텔레스의 작품을 통해서 영향을 받은 바 컸다. 아리스토텔레스의 사상은 토마스 아퀴나스와 둔스 스코투스를 비롯 대부분의 스콜라주의자들에게 적지 않은 영향을 미쳤다. 실재론은 우주의 보편적 개념이 개체 속에(이전에) 존재한다(Universalia ante rem)고 보는 것이다. 반면 유명론은 보편이 사물 후에 실재한다고 이해했다. 유명론에서는 보편 개념은 인간의 이성이 만들어 낸 것에 불과하며, 단지 그런 이름이 있을 뿐이라고 말한다. 그래서 이들을 유명(唯名)론이라고 하는 것이다. 유명론은 교황의 무오설을 부정하고 교회의 세속통치권을 부정한다.

으며 단지 인식 속에서만 존재할 뿐이다. 유명론자들은 보편이 인간 이성이 만들어 낸 명칭에 불과하고 인간 정신이 인지하는 유일한 실체란 감각으로 체험되고 검증할 수 있는 개체라고 이해했다. 유명론은 보편보다 개체에 관심을 가진다.

실재론이 신앙을 체계적으로 정립하고 이론화하는 데 기여했다면 유명론은 보편과 개체를 분리시켜 후대 르네상스 휴머니즘과 계몽주의의 합리주의 길을 터주었다. 실재론은 안셀름(Anselm of Canterbury)와 보나벤투라(St. Bonaventure, c.1217-1274)를 통해 그리고 유명론은 윌리엄 옥캄과 요하네스 로스켈리누스(Johannes Roscellinus, Roscelin of Compiegne, c.1050-c.1125)등에 의해 주창되었다.

필립 샤프에 따르면 스콜라주의 역사는 크게 세 기간으로 대별할 수 있다. 제1기는 스콜라주의 태동기이고 2기는 개화기이고 3기는 쇠퇴기이다. 제 1기 태동기에 속한 학자는 안셀름, 로스켈리누스, 아벨라드, 버나드(Bernard of Clairvaux, 1090-1153), 생 빅토르의 위고(Hugh of Saint Victor, 1096-1141), 생 빅토르의 리처드(Richard of Saint Victor, -1173), 푸아티에의 질베르(Gilbert de la Porree, c.1075-1154)이다.

제 2기 학자들은 롬바르두스(Peter the Lombard, c.1100-1160), 알렉산더 헤일즈(Alexander of Hales, 1170/85-1245), 마그누스(Albertus Magnus, c.1200-1280) 토마스 아퀴나스(Thomas Aquinas, 1224/25-1274), 보나벤투라, 베이컨(Roger Bacon, c.1220-1292), 스코투스이다.

3기 쇠퇴기는 두란두스(Durandus of Saint-Pourçain, c.1270-1334), 브래드워딘(Thomas Bradwardine, c.1290-1349), 옥캄이다. 이들 학자들의 국적은 잉글랜드, 프랑스, 독일, 이탈리아, 스페인이고 위대한 스콜라학자들은 모두 수사들이었다. 마지막 스콜라학자는 튀빙겐대학교 교수 가브리엘 비엘(Gabriel Biel, c.1420-1495)로 알려졌다.[44]

---

44   Schaff, *History of Christian Church, Volume V.*, 592. 국적별로는 아벨라드는 프랑스인, 마그

캔터베리의 안셀름(Anselm of Canterbury, 1033/34-1109)

프리드리히 루프스(Friedrich Loofs)가 '어거스틴 이래로 교회가 배출한 가장 독창적인 사상가'라고 평했던 캔터베리의 안셀름은 위대한 스콜라주의 신학자이다. 코완은 그를 "스콜라신학의 아버지"라고 불렀다.[45] 필립 샤프에 따르면 "버나드가 수사로서 가장 위대한 인물"이었다면 "안셀름은 신학자로서 가장 위대한 인물"[46]이었다. "안셀름은 진정한 의미에서 중세 서방교회 최초의 위대한 신학자였으며 스콜라 신학의 선구자로 알려져 있다."[47] 안셀름은 수도원주의를 옹호하고, 기독교 경건을 실천한 중세 대표적인 신학자였다.

안셀름은 이탈리아 피드몬트의 아오스타에서 출생했다. 아버지와의 충돌로 집을 떠나 노르만디 베크(Bec) 수도원에 입단하여 란프랑쿠스(Lanfranc of Canterbury, c.1005-1089)의 제자가 되었고, 1063년 란프랑쿠스의 뒤를 이어 부수도원장, 1078년 대수도원장을 지냈다. 그는 1092년에는 영국 켄터베리의 대감독에 임명되어 1109년 4월 21일 세상을 떠날 때까지 그 직임을 맡았다.[48]

안셀름은 12개의 논문과 19개의 기도문, 3개의 명상록, 400통의 편지를 남겼다. 그는 어거스틴 이후 교회의 가장 독창적인 사상가였다. 데이빗 놀이 지적한대로 안셀름의 신학의 두드러진 특징은 하나님의 본성, 삼위일체, 성육신, 구속, 예정과 자유의지에 대한 탐구이다.[49] 안셀름은 하나님의 존재를 귀납적으

너스는 독일인, 토마스 아퀴나스와 보나벤튜라는 이탈리아인, 알렉산더 헤일즈와 윌리엄 옥캄은 영국인, 둔스 스코투스는 켈트족이었다 Richard Chenevix Trench, *Lectures on Medieval Church History: Being the Substance of Lectures Delivered at Queen's College, London* (London: Macmillan and Co., 1879), 213.

45　Henry Cowan, *Landmarks of Church History to the Reformation* (New York: Anson D. F. Randolph & Co., 1896), 130.

46　Schaff, *History of Christian Church, Volume V.*, 598.

47　Anthony N. S. Lane, *A Concise History of Christian Thought*, 기독교인물사상사전, 박도웅, 양정호 역 (서울: 홍성사, 2007), 160; Trench, *Lectures on Medieval Church History*, 208.

48　Walker, *A History of the Christian Church*, 263.

49　Knowles, *The Evolution of Medieval Thoughts*, 100-101.

캔터베리의 안셀름(Anselm of Canterbury, 1033/34-1109)

로 증명한 독백(*Monologium de Divinitatia Essentia*), 하나님의 존재를 연역적으로 증명한 대화(*Prosologium*), 성육신을 신학적으로 풀어준 왜 하나님이 인간이 되셨는가(*Cur Deus Homo*)라는 작품을 비롯하여 안셀름은 하나님의 존재, 삼위일체 교리, 성육신 등에 관한 많은 저술을 남겼다.[50]

그는 독백, 대화, 성육신에서 실재론적 접근을 시도했다. 특히 대화에서는 하나님의 존재에 대한 존재론적 논증(Ontological Argument-본체론적 논증이라고도 부름)을 제시했고, 성육신에서는 실재론을 통해 하나님의 속죄론을 전개하였다.[51] 독백 1장에서 그는 이렇게 하나님의 존재에 대한 증거를 제시했다. "만약 최고의 선이라면 이것은 또한 최고로 위대하다. 따라서 최고의 선이

---

50 Geoffrey W. Bromiley, *Historical Theology: An Introduction*, 역사신학 (일산: 크리스챤다이제스트, 1999), 235-236. 이 책은 영국에서 집필을 시작해서 첫 번째 유배지 이탈리아에서 완성한 것으로 보인다. 이 책은 토마스 아퀴나스의 신학대전이 나오기 전까지는 스콜라주의의 가장 위대한 성취로 평가를 받았다. Otten, *A Manual of the History of Dogmas Vol. II*, 11.

51 Bainton, 기독교의 역사, 190. "존재론적 논증은 존재론적 기초를 바탕으로 신의 존재를 지지하는 철학적 논증이다. 그러한 주장은 존재 또는 존재의 상태를 언급하는 경향이 있다. 보다 구체적으로, 존재론적 논증은 일반적으로 우주의 조직과 관련하여 선험적으로 생각되는데, 그러한 조직 구조가 참이라면 신은 반드시 존재해야 한다는 것이다."

며 최고로 위대한 어떤 한 존재가 즉 모든 존재 중에서 최상의 한 존재가 존재한다."[52] 대화 1장에서는 어거스틴의 전통을 따라 이해하기 위하여 믿는다고 고백한다.[53] "저는 믿기 위해 이해를 구하지 않고 이해하기 위해 믿습니다. 저는 또한 제가 믿지 않으면 이해할 수 없다는 것을 믿습니다."[54]

왜 하나님이 인간이 되셨는가는 그 때까지 나온 논문 중에서 가장 탁월한 논문으로 평가를 받으며, 여기서 안셀름은 사탄 배상설을 거부하였다.[55] 인간이 구원을 얻기 위해서는 자신의 죄 값을 지불해야 하지만 이 부채가 너무도 커서 하나님 외에는 아무도 지불할 수 없기 때문에 하나님이 인간이 되셔서 십자가에서 죽으심으로 그 죄 값을 지불하셔야 했다는 것이다. 이것 외에는 달리 길이 없기 때문에 십자가의 대속으로 인간을 구원하시기 위해 인간이 되셔야 했다고 말한다.

> 문제의 요지는 이것이다. 만일 하나님께서 그것을 다른 방법으로 이루실 수 있었다면 왜 그분의 죽음으로 인간을 구원하기 위해서 인간이 되셔야 했는가? 당신은 여러 필요한 이유들로써 인간이 회복되어야 함과 인간은 자신의 죄로 인해 하나님께 대해 진 빚을 직접 지불하지 않고는 회복이 불가능함을 보여주었다. 그런데 이 부채는 너무 커서 —이곳을 짊어진 자는 다만 인간뿐이지만—하나님 외에는 아무도 지불할 능력이 없다. 그러므로 지불하는 자는 하나님이며 동시에 인간이어야 한다. 자신의 본성에 빚을 짊어지고 있으면서도 그것을 지불할 능력이 없었던 인간이 하나님의 인격 안에서 그것을 이해할 수 있기 위해서는 하나님께서 자신의 인격과 인간성을 결합시키는 것

---

52 Anthony N. S. Lane, *A Concise History of Christian Thought*, 복음주의 입장에서 본 기독교 사상사, 김응국 역 (서울: 나침반, 1991), 178-179에서 재인용.

53 Otten, *A Manual of the History of Dogmas Vol. II*, 6.

54 Lane, 기독교 사상사, 179에서 재인용. Lars Pederson Qualben, *A History of the Christian Church* (New York: Thomas Nelson and Sons, 1956), 180.

55 Walker, *A History of the Christian Church*, 263-264.

이 필요했다.[56]

　죄가 없으신 하나님이 성육신하셔서 인간의 죄를 인간이 속죄해야 하기 때문에 완전한 하나님이시며 완전한 인간이 속죄해야하는 것은 필연적이다.[57]
　안셀름은 신앙과 이성의 관계에 있어서 "신앙이 이성보다 우선한다," "신앙이 지식에 앞선다"는 입장을 가졌고 우주의 본질에 대해서는 보편이 선재한다는 실재론의 입장이었다.[58] 안셀름은 "믿기 위하여 이해하려는 것이 아니라 이해하기 위해서 믿는다"는 입장이었다.[59] 그가 "나는 이해하기 위해 믿는다"(Credo ut intelligam)는 어거스틴 전통에 서 있었다는 사실은 그의 대화(Prosologium)에서 확인할 수 있다.

> 주님, 저는 당신의 고귀함을 통찰하려고 애쓰지 않습니다. 저의 이해가 거기까지 미치지 못하는 것을 잘 알기 때문입니다. 그러나 제가 진심으로 믿고 사랑하는 당신의 진리를 알 수 있는 방법을 고대하고 있습니다. 저는 믿기 위해 이해하려고 노력하지 않습니다. 오히려 그 반대입니다. 저는 이해하기 위해 믿으려고 애쓰고 있습니다. 그러나 제가 믿지 않으면 결내도 이해할 수 없다는 이 한 가지는 확실하게 믿고 있습니다.[60]

　안셀름은 왜 하나님께서 인간이 되셨는가 1:2에서 먼저 믿고 그 후에 이성으로 논의하는 것이 순서라고 말한다. "기독교 신앙의 심오한 문제들을 이성적으로 논의하기에 앞서 먼저 그것을 믿는 것이 올바른 순서이다."[61] 안셀름은 '나

56　Lane, 기독교 사상사, 182에서 재인용.
57　Bromiley, 역사신학, 235-236.
58　Trench, *Lectures on Medieval Church History*, 209.
59　Schaff, *History of Christian Church, Volume V.*, 602.
60　Lane, 기독교인물사상사전, 161.
61　Lane, 기독교인물사상사전, 162. 또한 보라. Lane, 기독교 사상사, 181.

는 이해하기 위하여 믿는다'는 기독교의 전통을 그대로 따른 것이다. 그는 신플라톤주의적 방법론을 자신의 신학 방법론으로 택하였다. "하나님의 실재에 대한 안셀름의 유명한 실재론적인 논증은 곧 실재론적이며 신플라톤주의적이었다."[62] 안셀름은 이성이야말로 하나님의 형상으로 만들어진 인간의 독특한 특성이라고 보았다.

안셀름의 속죄론은 중세신학의 범위를 넘어 기독교 신학의 토대를 구축하였다. 안셀름의 속죄론의 출발은 바로 하나님께서 마땅히 받으셔야 할 영광을 죄가 하나님으로부터 그 영광을 박탈해 갔다는 것이다. 어떤 인간도 마땅히 지불해야 할 영광의 결손을 보상할 수 없다. 인간이 영원한 정죄의 형벌을 피하기 위해서는 누군가가 그 값을 보상해주어야 한다는 것이다. 그런데 죄의 부채를 진 자도 인간이고 지불해야 할 자도 인간이기 때문에 죄가 없는 인간이 이 일을 감당해야 했기 때문에 하나님이자 인간이신 죄가 없으신 성자 하나님이 성육신하셔서 인간이 되셔야 했다.[63]

아담의 범죄로 하나님의 영광을 훼손시킨 인간은 도저히 다른 길로는 회복할 길이 없다. 오직 하나님이 인간이 되셔서 십자가에서 그 값을 보상하는 길 외에는 다른 길이 없었다. 그것이 왜 완전한 하나님이 성육신하셔서 완전한 인간이 되시고 십자가에 달려 돌아가심으로 하나님의 공의를 만족시키셔야 했는가 하는 이유이다.

피터 아벨라드(Peter Abelard, 1079-1142)

변증법을 가장 유능하게 사용한 12세기 스콜라주의자는 피터 아벨라드였

---

62 John D. Woodbridge, *Great Leaders of the Christian Church*, 인물로 본 기독교회사 상, 박용규 역 (서울: 도서출판 횃불, 1993), 206.
63 Woodbridge, 인물로 본 기독교회사 상, 209.

피터 아벨라드(Peter Abelard, 1079-1142)와 엘로이제

다.[64] 토니 레인이 "12세기의 가장 명석한 사상가"[65]라고 평했던 아벨라드는 교회로부터 이단으로 정죄를 받았지만 스콜라주의 신학자 중에서 중요한 위치를 차지한다.[66] 수세기 동안 그의 명성은 시들지 않았다. 데이빗 놀은 이렇게 아벨라드를 변호했다. "이 명성이 이러한 측면에는 우리가 관심을 두지 않는다. 그러나 엘로이제(Héloïse d'Argenteuil, c.1098-1164)가 아벨라드의 삶에서 올바른 비율로 회복되더라도, 이야기는 즉시 단순한 이야기로 끝나지 않는다. 왜냐하면 그는 수세기 동안 다른 독자층 사이에서 성 버나드의 반계몽주의와 불관용에 맞서는 자유로운 사상과 합리주의의 지도자로서 두 번째로 신비한 명성을 얻었기 때문이다."[67]

아벨라드는 신앙과 이성의 관계에 있어서 이해되어지기 전까지 어떠한 것

---

64   Walker, *A History of the Christian Church*, 264-265.
65   Lane, 기독교인물사상사전, 163.
66   Reginald Lane Poole, *Illustrations of the History of Medieval Thought and Learning* (New York: The Macmillan company, 1920), 116. 아벨라드는 당대의 지성사를 주도한 인물 중 한 명이었다.
67   Knowles, *The Evolution of Medieval Thoughts*, 116.

도 믿어질 수 없다는 입장이었다. "안셀름이 그가 이미 신앙을 통해 믿은 사실들을 증명하거나 확인하기 위해서 이성을 사용한데 반해 아벨라드는 신앙의 내용 자체를 이성이 분석하고 평하는 대상으로 삼았다."[68] 그의 철학과 신학 강의를 듣기 위해 유럽 전역에서 수많은 젊은이들이 파리대학으로 몰려들었고 그를 통해 그의 영향력은 널리 확산되었다.

"아벨라드의 저서들은 변증법적, 윤리적, 신학적인 논문, 시, 엘로이제에게 보낸 편지, 그리고 그의 자서전이다. 그의 주요 신학 저서들은 로마서주석, 신학입문, 기독교신학이며, 마지막 두 권은 주로 삼위일체에 관한 것이며 철학자, 유대인, 기독교인과 예와 아니오 '긍정과 부정'(Sic et Non) 사이의 대화이다."[69]

아벨라드는 진리는 예수 안에 있는 것(엡 4:21)처럼 진리가 사물 안에 있다(Est in re veritas jam non in schemate)고 이해했다. 우주의 본질에 대한 견해에 있어서는 보편은 개별적 물체 속에 있다는 온건한 실재론의 입장에 서 있었다. 하지만 아벨라드는 유명론과 실재론 둘 다 한계가 있다고 보았다. 그는 유명론자 로스켈리누스를 따르다 만족을 하지 못하고 유명론을 떠나 실재론자 샹포의 기욤의 강의를 수강하였다. 하지만 아벨라드는 여기서도 만족을 얻지 못했다. 아벨라드는 약관 21세에 유명론과 실재론 모두 논박하면서 멜룬(Melun)에서 코르베일성에서 그리고 마침내는 파리에서 많은 청중들에게 논리학을 강의하였다.

아벨라드는 사단에게 속전이 지불된 것이 아니라 인간들이 하나님께 당연히 바쳐야 할 영광을 바치지 못한 대가를 하나님께 지불한 것이라는 안셀름의 속죄론도 거부하였다.[70] "인류를 위한 대속물로서의 예수 그리스도의 죽음은 사단에게 바쳐지지 않았다. 그 대속물은 우리에 대해 참된 권리를 가지신 오직 한 분, 즉 하나님에게 지불되었다."[71] 아벨라드는 사단이 하나님의 허락을 받고 죄

---

68 Cannon, 중세교회사, 248.
69 Schaff, *History of Christian Church, Volume V.*, 621.
70 Walker, *A History of the Christian Church*, 265.
71 Lane, 기독교 사상사, 186에서 재인용.

인들을 형벌하는 도구가 되었으며 죄의 삯은 사망이라고 주장했다. 하나님의 사랑과 공의는 그 자체가 개별적인 것들이 아니라 하나님의 존재의 속성들이며 하나님의 목적의 단일성을 우리에게 계시해주는 것이라고 보았다. 그의 주장에 따르면 그리스도는 십자가에서 죄에 대한 완전한 형벌과 죄의 결과를 담당하였으며 이로써 하나님의 완전한 사랑과 공의는 하나라는 것이다.

아벨라드는 예수 그리스도의 죽음이 인류를 위해 사탄에게 몸 값을 지불한 것이라는 사탄배상설을 거부하고 십자가를 사랑의 최고 표현으로 본 도덕감화설로 이해했다.[72] 그것은 그의 로마서 강해에서 확인할 수 있다. "이제 우리는 그리스도의 죽음으로 의롭다 함을 얻고 다음과 같은 방식으로 하나님과 화목하게 되었다. 즉 하나님의 아들이 몸소 사람의 본성을 취하시고 말씀과 심지어 죽음까지 보여주신 모범으로 우리를 가르치신 이 특별한 은혜의 행위를 통해 사랑으로 그 자신을 우리와 더욱 완전하게 묶으셨다는 사실을 분명히 알게 되었다. 그러한 하나님의 은혜의 선물로 우리의 마음이 이 사랑의 열매와 함께 불타올라야 하며 이 참된 사랑을 통해 그리스도를 위해 무엇이든지 견딜 수 있는 흔들림 없는 확신을 얻을 수 있다."[73] 아벨라드에 따르면 그리스도가 십자가에 죽으셔야 할 이유, 그것은 "우리를 하나님과 바른 위치에 있도록 하기 위함"[74]이다.

아벨라드의 제자 브레스키아의 아놀드(Arnold of Brescia, c.1100-1155)는 교회와 국가의 관계에서 서로의 분리를 주장했으며 사제적인 정치는 폐지되어야 한다고 주장하였다. 아벨라드의 사상이 당시로서는 매우 비판적이었으며, 이점에서 "하나님은 그분처럼 산 만큼 이해할 수 있다"고 외쳤던 중세의 신비주의 신학자 클레르보의 버나드와도 달랐다. 버나드는 신앙과 이성과의 연계성에 있어서 하나님을 사랑하는 만큼 우리는 그 분을 알 수 있다고 가르쳤다. 우주의 본질에 대해서는 신비적인 입장을 취했다. 윌리스톤 워커도 지적했지만 로젤린의 견해를 반박하는 논문에서 드러난 아벨라드의 삼위일체 견해는 샤벨리우

---

72 Lane, 기독교인물사상사전, 167.
73 Lane, 기독교인물사상사전, 167.
74 Lane, 기독교인물사상사전, 167.

스의 양태론(Sabellianus Modalism)에 가깝다.[75]

아벨라드는 특히 20살 연하의 연인 엘로이제와의 관계로 세인의 주목을 받았다.[76] 1116년 아벨라드는 파리에 있는 노틀담 대성당 학교 참사원으로 가입할 것을 권유받고 이를 수락한다. 여기서 그는 참사원 풀버트를 만났다. 아벨라드는 풀버트의 식탁에서 그의 환대를 받는 동안 풀버트의 조카 엘로이제를 만나 그녀와 사랑에 빠진다. 당시 엘로이제는 17살이었고, 아벨라드는 37세였다. 그는 풀버트의 집에서 하숙을 하고 엘로이제의 가정교사가 되었다. 풀버트는 조카에게 큰 마음을 쓰지 못하였기 때문에 아벨라드에게 그녀의 학습은 물론 일반적인 생활 보호까지 책임을 맡겼다. 하지만 아벨라드는 풀버트의 신의를 잊고 엘로이제와 사랑에 빠졌다. 학생과 가정교사의 만남이 곧 연인의 관계로 발전한 것이다. 처음부터 아벨라드가 엘로이제와의 사랑을 마음에 두고 접근한 것인지 아니면 가정교사를 하다 사랑에 빠진 것인지 모르지만 아벨라드는 '책을 펼쳐 놓고는 논의보다 사랑의 말이 강의보다 입맞춤이 더 많이 오갔다'고 고백했다. 엘로이제가 임신을 하자 아벨라드는 그녀를 블타뉴에 있는 누이 집으로 보냈고 그곳에서 엘로이제는 아들 아스트랄라비우스를 낳았다.

아벨라드와 엘로이제는 둘 사이의 사랑에 대해서 서로 바라보는 관점이 달랐다. 아벨라드는 그의 불행이야기에서 자신의 여성관과 결혼관을 이렇게 밝힌 바가 있다. "육아와 함께 한 연구, 요람과 함께 한 필기구들, 물레와 함께 한 책과 책상, 바늘과 함께 한 펜과 잉크가 어떻게 가능하겠는가! 신성하고 철학적인 성찰에 전념하려는 어느 누가 아이들의 꽥꽥거리는 소리, 육아의 자장가와 시끄러운 남녀의 군중소리를 견딜 수 있겠는가! 누가 어린 아이들의 불쾌하고 더러운 것을 참을 수 있겠는가!"[77] 아벨라드는 철저하게 학문의 길과 가정생활을 분

---

75 Walker, *A History of the Christian Church*, 265.

76 Walker, *A History of the Christian Church*, 265. 아벨라드는 파리에서 강의를 하면서 작은 성령수녀원 원장이 된 엘로이제와 서신을 주고받았다. 엘로이제의 순수한 사랑과 아벨라드의 엘로이제에 대한 복잡한 사랑의 감정이 담긴 이 서신들은 중세 시대 가장 흥미로운 기록 중 하나이다.

77 Schaff, *History of Christian Church, Volume V.*, 612.

리시켰다. 결혼이 학문의 길에 전혀 도움이 되지 않는다는 것이다. 그의 모습은 사랑에 책임을 지는 자세가 아닌 것이 분명했다.

이같은 아벨라드의 무책임한 모습에 풀버트가 분노하자 아벨라드는 그녀와 비밀리에 결혼식을 올리겠다고 말했다. 아벨라드가 엘로이제와 "공개결혼을 피한 것은 그 자신이 분명히 말했듯이 그로 인해 자신의 명성이 손상을 입지 않게 하기 위해서였다."[78] 이 사실을 잘 알고 있던 엘로이제는 아벨라드의 명성과 활동에 흠을 줄까봐 공개적으로 그와 결혼하는 것을 거부했다. 엘로이제는 자신보다 연인 아벨라드의 안전과 미래를 염려했기 때문이다.[79] 아벨라드에 대한 엘로이제의 사랑은 그만큼 순수하고 깊었다. 그녀는 아벨라드에게 보낸 편지에서 그를 향한 자신의 순결한 사랑을 이렇게 고백한 적이 있다.

> 당신에게는 아내라는 이름이 더 적절하게 보일지 모르지만 제게는 항상 친구라는 순수한 호칭이 더 소중하다고 생각합니다. 혹시 그 호칭이 적절치 않으시다면 첩이나 기생이라는 호칭(concubina vel scortum)도 괜찮습니다. 하나님을 나의 증인으로 불러 맹세하건대 만약 아우구스투스 황제가 온 세상의 통치권을 제게 주면서 제게 청혼할지라도 저는 그의 황후가 되기보다 당신의 정부가 되고 싶다는 사실을 말씀드리겠습니다. 당신의 우정보다는 열정이, 사랑보다는 뜨거운 욕구가 당신을 내게 더 가까이 이끌어 옵니다.[80]

아벨라드는 엘로이제를 아르장퇴유 수녀원으로 보냈고, 그녀는 그곳에서 수녀가 되었다. 그런 후에도 아벨라드가 은밀히 그녀를 찾아가 만나자 풀버트는 더 이상 참지 못하고 아벨라드를 기습하여 그의 남자의 것을 거세해 버렸다.[81] 강제 거세당한 아벨라드는 성불구가 되었다. 이후 성욕은 완전히 사라졌고 엘로

---

78 Schaff, *History of Christian Church, Volume V.*, 612.
79 Bainton, 기독교의 역사, 194.
80 EP., II,; *Migne,* 186. Schaff, *History of Christian Church, Volume V.*, 613.
81 Lane, 기독교인물사상사전, 165.

이제에게 무관심하게 되었다.

아벨라드는 엘로이제와의 관계를 '불행'으로 이해했지만 엘로이제는 아벨라드를 평생 연인으로 생각했다. 아벨라드가 엘로이제와의 러브스토리를 자전적으로 기록한 불행이야기는 그가 엘로이제에 대해 하나님 앞에 회개하지 않았음을 보여준다.[82] 필립 샤프는 이렇게 냉정하게 평했다. "사실, 그의 불행은 인간의 흔한 약점에 대한 우리의 동정심을 자아낸다. 하지만 그의 신학과 성품은 우리의 감탄을 전혀 불러일으키지 않는다."[83]

탁월한 재능을 가진 아벨라드는 분명 프랑스가 배출한 교사들 가운데 선두에 서 있다. 그러나 그는 충동적이고 자신의 재능과 업적을 지나치게 의식하는 사람이었다. 그에게는 위대한 인물이 되는 데 필요한 존경받을만한 겸손과 균형이 부족했다. 그에게는 행운의 채찍과 독침을 넘어, 그 자신이 만든 재난으로부터 그 자신을 끌어올리는 도덕적 힘이 결여되었다. 그는 자신의 이기적인 야망을 넘어서는 어떤 목표도 분별하지 못한 것 같다. 네안더가 말했듯이, 만약 그가 순수한 도덕적 성품을 지닌 사람이었다면, 그는 학문 분야에서 그가 한 것보다 더 많은 것을 성취했을 것이다. 아무리 가장 높은 유형의 사람이라도 아벨라드가 쓴 어조로 자신의 '불행 이야기'를 쓸 수는 없었을 것이다. 그는 엘로이제를 대하는 일에 대해 하나님께 회개하는 기색을 전혀 보이지 않았다. 그가 그 사건을 회상한 것도 그 자신의 결점을 찾으려는 것도 그렇다고 그녀에게 어떤 보상을 하려는 것도 아니었다. 그의 스승들을 반대하고 그들에 대해 경멸적으로 말하며 시기심 속에서 그러한 반대의 동기를 찾는 그의 자세는 그가 또한 더 높은 도덕적 감정이 부족하다는 사실을 나타낸다. 그가 끊임없이 생각하고 애석해 한 것은 자신의 명예와 지위의 상실이었다. 그는 자신의 불행을 자신의 실수나 불순한 성품 탓으로 돌리지

---

82   Schaff, *History of Christian Church, Volume V.*, 612-615.
83   Schaff, *History of Christian Church, Volume V.*, 627.

않고 대신 다른 사람들의 경쟁심과 질투 탓으로 돌렸다. 자신의 고통 중에서도 그가 가진 하나의 목표는 어떻게 하던지 자신의 인기를 회복하는 것이었던 것 같다.[84]

아벨라드에게 적용되는 이 원칙은 모든 학자들에게도 적용되는 원칙일 것이다. 분명 그는 신학과 삶, 사랑과 역사를 분리시켰다. 그것은 정도의 차이는 있지만 중세 스콜라주의자들이 갖고 있는 보편적 현상이었다.

1127년 아벨라드는 엘로이제에게 보혜사 수녀원을 맡겼고, 그녀의 감독 하에 수녀원은 번창했다. 오랫동안 침묵을 지키던 아벨라드는 그녀의 수녀원을 자주 방문해 설교하고, 그녀에게 편지를 보내 자신이 죽으면 수녀원에 묻히게 해달라고 부탁했다. 아벨라드는 1142년 4월 21일 세인트 마르셀의 클루니 수도원에서 세상을 떠났고 그의 시신은 보혜사 수녀원에 안장되었다. 22년 뒤 1164년 엘로이제도 세상을 떠났고, 1817년 엘로이제는 아벨라드 곁에 묻혔다.[85]

정리한다면 안셀름은 신비적이면서 동시에 철학적이었지만 아벨라드는 안셀름보다 더 철학적이었다. 신비와 철학을 분리시키시 않았던 안셀름과 달리 아벨라드는 두 영역을 분리시켰다. 우리는 삶이 동반되지 않은 신학, 학문과 삶이 분리되어진 모습을 아벨라드에게서 발견한다. 아벨라드의 영향을 받은 이들로는 프랑스의 푸아티에의 질베르(Gilbert), 영국의 솔즈베리의 존(John of Salisbury, 1115/20-1180), 로버트 풀렌이 있다.

피터 롬바르드(Peter the Lombard, c.1100-1160)

필립 샤프가 "가톨릭교회 조직신학의 아버지"[86]라고 불렀던 피터 롬바르

---

84 Schaff, *History of Christian Church, Volume V.*, 620-621.
85 Williston Walker, 기독교회사, 류형기 역편 (서울: 한국기독교문화원, 1988), 278.
86 Schaff, *History of Christian Church, Volume V.*, 631.

드는 이탈리아 롬바디 노바라 근처에서 출생해 볼로냐대학교에서 공부한 뒤 1135년 프랑스로 와서 생 빅토르 수도원학교와 파리 주교좌성당학교에서 수학했으며 그곳에서 가르쳤다.[87] 아마도 프랑스에 있는 동안 아벨라드의 작품을 읽었거나 아벨라드의 학생으로 아벨라드에게 영향을 받은 것으로 보인다.[88] 피터 아벨라드가 버나드에 의해 강한 비판을 받았다면 피터 롬바르드는 피터 아벨라드의 사상을 계승하였다.[89]

카톨릭 조직신학의 원조로 알려진 피터 롬바르드는 중세기의 가장 통속적이고 유용한 조직신학 교과서, 4권의 신학명제집을 저술하여 스콜라주의 신학의 토대를 구축했다. 4권의 신학명제집은 수세기 동안 '표준적인 신학 교과서'로 사용되었다.[90] 제프리 브람리가 지적한 것처럼 "자료들의 질서정연한 배열 그리고 그 진술의 간명함으로 인해 아마도 본서는 스콜라주의시대 전체를 통해 저작된 최고의 신학개론서였을 것이다 학생들은 본서로부터 쉽게 소화할 수 있는 형식으로 신학의 성수들을 습득할 수 있었으며 교사들은 그들 자신의 강의와 저술들에서 그 명제들을 자유롭게 확대시킬 수 있었다. 심지어 토마스의 신학대전조차도 신학적 훈련의 초보적 단계에서의 학문적인 지도라는 위치로부터 명제집을 몰아내기까지는 수 세대가 소요되었다는 것은 놀랄 만한 일이 아니다."[91]

16세기까지 파리대학교 학부생들은 이 책의 시험을 통과해야 했다. 많은 사람들이 이 책의 주석서를 집필했는데 그 중에 알렉산더 헤일스, 알베르투스 마그누스, 보나벤투라, 토마스, 두란두스, 옥캄도 있다. 피터 롬바르드의 가장 큰 로마 카톨릭 신학 발전의 기여는 일곱 가지 성례전 목록을 처음으로 제공했다는 점이다. 그는 4권의 신학명제집에서 성례전을 "신성한 것의 표징"으로 이해했고(4:1:2,4), 성례전이 제정된 3가지 이유를 "겸손과 교육과 실천을 장려

---

87 Bromiley, 역사신학, 257.
88 Knowles, *The Evolution of Medieval Thoughts*, 179.
89 Lane, 기독교인물사상사전, 171.
90 Lane, 기독교인물사상사전, 173.
91 Bromiley, 역사신학, 257.

피터 롬바르드(Peter the Lombard, c.1100-1160)

하기 위한 수단"(4:1:5)[92]이라고 다음과 같이 밝혔다.

> 성례가 제정된 이유는 무엇인가? 성례는 다음의 세 가지 이유로 제정되었다. 겸손을 증가시키기 위한 방도로서 교훈을 위한 방도로서, 행동을 격려하기 위한 방도로서 … 하나님께서는 성례를 통하지 않고도 은혜를 주실 수 있으며, 또한 그분의 능력을 성례에 묶어 두시지도 않았다. 그러나 바로 이러한 세 가지 이유 때문에 하나님께서는 성례를 제정하셨다.[93]

1147-1151년 사이에 저술된 피터 롬바르드의 4권의 신학명제집(*Four Books of Sentences*)은 (1) 삼위일체 하나님, (2) 그리스도 이전의 피조물들과

---

92 Lane, 기독교인물사상사전, 172.
93 롬바르드, 명제집 4: 2: 1. Lane, 기독교 사상사, 193-4에서 재인용.

죄, (3) 성육신과 구속, 기독교 도덕과 십계명, (4) 성례들과 종말론에 관하여 교회가 가르친 교리를 진술하고 성경에 기초하여 그것을 확증하고 그리고 나서 교부들의 견해를 통해 재확인하는 방식으로 진행되었다.[94] 피터 롬바르드는 하나님의 존재 방식에 대해서는 우주론적 논증을 사용하고 2권에서는 어거스틴을 인용하여 그의 입장을 개진했다.

피터 롬바르드의 견해를 몇 가지 밝히면 다음과 같다. "택하신 자들에 대한 하나님의 예정은 그들 안에 있는 선의 원인(the cause of good) 때문이지 그들이 장차 가질 수 있는 선함에 대한 어떤 예지에 근거한 것이 아니다. 택함 받은 자의 수는 늘리거나 줄일 수 없다."[95] "원죄는 육체를 통해 전달되었고 영혼이 육체에 접촉함으로 영혼에도 작용하게 되었다. 죄의 뿌리는 정욕이다."[96] 피터는 인간의 타락과 관련하여 하나님은 인간의 타락을 아셨지만 왜 막지 않으셨는지는 알 수 없다고 말했다. 그는 그리스도의 십자가의 죽으심이 마귀에게 죄값을 지불한 것이 아니고 하나님의 사랑의 표현이라고 이해했다. 세례가 원죄의 죄책을 없애며, 세례시 3회이든 단회이든 모두 바른 세례예식으로 이해했다. 그는 물과 포도주가 그리스도의 살과 피로 변화한다고 가르쳤다.[97]

롬바르드 이전에는 2가지부터 12가지에 이르는 다양한 성례들이 존재했으나 그는 자신의 명제집 4: 2: 1에서 영세, 견진, 성체, 고해, 종부, 서품, 혼배 등 일곱 가지 성례를 제안했다.

> 새법(New Law)의 성례에 관하여: 이제 새법(신약)의 성례에 대해 살펴보자. 신약의 성례로는 영세(baptism), 견진(confirmation), 성채(the bread of blessing), 고해(penance), 종부(extreme unction), 서품(ordination), 혼배(marriage) 등이 있다. 어떤 성례는 죄에 대한 치료가 되며 도움이 되는 은혜

---

94   Knowles, *The Evolution of Medieval Thoughts*, 179.
95   Schaff, *History of Christian Church, Volume V.*, 634.
96   Schaff, *History of Christian Church, Volume V.*, 634.
97   Schaff, *History of Christian Church, Volume V.*, 635.

를 내려준다(영세 등). 또한 어떤 성례는 단지 치료만 된다(혼배 등). 그러나 다른 성례는 은혜와 능력으로 우리를 강건케 하기로 한다(성찬과 서품 등).[98]

롬바르드가 제창한 7가지 성례는 1439년 플로렌스 종교회의에서 로마 카톨릭의 정통으로 인정을 받았다.

3. 성 클레르보 버나드부터 알베르투스 마그너스까지

신비주의와 스콜라주의 이 둘이 완전히 괴리된 것이 아니다. 중세 시대 스콜라주의자들 가운데는 지성 외에도 신비주의적 경향을 동시에 지닌 많은 학자들이 있다. 그 대표적인 인물이 스콜라주자이면서 동시에 신비주의 성향을 강하게 지닌 성 빅토르의 유고(Hugo)와 보나벤튜라를 들 수 있다.[99] "신비주의의 요소는 안셀름, 토마스 아퀴나스, 보나벤튜라 같은 위대한 스콜라주의 학자들에게서 강하게 나타난다."[100]

중세시대 스콜라주의와 신비주의가 함께 발전했다는 것은 흥미로운 일이다. 윌리엄 잉게가 적절하게 표현했듯이 "신비주의는 표상적 지식에 만족하지 않고 순수한 영적 이해를 통하여 절대자를 보려고 열망하는 것이다."[101] 신비주의는 '하나님과의 합일' '하나님과의 교제 혹은 교통'을 중요한 특징으로 삼는다. "신비주의는 내적 경건과 영적 열망을 통해, 논리적 분석보다는 추상적 사고를 통해, 논증보다는 경배를 통해, 머리보다는 가슴으로, 지적 능력을 통해서보다 영적 감정을 통해, 의식이나 예식을 통해서보다 영혼과 하나님의 즉각적인

---

98   롬바르드, 명제집 4: 2: 1, Lane, 기독교 사상사, 194에서 재인용.
99   Walker, *A History of the Christian Church*, 279.
100 Schaff, *History of Christian Church, Volume V.*, 638.
101 William Ralph Inge, *Christian Mysticism* (New York: Charles Scribner's Sons, 1933), 242. 원종천, 중세 영성의 진수 성 버나드 (서울: 대한기독교서회, 2004), 14에서 재인용.

접촉을 통해서 교통하는 것을 목표로 삼는다. 스콜라주의자의 활동을 특징 짓는 단어가 사변(speculation)이라면 신비주의자의 활동을 나타내는 특징적인 단어는 경건(devotion)이다. 신비주의는 밖에 있는 하나님을 찾기보다는 가슴 안에 있는 하나님을 더 많이 찾는다. 신비주의는 정의보다는 경험에 의존한다. 신비주의는 합리주의와 의례적 형식주의를 모두 다 반대한다."[102]

중세시대 스콜라주의와 신비주의의 발흥 거점은 서로 달랐다. 스콜라주의의 거점은 학교와 대학교였고, 반면 신비주의는 수도원이 거점이었다. 특별히 프랑스의 클레르보와 파리 근처의 생 빅토르 수도원들은 신비주의자들을 배출하는 중요한 산실이었다. 중세의 열정적인 찬송들과 토마스 아퀴나스의 성찬 찬송들도 수도원에서 나왔다.[103]

신비주의 스콜라주의 성 버나드

대표적인 신비주의자 성 클레르보의 버나드는 겸손과 교만, 회심, 아가서 설교집, 찬송가를 남긴 가장 영향력 있는 중세 신비주의자였다.[104] 버나드는 설교와 자신의 사역에서 "오직 성경만을 신앙의 규범으로 인정하고" 실천했다.[105] 원종천은 버나드를 가리켜 "중세에도 건전한 신학과 풍부한 영성을 가지고 교회에 큰 도움을 주었던 중요한 한 인물," "어거스틴의 전통을 이어간 마지막 교부"로 "9세기부터 11세기까지 중세 암흑시대를 지나 성경의 진리가 피폐해진 중세교회에 어거스틴 전통에 입각한 성경과 복음의 진리를 회복시키어 16세기

---

102 Schaff, *History of Christian Church, Volume V.*, 637. 또한 원종천, 중세 영성의 진수 성 버나드 (서울: 대한기독교서회, 2004), 19를 참고하라.
103 Schaff, *History of Christian Church, Volume V.*, 637-639.
104 원종천, 중세 영성의 진수 성 버나드, 11-42. 이 저술은 한국 학자 가운데 성 버나드를 총체적으로 조명한 가장 탁월한 중세 연구서 중의 하나인 듯하다. 원종천은 버나드를 개신교 관점에서 통합적으로 이해하려고 노력하였다.
105 Cannon, 중세교회사, 259.

클레르보의 성 버나드(Bernard of Clairvaux, 1090-1153)

개신교 종교개혁으로 연결시킨"[106] 인물이라고 평가했다.

클레르보 버나드는 "1090년에 디종(Dijon) 근처 뽄떼인에 있는 부르건디안 가문의 귀족 가정에서"[107] 출생해 성 볼레학교에서 교육을 받고 1113년 23살 때 시토 수도원에 입문했다. 그로부터 2년 후 1115년 시토 수도원 원장 스데반은 버나드의 탁월함을 목도하고 그를 클레르보 수도원 설립자와 수도원장으로 임명했다. 유능한 설교자, 도덕성이 탁월한 버나드는 그곳에서 남은 생애를 지냈다.[108] 그는 많은 저술을 남겼고, 그의 명성은 곧 프랑스 전역에 널리 알려졌다. 버나드가 클레르보 수도원 원장에 오른 후 이 수도원은 급속히 성장해

---

106 원종천, 중세 영성의 진수 성 버나드, 14.
107 원종천, 중세 영성의 진수 성 버나드, 37.
108 Bainton, 기독교의 역사, 196.

그의 생전에 70개의 시토 수도원이 세워지는 모체 수도원으로 발전했다.[109]

버나드에 따르면 "기도와 개인의 거룩성은 논쟁이 아닌 하나님을 아는 지식으로 나가는 첩경이다." "하나님을 깨닫는 사람은 논쟁가가 아니라 성인(聖人)이다."[110] 버나드의 은혜와 자유의지는 그의 사상을 알 수 있는 대표적인 작품이다. 이 책에서 그가 주장하고자 하는 핵심 내용은 바로 이것이다. "은혜는 의지를 감동시켜서 결과적으로 의지가 자유롭게 자진해서 선을 택하도록 한다. 은혜는 의지의 자유를 파괴하지 않고 의지가 지향하는 대상을 전환시킴으로써 악한 의지를 선한 것으로 변화시킨다."[111] 그는 은혜와 자유의지 14:47에서 이렇게 주장한다.

> 오직 은혜에 의해서 시작되었던 것이 은혜와 자유 의지, 양자에 의해 완성된다. 이것은 개별적으로가 아니고 연합하여 또한 차례 차례가 아니고 동시적으로 각각의 성취에 기여하는 방식을 택한다. 은혜가 일의 일부분을 하고 자유의지가 그 나머지를 하는 것은 아니다. 양자가 각각의 기여하는 바에 의해 전체의 일을 함께 한다. 은혜가 일 전체를 하듯이 자유의지도 일 전체를 한다. 그러나 모든 것이 자유 의지에 의해 성취되었을 때 모든 것은 은혜 때문에 성취된 것이다.[112]

버나드는 겸손과 사랑이 신학의 근본적인 윤리 원칙이고 철야와 금식은 두

---

109 Lane, 기독교인물사상사전, 168-169.
110 Schaff, *History of Christian Church, Volume V.*, 637-639.
111 Lane, 기독교인물사상사전, 169.
112 클레르보의 버나드, 은혜와 자유의지, 14: 47. 동일 저자가 다른 저서에 버나드의 위 내용을 인용한 부분이다. "은혜만으로 시작되었던 것이 은혜와 자유의지 모두에 의해 완성된다. 이러한 과정은 은혜와 자유의지가 단독적으로가 아니라 함께, 그리고 순서대로가 아니라 동시에 성취하는 방식으로 이루어진다. 이 말은 선한 일을 행할 때 은혜가 한 부분을 담당하고 자유의지가 나머지 부분을 차지한다는 뜻이 아니라 각각 고유한 역할을 하면서 일 전체에 기여한다는 뜻이다. 은혜가 모든 일을 하는 것과 같이 자유의지도 모든 일을 한다. 이 말은 모든 일이 자유의지로 이루어졌다고 해도 그 모든 일은 은혜로 말미암아 이루어짐을 의미한다." Lane, 기독교인물사상사전, 169에서 재인용.

가지 기독교 근본 덕목을 계발하기 위한 방법이라고 보았다. 버나드의 하나님에 대한 사랑에 따르면 "우리가 하나님을 사랑하는 만큼 우리가 하나님을 안다."[113] 버나드는 '하나님을 왜 사랑해야 하며 어떻게 사랑할 수 있는가?'라는 질문에 이렇게 대답했다.

"하나님을 사랑하게 만드는 우리를 흥분시키는 요인은 바로 하나님 자신이다. 하나님에 대한 사랑의 척도는 측량없이 하나님을 사랑하는 것이다. 자연과 영혼의 선물은 사랑을 일깨우는 데 적합하다. 그러나 불신자가 알지 못하는 성부, 성자, 성령과의 영혼의 관계에 포함된 은사는 말할 수 없이 더 소중하며, 인간에게 무한하고 측량할 수 없는 사랑을 베풀도록 요구한다. 왜냐하면 하나님은 무한하고 측량할 수 없으시기 때문이다. 영혼은 하나님을 사랑하는 만큼 위대하다."[114]

버나드는 아벨라드의 가르침에는 많은 오류가 있다고 보았다. 그는 피터 아벨라드의 오류들 6:16-7:17에서 아벨라드를 '지옥의 자식'이라는 극단적인 표현을 사용하며 이렇게 비판한다. "나라는 존재는 아담에게 기원을 두기 때문에 죄인이고 그리스도의 피로 씻김을 받아 의롭게 되었다. 죄인에게서 태어났다는 사실은 나를 징죄하기에 충분하고 그리스도의 피는 나를 의롭게 하기에 충분치 않은가? … 그것이 구세주의 피를 통해 인간이 얻은 의이다. 그러나 이 '지옥의 자식'(아벨라드)은 그것을 경멸하고 비웃는다."[115] 버나드가 볼 때 아벨라드는 그리스도가 인간이 되어 죽으신 이유가 "다른 것이 아니라 인간에게 그분의 말씀과 본보기를 따라 사는 법을 가르쳐주고 그분의 고난과 죽음을 통해 인간들의 사랑이 얼마나 커야 하는지를 보여주려는 것뿐이라 믿고 있다."[116]

버나드는 겸손과 교만에서 이렇게 말한다. "사람은 자기 자신을 잘 알 때에

---

113   Schaff, *History of Christian Church, Volume V.*, 640.
114   Schaff, *History of Christian Church, Volume V.*, 640-641.
115   버나드, 피터 아벨라드의 오류들 6:16-7:17, Lane, 기독교인물사상사전, 170. 또한 Lane, 기독교 사상사, 190을 보라.
116   버나드, 피터 아벨라드의 오류들 6:16-7:17, Lane, 기독교인물사상사전, 170에서 재인용.

낮추게 되며 자신을 낮추었을 때 갖는 덕목이 바로 겸손이다 … 당신은 당신 안에도 동일한 결점이 있다는 사실을 알고 실감하기 전까지는 다른 사람의 결점에 대해 진정한 자애심을 결코 가질 수 없는 것이다 … 거만한 자의 눈은 자신의 비열함과 타인의 우수함에 대해서도 닫혀 있고 그의 기분을 맞추어 주는 것에 대해서만 활짝 열려 있다 … 그의 목적은 당신을 가르치거나 당신에 의해 가르침을 받는데 있지 않고 단지 그가 얼마나 많이 알고 있나를 과시하는 것에 있다 … 그는 자신을 보다 더 잘 보이게 하기를 원하나, 보다 더 고귀한 인격이 되기 위해서는 노력하지 않는다."[117]

버나드는 자신의 제자였다가 후에 교황이 된 유게니우스 3세(Pope Eugene III, 재위 1145-1153)에게 "고려해야 할 것들"이라는 글을 써서 교황이 그리스도의 유일한 대리자라고 높이면서도 그 직책이 봉사직이라는 점도 강조한다. "지배의 일이라기보다는 봉사의 일이 우리에게 부과되었음을 깨닫는다면 우리는 자신들을 훨씬 더 잘 이해할 것이다 … 그대에게는 세계의 소유권이 아니라, 세계의 청지기직이 주어진 것으로 본인은 생각한다 … 지배욕보다 더 위험한 독이나 치명적인 칼은 없다."[118]

"신비주의는 하나님과의 합일이 궁극적인 목적이다. 버나드에게도 이것이 예외가 아니다. 그러나 버나드의 합일의 성격은 존재론적 합일이 아니고 의지의 합일이다. 창조주와 피조물이라는 하나님과 인간의 근본적인 차이는 합일의 경지에 이르러도 근본적으로 피할 수 없다는 것이다. 그럼에도 버나드는 사랑을 통하여 인간의 의지가 하나님의 의지와 합일하는 목표를 향하여 나아가야 한다고 말한다. 이것이 버나드의 어거스틴적 신비주의 특성이다."[119]

버나드의 신비주의는 그리스도 중심적이다. 그에 대한 명상을 통해 영혼의 지식과 영혼의 기쁨을 얻는 것이다. 그리스도가 우리 안에 거하시고, 우리 안

---

117 버나드, 겸손과 교만 1:2, 3:6, 12:40, 13:41-42. Lane, 기독교 사상사, 190에서 재인용.
118 버나드, 고려해야 할 것들 2:6:9, 3:1:1-2. Lane, 기독교 사상사, 190에서 재인용.
119 원종천, 중세 영성의 진수 성 버나드, 121.

에 충만한 것이 그의 영혼이 도달하고자 열망하는 목표였다.[120] "그리스도를 닮아가며 신랑 되시는 그리스도와의 사랑을 나누고 그와 점점 가까워지고 하나가 된다는 것이다."[121] 그렇지만 버나드는 그리스도와의 완전한 합일이 가능하다고 보지 않았다.

    버나드는 구원을 육신적 사랑에서 영적 사랑으로 이동하는 과정으로 묘사했다. 구원을 하나님을 사랑하고 하나님과의 관계 속에서 이해했지만 구원의 과정에서 그리스도가 중심 역할을 한다. 그는 구원의 과정을 네 단계의 사랑으로 묘사했다. "그리스도를 전혀 알지 못하는 회심 전의 상태에서, 성령의 감동으로 그리스도를 향한 육신적 사랑으로부터 시작하여, 그리스도의 구속을 깨닫는 진정한 믿음의 길로 들어서며, 영적 사랑의 완성에 도달하는 것이다."[122]

    신비주의는 생 빅토르의 위고와 리차드에 와서 수정을 맞았다. 버나드가 사변적인 것에 전혀 관심을 두지 않은 반면 생 빅토르의 위고와 그의 제자 리차드는 스콜라주의적 신비주의를 추구했다. 버나드가 신비주의를 인격적 경험에서 찾았다면 생 빅토르의 위고와 리차드는 그것을 "정의하고 학문체계"로 수립하려고 하였다. 하지만 위고와 리차드 두 신비주의 학자들은 "영혼이 황홀경과 명상의 평온 곧 하나님을 아는 지식에 도달하려면 먼저 믿고 사랑하고 자신을 성결케 해야 한다"고 주장한다. 이들에 따르면 "성경은 최고의 안내자이며 묵상을 통해 영혼은 지성과 논쟁으로는 결코 도달할 수 없는 영적 상태에 도달한다."[123]

    위고는 영혼에는 사물을 바라보고 이해하는 세 가지 기능이 있다고 말한다. 육체의 눈, 이성의 눈, 명상의 눈이다. 명상의 눈은 신적인 것에 관련되고 인간이 타락할 때 그 기능을 상실했으며 이성의 눈은 손상을 입었고 육체의 눈은 전혀 손상을 입지 않았다. "명상의 눈을 회복시켜 주는 것은 구속의 은혜이

---

120   Schaff, *History of Christian Church, Volume V.*, 643.
121   원종천, 중세 영성의 진수 성 버나드, 121-122.
122   원종천, 중세 영성의 진수 성 버나드, 106.
123   Schaff, *History of Christian Church, Volume V.*, 649.

다."¹²⁴ 위고는 신앙생활이 독서와 반성과 기도와 행위와 명상 다섯 부분으로 이루어진다고 이해했다.¹²⁵

리차드는 매우 신비적 성격을 지닌 위대한 명상가였다. 리차드에 따르면 명상은 여섯 단계로 이루어지며 마지막 단계는 이성을 넘어서고 벗어나는 명상으로 이 단계에 도달하면 삼위일체의 신비를 이해할 수 있게 된다. 바울이 올라갔던 삼층천이 이성을 넘어선 경지라고 보았다. 리차드는 "사랑이 명상의 전체 과정을 이끄는 원동력이며, 명상은 모든 세상 철학 위에 솟아 있는 산"¹²⁶이라고 이해함으로 명상을 최고의 위치에 올려놓았다. "그는 성경을 중시하며 그것을 영적 상태의 잣대로 삼았다. 성경의 문자에 부합하지 않는 것은 무엇이든 일단 의심한다."

헤일스의 알렉산더와 알베르투스 마그너스

토마스 아퀴나스의 생애와 신학을 이해하는데 잠깐 언급해야 할 2명의 인물이 있다. 한 사람은 헤일스의 알렉산더(Alexander of Hales, 1170/85-1245)이고, 다른 한명은 토마스 아퀴나스의 스승 알베르투스 마그누스이다. 헤일스의 알렉산더 역시 아리스토텔레스의 철학을 신학 방법론으로 도입해 자신의 신학을 집대성하였다. 그는 어거스틴의 작품을 존중하여 성경을 최종적인 진리라고 이해했다. 그는 영적인 일에 있어서는 믿음이 지식보다 앞선다고 보았다. 신학은 지혜를 모아 놓은 것이지 과학이 아니며 신학은 연구를 통하여 얻을 수 있는 지식이 아니라고 이해했다. 알렉산더의 신학 방법론은 토마스 아퀴나스의 방법론과 유사한 점이 많다.

그보다 토마스의 생애와 신학에 결정적인 영향을 미친 인물은 알베르투스 마그누스이다. 토마스의 스승 알베르투스 마그누스는 독일의 도미니크수도회의

---

124   Schaff, *History of Christian Church, Volume V.*, 645.
125   Schaff, *History of Christian Church, Volume V.*, 646.
126   Schaff, *History of Christian Church, Volume V.*, 649.

알베르투스 마그누스(Albertus Magnus, c.1200-1280)

신학자로 가장 많은 저술을 남겼다. 특별히 아리스토텔레스의 철학을 자신의 신학 방법론으로 사용하여 자신의 작품을 집대성했으며, 박학한 자연과학 지식을 신학작업에 활용하였다. 누구보다도 아리스토텔레스의 작품을 깊이 연구하였으며, 이를 위해 유명한 아라비아 학자들의 아리스토텔레스에 관한 수많은 주해서를 활용하였다. 마그누스는 신학을 "구원에 관한 모든 일의 실제적인 과학,"[127] "참된 의미의 과학"이라고 주창했다. 그는 우주의 본질에 있어서는 보편은 개체 속에 존재한다는 온건한 실재론의 입장을 취했다. 마그누스는 마리아 숭배 사상을 발전시키는데 중요한 역할을 했다.

127　Moyer, 인물중심의 교회사, 263.

4. 가톨릭신학의 최고 정상 토마스 아퀴나스

중세 스콜라주의하면 떠오르는 인물이 토마스 아퀴나스이다.[128] "이 벙어리 황소가 한번 포효하면 온 세계가 그 소리로 가득찰 것이다."[129] 토마스 아퀴나스의 스승 알베르투스 마그너스가 토마스를 두고 한 이 예언은 놀랍게 적중했다. 토마스는 천사의 박사라는 칭호를 받았으며 스콜라주의의 왕좌, 어거스틴 다음 가는 가장 뛰어난 신학자로 평가를 받았다.[130]

윌리스톤 워커의 표현을 빌린다면 토마스 아퀴나스는 어거스틴 및 존 칼빈과 더불어 서방 지성사에 가장 영향을 많이 미친 신학자였고,[131] 데이빗 놀스의 말을 빌린다면 스콜라주의 대학자,[132] 로마 카톨릭의 신학을 대표하는 신학자였다.[133] 교황 레오 13세(Pope Leo XIII, 재위 1878-1903)는 1879년 "모든 신학생들에게 토마스 아퀴나스의 저작을 공부할 것을 지시했다."[134] 그만큼 로마 카톨릭에서 토마스의 신학은 독보적이고 최고의 권위를 지닌다.

토마스는 다마스쿠스의 요한(John of Damascus, c.675-749)이 5세기에 동방신학을 집대성 한 것처럼 서방교회에 중세의 신학을 집대성 해 놓았다. 그

---

128 G. K. Chesterton, *St. Thomas Aquinas* (New York: Angelico Press, 2011); Hourly History, *Thomas Aquinas* (Independently published, 2020); Fergus Kerr, *Thomas Aquinas* (Oxford: Oxford University Press, 2009); Taylor Marshall, *Thomas Aquinas in 50 Pages* (Saint John Press, 2014); Pope Leo XIII. "Aeterni Patris" *Aeterni Patris*, edited by Pope Leo XIII (Vatican, 1879); Thomas Aquinas, *On Law, Morality, and Politics* (Massachusetts: Hackett Publishing Company, 2003); Thomas Aquinas, *The Summa Theologica of St. Thomas Aquinas* (Christian Classics, 1981).

129 Lane, 기독교인물사상사전, 190.

130 Otten, *A Manual of the History of Dogmas Vol. II*, 17.

131 Walker, *A History of the Christian Church*, 270.

132 Knowles, *The Evolution of Medieval Thoughts*, 255. "기술적 방법의 대가로서 토마스 아퀴나스의 특별한 위대함은 세계의 위대한 철학자들과 비교할 수 없을 정도로 개인적인 편견이 전혀 없는 담대한 추론의 힘과 조화와 질서를 인식하고 생산하는 능력, 즉 우주에서 그것을 인식하는 능력과 자신의 생각으로 그것들을 산출해 내는 능력에 있다."

133 Newman, *A Manual of Church History*, 483. 앨버트 뉴먼의 표현을 빌린다면 토마스 아퀴나스는 "모든 스콜라주의 신학자들 중에서 가장 위대한 인물"이다.

134 Lane, 기독교인물사상사전, 190.

는 "인간적으로는 단순하고 신앙심이 깊은 기도하는 사람," 지성적으로는 "명료함, 논리적 일관성, 그리고 교회의 몇 안되는 위대한 교사 중 한 명," 그리고 교회사적으로는 "12세기 인본주의와 14세기 유명론을 연결시킨 철학가"였다. 토마스는 철학, 성경주석, 설교 및 변증학적 저술 네 분야에 60여권의 저술을 남겼는데 그는 이들 작품에서 이성과 신앙, 철학과 신학, 그리고 아리스토텔레스와 가톨릭교회의 교리를 종합했다. 그는 "아리스토텔레스 철학과 가톨릭교회 신학이 함께 양립할 수 있으며 둘 사이에는 모순이 없다."[135]고 확신했다.

토마스는 1225년에 남부 이탈리아의 나폴리 근방의 아퀴노(Aquino) 로카세카(Roccasecca) 성채에서 롬바르드족의 왕족의 후예로 로카세카 군주인 아버지, 란둘프(Landdulf) 백작과 노르만족 어머니 사이에서 태어났다.[136] 그의 부모는 토마스가 다섯 살이 되던 1231년 그를 당시 큰 권력을 가진 수도회였던 베네딕트파의 몬테 카지노 대수도원에 성별자(oblate, 수도자 지원생)로 바쳤다. 토마스는 1230년부터 1239년까지 몬테 카지노에 있는 학교에 다녔다.

교회 세력과 세속 권력 사이의 분쟁이 심화되어 교황 그레고리 9세와 대립관계에 있던 프리드리히 2세(Friedrich II, 1194-1250)가 이탈리아를 쳐들어와 수도사와 학생들을 추방하는 바람에 토마스 역시 황제와 교황 산의 문제으로 인해 1239년 어쩔 수 없이 이 곳 베네딕트 수도원을 떠나야했다.

1240년 나폴리대학에 등록해 이 대학에서 5년간의 학업을 마친 토마스는 1244년 19세 때 도미니크수도회에 가입했다.[137] 나폴리대학은 교황청의 볼로냐

---

135 Lane, 기독교인물사상사전, 184.
136 Bromiley, 역사신학, 264. "1225 년경에 출생한 토마스는 이탈리아의 아쿠나스 근교에서 태어났다. 어린 시절에 그의 부친은 그를 베네딕트 수도원에 봉헌했고 그는 1230년부터 1239년까지 몬테 카지노에 있는 학교에 다녔다. 1240년 그는 나폴리의 새로운 대학에 등록했으며 거기서 4년을 보냈다. 그리고 나서 그는 도미니크 교단의 수사가 되었고 1245년부터 1248년까지 파리에 있는 대 알베르투스의 문하에서 수학했다. 알베르투스가 쾰른에 갔을 때 그는 그와 함께 가서 1248년부터 1252년까지 4년간을 수학했다. 그는 교사로서 파리에 돌아와 처음에는 2년 동안 성경에 대해 강의했고 그 다음에는 피터 롬바르드의 명제집에 대해 강의했다. 그는 1256년 신학석사가 되었고 나머지 여생을 파리와 이탈리아 각지에서 가르치면서 보냈다 그의 신학적인 동료들은 베네딕트 교단보다는 도미니크 교단이었다. 그의 비교적 단명한 인생은 1274년에 종료된다."
137 Walker, *A History of the Christian Church*, 270. 워커는 1243년이라고 말한다.

대학에 맞서 프리드리히 2세가 경쟁적으로 설립한 대학이었다.[138] 그는 나폴리 대학에서 논리학과 아리스토텔레스의 자연철학을 배웠다. 그가 도미니크수도회에 가입한 것은 가족의 의사와 반대되는 결정이었다. 토마스의 형제들은 토마스가 같은 수도회 소속 수사와 파리로 가는 도중 토마스를 납치하여 가족의 성에 감금하였고 토마스는 몬테 생 지오바니(Monte San Giovanni) 성에 체류한 후 토마스의 고향 로카세카로 옮겨졌다.

집에 갇혀 있는 1년 동안 토마스는 자신의 뜻을 굽히지 않았고 결국 1245년 6월 혹은 7월에 풀려나 나폴리로 가서 도미니크수도회에 정식 입단하고 파리로 갔다. 그는 파리로 가서 1245년부터 1248년까지 성 야고보 수도원(Convent of St. James)에서 도미니크파 수도사이자 영향력이 대단히 높은 아리스토텔레스 철학의 옹호자였던 도미니크수도회 쾰른(Köln) 출신 알베르투스 마그누스(Albertus Magnus) 아래서 공부하였다.[139] 토마스는 1245년 가을부터 신학부 교수인 마그누스의 제자로 1248년까지 파리대학에서 공부했다. 1248년 그는 알베르투스를 따라 거기로부터 쾰른으로 가서 1248년부터 1252년까지 4년간 수업을 쌓는다. 그 후 1252년 파리대학으로 돌아온 토마스는 강사로 일하면서 교수 자격을 취득하기 위한 준비를 했다.

토마스는 2년간은 성경을, 2년 간은 피터 롬바르드의 **문장론**(*Sentences*)을 강의하였다. 1256년 그는 신학 석사 (그의 수도회에서 줄 수 있었던 최고의 칭호)를 마치고 공적으로 가르칠 수 있는 면허를 얻었다. 1256년 교수 자격을 획득한 토마스는 1259년 6월까지 도미니크수도회의 학교에서 강의하고 이탈리아로 돌아갔다.[140] 그 후 1274년 3월 7일 세상을 떠날 때까지 파리와 이탈리아의 여러 지역에서 교수하고 집필하며 여생을 보냈다.

그는 아나그니(Anagni, 1259-1261), 오르비에토(Orvieto, 1261-

---

138 Bromiley, 역사신학, 264.
139 Lane, 기독교인물사상사전, 183-185.
140 Walker, *A History of the Christian Church*, 270. 워커는 교수 자격을 획득한 연도를 1257년이라고 말한다.

토마스 아퀴나스(Thomas Aquinas, 1224/25-1274)

1265), 로마 성 사비나 수도원(1265-1267), 비테르보(Viterbo)의 주교청에서, 파리(1269-1272)에서 너무도 바쁜 시간을 보냈다. 1259년부터 1272년까지 13년간은 토마스의 생애의 최고 절정의 기간들이었다. 1274년 토마스는 그레고리 10세(Pope Gregory X, 재위 1271-1276)의 명에 순종하여 리옹에서 열리는 공의회에 참석하기 위해 가다가 병에 걸려 1274년 3월 7일 나폴리와 로마 사이에 있는 포사노바(Fossa Nova)의 시토 수도원에서 49세의 일기로 세상을 떠났다.

1323년 교황 요한 22세(Pope John XXII, 재위 1316-1334)는 토마스 아퀴나스를 시성(諡聖)하였으며 1567년 교황 피우스 5세(Pope Pius V, 재위 1566-1572)는 그를 교회의 위대한 학자(Angelic Doctor of the Church)로 선포하고, 1880년 교황 레오 13세는 카톨릭 학문의 수호성인으로 선언하였

다.[141]

〈신학대전〉과 기타 토마스 아퀴나스의 작품 세계

토마스의 엄청난 지적 능력은 가히 전설적이었으며, 그가 기술한 문학적 산물은 차라리 숨막힐 지경이다.[142] 토마스의 친필 저서는 60권이 넘고 철학저술들은 아리스토텔레스의 윤리학, 형이상학, 정치학 등 논문들의 주석들이고 해석학 저술들은 욥기, 시편 첫 50편, 아가, 이사야, 예레미아 애가, 복음서, 바울서신에 대한 주석들이 그들 중에 포함된다. 상당수의 그의 설교가 현존하고 변증서도 있다. 토마스의 저술 중에서 교의학과 윤리학의 저서들은 가장 권위 있는 저술로 평가를 받고 있다. 그 중에서 가장 먼저 저술한 작품은 롬바르드의 신학명제집 주석이며, 이 주석에는 사도신경, 주기도문, 십계명, 천사의 고지, 성례에 대한 주해들이 포함되었다.

토마스의 작품은 대략 90여 개의 작품으로 이루어져 있다.[143] 여기에는 신학 논문, 학적인 토론, 성경 주석, 아리스토텔레스의 작품들에 대한 강해, 등등이 포함되어 있다. 이 모든 것이 49년이라는 짧은 생애의 산물이었다는 사실

---

141 토마스 아퀴나스의 전기는 홍수 같이 쏟아지고 있다. Terry L. Miethe and Vernon J. Bourke, *Thomistic Bibliography*, 1940-1978 (Westport, CT: Breenwood Press, 1980), 13-17에 보면 1940년부터 1978년 사이에 무려 70여개의 전기가 나왔다. 그중에 몇 가지 중요한 작품을 소개한다면, Jacques Maritain, *St. Thomas Aquinas* (New York: Meridian Books, Ins., 1958); Marie Dominique Chenu, *Toward Understanding Saint Thomas*, trans by Albert M. Landry & Dominic Hughes (Chicago: Henry Regnery Company, 1964); Robert Edward Brennan, "Troubadour of Truth," in *Essays in Thomism*, Robert E. Brennan (New York: Sheed and Ward, 1942), 1-23.

142 사실, 근거 있는 일설에 의하면, 토마스는 동시에 네 명의 서기에게 4가지 다른 주제를 불러주어 받아쓰게 할 정도였다고 한다. E. Harris Harbison, *The Christian Scholar in the Age of the Reformation* (New York: Charles Scriner's Sons, 1956; reprint edited, Grand Rapids: Wm. B. Eerdmans Publishing Com., 1983), 27.

143 대표적인 예가 Terry L. Miethe & Vernon Joseph Bourke, *Thomistic Bibliography, 1940-1978*, (California: Greenwood, 1980)인데 여기에는 1940년과 1978년 사이에 출판된 토마스 아퀴나스에 대한 약 300페이지 분량의 참고문헌이 수록되어 있다.

에 우리는 더 놀란다.[144] 그의 작품 모두가 대작이지만 특별히 토마스의 명성은 주로 두 개의 작품에서 우러나오고 있다. 즉 대(對) 이교도대전(Summa contra Gentiles, 1261-1264)과 신학대전(Summa Theologiae 혹은 Theologica, 1265-1273년경)이 그것이다. 이 중 두 번째 작품, 신학대전은 기독교 사상을 집대성한 불후의 고전이다.[145] "토마스가 수 년 동안 저술했던 신학대전은 그의 신학적 탁월성을 잘 보여주고 있다. 본서는 신학의 모든 국면들을 포괄하려고 하며 이들과 관련된 모든 문제들에 대해 확고한 정통적 답변을 주려는 의도 하에 저술된 방대한 저작이다."[146]

세권으로 된 그의 신학대전은 하나님과 인간, 구주 예수 그리스도를 다루고 있으며 책의 내용을 질문 형식으로 512개 질문,[147] 518개 주제로 구분하고 이 주제들을 다시 2,652개 항목으로 구분했다. 각 항목은 명제의 부정적인 면과 긍정적인 면, 지시 견해들과 반대 견해들을 진술하고 그리고 나서 저자의 결론을 제시한다.

그가 파리에서 첫 교수 사역을 하던 1258-1259년에 착수해서 1264년에 완성한 4권으로 구성된 이교도대전은 이성을 통해서 인식할 수 있는 신적 진리를 다룬 I-III권과 오직 계시를 통해서만 인식된 신과 신적 실재를 다룬 IV권으로 구성되었다. "즉 I권에서는 인간이 이성과 철학의 도움을 통해서 인식할 수 있는 신과 모든 것을, II권은 신으로부터 만물의 나옴을 그 대상으로 한다. 이는 신학적 관점에서는 창조론이요 철학적 관점에서는 존재론으로서 고찰된다. III권은 만물의 신을 향한 회귀를 자세하게 논한다. 이는 이교도대전에서 가장 많은 분량을 차지하는 부분이다. 그리고 IV권은 인간 이성만으로는 도달할 수 없

---

144 완전한 참고문헌이 Maritain, *St. Thomas Aquinas*, 161-166; M. D. Chenu, *Toward Understanding Saint Thomas*, 79-99; Miethe & Bourke, *Thomistic Bibliography, 1940-1978*, xix-xxii에 실려 있다.
145 토마스가 자신의 제자 중 한 사람을 신뢰하면서 미완성의 작품으로 남겨주었으나 그 제자는 이 작품을 아무 짝에도 쓸데 없는 무용한 것(왕겨)으로 간주했다. 신학대전은 토마스가 다 완성하지 못한 부분은 편집자들이 토마스의 롬바르드 주석을 참고하여 보완했다.
146 Bromiley, 역사신학, 265.
147 Lane, 기독교인물사상사전, 185.

는 진리들을 검토한다. 이 마지막 권에서는 구원을 얻기 위해서 믿지 않으면 안 되는 네 가지 주제를 다루고 있다. 삼위일체이신 하나님(1-26장), 성육신(27-55장), 성육신의 결과로서의 성례들(56-78), 육체의 부활과 최후 심판(79-97) 등이다."[148]

토마스는 매우 단조롭고 진부할 수 있는 이 같은 형식의 저술을 명쾌한 답과 흥미로운 내용을 통해서 극복했다는 평가를 받는다. 토마스는 매우 사변적이고 논쟁적이고 스콜라주의적이라는 평가를 받고 있지만 필립 샤프가 지적한 대로 실제로 매우 경건하고 실천적인 신학자였다.

> 토마스에게는 신학적 사색은 신학적 통찰력을 과시하는 것이 아니라 하나님을 알고 예배하는 것을 목표로 추구하는 경건한 활동이다. 그는 파리로 가는 길에 도시 전체를 다 주어도 크리소스톰의 마태복음 강해서와 바꾸지 않겠다고 외쳤다는 것은 이 진술과 보조를 같이 한다. 또한 나폴리에서의 그의 말년에 주님께서 그에게 나타나셔서 그가 원하는 보상(reward)이 무엇인지 물으셨는데 그것이 그가 신학적인 질문들에 관해 좋은 글을 썼기 때문이다. 토마스는 '주여! 오직 당신 외에는 다른 아무것도 없나이다.'라고 대답했다고 알려졌다.[149]

토마스의 온유함, 놀라운 평정, 인내, 다함없는 정신적 에너지, 철두철미함, 일편단심 등은 토마스의 학문을 더욱 빛나게 만들었다. 그의 제자 레지놀드(Reginald of Piperno, c.1230-1285/95)가 말한 대로, "그의 학문은 지성적 노력에서 나왔다기보다 기도의 힘에서 우러나왔다."[150] 토마스는 1272년 그의

---

148 정원래, "13세 토마스 아퀴나스의 이교도대전(Summa contra Gentiles)에서 드러난 이교도(Gentiles)에 대한 이해 및 라이문두스룰루스 등의 선교전략을 통한 현재의 다문화에 대한 접근," 개혁논총 Vol. 27. (2013): 133-134.

149 Schaff, History of Christian Church, Volume V., 666.

150 Harbison, The Christian Scholar in the Age of the Reformation, 27에서 재인용.

말년에는 나폴리로 가서 도미니칸 대학을 설립하면서 신학대전을 집필하다 2년 후 1274년 48세의 일기로 생애를 마감했다.

토마스 아퀴나스 신학 사상과 평가

교황들과 교회회의는 여러 차례 토마스 아퀴나스를 가톨릭 신학의 가장 권위 있는 학자로 인정하였다. 윌리스톤 워커는 토마스를 "스콜라 신학을 가장 높이 발전시킨" 스콜라주의 신학자로 평가했고, 필립 샤프도 이렇게 그를 높이 평가했다.

"천사의 박사(Doctor angelicus)로 불리는 토마스 아퀴나스는 스콜라주의 왕자이자 라틴 교회의 가장 뛰어난 성인 어거스틴(Augustine of Hippo, 354-430) 다음 가는 인물이다. 그는 보기 드문 천재성과 지혜, 그리고 순수한 삶을 지닌 사람이었다. 그는 질서정연하고 역동적인 진술에 있어서 타의 추종을 불허하는 능력을 소유하고 있었다. 그의 손에 의해 스콜라주의 교리는 완벽하고 최종적인 체계로 조직되었다. 그는 교리들을 투명하고 명확하게 설명하였고, 성경과 전통, 이성에서 유래된 강력한 논증으로 그것들을 발전시켰다. 그에게는 신비주의적 경건과 건전한 지성이 결합되어 있었다. 특히 둔스 스코투스(Duns Scotus, 1266-1308)와 같은 다른 많은 학자들과 비교할 때 토마스는 사변적이라기보다 실천적인 사람이었다. 교황들과 공의회들이 가톨릭 신학 선생으로서 그의 권위를 거듭 인정해 왔다."[151]

토마스는 1323년에 요한 22세로부터 성자의 명부에 올랐고, 1567년에 교회의 박사라는 칭호를 부여받았으며, 1880년 교황 레오 12세(Pope Leo XII, 재위 1823-1829)로부터 가톨릭 학교의 "총 지도자"로 임명을 받았다. 그만큼 가톨릭에서 그가 차지하는 위치는 독보적이었다. 보나벤투라가 신플라톤주의에 토대를 둔 프란시스수도회의 스콜라주의 신학자였다면 토마스는 아리스토텔레

---

151 Schaff, *History of Christian Church, Volume V*., 661-662.

스의 전통에 서서 자신의 신학 작업을 이룩한 도미니크수도회 출신의 대표적 스콜라주의 신학자였다.

앞에서 언급한 대로 토마스의 평생의 대작 신학대전(Summa Theologiae)은 스콜라주의 신학의 대표적인 작품이며, 가톨릭 신학의 기초가 되었다. 비록 토마스가 그의 생전에 이 책을 완성하지 못하고 제자들이 다른 작품에서 발췌한 내용으로 보충해서 완성했지만 신학대전은 그의 사상을 가장 잘 집대성한 작품인 것은 분명하다. 윌리스톤 워커에 따르면 신학대전에 나타난 토마스의 신론은 신플라톤주의 신관과 아리스토텔레스의 신관을 결합시킨 신관이었다.[152] 그러나 둘을 결합시켰다기 보다 좀 더 정확히 표현한다면 토니 레인의 말대로 "토마스 아퀴나스는 먼저 신플라톤주의 철학의 용어로 전해진 어거스틴의 신학을 선택하여 아리스토텔레스의 용어로 재기록 하였다."[153]

토마스는 전형적인 카톨릭 성례전의 토대를 놓았다. 개신교가 세례와 성찬만을 성례로 인정하는 것에 반해 그는 일곱 가지 성례를 다 수용하였다. 일곱 가지 성례는 영세, 견진, 성체, 고해, 종유, 임직 및 혼례로 피터 롬바르드 시대에 정립되었고 그 자신이 승인하고 이노센트 3세(Pope Innocent III, 재위 1198-1216)가 1215년 제 4회 라테란회의(The Council of Lateran IV, 1215)에서 이를 채택하였다.[154] 이것은 트렌트회의에서 재확인되어 지금까지 칠성례는 가톨릭의 성례로 계승되고 있다. 특별히 이들 일곱성례 가운데 영세, 견진, 임직은 한 번 받으면 지워 버릴 수 없으며 부인할 수도 반복할 수도 없다. 다른 네 가지는 여행할 때 대화가 필요한 것처럼 구원 받는 데 필요하다.

"영세는 다른 성례전으로 들어가는 문이며 하나님 나라로 들어가는 문이고 견진은 영세가 시작한 것을 완결시키는 것이고 더욱 크고 능력 있는 은사를 얻는 것이다. 성체는 그리스도의 살과 피 속에 있는 영적 생활의 양식을 얻는 것이고 고해는 영세가 원죄를 벗고 재생함을 받는 것처럼 실제로 범한 죄를 고치고

152　Walker, *A History of the Christian Church*, 271.
153　Lane, 기독교인물사상사전, 185.
154　원종천, 중세 영성의 진수 성 버나드, 175.

또한 신체의 병도 고치려고 하는 것이며 임직은 사람에게 성례전을 행하는 권한을 주는 것이고 혼례는 그리스도와 교회가 하나를 이루는 것처럼 두 사람이 종신토록 조화를 이루어 하나가 됨을 말한다."[155]

종유는 죽음에 이른 사람에게 행하는 성례전으로 그에게 용서 받을만한 죄가 사면 받고 고해를 한 뒤 남은 죄를 사면 받고 신체의 병을 고치기 위한 예식이다. 몇 번 반복할 수 있다. 토마스는 영세가 원죄를 씻음받고 그 영세 받는 사람이 그리스도의 몸과 연합되는 장엄한 역사라고 보았다. 어린아이까지 영세를 받아야 한다고 보았다. 토마스는 "고해성사가 세례를 받은 후에 지은 죄를 제거하는데 유효하다"[156]고 말한다.

토마스는 화체설을 체계적으로 정립했다. 화체설은 성체를 집행할 때에 떡과 포도즙을 신부에게 받으면 그 순간에 이것들이 그리스도의 살과 피로 변한다는 것이다. 그러므로 떡과 포도주라는 물질은 없어지고 그리스도의 살과 피로 변한다. 평신도들에게 포도주를 주지 않는 것은 13세기부터 시작된 관례로 평신도들이 만일 부주의하여 흘리기라도 하면 거룩한 피를 모독하는 것이라고 생각했기 때문이다. 이것은 트렌트 회의에서 재확인하여 오늘날까지 그대로 시행되고 있다.

토마스는 신학대전에서 철학과 신학의 놀라운 조화를 제시하였다. 신학대전 첫 번째 질문과 진술은 철학과 신학의 차이와 조화이다. 토마스에 의하면 신학과 철학은 서로 상치되지 않지만 분명히 둘이 구별된다고 이해했다.[157] 토마스는 학문에는 두 종류가 있다고 이해했다. 하나는 자연적인 이성의 빛에서 연원한 것으로 철학과 여타 학문이고, 다른 하나는 신학이다.

---

155 Moyer, 인물중심의 교회사, 268.
156 Schaff, *History of Christian Church, Volume V.*, 671.
157 Bromiley, 역사신학, 269. "토마스는 신학이 무엇인가에 대한 명확한 인식을 소유하고 있으며 그는 신학과 철학을 혼돈하지도 철학을 신학의 기초로 만들지도 않는다. 신학은 필연적으로 성경을 통한 신적 자기 계시에 의존한다. 철학이 일부 동일한 근거를 포괄한다 할지라도 철학은 궁극적으로는 중요하지 않고 대중에게는 무가치하며 그 범위는 심히 제한되어 있고 권위로서 무익하다."

토마스에 따르면 신학의 주된 과제는 하나님에 대한 인식이다. 그는 신학대전에서 첫째, 하나님에 대해 논하고, 둘째로는, 이성적 피조물의 하나님께로의 운동, 그리고 셋째, 하나님께로 향하는 길인 그리스도에 대하여 논하였다. 하나님에 대한 고찰은 하나님의 본질에 대한 고찰, 하나님의 인격에 대한 고찰, 피조물이 하나님께 나아감의 고찰 세 주제를 다룬다.

토마스가 볼 때 신학은 하나의 학문이다. 그리고 신학은 사변적인 학문이면서 동시에 실천적이다. 이 신학의 양면성이 토마스 신학의 근간이자 토대이다. 토마스가 볼 때 신학은 믿음과 관계 맺고 있는 학문이고 믿음은 인간의 이성으로 증명될 수 없는 많은 요소들을 갖고 있기 때문에 신학은 논증될 수 없는 학문이다.

하나님은 존재하는가? 토마스에게 하나님이 존재한다는 명제는 자명하다. 그는 인간이 하나님의 존재를 본성적으로 인식할 수 있다고 말한다. 신앙과 이성의 관계에 있어서 토마스는 철저하게 아리스토텔레스의 사상에 기초하여 인간의 이성이 신앙과 대립되거나 상치되는 것이 아니라고 이해하였다. 그에게 철학과 신학은 전혀 모순되지 않는다. 그는 이성을 신앙으로 이끄는 통로라고 믿었다.

'자연은 은총을 파괴하는 것이 아니라 그것을 완성케 한다'는 그의 명제도 같은 맥락에서 나왔다. 마치 초대교회 헬라 변증가들이 로고스에서 헬라철학과 율법이 나왔다고 본 것처럼 토마스는 이성과 계시가 모두 하나님으로부터 나왔기 때문에 결코 대립되거나 상치되지 않는다고 보았다.[158] 그의 신학에서 신앙과 이성은 매우 동등한 위치에 있다. 그는 하나님의 존재와 창조 능력을 이성으로 알 수 있다고 이해했다. 이것은 은혜와 자연의 관계에 그대로 확대 적용된다. 토마스에 따르면 은혜는 자연을 파괴하는 것이 아니라 오히려 그것을 완벽하게 한

---

158 Placher, 기독교 신학사, 205-206. 토마스 아퀴나스는 이성을 통해서 알 수 있는 것과 계시를 통해서 알 수 있는 것을 구별하였지만 둘이 모순된다고 보지 않았다. 여기에 토마스 아퀴나스의 신학의 특징이 있다.

다.[159]

신 존재에 대한 논증에서 그는 본체론 보다는 우주론적 논증을 강하게 주장하였다. 그는 어거스틴의 신학에 적지 않은 영향을 받았으면서도 어거스틴을 아리스토텔레스의 철학으로 재해석하였다.[160] 다시 말해 어거스틴의 전통과 아리스토텔레스의 전통을 조화시키려고 하였다. 그것은 아리스토텔레스의 철학의 영향 때문이라고 판단된다. 토마스가 어거스틴의 전통에 부분적으로 서 있으면서 적지 않게 어거스틴과 견해를 달리 하는 것도 그 때문이다. 토마스는 기독교 신앙과 아리스토텔레스의 형이상학을 종합하려고 시도했다.

그렇다고 토마스가 모든 하나님에 관한 지식을 이성을 통해서 알 수 있다고 본 것은 아니다. 삼위일체와 성육신의 진리는 오직 계시에 의한 신앙으로만 받아들일 수 있다. "계시에 의한 지식에 관하여서 이성은 다만 개연과 유추에 머물고 만다."[161] 그것은 그가 신학대전에서 계시와 이성, 성경과 전통의 관계를 밝힌 것에서 확인할 수 있다.[162]

토마스는 이성의 역할을 강조했지만 성경을 결코 소홀하게 다루지 않았고, 평생 성경을 연구하고 주석하고 가르치는 일을 열심히 감당했다. 정원래에 따

---

159 Placher, 기독교 신학사, 209.
160 김의환, 기독교회사 (서울: 총신대학교 출판부, 2004), 204. "그는 이성과 계시의 조화뿐만 아니라 어거스틴의 성서주의와 아리스토텔레스의 실재론과의 조화를 시도하였다. 이성이 신앙으로 가는 길을 인도하는 길잡이 역할을 하나 더 오를 수 없는 지점에서 계시하는 길잡이에게 넘겨주는 인계 작업이 따르며 이 때에 '주입된 신앙'(fides infusa)이 필요하게 된다고 이해했다. 그러나 이 'fides infusa'가 이성과 결연된 것으로 보기보다 이성적 능력의 증진으로 보는데 스콜라 철학의 위험성이 잠재하여 있었다."
161 김의환, 기독교회사, 204.
162 토마스 아퀴나스의 신학대전 영역본 중 몇 가지를 소개하면 다음과 같다: Thomas Aquinas, *The Summa Theologica*, 22 Vols., trans by Fathers of the English Dominican Province (London: Burns Oates and Washbourne Ltd., 1914); Thomas Aquinas, *Summa Theologica*, 3 vols., trans by Fathers of the English Domincan Province (Chicago: Brenziger Brothers, Inc., 1947); Anton C. Pegis, *Basic Writings of Saint Thomas Aquinas*, 2 vols. (New York: Random House, 1945); Thomas Gilby, trans in *St. Thomas Aquinas: Theological Texts* (Oxford University Press, 1955; reprinted, Durham, NC: The Labyrinth Press, 1982). 토마스 아퀴나스의 신학대전 외에 그의 신학 방법론을 이해할 수 있는 탁월한 논문이 하나 있다. Tad W. Guzie, "The Act of Faith according to St. Thomas: A Study in Theological Methodology," *The Thomist* 29 (1965): 239-280.

르면 토마스는 "성경을 근면하게 탐구하는 도미니크수도회의 구성원이며 수도회의 상임설교자로서 성경을 연구하고 설교하는 수도사였다. 동시에 토마스는 '성경을 가르치는 교사'로서 평생 성경을 교육하는 교사였다."[163] "토마스는 신학적 논쟁을 발전시키려는 목적에서나 반론에 대답하기 위해 성경을 문자적으로 인용한다. 또한 하나님이 성경의 저자임을 믿으며 토마스는 성경이 교회의 삶과 신앙에 대하여 최고의 권위임을 인정한다."[164]

실제로 토마스는 다윗 시편 강의록(1271-1273), 이사야 예언서 주해(1256-1259, 1269-1274), 욥기주해(1261-1264, 1269-1272), 예레미야 예언서 주해(1267-1268), 마태복음 강의록(1256-1259), 마가복음(1264 이후), 누가복음(1264 이후), 요한복음 주해(1269-1272)를 비롯한 10여권 이상의 성경주해서를 저술했다.[165] 이처럼 "토마스는 일생동안 성경을 연구하고 전파하는 설교 수사단의 일원으로 성경을 가르치는 성경교사로 지냈으며 그의 실제적 필요에 따라 많은 성경을 주석하였다. 성경에 매우 정통한 중세인이라고 할 수 있다."[166]

성경의 권위를 인정하고 열심히 연구하고 전파하고 설교하면서도 철학과 이성을 매우 중요한 위치에 두었다. 토마스에게 철학과 이성은 상호 밀접한 연관성을 지니며 상호 모순되지 않는다. 그러나 "토마스는 철학과 종교, 이성과 계시를 이전의 어떤 스콜라주의자들보다 더 명확하게 구분했다. 이성은 삼위일체 교리와 같은 하나님에 관한 더 높은 진리를 발견하는 데 자체의 능력을 발휘할 수 없다 … 신학은 신앙을 증명하기 위해서 이성을 활용하는 것이 아니다 … 신학이 고등학문인 이유는 그 자료들의 확실성과 주제의 지고한 탁월성 때문이다."[167] 토마스는 철학에서는 지식이 신앙에 앞선다고 보았지만 신학에서는 신

---

163 정원래, "토마스 아퀴나스의 성경 이해," 성경과 신학 Vol. 73. (2015): 37-38.
164 정원래, "토마스 아퀴나스의 성경 이해," 46.
165 정원래, "토마스 아퀴나스의 성경 이해," 48-49
166 정원래, "토마스 아퀴나스의 성경 이해," 50.
167 Schaff, *History of Christian Church, Volume V.*, 666-667.

앙이 지식에 앞선다고 이해했다.[168]

토마스에게 신학은 여타 모든 학문보다 "더 높은" 변수를 가지고 있지만 하나의 적법한 학문이다. 그에게 신학은 여타의 모든 학문보다 더 고상하고, 다른 것들은 이것의 "시녀들"(handmaidens)에 불과하다. 신학과 여타 학문의 본질적인 차이는 이것이다. 신학은 "오류가 있을 수 없는 신지식의 빛" 성경에서 확실성을 끌어내지만 여타 학문은 "오류를 범할 수 있는 인간 이성"에서 확실성을 끌어낸다는 것이다.[169]

토마스는 신학대전(Summa Theologiae), I. 1. 8에서 디도서 1장 9절에 근거하여 신성한 교리가 논증적(argumentative)이라고 주장한다. 교리적 논증은 계시된 진리의 어떤 측면을 설명하고 명료히 하는데 도움이 될 수 있으며, 그리고 그 논증은 신적 계시의 진리들에 대한 어떤 공통 기반적 합의점을 전제로 한다. 신적 계시의 진리들에 대한 이런 합의점 외에 신앙의 조항들을 증명할 수 있는 기타 어떤 논증 수단은 존재하지 않는다.[170]

그는 논증의 원천의 권위라는 면에서 인간 이성에 입각한 권위와 신적 계시에 입각한 권위로 구분한다. 계시에 입각한 권위는 이성에 입각한 권위와 강도가 다르다. "인간 이성에 입각한 권위로부터 논증하는 것은 지극히 약하지만 신적 계시에 입각한 권위로부터 논증하는 것은 지극히 강한 법이다."[171]

토마스 아퀴나스는 신학대전 I. 2. 2.에서 "하나님의 존재와 하나님에 대한

---

168 Schaff, *History of Christian Church*, Volume V., 667.
169 *Summa Theologiae*, I.1.5. "이 학문 [신성한 교리 혹은 신학]은 철학적 학문을 이용할 수 있다. 이는 그것이 필요해서가 아니라 신학의 가르침을 보다 명확히 하기 위해서이다. 신학은 타 학문으로부터 그 원리를 얻는 것이 아니라 계시에 의해 하나님으로부터 직접 받기 때문이다. 그러므로 신학은 타학문들을 이용할 때 보다 우월한 학문이 아닌 열등한 학문, 시녀로서 이용한다 … 그러나 이처럼 일반 학문을 이용하는 것은, 신학 자체의 결함이나 불충분성 때문이 아니라 인간 지성은 자연적 이성을 통해 알 수 있는 것에 보다 쉽게 이끌리는 지성적 결함 때문이다 … 일반학문이 이성위에 있다는 것이 이 학문의 가르침이다."
170 이런 맥락에서 토마스는 그의 변증학적 접근에 있어서 유용한 통찰력을 제시한다. "신앙은 무오한 진리에 근거하고, 그리고 진리의 모순은 결코 증명될 수 없기 때문에 신앙을 반대하는 증거들은 증명될 수 없는 것이며, 다만 답변될 수 있는 논증들이다."(*Summa Thologica*, I. 1. 8)
171 *Summa Theologea*, I. 1. 8.

기타 유사한 진리들은 이성에 의해 알 수 있다"고 이해했다. 그는 하나님의 존재를 "과학적으로 알 수 있고 증명할 수 있다"고 보았다. 그에게 이성과 신앙은 분명히 차이가 있지만 이성과 신앙이 다 하나님께로 왔기 때문에 상호간에는 모순이 없다. 단순한 이성적 추론만 가지고는, 신앙이 인지하는 진리들을 결코 발견할 수 없다.

한편 이성적 추론은 자신이 고유적, 자연적으로 가진 진리들과 신적으로 계시된 진리들 사이에서 어떤 불일치점도 찾아낼 수 없다. 만일 양자 간에 모순점이 존재한다면 둘 중 어느 한편은 오류일 것이다. 그리고 양자가 다 하나님으로부터 온 이상 그 경우 하나님은 인간을 기만하는 것들의 조성자가 되고 만다. 신앙과 이성 사이의 모순은 도저히 있을 수 없는 일이다.[172] 이성과 믿음은 동일한 기원을 갖고 있지만 둘은 분명히 차이가 있다. 믿음에서 출발해야 하고, 또 진리를 믿음으로 수납하는 것이 우선되어야 한다.

우리가 한꺼번에 전반적인 지식을 가질 수는 없다. 우리는 믿는 데서부터 출발해야 한다. 그런 연후에 자력으로 증거를 자유로이 다루는 단계로 나아갈 수 있다. 어떤 진리들은 이성의 힘을 크게 초월한 수준에 놓여 있어 금생에서는 우리가 결코 이것들을 이해하지 못한다. 때문에 하늘에서 우리가 완벽한 시각으로 보게 될 때까지 단지 믿음으로 받아들이는 수 밖에 없다.[173]

토마스는 신학과 철학을, 각자의 기원, 필요성, 권위라는 관점에서 명백하게 구분하면서도 양자의 적법한 상관성을 파괴하지 않았다. 그가 볼 때 철학의 권위는 성경 자체의 그것보다 신빙성이 약하다. 토마스에게 있어서 최종적 권위는 오로지, 그가 무오한 것으로 간주한 정경에만 존재하였다.[174] 토마스는 신학대

---

172 *Expositio super Boetium De Trinitate* (1257-1258), ii.3.

173 마지막 문장은 이렇게 번역될 수도 있다: 하나님에 대한 이러한 입증될 수 있는 진리들에서부터 출발하는 일조차도 믿음에 의해 받아들여져야 한다. *Questiones Disputatae De Veritate* (1256-1259), XIV.10.

174 David Kelsey, *The Uses of Scripture of Recent Theology* (Philadelphia: Fortress Press, 1975). 켈시에 따르면, 토마스 아퀴나스는 성경권위가 정경 본래의 타고난 성질이라고 이해한 프린스톤의 워필드의 신학(the biblical doctrinal-conceptual theology)과 별 차이가 없다.

전 I. 1. 8.에서 신앙이 계시에 근거를 두어야 한다고 주장한다: "우리의 신앙은 정경을 기록한 사도들과 선지자들에게 주어진 계시에 근거를 두고 있으며, 기타 학자들에게 주어진 계시 (그러한 계시가 있었다고 가정하면)에 기반을 두고 있는 것은 아니다."[175]

성경과 전통, 교황권 강화, 마리아 숭배

토마스는 그 시대의 한계를 벗어나지 못했다. 교황권과 로마교회에 대한 이해, 마리아 숭배 사상이 이를 단적으로 보여준다.[176] 그는 이렇게 말한다. "기독교인 왕들이 그리스도에게 복종해야 하듯이 교황에게 복종해야 한다. 왜냐하면 교황은 베드로의 계승자이고 그리스도의 대리자이기 때문이다 … 교회 자체를 두고 말하자면, 로마는 모든 교회의 여왕이고 어머니이다. 로마에 순종하는 것은 곧 그리스도에게 순종하는 것이다."[177]

토마스는 교황을 왕이나 황제보다 절대적 권위를 지닌 인물로 보았다. 그래서 교황이 모든 왕이나 황제를 승인 또는 거부할 권한을 가진다고 주장한다. "만약 군주가 신성을 더럽히는 사람이나 교회에서 파문당한 사람, 폭군, 바보, 또는 이교도를 왕으로 선출한다면 … 우리는 그런 사람을 … 왕위에 앉혀야 하는가? 물론 아니다."

토마스는 "어거스틴이나 제롬(Jerome, c.347-419/20) 혹은 기타 어떤 교부의 권위보다는 교회의 권위"를 따랐다.[178] 그는 전통에 근거하여 그리스도

---

175 *Summa Theologiae*, I. 1. 8
176 Walker, *A History of the Christian Church*, 277. "교회는 하늘에 있든, 지상에 있든, 연옥에 있든 모두 하나이다. 한 지체가 고통을 받으면 모두가 고통을 받고, 한 지체가 잘하면 모두가 그의 선한 일에 동참한다. 토마스 아퀴나스는 이러한 교회의 일치를 바탕으로 성도들과 연옥에 있는 이들을 위한 기도를 정당화한다. 가시적 교회에는 가시적 수장이 필요하다. 구원을 위해서는 로마 교황에게 복종하는 것이 필요하다. 또한 교황에게는 신앙에 대한 새로운 정의를 내릴 수 있는 권리가 있다며 그는 교황 무오성의 교리를 함의한다."
177 Schaff, *History of Christian Church, Volume V.*, 673-674.
178 *Summa Theologiae*, II. 10. 12.

의 성상과[179] 마리아 숭배를 변호했다. 신학대전에서 그는 이렇게 마리아 숭배를 옹호했다.

"성모 마리아가 태에서부터 성화되었다는 사실에 대해 정경은 아무 내용도 전해 주지 않는다. 아니 정경은 마리아의 탄생조차도 언급하지 않는다. 그러나 어거스틴이 동정녀 마리아의 승천에 관한 논문에서 그녀의 승천에 관해 펼친 주장은 타당하였듯이 (성경이 이것을 언급하지는 않지만 그녀의 몸은 하늘로 승천하였다) 그녀가 태에서부터 성화되었다는 논증도 타당하다고 할 수 있다."[180] 이처럼 토마스는 성경이 언급하지 않는 경우 자신의 신학을 전통에서 끌어왔다. 전통을 성경과 동등하게 두었고, 일곱가지 성례를 정당화시켰으며, 성상숭배와 마리아숭배의 교리적 토대를 구축한 점에서 로마 가톨릭에서는 그를 최고의 신학자로 평가한다.

하지만 "루터는 토마스 아퀴나스의 신학대전을 모든 이단의 정수(the quintessence)라고 부르기까지 했다."[181] 토마스가 이성의 역할을 지나치게 강조하고 성경이 아닌 다른 원천, 전통에서 그의 신학의 상당부분을 끌어냈다는 것은 너무도 자명하다. 그가 찬사와 비판을 동시에 받고 있는 이유도 거기에 있다.

5. 토마스 이후 스콜라주의: 보나벤투라, 스코투스, 옥캄

토마스 아퀴나스 이후 중세스콜라주의를 대변하는 인물은 보나벤투라, 스코투스, 옥캄, 브래드워딘을 들 수 있다. 둔스 스코투스의 등장으로 스콜라주의는 14세기 도미니크수도회와 프란시스수도회의 대립 양상으로 이어져 토마스주의와 스코티스트주의로 대별되었다. 이성과 철학, 이성과 계시의 조화를 강조한 토마스 아퀴나스와 달리 둔스 스코투스는 의지의 역할, 하나님의 자유, 계시

---

179   *Summa Theologiae*, III. 25. 3.
180   *Summa Theologiae*, III. 27. 1.
181   Schaff, *History of Christian Church, Volume V.*, 676.

의 역할을 강조했다.[182] 중세스콜라주의는 1308년 둔스 스코투스가 세상을 떠난 후 급속하게 쇠퇴했다.[183]

보나벤튜라(St. Bonaventure, c.1217-1274)

보나벤튜라는 프란시스칸 계의 신학자로 성 프란시스의 생애라는 프란시스의 전기를 기술한 신학자, 설교자, 시인, 신비가 또한 경건한 사람으로 널리 알려진 인물이다.[184] 그의 본명은 1221년 북부이탈리아의 토스카나에서 출생한 피단자의 요한으로 20대 초에 프란시스수도회에 가입하고 보나벤튜라라는 이름을 얻었다.[185] 그는 1248년부터 1255년까지 파리대학 교수로 재직하면서 학문적인 훈련을 쌓았다.

보나벤튜라는 반대자들의 압력으로 잠시 파리대학을 떠났다가 1257년 대학 교수로 다시 돌아왔다. 그는 토마스와 마찬가지로 알베르투스 마그누스의 문하에서 교육을 받았다. 그는 같은 스승에게 배웠지만 아리스토텔레스에 천착한 토마스와 달리 철저하게 어거스틴의 전통에 서서 자신의 신학을 구축했다.[186]

그는 13세기 중세 지성사에서 대단한 변화를 제공한 인물로 평가를 받는다. 그것은 주지하듯이 아리스토텔레스의 논리학이 중세 스콜라주의를 지배해 대부분의 스콜라주의자들이 아리스토텔레스의 철학을 받아들여 이를 기독교 신학의 방법론으로 삼았다. 이와는 달리 보나벤튜라는 아리스토텔레스의 작품을 읽고 그 사상을 완전히 거부한 것은 아니지만 본질적으로 신플라톤주의를 더욱 신뢰하고 그 방법론을 받아들였다.

그 대표적인 것이 그의 조명이론이다. 그는 "어거스틴과 마찬가지로 불변

---

182 Cowan, *Landmarks of Church History to the Reformation*, 133.
183 Otten, *A Manual of the History of Dogmas Vol. II*, 22.
184 Walker, *A History of the Christian Church*, 270.
185 Lane, 기독교인물사상사전, 180.
186 Walker, *A History of the Christian Church*, 270.

보나벤튜라(c.1217-1274)의 프란시스코회 입회식

하는 진리 개념 예를 들어 정의나 아름다움 같은 것이 있다고 믿었다. 그리고 이러한 개념들은 관찰, 혹은 그것에 대해 듣거나 읽는 것과 같은 육체적인 감각을 통해 알게 되는 것이 아니라 정의와 아름다움이라는 영원한 관념들을 통해 인간의 영혼이 직접 알게 되는 것이라고 생각했다."[187] 이 때문에 보나벤튜라는 아리스토텔리스의 전통보다는 신플라토니즘의 전통에 서 있는 학자라는 평가를 받았다.

그는 보이는 세계의 창조를 보이지 않는 하나님이 믿는 자의 마음속에 조명해주시는 조명을 통해 하나님의 창조를 이해하는 것이 가능하다고 보았다. 그는 신앙과 이성의 관계에 있어서 진정한 지식은 하나님의 신비를 묵상하는 데서 온다고 믿었다. 그는 우주의 본질에 대해서는 신비적인 태도를 취했다. 하나

---

187   Lane, 기독교인물사상사전, 181.

님이 주시는 이와 같은 마음의 조명은 성경과 신학을 통해 얻어진다고 이해했다. 영혼과 몸의 관계를 플라톤적으로 이해해 영혼은 육체의 형이상학적 실체로 존재한다고 보았으며, 인간의 감각이 외계로부터 받은 이미지를 영혼에 전달시키는 것으로 이해했다. "영혼은 감각으로 받은 것들에 대해서 신적 조명에 따라 그 본질과 진리성을 가려낸다"는 것이다. 그는 영원한 불변의 진리가 세상에 와서 각 사람에게 비추는 참 빛이라고 보았다. 세상에 오신 참빛이 예수 그리스도라고 이해한 것이다. 그는 그 참빛 예수 그리스도를 하나님이라고 믿었고 그를 통해 하나님께 도달할 수 있다고 보았다. 보나벤튜라는 그리스도의 지식에 관한 질문들에서 이 점을 분명하게 밝혔다.

> 하나님께서 직접 빛을 비추사 즉시 깨닫게 하시지 않는다면 아무것도 이해할 수 없다 … 하나님은 우리의 스승이라 일컬어 마땅하다. 왜냐하면 우리는 그분에게 우리의 지성의 빛으로서, 또한 모든 지식의 원천이 되는 원칙으로서 접근하기 때문이다.[188]

1257년 보나벤튜라는 프란시스수도회 최고 수상이 되었다. 그는 수장이 된 후 수도회 안에 남아 있던 강경파와 온건파 사이의 갈등을 해결하고, 수도회를 안정시키는데 큰 공헌을 했다. 교황청은 그가 수장에 오른 후 3년 뒤 프란시스 전기를 기술해줄 것을 요청했고 그가 저술한 성 프란시스의 생애는 1263년 교황청에 의해 공식적인 전기로 승인받았다.

보나벤튜라가 주목을 받는 것은 아리스토텔레스의 방법론이 지배하는 당시 신플라톤주의 철학과 방법론을 받아들이고 그것을 통해 자신의 신학을 집대성한 사실이다. 하지만 이보다 더 높은 평가를 받는 점은 그의 신학과 그의 경건이 괴리되지 않았다는 사실이다. 그는 하나님께로 나아가는 영혼의 여정에서 기

---

[188] 보나벤튜라, 그리스도의 지식에 관해 논의된 질문들 4, 1. 24, 34. Lane, 기독교 사상사, 204에서 재인용.

도와 삶과 묵상을 하나로 연결시켰다.

"하나님께 이르기를 원하는 자는 누구든지 우리의 본성을 추악하게 만드는 죄를 피하는 것을 최우선의 일로 삼아야 하고, 그 후에 위에서 언급한 자연적 능력을 사용해야 한다. 상술하면 우리를 회복시키는 은혜를 얻기 위하여 기도해야 하고 정결케 하는 공의를 얻기 위하여 선한 삶을 영위해야 하며 조명하시는 지혜를 얻기 위하여 묵상을 해야 하고 완전케 하는 지식을 얻기 위하여 관조를 해야 하는 것이다. 은혜와 공의와 지식 등을 통하지 않고서는 아무도 지혜에 이를 수 없는 것처럼 통찰력 있는 묵상과 거룩한 생활과 경건한 기도 등을 통하지 않고서는 관조의 상태에 들어갈 수 없다."[189]

보나벤튜라는 하나님께 이르는 여정을 자연을 묵상하는 단계, 영혼을 묵상하는 단계, 하나님을 묵상하는 단계 세 단계로 설명했다. 자연을 묵상하는 단계는 하나님이 창조를 통해서 자신을 표현하셨기 때문에 하나님께 이르기 위해서는 자연을 공부해야 한다는 것이다. 영혼에 대한 묵상은 하나님이 영혼 안에서 발견되며, 정신은 하나님의 빛에 의해 불변하는 영원한 진리를 알게 된다는 것이다. "우리의 영혼이 영혼에 대해 묵상할 때, 마치 거울을 통해 보듯 영혼을 통해 거룩한 삼위(삼위) 하나님을 뵙게 된다."[190] 때문에 우리가 영혼 속에서 하나님을 발견할 수 있다는 것이다. 보나벤튜라는 마지막 단계 하나님을 묵상하는 단계에 대해서는 다음과 같이 밝혔다.

> 부정한 것이 전혀 없는 깨끗한 마음 속에서 일어나는 측량 할 수 없는 절대적인 기쁨을 통해 그대 자신과 모든 것을 초월하고자 모든 것을 뒤로 하고 떠나 모든 것에서 자유로워진다면 그대는 신성한 어둠이라는 모든 존재를 초월한 빛에 도달하게 될 것이다. 그러나 그대가 만약 이 모든 것들이 어떻게 이루어지는지 알기 원한다면 학문이 아니라 은혜를, 이해가 아니라 소망

---

189 보나벤튜라, 하나님께 이르는 영혼의 여정 1: 8. Lane, 기독교 사상사, 205에서 재인용.
190 보나벤튜라, 하나님께 이르는 영혼의 여정 3:5. Lane, 기독교인물사상사전, 183에서 재인용.

을, 부지런한 독서가 아니라 기도의 탄식을, 선생이 아니라 신랑(예수 그리스도)을, 사람이 아니라 하나님을, 환함이 아니라 어둠을, 빛이 아니라 불을 구하라. 이 불은 활활 타오르며 기쁨의 기름 부음과 뜨거운 사랑으로 우리를 하나님께로 인도한다.[191]

정리한다면 보나벤튜라는 토마스 아퀴나스와 같은 스승 알베르투스 마그누스 문하에서 수학했지만 아리스토텔레스 방법론에 천착한 토마스와 달리 신플라톤주의 방법론과 철학에 기초하여 자신의 신학을 집대성하여 나갔고, 신학과 경건을 괴리시키지 않았다는 사실이다. 어거스틴의 조명론을 보나벤튜라에서 찾을 수 있는 이유도 거기에 있다. 아리스토텔레스의 방법론이 지배하는 당대 신플라톤주의 방법론, 조명론을 통해 자신의 신학을 집대성해 나간 것이다.

요한 둔스 스코투스(John Duns Scotus, c.1266-1308)

1266년 록스버셔(Roxburghshire)에서 태어난 둔스 스코투스는 43세의 짧은 생애를 살았다.[192] 이성과 지식의 우월성을 수장한 토마스 아퀴나스에 반대해서 의지의 우월성을 강조했다는 점에서 그는 중세 스콜라주의에서 중요한 위치를 차지한다.[193] 둔스 스코투스는 "이성을 신앙의 전 단계에 두었던 토마스나 혹은 신앙의 다음 단계에 두었던 보나벤튜라와는 달리 양자를 완전히 분리시켰다."[194] 반토마스신학을 전개한 것이다. 반토마스신학이라는 관점에서는 보나벤튜라와 같았지만 둔스 스코투스는 보나벤튜라의 조명론에는 동의하지 않았다. "둔스는 특히 하나님의 의지를 존재하는 모든 것들의 원인으로서 강조하였다."

---

191 보나벤튜라, 하나님께 이르는 영혼의 여정 7:5-6. Lane, 기독교인물사상사전, 183에서 재인용.
192 Knowles, *The Evolution of Medieval Thoughts*, 303.
193 Lane, 기독교인물사상사전, 191.
194 Cannon, 중세교회사, 332.

"인간 안에서도 의지는 지성보다 우월하며 이에 따라 의식의 대상물들을 받아들이거나 거부할 수 있는 것이다."[195]

둔스 스코투스에 따르면 "이성은 의지에게 무엇이 가능한지 보여주지만 선택할 수 있는 자유는 의지가 지니고 있다. 의지의 자유는 이성의 요구를 무조건 따르지 않음을 의미한다."[196] 달리 표현한다면 그는 이성의 역할보다 하나님의 자유를 주창한 것이다. 이것은 이성과 철학의 역할을 지나치게 강조하는 토마스의 방법론과 철학에 대한 거부였다. 그 하나님의 자유의 한 측면이 바로 예정론이라고 이해했다. 그는 예정론을 4개의 범주로 구분해서 설명한다.

"첫째로 하나님은 영원한 영광을 위해 베드로를 예정하셨다. 둘째로 하나님은 이 목적의 수단인 은혜를 베드로에게 주기로 결정하셨다. 셋째로 하나님은 베드로와 가룟 유다 모두에게 범죄를 행하는 것을 허용했다. 넷째로 하나님의 은혜로 베드로는 구원을 받았지만 유다는 죄 속에 그대로 남아 있었기 때문에 구원을 얻지 못했다."[197]

둔스 스코투스는 이성과 계시의 조화를 추구하였던 토마스와는 달리 철저하게 계시에 근거한 신학을 전개하였다. 그는 이성을 통한 지식은 참 지식이 될 수 없다고 보았다. 토마스가 추구해온 신앙과 이성을 조화시키려는 작업은 아무런 가치가 없는 것으로 이해했다. 이 때문에 그는 이성과 신앙의 조화를 추구하는 토마스의 방법이 사변적인 방법이라고 배격하고 하나님의 존재를 논증할 때 이성보다 교회와 성경의 권위를 중시했다. 둔스 스코투스는 하나님을 아는 지식은 이성에 근거할 수 없고 오직 교회의 권위 하에서만 받아들여진다고 보았다. 토마스가 추구해온 신앙과 이성의 조화가 문제점과 약점을 가지고 있음을 매우 적절하게 지적한 것이다.

하지만 하나님의 자유를 지나치게 강조한 나머지 둔스 스코투스는 인간이 죄를 범하지 않았더라도 성자 하나님이 성육신하셨을 것이고, 아들의 성육신은

---

195   Cannon, 중세교회사, 332.
196   Lane, 기독교인물사상사전, 191.
197   Lane, 기독교인물사상사전, 191.

요한 둔스 스코투스(John Duns Scotus, c.1266-1308)

인간의 죄 때문이 아니라 하나님의 자유로운 선택의 결과라고 이해했다. "동정녀 마리아의 원죄 없는 수태"[198]이 마리아의 무흠성대열을 강력하게 시시한 인물도 둔스 스코투스였다.[199] 그는 피터 롬바르드 신학명제집 주석에서 이렇게 주장한다.

> 이 문제에 관해 나는 하나님이 마리아를 결코 원죄 안에 머무르지 않게 할 수 있으셨다고 말하는 바다. 하나님은 또한 마리아가 어느 한 순간 혹은 일정 기간 동안 죄 안에 거했을지라도 그 마지막 순간에 그녀를 정결하게 할 수 있는 능력을 지니신 분이다. 내가 지금까지 말한 세 가지 방안 중 어느 것이 옳은 지 하나님은 아신다. 만약 이 세 가지 방안이 교회와 성경의 권위를

---

198 Reinhold Seeberg, *Text-Book of the History of Doctrines*, 기독교 교리사, 김영배 역 (서울: 도서출판 엠마오, 1987), 219.
199 Lane, 기독교인물사상사전, 192.

손상시키지 않는다면 우리는 마리아에게 최상의 고결함을 돌릴 수도 있을 것이다.[200]

마리아 무흠 잉태설을 뒷받침하는 내용이고 1854년 피우스 9세(Pope Pius IX, 재위 1846-1878)는 형언할 수 없는 하나님을 통해 마리아 무흠 잉태설을 선언하였다. 비록 토마스와 대척점에 있었다고 해도 그 역시 중세 로마 카톨릭의 신학 전통을 그대로 받아들인 전형적인 스콜라주의 신학자였다. 스코투스는 인간의 전적인 타락으로 인해 인간의 자유의지가 상실되었고, 인간은 스스로 구원에 이를 수 없다는 견해에도 동의하지 않았다. 그의 신학은 어거스틴의 전통에 서 있었지만 인간의 타락에 있어서는 어거스틴과 견해를 달리한 것이다. "인간이 전적으로 타락한 것이 아니므로 스스로 회개할 수 있으며 그런 회개에 의하여 하나님의 은혜를 받을 수 있다"[201]는 입장이었다.

윌리엄 옥캄(William Ockham, 1280-1349)

둔스 스코투스의 제자인 윌리엄 옥캄은 유명한 말을 남겼다. "만물이 선하기 때문에 하나님께서 뜻하신 것이 아니라 하나님이 만물을 뜻하셨기 때문에 만물이 선한 것이다."[202] 스코투스가 말한 하나님의 자유 사상을 여기서 읽을 수 있다.

교황과 완전 대척점에서 서서 거대한 중세 교황권과 맞서 싸운 인물이 있다면 그가 바로 윌리엄 옥캄이다. 옥스퍼드대학 출신의 프란시스 수도사 윌리엄 옥캄은 이단 혐의를 받았고 이 때문에 교황으로부터 1324년 아비뇽 교황의 재

---

200 요한 둔스 스코투스, 피터 롬바르드의 신학명제집 주석 4:1:3, Lane, 기독교인물사상사전, 192-193에서 재인용.
201 김의환, 기독교회사 (서울: 총신대학교 출판부, 2004), 206.
202 Walker, *A History of the Christian Church*, 278-279.

판정에 출두하라는 소환명령을 받았다.[203] 프란시스 신령파를 지지하던 그는 그곳에서 재판을 받고 감옥에 투옥되었다. 1328년 프란시스 신령파 지도자와 함께 탈옥해서 교황과 대척점에 있던 황제 바바리아의 루드비히 궁전(the court of Louis IV of Bavaria)으로 피신하였다. 황제는 칼로 그를 보호해주었고 옥캄은 교황과 대척점에 서서 펜으로 황제를 방어해주었다.

사실 윌리엄 옥캄의 사상을 각론적으로 이해하기보다 중세 지성사, 스콜라주의 방법론이라는 통시적인 관점에서 고찰할 때 우리는 적어도 3가지 사실을 주목해야 할 것이다. 첫째, 보편과 실재에 대한 윌리엄 옥캄의 이해이다. 그는 보편 실재론을 부정한다.[204] 윌리엄 옥캄은 유명론의 입장을 따라 보편 개념이 인간의 이성이 만들어 낸 것에 불과한, 단지 그런 이름이 있을 뿐이라고 이해했다. 토니 레인은 이 같은 윌리엄 옥캄의 입장을 다음과 같이 잘 정리했다.

"옥캄은 오직 개별 존재만이 실재한다고 주장했다. 보편이란 실재가 없거나 그것을 생각하는 인간의 마음 외부에 실재하는 순전히 정신적인 개념이다. 만약 내가 마음 속에 인류를 생각한다고 하자. 이것은 유용한 논리적 범주이지만 실제로 인류라는 실체는 존재하지 않는다. 실제로 존재하는 모든 것은 개별적인 인간이다. 보편성이란 인류라는 개념과 같이 우리 마음 속에 있는 개념이지 실재하는 것이 아니다. 인류는 각 개인보다 실제적이지 않으며 개인이 참여하지 않는 인류란 생각조차 할 수 없다. 윌리엄 옥캄은 개념으로서의 보편성이 지닌 타당성을 부정하지는 않았지만 실재로서의 보편성은 분명하게 부정했다."[205]

둘째, 보편을 부정하고 개별적 존재를 인정하는 관점은 자연히 참된 지식을 어떻게 이해할 수 있느냐 하는 문제와 직결된다. 윌리엄 옥캄은 모든 참된 지식은 감각을 통해 경험적으로 얻을 수 있다고 이해했다. 감각적인 경험을 통해서 알 수 있는 유일한 실재란 개별자들이고, 마음속에 명상할 수 있는 보편은 실

---

203 Lane, 기독교인물사상사전, 191.
204 Walker, *A History of the Christian Church*, 278-279.
205 Lane, 기독교인물사상사전, 193-194.

윌리엄 옥캄(William of Ockham, 1280-1349)

재하지 않는다. 모든 지식은 사물에 대한 직관적 관찰로부터 온다고 믿었다.

셋째, 이성과 계시, 신학과 철학의 관계에서 그는 토마스와 완전히 대척점에 서 있었다. 윌리엄 옥캄의 출발은 이성과 신앙의 관계에서 출발한다. 그는 스승의 전통을 따라 이성의 한계를 분명히 인식하고 이성을 통해서는 초감성적 사물을 인식할 능력을 갖지 못한다고 보았다. 이런 관점에서 그는 "이성과 계시를 이원론적으로 양분하고 신 지식은 이성을 통해서가 아니라 신앙을 통해서 계시에 의존할 때만 가능하다고 보았다. 신의 존재는 이성의 추리로 증명할 수 없을 뿐만 아니라 제 1원인으로서의 신지식도 불가능한 것으로 보았다."[206]

신학과 철학, 이성과 계시의 조화를 추구한 토마스와 달리 윌리엄 옥캄은 신학과 철학의 조화를 거부했다. "하나님을 감지하는 것은 이성도 아니고 조명도 아니며 오직 믿음뿐이다. 신학자는 반드시 하나님의 계시에만 단순하게 의존해야 한다. 이성으로는 개연적인 주장 외에 아무것도 할 수 없다. 이것이 신앙과

---

206   김의환, 기독교회사, 206.

이성의 종합이 도달한 종착지였다."²⁰⁷ 그는 이성과 신앙의 관계에 있어서 둘의 조화를 추구한 토마스의 입장을 거부하고 성경의 권위에 토대를 둔 계시의 우월성을 강조한 둔스 스코투스의 입장을 따랐다. 윌리엄 옥캄은 신앙과 이성의 관계에 있어서 "계시신학과 연관된 교리는 순수이성에 의해서 증명되기 어렵다"고 믿었다. 그는 상당히 계시 의존적이기 때문에 중세의 잘못된 전통에 비판적이고 개혁적이다.

마지막으로 윌리엄 옥캄은 교황의 권위에 깊은 의문을 제기한 개혁 성향의 신학자였다. 옥캄은 교황의 무오설을 부정하고 교회의 세속통치권을 부정하였으며 성경의 권위를 교황의 권위보다 더 높였다. "그는 교회의 최고 권위는 교황에게 있지 않고 공의회에 있다고 주장했다. 이러한 공의회 우위설은 14세기와 15세기에 광범위하게 유포되었다. 특히 많은 교황들이 서로 경쟁했던 대분열 시기에는 더욱 그러했다. 교황에게는 세속적 권력이 없으며 황제가 교황을 폐위시킬 수 있다고 윌리엄은 가르쳤다. 또한 오직 성경과 보편 교회만이 오류를 범하지 않기 때문에 교황은 반드시 이들에게 복종해야 한다고 주장했다."²⁰⁸

윌리엄 옥캄은 삼위일체, 창조론, 영혼의 불멸 등에 관한 진리는 논증할 수 있는 성질의 가르침이 아니라고 이해했다. 윌리엄 옥캄은 "신의 존재나 속성을 증명하는 가능성을 부인할 뿐만 아니라 교회의 교리에 대하여 회의주의적 경향에 동조하였다." 그는 "신학의 중심을 신의 전능하신 의지와 인간의 자유의지에 따른 범죄와의 관계 속에 찾으려 시도함으로 유명론의 전통을 확립하였다." 윌리엄 옥캄은 여타 스콜라주의자들과는 달리 성경이 영감으로 기록되었기 때문에 진리라고 이해했다. 윌리엄 옥캄의 사상은 종교개혁자들에게 지대한 영향을 미쳤다. 이성과 신앙의 분리, 성경의 권위에 대한 강조, 지적 개인주의는 종교개혁의 사상적 배경을 형성했다. 성경의 권위를 성경의 영감과 연관시킨 것은 성경의 가르침이고, 종교개혁 이후 개혁자들이 생명처럼 여긴 부분이다.

---

207   Lane, 기독교인물사상사전, 195.
208   Lane, 기독교인물사상사전, 195.

윌리엄 옥캄의 영향을 받은 튀빙겐 대학의 가브리엘 비엘을 통해 옥캄의 사상이 독일에 널리 확산되었다. 반 펠라기우스주의가 비엘의 신학에 강하게 등장한다.[209] 신학명제집주석에서 비엘은 이렇게 말한다. "하나님이 처음 허락하신 은혜를 기초로 하여 최선을 다하는 사람들의 행위를 하나님께서는 인정해 주신다. 이것은 하나님의 공의로운 의무 때문이 아니라 그의 관대함 때문이다."[210] 또한 비엘의 제자로 에르푸르트대학 교수이며 이곳에서 루터에게 옥캄 사상을 가르쳤던 존 나틴(John Nathin)을 통해 루터에게 옥캄의 영향력이 이어졌다. 루터는 윌리엄 옥캄의 작품을 섭렵하면서 종교개혁의 사상적 토대를 구축할 수 있었다.

토마스 브래드워딘(Thomas Bradwardine, c.1290-1349)

스콜라주의를 이해하는 한 가지 중요한 사실은 아리스토텔레스 방법론과 신플라톤주의 방법론, 토마스 아퀴나스와 반토마스 대척점에서 이해하는 것이다. 토마스의 대척점에서 중세 스콜라주의를 이해하는 것 못지 않게 중요한 것은 아리스토텔레스의 방법론을 통해 신학과 철학의 조화, 이성과 계시의 조화를 추구하는 신학자들이나 토마스와 대척점에 있는 신학자들이나 모두가 반-펠라기우스 신학에 깊이 영향을 받았다는 사실이다.

이런 한계를 정확하게 인식하고 반펠라기우스 신학에서 어거스틴주의로 돌아선 인물이 바로 토마스 브래드워딘이다. 1290년 영국 치체스터에서 출생한 브래드워딘은 옥스퍼드대학 머튼 칼리지와 발리올 칼리지에서 수학한 후 이 대학의 교수가 되었다. 대학에 재학하는 동안 그는 윌리엄 옥캄에게서 반펠라기우스주의 가르침을 받았다. 그는 자신의 저서 펠라기우스를 반대하는 하나님의 진술 서문에서 대학 시절 자신이 받은 교육에 대해 이렇게 회고했다.

---

209   Lane, 기독교인물사상사전, 213.
210   Lane, 기독교인물사상사전, 215.

나는 교수들에게서 은혜에 관하여 들은 바가 거의 없었다. 있어도 거의 불명확한 방식으로 말한 것들이 대부분이었다. 그 대신 우리 자신이 자유로운 행위의 주체이며 선행이나 악행을 행할 능력 아름다운 덕목과 악덕을 택할 힘이 우리 안에 있다는 등 이러한 주장들을 하루 종일 들어야 했다.[211]

브래드워딘은 자신이 어느 날 로마서 9장 16절을 통해서 반펠라기우스 사상의 문제점을 파악하고 어거스틴주의자로 돌아섰다. 하나님의 은혜가 값없이 주어지는 하나님의 선물이지 노력으로 인한 결과가 아니라는 사실을 깨달은 것이다. 이런 그의 사상을 기술한 것이 펠라기우스를 반대하는 하나님의 진술이었다.

어거스틴이 말하려는 것이 우리가 은혜를 받기 이전에 신앙을 가질 수 있다는 것인가? 그러나 은혜 안에 거하지 않고는 신앙의 길을 걸어갈 수 없다. 우리는 이러한 은혜를 어떻게 받을 수 있었을까? 우리의 공적에 대한 보상으로? 은혜는 무엇에 대한 대가로 당신에게 주어진 것이 아니다. 그것은 거저 주어지기 때문에 은혜라고 불리는 것이다. 우리가 이전에 은사로 받은 무엇으로도 은혜를 살 수 없다. 그러므로 죄인이 용서 받으려면 먼저 은혜를 받아야 한다. 죄인이 무엇을 받을 수 있겠는가? 그가 만약 정의를 요구한다면 그는 징벌을 받을 것이다. 하지만 자비를 간구한다면 은혜를 받을 것이다.[212]

하지만 브래드워딘은 하나님의 은혜를 인간의 타락과 연결시키지는 못했다. 훗날 아담의 범죄로 인해 인간이 전적으로 타락했고 인간의 노력과 의지로는 구원에 이를 수 없다는 어거스틴의 인간론에는 이르지 못했다. 하지만 이와

---

211 Lane, 기독교인물사상사전, 196.
212 토마스 브래드워딘, 펠라기우스를 반대하는 하나님의 진술, 1:47. Lane, 기독교인물사상사전, 198에서 재인용.

같은 은혜에 대한 재발견은 위클리프에게 지대한 영향을 미쳤다.[213]

6. 스콜라주의 평가

스콜라주의는 신학 발전과 학문의 발전에 중요한 토대를 구축했다.[214] 스콜라주의가 추구한 진리가 궁극적으로 일관되고 형이상학적인 통일체라는 생각은 다양한 학문 분야를 하나의 전체의 일부로 함께 연결하려는 오늘날 현대 대학의 커리큘럼의 기초가 되었다. 그런 면에서 중세 스콜라주의가 없었다면 오늘날과 같은 대학의 발전은 힘들었을 것이다. 그럼에도 불구하고 스콜라주의는 몇 가지 점에서 비평적 평가를 받아야 한다.

첫째, 스콜라 신학은 중세의 가톨릭 신학의 토대를 구축하는 역할을 하였다.[215] 아리스토텔레스의 방법론을 다시 신학적 작업의 도구로 사용하여 보편과 개체를 연계시켜 교황 중심의 교회 체제를 지원할 수 있도록 보편에 개체를 종속시키고 말았다. 스콜라주의자들이 마리아숭배를 교리적으로 정립하고, 교황과 로마 교회의 우월성을 변호하고, 교황주의를 앞장서서 지지하였다. 일곱 개의 성례를 정착시킨 것이나 마리아숭배 사상이나 분배자인 교회를 떠나서는 구원을 받을 수 없도록 영세를 구원의 전제 조건으로 정립시킨 점에서 스콜라주의는 로마 카톨릭 신학의 시녀 역할을 한 것이다. 이처럼 오늘날 로마 카톨릭의 신학은 중세 스콜라주의에 상당히 의존한다.

---

213   Lane, 기독교인물사상사전, 198.
214   스콜라주의가 추구한 것은 진리가 궁극적으로 일관되고 형이상학적인 통일체라는 생각이었다. 이는 다양한 학문 분야를 하나의 전체의 일부로 함께 연결하려는 오늘날 현대 대학의 커리큘럼의 기초가 되었다. 중세 스콜라주의가 없었다면 오늘날과 같은 대학의 발전은 힘들었을 것이다. 중세 스콜라주의가 기독교 신학발전에 중요한 공헌을 한 것은 너무도 분명하다. 예를 들어 왜 하나님이 인간이 되셨는가? 라는 속죄론에 대한 스콜라주의 신학자들의 신학 작업은 기독교 신학의 중요한 토대를 구축해주었다.
215   Newman, *A Manual of Church History*, 481. "교황권 기독교의 산물이자 그 정신의 일부인 스콜라주의는 교황권의 가장 큰 보루 중 하나가 되었으며 로마 가톨릭 교회의 개혁에 가장 큰 장애물 중 하나가 되었다."

둘째, 무엇보다도 스콜라주의의 '엄격한 변증적 잣대'로 인해 중세 '기독교 교의는 신선함과 생명력을 상실'하고 말았다.[216] 진리를 찾으려는 열정이 궤변적 사색으로 이어지는 경우가 종종 많았다. 정도의 차이는 있지만 중세 신비주의 스콜라주의자들을 제외하고 대부분의 스콜라학자들은 궤변적 사색을 동원하여 변론하였다. 예를 들어 알베르투스 마그누스는 하나님이 우주를 창조하시는 것과 인간을 창조하시는 것 중에 어느 것이 어려웠는지, 천사들의 이해력이 아침과 저녁 어느 때 더 밝은지 질문을 제기하고 변론했다. 그 외에도 한 천사가 동시에 얼마나 많은 장소에 있을 수 있는지, 하나님께서 그리스도를 사랑하신 것보다 더 인류를 사랑하시는지를 논하였다. 성경이 밝히지 않는 부분을 이성을 동원하여 사변적으로 변론하려고 한 것이다. 성경이 밝히지 않는 교리도 전통에서 끌어내어 중세 가톨릭신학을 정당화시키려고 하였다.

셋째, 중세스콜라주의는 이성의 역할을 강조하여 신앙의 위치를 평가 절하시키고 말았다. 이 문제에 대한 문제 제기는 유명론 노선의 스콜라주의 신학자들에게서 제기되었다. 실재론 노선의 스콜라주의자들이 계시와 이성을 동일한 원천에서 나왔다고 이해하고 둘을 조화시키려고 한 노력들은 옥캄에 의해 수정되었고 자연히 성경의 권위의 중요성을 일깨워 종교개혁의 길을 열어주었다. 특별히 스콜라주의 실재론에 반대하여 일어난 유명론은 신앙의 위치를 다시 회복하고 성경의 권위를 회복하는 길을 열었다.

결론적으로 중세 스콜라주의는 대학의 발전을 자극하고 신학의 발전을 도모하며 수도원의 신비주의 운동과 르네상스 휴머니즘을 태동시키는 동인을 제공해주었다. 그 결과 수도원 신비주의 운동, 르네상스 휴머니즘, 그리고 종교개혁 이전의 개혁자들이 역사에 등장하여 종교개혁의 중요한 사상적 배경을 형성하였다.

---

216 Maurice Maurice Marie Charles Joseph De Wulf, *Scholasticism Old and New* (London: Longmans, Green & Co., 1910), 10-75; Newman, *A Manual of Church History*, 481. 그 결과 뉴먼이 지적한 대로 "중세 신학의 형식주의는 복음주의 반란, 신비주의, 인본주의, 그리고 마침내 프로테스탄트 혁명을 초래하는 반작용을 불러일으켰다."

제 9장

교황지상주의, 교회 분열, 그리고 종교회의

성 베드로 후계자는 하나님 아래, 인간의 위에 하나님과 인간의 중간에 서있다.

Pope Innocent III (1161-1216)

1198년부터 1449년까지 2세기 반은 교황지상주의, 교회분열, 그리고 종교회의 시대였다. 주지하듯이 교황권은 중세를 특징 짓는 가장 중요한 요소이다.[1] 특히 그레고리 7세(Pope Gregory VII, 재위 1073-1085)와 하인리히 4

---

1 교황권의 발달과 몰락(1198-1389)-교황권은 중세를 특징 짓는 가장 중요한 요소였다. 중세의 교황권의 문제는 교황과 황제의 대립과 갈등을 통해 더욱 선명하게 드러난다. 특히 교황 그레고리 7세와 황제 헨리 4세의 대립과 갈등은 그 후에도 계속되어 이노센트 3세가 교황으로 재직하는 동안에도 황제와의 대립과 갈등이 계속되었다. 이노센트 3세는 교황권을 대단히 발전시켰다. 그의 영향력은 프랑스, 영국, 스페인, 그리고 심지어 아일랜드, 불가리아, 그리고 아르메니아에까지 확대되었고 황제 선출을 좌우할 정도였다. 그는 무력으로 콘스탄티노플을 점령하고 동방교회를 서방교회의 교황의 수중에 강제로 편입시켰다. 이노센트 3세는 4차 라테란 공의회(The Council of Lateran IV, 1215)를 소집하여 공의회에서 화체설을 공식적으로 채택하였고 여러 이단들을 정죄해 중세 카톨릭의 토대를 구축하였다. 그의 뒤를 이은 보니파키우스 8세(Pope Boniface VIII, 재위 1294-1303)는 선임자의 영광을 제대로 이어가지를 못했다. 그는 자신의 권위를 한층 높이기를 원했지만 교황권의 쇠퇴를 막을 수 없었다. 그 후에 진행된 교황청의 바벨론 유수(1309-1377)라 불리는 로마교황청의 아비뇽 이주와 이어 진행된 서방교회의 대 분열(1378-1423)은 교황권의 몰락을 가져다 준 결정적인 요인이 되었다. 그 결과 14세기와 15세기 중세교회는 침체 국면을 맞았다. 침체의 주된 요인은 교황권의 부패와 몰락이었다. 1309부터 1377년까지 거의 70년, 14세기의 거의 대부분을 장식했던 교황청의 바벨론 유수 이후 서방교회는 또 다시 1378-1423년까지 거의 반세

세(Heinrich IV, 1050-1106)의 대립으로 교황과 황제의 대립과 갈등은 그 후에도 계속되어 이노센트 3세(Pope Innocent III, 재위 1198-1216)가 교황으로 재직하는 동안도 이어졌다.

이노센트 3세에 이르러 교황의 세력과 권위는 대단히 고양되었다. 그러나 이노센트 3세는 로마 제국의 혼란한 가운데서도 가장 교황권을 발전시켰던 역사적 인물이 되었다. 그의 영향력은 황제를 선출하는 데까지 참여하였고, 프랑스, 영국, 스페인, 그리고 심지어 아일랜드, 불가리아, 그리고 아르메니아에까지 그 범위를 확대했으며, 무력적으로 콘스탄티노플을 점령하여 동방교회를 서방교회의 교황의 수중에 강제로 편입시켰던 것도 바로 그였다. 역사상 이노센트 3세 만큼 시기를 잘 타고 난 사람도 드물다. 그는 좋은 환경을 타고 났고, 그 기회를 중세 가톨릭교회를 위해 과감하게 활용하였다.

그의 뒤를 이어 보니파스 8세(Pope Boniface VIII, 재위 1294-1303)가 교황에 올랐지만 그는 선임자의 영광을 제대로 이어가지를 못했다. 보니파스 8세는 자신의 권위를 한층 높이기를 원했지만 교황권의 쇠퇴를 막을 수 없었다. 그 후에 진행된 교황청의 바벨론 유수(1309-1377), 그리고 이어 진행된 서방교회의 대 분열(1378-1423)은 교황권의 몰락이 가서나 준 결과였나.

1. 이노센트 3세와 교황지상주의

중세교황권의 타락은 말로 표현할 수 없을 만큼 극심했다. 이단의 발흥, 성

기 동안 대분열의 고통을 경험해야 했다. 이 바벨론 70년 포로기간동안 재임했던 교황 클레멘스 5세(1303-1314), 요한 22세(1316-1334), 베네딕트 12세(1334-1342), 클레멘스 6세(1342-1352), 이노센트 6세(1352-1362), 우르반 5세(1362-1370), 그리고 그레고리 11세(1370-1378) 모두 프랑스 출신이었다. 교황 로마의 우르반 6세(1378-1389)와 반 교황 아비뇽의 클레멘스 7세의 대립을 시작으로 유럽은 둘로 나뉘고 말았다. 프랑스와 스페인이 아비뇽의 클레멘스를 지지한 반면 영국과 독일을 비롯한 대부분의 유럽 국가들은 로마의 우르반 6세를 지지하였다. 국가적 이해관계와 맞물린 종교적 대립과 정치적 대립으로 유럽은 혼란의 시대를 맞았다.

직자들의 세속화, 여타의 도전들이 중세 기독교 역사에 계속되었다. 하지만 그런 중에도 기독교 진리를 더욱 선명하게 진술하려는 카톨릭 학자들이 등장하고 정통교회가 추구하는 가르침을 정립하려는 일련의 움직임이 일어났다. 그 대표적인 인물이 교황 이노센트 3세이다.[2]

그는 고대, 중세, 근대, 모든 교황 가운데 가장 뛰어난 인물로 평가를 받고 있다.[3] 그것은 그가 이룩한 놀라운 과업, 교회 안팎으로 발휘한 힘, 그의 행정 능력과 수완, 그의 법률적, 신학적 공헌, 그리고 위기 속에서도 굴하지 않고 교황의 권위를 높인 것 때문이다. 그를 아는 이들은 그가 이룩한 업적에 대해 경의를 표할 정도이다.[4] 그는 주교, 수도원장, 왕, 기타 인물들에게 무려 5,000통 이상의 편지를 썼다. 심지어 모로코의 모슬렘 왕에게 편지를 보내 기독교로 개종할 것을 권유했다. 선교 사역, 십자군운동, 이단회심 그리고 기독교 교육에 이르기까지 그가 이룩한 업적은 놀랍다. 그가 활동했던 그 시대는 기독교가 중세 종교, 정치, 문화 전 분야에 가장 큰 영향을 미쳤던 "중세문명의 전성기"였다.

유럽의 거의 모든 왕들이 그에게 복종할 정도로 그의 위상은 대단했다. "그는 자신을 이 지상에 하나님 나라를 성취시키는 하나님의 대리자로 생각하였으며 하나님보다는 못하지만 보통 사람보다는 높은 어떤 존재로 자신을 간주하였다."[5]

---

2   Williston Walker, *A History of the Christian Church* (New York: Charles Scribner's Sons, 1922), 286-287. "이노센트 3세는 의심할 바 없이 개인적으로 겸손하고 경건한 사람이었지만, 그 어떤 교황도 이노센트 3세보다 교황직에 대해 더 높은 개념을 갖고 있지 않았으며, 그의 지휘 아래 교황권은 실제 최고 권력에 도달했다."

3   Henry Cowan, *Landmarks of Church History to the Reformation* (New York: Anson D. F. Randolph & Co., 1896), 122.

4   Roland Herbert Bainton, *Christendom: A Short History of Christianity and Its Impact on Western Civilization*, 기독교의 역사, 이길상 역 (일산: 크리스챤다이제스트, 1997), 207. "교황 수위권에 관해서 13세기는 가장 위대한 세기였으며 그 세기에서 가장 위대한 교황은 1198년부터 1216년까지 재위한 이노센트 3세(Innocent III)였다. 이노센트는 훈련된 교회 법률가요 탁월한 행정가요 부패와 철저히 맞서 싸운 끈질긴 정의의 수호자요 십자가 밑에서 슬픔에 잠긴 성모를 묘사한 찬송 '스타바트 마테르 돌로로사'(Stabat Mater Dolorosa)의 저자로 인정받을 만한 신비주의자요, '세상경멸에 대하여'라는 논문의 저자였다. 중세에서 가장 위대한 교황이라 불리어 왔고 그의 재위 때 그레고리가 꿈꾸었던 교회 지도력이 거의 실현되었다."

5   John D. Woodbridge, *Great Leaders of the Christian Church*, 인물로 본 기독교회사 상, 박용규 역 (서울: 도서출판 횃불, 1993), 249.

이노센트 3세(Pope Innocent III, 재위 1198-1216)

출생과 성장배경

이노센트 3세는 1160년 혹은 1161년 태어났다. 그의 본래 이름은 조반니 로타리오 드 콘티(Giovany Rotario de Conti)였고 이노센트는 교황에 오르면서 붙여진 명칭이었다. 그는 로마 근처에서 초기 교육을 받은 후 당대의 명문 파리대학에서 신학을 공부하고 가장 탁월한 대학으로 평가 받고 있던 볼로냐에서 법률을 공부하였다. 이 두 대학에서의 연구와 수학은 그의 타고난 지성을 예리하게 다듬어주었으며, 그를 장차 지도자로 쓰임 받을 수 있는 학적 토대를 구축해주었다. 뿐만 아니라 그는 교황 클레멘트 3세(Pope Clement III, 재위 1187-1191)가 자신의 삼촌이어서 종교적 배경도 대단했다. 때문에 그는 일찍 성직에로의 길을 시작했고 1190년에 교황 클레멘트의 후원에 힘입어 추기경에 오르게 되었다.

그는 불과 30대에 이 분야에서 주목을 받을 정도로 뛰어난 행정력을 발휘했다. 그러나 삼촌 클레멘트 3세가 1191년 세상을 떠나고 그와 라이벌 관계에 있던 콜로나(Colonna)가에서 교황 켈레스틴 3세(Pope Celestine III, 재위 1191-1198)가 배출되자 은둔생활에 들어갔다. 그러다 8년 후 켈레스틴이 세상을 떠나 그 뒤를 이어 로타리오가 이노센트 3세로 교황에 오른 뒤 그는 세속적인 일과 교회적인 일 양면에서 도덕적 권위와 지도력을 확립하기 위한 일련의 작업에 착수했다. 6년 후 1204년에 제 4차 십자군운동, 1208년에는 알비겐시스파(Albigenses) 척결, 십자군, 1215년에는 제 4차 라테란회의를 주관하며 중세 카톨릭 교회의 전성 시대를 열었다.

그는 로마에서 대부분의 시간을 보냈다. 도시 밖으로 여행한 경우는 드물었다. 토마스 키(Thomas Kay)가 지적한 것처럼, "그의 최우선의 관심사는 성지에 십자군을 조직, 파견하는 일, 유럽의 일부 지역에까지 만연한 듯한 이단과 싸우는 일, 공적인 범죄로 문제를 야기하는 평신도 통치자들을 다루는 일, 자신을 모든 사람 앞에서 범 기독교 단일체의 상징으로서 나타내는 일이었다."[6]

그가 시대를 만들었느냐 아니면 그가 시대를 타고 났느냐 하는 양면의 질문은 그에게 택일의 문제가 아니었다. 그것은 두 가지 다 그에게 적용되는 것이기 때문이다. 그가 살았던 시대만큼 중세 기독교 문화가 꽃을 피웠던 시기는 없었다. 그러면서도 그 시대만큼 수많은 도전들이 산재해 있던 시기도 드물었다. 그는 이와 같은 시대적 환경 속에서 교황권을 확립하고 기독교 중세 문화 창달의 주역으로 부상할 수 있었다:

> 교황 이노센트가 몸을 담고 있던 시대는 유럽사에서 가장 창조적이고 진보적인 시대 가운데 하나였다. 문화의 실질적인 폭발이 있었다. 타의 추종을 불허할 작품을 남긴 예술과 문학의 거장들이 있었다. 모든 일의 공통분모는 기독교 문명 개념이었다. 이 몇십 년간의 세월에 사회는 많은 변화를 체험하였다. 부의 증대, 새 것이 불안을 자극하고 심지어 사회혁명의 기운까지 감

---

6 Woodbridge, 인물로 본 기독교회사 상, 252.

돌게 하였다. 이노센트에게 있어서 그것은 질서와 전통에 대한 도전이었다. 그러한 사회적 불안은 종종 이단의 모판 역할을 하였기 때문이다. 왕들과 군주들은 자국내로 가능한 한 많은 권력을 흡수하려 하고 있었다.[7]

이노센트 3세는 교황에 오른 뒤 교황권을 강화하는 방향으로 교회 개혁을 추진해 나갔다. 먼저 교황의 행정부에 쓸모없는 사람들과 분별없는 공직자들을 대부분 쓸어 냈고, 강력한 교황권을 확립하여 교황이 자신의 교회뿐만 아니라 모든 기독교 국가에서 하나님의 대리자라는 사실을 견고하게 정립하였다.[8] 그는 자신의 취임 설교에서 이렇게 말했다. "성 베드로의 후계자는 하나님 아래, 인간의 위에 하나님과 인간의 중간에 서있다. 그는 모든 사람의 심판자이고 아무에게도 심판을 받지 않는다."[9] 이노센트 3세는 그레고리 7세가 하인리히 4세에 대해 가졌던 교황의 권위를 그대로 견지하는 차원이 아니라 실질적으로 황제에 대한 교황의 권위를 한층 강화시켰다.

교황지상주의

1198년 신성로마 황제 하인리히 6세(Heinrich VI, 1165-1197)가 세상을 떠난 후 교황 이노센트 3세는 황제의 선임에 영향력을 미쳤다. 당시 황제들은 독일 귀족에 의해 선출되고 교황의 기름 부음에 의해 정식으로 취임했으며, 일반적으로 지위에 있어서 교황과 동등하거나 교황 다음가는 자로 간주되었다. 교황 이노센트 3세는 1198년 황제의 선출, 1212년의 프레드릭 2세(Friedrich II, 1194-1250)의 지명과 수락 등에 교황의 권위를 통해 황제 선출에 개입하여 자신의 영향력을 확대하였다.

이노센트는 황제의 선출에만 관여한 것이 아니라 제국의 통치자들까지 감

---

7 Woodbridge, 인물로 본 기독교회사 상, 252-253.
8 Woodbridge, 인물로 본 기독교회사 상, 253.
9 Cowan, *Landmarks of Church History to the Reformation*, 122.

독할 정도로 그 권위가 대단했다. 그는 "영국과 프랑스의 거대한 정치적 경쟁에 개입하여 유럽 양쪽 끝에서 다른 쪽 끝까지 통치자들로부터 교황에 복종하도록 이끌어내며 교황의 권위와 영향력을 강화"시켜 나갔다.[10]

프랑스 왕 필립 2세(Philip II of France, Philippe Auguste, 1165-1223)는 교황의 충고를 받고 첫 아내를 데리고 와야 했고, 영국의 존 왕(John of England king, 1166-1216)은 교황 앞에 무릎을 꿇고 켄터베리 대주교로 교황이 임명한 사람을 받아들여야 했으며, 심지어 영국 왕 존은 교황에게 공물을 바치는 일까지 해야 했으니 영국민의 사기가 얼마나 저하되었겠는가.

> 왕들의 존망이 하나님께 달려 있는 이상 법적으로 엄밀하게 말해 교황 자신이 왕들보다 우월한 것은 아니지만 자신이 사실상 왕들의 영적 지도자와 고문이며 통치자들의 죄를 다룰 책무를 가지고 있다고 이노센트는 주장하였다. 그의 저술에서 이노센트는 교황과 군주의 관계를 설명하기 위해 해와 달, 영혼과 육체 같은 비유들을 사용하였다.[11]

이와 같은 교황지상주의 사고는 당시 중세 카톨릭을 가장 높은 위치로 올려놓는 계기가 되었다. 여기서 우리는 중세시대 교황이 교회와 국가의 관계를 어떤 관계로 이해했는가를 추론해 볼 수 있다.[12] 이노센트 3세는 교황 재직 중에 콘스탄티노플을 침략해 강제적으로 동방교회들을 교황의 관장 하에 강제 편입

10　Peter Denley, "The Mediterranean in the Age of the Renaissance 1200-1500," George Holmes, *The Oxford Illustrated History of Medieval Europe* (New York: Oxford University Press, 1988), 236.

11　Woodbridge, 인물로 본 기독교회사 상, 255.

12　정원래, "마르실리우스를 통해 본 참 평화의 수호자(Defensor pacis)," 성경과 신학 Vol. 11 (2016): 41-42. 교황권이 강화되면서 교회가 국가에 깊은 영향력을 행사하였지만 마르실리우스는 평화의 수호자 II에서 "세속 사회의 평화가 확립되기 위해서는 무엇보다도 국가가 교황과 교회의 지배로부터 해방되어 자율적 이성적 질서를 회복하여 한다"고 이해했다. 마르실리우스는 "교황의 영적 권한뿐 아니라 세속권까지도 비판하고 교회의 성직 위계제도 자체를 비판"하고 "교황의 거짓 주장들이 받아들여지는 한에는 기독교 세계의 평화가 확립될 수 없다"고 보았다. 그는 이런 자신의 입장을 뒷받침하기 위해 성경, 아리스토텔레스 정치학, 윤리학을 인용했다.

시켰다. 교황지상주의 관점에서 볼 때 이 과업은 십자군 못지 않게 중요한 일이었다.

동일한 관점에서 이노센트 3세는 프랑스 남부 카타리 즉 알비겐시스파를 발본색원했다. 토마스 키가 지적한 것처럼 그는 "신학적으로 정통주의를 크게 고수하는 인물"이었다. 때문에 이단 특히 프랑스 남부에 거점을 두고 있는 알비겐시스파 척결에 혼신의 노력을 기울였다. 교황의 특사가 이들에 의해 암살된 것을 계기로 그는 1208년부터 20년 동안 이단에 대한 십자군운동을 전개해 알비겐시파의 본거지 프랑스 남부를 완전 유린했다.[13] 이것은 종교 이름으로 자행된 수많은 학살 사건 가운데 하나였다. 이노센트 3세 재임 중이나 그의 정책을 따르는 후임 교황들이 재임하는 동안 수많은 생명이 목숨을 잃었다.[14]

이노센트 3세는 이단 알비겐시스파가 시장에서 많은 청중들에게 대중적인 설교를 통해 인기를 끌자 이들의 세력 확장을 저지하기 위해 프란시스수도회와 도미니크수도회의 수도사들에게 어디에서나 설교할 수 있는 특권을 부여했다. 이것은 수도사들로 하여금 알비겐시스파에 맞서 대중들을 카톨릭 신앙으로 인도하려는 동기에서였다. 교황의 이와 같은 정책은 도미니크수도회의 발흥과 발전을 도모하는 중요한 전기로 작용했다.

4차 라테란회의와 교황지상주의

1215년 로마에서 개최된 4차 라테란회의 개최는 교황 이노센트 3세의 가장 큰 업적 가운데 하나였다. 유럽 전역에서 무려 1,200명의 사람들이 모였고 70명의 총주교들과 대주교들, 400명의 주교들, 800명의 사제, 수도원장 평신도들이 참석했다.[15] 4차 라테란회의는 중세에 열린 가장 큰 규모의 회의였다. 이

---

13 Woodbridge, 인물로 본 기독교회사 상, 252.
14 Elgin Sylvester Moyer, *Great Leaders of the Christian Church*, 인물중심의 교회사, 곽안전 역 (서울: 대한기독교서회. 2003), 273.
15 Roland Herbert Bainton, *Christendom: A Short History of Christianity and Its Impact*

노센트 3세는 4차 라테란 공의회(Fourth Council of Lateran, 1215)를 소집하여 공의회에서 화체설을 처음으로 공식적으로 채택하였고,[16] 알비겐시스파와 왈도파를 포함하여 여러 이단들을 정죄해 중세 카톨릭의 토대를 구축하였다.[17] 중세 가톨릭 신앙을 규범화시키는데 있어서 이 회의는 매우 중요한 역할을 하였다. 이 회의는 성찬의 떡과 포도주가 예수 그리스도의 살과 피를 상징하는 것이 아니라 실제로 살과 피로 변한다는 화체설을 정식으로 결정했다.

> 신실한 자들로 구성된 하나의 보편 교회가 있으며 이 교회 밖에서는 절대적으로 구원이 없다. 이 교회 안에서 성직자와 성찬식은 모두 예수 그리스도와 동일하다. 하나님의 능력 의해 예수의 몸과 제단의 성례의 떡과 포도주의 형체에 진실로 포함되어 있다. 이것이 그렇게 되는 이유는 그분과의 일체의 신비를 체험하기 위해, 그분이 우리로부터 받은 것(살과 피)을 우리가 그분으로부터 받기 위함이다. 정당하게 임명된 성직자를 통하지 않고는 아무도 이 성례를 정당히 행할 수 없다.[18]

12세기 처음 사용된 화체설은 토마스 아퀴나스에 의해 심화되고 1215년 라테란회의에서 공식적으로 로마 카톨릭 성례관으로 확정되었다. 화체설만 아니라 카톨릭의 일곱 가지 성례가 4차 라테란회의에서 결정되었다.[19] 모든 카톨릭 신자들은 적어도 1년에 1회씩 신부에게 고해성사를 하고 적어도 1년에 한번 부활절에 성체성사에 참여해야 한다고 결정했다.[20] 라테란회의는 "이단의 억제,

---

        on Western Civilization, 기독교의 역사, 이길상 역 (일산: 크리스챤다이제스트, 1997), 209; Albert Henry Newman, A Manual of Church History (Philadelphia: American Baptist Publication Society, 1912), 515.

16   Anthony N. S. Lane, A Concise History of Christian Thought, 기독교인물사상사전, 박도웅, 양정호 역 (서울: 홍성사, 2007), 175-177.

17   Lane, 기독교인물사상사전, 175-177; Newman, A Manual of Church History, 515-516.

18   법규 1조, Lane, 기독교 사상사, 197-198에서 재인용.

19   Bainton, 기독교의 역사, 210.

20   Lane, 기독교 사상사, 197.

교회 수입의 십일조, 세속적 정의를 제공하는데 있어서의 교회의 능동적 역할, 새로운 십자군운동에 대한 지지, 1년에 한번 사제에게 고해하고 부활절 미사에 참석하라는 그리스도인들에 대한 요구"[21]에 이르기까지 로마 카톨릭의 규범에 대해 매우 광범위한 결정을 했다.

4차 라테란회의를 통해 "교황의 세계 지상권이 인정"[22]되었다. 누가 봐도 4차 라테란회의는 '독재적 교황' 이노센트 3세의 "뜻에 맹종한 모임"이었다. 이노센트 3세의 교황권의 영향력이 얼마나 강력했는가를 보여준다. 그런 의미에서 4차 라테란회의는 "교황의 신정(神政)이 정점"을 이룬 "교회사에서 중요한 획을 긋는 사건"[23]이었다.

이노센트 3세는 교황제도야 말로 하나님이 당신의 교회의 유익과 세상을 구원하시기 위해 세우신 제도이며, 교황이 교회의 영역만 아니라 전 세계의 정치까지도 위임 맡은 사람이라고 확신했다. 이전까지 교황은 그리스도의 대리자라고 호칭하였으나 그에 이르러 하나님의 대리자라는 호칭으로 바뀌었다. 이노센트 3세는 교황이 하나님의 대리자로서 두 가지 검, "영적인 권세와 세속적인 권세"를 가져야 한다고 확신했다.

이는 종교적인 차원에서만 아니라 세속적인 차원에서도 교황은 절대적인 권한을 가지고 다스려야 한다는 것을 의미하였다. 따라서 감독들과 신부들은 물론 왕들과 왕족들도 교황의 지배를 받아야 한다고 생각했다. 이 시대만큼 교회와 제왕들이 교황의 권위 앞에 굴복한 적은 없었다. 독일과 영국과 전 유럽의 군주들이 교황 앞에 무릎을 꿇었으며 프랑스, 스페인, 이탈리아, 스웨덴, 덴마크, 포르투칼, 폴란드, 보헤미아, 헝가리 및 팔레스타인에 설립된 새 왕국들까지도 이노센트 3세의 명령에 순복해야 했다.

18년 동안 깊은 헌신과 활력, 열정, 신실함을 가지고 교회를 섬겼던 이노센트 3세는 라테란회의가 끝나고 불과 몇 개월이 못되어 56세의 일기로 세상을

---

21 Woodbridge, 인물로 본 기독교회사 상, 256.
22 Moyer, 인물중심의 교회사, 273.
23 Woodbridge, 인물로 본 기독교회사 상, 256.

떠나고 말았다. 확실히 그는 "성경의 모델과 교회사 위에 기독교 권을 세울 수 있다는 자신감을 심어주었다." 그리고 그는 실제로 자신의 재임 동안 가톨릭을 역사상 가장 빛나는 위치로 올려놓았다. 그러나 이노센트 3세는 자신의 재임 동안 "주교들의 반대, 십자군운동의 재난, 정치적 세력의 세속화"의 도전을 받아야 했다. 토마스 키가 지적한대로 "그의 유능하고 강력한 리더십이 없었더라면 중세의 교회는 보다 빨리 와해되었을 것이다."[24] 필립 샤프는 이렇게 그를 평했다:

> 이노센트 3세는 가장 유능하고 가장 성공한 교황 중의 한 사람이었다. 그는 또한 가장 유리한 시기에 교황의 직분을 맡았다. 그는 힐데브란트와 알렉산더 III세(Pope Alexander III, 재위 1159-1181)의 사업을 이어 받았으며, 십자군이 광대한 통치권과 많은 자원을 교회에 바치고 또한 아직도 십자군 정신이 왕성하였을 때에 이노센트 3세는 교황에 취임했다. 교회법이 완전히 발달되고 십자군으로 인하여 활발한 지적 활동이 일어나 각처에는 대학이 설립되고 그 대학들의 주요한 목적은 교회의 교의를 옹호하는 것이었다. 이와 같은 때에 이노센트 3세는 일반국가나 교회를 교황이 절대적으로 통제해야 된다는 사상을 완전히 파악하여 이전의 어느 누구보다 그 사상을 잘 실현시킨 사람이었다.[25]

이노센트 3세는 분명 당시 중세의 타락한 로마 카톨릭을 개혁한 주역이지만 그가 구축한 종교적 이상은 교황이 종교 영역만 아니라 세속 통치권까지 양손에 쥔 교황지상주의였다. 그리하여 이노센트 3세는 중세 교황지상주의를 대표하는 교황으로 역사에 자리 잡았다.

---

24   Moyer, 인물중심의 교회사, 257.
25   Moyer, 인물중심의 교회사, 272에서 재인용.

2. 보니파스 8세와 교황권 쇠퇴

1216년 이노센트 3세가 세상을 떠난 후 그가 누렸던 교황지상주의는 그의 뒤를 이은 교황들에게도 어느 정도 유지될 수 있었다. 그 후 교황 시대는 전성기를 구가했다. 비록 후임 교황 모두가 그와 같은 권세를 유지할 수 있을 만큼 뛰어난 인물들은 아니었지만 이노센트 3세가 구축해 놓은 강력한 교황권과 교황지상주의는 한 세기 동안 유지될 수 있었다. 교황의 권세를 마지막으로 누린 인물은 보니파스 8세(Pope Boniface VIII, 재위 1294-1303)였다. "이노센트 3세와 성 프란시스의 위대한 시대가 지난 후에 중세교회는 내리막길로 접어들었다."[26] 보니파스 8세를 끝으로 14세기와 15세기에 교황권은 쇠퇴의 길로 접어들었다.[27] 베인톤의 표현을 빌린다면 탐욕, 사치, 분노, 폭식, 교만의 죄가 교회 안에 깊숙히 들어온 결과였다.[28]

교황권의 쇠퇴 원인: 국가주의와 교황지상주의 대립

왜 이와 같은 일이 발생했는가를 이해하기 위해서는 13세기 유럽의 시대적 환경을 이해할 필요가 있다. 13세기 유럽은 놀라운 변화를 겪기 시작했다. 그 변화 중의 하나가 그동안 중세 사회를 강하게 지탱해 온 봉건제도가 서서히 시들어가고 국가제도가 생겨난 일이다. 그러면서 왕들이 차츰 강한 세력으로 등장하고 제후들은 상대적으로 점차 힘을 잃었다. 그러면서 백성들은 자신들이 보호 받기 위해서는 국가적 단결의 필요성을 자각하기 시작했다.

"국가주의는 봉건체제의 종식을 촉진시켰을 뿐 아니라 하나의 황제와 하나

---

26 Bainton, 기독교의 역사, 155. Lars Pederson Qualben, *A History of the Christian Church* (New York: Thomas Nelson and Sons, 1956), 186. 이노센트 3세의 후계자들은 시대의 징조들을 해석할 수 있는 능력이 없었다. 그 결과 그들은 변화무쌍한 유럽의 환경에 맞게 그들 스스로나 자신들의 행정을 조정하는데 실패하고 말았다.

27 Bainton, 기독교의 역사, 227.

28 Bainton, 기독교의 역사, 157.

의 교황 밑에 하나의 국민"이라는 의식을 심어주었다. 그 결과 당시 국민들 가운데는 스스로를 특정 왕국의 신민이나 한 국가의 시민으로 생각하는 사람들이 점점 더 증가하기 시작했다.[29]

국가는 강력한 세력으로 점점 더 부상한 반면 교회는 세속화와 도덕적 타락으로 점점 더 국가와 사회를 선도하는 중심세력에서 멀어지며 영향력을 잃어갔다. 모이어의 지적대로 그리하여 "성직 매매가 다시 성행하고 인척 관계와 파벌을 따져서 모든 일을 처리하는 경향이 많아지고 교황을 위시하여 가장 낮은 교직자에 이르기까지 돈을 모으는 일에 정신이 팔렸다."[30] 교황청이 바른 윤리적 원칙을 제시하지 못하고 도덕적으로 타락하면서 사회는 더욱 부패해졌다. 국가의 힘이 강해지고 교회는 점점 더 사회를 이끌어가는 구심점에서 이탈되는 상황에서 교황권은 자연히 도전을 받게 되고 급속하게 약화될 수밖에 없었다. 자연히 교황직이 국가를 초월한 성직이라는 관념은 실효성을 상실하게 되었고 군주들 가운데는 교황직을 정치적인 목적에 이용하려는 자들이 생겨났다.

당시 프랑스와 영국 사이에는 백년 전쟁이 한창 진행되고 있었다. 교황이 대부분의 세력을 지배하고 있어 영국과 영국의 동맹국들 사이에는 교황직을 반대하는 경향이 두드러지게 나타났다. 1337년에 시작된 100년 전쟁은 전 유럽으로 확대되어 왕조 간에 복잡한 이해관계가 얽히고설키면서 더욱 교황의 위상을 어렵게 만들었다. 그나마 100여 년 동안 교황권의 위상을 유지할 수 있었던 것은 강력한 사회적 영향력을 행사하는 도미니크수도회와 프란시스수도회가 교황의 든든한 후원자였기 때문이다. 결국 보니파스 8세가 교황에 오른 1294년부터 1304년은 교황권이 쇠퇴의 길로 접어드는 전환점이 되었다.

80세에 교황에 올라 어느 교황보다도 성대한 대관식을 거행하고 교황에 오른 보니파스 8세는 1세기 동안 상당한 교황권의 위상이 변화를 맞았음에도 불구하고 이노센트 3세가 이룩한 것보다 "더 높은 세계적 지상권"을 주장하였

---

29   Justo Luis Gonzalez, *The Story of Christianity, Volume 1: The Early Church to the Dawn of the Reformation (Story of Christianity)*, 중세교회사 (서울: 은성출판사, 1995), 98.

30   Moyer, 인물중심의 교회사, 278.

다. 모이어는 이것을 너무도 적절하게 해석하였다:

> 보니파스 8세는 거의 1세기 전에 이노센트 3세가 성취해 놓은 것 보다 더 높은 세계적 지상권을 주장하려고 결심하였다. 그는 이 야망을 달성하려는 의욕으로 불타올랐다. 초기의 교황 특사들처럼 그는 유럽의 모든 나라의 통치권을 친히 배워 알았다. 그리하여 로마제국은 전에 가졌던 세력을 많이 잃어버리고 프랑스는 교황의 권위를 충실히 옹호하고 있음을 알았다 그리고 각 국에 있어서 교직자들이 많은 재물을 차지하고 있으며 어떤 나라에서는 실제로 영토의 반 이상이 교직자의 손에 들어 있었다 수도사들과 특히 걸식 수도사들은 훌륭한 상비군이 되어 교황이 유럽에 있어서 가장 중요한 지위를 유지하도록 방비하는 수비대가 되어 있다는 사실을 알았다. 이 모든 징조를 자기에게 유리하게 본 보니파스 8세는 원근을 불구하고 모든 나라와 왕들로 하여금 자기의 뜻과 권위에 복종하도록 만들겠다고 결심하였다. 그가 이와 같은 대담한 결심을 한 것은 자기는 지상에 있어서 그리스도와 하나님의 대리자라고 생각하고 있었기 때문이다.[31]

보니파스 8세는 80세의 노령에도 불구하고 이와 같은 교황지상주의 야심을 실행에 옮겼다. 그러나 처음부터 그의 야심과 계획은 빗나가고 말았다. 그는 막대한 교회 재산을 가지고 있는 교회에 교서 평신도 교직자(Clericis Laicos)를 발표했다. 그러나 영국과 프랑스의 왕들과 귀족들은 이를 강력하게 반대했다. 보니파스 8세는 1300년에는 100년 기념식을 거대하게 거행할 것을 계획하고 세계 각국의 신앙인들이 로마를 순례하게 만들어 재정적인 유익을 얻으려고 했으나 이것 역시 별 성공을 거두지 못했다. 게다가 헝가리, 보헤미아, 폴란드에서 교황이 자기의 뜻대로 자신의 입맛에 맞는 왕을 세우려고 한 계획도 빗나가고 말았다. 이 정도면 교회가 자신의 위상이 과거와 다르다는 것을 인식할만 했지

---

31 Moyer, 인물중심의 교회사, 279.

보니파스 8세(Pope Boniface VIII, 재위 1294-1303)

만 그는 전혀 깨닫지 못했다.

그런 상황에서 보니파스 8세가 결정적인 실수를 범했다. 교황은 자신의 대적 프랑스 왕 필립 4세(Philip IV of France, 1268-1314)에게 강경한 문구로 왕을 충고하는 교서를 보냈다. 하지만 필립 4세는 보니파스 8세의 교서를 불살라버렸다. 그러자 교황 보니파스 8세는 1302년에 신성의 일치(*Unum Sanctum*)이라는 유명한 교서를 발표했다. 이 교서는 국가와 개인에 대해 교황의 절대적 정치적 통치권을 담은 것으로 역대 교황이 주장한 것과 비교되지 않을 만큼 강경한 것이었다.

프랑스 필립 4세는 국가에 관한 문제에 있어서 교황의 주장을 받아들일 수 없다고 거부했다. 그러자 교황은 그에게 파문과 금제의 교서를 발표했다. 교황은 필립 4세를 백성의 통치자로서 그리고 그 나라와 관계 있는 모든 세력들로부터 완전히 단절시키려고 한 것이다. 교서는 프랑스의 모든 교회들이 문을 폐쇄할 것과 세례와 성체의 세례만을 시행할 수 있을 뿐 그 외의 모든 가톨릭 예식을 행할 수 없다고 못을 박았다. 그러나 그 교서는 교황이 기대한 그런 힘을 발휘할 수도 그렇다고 교황의 지지를 끌어낼 수도 없었다. 이미 그 때는 필립 4세의 권위와 영향력이 교황보다 훨씬 더 강했기 때문이다.

오히려 분노한 필립 4세가 교황 보니파스 8세를 로마의 아나그니(Anagni)에 3일 동안이나 연금하였고, 교황이 가까스로 풀려나기는 했지만 보니파스 8세는 그로부터 1개월 후 1303년 10월 그 후유증으로 세상을 떠나고 말았다. 이노센트 3세가 누렸던 그 화려했던 교황의 권위는 이제 사라지고 황제의 권위에 완전히 눌리고 말았다. 그 결과 보니파스 8세는 역사상 가장 큰 교황권을 구가하려던 자신의 꿈과는 달리 오히려 그 반대로 역사상 가장 굴욕적인 대접을 받는 교황으로 남게 되었다.

3. 교황청의 아비뇽(바벨론) 유수

보니파스 8세 이후 교황의 권위는 땅에 떨어지고 교황청의 실질적인 권세는 프랑스 왕의 수중에 들어갔다.[32] 그 후 1309년부터 1376년까지 교황청은 프랑스 아비뇽으로 옮겨야했다.[33] 68년 기간이지만 바벨론 70년의 기간과 가깝기 때문에 이를 교황청의 바벨론 유수라고도 부른다.[34] "교황청이 아비뇽에 있는 동안 교황은 모두 프랑스인이었다. 마치 교황권이 프랑스 기관이 된 것처럼 보

---

32 Newman, *A Manual of Church History*, 523-525; Qualben, *A History of the Christian Church*, 189.

33 Bainton, 기독교의 역사, 231. 베인톤은 아비뇽 유수를 1305년부터 1378년이라고 보았지만 정확하게 말해 1309년부터 1377년이다.

34 Cowan, *Landmarks of Church History to the Reformation*, 137-138. 교황청의 바벨론 유수 기간 동안 교황과 교황청은 혹독한 비판을 받았다. 윌리엄 옥캄은 "현세적 우월성뿐만 아니라 모든 세속적 권력에 대한 교황의 주장을 부정하고 교황의 영적 무오성 뿐만 아니라 교황의 필요성 자체에 의문을 제기했다. 그는 성 베드로에게 하신 주님의 약속은 사도 자신에게만 적용된다고 선언했다. 단테(Dante, 1265-1321)는 산문집에서 콘스탄티누스의 기부금의 실체를 의심하고 그 능력을 부정하였으며(86p), 신곡-인페르노(*Inferno*) 편에서 그 해로운 영향을 개탄했다. 아홉 번째 칸토는 교회 고위 인사들의 강간, 음란, 불결함에 대한 지속적인 고발이었다. 두 명의 교황이 지옥에 떨어지고, 성 베드로는 "양의 탈을 쓴 탐욕스러운 늑대"가 "모든 목초지에 널리 퍼져 있다"고 엄중히 경고한다. 페트라르카(Petrarca, 1304-1374)는 이탈리아 애국자로서 교황의 로마 복귀를 요구하면서 교황청을 이단의 성전이라고 비난하고, 아비뇽(그가 평생을 보낸 곳)을 모든 악의 근원지로 묘사하면서 한 교황은 술주정뱅이, 다른 교황은 방탕한 자, 세 번째 교황은 바보로 낙인찍었다."

였다."³⁵ 교황청이 다시 1377년 로마로 교황청이 돌아왔으나 서방교회는 교황의 난립으로 1378년부터 1417년까지 대분열을 경험해야 했다.

1309년부터 1417년까지 114년이라는 1세기가 넘는 교황청의 위기는 직접적으로는 보니파스 8세와 프랑스 왕 필립 4세와의 대립과 투쟁에서 비롯된 것이다. 그러나 좀더 중세시대를 면밀하게 살펴보면 교황청의 위기는 내면적으로는 교황의 타락과 부패로 인한 리더십 상실에서 찾아야 할 것이다.

보니파스 8세의 뒤를 이은 교황 베네딕트 11세(Pope Benedict XI, 재위 1303-1304)는 선임자가 내렸던 프랑스 필립 4세에 대한 교서를 취소했으나 교황에 취임한 지 불과 9개월 만에 세상을 떠나고 말았다. 필립 샤프에 따르면 "베네딕트 11세가 8개월의 짧은 재위 후에 세상을 떠난 것은 그 교황이 자유롭게 먹는 무화과 한 접시에서 분비된 독 때문이었다."³⁶ 누군가 교황을 독살하려고 무화과에 독을 묻혀 놓은 것을 교황이 모르고 먹은 것이다.

파벌 간의 대립으로 바로 교황 선출이 이루어지지 못하고 11달의 공백기가 지난 뒤 필립 4세가 교황의 선출에 개입해 프랑스인 보르도의 대주교 베르트랑 드고(Bertrand de Got)를 클레멘스 5세라는 이름으로 교황에 선출했다. 필립 4세는 베르트랑으로부터 프랑스의 정책을 지지하겠다는 약속을 받아냈다. 그 정책이란 바로 교황청을 로마에서 프랑스로 옮기는 것이었다.

교황에 오른 클레멘스 5세(Pope Clement V, 재위 1305-1314)는 보르도와 푸아티에, 툴루즈를 순회하며 교황 업무를 보다가 1309년 교황청 이전 정책을 수용해 아비뇽에 교황궁을 마련했다. 이렇게 해서 교황청이 로마에서 프랑스 아비뇽(Avignon)으로 옮겨졌고 교황청의 바벨론 유수가 시작되었다. 그 후 1377년 교황청이 로마로 다시 돌아가기까지 70년 동안 교황에 오른 사람들은 모두 프랑스 사람이었고, 이들 모두 교황에 오른 뒤 프랑스 왕의 통제를 받아야 했다.

---

35 Walker, *A History of the Christian Church*, 292.
36 Philip Schaff, *History of Christian Church, Vol. VI.: The Middle Ages from Boniface VIII., 1294 to The Protestant Reformation, 1517* (Grand Rapids: Eerdmans, 1949), 42.

아나그니 사건(Anagni Incident, 1303. 9. 7.)

아비뇽 유수 동안 교황에 오른 사람은 클레멘스 5세(1305-1314), 요한 22세(Pope John XXII, 재위 1316-1334), 베네딕트 12세(Pope Benedict XII, 재위 1334-1342), 클레멘스 6세(Pope Clement VI, 재위 1342-1352), 이노센트 6세(Pope Innocent VI, 재위 1352-1362), 우르반 5세(Pope Urban V, 재위 1362-1370), 그리고 그레고리 11세(Pope Gregory XI, 재위 1370-1378) 등 일곱 명이었다. 코완이 지적한 대로 "보니파스 8세가 교황권 역사의 전환점이었다면, 아비뇽의 바벨론 유수는 교황에 대한 기독교 세계의 경외심을 뒤흔들었다."[37]

모든 교황들이 프랑스 태생이었고 추기경 대다수도 프랑스 출신들이었으며 교황청은 프랑스의 왕의 부속기관으로 전락했다. 한마디로 "교황과 추기경

---

37 Cowan, *Landmarks of Church History to the Reformation*, 137; Schaff, *History of Christian Church, Volume VI.*, 43.

들 모두가 프랑스 군주에게 몸을 조아리는 궁정성직자들 보다 조금 높은 지위로."[38] 전락한 것이다. 이들 교황들은 과거 교황들이 누리던 권세와는 전혀 다른 왕의 시녀 역할을 해야 했다. 교황청의 권위와 도덕적 기품이 현저하게 저하되었고 국민들은 교황과 교회로부터 완전히 멀어졌다. 특별히 교황들은 로마교회로부터 강한 반발과 반대에 직면했다.

교회의 아비뇽 유수 기간 동안 교황 제도는 더욱더 극심하게 타락하였다. 필립 4세는 성전기사수도회의 재산이 탐나 그들을 죽이고 재산을 가로챘다. 수도회의 일원이던 성전기사수도단(Order of Knight Templars)들이 부당하게 고소를 당하고 형벌을 받았으며 이들의 재산 대부분이 몰수되었다. 단테(Dante Alighieri, 1265-1321)는 그런 필립 4세를 빌라도에 비유하며 이렇게 기록했다.

> 나는 현대판 빌라도를 본다.
> 그는 이 정도의 잔인함으로 만족하지 못한 채 허락도 없이
> 탐욕의 돛을 달고 성전 안으로 들어간다.
>
> -연옥편 제20곡 91행-

교황청은 재산을 축적하기 위해 온갖 방법을 동원하는 등 타락이 더욱 극심해졌다. 시기와 견제와 분열과 각종 음모로 교황청은 극심한 시련을 겪어야 했다.

"교황청은 사치, 부패, 관능으로 악명 높았다. 족벌주의와 뇌물수수, 성직매매가 부끄러움 없이 자행되었다. 교황 가문의 재정운영이 전례를 찾아 볼 수 없을 정도로 방만해졌다. 모든 종류의 사건에 적용되는 면죄부가 수입 증대의 원천이 되었다. 교황 가문의 일원이자 교황권의 열성적인 지지자인 알바루스 펠라기우스(Alvarus Pelagius)는 그의 저서 교회의 눈물에 대하여(*De planctu*

---

38 Schaff, *History of Christian Church, Volume VI.*, 43.

ecclesiae)에서 교황청에서, 교회 장소에서 벌어지고 있는 투기와 거래에 대해 신랄하게 불평했다. 환전소와 돈 거래에 열중하는 파티로 가득 차있었다"[39]

당대의 지성인 페트라르카(Francesco Petrarca, 1304-1374)는 아비뇽을 "모든 악의 하수구, 모든 죄악의 소굴, 세 번째 바벨론, 서방의 바벨론," "고통의 샘, 진노의 피난처, 오류의 학교, 거짓의 신전, 무서운 감옥, 지상의 지옥"[40]이라고 통렬하게 비난했다. 아비뇽 유수 동안 재임했던 일곱 명의 교황들의 행적을 하나 하나 기록하는 것은 교회사에 부끄러운 역사의 단면만 추가할 뿐이다.

아비뇽 유수를 착수한 클레멘스 5세에 이어 교황에 오른 요한 22세(1316-1334)는 독일 황제 바이레른인 루이스(Ludwig IV of Germany, 1283?-1347)와 투쟁하였고 프란시스파 강경파를 단죄하였으며 교리적 이단설을 그 자신이 주창하였고 돈을 몹시 탐했다.[41] 베네딕트 12세(1334-1342)는 아비뇽에 항구적인 교황궁을 건립하는 사업을 착수했고, 클레멘스 6세(1342-1352)는 말들과 산해진미를 즐기고 여인들의 무리가 교황궁을 드나들었고 추기경 25명 가운데 12명이 친인척들로 채워졌다. 그가 재직하는 동안 1348-1349년 동안에 흑사병이 유럽 전역을 휩쓸었다. 필립 샤프는 "이것은 인류에게 닥친 가장 끔찍하고 신비로운 재앙 중 하나였다"[42]고 평가했다. 이어 교황에 오른 이노센트 6세(1352-1362), 우르반 5세(1362-1370), 그리고 그레고리 11세(1370-1378) 등 3명의 교황들도 좋은 평가를 받을 수 있는 교황들이 아니었다.[43]

본래의 교황권의 몰락이 바벨론 유수 70년 동안 더욱 타락의 가도를 달리는 상황이 전개되었고, 교황청은 부패와 타락의 상징으로 전락했다. 이 때문에 의식 있는 이들은 로마 교황청의 귀환을 강하게 희망했고 실제로 이 시대 성 캐

---

39 Schaff, *History of Christian Church, Volume VI.*, 43.
40 Schaff, *History of Christian Church, Volume VI.*, 43.
41 Schaff, *History of Christian Church, Volume VI.*, 52-53.
42 Schaff, *History of Christian Church, Volume VI.*, 76.
43 Mary I. M. Bell, *A Short History of the Papacy* (New York: Dodd, Mead and Company, 1921), 225-238.

더린(Catherine of Siena, 1347-1380)이 교황청의 로마 귀환을 요청하기도 하였다.

그레고리 11세(1370-1377)가 교황에 재직하는 동안 1377년 교황청이 로마로 귀환해 "70년의 포로"는 끝이 났다. 그레고리 11세는 "오스티아에서 배를 타고 티베르 강을 거슬러 올라가 1377년 12월 16일 로마에 상륙했다 … 교황은 바티칸에 거주했으며 그곳은 그 때부터 오늘날까지 계속해서 교황의 거주지로 사용되고 있다."[44] 1378년 3월 27일 그레고리 11세는 47세의 일기로 세상을 떠났고, 그 뒤 서방교회는 분열의 시대를 맞기 시작했다.

4. 교황청의 로마 귀환과 서방교회의 대분열

1377년 로마로 교황청이 귀환하기는 했지만 이것이 곧 교황청의 진정한 회복을 의미하는 것은 아니었다. 1309년부터 1377년까지 거의 70년, 14세기의 거의 대부분을 장식했던 교황청의 아비뇽 유수 시대 이후 서방교회는 또 다시 1378-1423년까지 거의 반세기 동안 대분열의 고통을 경험해야 했다.[45]

1378년 그레고리 11세가 세상을 떠나고 시작된 서방교회의 분열은 무려 45년 동안 지속되었다.[46] 이 분열은 교황청의 바벨론 유수의 연장에서 이해해야 할 것이다. 이 바벨론 70년 포로기간동안 재임했던 교황 클레멘스 5세(1303-1314), 요한 22세(1316-1334), 베네딕트 12세(1334-1342), 클레멘스 6세(1342-1352), 이노센트 6세(1352-1362), 우르반 5세(1362-1370), 그리고 그레고리 11세(1370-1378) 모두 프랑스 출신이었다.

---

44 Schaff, *History of Christian Church, Volume VI.*, 85.
45 Newman, *A Manual of Church History*, 525-526.
46 Oliver Joseph Thatcher & Edgar Holmes McNeal, *A Source Book for Medieval History: Selected Documents Illustrating the History of Europe in the Middle Age* (New York: Charles Scribner's Sons, 1905), 325-326.

1378년 그레고리 11세가 사망하자 추기경들이 바리(Bari)의 대주교 바돌로메를 교황으로 선출하고 우르반 6세(Pope Urban VI, 재위 1378-1389)로 불렀다. 하지만 우르반 6세는 아비뇽으로 다시 재 이전하기를 원하는 많은 추기경들의 열망과 달리 교황청을 아비뇽으로 옮기지 않고 로마에 남는 것으로 발표했다. 이외에도 다른 여러 가지 이유로 프랑스의 추기경들은 우르반 6세에 대해 점점 더 불만을 품었고 급기야 그를 해임시켰다. 교황에 맞서 반란을 일으킨 이들 추기경들은 1378년 8월 5일 다음과 같이 그 이유를 밝혔다:

… [1378년] 3월에 교황 그레고리 11세의 죽음으로 사도직좌(the apostolic seat)가 공석이 된 후, 우리는 그레고리가 죽은 그 교황청의 법과 관습에 따라 교황 선출을 위해 콘클라베(conclave)에 모였다. 수많은 군중들과 함께 그 도시의 관리들은 대부분 무장하고 종소리로 이 목적을 위해 소집되었는데, 위협적인 방식으로 궁전을 에워싸고 심지어 안으로 들어가 그곳을 거의 채웠다. 그들은 그들의 존재로 인한 공포에 더해 우리가 로마인이나 이탈리아인을 즉시 선출하지 않으면 우리를 죽이겠다고 위협했다. 그들은 우리에게 숙고할 시간을 주지 않고 폭력과 두려움을 통해 마지못해 지체 없이 이탈리아인을 선출하도록 강요했다. 그러한 폭도들로부터 우리를 위협하는 위험을 피하기 위해 우리는 그것이 그러한 사악한 위협 속에서 … 바리 대주교 바돌로메를 교황으로 선출했다. 그러나 그는 자신의 구원에는 관심이 없었고 야망에 불타올랐기 때문에 성직자와 그리스도인들에게 큰 추문이 되고 교회법에도 어긋나는 일이었는데도 그는 교황직을 받아들였다. 추기경들이 선거에 참석했는데, 도시 관리들과 시민들의 위협과 요구로 말미암아 교황직을 우리에게서 강탈한 것이다. 비록 그러한 선거가 무효이고 사람들의 위험이 여전히 우리를 위협하고 있음에도 불구하고 그는 즉위하고 교황의 관을 쓰고 자신을 교황이자 사도라고 불렀다. 그러나 거룩한 교부들과 교회의 법에 따르면 그는 배도자, 저주받은 자, 적그리스도, 기독교를 조롱하고 파

괴하는 자라고 불리어야 한다 …[47]

    이들 추기경들은 우르반 6세가 약속대로 교황청을 아비뇽으로 옮기지 않기 때문에 이렇게 행동할 수밖에 없다는 진실은 숨기고 우르반 6세의 해임 명분만을 찾은 것이다. 이들은 자신들의 행동을 옹호하는 위 선언문을 발표한 후, 스스로 클레멘스 7세라고 부르는 제네바의 로베르를 새 교황으로 선출했다. 아비뇽 교황과 로마 교황의 등장으로 양측의 주도권 다툼과 대립은 이제 피할 수 없게 되었다.

    비록 로마로의 귀환이 이루어졌지만 그 후에 선출된 교황 로마의 우르반 6세와 반 교황 아비뇽의 클레멘스 7세(Antipope Clement VII, 1342-1394)의 대립을 시작으로 유럽은 친 로마, 친 아비뇽 둘로 나뉘고 말았다. 프랑스와 스페인은 아비뇽의 클레멘트를 지지하였고, 반면 영국과 독일을 비롯 대부분의 유럽 국가들은 로마의 우르반 6세를 지지하였다.[48] 국가적 이해관계와 맞물려 종교적 대립만 아니라 유럽이 정치적 대립의 국면으로 이어지면서 유럽은 혼란의 시대에 접어들었다.

    필립 샤프는 40년 동안이나 지속된 이 서방교회의 분열이 "교황청의 아비뇽 유수보다 교회에 더 큰 불행"[49]이었다고 평했다. 교황청은 로마의 귀환을 주도한 그레고리 11세(1370-1378)가 1378년에 세상을 떠나고 그의 뒤를 이어 우르반 6세가 교황에 선출된 후 교황청은 프랑스 교회와의 마찰로 분열의 위기를 만났다. 우르반 6세는 프랑스로의 재 이전을 전제 조건하에 교황에 선출되었으면서도 이를 시행하지 않았다. 그러자 프랑스 추기경들이 교황 선출이 불법이

---

47   Etienne Baluzius, *Vitæ Paparum Avenioneosium*, I, pp. 468 ff. in Thatcher & McNeal, "167. The Beginning of the Schism. The Manifesto of the Revolting Cardinals. Aug. 5, 1378," *A Source Book for Medieval History*, 325-326.

48   Newman, *A Manual of Church History*, 525. 이 기간(1378-1439) 동안에 프랑스(France), 스코틀랜드(Scotland), 사보이(Savoy), 로레인(Lorraine), 카스틸(Castile), 아라곤(Aragon), 그리고 네이플(Naples)은 아비뇽 교황을 지지했고, 반면 독일(Germany), 영국(England), 덴마크(Denmark), 폴란드(Poland), 러시아(Prussia), 그리고 이탈리아는 로마교황을 지지했다.

49   Schaff, *History of Christian Church, Volume VI.*, 90

라며 프랑스 출신 클레멘트 8세(Antipope Clement VIII, 재위 1423-1429)를 교황으로 새로 선임했다.

이렇게 해서 로마와 아비뇽에 각각 1명의 교황이 존재하게 되었고 이들은 각각 자신들의 정통성을 주장했다. 그로부터 40년 동안 교황과 추기경회가 둘로 나뉘었다. 이 기간 교황은 로마계열과 아비뇽계열 그리고 피사계열로 크게 대별할 수 있다. 로마계열 교황은 우르반 6세(1378-1389), 보니파스 9세(Pope Boniface IX, 재위 1389-1404), 이노센트 7세(Pope Innocent VII, 재위 1404-1406), 그레고리 12세(Pope Gregory XII, 재위 1406-1415)이고 아비뇽 계열 교황은 클레멘스 7세(1378-1394), 베네딕트 13세(Antipope Benedict XIII, c.1328-1423)이고, 피사계열 교황은 알렉산더 5세(Antipope Alexander V, c.1339-1410), 요한 23세(Antipope John XXIII, 재위 1410-1415), 그리고 마르틴 5세(Pope Martin V, 재위 1417-1431) 이다.[50]

5. 종교회의: 교황권 난립과 교회분열 해결

이와 같은 대립은 단순한 두 명의 교황의 존재 차원을 넘어 두 명의 교황 중 한명을 지지할 수 밖에 없기 때문에 전 유럽이 둘로 갈라지고 말았다. "이 두 교황 치하에서 분열에 대한 논쟁은 점점 더 첨예해졌고 추문들은 점점 더 견딜

---

50 로마와 아비뇽 어느 계열의 교황들이 정통성을 지니는가 하는 문제는 교회사에서 또 하나의 중요한 논제가 되었다. 프랑스의 정서에 좌우되는 사가들은 로마 계열의 교황들의 정통성 문제를 제기하는 경향이 강하다. 핵심은 우르반 6세와 관련이 있다. 그가 추기경들에게 공식적인 승인을 받았고 그가 교황에 선출된 사실이 제후들에게 공식적으로 고지되었기 때문에 그의 교황 선출은 정통성을 지닌다는 것이다. 그러나 추기경들이 그의 교황 선출 사실을 넉달이 지나 고지한 것은 문제가 있다는 것이다. 우르반 6세의 뒤를 이어 교황에 오른 보니파스 9세는 나폴리 출신으로 35세에 교황에 올랐다. 비록 학적으로는 일천한 인물이었지만 통치 역량이 대단해 제노바를 제외한 이탈리아 반도 전체가 그에게 복종했다. 로마는 다시 유럽인들의 주목을 받게 되었고 1390년에는 독일 헝가리 보헤미아 폴란드 영국 등지에서 수많은 사람들이 로마를 순례했다. 이어 교황에 오른 이노센트 7세와 그레고리 12세 특별히 주목을 받을 족적은 남기지 못했다.

수 없을 정도가 되었다. 서유럽의 국가들은 성직 및 기타 교회 특권의 공개적이고 뻔뻔스러운 매매 행위, 한 교황이 다른 교황에 대해 퍼붓는 비난, 라이벌 주장자들 사이의 구역과 교구들의 분할에 지쳤다."[51]

세속권세와 교황의 대립, 그 후에 전개된 교황의 난립으로 교회는 과거 누렸던 그와 같은 영광은 고사하고 비판과 개혁의 대상으로 전락하고 말았다. 시대적 변혁 속에서 교회가 새롭게 사회를 선도하는 중심기관의 역할도, 그렇다고 개혁의 구심점 역할도 하지 못하는 그런 상황에서 교회 개혁은 일종의 시대적 요청이었다.

1393년부터 1409년 사이에 분열을 해결하려는 움직임이 일각에서 강하게 일어났다.[52] "이 분열을 치유하는 일에 진지하게 노력한 사람들 중에는 당대의 선생들, 특히 파리대학교의 교수들이 가장 많았다."[53]

파리대학교는 앞장서서 분열을 타개할 타개책을 제시했다.[54] 파리대학교 교수들은 이 요청에 대한 응답으로 자신이 볼 때 가장 좋다고 생각되는 방식을 서면으로 제안하고 그런 다음 제안된 모든 방법과 수단을 검토하기 위해 54명의 교수, 석사, 박사로 구성된 검토 위원회가 임명되었다. 심사숙고한 심의 끝에 이 위원회는 분열을 종식시킬 수 있는 세 가지 가능한 방법을 제안하고 이를 서면으로 작성하여 왕에게 전달했다. 위원회는 이들 3가지 방식의 각각의 장점과 단점에 대해 어느 정도 길게 논했다. 1394년 파리대학이 제시한 3가지 방안은 다음과 같다.

> 첫 번째 방식. 이제 분열을 종식시키는 첫 번째 방식은 양측이 교황직에 대해 갖고 있거나 갖고 있다고 주장하는 모든 권리를 완전히 포기하고 사임

---

51   Schaff, *History of Christian Church, Volume VI.*, 100.
52   Newman, *A Manual of Church History*, 526-527.
53   Walker, *A History of the Christian Church*, 306.
54   D'Achery, *Spicilegium, I*, pp. 777 f. in Thatcher & McNeal, "168. The University of Paris and the Schism, 1393," *A Source Book for Medieval History*, 326-327.

하는 것이다 …

두 번째 방식. 그러나 만약 두 사람 모두 지금까지 그래왔듯이 자신들의 권리를 고집스럽게 고수하고 사임을 거부한다면 우리는 중재 방법을 제안할 것이다. 즉, 그들은 합당하고 적합한 사람을 함께 선택하거나 정규적이고 교회법적인 방법으로 선택되도록 허용해야 하며, 이들은 사건을 논의하고 결정할 수 있는 완전한 권한과 권위를 가지며 필요하고 편리할 경우 교회법에 따라 권위를 가진 사람들(즉, 추기경들)의 승인을 받은 그들은 또한 교황 선출을 진행할 권리도 가질 수 있다.

세 번째 방식. 만약 경쟁 교황들이 형제애와 우호적인 태도를 촉구함에도 불구하고 위의 두 가지 방식 중 어느 것도 받아들이지 않는다면, 이 불경스러운 분열에 대한 훌륭한 구제책으로 우리가 제안하는 세 번째 방식이 있다. 바로 이 문제를 총회에 맡기자는 것이다. 이 공의회는 교회법에 따라 성직자들로만 구성할 수도 있고, 성직자 중 다수가 문맹이고 그들 중 다수가 한쪽 교황 혹은 저쪽 교황의 격렬한 지지자이기 때문에 공인된 대학의 교수진에서 신학과 법학석사와 박사를 성직자들과 함께 동수로 구성할 수도 있다. 또는 이것이 누군가에게 충분하지 않다고 생각되면, 모든 결정은 가장 신중한 조사와 성숙한 심의 후에만 내려질 수 있도록 대성당 지부와 수도원의 수석수도사단(최고 수도사회)에서 한 명 이상의 대표를 추가할 수도 있다.[55]

간단하게 정리하면 첫째는 두 교황이 사임하는 것이고, 둘째는 위원회를 설치하여 두 사람의 주장에 대해 논의하고 결정하는 방안이고, 셋째는 총 공의회를 소집하여 모든 문제를 거기서 심의하는 방안이었다. 파리대학이 교황의 난립으로 인한 교회 분열의 문제를 해결할 수 있는 빛나는 해결책을 제시한 것이

---

55   D'Achery, *Spicilegium, I,* pp. 777 f. in Thatcher & McNeal, "168. The University of Paris and the Schism, 1393," *A Source Book for Medieval History,* 326-327.

다. "분열을 치유할 수 있는 최선의 수단으로서 공의회 소집이 필요하다는 생각을 가진 이들은 파리 대학뿐만 아니라 볼로냐의 위대한 교회법 학교와 심지어 추기경들 사이에서도 빠르게 증가했다."[56] 하지만 정작 클레멘스 7세는 파리대학교의 개입을 불쾌하게 생각했고 여기에 동조한 추기경들을 단죄했다. 양측 교황은 분열의 치유에 대한 관심을 보였지만 막상 어느 쪽도 교황직 포기의사를 밝히지 않았다. 1406년 그레고리 12세가 교황에 선출된 뒤 교회 분열은 극에 달했다.

파리의 유명론자 에일리의 피터(Pierre d'Ailly, 1350-1420)와 제르송(Jean Charlier de Gerson, 1363-1429)도 참가하기를 주저했다. 더구나 이 기간 동안은 영국과 프랑스가 백년 전쟁(The Hundred Years' War, 1337-1453)을 벌였다. 때문에 두 교황을 지지하는 세력 간에 경쟁관계는 말 그대로 대단했다. 각기 자신들의 지위를 지키기 위해 각각의 교황들은 자기의 수입을 늘려야 했고 자연히 착취와 타락이 그 뒤를 따랐다. 돌이켜 볼 때 두 교황의 난립과 그로 인한 서방교회의 대분열은 너무도 부끄러운 일이었다. 교황의 난립은 교황청 역사만 아니라 전체 기독교 역사에 참으로 불행한 사건이었다.[57]

이러한 심각한 교회분열을 극복하고 실추된 교회의 영광을 회복하기 위해서는 개혁이 절실하게 요청되었다. 전체 교회의 공의회가 열려 진정한 교황을 결정해야 한다는 것은 당시 시대적 요청이었다.[58] 그런 시대적 요청 속에 피사 공의회(The Council of Pisa, 1409), 콘스탄스 공의회(The Council of Constance, 1414-1418), 그리고 바젤 공의회(The Council of Bazel, 1431-1449)가 열렸다. 아비뇽 유수 이후 교황청이 로마로 귀환 후 아비뇽과 로마 두 곳의 교황들이 대치하는 것으로 인한 분열과 혼란을 막기 위해 양 교황을 지지하는 대주교들이 1408년 레그혼(Leghorn)에서 모여 그 이듬해 1409년 3월 피사에서 종교회의를 개최하기로 결의했다. 두 교황을 사퇴시키고 새 교황을 선

---

56 Walker, *A History of the Christian Church*, 307.
57 Moyer, 인물중심의 교회사, 282.
58 Gonzalez, 중세교회사, 101.

출하는 방안, 두 교황 가운데 정통성을 가리는 교회 법정을 제정하는 방안, 그리고 종교회의를 소집해 이 문제를 다루는 방안 중 종교회의를 소집할 것을 결의한 것이다.[59]

피사 공의회(1409)

1408년 공의회 소집 결의에 따라 1409년 3월 25일부터 8월 7일까지 피사(Pisa)에서 종교회의가 열렸다.[60] 피사 공의회는 교회 분열을 해결할 목적으로 개최된 세 개의 공의회 중에서 가장 먼저 열린 회의였다.[61] "이 회의에는 추기경, 주교, 대수도회 수장, 주요 수도원장뿐만 아니라 신학박사 및 교회법 박사, 평신도 군왕 대표자들도 참석했다."[62] 피사 공의회는 공의회 개최의 타당성에 대한 결정을 먼저 내렸다.[63] "교회가 교황이 없어도 교회이며 공의회가 교황의 동의가 없이 열릴 때뿐 아니라 교황의 반대에도 불구하고 개최될 때에도 합법적이다"는 제르송과 랑겐슈타인(Henry of Langenstein, c.1325-1397)의

---

59 Newman, *A Manual of Church History*, 527-535. 피사 종교회의(1409), 콘스탄스 종교회의(1414-1418), 바젤 종교회(1431-1449)를 '개혁적 종교회의'(The Reforming Councils)라고 부른다.

60 Richard Chenevix Trench, *Lectures on Medieval Church History: Being the Substance of Lectures Delivered at Queen's College, London* (London: Macmillan and Co., 1879), 209.

61 Trench, *Lectures on Medieval Church History*, 207.

62 Walker, *A History of the Christian Church*, 307.

63 Raynaldus, *anno 1409, sec. 71*, in Thatcher & McNeal, "169. The Council of Pisa Declares it is Competent to Try the Popes. 1409." *A Source Book for Medieval History*, 327-328. 교회 분열을 종식시키기 위한 공의회 소집 문제를 놓고 과연 소집권이 누구에게 있는지에 대해 논의를 했다. 교황을 선출하는 책임을 추기경들이 갖고 있었던 것처럼 공의회 소집 역시 추기경들이 결정을 내렸다. 1409년 피사에서 만나 합법성과 권위를 다음과 같이 주장했다. "보편 교회를 대표하는 이 거룩하고 총체적인 공의회는 연합 추기경 단이 공의회를 소집할 권한을 받았으며 그러한 공의회를 소집하는 권한은 앞서 언급한 거룩한 추기경 단에 속한다는 것을 포고하고 선언한다. 혐오스러운 분열이 현재 있다. 공의회는 또한 보편 교회를 대표하는 이 거룩한 공의회가 교황좌를 주장하는 두 사람으로 하여금 피사 교회의 입구와 문에 와서 분열 문제에 대한 최종 결정이 선고되는 것을 듣거나 그러한 선고가 내려져서는 안되는 충분하고 좋은 이유를 제시하도록 선언했다."

사상을 따랐다.[64]

피사와 콘스탄스의 공의회에는 두 개의 파벌이 있었는데, 한 쪽은 교회를 즉시 개혁하고 나중에 교황을 선출하여 분열을 종식시키는 안을 지지하였고, 다른 쪽은 먼저 교황을 선출한 다음 그 교황의 리더십 하에 개혁을 진행하자는 안이었다. 후자 측이 승리했지만 선거를 진행하기 전에 각 추기경은 선출되면 철저한 교회 개혁이 이루어질 때까지 공의회를 해산하지 않겠다는 다음과 같은 맹세를 해야 했다.

> 분열을 종식하고 교회의 일치를 회복할 목적으로 피사 시에 모인 거룩한 로마 교회의 주교, 사제, 집사들인 우리 모두는 하나님과 거룩한 로마 교회와 앞서 말한 목적을 위해 지금 여기에 모인 이 거룩한 공의회에 우리의 명예를 걸고 다음과 같이 약속합니다. 우리 중 어느 누구라도 교황으로 선출된다면, 그는 현재의 공의회를 계속 유지하며 해산하지 않을 것이며, 그의 권한에 있는 한, 공의회와 그 조언을 통해 보편 교회의 머리와 구성원들에 대한 적절하고 합리적이고 충분한 개혁이 성취될 때까지 해산하는 것을 허용하지 않을 것입니다.[65]

1409년 7월과 8월에 열린 피사 공의회는 교황의 문제를 해결하기 위해 모인 종교회의였지만 문제의 두 교황은 이 회의에 참석하지도, 이 회의를 인정하지도 않았다.[66] 필립 샤프의 말대로 "피사 공의회는 서방 기독교 세계의 역사에서 새로운 획을 그었는데 그 이유는 실제로 이룬 업적 때문이라기보다는 수세기 동안 당연시되어 온 교황 절대주의 이론에 대항한 최초의 공의회였기 때문이었다."

---

64 Schaff, *History of Christian Church*, Volume VI., 106.
65 Raynaldus, *anno 1409, sec. 71.* in Thatcher & McNeal, "170. An Oath of the Cardinals to Reform the Church. Council of Pisa, 1409." *A Source Book for Medieval History*, 328.
66 Walker, *A History of the Christian Church*, 307.

> 이 신성한 공의회는 콘스탄스 공의회를 개최하고 … 다음과 같이 공표한다 … 공의회가 그리스도로부터 직접적으로 오는 힘을 가지고, 모든 사람은 그가 어떤 지위나 신분에 있든 간에, 심지어 교황이라고 하더라도 믿음이나 … 분열의 근절과 관련되고 그리고 머리와 지체로 이루어진 하나님의 교회를 개혁하는 일에 관련되는 그런 일들에서 이 공의회에 복종해야만 한다.[67]

1410년 피사 공의회는 종교회의가 교황보다 우위에 있다는 사실을 결정하고 현존하는 두 명의 교황을 폐위시키고 밀란의 감독 피터 필라게스를 합법적인 새 교황, 알렉산더 5세를 선출하였다.[68] 하지만 두 명의 교황은 공의회 자체를 인정하지 않았다.

알렉산더 5세는 영국 옥스퍼드에서 수학하고 1381년 파리대학에서 신학석사를 받았고 몇몇 곳에서 감독으로 지내다 1402년 밀란 대감독에 오른 인물이었다.[69] 그러나 기존의 두 교황이 퇴임을 거부하는 바람에 결국 세 명의 교황이 난립하는 현상이 벌어지고 말았다. 새로 교황에 오른 알렉산더 5세는 영국과 프랑스와 독일의 일부에서만 인정받는 지역적 교황이 되고 말았다. 세 명의 교황이 난립하면서 서로 상대편을 파문히는 바람에 교회는 더욱 혼란에 빠지고 말았다. 이와 같은 혼란은 1414년 콘스탄스 공의회에서 세 명의 교황을 다 폐위시키고 마르틴 5세(Martin V)를 교황으로 선출하면서 일단락되었다.

콘스탄스 공의회(1414-1418)

하지만 시간이 지나면서 해결이 될 것으로 알았던 교황의 난립은 상황을

67　Christopher Michael Denis Crowder, *Unity, Heresy and Reform, 1378–1460: The Conciliar Response to the Great Schism* (London: Palgrave Macmillan, 1977), 83. William Carl Placher, *A History of Christian Theology: An Introduction*, 기독교 신학사, 박경수 역 (일산: 크리스챤 다이제스트, 2000), 234에서 재인용

68　Walker, *A History of the Christian Church*, 308.

69　Walker, *A History of the Christian Church*, 308.

더 어렵게 만들고 말았다. 교회는 세 명의 교황의 난립으로 교황에 대한 불신이 증가했다. 누구나 여기에 대한 해결의 필요성을 공감하고 있었다. 그 결과 피사 공의회와는 견줄 수 없을 정도로 많은 사람들이 참석한 가운데 1414년 11월 5일 콘스탄스에서 회의가 열렸다. "중세 시대 가장 훌륭하고 많은 사람들이 참석한 모임이 그곳에서 회집되었다. 피사에서와 마찬가지로 추기경과 주교뿐만 아니라 신학 박사와 군왕 대표들도 참석했지만 평신도 대표들은 투표권이 없었다. 지그문트도 직접 참석했고 요한 23세도 참석했다."[70] 콘스탄스 공의회는 피사 공의회에서 선출된 알렉산더 5세의 뒤를 이은 요한 23세와 신성로마제국의 황제 지기스문트(Sigismund of Luxembourg, 1368-1437)를 비롯 유럽의 교회를 대변하는 수많은 지도자들이 참석한 가운데 성대하게 열렸다.[71]

이 회의에서 최대의 주제는 한 교황 아래 유럽의 교회들이 통일을 이루는 일이었다. 여기서 요한 23세의 비행을 폭로하는 전단들이 나돌았고, 그 교황을 지지하는 감독들의 투표권 문제가 논의되었다. 감독 단위의 투표권을 무시하고 국가 단위의 투표권을 결정했다. 상황이 자신에게 불리하게 진행되는 것을 간파한 요한 23세가 사임권고를 받고 자원하는 형식으로 사임을 하고 마르틴 5세 (Martin V)가 새 교황에 선출되었다.

윌리스톤 워커가 평했듯이 지금까지 중세의 일관된 전통이었던 교황의 우위권에 대한 "위대한 헌법 개정이 실제로 이루어진 것처럼 보였다."[72] 콘스탄스 공의회는 종교회의가 교황보다 우위에 있다는 사실을 확인했다. 콘스탄스 공의회는 1415년 다음과 같이 결정했다.

---

70 Walker, *A History of the Christian Church*, 308; Mary I. M. Bell, *A Short History of the Papacy* (New York: Dodd, Mead and Company, 1921), 238. "콘스탄스 공의회는 야심찬 프로그램을 가지고 있었다. 그 목표는 '교회의 일치를 회복하고, 교회의 머리와 지체를 개혁하며, 잘못된 교리를 제거하는 것'이었다."

71 Cowan, *Landmarks of Church History to the Reformation*, 147. 콘스탄스 공의회 개최 목적은 교회의 일치 회복, 개혁 완성, 정통 수호라는 삼중의 목적이었다.

72 Walker, *A History of the Christian Church*, 330.

콘스탄스의 이 거룩한 대회는 공의회로서 하나님을 찬미하고 현재의 분열을 종식시키며 하나님의 교회의 머리와 지체 안에서 연합과 개혁을 위하여 성령 안에서 합법적으로 모인 것이다. 하나님의 교회의 연합과 개혁을 더욱 쉽게, 더욱 확실하게, 더욱 완전하게, 더욱 온전하게 이루기 위하여 다음과 같이 선언하고 법령을 정한다. 그리고 먼저 합법적으로 소집된 이 대회는 공의회임을 선언한다. 전투적인 카톨릭교회를 대표하며 그리스도로부터 직접 권위를 받는다. 그리고 교황을 포함하여 지위와 위엄에 상관없이 모든 사람은 신앙, 이 분열의 종식, 교회의 수장과 회원들의 전반적인 개혁에 관한 문제에 있어서 이 공의회에 복종할 의무가 있다. 마찬가지로 교황을 포함하여 지위, 위엄에 상관없이 누구든지 이 거룩한 공의회나 적절하게 모인 다른 거룩한 공의회의 명령, 법령, 규례 또는 명령에 순종하기를 거부하면 다음과 같이 선언한다. 분열이 끝나고 교회가 개혁되면 그는 합당한 처벌을 받게 될 것이다. 그리고 그가 회개하지 않는다면 그는 합당한 처벌을 받을 것이다. 필요한 경우 다른 정의의 도움을 받아야 한다.[73]

콘스탄스 공의회의 개혁파는 공의회가 따라야 할 업무 질서를 고치려고 했지만 실패했다. 콘스탄스 공의회는 피사 공의회에서와 마찬가지로 교황을 먼저 선출한 다음 개혁을 추진하기로 결정했다. 개혁당의 지도자들은 개혁이 이루어지지 않을 것이 두려워 자신들이 생각하는 18개 항목에 대한 개혁안을 공의회에서 결정하도록 만드는데 성공했다.[74]

---

73   V. d. Hardt, *II*, p. 98. in Thatcher & McNeal, "171. The Council of Constance Claims Supreme Authority, 1415," *A Source Book for Medieval History*, 328-329.

74   V. d. Hardt, *IV*, p. 1452. in Thatcher & McNeal, "172. Reforms Demanded by the Council of Constance, 1417," *A Source Book for Medieval History*, 329-330. 교회 개혁과 관련된 18가지 결정 사항은 다음과 같다. "콘스탄스 공의회는 이 거룩한 공의회가 해산되기 전에 하나님의 은혜로 곧 선출될 미래의 교황이 이 거룩한 공의회 또는 각 나라에서 임명된 사람들의 도움을 받아 교회의 올바른 표준과 좋은 정부에 따라 교회의 머리와 로마 큐리아를 개혁할 것을 결의하고 선언했다. 그리고 개혁은 다음과 같은 사항에서 이루어져야 한다: 1. 추기경의 수, 성격, 국적에 관한 것. 2. 교황 유보에 관한 것. 3. 대축일과 일반 예배 및 소예배에 대한 규정. 4. 혜택과 기대의 부여에 대한 규정. 5. 교황 법정에서 재판할 수 있는 사건 결정 6. 교황

콘스탄스 공의회(The Council of Constance, 1414-1418)

1417년 10월 9일 전체 콘스탄스 공의회 39차 회의에서는 공의회가 "교회 전체를 대표하기 때문에 교황도 복종해야 하는 교회 최고의 권위"라고 결정했다. 이것을 처음 제시한 이들을 중심으로 앞으로 공의회를 정기적으로 개최할 것을 다음과 같이 제안했다. "공의회를 자주 개최하는 것은 이단, 오류, 분열의 가시덤불과 엉겅퀴를 뿌리 뽑고 남용을 개혁하며 주님의 길을 더욱 풍성하게 만들기 때문에 주님의 밭을 경작하는 좋은 방법이다. 그러나 공의회가 열리지 않으면 이 모든 악이 확산되고 번성한다. 그러므로 우리는 이 영구 칙령으로 다음과 같이 공의회를 개최할 것을 선언한다: 첫 번째 공의회는 이 공의회 폐회 후 5

법원에 대한 항소. 7. 교황청과 교도소의 사무실 규정 8. 분열 기간 동안 이루어진 면제 및 통합 규정 9. 표창에 관한 문제 규정 10. 선거 확정에 관한 사항. 11. 교회, 수도원 및 성직이 공석인 기간 동안의 수입 처분에 관한 규정. 12. 교회 재산은 양도되어서는 안된다 13. 교황이 어떤 사유로 어떻게 징계를 받고 퇴위될 수 있는지 원인과 방법을 결정한다. 14. 성직매매를 종식시키기 위한 계획을 수립해야 한다. 15. 경륜의 문제에 대한 규정 16. 교황과 추기경에 대한 규정 17. 면죄부. 18. 십일조를 평가할 때."

년 후에 개최하고, 두 번째 공의회는 첫 번째 공의회 폐회 후 7년 후에 개최하며, 그 이후에는 영원히 10년마다 열어야 한다. 각 공의회 폐막 한 달 전에 교황은 공의회의 승인과 동의를 얻어 다음 공의회 개최 장소를 정한다. 교황이 장소를 지정하지 못하면 공의회가 지정해야 한다."[75]

1417년 11월 11일 마르틴 5세가 교황에 선출되자 콘스탄스 공의회는 새로 선출된 마르틴 5세에게 종교회의의 우위성을 인정하고 종교회의의 결정에 교황이 순복할 것을 요구하였다. 이로서 과거 교황지상주의 시대와 달리 이제 종교회의가 교황에 우선되는 것으로 새롭게 수정된 것이다.

곤잘레스에 따르면 종교회의는 "유명론"에 교회론적 근거를 두고 있다. 유명론에 따르면 교회를 구성하는 사람들은 바로 교인들이기 때문에 교리적 도덕적인 모든 문제들에 관한 최종적인 권위를 가지는 사람도 공의회에 참석한 사람들이나 혹은 그들의 주교들이라고 생각했다. 이성을 강조하는 실재론에 대한 반발로 일어난 신앙과 계시의 권위를 강조하는 유명론이 카톨릭 교회에 중요한 종교회의의 신학적 토대를 제공했다는 것은 흥미 있는 일이다.

하지만 이처럼 개혁을 시도하는 콘스탄스 공의회가 종교개혁 이전의 개혁자 요한 후스(Jan Hus, c.1370-1415)와 요한 위클리프(John Wycliffe, c.1330-1384), 프라하의 제롬(Jerome of Prague, c.1365-1416)을 이단으로 정죄했다는 사실을 언급해야 할 것이다. 이것은 종교 회의가 교황보다 우위에 있다고 결정했지만 이것이 곧 성경적인 진리의 회복을 의미하는 것은 아니었다. 따라서 가톨릭의 종교회의가 온전한 개혁이 아닌 결국 반쪽의 개혁에 불과하였다는 사실을 보여주고 말았다.

---

[75] V. d. Hardt, *IV*, p. 1435. in Thatcher & McNeal, "173. Concerning General Councils. The Council of Constance, 39th Session, October 9, 1417," *A Source Book for Medieval History*, 331-332.

바젤 공의회(1431-1449)

1431년 7월 23일 세 번째 공의회 바젤 공의회가 스위스 바젤에서 열렸다.[76] 바젤 공의회(1431-1449)는 마르틴 5세의 뒤를 이은 유게니우스 4세(Pope Eugene IV, 재위 1431-1447)에 의해 소집되었다. 회의 장소는 스위스 바젤이었다. 여기서 중요한 논제는 종교회의의 권위를 실제적으로 규정하는 개혁안 상정, 요한 후스의 순교 후에 점증하는 보헤미아의 후스당과의 화해방안, 그리고 헬라교회와의 문제였다.

회의 개두부터 교황의 우월권을 주장하는 이들과 종교회의 우월권을 주장하는 이들 사이에 긴장이 감돌았다. 교황의 우월권을 주장한 교황은 돌아가는 상황이 자신에게 불리하다는 것을 간파하고 종교회의 의장 케사리니(Julian Cesarini the Elder, 1398-1444)에게 서신으로 종교회의를 정회하고 18개월 후에 다시 열 것을 명령했다. 그러나 의장은 종교회의가 교황보다 우위에 있다는 피사 공의회 결정을 따르는 사람들이 다수라는 사실을 잘 알고 있어 교황의 지시를 무시하고 회의를 계속 진행했다.

종교회의는 종교회의 권위를 높이면서 그것을 체계적으로 정립하기 위해 교황 체제에서 회의 체제로 전환하고 교회 행정의 민주화를 도입하기로 결의하였다. 그래서 매년 교구에 대회(Synod)를 도입해 교권의 남용과 성직자의 타락을 심의하도록 하는 한편 매 10년 마다 공의회(General Council)를 열어 전체 교회의 당면과제를 풀어가도록 오늘날 장로교 제도와 유사한 민주적인 교회정치를 도입하였다. 뿐만 아니라 교황의 전제권과 강제적인 징수권을 제한하고 행정의 효율성을 높이기 위해 추기경의 수를 24명으로 제한하고 어느 한 나라가 교회를 주도하는 것을 막기 위해 한 나라에 추기경의 수를 3명으로 제한하도록 결정하였다. 이와 같은 결정은 과거 교황 지상주의 시대와는 매우 다른 종교회의의 우월권을 명문화한 것으로 상당한 발전이라고 할 수 있다. 공의회 또한 성

---

76 Walker, *A History of the Christian Church*, 310-311.

직자의 독신주의, 마리아 무흠설, 교회 구내에서의 연극과 오락의 상연을 금지하는 결정을 내렸다.

이렇게 해서 바젤 공의회는 한편으로 "교황 명을 거절하고 회의가 교회보다 우월하다는 콘스탄스 성명을 재확인"하고 다른 한편으로 "콘스탄스 공의회에서 이루지 못한 행정적 도덕적 개혁"을 착수한 셈이다.[77] 여기서는 또 1433년 후스당과의 4개조 협정을 통해 그들의 입장을 어느 정도 수용하고 그들을 가톨릭 안에 유지하려는 결정을 하였다. 첫째, 성찬에 참여하는 자가 원할 때는 떡 이외에 포도주를 나누어 줄 수 있다. 둘째, 성직자의 죄는 오직 성직자의 모임에서만 판단을 받는다. 셋째, 설교할 수 있는 권한은 감독만이 부여한다. 넷째, 성직자도 재산을 소유할 수 있으나 청지기로서 사용할 것 등을 합의하는 조건으로 후스당과의 화해를 시도했다. 이로서 급증하는 후스당과의 협약을 통해 문제를 해결한 것이다. 이것은 과거 교황시장주의 시대에 물리적으로 십자군까지 동원하여 후스파들을 무참하게 살해했던 것과는 차이가 있다.

바젤 공의회는 헬라동방교회와의 일치문제를 심도 있게 논의하였다. 그것은 바젤 공의회가 진행되고 있는 동안 터키군의 위협을 느낀 헬라교회가 서방교회 바젤 공의회에 도움을 요청했기 때문에 자연스럽게 이루어졌다. 교황 유게니우스 4세와 서방종교회의로서는 헬라교회와의 화해를 이룰 수 있는 절호의 기회였다. 이미 후스 문제를 타협을 통해 해결하고 중요한 가톨릭의 교리를 재확인했고, 종교회의의 민주적인 체제를 구체화시킨 상황이어서 헬라교회와의 화해는 대부분이 공감한 부분이었다. 다만 어느 곳에서 헬라교회와 회의를 여느냐는 문제가 중요한 이슈로 부상했다. 헬라교회와의 협상을 위해 그들과 쉽게 만날 수 있는 이탈리아의 어느 도시에서 열자는 케사리니(Cesarini)파와 아비뇽에서 열자는 측 사이에 대립 속에서 케사리니 파가 교황과 이탈리아의 페라라(Ferrara)에서 회의를 열고 헬라교회와 회의를 갖는데 성공하였다. 그러나 회의 장소의 이전으로 바젤 공의회는 내부적인 분열을 맞고 말았다. 이곳에서의 16

---

77   Walker, *A History of the Christian Church*, 310-311.

차 회의를 마치고 회의 장소를 플로렌스로 옮겼다.

플로렌스 공의회(The Council of Florence, 1438-1445)는 헬라 황제 요한 6세(Ioannes VI Kantakouzenos, 1292-1383)가 콘스탄티노플의 대주교 요셉(Joseph II of Constantinople, 재위 1416-1439)과 그 외 700명의 수행원을 대동하고 참석하였다. 플로렌스 공의회는 헬라교회와 서방교회와의 연합을 이루기 위한 역사적인 회의였다.[78] 헬라교회와 서방교회는 각각 10명의 대표자들을 선임하여 전체 20명을 서로간의 교리적 차이와 일치를 연구하여 토의할 것을 결정하였는데 토의 내용은 첫째, 필리오쿠에 문제(Fillioque: 성령이 성부와 성자에게서 나오심), 둘째, 연옥 문제, 셋째, 성찬식에 누룩 없는 떡을 사용하는 문제, 넷째, 교황의 권위 문제 등 4가지 문제였다.[79] 이것은 동서방교회 사이에 가장 첨예한 견해 차를 보이는 문제들로서 이 회의에서는 동방교회가 자신들의 입장을 후퇴하고 서방교회의 입장을 받아들이되 연옥 문제에 있어서는 동방교회의 전통을 수용하는 것으로 합의를 이룬 것이다.

그래서 여기서는 동방교회가 성령이 아버지와 아들로부터 나오신다는 필리오쿠에를 교리적으로 명문화시키지 않는다는 조건 하에 수용하고 연옥 문제는 동방교회의 입장에 따라 정화를 위한 연옥의 불이 물질적인 불이 아니라 영적인 것으로 받아들였다. 성찬식에서 떡은 누룩이 있던지 없던지 가하다고 결정했다. 동방교회는 누룩이 있는 떡을 서방교회는 누룩이 없는 떡을 사용해 왔었다. 화체설은 두 교회가 그대로 받아들였다. 가장 중요한 논제는 교황권의 문제였다. 지금까지 서방교회의 교황의 권위를 받아들이지 않았던 동방교회가 서방교회의 전통을 수용한 것이다. 그래서 동방교회는 로마 교황이 "세계 교회의 지도자며 베드로의 후계자며, 그리스도의 대리자며, 전 교회의 머리요 모든 그리스도인의 아버지요 교사로서 그에게 그리스도께서 베드로를 통하여 세계 교회

---

78   Lane, 기독교인물사상사전, 209. 플로렌스 공의회 첫 회의가 1438년 1월 10일 열렸다. 플로렌스 공의회 개최연도에 대해서는 다음을 참고하라. https://www.ewtn.com/catholicism/library/ecumenical-council-of-florence-1438-1445-1461. 〈2023. 12. 09 접속〉

79   Lane, 기독교인물사상사전, 209.

를 먹이고 다스릴 권한을 주셨다"는 내용에 합의하였다.

　이와 같은 합의는 1054년 소피아 성당에서 서방교회 홈벌트(Humbert of Silva Candida, c.1000-1061)가 교황을 대신해 동방교회를 파문한 후 서로 자신의 길을 걸어온 동방교회와 서방교회가 서로의 연합을 위해 교리적인 일치를 모색하였다는 것은 매우 의미가 있는 일이었다. 또한 교회사적으로 연합을 위해서는 서로가 고백하고 동의할 수 있는 교리적 통일을 가져야 한다는 사실을 보여주는 것이다. 교회의 외형적 연합이 선행될 것이 아니라 서로의 신앙적 통일성이 전제된 교회의 연합이 이루어져야 한다는 사실을 보여준다.

　어려움 속에서 서로 합의를 도출한 후 1439년 6월 5일 서방교회 대표 115명과 동방교회 대표 33명이 합의문에 서명하고 플로렌스 대성당에서 동서방교회의 합동을 축하하는 성대한 축하 예배가 진행되었다. 동방교회는 서방교회에 편입하는 것을 받아들이는 대신 서방교회로부터 군사적 지원에 대한 약속을 받아냈다. 일종의 군사적 지원을 받아내기 위해 동방교회가 서방교회의 입장을 대체로 수용한 것이다. 동방교회와 서방교회의 진지한 대화와 연합을 위한 노력이 공적 회의를 통해 모색된 것은 참으로 의미 있는 일이었다. 제 34차 바젤 공의회는 1439년 6월 25일 교회의 평화를 어지럽히는 유게니우스 4세를 "분열자요 이단 분자"의 죄목으로 정죄하고 펠릭스 5세(Antipope Felix V, 1383-1451)를 교황으로 선출했다. 교황이 종교회의의 입장과 결정에 순종하지 않을 때 폐위시키는 전례를 남긴 것이다. 피사 공의회에서 종교회의가 교황에 우위에 있다는 전통을 종교회의에서 실제로 실행에 옮긴 것이다.

　하지만 동방교회가 회의 결과를 거부하였다. 동방황제 요한 6세가 합동합의를 가지고 귀국하자 동방교회 안에 강한 반발이 일어났다. 누룩 없는 떡을 받고 돌아온 이들을 향해 누룩 없는 떡을 먹고 온 변절자(Azymites)라며 공격의 화살을 멈추지 않았다. 예루살렘과 안디옥, 알렉산드리아 대감독들은 1443년에 예루살렘에서 모임을 갖고 플로렌스 회의를 "강도의 회의"로 단죄하는 한편 상당한 대표를 이끌고 플로렌스 회의에 참석한 콘스탄틴의 대주교를 이단으로 정죄하는 공한을 교회에 발송했다. 이와 같은 심한 공방으로 동방교회는 가장 큰 적 터키의 침략을 막는 일이 뒷전으로 밀려났다. 그 결과 공방이 어느 정도 종식될 즈음 단행된 모하메드 세력 터키군의 침략 앞에 동로마 제국은 힘없이 무너지고 말았다.[80] 십자군운동을 통해서 그래도 지켜온 콘스탄티노플이 1453년 5월 29일 회교도의 손에 넘어갔고, 동방교회는 그동안 자랑하고 있던 비잔틴 종교 문화의 중심지 콘스탄티노플을 떠나야 했다. 서방교회의 군사적 지원을 받고 콘스탄티노플을 지키려는 동방교회의 소원은 완전히 실패로 돌아갔다.

종교회의가 동서방교회를 하나로 묶지 못했고 또 실질적인 개혁운동으로 이어지지는 못했지만 그것이 중세 교회 분립과 교황권 난립을 해결하려는 개혁적 동기에서 시작되었다는 점에서 일종의 개혁운동으로 평가할 수 있을 것이다. 실제로 종교회의는 비록 외형적으로는 1409년부터 1449년까지 40년이라는 짧은 기간 동안에 진행된 것이지만 교황권의 난립으로 인한 서방교회의 분열을 봉합하는데 성공했다. 종교회의는 각 민족들 간에 민족의식을 강화시켜 주는 전기가 되었다. 콘스탄스 공의회에서 투표가 민족대표 투표형식으로 진행되었기 때문이다. 보헤미아, 프랑스, 독일 등 유럽의 중요 민족들이 공의회에서 자신들의 민족적 권리를 주장할 수 있게 되었고, 이런 민족의식은 중세 봉건주의에서 근대 국가주의 탄생을 알리는 신호탄 중의 하나로 작용했다.[81]

개혁교회 회의 이후 교황청의 타락은 좀체 해결되지 않았지만 중세개혁운동은 15세기에 접어 들어서도 계속되었다. 바로 르네상스 휴머니즘과 종교개혁 이전의 개혁자들의 개혁운동은 대표적인 사례이다. 놀랍게 확산된 중세신비주의운동, 르네상스 휴머니즘의 발흥, 그리고 진리의 횃불을 드높이 들었던 종교개혁 이전의 개혁자들은 종교개혁의 중요한 배경을 형성한다.

---

80   Cowan, *Landmarks of Church History to the Reformation*, 151.
81   Walker, *A History of the Christian Church*, 311.

제 IV 부

중세의 개혁운동, 그 사상적 역사적 배경

10장
중세 독일-네덜란드 신비주의

11장
르네상스 휴머니즘

12장
종교개혁 이전의 개혁자들

13장
교황청타락과 면죄부 판매

존 위클리프(John Wycliffe, 1324-1384)

제 10장

중세 독일- 네덜란드 신비주의

내가 하나님을 보는 눈은 하나님이 나를 보는 눈과 똑같다. 나의 눈과 하나님의 눈은 하나의 눈, 하나의 보는 눈, 하나의 아는 눈, 하나의 사랑이다.

마이스터 에크하르트 (Meister Eckhart, c.1260-1327/28)

하늘이나 땅에서 사랑보다 더 감미롭고, 더 높고, 더 강하고, 더 크고, 더 기쁘고, 더 충만하고, 더 나은 것은 없다.

토마스 아 켐피스 (Thomas a Kempis, 1379/80-1471)

중세교회가 타락의 가도를 달리고 있는 그 시대에 마치 메마른 땅에서 솟아오른 물줄기처럼 아무도 기대할 수 없는 곳에서 새롭게 경건이 분출되기 시작했다.[1] 필립 샤프의 표현을 빌린다면 "새롭게 분출된 경건"은 종교적 형식주의가 아닌 하나님을 진실되게 찾으려고 했다.[2] 이 신비주의운동은 종교개혁과 마찬가지로 독일의 토양에 기원을 두고 있었다. 하지만 종교개혁과 달리 독일과

---

1 Henry Cowan, *Landmarks of Church History to the Reformation* (New York: Anson D. F. Randolph & Co., 1896), 138-139; Philip Schaff, *History of Christian Church, Vol. VI.: The Middle Ages from Boniface VIII., 1294 to The Protestant Reformation, 1517* (Grand Rapids: Eerdmans, 1949), 180.

2 Schaff, *History of Christian Church, Volume VI.*, 180.

저지대를 벗어나지 못했다. 14세기와 15세기 중세 신비주의가 라인 강 유역에서 발흥했고,[3] 독일신비주의 운동의 거점은 스트라스부르그와 쾰른이었다. 코완이 지적한 것처럼 독일신비주의는 교황청의 아비뇽 유수 기간 동안에 주로 발흥했다. 아비뇽 유수와 서방교회의 대분열로 로마 가톨릭이 부패의 극치를 달리며 존립의 위기를 만나고 있는 그 기간에 "바젤에서 쾰른, 쾰른에서 북해에 이르는 라인 강 변에 순수한 경건주의의 물줄기가 흐르고 있었다."[4]

이 운동의 지도자는 마이스터 에크하르트(Meister Eckhart, c.1260-1327/28), 요한 타울러(Johann Tauler, c.1300-1361), 하인리히 주조(Heinrich Suso, Heinrich von Berg, 1295?-1366), 요한 로이스부르크(John van Ruysbroeck, 1293-1381), 레히트 흐로테(Gerrt Groote, 1340-1384), 토마스 아 켐피스(Thomas à Kempis, 1379/80-1471), 하나님의 친우회(Friends of God), 시에나의 카타리나(Santa Caterina da Siena, 1347-1380), 월터 힐튼(Walter Hilton, c.1340-1396), 노르위치의 줄리안(Julian of Norwich, Dame Julian, c.1342-1416), 리처드 롤(Richard Rolle of Hampole, c.1300-1349), 그리고 공동생활 형제단(the Brothers of the Common Life) 등이었다.[5]

독일신학(*German Theology*)과 그리스도를 본받아(*Imitation of Christ*)는 독일신비주의가 남긴 두 개의 기념비적 작품이다.[6] 그들은 사랑과 중생을 강

---

3   Lane, 기독교인물사상사전, 199. 중세말 신비주의 흐름은 크게 두 개의 흐름으로 대별된다. 하나는 지성적이고 사색적인 신비를 추구하는 신비주의와 예수 그리스도를 닮아가는 삶을 강조하는 현실적 신비주의로 나뉜다. 전자는 에크하르트(Meister Eckhart, c.1260-1327/28)로 대변되고 후자는 요한 타울러(Johann Tauler, c.1300-1361)와 토마스 아 켐피스(Thomas à Kempis, 1379/80-1471) 비롯한 라인란트로 알려진 신비주 학파들이다.

4   Schaff, *History of Christian Church, Volume VI.*, 179.

5   Anthony N. S. Lane, *A Concise History of Christian Thought*, 기독교인물사상사전, 박도웅, 양정호 역 (서울: 홍성사, 2007), 198. 에크하르트, 타울러, 주조로 대변되는 중세 독일신비주의자들은 모두 도미니크수도회 출신들이었다. Albert Henry Newman, *A Manual of Church History* (Philadelphia: American Baptist Publication Society, 1912), 487-490.

6   Lars Pederson Qualben, *A History of the Christian Church* (New York: Thomas Nelson and Sons, 1956), 179.

조했고 그리스도의 성육신을 영혼 안에 신성이 실현된 한 가지 유형으로 이해했다.[7] 독일 신비주의자들은 "교조적인 격언 목록을 효도와 확신에 대한 조용한 표현으로 대체했고 … 이 사람들의 경건은 신중하게 정의된 체계가 아니라 영적 교제의 상태였다. 사변적 사고의 정교한 조직이 아니라 단순한 믿음과 하나님과의 동행이었다. 논리의 과정이 아니라 헌신의 통찰이 그들의 길잡이였다."[8] 다만 이들 중세 신비주의운동은 기성교회의 사제적 제도와 교회의 전통과 권위를 부정하거나 배척하지 않으면서 영적으로 더 나은 길을 찾으려고 노력했다.[9]

이들 중세 신비주의자들은 중세 스콜라주의와 반립(反立)적이었다. 중세 대표적인 신비주의자 에크하르트와 타울러가 토마스 아퀴나스(Thomas Aquinas, 1224/25-1274)에 대한 반립이었다면, 독일신학은 둔스 스코투스(John Duns Scotus, c.1266-1308)의 끝없는 논증에 대한 반립이었고, 그리스도를 본받아는 알베르투스 마그누스(Albertus Magnus, c.1200-1280)에 대한 반립이라고 할 수 있다.[10]

필립 샤프는 14-15세기 독일신비주의운동의 중요한 특징을 다음 여섯 가지로 집약했다.[11] 첫째, 독일신비주의운동은 "성직자들뿐만 아니라 평신도들에

---

[7] Schaff, *History of Christian Church, Volume VI.*, 181. "라인 강 변의 신비주의자들은 모든 진실된 신비주의자들과 마찬가지로 영혼과 하나님과의 직접적인 연합을 추구했다. 그들은 에크하르트와 마찬가지로 신성의 바다에서 우리 자신들의 존재의 상실을 추구했고, 타울러처럼 방해받지 않는 영혼의 평화를 추구했으며, 로이스부르크처럼 신성이 불쏘시개처럼 하나님의 사랑으로 점화되어 가장 내면에 있는 우리 본성에 영향을 미치기를 갈망했다. 하나님에 대한 완전한 깨달음 이후 이러한 열망과 함께 그들은 실천적인 경향을 겸했다. 그들의 조용한 기도와 묵상이 마지막 훈련의 수행은 아니었다. 그들은 따뜻한 인간적 동정심에 감동되었고, 인간의 일상적인 추구와 수고를 거의 존경의 마음으로 바라보았다. 그들은 일상적인 일을 성실하게 감당할 때 인간이 가장 높은 종교적 체험을 실현할 수 있다는 생각에 가까웠다. 그들은 설교하고, 경건한 작품을 저술, 배포하고, 특히 자신들의 삶의 모범을 통해 내면의 삶의 비밀과 평화를 알렸다. 라인 강 하류 지역에서는 병자를 돌보는 일, 특히 젊은이들을 교육하는 학교에서도 이 운동이 두드러지게 나타났다. 이 학교들은 중세 수녀원보다 더 넓은 시야와 더 큰 동정심을 가진 사람들을 훈련시킴으로써 독일종교개혁을 준비했음을 증명했다."

[8] Schaff, *History of Christian Church, Volume VI.*, 181.
[9] Schaff, *History of Christian Church, Volume VI.*, 180.
[10] Schaff, *History of Christian Church, Volume VI.*, 181.
[11] Schaff, *History of Christian Church, Volume VI.*, 182.

게도 호소력이 있었다." 둘째, 규율을 도외시하고 대신 "교훈과 설교를 강조했다." 셋째, 구약성경보다는 신약성경을 자주 인용했고 그리스도의 말씀에 의존했다. 넷째, 성사들과 사제직을 구원의 제도로 강조하는 로마 가톨릭교회와 달리 "그리스도 자신을 영혼과 하나님 사이의 중보자"이심과 그분을 통해 만민이 구원을 받을 수 있다는 사실을 강조했다. 다섯째, "순결한 생활"이 "더 높은 신앙체험의 필수 조건임을 가르치고 복음이 가르치는 겸손을 매일의 삶 속에서 모범을 보일 것을 요구하였다." 여섯째, 독일신비주의자들이 자신들의 "설교와 논문에서 모국어" 독일어를 사용했다.

1. 마이스터 에크하르트

윌리스톤 워커가 "중요한 신비주의 대변자"[12]라고 평했던 마이스터 에크하르트(Meister Eckhart)는 독일 신비주의운동의 가장 선구적인 인물이다.[13] 그는 독일어로 저술을 남긴 최초의 신학자요, 독일신비주의 아버지였으며, 독일의 종교 사상 영역에서 새로운 길을 개척한 주인공이었다.

도미니크수도회의 중요한 지도자였던 에크하르트는 1300년에 파리대학교에 파견되어 석사와 박사 학위를 받은 후에 교수로 활동했다. 잠시 교수직을 떠나 있던 에크하르트는 1311년에 다시 파리대학교로 파송되어 교수로 사역했다. 그는 1325년에는 쾰른 대주교 비르네부르크의 하인리히(Heinrich II of Virneburg, c.1244-1332)로부터 이단으로 고소를 당했으나 친구 스트라스부르그의 니콜라우스(Nikolaus von Strasburg)에 의해 기각되었다. 1329년 3월 27일 요한 22세(Pope John XXII, 재위 1316-1334)는 에크하르트에게 적용된 혐의 중에서 15가지가 이단이고 11가지가 이단 성향이 있다고 공포했고 고

---

12 Williston Walker, *A History of the Christian Church* (New York: Charles Scribner's Sons, 1922), 280.

13 Walker, *A History of the Christian Church*, 280.

마이스터 에크하르트(Meister Eckhart, c.1260-1327/28)

소장에 실리지 않은 두 가지 혐의도 이단으로 선고했다.

이단 혐의에도 불구하고 에크하르트는 설교가로서, 신학자로서 놀라운 영향을 미쳤다. 그를 제대로 이해하기 위해서는 설교가로서 에크하르트와 신학자로서 에크하르트가 어떤 인물이었는지를 살펴볼 필요가 있다. 그는 라틴어를 사용하지 않고 독일어로 설교했고, 성경을 수시로 인용했다. 구약보다는 신약을 더 자주 인용했고 신약성경 가운데서도 "가장 많이 인용하는 구절은 중생, 그리스도의 아들 되심과 신자, 사랑을 묘사하는 성구들이다."[14] 그는 예화 사용의 달인이었고 평범한 사람들이 쉽게 이해할 수 있도록 설교했다. 다음은 그가 요한복음 6장 44절을 본문으로 한 설교이다.

> 하나님께서는 죄인을 부르셔서 그를 회심시키실 때 천 개의 하늘과 땅을 창조하실 때보다 더 많은 권능을 사용하십니다. 죄는 우리 안에 있는 하나님

---

14 Schaff, *History of Christian Church*, Volume VI., 186.

의 형상을 깨뜨리기 때문에 본성에 대한 범죄 행위입니다. 영혼에게 죄는 죽음이고, 하나님은 영혼의 참된 생명이시기 때문입니다. 사물은 자연 상태일 때만 안식할 수 있기 때문에 마음이 불안합니다. 죄는 질병이며 실명입니다. 왜냐하면 그것은 짧은 시간, 육체적 정욕의 악과 지옥의 고통이 오래 지속되는 것에 대해 눈을 멀게 하기 때문입니다. 그것은 모든 은혜를 무디게 합니다. 죄는 지옥의 감옥입니다. 사람들은 자신의 죄에서 돌이키겠다고 말합니다. 그러나 죽은 사람이 어떻게 다시 살아날 수 있습니까? 그리고 자신의 힘으로 죄에서 하나님께로 돌아서는 것은 죽은 사람이 스스로 살아나는 것보다 훨씬 더 불가능합니다. 하나님 자신이 이끌어 주셔야 합니다. "내가 너를 영원한 사랑으로 사랑했노라"고 말씀하신 것처럼 은혜는 아버지의 마음에서 끊임없이 흘러나옵니다.

자연에는 끌어당기는 세 가지가 있습니다. 이 세 가지를 그리스도께서 십자가상에서 다 가지셨습니다. 첫째는 그리스도께서 우리와 닮으셨다는 사실입니다. 새가 같은 본성의 새를 자기에게로 끌어당기는 것처럼 그리스도께서도 하늘 아버지를 당신에게로 끌어당기셔서 아버지께서 십자가의 고난을 묵상하심으로 그분의 진노를 잊게 하셨습니다. 둘째는 그리스도께서 그 자신을 비우심으로 끌어당기셨습니다. 빈 수도관이 관으로 물을 끌어들이듯이 성자께서는 자신을 비우시고 피를 흘리심으로써 아버지의 마음으로부터 모든 은혜를 자신에게로 끌어당기셨습니다. 세 번째는 태양이 그 열기로 지면의 안개를 끌어올리듯이 뜨겁게 타오르는 사랑의 열기로 그리스도께서 끌어당기는 것입니다.[15]

인간을 향한 하나님의 사랑, 스스로를 구원으로 인도할 수 없는 인간 자신의 무능력, 인간을 구원하시기 위해 낮아지신 예수 그리스도가 에크하르트의 설

---

15 Schaff, *History of Christian Church*, Volume VI., 186.

교에 아주 선명하게 드러난다. 설교가 쉽고 참신하고 독자들의 마음을 사로잡는다. 필립 샤프는 크루엘(Cruel)을 인용하여 다음과 같이 에크하르트의 설교를 높이 평가했다. "에크하르트는 결함이 있었지만 그런 결함에도 불구하고 '독일 강단이 배출한 가장 대범하고 가장 심오한 사상가'이다. 지난 모든 세기를 통틀어 독일 교회에서 그와 견줄만한 인물을 찾을 수 없을 만큼 독창적인 사고의 설교자였다."[16]

그렇다면 신학자로서 에크하르트는 어떤 모습일까? 그는 사변적인 중세 스콜라주의와 달리 실천적인 신학자였다. 그가 제롬(Jerome, c.347-419/20), 어거스틴(Augustine of Hippo, 354-430), 그레고리 대제(Pope Gregory I, 재위 590-604)를 인용했지만 그 중에서도 가장 많이 인용한 사람은 성 버나드(Bernard of Clairvaux, 1090-1153)와 디오니시우스(Pseudo-Dionysius Areopagita)였다.

"에크하르트는 지성에 도달하는 것보다는 영혼에 도달하여 영혼이 하나님과의 즉각적인 사귐을 가질 수 있도록 하려는 열망으로 가득 찼다. 그에게 형이상학적 기교를 발휘하는 무기는 전혀 보이지 않았다. 그는 알려진 자신의 한 저서에서 … 사변적인 먼 주제들을 논의 영역으로 끌어오려는 경향을 선혀 보이지 않았다. 다만 하나님과 그분과의 영혼의 관계가 그의 중심 주제였다."[17]

그에게 하나님은 절대존재이시고, 하나님은 형상을 지니시되 형상이 없으시고, 존재이시되 존재가 없으신 분이다. '성부 안에 모든 피조물들의 형상이 있다'고 이해했다. "영혼은 하나님께로 돌아가기 전에는 안식할 수 없으며 그렇게 하려면 먼저 자신에 대해 죽어야 한다. 다시 말해서 하나님께 완전히 복종시켜야 한다."[18] 그는 영혼의 존엄성을 강조했고, "이 존엄성은 하나님의 사랑과 중생 사역에서 나온다"고 이해했다.[19]

---

16 Schaff, *History of Christian Church, Volume VI.*, 187.
17 Schaff, *History of Christian Church, Volume VI.*, 187.
18 Schaff, *History of Christian Church, Volume VI.*, 188.
19 Schaff, *History of Christian Church, Volume VI.*, 188.

에크하르트에 따르면 예수 그리스도가 인간이 신성에 참여하도록 하시기 위해 인성을 취하셨다. 그는 니사의 그레고리(Gregory of Nazianzus, c.330-c.389)를 인용하여 하나님이 인간이 되신 것은 우리가 하나님이 되게 하시기 위함이라고 주장했다. 그에게 "인간이 하나님이 되는 것은 하나님께서 인간이 되셨던 것만큼이나 참되다."[20] "우리 안에 계신 그리스도가 곧 우리 안에 계신 하나님"[21]이라는 사상이 그의 중심 주제였다. 이 하나님을 알고자 하는 사람은 먼저 자기 자신을 알아야 한다. 그리고 "우리가 하나님의 본성 깊은 곳에 도달하려면 우리 자신을 낮춰야 한다."[22]

에크하르트는 성경의 중요성을 환기시켜주었고, 제도적이고 형식적인 중세 로마가톨릭과 달리 개인적이고 인격적인 신앙을 강조했으며, "사제직의 권위와 의식적 율법주의에서 벗어나" 하나님과의 신비적 연합을 강조했다. 오토 플라이더러에 따르면 에크하르트의 사상이 "종교개혁의 정신이자 루터의 정신으로서 우리는 루터의 날개짓을 이미 그의 선조 독일인의 사상에서 뚜렷하게 감지하게 된다."[23] 에크하르트는 중세교회에 반기를 들었고 성경에서 진리를 뽑아내려고 했으며 중세 제도적이고 형식적인 권위와 달리 인격적인 신앙을 강조했다. 로마 가톨릭의 시각에서 볼 때 분명 그는 이단이었다. 그는 믿음을 하늘이 내린 선물로 이해했다. 그의 가장 유명한 제자는 요한 타울러(John Tauler)이다.[24]

비록 에크하르트가 종교개혁 이전에 종교개혁의 길을 닦았던 인물이지만 루터가 발견한 믿음으로 말미암아 의롭다 함을 받는다는 칭의론에는 이르지 못하였다. 오히려 그는 고해제도를 강조하였다. 바로 여기서 우리는 중세신비주의의 한계를 발견한다.

---

20   Schaff, *History of Christian Church, Volume VI.*, 188.
21   Schaff, *History of Christian Church, Volume VI.*, 191.
22   Schaff, *History of Christian Church, Volume VI.*, 191.
23   Schaff, *History of Christian Church, Volume VI.*, 191-192.
24   Walker, *A History of the Christian Church*, 280.

2. 요한 타울러

요한 타울러는 중세 독일-네덜란드 신비주의운동에서 중요한 위치를 차지한다. "에크하르트의 영향은 그의 제자들, 특히 타울러를 통해 더욱 널리 계승되었다."[25] 에크하르트를 존경한 요한 타울러는 1300년경에 스트라스부르그에서 태어나 1361년 그곳에서 세상을 떠났다. 타울러는 그리스도와의 직접 합일을 강조하고 그리스도의 덕목 그 중에서도 특별히 인내와 온유와 겸손을 강조하고 실천한 신비주의자였다. 그는 1315년에 도미니크수도회에 가입했다. 쾰른에서 3년 동안 교육을 받은 것 외에 특별히 석사와 박사학위를 마친 것에 대한 기록은 찾을 수 없다. 그의 중심 활동무대는 스트라스부르그였다.

"영국에서 '흑사병'으로 널리 알려진 페스트는 1348-1349년 만연되어 유럽의 인구를 황폐화시켰다. 타울러는 이 고통스러운 시대에 영향력 있는 설교자로 활동했고 그 이후로 그의 설교는 더 널리 읽혔다. 그의 설교에는 루터의 존경을 불러일으킨 많은 '복음주의적' 사상이 담겨 있어 종종 타울러가 개신교 이전의 개신교도라고 불리기도 한다. 타울러는 종교에서 내면적이고 본질적인 것을 상조한 반면 외석인 의식과 숙은 행위에 의손하는 것을 상노 높게 비판했다."[26]

타울러는 중세의 명설교자로 중세 어느 설교자보다도 개신교 교회에서 널리 읽혀졌다. 그의 설교는 독일어로 행해졌고 알레고리나 공상의 요소는 거의 찾을 수 없었다. 사변이나 학식을 강조하거나 독창성을 과시하려는 욕심도 없었다. 하나님과의 합일은 타울러가 가장 강조한 부분이다. 필립 샤프의 지적대로 "사람들에게 자신을 전적으로 하나님께 복종하도록 촉구하고 매일의 행동에서 하나님과의 연합에 대한 모범을 실천하게 하는 것이 타울러의 사명이었다."[27] 타울러는 신비주의자들 중에서 성령의 역사에 대해서 가장 민감하고 분명하게

---

25 Lane, 기독교인물사상사전, 198.
26 Walker, *A History of the Christian Church*, 280.
27 Schaff, *History of Christian Church*, Volume VI., 194.

요한 타울러(Johann Tauler, c.1300-1361)

이해했다.[28] "그는 죄를 책망하시고 마음 속에 역사하셔서 자기 복종에 이르게 하시도록 우리를 계몽하시고 거룩하게 하시는 성령의 사역을 강조했다. 그는 성령에 의한 변화를 케르(Kehr) 곧 회심이라고 불렀는데, 그는 이를 지속적으로 강조했다. 그의 설교에서 자주 등장하는 이 단어는 중세 설교 어휘로는 거의 새

---

28 요한 타울러, 요한복음 20장 19절 설교, Lane, 기독교인물사상사전, 200에서 재인용. 타울러는 요한복음 설교에서 주님이 3가지 방법으로 사도 요한을 인도하셨다고 말하며 우리도 이를 본받아야 한다고 주장한다. 첫째, 겉사람을 벗어 버리고 속사람이 되는 것. 둘째, 지속적이고 진실한 마음으로 주님의 마음을 관상함으로 주님의 지극히 아름다움을 닮아가는 것. 셋째, 사도 요한에게 성령이 임하심으로 하늘문이 열린 것처럼 어떤 사람에게는 급격한 회심과 함께 일어나지만 어떤 사람에게는 점진적으로 일어나는 성령의 역사가 필요하다는 것이다.

로운 단어였다."²⁹ 이 점에서 타울러는 성령을 강조한 스타우비츠(Johann von Staupitz, c.1468/69-1524)와 통하는 데가 있었다. 타울러는 스승 에크하르트처럼 "인간이 자신의 힘으로는 하나님께 나아갈 수 없다."³⁰고 이해했다.

타울러는 다른 사람을 비판하는 것이 마귀에게 속한 것이라고 강조한다. "나는 차라리 피가 나도록 내 혀를 깨물지언정 어떤 다른 사람을 정죄하지 않겠습니다. 정죄는 하나님께 맡겨야 합니다. 이웃을 정죄하는 자리에 앉아 버릇하는 데서 자만과 교만이 자라기 때문입니다. 그것은 마귀에게 속한 것입니다."³¹ 타울러는 신학적으로 바른 입장에 서 있었던 인물로 "이단의 분위기와는 가장 거리가 먼 사람이었다."³² 그는 종교개혁자들 특히 루터에게 깊은 영향을 미쳤다. 루터는 1516년 랑게와 슈팔라틴에게 보낸 편지에서 "라틴어나 독일어나 타울러만큼 더 건전한 신학 혹은 더 복음에 부합한 신학을 진술한 사람을 발견하지 못했다."³³고 밝혔다.

3. 하인리히 주조, 하나님의 친우회, 로이스부르크의 요한

중세 독일신비주의운동의 또 다른 중요한 특징을 하인리히 주조, 하나님의 친우회, 그리고 로이스부르크의 요한에게서 찾을 수 있다. 주조(Heinrich Suso)는 콘스탄스 도미니크 수도원에서 1324년부터 1328년까지 4년 동안 에크하르트의 제자였다.³⁴ 널리 영향을 금욕주의자³⁵ 주조는 "대단히 높은 정서를

---

29 Schaff, *History of Christian Church, Volume VI.*, 194.
30 Schaff, *History of Christian Church, Volume VI.*, 194.
31 Schaff, *History of Christian Church, Volume VI.*, 195.
32 Schaff, *History of Christian Church, Volume VI.*, 195.
33 Richard Chenevix Trench, *Lectures on Medieval Church History: Being the Substance of Lectures Delivered at Queen's College, London* (London: Macmillan and Co., 1879), 367; Schaff, *History of Christian Church, Volume VI.*, 195.
34 Walker, 기독교회사, 295.
35 Walker, *A History of the Christian Church*, 281.

소유한 인물로서 한편으로는 히스테리적인 환상가로, 다른 한편으로는 가장 완성도 높은 독일 신비주의 작품의 저자로 여겨졌다."[36] 그는 스위스 콘스탄스에서 귀족 가정에 태어나 13세에 콘스탄스 도미니크 수도원에 들어갔고 18세부터 과도한 금욕생활을 시작했으며, 28세에 쾰른대학교에서 그 후에 스트라스부르그대학교에서 공부했다. 주조는 디제호벤에서 1339-1346년까지 수도원장으로, 생애 마지막 18년 동안은 울름의 도미니크 수도원에서 지내다 1366년 1월 25일 세상을 떠났다.

주조는 스스로에게 육체적 고통을 가하는 삶을 살았다. "그는 헤어셔츠와 쇠사슬을 착용했다. 피를 많이 흘려 쇠사슬을 버릴 수밖에 없었지만, 쇠사슬이 있는 헤어셔츠 대신 150개의 날카로운 압정이 박힌 속옷을 입었다. 그는 이것을 밤낮으로 입었고 그 끝은 몸 안쪽으로 향했다. 그는 종종 말벌 통에 누워있는 것 같은 인상을 받았다고 말했다."[37] 그는 22년간 극도의 규율을 준수하는 금욕적 삶으로 인해 건강을 잃었다. 건강 문제로 40세에 금욕생활을 단념해야 할 때까지 그는 육체적 고통을 견디는 것이 진정한 경건의 길이라고 착각했다. 주조의 경건은 독일인들이 고통의 신비주의라고 부른 그런 유형의 신비주의였다. 필립 샤프가 지적한 대로 "스스로에게 고통을 가하는 그의 방법"은 분명 "잘못된 것이었다."[38]

주조에게 가장 중요한 중심 주제는 영혼과 그리스도의 합일이다. 그가 볼 때 "그리스도께서 세상에 오신 것은 이제 우리가 영생을 얻게 하시고 풍성한 삶을 누리도록 하시며, 우리 안에 그의 기쁨이 거하여 우리의 기쁨이 충만하게 하려 하심이다."[39] 그는 그리스도께서 영혼에 관해 다음과 같이 말씀하셨다고 말한다. "거룩한 내밀의 골방과 자아 분리의 삶(abgeschiedenes Leben)에서 나 자신을 발견하고 나의 감미로움을 누리고자 하는 영혼은 먼저 악으로부터 자신

---

36 Schaff, *History of Christian Church*, Volume VI., 196.
37 Schaff, *History of Christian Church*, Volume VI., 197.
38 Schaff, *History of Christian Church*, Volume VI., 201.
39 Schaff, *History of Christian Church*, Volume VI., 200.

을 정결케 하고 미덕으로 치장해야 하며, 열정적인 붉은 장미와 온유한 순종의 아름다운 제비꽃으로 치장해야 하고 순결의 흰 백합으로 장식해야 한다."[40]

스스로에게 고통을 가하는 그 방법은 루터가 처음 성 어거스틴 수도원에서 실천하려고 했던 방식이었다. 루터는 과거 주조의 방식으로 스스로에게 그런 고통을 가하는 것을 그리스도와의 합일의 길이라고 착각했던 것이다. 주조가 추구한 자기 고통의 방식은 인간이 그리스도의 값없이 주시는 은혜로 구원을 받아 그리스도와 진정한 관계를 회복하고, 그리스도에게 접붙임을 받은 자들이 누리는 자녀됨의 축복 그리고 믿는 자들에게 임하시는 성령의 권능을 통한 세상의 죄악과의 투쟁과 전혀 다른 방법이다.

하나님의 친우회(the Friends of God)는 중세 신비주의, 특별히 독일신비주의운동을 이해하는데 매우 중요하다.[41] 베인톤은 하나님의 친우회가 "신비주의 성향을 띤 사람들의 느슨한 단체"였다고 평했지만 이들은 전혀 느슨하지 않았다.[42] 하나님의 친우회라는 이름이 에크하르트, 타울러, 주조를 비롯한 14세기 저자들의 글에 자주 등장하는 것을 볼 때 다른 신비주의 지도자들에게 미친 영향이 컸다.

하나님의 친우회의 명칭은 요한복음 15장 15절 '이제부터 너희를 종이라 하지 아니 하리니 … 너희를 친구라 하였노니'에서 유래했다. 이들은 이단에도 동조하지 않았고 기성교회와 규율에서 이탈하지도 않았다. 한 때 이들을 왈도파와 연결시켜 해석하려는 경향이 있었다. 그러나 이들은 바젤에서 스트라스부르그 그리고 네덜란드에 이르는 라인 강 유역에 흩어져 살고 있는 경건한 사람들로 "일반적인 교회예배로는 만족할 수 없는 영적갈망을 느낀 평신도들과 사제들을 가리킨다."[43] 그들은 조직을 갖추고 있지 않았지만 "성경공부에 열중했고

40　Schaff, *History of Christian Church, Volume VI.*, 201.

41　Walker, *A History of the Christian Church*, 281.

42　Roland Herbert Bainton, *Christendom: A Short History of Christianity and Its Impact on Western Civilization*, 기독교의 역사, 이길상 역 (일산: 크리스찬다이제스트, 1997), 257.

43　Schaff, *History of Christian Church, Volume VI.*, 202.

하나님과 친밀한 인격적 관계를 추구했다. 그들은 경건한 삶을 강조했으며 거룩한 생활을 전파하는데 전념했다."[44]

> 하나님의 친우회는 자신들을 그리스도인의 삶의 비밀을 소유하고 있고, 세상의 소금이요 다른 사람들을 가르치는 자들이라고 여겼다.[45]

하나님의 친우회의 지도자들로는 뇌르틀링겐의 하인리히(Heinrich of Nordlingen, -c.1351), 뢰벤의 니콜라우스(Nikolaus von Lowenstein, -c.1339), 룰만 메르스빈(Rulman Merswin, c.1307-1382), 그리고 오버란트에서 온 하나님의 위대한 벗(The Friend of God from the Oberland) 등이 있다.[46] 이들이 남긴 저술들에는 당시의 시대적 상황 속에서 영적인 순결을 지켜가고 이를 독려하는 내용들이 담겨 있다.[47]

로이스부르크의 요한은 중세 독일신비주의운동을 이해하는데 중요한 또 한명의 지도자였다.[48] 그가 이 운동에서 중요한 역할을 한 것은 하나님의 친우회와 정신적 유대 관계를 가지면서도 별도로 활동한 데다 하나님의 친우회와 공동

---

44 Schaff, *History of Christian Church, Volume VI.*, 202.
45 Schaff, *History of Christian Church, Volume VI.*, 202.
46 Schaff, *History of Christian Church, Volume VI.*, 202.
47 Schaff, *History of Christian Church, Volume VI.*, 203-204. 대표적인 것이 메르스빈의 깃발의 책과 아홉개의 바위에 관한 책이 그것이다. 깃발의 책은 사탄의 우두머리로 알려진 '루시퍼의 깃발에서 도망쳐 나와 그리스도의 선홍빛 깃발 아래 모이라고 권고하는 내용'이고, 1352년 출간된 아홉 개의 바위에 관한 책은 물고기 비유를 통해 '인간 영혼들이 하나님을 떠나 세상으로 내려갔다가 다시 하나님께로 돌아오는 여정을 묘사하고 있다.' 당시의 시대적 상황을 반영하는 내용도 있는데 예를 들면 '선정적인 옷차림과 행동으로 남자들을 도덕적으로 탈선하여 죄에 빠지게 만드는 여성들이 처한 상황'도 등장한다. 이들은 자신들을 비유로 묘사하는 내용도 있다. "하나님을 경외하는 것 외에는 아무 소원도 없고 지옥이나 연옥 원수나 사망이나 생명을 두려워하지 않는다" 필립 샤프가 지적한 대로 "상징체계가 조야하고 성경을 직접 인용하지도 않는다. 하지만 성경에 토대를 둔 이미지 체계는 풍성하여서 헤르마스가 사용한 알레고리처럼 복음의 원리들을 특정 계층 사람들이 잘 알아들을 수 있는 방식으로 제시한다."
48 브뤼셀 근처에서 태어난 로이스부르크의 요한은 성 굴다교회의 주교대리가 되었고, 그 후 어거스틴수도회 소속 그리넨달 수도원 원장으로 재직하면서 대다수의 시간을 명상으로 보냈다. 그는 환상을 보았고 자신이 계시의 주체라고 믿기 시작했다.

생활 형제단(Brethren of the Common Life) 둘을 연결하는 연결고리 역할을 했기 때문이다. 필립 샤프에 따르면 로이스부르크의 요한은 자신의 저서 영적 결혼의 단장을 스트라스부르그에 있는 하나님의 친우회에 보냈고, 공동생활 형제단의 창설자 흐로테와 타울러가 그를 방문했고 에크하르트의 저서도 잘 알고 있었다.[49]

로이스부르크의 요한은 자신의 영적 결혼이라는 책에서 사색의 단계를 적극적 단계, 내면의 생활, 사색의 단계 셋으로 구분하였다. 적극적 단계에서는 '영혼이 기독교적 덕목들을 받아들이고 실천하면서 죄와 싸우고 그로써 신랑을 맞으러 나아가는' 단계이다. 내면의 생활 단계는 '영혼이 외부의 관계들과 창조된 형식들을 탈피하여 하나님의 영원한 사랑을 명상하는' 단계이다. 사색적 단계는 '영혼이 모든 자연적 지성을 초월하는 순결과 광채로 들어가는' 단계로서 이단계는 '독특한 단장이요 천상의 면류관'이라고 말한다. 이 단계에 들어가는 사람은 '극히 드물다'고 말한다.

4. 공동생활 형제단: 레히트 흐로테, 프로렌티우스 라데빈

중세 말엽 독일신비주의운동을 이해하는 또 하나의 중요한 열쇠는 14세기 후반 레히트 흐로테와 라데빈(Florentius Radewyn, c.1350-1400)이 중심이 된 공동생활 형제단이다. "형제단에는 수도원의 수도사 서약 같은 것은 없었다."[50] 네덜란드에서 유래한 이 신비주의운동은 라인 강 유역을 따라 확산되어 독일 중부까지 널리 영향을 미쳤다. 이들의 핵심 사상은 그리스도의 행위를 본받는 것과 하나님과의 합일이다. 흐로테는 데벤테르에서 출생하여 파리대학을 졸업하고 쾰른대학교에서 교수가 되었다. 평신도였던 흐로테는 회심을 경험하

49　Schaff, *History of Christian Church, Volume VI.*, 204.
50　Walker, *A History of the Christian Church*, 282.

고 40세에 설교를 시작했다. 그는 평신도 설교자였지만 그의 설교를 듣기 위해 데벤테르와 츠볼레, 라이덴 그리고 저지대의 주요 도시에서 사람들이 몰려들었다. 프란체스코회는 위트레흐트 주교를 압박해서 사제 서품을 받지 못한 평신도가 설교하는 것을 금하는 금지령을 내렸다. 공동생활 형제단을 대변하는 흐로테는 크게 네 가지 사역들에 집중했다.

첫째는 구제 사역이다. 그의 사역은 구제를 실천하면서 설교했기 때문에 실천력이 있었고 때문에 호소력이 대단했다. 그는 부친으로부터 물려 받은 데벤테르 집을 과부들과 미혼 여성들의 거처로 내놓았다.

둘째, 학교 설립과 교육 실천이다. 공동생활 형제단이 운영한 학교는 성직자들을 훈련하는 목적으로 설립된 학교들이 많았다. 젊은이들에게 지적 도전을 주었고, 영적 지적 수준을 높여주는 중요한 역할을 감당했다. "젊은이들의 지적, 도덕적 훈련에 그토록 많은 관심을 기울인 예가 이전에는 일찍이 없었다. 형제회는 학교들을 신설했을 뿐 아니라 이미 설립된 학교들에 가서도 가르쳤다."[51]

셋째, 자국어로 행한 설교와 공동체 내부 회원들에게 행한 성경강해(collations)이다. 흐로테는 성경으로 돌아가 성경을 설교하고 성경을 강해하는 일을 했다. 토마스 아 켐피스는 이와 관련하여 이렇게 회고했다. "흐로테는 학생들에게 성경을 자주 강해하여 성경의 권위를 각인시키고 성인들의 말을 부지런히 기록하도록 독려했다. 또한 찬송을 정확하게 부르고, 교회에 열심히 출석

---

51 Schaff, *History of Christian Church*, Volume VI., 210. "공동생활 형제회에 소속된 교사들의 긴 목록이 오늘날까지 남아 있다. 헤르조겐부쉬에 있던 그들의 학교는 한 때 학생수가 1200명에 달했으며 초창기인 1424년에 헬라어 과정을 두었다. 리에주에 세워진 학교는 1524년에 학생수가 1600명이었다. 데벤테르의 학교는 역사상 유명한 문법학교들 가운데 한 자리를 차지하며 쿠사의 니콜라우스(Nicholas of Cusa, Nicolai Kusansky, 1401-1464), 토마스 아 켐피스, 베셀 한스포르트(Wessel Harmensz Gansfort, Johan Wessel, 1419-1489), 에라스무스(Desiderius Erasmus Roterodamus, c.1469-1536) 같은 인물들을 배출했다. 에라스무스는 1474년에 그 학교에 입학하여 신티스라는 스승에게 헬라어를 배웠다. 모국어를 주요 교육 매체로 삼은 이 학교들은 현대 독일 북서부과 저지 문학의 아버지들인 사람들을 배출했으며 다가오고 있던 종교개혁을 위한 토양을 마련했다."

하고, 하나님의 사역자들을 존경하고, 자주 기도하도록 가르쳤다."[52] 호로테가 집중한 것은 사변적인 신학이 아니라 그리스도의 인격과 생애였다. 그는 이런 말을 남겼다. "그대의 연구의 뿌리와 삶의 거울이 무엇보다도 복음이 되어야 한다. 왜냐하면 거기에는 그리스도의 삶이 묘사되어 있기 때문이다."[53]

넷째, 성경과 고전 필사에 집중했다. 그는 책을 무척이나 좋아해서 성경, 고전작품, 교부들의 저서 등 수많은 책들을 필사해서 자신의 도서관에 비치하였다. 토마스 아 켐피스도 그의 밑에서 일한 숙련된 필경사 중의 한명이었다.[54]

공동생활 형제단은 중세 말엽 교회가 타락의 가도를 달리고 있을 때 한줄기 빛이었다. 공동생활 형제단 가운데 상당수 사람들이 종교개혁이 일어났을 때 종교개혁에 가담했다. 루터는 공동생활 형제단을 높이 평가했고, 그들의 작품을 자주 인용하였다. 루터의 작품에 중세 신비주의자들과 그들의 작품들이 자주 등장한다.

5. 토마스 아 켐피스와 '그리스도를 본 받아'

독일-네덜란드 신비주의가 기독교계에 준 가장 위대한 선물 중 하나는 토마스 아 켐피스의 그리스도를 본받아이다. 윌리스톤 워커가 "이 단순하고 신비적이고 교회적인 경건의 가장 고상한 산물"[55]이라고 평했던 이 작품은 어거스틴의 고백록과 존 번연의 천로역정과 함께 가장 널리 읽혀지는 고전이다. 그 중에서도 토마스 아 켐피스의 그리스도를 본받아는 가장 많이 읽혀지는 고전이다. 이 책은 성경 다음으로 많이 읽혀진 책이고 지금까지 경건서적으로 만인의 추천을 받고 있는 책이다. 로마 가톨릭, 개신교 할 것 없이 이 책을 환영하였다. 영국 수

---

52 Schaff, *History of Christian Church, Volume VI.*, 210.
53 Schaff, *History of Christian Church, Volume VI.*, 210.
54 Schaff, *History of Christian Church, Volume VI.*, 209-210.
55 Walker, *A History of the Christian Church*, 282.

상 그래드스톤(Gladstone)은 이 책을 가리켜 "만대를 위한 황금책"이라고 평가했다. 본래 라틴어로 기록된 이 책은 20세기 초까지 독일어(1434), 프랑스어(1447), 이탈리아어(1488), 영어(1502), 스페인어(1536), 아랍어(1663)를 비롯하여 무려 2천종이 발간되었다. 15세기에 발행한 판본들만도 50종이 넘었다. 이 책 전체를 관통하는 중심주제는 '자기 부인'이다.

아 켐피스는 캄펜에서 태어나 네덜란드의 츠볼레에서 세상을 떠났다. 1395년 토마스는 플로렌티우스 라데빈과 공동생활 형제회가 운영하는 데벤테르의 학교에 입학했고,[56] 츠볼레 근처의 어거스틴수도회 소속 성 아그네스수도원에 들어가 1413년 사제, 1429년 부수도원장이 되었다. 그는 그리스도를 본받아에서 하나님의 사랑의 중요성을 이렇게 기술했다. "설사 당신이 성서 전체를 가슴으로 알고 모든 철학자들의 말들을 안다고 할지라도 하나님의 사랑과 은혜 없이 무엇이 당신에게 유익하겠는가? 실로 하나님을 섬기는 비천한 농사꾼이 별의 행로에 대해 연구하는 일을 하면서도 자기 자신에 대해서는 간과하는 거만한 철학자보다 더 낫다."[57] 그의 글은 우리를 겸손하게 만들고 우리의 느슨한 옷깃을 여미게 만든다. 토마스 아 켐피스는 이 책에서 다음과 같이 호소한다.[58]

1. 그리스도를 본받아, 1:11.

만일 그대가 겸손하지 않아 삼위일체 하나님을 기쁘게 하지 않는다면 삼위일체에 대해 배운 말들로 그 신비를 논하는 것이 그대에게 무슨 유익이 있겠습니까? 지식으로 배운 언사가 사람을 거룩하고 의롭게 만드는 것이 아니라 선을 행하는 삶이 하나님 마음에 드는 사람을 만드는 것입니다. 나는 참회를 정의 내리기 보다 오히려 참회의 마음을 갖기를 원합니다. 비록 그대가 성경 전체와 모

---

56 Lane, 기독교인물사상사전, 210.
57 Thomas A Kempis, *The Imitation of Christ*, I. 3 and 2.1; William Carl Placher, *A History of Christian Theology: An Introduction*, 기독교 신학사, 박경수 역 (일산: 크리스찬다이제스트, 2000), 239.
58 Lane, 기독교인물사상사전, 212-213.

든 학문적인 해석들을 알고 있다 한들, 하나님의 사랑과 은혜가 없다면 그대에게 모슨 유익이 되겠습니까?

2. 그리스도를 본받아, 1:16.

사람들이 어떤 실수와 나약함을 보인다 해도 그들을 인내하려고 노력하십시오. 그대 또한 남들이 참아 주어야 할 잘못이 많은 사람이기 때문입니다.

3. 그리스도를 본받아, 2:11.

예수님에게는 자신의 천상의 나라를 사랑하는 사람은 많이 있지만 그의 십자가를 지는 사람은 매우 적습니다. 예수님의 위로 받기를 원하는 사람은 많으나 고난의 길을 함께 얻고자 하는 사람은 많지 않습니다 … 모든 이들이 예수님과 함께 기뻐하기를 바라지만 그를 위해 고난 당할 준비가 된 사람은 많지 않습니다.

4. 그리스도를 본받아, 3:16.

만일 그대가 무절제하게 이 세계에 속한 것들을 탐낸다면 영원한 천국의 복들을 잃어버리게 될 것입니다. 잠시 선물로 주신 것들을 사용하되 영원한 것들에 마음을 두십시오.

지기 '성철과 겸손과 사랑의 실천의 중요성을 너무노 살 함축하고 실제로 읽는 자들에게 깊은 도전을 주고 있다. 하지만 그리스도를 본받아는 분별력이 요구되는 책이다. 이 책은 겸손과 복종과 온유 같은 소극적인 덕목들을 권장하지만 이웃과 사회 공동체와 국가와 세계를 향한 사회적 책임에 대한 기록은 거의 찾을 수 없다. 결국 토마스 아 켐피스가 강조한 신앙의 덕목은 내향화, 개인주의 신앙, 하나님과 나와의 신비적 연합이 주를 이룬다. 세상에 살면서 세상의 빛과 세상의 소금으로 사회적 책임을 감당하며 이 죄악된 세상을 전투적으로 맞서며 사회변혁의 주역으로 살아가도록 능동적인 도전을 주는 데는 실패했다. 물론 그가 살았던 그 시대가 사회적 책임을 요구하는 근대사회가 아니었다고 말할지 모르지만 구제와 나눔과 이웃에 대한 사랑의 실천은 보편적인 사명으로 인식되었고 그리고 기독교 역사 속에서 언제나 실천해온 가치였다.

게다가 토마스 아 켐피스는 중세 로마 가톨릭 신학에 깊이 젖어 있었고 그

토마스 아 켐피스(Thomas à Kempis, 1379/80-1471)

같은 사상이 그리스도를 본받아에 깊게 반영되었다.[59] 그리스도를 본받아에는 선행의 공로와 화체설(IV.2) 연옥교리(IV.9) 성인숭배(I.13; II.9; II.6, 59)가 소개되고[60] 특별히 마리아 숭배 사상이 강하게 등장한다. 마리아를 하늘의 여왕, 중보자 하나님의 방, 천국의 문, 은혜의 샘, 생명의 등불, 고아들의 어머니라고 예찬한다. 이처럼 이 책에는 전형적인 마리아 숭배 사상이 그대로 담겨져 있다.[61]

14세기 독일-네덜란드 신비주의자들이 활동하던 시대 영국에서도 경건주의자들이 활동했다. 리처드 롤의 독신 수녀들을 위한 안내(1349), 라틴어 생활의 교정(The Emendation of Life)과 사랑의 열정(The Fervor of Love)과 영어

---

59 Lane, 기독교인물사상사전, 211. 이 책은 처음에 익명으로 출판되어 저자에 대한 추측이 난무했으나 토마스 아 켐피스가 원저로 인정을 받고 있다.
60 Schaff, *History of Christian Church, Volume VI.*, 214.
61 Schaff, *History of Christian Church, Volume VI.*, 215.

번역본, 노르위치의 줄리안, 월터 힐튼은 대표적인 지도자들이었다.

중세 신비주의 평가

중세연구에서 독일신비주의를 빼놓을 수 없는 가장 의미심장한 것은 이들 신비주의자들이 "살고 활동하던 토양, 그들의 경건이 깊이 뿌리를 내린 토양 위에 종교개혁이 일어났다"[62]는 사실이다. 독일신비주의자들이 설교를 모국어 독일어로 하고 모국어로 논문도 작성한 것은 훗날 종교개혁자 마르틴 루터에게 너무도 큰 영향을 미쳤다.[63] 루터는 독일신학 2판 서문에서 "나나 그들이나 라틴어와 히브리어로 하나님을 발견하지 못하였지만 나는 독일어로 나의 하나님을 듣고 나의 하나님을 발견하게 된 것에 대해 하나님께 감사드린다"[64]고 밝혔다. 이것은 한국에 파송된 선교사들이 한국인들이 언문이라고 사장된 자국어 한글을 민중의 언어로 끌어 올려 한국의 근대문명의 찬란한 빛을 보게 한 것과 너무도 유사하다.

이들 중세 신비주의자들은 중세 교조주의적 스콜라주의를 넘어 하나님과의 기록된 교통과 경건을 통해 다가올 새로운 시대를 예비하는 역할을 한 것이다. 그런 의미에서 14세기와 15세기 신비주의자들은 "16세기 복음주의운동의 선구자들"[65]이었다. 그러나 문제가 없지 않았다. 이들 독일 신비주의자들은 자신들의 내면에 말씀하시는 하나님의 음성을 들으려고 한 나머지 지나친 주관주의로 빠지거나 "과도한 상상의 상태를 하나님의 계시로 착각하는 위험"[66]이 있었다.

---

62 Schaff, *History of Christian Church, Volume VI*., 182.
63 Schaff, *History of Christian Church, Volume VI*., 182; Newman, *A Manual of Church History*, 486. 성경이라는 완성된 "기록된 말씀보다 자신들의 환상을 더 고양시켰다."
64 Schaff, *History of Christian Church, Volume VI*., 183.
65 Schaff, *History of Christian Church, Volume VI*., 183.
66 Schaff, *History of Christian Church, Volume VI*., 182.

제 11장

르네상스 휴머니즘

> 그러나 단테의 변함없는 장점은 하나님의 거룩하심과 사랑에 대한 감동적인 묘사이다. 의지의 왜곡인 죄는 내세에도 계속되는 죄와 고통으로 형벌을 받는다. 구원은 '우리 죄를 지시고 우리를 살리시기 위해 고난을 받으시고 죽으신 하나님의 어린양'을 통해서 이루어진다. 단테의 신곡은 마치 강력한 설교처럼 영혼을 우울하게 하다가도 황홀하게 만들기도 한다.
>
> Phillip Schaff, *History of Christian Church*, Vol. VI., 424.

> 나는 성경을 배우지 못한 사람들이 자신의 저속한 언어로 번역하여 읽는 것을 꺼려하는 사람들에게 전적으로 반대한다. 마치 기독교 신앙의 힘이 사람들의 무지에 있는 것처럼 말이다. 왕의 조언은 숨겨두는 것이 훨씬 낫지만 그리스도는 자신의 비밀들이 가능한 한 밝히 공개되기를 원하셨다. 저는 가장 연약한 여성이라도 복음서와 바울 서신들을 읽었으면 좋겠다. 그리고 나는 그것들이 모든 언어로 번역되어 스코틀랜드인과 아일랜드인 뿐만 아니라 터키인과 사라센들까지도 읽고 이해할 수 있기를 바란다. 나는 농부가 쟁기로 밭을 갈면서, 직조공이 베틀의 곡조에 맞춰 흥얼거리면서, 여행자가 자신의 이야기로 여행의 지루함을 달래면서 성경의 일부를 읽기를 갈망한다.
>
> 에라스무스 (Desiderius Erasmus Roterodamus, c.1469-1536)

14세기부터 거의 3세기를 특징 지웠던 르네상스 휴머니즘(Renaissance Humanism)은 중요한 종교개혁의 문화-종교적 배경을 형성하였다.[1] 르네상스

---

[1] 르네상스는 1333-1443년까지 1세기 동안은 거의 이탈리아 내의 운동이었고, 이후 점차 다른 지역으로 확산되었다. Lars Pederson Qualben, *A History of the Christian Church* (New York: Thomas Nelson and Sons, 1956), 196. 르네상스 관련하여서는 다음을 참고하라. Wim Blockmans & Peter Hoppenbrouwers, *Introduction to Medieval Europe 300–1500* (New York: Routledge, 2017); Gordon Campbell, *The Oxford Illustrated History of the Renaissance* (Oxford: Oxford University Press, 2019); Eugene F. Rice Jr. & Anthony Grafton, *The Foundations of Early Modern Europe, 1460-1559* (New York: W. W. Norton & Company, 1994); John Rigby Hale, *The Thames & Hudson Dictionary of the Italian Renaissance* (UK: Thames & Hudson Ltd, 1985); George Holmes, *The Oxford History Of Medieval Europe*

는 중세 교황청 타락과 부패를 상징하는 "아비뇽 교황 정치와 분열 기간에 생긴 가장 뚜렷한 지적 운동"이었다.[2] 가장 종교적인 타락기에 거대한 개혁운동의 토양을 제공해준 하나의 운동이 시작된 것이다.[3] 그래서 우리는 역사의 외면과 이면을 동시에 살펴야 하는지도 모른다.

문예부흥의 본질적인 성격은 윌리스톤 워커가 지적한 대로 '고전 정신의 재인식'이자 '본질적으로 세계에 대한 새로운 전망'이었다.[4] 사람을 사람으로 이해하고 내세의 천국, 지옥보다 현 세상과 이 세상의 아름다움에 더 깊은 관심을 기울이기 시작한 것이다. 인간의 주된 관심이 종교에서 지금 살고 있는 세상으로 이동하기 시작한 것이다. 문학, 예술, 미술, 고전연구, 성경연구를 통해 인류의 재발견, 인간 자신을 이해하려는 일종의 혁명이 일어난 것이다. 신에게서 인간에게로 관심사가 서서히 이동하기 시작했고, 이것은 엄청난 변화를 가져다 주었다.

(Oxford: Oxford University Press, U.S.A., 2001); John T. Paoletti & Gary M. Radke, *Art in Renaissance Italy* (London: Pearson, 2011); David Rundle, *The Hutchinson Encyclopedia of the Renaissance* (London: Hodder Arnold, 2000); John A. Wagner, *Historical Dictionary of the Elizabethan World.* (California: Greenwood, 1999); Michael Wyatt, *The Cambridge Companion to the Italian Renaissance* (Cambridge: Cambridge University Press, 2014); Christopher S. Celenza, *The Lost Italian Renaissance: Humanism, Historians, and Latin's Legacy* (Baltimore: Johns Hopkins University Press, 2004); Christopher S. Celenza, *The Intellectual World of the Italian Renaissance: Language, Philosophy, and the Search for Meaning* (New York and Cambridge: Cambridge University Press, 2018); Charles Garfield Nauert, *Humanism and the Culture of Renaissance Europe (New Approaches to European History)* (Cambridge: Cambridge University Press, 2006).

2 Williston Walker, *A History of the Christian Church* (New York: Charles Scribner's Sons, 1922), 313.

3 Roland Herbert Bainton, *Christendom: A Short History of Christianity and Its Impact on Western Civilization*, 기독교의 역사, 이길상 역 (일산: 크리스챤다이제스트, 1997), 246. 베인톤은 르네상스 기간을 니콜라스 5세가 교황으로 즉위하던 1450년부터 로마가 함락된 1527년 기간으로 잡았다. 르네상스의 중심은 "특정한 삶의 태도, 즉 하늘보다 땅을 영혼의 불멸보다 명예의 불멸을 자기 부정보다 자기 계발을 금욕주의보다 육체의 쾌락을, 정의보다 성공을 위한 노력을, 권위보다 개인적이고 지적인 자유를, 기독교보다 고전 인문주의를 더 중시한 삶의 태도를 가리키는데 가장 자주 쓰인다."고 말한다. Walker, *A History of the Christian Church*, 314.

4 Walker, *A History of the Christian Church*, 314.

"문예부흥의 고향은 이탈리아였다."[5] 문예부흥은 이탈리아에서 시작된 고전 문학, 예술, 그리고 철학의 연구에 토대를 두고 진행되었다. 르네상스는 고전 작품들에 대한 연구의 진작을 통해 초대교부들과 성경의 번역 작업을 가속화시켰고 그 결과 새로운 눈을 뜨도록 만들어주었다. 대부분의 평범한 당시대인들이 볼 수 없는 것들을 볼 수 있는 새로운 시야가 열리게 된 것이다.

르네상스 휴머니즘은 이탈리아 르네상스와 북방 르네상스로 대별되는 데 이탈리아 르네상스 보다는 북방 르네상스가 종교적인 성향을 더욱 지니고 있다. 그러나 종교적인 색깔이 강하든 그렇지 않든 그들은 고전에 대한 연구와 관심, 중세의 금욕주의와 엄격한 스콜라주의에서는 찾아 볼 수 없는 인생의 지성과 감성에 대한 새로운 관심, 인간 자체에 대한 관심, 인간성 회복을 모토로 삼았다는 점에서는 거의 일치한다.[6]

르네상스 시대의 교황들은 그 이전의 교황들과 사고방식에 있어서 엄청난 차이가 있었다. 과거 교황들과는 달리 인생의 아름다움을 즐기고 로마를 단순히 종교적인 도시로가 아니라 예술과 지성의 도시로 탈바꿈시키려고 노력했다. 과거 교황들이 교권주의적 교황들이었다면 이들은 새로운 시대에 부응하는 교황들이었다. 이것이 반드시 긍정적이라는 의미는 아니다. 개중에는 로마를 세계에서 가장 훌륭한 문화와 지성의 도시로 만들겠다는 야심을 가졌고 필요한 재원을 조달하기 위해 심각한 경제적 착취를 자행하고 결국 교회의 타락을 가속화시켰다. 교황 레오 10세(Pope Leo X, 재위 1513-1521)가 보여주듯 르네상스 시대의 교황이 소위 말하는 개혁적인 교황과 동일한 의미는 아니었다.

새로운 움직임, 르네상스 휴머니즘은 중세의 신율적인 세계관을 좀 더 현대적이고 세속적인 인본주의 세계관으로 이전시키는 역할을 하였다. 과거 하나님이 중심이 되어 움직이던 사회가 이제는 인간 중심으로 움직이는 문화적 재조

---

5   Walker, *A History of the Christian Church*, 314.

6   Charles Guignebert, *Ancient, Medieval and Modern Christianity The Evolution of a Religion* (New Hyde Park, NY: University Books, 1961), 343. 이들은 중세시대의 종교적 사상과 관습에 동의할 수 없었다.

정이 이루어진 것이다. 자연히 지금까지 하나님의 영광을 추구하던 가치관이 인간의 가치를 중시하고, 그것을 중심으로 하는 가치관으로 바뀌기 시작했다. 고전에 대한 연구를 통해 이들은 고대와 자신들이 살고 있는 중세를 판단하는 기준이 생겨났다. 고대 문명에 대한 깊은 매력을 가졌고 과거와 달리 두 문화와 문명의 비교를 통해 자신들이 서 있는 위치를 판단했다.

고대에 대한 이들의 관심은 고전어와 고대문학에 대한 관심으로 이어졌다. 라틴어, 히브리어, 헬라어를 비롯한 고전어 연구가 활기를 띠었고, 고전어 연구는 고전 문학과 교부들의 작품들의 연구를 촉진시켰으며 인문주의자들은 이런 고전어 연구를 통해 동시대를 비교할 수 있는 시야를 갖추게 되었다. 이와 같은 르네상스 휴머니즘은 이탈리아 르네상스와 북방 르네상스로 크게 대별된다.

이탈리아에서의 고전 연구는 1393년 헬라교회 크리솔로라스(Emanuel Chrysoloras, c.1350-1415)가 터키군의 위협으로부터 헬라교회를 구조해 달라고 요청하기 위해 콘스탄티노플의 대사로 서방에 파견되어 플로렌스에 와서 3년간 머물면서 헬라어를 가르친 것이 동기 부여가 되었다. 그는 플로렌스, 밀란, 파두아(Padua), 비엔나, 로마 등에서 헬라어 강의를 했고 1484년에는 헬라어 문법을 라틴어로 저술하였다.

그러나 이보다도 더 헬라 고전에 대한 연구를 진작시킨 것은 1454년 터키에 의해 콘스탄티노플이 함락되어 많은 헬라 학자들이 헬라고전과 진귀한 원본들을 가지고 이탈리아로 피난을 온 사건이었다.[7] 콘스탄티노플이 함락되자 헬라 학자 칼리스투스(Callistus), 콘스탄틴 라스카리스(Constantine Lascaris, 1434-1501), 그의 아들 존(John)등 저명한 헬라 학자들이 이탈리아로 피난을 왔다. 이중 존 라스카리스(John Lascaris, Janus Lascaris, c.1445-1535)는 메

---

[7] 1453년 5월 29일 콘스탄티노플의 함락으로 수많은 헬라인들이 유럽으로 이주하면서 이들을 통해 고전에 대한 연구가 활발하게 추진되었다. 조각가들, 화가들, 시인들, 그리고 건축가들이 과거 그레코 로만 시대의 예술과 문화와 문학을 탐구하기 시작하면서 고전에 대한 관심이 어느 때보다도 활발하게 진행되었다. 이와 같은 고전에 대한 관심은 신학자들과 철학자들 사이에서도 진행되어 하나의 새로운 사조를 형성하게 되었는데 이것이 바로 르네상스 휴머니즘이다. 그리고 이와 같은 운동에 주도적인 역할을 한 이들을 인문주의자들이라고 부르게 되었다.

디치에 지원을 받고 헬라를 방문해 많은 헬라 고전을 수집하여 플로렌스에 헬라 도서를 인쇄하여 보급하였다.

지오바니 아우리스파(Giovanni Aurispa Piciunerio, 1376-c.1459)는 콘스탄티노플의 함락 전 고대 플라톤(Plato, 428/427-348/347 B.C.), 제노폰(Xenophon of Athens, 430-355/354 B.C.), 플루타크(Plutarch, 46-c.119), 루시안(Lucian of Samosata, 120-c.180), 소포클레스(Sophocles, c.496-406/405 B.C.)와 저명한 학자의 진귀한 작품 238권을 구입하여 로마로 가지고 왔다. 이들 작품들은 이미 크리솔로라스를 통해 무르익은 헬라 고전에 대한 연구 붐을 더욱 진작시키는 동기를 제공해주었다.

1. 이탈리아 르네상스

이탈리아 르네상스를 대변하는 이탈리아 3대 작가들 단테(Dante Alighieri, 1265-1321), 페트라르카(Francesco Petrarca, 1304-1374), 보카치오(Giovanni Boccaccio, 1313-1375)는 중세 르네상스 문학과 예술의 새로운 시대를 열어 놓았다. 1265년 단테가 태어나고 1375년 보카치오가 세상을 떠날 때까지 110년은 중세 문학이 가장 꽃피우는 시기였고, 르네상스 휴머니즘이 역사에 부상하기 시작한 시기였다. 이들 세 사람에 대한 이해는 중세 문학과 예술 그리고 중세 기독교 신앙을 이해하는데 매우 중요하다. 특별히 단테는 그 시대 시대상과 신앙을 강하게 반영하는 종교적인 색깔이 짙은 작품들을 남겼다.

단테

단테로 알려진 단테 알리기에리(Dante Alighieri)는 플로렌스의 귀족 구엘프(Guelph)가에서 태어났으며 아버지와 할아버지는 대금업을 하였다. 그는 어린 시절 어머니를 잃고 이복동생들과 도미니크 수도사들의 지도를 받으며 성장했다.[8] 필립 샤프가 "이탈리아 최초의 시인이자 가장 위대한 중세 시인"이라고 평했던 단테는 이미 어린 시절부터 탁월한 문학적 재능을 소유했다. 단테는 결혼해서 일곱 자녀를 둔 평신도였다. 1300년에 구상된 단테의 신곡(*Divina Comedia*)은 영원의 측면에서 도덕적 우주에 대한 시적 견해를 제시한 불후의 명작이었다. 이 작품은 단테를 일약 중세문학을 대표하는 인물로 만들어주었다.[9] 단테가 세상을 떠난 후 피렌치 시는 단테의 신곡을 강의할 수 있는 교수직을 설치하고 초대 담당교수로 보카치오를 임명했다. 단테의 신곡은 그만큼 작품성을 인정받았다.

단테의 신곡의 정신적, 사상적 출발 배경은 9살 때 그가 만난 하나의 사건이다. 단테가 9살 소년 시절 자신보다 몇 달 어린 베아트리체(Beatrice Portinari, c.1266-1290)를 만난 사건은 그의 생애 전환점이 되었다. 단테는 그녀의 아버지 집에서 열린 잔치에 참석했다가 그녀를 만났다. 비록 그들이 서로 대화를 나누거나 사귐을 가졌다는 기록은 찾을 수 없지만 베아트리체는 "단테의 영혼에 들어가 모든 악한 생각을 씻어내는 순결과 자비로 그의 영혼을 풍요롭게 채웠다." 단테는 베아트리체를 9년 후 18살 때 두 번째로 보았다. 이것이 그녀를 본 마지막이었다. 그 후 베아트리체는 다른 남자와 결혼했고 1290년 24살의 나이로 세상을 떠났다.

단테가 9살 때 본 베아트리체는 단테에게 새로운 삶(viata nuova)의 출발이 되었다. "베아트리체의 용모가 그의 길을 밝혀주었고 그녀의 순결한 정신이 그의 길잡이가 되었다."[10] 단테가 베아트리체를 처음 만났을 때 단테는 그녀의 모습을 이렇게 묘사했다. "그녀는 가장 고상한 색, 점잖은 진홍빛 의상을 입고

---

8 Walker, *A History of the Christian Church*, 293.

9 Philip Schaff, *History of Christian Church, Vol. VI.: The Middle Ages from Boniface VIII., 1294 to The Protestant Reformation, 1517* (Grand Rapids: Eerdmans, 1949), 420. "그의 신곡은 그를 중세 세계 최고의 시적 해석가로 올려놓았다. 이 불멸의 시는 중세 기독교와 문명의 거울이자 동시에 보편적인 의미와 지속적인 관심을 불러일으키는 작품이다. 중세의 종교적 개념을 요약하고 현대 세계의 자유로운 비판정신을 소개한다."

10 Schaff, *History of Christian Church, Volume VI.*, 458.

단테(Dante Alighieri, 1265-1321)

젊은 나이에 걸맞게 화관을 쓰고 치장한 채 내게 나타났다."[11]

단테는 소년의 심정으로 그녀를 사랑하기 시작했다. 이 사랑은 평생 흔들리지 않고 단테의 정신적, 지적, 영적, 평생의 동력으로 작용했다. 하버드 대학의 교수로 단테의 작품을 번역하고 당대 최고의 단테 연구가였던 찰스 엘리엇 노턴(Charles Eliot Norton)에 따르면 9살 때 베아트리체를 만나 싹튼 사랑이 "단테의 소년시절부터 죽을 때까지 지속되었으며, 깊은 실망 속에서도 영원한 위안의 샘으로 그의 마음을 신선하게 유지해주었다."[12] 단테는 낙원편 32곡 6행에서 베아트리체가 천국의 가장 높은 곳에서 라헬과 나란히 앉아 있다며 이렇게 묘사했다. "보라 셋째 단에는 그녀 밑에 라헬이 베아트리체와 나란히 있다"[13]

신곡은 단테가 살았던 그 시대의 시대상을 반영하는 작품이자 동시에 단테 자신의 자서전이며 그리고 그가 믿고 있는 종교의 전도 책자라고 할 수 있다. 그 것은 신곡에 담겨져 있는 작품의 주제와 구성을 통해서 확인할 수 있다. 이 작

---

11 Schaff, *History of Christian Church*, Volume VI., 458.
12 Schaff, *History of Christian Church*, Volume VI., 459.
13 Schaff, *History of Christian Church*, Volume VI., 459.

품은 "죄와 회개와 구원이라는 세 가지 조건 안에서 발견되는 사람의 영적 자서전"의 성격을 지니고 있다.

단테의 신곡 순서도 지옥-연옥-낙원으로 이어지는 순례의 여정으로 그려져 있다. "이 세상 너머에 있는 영들의 세계를 향한 순례를 기술"하는 것으로 이 여행은 유혹의 어두운 숲에서 시작하여 지옥의 깊은 절망을 통과한 뒤 정화의 땅 연옥으로 올라간 다음 복락의 영역에 이르는 순서로 이어진다. 단테는 지옥편(Inferno)을 통해서는 죄와 비참함을, 연옥편(Purgatorio)을 통해서는 참회와 소망을, 그리고 낙원편(Paradiso)을 통해서는 거룩함과 복락을 그리고 있다. 필립 샤프는 이렇게 신곡의 핵심 주제를 기술했다.

> 지옥은 죄와 비참함을, 연옥은 참회와 희망을, 천국은 거룩함과 행복을 반영한다. 지옥은 공포와 비탄으로 거부감을 주고, 연옥은 참회의 눈물과 기도로 움직이며, 낙원은 순결과 평화로 황홀해진다. 연옥은 끊임없이 사라지는 중간 상태지만 천국과 지옥은 영원히 지속된다. 지옥은 절망적인 어둠과 절망이며, 낙원은 성삼위일체의 지복직관에서 절정에 이르며, 사람이나 천사가 더 이상 더 높은 것을 생각할 수 없는 곳이다. 신곡에는 공포와 황홀, 어둠과 빛, 심판과 하나님의 사랑의 극단이 묘사되어 있다. 낙원에서 성도들은 흠 없는 흰 장미를 형성하는 것으로 표현되며, 그 잔은 하나님을 찬양하는 순진한 어린이들에 의해 둘러싸인 빛의 호수이다.[14]

단테의 신곡에는 여과 없이 당대의 시대상과 부패한 성직자들이 등장한다. 성직 매매자, 독재자들, 반역자들, 이단들, 사탄들에 대한 묘사가 생생하게 기록되었다. 사탄은 혐오와 공포를 일깨우는 존재로 묘사되었다. 지옥 입구에 이런 글귀가 있다.

---

14 Schaff, *History of Christian Church*, Volume VI., 420.

> 나를 통하여 너희는 재앙의 장소로 들어간다.
> 나를 통해 너희는 영원한 고통 속으로 들어간다.
> 나를 통해 너희는 잃어버린 백성들 속으로 들어간다.
> …
> 여기 들어오는 자들이여! 모든 희망을 버리라.
>
> (단테 지옥편 3곡 1-3, 9행)

예수 그리스도께서 나로 말미암지 않고는 아버지께로 올 자가 없다고 하셨던 '나로 말미암아'를 사탄이 그대로 사용하고 있다. 단테는 예수 그리스도, 사탄의 유비를 통해서 천국과 지옥의 실체를 적나라하게 드러내려고 한 것이다.

지옥과 달리 연옥에서는 죄를 회개하고 사죄받는 일이 존재한다. 그곳에서는 통곡보다 희망이 존재한다. 고통과 번민이 연단의 효과를 발휘하는 장소가 바로 연옥이다. 당시 가톨릭신학을 그대로 반영한다. 지옥과 연옥을 안내한 안내자는 베르길리우스이고 천상의 안내자는 베아트리체였다. 베아트리체의 안내를 받으며 둘러본 낙원에서는 신학자들, 순교자들, 십자군 병사들, 의로운 군주들과 재판관들 수사들과 사색적 신비주의자들이 들어왔다. 9층천에서 베아트리체는 성 버나드를 그에게 소개한 뒤 라헬 곁에 자리를 잡았고 그곳에서 마리아와 하와와 사라를 보았다. 단테는 그곳에서 가브리엘, 아담, 모세, 세례요한, 베드로, 성 어거스틴 등을 만났고 성 버나드(Bernard of Clairvaux, 1090-1153)가 그를 마리아에게 인도했고 마리아는 하나님을 보게 한다. 어떻게 말로는 표현할 수 없는 분으로 그분을 묘사한다.

단테가 자신의 작품을 통해서 중세 문화와 당대인들에게 미친 영향은 대단했다. 단테는 라틴어로 시를 쓸만큼 라틴어에 조예가 깊었지만 신곡, 새로운 삶, 연회, 소네트를 라틴어가 아닌 고향 피렌체 방언으로 기술했다. 신곡은 이탈리아 문학의 아버지, 평신도의 위상을 높여주었다. 그의 영향이 얼마나 컸는가는 단테가 세상을 떠나고 여러 저자들이 신곡의 주석을 집필했고 100년 안에 피렌체, 베네치아, 볼로냐, 피사에 신곡을 강의할 교수직이 개설되었다는 사실에서 어렵지 않게 짐작할 수 있다.

신곡에는 기독교의 당대 신학과 신앙을 시로 표현하여 기독교 신앙을 변호하면서도 성경의 역사, 고전과 기독교 역사와 인물과 전통, 그리고 신화적 우화가 한데 어우러져 있다. 이 모든 것보다도 더 중요하고 가치 있는 단테의 '불후의 공로'는 바로 이것이다.

> 단테의 변함없는 장점은 하나님의 거룩하심과 사랑에 대한 감동적인 묘사이다. 의지의 왜곡인 죄는 내세에도 계속되는 죄와 고통으로 형벌을 받는다. 구원은 '우리 죄를 지시고 우리를 살리시기 위해 고난을 받으시고 죽으신 하나님의 어린양'을 통해서 이루어진다. 이 시는 마치 강력한 설교처럼 영혼을 우울하게 하다가도 황홀하게 만들기도 한다.[15]

그 점에서 단테의 신곡은 당대인들에게 기독교를 변증한 변증서이다. 다만 그 작품에 담겨진 신앙이 성경의 가르침에 철저하게 근거한 것이라기보다 중세 로마 가톨릭의 신학에 토대를 둔 것이다. 단테의 작품에 나타난 그의 신학은 당대의 로마 가톨릭의 신학에 충실한 단면을 보여준다. 토마스 아퀴나스의 신학을 치밀하게 따라 연옥, 마리아 숭배, 성인들의 중보기도, 교황면죄부, 교황제 모두를 그대로 수용하였고 베네딕트, 프란시스, 도미니크를 높이 평가하고 수도원생활을 경외하였다. 이교와 이단을 가차 없이 지옥에 던져 넣었다.

페트라르카(Francisco Petrarca, 1304-1374)

단테보다 더 르네상스 휴머니즘의 토대를 구축한 인물은 '당대 최고 문화인'으로 평가받는 프란체스코 페트라르카였다.[16] 페트라르카는 윌리스톤 워커

---

15 Schaff, *History of Christian Church*, Volume VI., 424.
16 확실히 페트라르카는 그가 살았던 당대와 그 이전 시대 그리고 다가올 새로운 시대를 의식하며 중세에 살았던 근대인이었다. 이탈리아에서 출생해 프랑스에서 어린 시절을 보내고 프

의 표현을 빌린다면 "르네상스 정신이 그 지배적인 세력이었던 최초의 이탈리아인"[17]이었다. 그는 '이탈리아 시인, 고전학자, 첫 인문주의자, 첫 서정시인, 문예부흥의 아버지,'[18] '최초의 근대 학자이자 문필가, 이탈리아 르네상스의 창시자'[19]으로 평가를 받았고 모든 역사가들은 이탈리아 사상가 페트라르카가 르네상스 휴머니즘의 아버지라고 말한다. 그가 르네상스 휴머니즘의 아버지로 평가받는 이유는 두 가지로 집약할 수 있다.

첫째는 그는 중세 고전 연구의 새 장을 열었고 고전에 대한 연구의 중요성을 환기시켜주었다. 특별히 그의 키케로의 편지 발굴은 14세기 이탈리아 르네상스와 르네상스 인본주의의 기초가 되었다.[20] 그는 키케로(Marcus Tullius Cicero, c.106-43 B.C.)와 버질(Publius Vergilius Maro, 70-19 B.C.)의 작품을 깊이 연구할 뿐만 아니라 고대 교부들의 작품에 몰두하였다. 특히 어거스틴의 작품을 연구하여 그와의 대화형식으로 전개한 세상을 멀리하여라는 작품을 출판하기도 하였다. 그는 고전 사본들을 수집하여 많은 고전 집을 편찬하여 고전연구에 크게 공헌하였다. 페트라르카는 "스콜라주의적 지식과 신비주의적인 지식을 경멸"하고 대신 고전에 깊이 빨려들었다. 특별히 그는 "그리스와 로마의 작가들의 웅변과 문체의 우아함과 세련미에 감탄했다."[21] 페트라르카는 키케로와 버질을 사랑했으며 플라톤을 좋아했다. 그는 키케로의 작품을 발굴하였고 최초로 개인 도서관을 만들어 200권의 장서를 보유하였다. "이교 고전에 대한 열

랑스와 이탈리아에서 대학을 공부하면서 중세 유럽의 문화를 호흡한 페트라르카(Petrarca)는 국제적인 학자이자 시인이자 외교관으로서 이탈리아 북부를 여행하면서 인생의 후반부를 보냈다. 그런데다 고전에 가장 조예가 깊은 학자였다. 과거와 현재를 넘나들고 이탈리아와 프랑스와 다른 유럽의 국가들을 여행하면서 자신의 시야와 역사적 안목을 넓힐 수 있었다.

17 Walker, *A History of the Christian Church*, 314.
18 Williston Walker, 기독교회사, 류형기 역편 (서울: 기독교문화원, 1988), 335.
19 Schaff, *History of Christian Church, Volume VI.*, 425.
20 16세기에 페트로 벰보(Pietro Bembo)는 페트라르카의 작품과 보카치오, 그리고 이 둘에 비해 약하지만 단테(Dante Alighieri)의 작품을 기반으로 현대 이탈리아어의 모델을 만들었다. 페트라르카는 후에 이탈리아 스타일의 시 모델로 승인되었다.
21 Schaff, *History of Christian Church, Volume VI.*, 425.

페트라르카(Francisco Petrarca, 1304-1374)

정에 있어서 보카치오는 당대인들에게 조금도 뒤지지 않았다. 그는 자신이 직접 필사한 상당수의 고전 저서들을 그의 고해 신부에게 물려주면서 피렌체의 어거스틴 성령 수도원에 기증해달라고 부탁했다."[22]

둘째는 중세사 시대구분의 이정표를 세웠다. 그는 자신이 살았던 그 이전 시대를 가리켜 "중세"라는 말을 처음으로 사용했다. 그 결과 중세 이전의 고대 그리고 중세 이후의 근대로 시대를 구분하여 역사학에서 고대와 중세와 근대 세 시대로 세계사를 구분하는 시대적 틀을 제공해주었다. 역사가들이 그가 살았던 시대 르네상스가 근대로 잇는 하나의 중요한 역사적 분기점이 되었다고 보는 이유가 여기 있다.

페트라르카를 좀 더 객관적으로 평가하고 이해하기 위해서 우리는 그의 생

---

22 Schaff, *History of Christian Church, Volume VI.*, 427.

애와 활동을 사실에 근거하여 살펴볼 필요가 있다. 페트라르카는 1304년 7월 20일 아레조의 토스카나시에서 법조인(공증인) 아버지 페트라코(Ser Petracco)와 어머니 엘레타(Eletta Canigiani)사이에서 태어나 1374년 세상을 떠났다. 단테(Dante Alighieri)는 페트라르카의 아버지의 친구였다. 페트라르카는 피렌체 근처의 인키사(Incisa)라는 마을에서 아주 어린 시절을 보냈고 그 후에는 1309년 아비뇽에서 교황직을 시작한 교황 클레멘스 5세를 따라 가족들이 이사해서 아비뇽과 인근 카르펜트라스에서 지내면서 어린 시절을 그곳에서 보냈다. 아비뇽으로 이주한 것은 그의 부모가 피렌체에서 추방을 당했기 때문이다. 페트라르카는 1333년까지 그곳에서 살면서 아비뇽 교황청의 부패를 직접 목도했다. 그가 훗날 아비뇽 교황청을 서방의 바벨론이라고 비판하면서 로마로의 귀환을 강하게 촉구한 것도 그런 배경이다.

페트라르카는 프랑스 몽펠리에대학(1316-1320)과 이탈리아 볼로냐대학(1320-1323)에서 평생 친구이자 학교 친구인 미래의 제노바 대주교인 귀도 세테(Guido Sette, c.1304-c.1367)와 함께 법학을 공부했다. 그는 법률가인 아버지의 뜻을 따라 법학을 공부했지만 법학 공부보다 주로 글쓰기와 라틴 문학에 관심이 많았다. 그는 법학에 쏟은 7년간을 시간의 낭비로 여겼다. 당시 법제도에도 깊이 실망한 페트라르카는 1326년에 아비뇽으로 돌아가 그곳에서 사무직에 근무하면서 글을 썼다. 문학적 자질이 탁월했던 페트라르카는 최고의 문화인으로 이탈리아 시의 걸작을 남겼다. 특별히 그의 소네트 작품은 르네상스 시대 유럽 전역에 찬사를 받으며 모방되었고 서정시의 모델이 되었다. 하지만 그는 라틴어 저작자로 역사에 평가되기를 원했다.

페트라르카는 고전에 깊은 관심을 갖고 고대문헌을 연구했다. 그는 로마 장군 스키피오 아프리카누스(Scipio Africanus, c.236-c.183 B.C.)에 대한 라틴어 서사시 아프리카로 유럽의 명사로 떠올랐다. 그는 유럽을 널리 여행하면서 라틴어 필사본을 수집했다. 1345년에는 베로나 대성당의 챕터 도서관(Biblioteca Capitolare)에서 이전에 존재하지 않았던 것으로 알려진 키케로의 편지 모음집인 *Episulae ad Atticum*을 발견했다. '암흑기'(Dark Ages)라는 이름을 처음 발전시킨 인물도 페트라르카였다.[23] 페트라르카는 "세상 영광을 사랑하고 불후의 이름을 남기고자 열망"한 전형적인 중세인이었다. 그는 사제서품을 받았지만 수도원장, 참사회원, 대부제 등 성직록을 보유하면서 실제 성직은 수행하지 않고 수입만 받아 누렸고 만투아, 파두아, 리미니, 페라라의 이탈리아 독재자들과 비콘티 가문의 환대를 받아들였다.

그러면서도 페트라르카는 자유인으로 살았다. 비록 교회에서의 그의 경력이 그가 결혼하는 것을 허락하지 않아 공식적으로 결혼식을 올리지 않았지만, 그는 후대에 알려지지 않은 한 여성 또는 여성들에게서 두 명의 자녀를 낳았다. 1337년에는 아들 지오바니(Giovanni)가, 1343년에는 딸 프란체스카(Francesca)가 태어났다. 그는 나중에 이 두 사람을 자신의 자녀로 공식화했다. 이처럼 페트라르카는 여러 여성들과 동거할 만큼 여성편력이 화려했지만 1350년 46세 때 로마를 순례한 후에 성적 탐닉의 속박을 끊어버렸다. 그는 어거스틴의 고백록을 읽고 깊은 감동을 받고는 그 책을 늘 끼고 살았다.

그는 은퇴하고 파두아(Padua) 근처 아르콰에 있는 집에서 말년을 보냈다. 아들은 1361년 역병으로 사망했고, 딸 프란체스카는 브로자노(Francescuolo da Brossano)와 결혼했고 1362-1367년 5년 동안 페드라르카와 살았다. 사위가 유산공증인이 된 것을 보면 사위와의 관계도 각별한 것으로 보인다.

젊은 보카치오는 1361년과 1369년 두 번 페트라르카를 방문했다. 은퇴

---

[23] 그는 자연이 좋아 등산을 즐긴 특별한 중세인으로도 알려졌다. 페트라르카는 자신의 가족관련 글에서 산 정상에 오른 자신의 감정을 이렇게 표현했다. "나는 이 땅의 것을 여전히 찬하하고 있는 나 자신에 화가나 책을 덮었다. 이미 오래전에 영혼 외에는 아무것도 배울 것이 없다는 이교도 철학자들에게서도 배워야 하는 것이다. 그런 후 사실 나는 내가 산을 충만히 바라 본 것으로 인해 만족하게 되었다. 나는 나의 내면의 눈을 나 자신에게 돌리고 그 시로부터 내 입술에는 한 음절도 떨어지지 않았다 … 얼마나 많이 내가 그날 나의 눈을 인간의 사색의 범위에 비하면 한 규빗도 채 안될 것 같은 정상을 힐끔힐끔 쳐다보았던가." 제임스 힐맨(James Hillman)의 말대로 페트라르카의 자연세계의 재발견이 "벤툭스(Ventoux) 이벤트"의 진정한 의미였다. 페트라르카는 영혼의 계곡으로 눈을 돌리기 시작했다. 힐맨과 달리 폴 제임스(Paul James)는 이 사건을 페트라르카가 살았던 그 시대를 상징화하는 사건으로 해석한다. "두 개의 서로 다르지만 동시대 존재론적 구성, 즉 전통과 현대 사이의 불안정한 긴장에 사로잡힌 사람을 암시한다"는 것이다. 힐맨과 제임 두 사람의 지적 모두가 모순되는 평이 아니라고 판단된다.

후 페트라르카는 여행을 계속했다. 그러다 1368년 그의 나이 64살 때 페트라르카와 딸 프란체스카 가족은 파두아(Padua) 근처의 유가니안 언덕(Euganean Hills)에 있는 작은 마을 아르콰(Arquà)로 이사하고 종교적인 묵상을 하며 그곳에서 남은 여생을 보냈다. 페트라르카는 70번째 생일을 하루 앞둔 1374년 7월 19일 아르콰에 있는 그의 집에서 세상을 떠났다. 그의 묘비 대리석 석판에는 안토니오 쿼렝기(Antonio Quarenghi)가 쓴 라틴어 시가 새겨져 있다.

불멸의 명성의 토스카나 시인

그의 가슴에 두 배의 불꽃을 품고,

…

나의 충성은 이러했기 때문에,

그만큼 존경을 받았다.

라우라(Laura)의 은혜와 아름다움으로,

그녀는 처음으로 시인의 레이(lay)에 영감을 주었다.

…

나의 모범적인 삶을 통해

나는 끊임없는 투쟁에서 잘 싸웠다.

내 발톱과 저주를 사용하여,

비록 나는 죽었지만, 심지어 지금에도

갉아먹는 놈들은 감히 나를 짓밟지 못한다.

[페트라르카 라틴 시 구절 중 하나에서]

페트라르카의 라틴 저작에는 학술 작품, 자기 성찰 에세이, 편지 및 더 많은 시가 포함된다.[24]

---

24 그 중에는 히포의 어거스틴에게서 영감을 받은 한 인물과의 극도로 개인적이고 상상적인 대

페트라르카와 칸초니에레 소네트 그리고 라우라

페트라르카를 이해하는 한 가지 중요한 열쇠가 남았다. 단테의 시성을 이해하는 가장 중요한 열쇠가 베아트리체이듯이 페트라르카의 시성을 이해하는 열쇠는 라우라이다. 1327년 4월 6일, 페트라르카는 사제로서의 소명을 포기한 후 아비뇽의 성 클레르(Sainte-Claire d'Avigno) 교회에서 처음으로 라우라(Laura)를 만났다.

라우라는 페트라르카를 깨우고 지속적으로 그의 안에 열정을 일깨워주었다. 마치 단테가 베아트리체를 9살과 18살 때 두 번 보고 평생 그녀가 단테의 영혼 속에 사랑의 연인으로 자리 잡았던 것처럼 페트라르카의 마음에 라우라는 깊숙이 자리잡고 그의 시적 영감의 원천과 샘이 되었다. 라우라는 사람들이 보기에 사랑스럽고, 금발에, 겸손하고 위엄 있는 태도를 가지고 있다는 점을 제외하고는 전혀 알 길이 없다. 그녀의 눈이나 가슴, 금발의 아름다움은 기쁨이자 괴로움으로 작용한다. 라우라가 누구인지도 모른다. 어떤 사람은 라우라가 위고 사드(Hugues de Sade) 백작의 아내 노베스의 라우라(Laura de Noves, 1310-1348)였을 수 있다고 보기도 하지만 정확한 정보는 없다. 그는 자신의 서정시에서 그녀의 아름다움을 찬미한다.

1342년경에 착수해서 6년 후 1348년에 완성한 페트라르카의 서정시 칸초니에레(Canzoniere)는 2부로 구성되었다. 1부는 라우라 생전에 쓴 시로 소네트 225편, 칸초네 21편 등 합계 246편이며 제2부는 그녀 사후의 시로 소네트

화로 엮은 나의 비밀의 책("My Secret Book")으로 알려진 세크레툼(*Secretum*), 일련의 도덕적 전기 유명인사에 관하여(*De Viris Illustribus*), 기본 덕목에 대한 불완전한 논문인 *Rerum Memorandarum Libri*, 관상 생활을 찬양하는 종교적 여가에 관하여(*De Otio Religiosorum*) 와 고독한 생활에 관하여(*De vita solitaria*), 의사, 학자, 프랑스인과 같은 반대자들에 대한 독설집 성지 페트라르카의 안내서(*Itinerarium*)가 포함된다. 그 외에도 그는 참회 시편으로 알려진 모음집 *Carmen Bucolicum* 일곱 편의 시를 번역했고, 키케로(Marcus Tullius Cicero)의 작품과 편지를 되살렸다. 키케로(Cicero), 버질(Virgil), 세네카(Seneca)는 그의 문학적 모델이었다. 평생 편지 쓰기를 즐겨한 페트라르카의 편지는 가족에 대한 편지(Rerum Familyum liber, "Letters on Familiar Matters")와 옛 시대의 편지들(Seniles, "Letters of Old Age")로 나누어 출간되었고, 이것들은 영어로 영역되었다.

90편, 칸초네 8편 등 합계 100편으로 되어 있다.

칸초니에레는 서양 시문학사에서 지난 7세기 동안 가장 많이 이야기가 회자 되어온 책이다. 칸초니에레는 압운 체계를 지닌 14행의 서정시 소네트 양식의 대표적 작품으로 릴케(Rainer Maria Rilke, 1875-1926)와 밀턴(John Milton, 1608-1674) 그리고 셰익스피어(William Shakespeare, 1564-1616)에까지 깊은 영향을 미쳤다. 페트라르카는 1374년 세상을 떠날 때까지 366편의 시를 썼으며 그 중의 317편이 소네트 형식의 시였다.

칸초니에레의 주제는 다양하지만 가장 중요한 중심 주제는 사랑이었다. 38살에 시작해서 44살에 완성한 이 칸초니에레 서두에 진술하게 그는 이렇게 밝혔다.

여러분, 이제 그대들은 산만한 시들 속에서
내가 지금과는 다소 다른 사람이었던 시절
빛나가던 내 젊디 젊은 그 시절에
내 가슴을 가득 채우던 그 탄성들을 들으리오.
부질없는 소망들과 헛된 고통 속에서
갖가지 방식으로 나는 울고 말하면서
체험으로 사랑을 아는 이가 그 어디에 있든
나는 용서만이 아닌, 자비를 빌고 싶소.

그러나 이제는 잘 알고 있다오.
오랜 세월 나 뭇사람의 이야깃거리였음을,
그 때문에 종종 나 마음속으로는 나 자신을 부끄러워한다오.

그리고 이 부끄러움은 내 헛된 짓의 열매요
또 속세에서 원하는 만사가 순간의 꿈이라는 것을
분명하게 아는 것과 뉘우치는 것의 열매라오.

젊디 젊은 시절 페트라르카의 가슴을 가득채운 사람은 그의 영원한 연인 라우라였다. 라우라가 구체적으로 누구인지는 드러나지 않았지만 1327년 페트라르카는 그녀를 처음 만났다. 1327년 4월 6일 프랑스 아비뇽의 성 클레르 성당에서 미사를 마치고 나오는 라우라를 처음 만난 후 페트라르카는 평생 그녀를 짝사랑하며 그녀의 사랑의 포로가 되었다.

> 정확히 천삼백이십칠년 사월 여섯째 날 이른 시각, 나는 그 미로에 들어갔으나,
> 아직 출구를 찾지 못하고 있네. (칸초니에레 211번)
> 그날 창조주에 대한 동정으로 태양이 빛을 잃었던 바로 그날 그대의 아름다운
> 두 눈이 나를 사로잡았으니 여인이여 나는 사랑의 포로가 되어 정신을 잃고
> 말았다오.

이 시만 읽어도 페트라르카의 라우라를 향한 깊은 연민과 애정과 사랑을 읽을 수 있다. 그런데 페트라르카에게 그녀와의 만남으로 시작된 그 사랑은 현대적인 관점에서 볼 때 기쁨과 환희의 행복한 사랑과는 거리가 멀었다. 오히려 평생 아픔을 동반한 사랑이었고 그녀를 만난 이후 페트라르가에게 고통과 재난이 시작되었다. 시인은 자신의 아픈 사랑을 숨기지 않았다. 페트라르카는 이렇게 칸초니에레 2번에서 노래했다.

> 밀려오는 사랑의 충격, 나의 재난들은 모두의 고통 속에 시작되었다네.
> 사랑 앞에 완전히 무기력한 나에게 사랑이 찾아들고 또 심장으로 향하는 길은
> 두 눈으로 활짝 열렸으니 이 내 두 눈은 눈물의 통로가 되었다오.

사랑하는 사람을 향한 깊은 연민과 애절함이 강하게 풍겨난다. 그에게 그녀가 고통과 아픔과 눈물의 출발이지만 페트라르카는 그녀를 향한 사랑을 멈출 수 없었다. 칸초니에레에 군데군데 밝힌 내용을 통해볼 때 그녀는 페트라르카의 사랑을 받아준 것 같지 않다. 라우라는 유부녀였기 때문에 페트라르카의 사

랑을 받아줄 수 없었다. 오히려 페트라르카에게 매우 냉정했던 것 같다. 그런데도 그는 평생 그녀를 향한 그의 사랑의 순수함을 잃지 않았다. 23살에 처음 만난 라우라가 21년 후 페트라르카가 44살 때 페스트로 그만 세상을 떠나고 말았다. 그녀가 죽은 뒤에도 그녀를 향한 애절한 사랑은 조금도 시들지 않았다. 페트라르카는 라우라를 만난지 15년이 지난 1342년 38세에 칸초니에레를 착수해 6년 후 1348년 366편의 시를 쓰고 칸초니에레를 완성한다.

이 책을 집필하는 마지막 6년 동안 그녀를 향한 연민은 더욱 강렬하게 불타올랐다. 페트라르카는 언젠가 그녀와 사랑의 열매를 맺을 것이라는 희망을 포기하지 않았다. 그녀가 세상을 떠나고 다시 10년이 흘러 1358년 54살 때 페트라르카는 이렇게 그녀를 추모했다.

> 사랑이 나를 불태우며 스물한 해 동안 붙잡았으니,
> 그 불꽃 속에서도 또 희망 가득한 고통 속에서도 행복했네.
> 임과 내 가슴이 함께 하늘로 오른 뒤,
> 눈물 속에서 또 다른 십년 동안 사랑이 나를 붙잡았네.
>
> 이제 나는 지쳤고 또 나는 미덕의 씨앗을
> 내게서 거의 꺼 버린 실수 가득한 내 인생을 질책하노니,
> 지고하신 하나님이시여, 당신께
> 나는 내 인생의 마지막 부분을 경건하게 바치며,
>
> 평화를 추구하며 고통을 극복함에
> 최선으로 이용하며 보내야 했던 세월을
> 그렇게 흘려보낸 것에 후회하고 슬퍼하네
>
> 주여 나를 이 육체에 가두고 있는 당신이,
> 나를 그곳에서 풀어주어 영겁의 천벌로부터 구해주소서

나는 내 잘못을 알기에 그것을 용서치 않습니다.

1327년 23살 때 라우라를 처음 만난 페트라르카는 31년이 지난 1358년에도 그녀를 잊지 못했다. 그녀가 세상을 떠나고 10년이 지나도록 페트라르카는 여전히 라우라의 사랑의 포로가 되었다. 70번째 생일을 하루 앞둔 1374년 7월 19일 페트라르카는 손에 펜을 쥔채 세상을 떠났다. 평생 페트라르카는 라우라를 잊지 못했다. 죽기 얼마 전 죽음 앞에 선 그는 자신의 심정을 이렇게 시로 읊었다.

백발의 창백한 노인이 떠나네
평생을 살아온 달콤한 고향과
사랑하는 아버지가 멀어져 가는 것을 보며
불안해하는 가족을,

그곳에서 생의 마지막 나날 동안
늙은 몸을 이끌며,
세월에 닳고, 여행에 지쳐버린 그 몸을
죽기 살기로, 온 힘을 다해 추스르며,

열망대로, 로마에 도착하였네.
저 멀리 하늘 위에서 또다시 보기를 원하는
그분의 모습을 찾아서,
그렇듯, 여인이여, 가엾은 나는
너무도 열망했던 그대의 참모습을
최선을 다해, 다른 여인들의 얼굴에서
찾고 있소.

아마도 칸초니에레 소네트 중에서 123번은 가장 페트라르카의 마음을 담은 시로 여겨진다. 페트라르카는 소네트 123번에서 이렇게 노래했다. "나는 보았지, 지상에서 천사의 자태를, 세상에 유일한 천상의 아름다움도. 이런 기억은 기쁘면서 괴로우니, 이는 내가 본 모든 것은 꿈이요, 그림자이며, 연기 같기 때문이라네." 1859년 세계적인 피아니스트 프란츠 리스트(Franz Liszt, 1811-1886)는 칸초니에레의 소네트 중에서 3편을 피아노 곡으로 만들었다. 소네트 123편은 그중의 하나이다.

지금까지 살펴본 것처럼 페트라르카는 고대와 중세와 근대를 넘나드는 중세에 살았던 근대인이었다. 그는 고대와 중세와 근대를 처음으로 구분하고 암흑의 시대 개념을 처음으로 사용하고 게다가 고전을 깊이 연구하고 키케로의 작품을 발굴하고 키케로, 버질, 세네카(Lucius Annaeus Seneca the Younger, c.4 B.C.-A.D. 65)를 모델로 삼고 당대의 문학의 최고 거장 단테를 선배로, 그리고 중세 3대 문학가로 평가받는 보카치오를 평생 친구로 두고 살았다. 유부녀 라우라를 평생 짝사랑하고, 성직자이면서도 여성 편력이 화려하고, 여성에게서 두 명의 사생아 자녀를 두었고, 자연을 사랑하고 등산을 즐기고, 여행을 평생 동안 지속하면서, 유럽 전체를 볼 수 있는 안목을 갖춘 페트라르카, 그런 면에서 그는 확실히 르네상스 휴머니즘의 아버지라고 할 수 있다.

보카치오(Giovanni Boccaccio, 1313-1375)

보카치오는 페트라르카의 뒤를 이어 고전 연구를 복고하는 일에 크게 공헌하였다. 그는 단테, 페트라르카와 더불어 이탈리아 3대 작가이다. 보카치오는 단테를 선배로 페트라르카와는 친구 사이로 이 두 사람과 각별한 교분을 나누면서 자신의 작품 세계를 펼쳐나갔다.[25] 그는 이탈리아 산문 문학 창시자라는 평가를 받았고, "사실주의 화법에서 그와 견줄만한 작가는 없었다." 사이몬즈에 따

---

25   Walker, *A History of Christian Church*, 314.

르면 "그[보카치오]는 지식층과 귀족 계층의 문학을 민중의 문학으로 대체한 최초의 인물이다."[26]

피렌체 출신의 아버지와 파리 출신의 어머니 사이에 서자로 태어난 보카치오는 6년은 사업, 6년은 법학공부로 보낸 후 문학으로 발걸음을 옮겼다. 평생 결혼하지 않은 평신도로 나폴리 왕궁에 여러 해를 보내면서 왕 로베르트 (Roberto d'Angio de Naples, 1278-1343)의 결혼한 딸 마리아와 깊은 사랑에 빠졌다. 베아트리체를 향한 단테의 사랑이 정신적이고 순수한 사랑이었다면 마리아를 향한 보카치오의 사랑은 육체적인 사랑이었다.

비록 공식적인 결혼을 하지 않았지만 보카치오 역시 여성 편력이 많았다. 어머니가 누구인지 모르는 3명의 사생아 아들이 있었다. 그랬던 보카치오는 체르탈도에서 카르투지오회의 어느 수사가 다른 수사가 본 환상을 들려주는 것을 듣고 마음을 바로 잡았다. 그가 전해 받은 환상의 내용은 만약 불경건한 글을 중단하지 않으면 곧 죽을 것이라는 내용이었다. 이 사실을 전달 받은 보카치오는 절필을 선언하고 참회에 전념하기로 결심했다. 이 소식을 들은 페트라르카는 보카치오에게 "수사의 조언에서 좋은 점은 받아들이되 건강한 자양분인 연구는 중단하지 말라고 편지를 보냈다."[27] 보카치오는 라틴어 작품들을 남겼다. 그것들은 고대신화를 편집한 것, 전기를 편집한 것으로 그 중에는 족보도 주제로 다루었다. 그의 가장 유명한 작품 데카메론은 10일간의 이야기를 다룬 산문으로 된 시이다. 단테의 신곡(*Divina Commedia*)과 비견하여 '인곡'(Commedia Humana)으로 불린다. 이 작품의 내용은 이렇다.

> 이 책에는 1348년 페스트가 창궐하던 당시 피렌체의 젊은이 10명, 여성 7명, 남성 3명이 들려주는 100가지 이야기가 담겨 있다. 페스트의 공포에 대한 설명을 듣고 나면 독자는 도시에서 몇 마일 떨어진 아름다운 정원으로 이동하

---

26 John Addington Symonds, *Renaissance in Italy vol. I, Italian Literature* (New York: Henry Holt and Company, 1888), 99.

27 Schaff, *History of Christian Church, Volume VI.*, 427.

게 되고, 그곳에서 젊은 일행들은 웃음과 눈물 속에서 도덕적 이야기부터 음란한 사랑의 음모에 이르기까지 다양한 이야기를 들려준다. 그 유명한 이야기 가운데 하나는 기독교인이 되라는 권유를 거부하고 로마로 가서 직접 그 문제를 연구한 유대인 아브라함에 관한 이야기이다. 사제들의 도덕성이 가장 부패하고 첩을 거느리고 부와 사치를 즐기는 추기경들을 발견한 그는 기독교가 신성한 기원을 가지고 있지 않으면 기독교의 중심이 그렇게 썩었을 때 도저히 살아남지 못했을 것이라고 결론을 내리고 세례를 받기로 결심했다. **데카메론**은 사제와 수도사뿐만 아니라 평신도와 여성들의 도덕적 수준이 낮다는 것을 드러낸다. 결혼, 고해성사, 수도원의 위선, 유물 숭배를 조롱한다. 교회 제도에 대한 위트와 풍자는 문학의 새로운 요소였으며, 보카치오는 사람들이 이해할 수 있는 언어로 글을 썼다. 트렌트 공의회가 이 작품의 부도덕성과 반기독교적 조롱에 대해 비난한 것은 당연한 일이지만, 이 작품의 유통마저 막을 수는 없었다. 1573년 교황의 허가를 받은 호기심 많은 절판본이 피렌체에서 등장했는데, 음란물과 불순한 인물은 그대로 유지했지만 교회의 명예를 살리기 위해 사제와 수도사를 평신도로 대체하였다.[28]

단테, 페트라르카, 보카치오는 중세 '인간'과 '자연'을 재발견한 선구자들이었다. 그들은 르네상스 휴머니즘의 개척자들로 인간 본연의 "마음의 정열을 묘사함으로써 인간이 타고난 본성의 가치를 인식하는 데 앞장섰다. 또한 자연에 대한 열렬한 사랑을 가지고 그것을 묘사하는 것도 그들에게 속한 일이었다." 그 한 예로 "페트라르카는 산과 바다의 만뿐만 아니라 로마, 나폴리 및 그가 사랑했던 다른 이탈리아 장소를 묘사했다."[29] 이러한 점에서 "인간과 세계에 대한 페트라르카의 인식은 새 시대의 개막 점에 서 있었다."[30]

이들 외에 르네상스 휴머니즘의 새로운 시대를 열어준 몇 명의 교황들

---

28 Schaff, *History of Christian Church*, Volume VI., 427-428.
29 Schaff, *History of Christian Church*, Volume VI., 428.
30 Schaff, *History of Christian Church*, Volume VI., 428.

지오바니 보카치오(Giovanni Boccaccio, 1313-1375)

이 있다. 바티칸 도서관을 만든 니콜라스 5세(Pope Nicholas V, 재위 1447-1455), 고전시를 남긴 피우스 2세(Pope Pius II, 재위 1458-1464), 미켈란젤로(Michelangelo di Lodovico Buonarroti Simoni, 1475-1564)를 통해 시스틴 성당의 천정화를 그리게 한 식스투스 4세(Pope Sixtus IV, 재위 1471-1484)등 종교회의 이후 교황들은 정도의 차이는 있지만 모두 르네상스 휴머니즘의 영향을 반영하는 교황들이었다.[31]

이들은 이탈리아에 르네상스가 활발하게 확산될 수 있도록 정치적, 사회적, 종교적 분위기를 조정해주었다. 특별히 "니콜라스 5세로 인해 인문주의는 로마 교회의 중심부에서 승리를 거두었다. 그는 최초이자 가장 훌륭한 르네상스 교황이었으며, 르네상스의 가장 적극적인 지원자였다. 하지만 로마에서 르네

---

31 Albert Henry Newman, *A Manual of Church History* (Philadelphia: American Baptist Publication Society, 1912), 536-540. 뉴먼은 르네상스 교황에 피우스 2세와 식스투스 4세 외에도 이노센트 8세(1484-1492), 알렉산더 6세(1492-1503), 율리우스 2세(1503-1513), 레오 10세(1513-1521)를 포함시켰다.

상스는 피렌체에서만큼 깊이 뿌리를 내리지 못했다. 그것은 교황의 도시 로마에서 휴머니즘이 언제나 다소 이국적인 운동이었기 때문이다."[32] 니콜라스 5세는 동양 그리스 라틴 교회 문학의 희귀사본들을 모았고 헬라어 신약성경을 기록한 바티칸 사본도 그가 남긴 족적이었다. 그는 고전 및 성경사본들 5천권을 사들였고, 1000권이 넘긴 개인 도서관을 소유하고 있었다.

이탈리아 인문주의 가운데 이탈리아 예술을 빼놓을 수 없다. 이탈리아 예술이 가장 꽃 피운 것은 율리우스 2세(Pope Julius II, 재위 1503-1513) 재위 기간이다. 대표적인 인물들은 라파엘로의 스승 페루지노(Pietro Perugino, c.1450-1523), 레오나르도 다빈치(Leonardo di ser Piero da Vinci, 1452-1519), 라파엘로(Raffaello Sanzio, 1483-1520), 미켈란젤로(1475-1564), 코레지오(Antonio Allegri da Correggio, 1489-1534), 안드레아 델 사르토(Andrea del Sarto, 1486-1530), 타치아노(Tiziano Vecellio, 1488/90-1576)를 들 수 있다. 이들은 기독교적 작품들을 통해 기독교가 인류문명에 크게 기여할 수 있는 기회와 배경을 제공한 주인공들이었다. 라파엘로는 '성모 마리아와 아기예수'를 비롯한 수많은 기념비적인 작품을 남겼고, 미켈란젤로는 시스틴 성당에 불후의 명작 '천지창조'를, 그리고 레오나르드 다빈치는 '마지막 성만찬'(1498)와 '모나리자'(1503) 등 역사적인 기독교 유산을 남겨주었다. 이들은 자신들의 전 생애를 종교적인 작품에 할애하여 불후의 기독교 고전들을 역사에 전해주었다.

그런데 한 가지 꼭 추가하고 싶은 것이 있다. 미켈란젤로의 작품 세계의 근간을 형성한 것은 성경과 개혁 사상이라는 사실이다. 미켈란젤로는 "조각과 회화의 영감을 구약성경과 단테와 사보나롤라(Girolamo Savonarola, 1452-1498)에게서 받았다." 사이몬즈(Symonds)에 따르면 마켈란젤로는 이렇게 "교황청의 타락을 개탄했다."

---

32 Schaff, *History of Christian Church*, Volume VI., 433.

로마는 여전히 궁정에서 그리스도를 죽이고 팔고 있으며 그곳에 이르면 덕
이 공정하게 신장되어 나가는 길이 봉쇄된다.[33]

미켈란젤로는 이렇게 마지막 중세인으로 그러나 경건하게 살면서 자신의 작품들을 통해서 예수 그리스도를 증거했다. 그는 그 시대의 양심이었고, 기독교 신앙을 예술로 승화시킨 주인공이었다. 그의 작품은 '경건'과 '예술'이 만나 태어난 불후의 명작들이다.

2. 독일 네덜란드 북방 르네상스

이탈리아에서 시작된 르네상스 휴머니즘은 이탈리아를 넘어 곧 주변 나라들로 확산되었다. 독일과 네덜란드의 북방 르네상스 휴머니즘은 이탈리아 휴머니즘과 달리 주로 성서연구와 교부들의 작품 연구 등 기독교 고전 연구에 초점이 맞추어져 있다. 그래서 북방 르네상스 휴머니즘을 가리켜 기독교 르네상스 휴머니즘이라고 부른다.[34]

콘스탄스와 바젤종교회의에 참석한 북유럽의 대표자들이 귀국해 르네상스를 소개하면서 르네상스 휴머니즘은 독일, 프랑스, 영국, 스페인 등 북유럽 국가들로 놀랍게 확산되어 나갔다. 더구나 당시 발달된 대학들은 르네상스 휴머니즘의 무대를 제공해주었다. 프랑스나 이탈리아 영국과 비교할 수 없지만 독일에서도 유서 깊은 대학들이 세워졌다. 프라하대학(1347), 빈대학(1365), 하이델베르그대학(1386), 에르푸르트대학(1392), 라이프치히 대학(1409), 바젤대학(1459), 튀빙겐대학(1477)은 14세기와 15세기에 설립된 대표적인 독일 대학들이다. 라이프치히(Leipzig)를 비롯 수많은 북방 유럽의 대학들에서 르네상스

---

33 Schaff, *History of Christian Church, Volume VI.*, 447.
34 Lars Pederson Qualben, *A History of the Christian Church* (New York: Thomas Nelson and Sons, 1956), 199-201.

휴머니즘은 활발하게 논의되었다.

르네상스 휴머니즘은 1450년 어간에 발명된 인쇄술을 통해 북방 유럽 전역으로 유행처럼 저변확대 되었다. 인쇄술의 발명은 르네상스 휴머니즘을 저변확대시키는 가히 시의적절하고 혁명적인 발명이라고 할 수 있다. 실제로 인쇄술은 사상적, 문화적 혁명을 가져다주었다. 그것은 인쇄술의 발달이 한 곳의 사상을 곧 다른 곳으로 저변확대시켜 주었기 때문이다. 교황과 교회의 전유물이었던 성경이 인쇄술의 발달과 인문주의자들에 의한 번역작업으로 1470년대와 1480년대 사이에 각 나라 언어로 번역되었다. 1471년 이탈리아어 성경이, 1477년에 불어 성경이 출판되고 이어 1478년에 스페인어 성경이 그리고 1488년에 보헤미안 성경이 완간되었다. 성경의 보급은 고전에 대한 연구의 결과이지만 중세의 신앙을 성경에 비추어 해석하고 판단할 수 있도록 도전을 주었다. 다시 말해 당대인들에게 신앙의 표준이 무엇이어야 하는가 하는 문제에 대한 답을 제공해주었다.

이 시대 르네상스 휴머니즘의 대변자들은 프랑스 인문주의자 르페브르(Jacques Lefèvre d'Étaples, c.1455-1536), 로이힐린(Johannes Reuchlin, 1455-1522), 영국 인문주의 운동의 선구자 콜렛(John Colet, 1467-1519), 그리고 에라스무스(Desiderius Erasmus Roterodamus, c.1469-1536)를 들 수 있다.

르페브르는 불어 성경과 바울서신 주석을 출판해 행위 구원을 반박했고, 로이힐린은 바젤에서 교수하면서 라틴어, 헬라어, 히브리어 고전에 대한 많은 연구를 하였으며, 소위 옥스퍼드 개혁자들(the Oxford Reformers)을 대표하는 존 콜렛은 과거 교부들이 견지했던 문법적 역사적 해석을 통해 바울 서신을 해석하였다. 에라스무스는 성경번역을 통해 종교개혁의 길을 준비했다.

르페브르

프랑스 신학자요 선도적인 인문주의자였던 자크 르페브르는 신약성경을 프랑스어로 번역해서 프랑스 종교개혁을 위한 중요한 길을 예비했다. 그의 몇몇 사상들은 종교개혁자들과 일치했다. 그는 파리대학에서 공부를 마치고, 이탈리아로 가서 지오바니 아르기로풀로(Giovanni Argiropulo, c.1415-1487)의 강의를 들었고, 베로나의 에밀리우스(Paulus Aemilius, c.1455-1529)와 교제했으며, 이후 1492년 다시 이탈리아에 가서 피렌체, 로마, 베니스에서 공부했다.

그는 이런 과정을 거치면서 플라톤의 철학과 아리스토텔레스의 작품들의 영향을 받았다. 파리대학에서 교수하는 동안 배출한 제자들 중에는 베아투스 레나누스(Beatus Rhenanus, 1485-1547), 프랑수와 바타블(François Vatable, -1547), 카롤루스 보빌루스(Carolus Bovillus, 1471-1553) 및 기욤 파렐(Guillaume Farel, 1489-1565)과 같은 탁월한 인물들이 있다. 이 중에서 파렐은 칼빈(Jean Calvin, 1509-1564)과 함께 제네바 개혁을 주도한 인물이다.

르페브르는 1507년에 파리 근처 생 제르맹 데 프레의 베네딕토회 수도원에 거주하면서 성서 연구에 전념하면서 1509년과 1512년 2권의 탁월한 성경 관련 작품들을 출간하였고,[35] 1523년 후반에 프랑스어판 신약성서를 완간했다. 그의 프랑스어 성경은 루터의 독일어 버전과 모든 프랑스어 번역의 기초가 되었다. 그이 프랑스어 성경은 루터의 독일어 '성경이 1522년 9월과 12월에 출산되었으니 루터 역보다 1년 후에 출간된 것이다. 르페브르를 주목하는 것은 그가 자신의 저서 서문과 각주에서 성경이 교리의 유일한 법칙이고 칭의는 오직 믿음으로만 이루어진다는 견해를 분명하게 밝혔다는 사실이다. 르페브르가 프랑스어 신약성경 번역을 끝냈을 때 그는 모든 사본을 불태우라는 명령을 받았고, 이 때문에 유배를 당하기도 했다.

르페브르는 많은 공격과 비판을 받았지만 프랑수아 1세(François

---

35 첫 작품은 1509년에 출간한 다섯겹의 시편: 프랑스어, 로마어, 히브리어, 구약, 화해의 시편(*Quintuplex Psalterium: Gallicum, Romanum, Hebraicum, Vetus, Conciliatum*[*Fivefold Psalter: French, Roman, Hebrew, Old, Conciliate*])이고, 두 번째 작품은 1512년에 출간한 주석이 있는 그리스에서 번역한 바울 서신(*S. Pauli Epistolae xiv. ex vulgata editione, adjecta Intelligenceia ex Graeco cum commentariis* [*Epistles of St. Paul xiv. from the popular edition, with added Intelligenceia from the Greek with commentaries*])이다.

I, 1494-1547)와 그의 지적 여동생인 마르그리트 당굴렘(Marguerite d'Angoulême, 1492-1549)의 보호를 받을 수 있었다. 그는 계속해서 1525년 프랑스어로 다윗의 시편(*Le Psautier de David*)을 번역했고, 1526년에 블루아(Blois)의 왕실 사서로 임명되어 더욱 활발하게 성경번역을 추진했다. 1528년에는 구약오경을 완역했고, 2년 후 1530년에 제롬의 벌게이트 역(*Vulgate of Jerome*)에 기초하여 신구약성경번역을 완간했다. 르페브르는 계속 개역작업을 진행하여 히브리어와 그리스어 본문을 기반으로 한 신구약성경 개정판을 1534년 마쳤다. 이것은 앤트워프의 메르텐(Merten de Keyser, -1536)에 의해 출간되었다.

로이힐린

에라스무스 다음 가는 독일 고전학자, 인문주의자로 평가 받는 로이힐린은 르네상스 시대에 원전으로 돌아가려는 열망을 가지고 독일 내 비유대인 학자 중 최초로 히브리어를 심도 있게 연구한 최고의 르네상스 구약 성경 학자였다.[36]

20년 간의 연구 결과 히브리어 문법과 사전을 출간하여 고전어 연구 분야에서 가장 독보적인 업적을 이룩하였다.[37] 그는 수도원 학교에서 라틴어를, 1470년부터 그리스어를 배우기 시작했고, 1492년에는 프리드리히 황제의 유대인 의사인 야콥 벤 예히엘 로안스에게서 히브리어를 직접 배웠다. 헬라어를 헬라인에게 배우고 히브리어를 직접 랍비에게 배웠기 때문에 그의 고전어 실력은 많은 사람들이 인정할 정도였다.

> 그[로이힐린]는 그 시대 학문의 거의 모든 분야에 능숙했지만 특히 그리스어와 히브리어에 능숙했다. 그는 그리스어 문헌을 라틴어로 번역했고, 일리

---

36 Walker, *A History of Christian Church*, 328-329.
37 Walker, *A History of Christian Church*, 328-329.

아드의 일부와 데모스테네스의 연설문 두 편을 독일어로 번역했다. 그의 첫 번째 중요한 저작은 20세 때 바젤에서 출간한 라틴어 어휘집인 **보카불리우스 브레빌로쿠스**(Vocabularius breviloquus)로, 1475-1504년에 걸쳐 25판이 출간되었다. 그는 그리스어 문법도 준비했다. 그러나 그의 가장 큰 업적은 북유럽 기독교인들 사이에서 히브리어 학습의 선구자라는 사실이다. 그는 1506년 포르츠하임에서 자비로 출판한 히브리어 문법과 사전인 **기초 히브리어**에서 히브리어 연구에 대한 과학적 근거를 제시했다 … 1512년에는 루터가 사용했던 라틴어 번역과 문법적 주석이 포함된 **참회 시편**을 출간했다. 1475년 이탈리아에서 히브리어 서적의 인쇄가 시작되었다. 로이힐린은 히브리어를 하나님과 천사가 인간과 소통하는 언어 중 가장 오래된 언어라고 선언했다. 고대 언어임에도 불구하고 히브리어는 가장 풍부한 언어이며, 원시적인 샘에서 물이 솟아나는 것처럼 히브리어에서 다른 언어가 파생되었다.[38]

그는 황제가 10년 동안 모든 독일 대학에 두 명의 히브리어 교수진을 두고 유대인들이 책을 제공해야 한다는 법령을 제정할 것을 제안했다. 그는 1513년 종교재판에 소환되어 심문을 받았고, 1516년 7월 그의 재판은 로마 교황청으로 넘어갔다. 1520년, 프랑크푸르트에서 이 사건을 조사하기 위한 위원회가 열렸고, 위원회는 로이힐린의 글 **호그스트라텐**을 유죄로 판결했지만 사실상 그에 대한 판결은 기각했다. 로마 교황청은 그가 개신교로 기울고 있다고 의심했다. 실제로 1517년 루터가 제안한 95개 조를 받았을 때 로이힐린은 이렇게 외쳤다고 알려졌다.

> 하나님께 감사하게도 마침내 그들[루터와 개혁자들]은 그들[교황과 교황청 사람들]에게 할 일을 너무 많이 주어 나의 노년을 평화롭게 마무리할 수 있

---

38 Schaff, *History of Christian Church*, Volume VI., 462.

요하네스 로이힐린(Johannes Reuchlin, 1455 - 1522)

는 사람을 찾았다.

로이힐린은 종교개혁의 선봉에 선 루터에게 우호적이었다. 이 사건은 루터의 종교개혁을 촉발시키는 데 도움을 주었다.[39] 실제로 1518년에 로이힐린은 비텐베르크 대학 히브리어와 그리스어 교수로 임명되었지만 자신이 가지 않고 대신 자신의 조카 멜란히톤을 그 자리에 천거했다.

학자들은 루터의 갈라디아서 주석에서 로이힐린의 영향을 찾을 수 있다고 주장한다. 루터가 갈라디아서 주석에서 믿음에 의한 칭의 주제와 관련하여 당대 최고의 히브리어 전문가인 로이힐린에게 자문을 구하고 그것을 자신의 논증의 근거로 삼았다는 것이다. 다만 루터는 예수의 이름에 대한 히브리어 문자에서 예수의 이름이 "숨겨진 하나님"을 의미한다는 로이힐린의 의견에는 동의하지 않

---

39   Erika Rummel, *The Case Against Johann Reuchlin* (Toronto: University of Toronto Press, 2002), iv–xv.

왔다. 그 이유는 루터가 볼 때 그의 견해가 "그가 자기 백성을 그들의 죄에서 구원할 것"이라는 의미로 묘사된 마태복음 1장 21절과 모순된다고 보았기 때문이다.[40] 로이힐린은 개신교로 기울고 있다는 의혹에도 불구하고 평생 동안 가톨릭 교회를 떠나지 않았다.[41]

존 콜렛

런던 세인트 폴 대성당의 학장이요, 에라스무스의 친구요, 최고의 인문주의 교육을 받은 당대 영국의 대표적 인문주의자 존 콜렛은 인간의 이성보다 성경을 신앙과 삶의 지침으로 삼아야 한다고 생각했다. 그는 이성을 강조한 토마스 아퀴나스와 달리 성경을 신학의 지침으로 삼으려고 했다. 그는 인간의 이성의 역할을 강조했던 중세 스콜라주의 특히 토마스 아퀴나스의 신학방법이 "더러운 철학으로 그리스도의 모든 가르침을 오염"시켰다며 신랄하게 비판했다.

콜렛은 세인트 앤서니 학교와 옥스퍼드의 막달렌 칼리지에서 학사와 1490년 석사를 마치고 1493년 파리에 가서 공부하고 다시 이탈리아로 가서 교회법과 민법, 교부학과 그리스어를 연구했다. 그는 해외에 유학하는 기간 동안 부데(Guillaume Budé, 1467-1540)와 에라스무스, 그리고 사보나롤라의 사상을 접하였다. 1496년 유학을 마치고 영국으로 돌아왔을 때 그는 단순한 인문주의자 그 이상이었다. 처음 바울 서신에 대한 강의를 시작으로 세인트 폴 대성당에서 1주일에 3일씩 신학강의를 했다. 그는 이곳에서 학장을 맡으면서 스콜라주의 방법과 달리 성경을 중요한 신학 지침으로 삼고 교회 개혁을 위한 설교, 행정, 성서 해석 및 교육을 실천했다. 콜렛은 1508년 아버지의 재산을 물려 받아 세인트 폴 학교를 재건하고 교육에 심혈을 기울였다. 그의 설교 역시 훗날 프로테스탄 설교라는 평가를 받을 만큼 개혁적인 성향이 강했고, 헨리 8세를 비롯하

---

40 William J. Wright, *Martin Luther's Understanding of God's Two Kingdoms* (Grand Rapids: Baker, 2010), 91.
41 Schaff, *History of Christian Church, Volume VI.*, 464-465.

여 당대 많은 종교 지도자들에게 영향을 주었다.

에라스무스

르페브르, 로이힐린, 콜렛보다 더 성서적 인문주의를 확산시킨 인물은 에라스무스라고 할 수 있다.[42] 에라스무스는 13세에 부모를 잃고 헤르초겐부쉬의 학교에서 3년을 보낸 후 슈타인의 수도원에 들어갔다. 이것은 자신의 뜻과 다른 "자기 인생에서 가장 불행한 일이었다"고 훗날 회고했다. 그는 파리에서 잠시 지냈고, 이어 잉글랜드에서 잠시 지낸 적이 있었는데 이 때 옥스퍼드의 인문주의자 존 콜렛과 토마스 모어(Thomas More, 1478-1535)를 만났다.

영국에서 돌아온 에라스무스는 프랑스와 네덜란드에 체류하면서 책을 출간하였고, 1509년 다시 잉글랜드로 돌아가면서 우신예찬(*Encomium moriae*)을 출간하였다. 잉글랜드에서 5년 동안 체류하는 동안 케임브리지대학에서 헬라어 교수로 재직하였고 콜렛과 모어, 로체스터의 주교 피셔와 대주교 위럼과 교분을 쌓았다. 1515-1521년에 이르러 에라스무스의 명성은 유럽의 어느 학자들을 능가했다. 이 기간 그의 기념비적인 두 개의 작품, 1516년 헬라어성경과 1518년 대화록(*Colloquites*)이 출간되었다.

1516년 에라스무스가 바젤에서 출간한 헬라어 신약전서는 성경연구와 성경이해에 새로운 획을 그었다. 그의 헬라어 신약성경은 필립 샤프의 표현을 빌린다면 "에라스무스의 다른 모든 저술들을 합친 것보다, 아니 모든 르네상스 저자들의 번역본과 원전을 합친 것보다 종교라는 대의에 있어서는 더 많은 가치가 있었다."[43] 에라스무스의 대역성경의 개정본은 1516, 1519, 1522, 1527, 1535 다섯 번 발행되었다. 에라스무스의 허락을 받지 않고 복사된 헬라어 성경만도 30종이 넘었다. 루터는 1521년 바르트부르그 성에서 신약성경을 번역

42　Walker, *A History of Christian Church*, 329-330.
43　Schaff, *History of Christian Church, Volume VI.*, 470.

할 때 1519년 헬라어 개정판을 모본으로 삼았다. 에라스무스는 1521년 이후에도 힐라리(Hilary, 1523), 암브로스(Ambrose, 1527), 이레니우스(Irenaeus, 1526), 아다나시우스(Athanacius), 크리소스톰(Chrysostome, 1530), 어거스틴(Augustine, 1528), 에피파니우스(Epiphanius, 1529)를 비롯한 초대교회 교부들에 관한 걸작들을 출간했다.

에라스무스와 루터는 16세기를 장식한 대표적인 두 명의 지도자들이었다. 한 사람은 인문주의를 대변하는 인물이었고, 다른 한 사람은 종교개혁을 대변하는 인물이었다. 둘은 실제로 모종의 연관성을 지니고 있다. 에라스무스가 편찬한 헬라어 성경이 종교개혁의 중요한 모체가 되었기 때문이다. 실제로 에라스무스도 자신이 낳은 알을 루터가 부화했다고 말한 적이 있다.

에라스무스는 자신이 의도했던 그렇지 않던 세 가지 면에서 종교개혁의 발흥에 중요한 기여를 했다. 첫째, 성경번역이다. 그는 4개의 헬라서 사본을 이용하여 1516년 헬라어 신약성경과 라틴어 역 성경을 출판하였다. 둘째, 교부들의 작품 소개이다. 성경 번역 외에도 제롬(Jerome), 힐라리(Hilary), 암브로스(Ambrose), 이레니우스(Irenaeus), 아다나시우스(Athanacius), 크리소스톰(Chrysostome), 어거스틴(Augustine), 에피파니우스(Epiphanius), 오리겐(Origen)등 교부들의 작품을 번역 출간하여 소개했다. 셋째는 수많은 기독교 교전들의 번역과 연구를 통해 후대 종교개혁 운동의 토양을 제공해주었다.[44] 그의 수많은 작품들은 종교개혁의 주역들이 한창 학문적 갈증에 불타고 있던 젊은 시절 이들의 지적 요구를 충족시켜주기에 충분했다.

그는 일찍이 공동생활 형제단(the Brethren of the Common Life)과 영국과 유럽의 대학에서 연구하면서 수많은 인문주의자들과의 접촉을 통해 성경과 교부들의 작품에 깊은 관심을 가지게 되었다. 특히 옥스퍼드에서 콜렛과의 교류를 가지면서 개혁사상을 접하였고, 교회의 개혁, 수도원 운동의 타락을 지적하

---

44 Richard Chenevix Trench, *Lectures on Medieval Church History: Being the Substance of Lectures Delivered at Queen's College, London* (London: Macmillan and Co., 1879), 396.

며 개혁의 분위기를 조성하는데 크게 공헌했다. 이들은 고전에 대한 연구, 성경의 번역, 교부들의 작품 번역을 통해 종교개혁의 토대를 구축하여 주었다. 루터, 칼빈, 츠빙글리를 비롯한 종교개혁자들은 르네상스 휴머니즘의 배경 속에서 교육을 받으면서 인문주의에 새로운 눈을 뜨게 되었고 성경 원문을 직접 깊이 연구하면서 성경의 진리를 새롭게 발견했다.

하지만 루터와 에라스무스 두 사람은 서로 성향이 달랐다. 에라스무스는 당대 최고의 지식을 소유한 대학자였지만 그 지식이 행동으로 이어지지는 못했다. 에라스무스의 지식은 진리에 대한 깨달음에서 출발한 루터의 지식과는 달랐다. 에라스무스는 헬라어성경을 출간할만큼 유럽 최대의 지성이었지만 결코 진리를 루터만큼 깨닫지 못했다. 루터는 로마 가톨릭의 교리적 부패와 도덕적 부패에 맞서 자신이 발견하고 깨달은 진리를 위해 자신의 생명을 담보했지만 "에라스무스는 전투에는 관심이 없었다. 그의 경건은 구질서와의 결별을 감당할 만큼 깊지 않았다. 비록 그는 펜으로는 교황에게 조소를 쏟아부었지만 말로는 교황에게 아첨했다."[45]

루터는 면죄부 발행과 잘못을 생명 내걸고 비판했지만 에라스무스는 교황 레오 10세를 자신에게 유리하다 싶으면 "문화의 화신으로 칭송"했다. 진리의 횃불을 높인 종교개혁은 학문과 풍자보다 더 전투적인 태도, 진리를 위해 자신의 목숨도 내놓을 필요가 있었지만 에라스무스는 "신앙위인이 될만한 솔직함도 없었고 용기도 없었다." '자신을 위한 사람' 바로 이것이 당시 에라스무스에 대한 정확한 평가였다. 에라스무스는 '학문과 기지로 지식인들의 존경'을 받았지만 루터는 민중의 언어로 성경을 번역하고 자신이 깨달은 진리를 전하고 그 진리를 변호하는 일에 생명을 걸었다. 필립 샤프의 표현대로 "루터는 독일인들에게 외치고 그들을 위해서 싸웠다."[46]

에라스무스는 영국의 존 콜렛이나 토마스 모어처럼 로마와 결별할 생각은

---

45 Schaff, *History of Christian Church, Volume VI.*, 472.
46 Schaff, *History of Christian Church, Volume VI.*, 472.

에라스무스
(Desiderius Erasmus Roterodamus, c.1469-1536)

전혀 없었다. "자신은 교회의 판단에서 벗어난 적이 없고 벗어날 수도 없다고 선언했다."[47] 그러면서 심지어 이런 말을 덧붙였다. "교회의 동의가 내게는 너무도 중요해서 교회가 아리우스파나 펠라기우스파의 가르침을 승인한다면 나는 그들에게 동의할 것이다."[48] 에라스무스는 루터와 츠빙글리의 과격한 방법을 반대했고 "구교 체제의 울타리 안에서 점진적인 교육과 부드러운 설득을 통해서 개혁을 이루기를 원했다."[49] 에라스무스는 루터를 만나본 적도 없고 그의 작품을 읽은 적도 없으며 따라서 종교개혁운동에 대한 책임이 없다는 입장을 분명히 밝혔다. 필립 샤프에 따르면 "에라스무스는 비평적인 학자였지 행동하는 사

---

47   Schaff, *History of Christian Church, Volume VI.*, 472.
48   Schaff, *History of Christian Church, Volume VI.*, 472.
49   Schaff, *History of Christian Church, Volume VI.*, 472.

람이나 신념에 대한 깊은 열정을 가진 사람은 아니었다. 기껏해야 그는 도덕주의자였다. 그는 루터와 같은 신앙적 체험을 하지 못했다." 실제로 루터는 일찍이 랑게에게 보낸 편지에서 "에라스무스가 하나님의 은혜에 대해 거의 알지 못하는 것 같다"[50]고 말했다.

필립 샤프의 평을 액면 그대로 받아들일 수 없다 치더라도 확실히 분명한 것은 루터와 에라스무스가 성향이 달랐다는 사실이다. 루터는 자신이 믿고 깨달은 대로 행동에 옮긴 실천가요 행동가였던 반면 에라스무스는 그렇지 못했다. 에라스무스는 로마 카톨릭 안에 그대로 머물기를 원했다. 하지만 로마 교황청은 에라스무스를 종교개혁에 우호적인 인물이라고 이해했다. 파울루스 4세(Pope Paul IV, 재위 1555-1559)와 식스투스 5세(Pope Sixtus V, 재위 1585-1590)는 에라스무스를 의도적 이단으로 규정하고 그의 모든 저서들을 금서 목록에 올려놓았다. 그러다 1564년 트렌트 공의회에서 대화록, 우신예찬, 기독교적 결혼 그리고 그 외 한 두 권을 제외하고는 금서목록에서 해제되었고 이 결정은 1596년 클레멘트 8세(Pope Clement VIII, 재위 1592-1605)에 의해 확정되었다.

독일민족의 가톨릭 역사가 얀센(Johannes Janssen)은 에라스무스를 "허영과 자만에 가득 차있고 시혜자들에게 감사할 줄 모르며 쟁점들에 대해서는 항상 중립적인 태도를 취할 준비가 되어 있으며, 선물을 받기 위해 권력자에게 아첨하는"[51] 인물이라고 혹평했다.

루터는 1523년 오이콜람파디우스에게 보낸 편지에 이렇게 에라스무스를 평했다. "에라스무스는 자신에게 부여된 사명을 다했습니다. 그는 해로운 스콜라 학문을 대신해 고대 언어를 소개했습니다. 그는 아마도 모압 땅에서 모세처럼 죽을 것입니다 … 그는 악을 이기는 데는 충분한 제 몫을 감당했지만, 약속의 땅으로 인도하는 것은 제가 판단하건대 그의 몫이 아닙니다."[52] 여기서 언급한

---

50   Schaff, *History of Christian Church, Volume VI.*, 472.
51   Schaff, *History of Christian Church, Volume VI.*, 473.
52   Schaff, *History of Christian Church, Volume VI.*, 473.

약속의 땅은 종교개혁을 지칭하는 것으로 보인다. 루터는 종교개혁 문턱까지 인도하는 역할이 에라스무스에게 주어진 책무라고 판단한 것이다.

3. 중세말 성경보급과 성경해석

1528년 성경번역의 선구자 틴데일(William Tyndale, 1494-1536)에 따르면 교황주의자들은 성경을 문자적, 비유적, 알레고리적, 신비적 의미로 구분했다. 그런데 교황은 이 중에서 가장 중요한 문자적 해석을 따로 떼어내 '자신만의 것으로 전유'했다. 개인들이 성경을 소유하는 것이 불가능할뿐더러 개인이 성경을 해석하는 권한도 용인하지 않은 것이다. 교황은 개인들이 성경해석을 독자적으로 할 수 있는 권한을 막고 성경해석을 교황과 교회가 독점했다.

이와 같은 중세의 성경해석의 문제점을 정확히 간파한 인물 중 한명이 영국의 틴데일이다. 그는 1528년 이렇게 간곡히 호소했다. "여러분들은 성경이 문자적 의미인 단 하나의 의미만을 가지고 있다는 것을 이해해야 합니다. 이 문자적 의미는 모든 것의 뿌리이자 기초이며 결코 실패하지 않는 닻입니다. 만약 당신이 그것을 붙잡는다면 당신은 결코 실수하거나 길에서 벗어날 수 없습니다."[53]

틴데일에 앞서서 중세 문자적 성경해석에 근거한 새로운 성경해석의 토대를 구축한 인물은 각주성경을 쓴 리라의 니콜라우스(Nicholas of Lyra, c.1270-1349)였다. 위클리프가 "정교하고 세련된 성경해석자"라고 예찬했던 니콜라우스는 평생 파리대학교 교수로 봉직했다. 그는 헬라어를 알았고 랍비에게서 히브리어를 배워 히브리어에 능숙하였다. 그의 가장 큰 성경해석의 기여는 성경의 문자적 의미를 강조한 점이다. 니콜라우스의 문자적 성경해석의 중요성은 위클리프(John Wycliffe, c.1330-1384)에게 적지 않은 영향을 미쳤다. 위클리프

53　Schaff, *History of Christian Church, Volume VI.*, 529.

는 낱권 주석을 남기지 않았지만 주기도문 십계명 주석을 통해 "문자적 의미를 발견하는 것이 건실한 해석학의 유일한 목표"라는 사실을 강조했다.

이어 등장한 15세기 라우렌티우스 발라(Lorenzo Valla, 1407-1457), 에라스무스, 콜렛, 베셀의 요한(Johann Ruchrat von Wesel, c.1420-1481), 베셀 한스포르트(Wessel Harmensz Gansfort, 1419-1489), 그리고 르페브르, 데타플 역시 성경해석에서 문자적 해석의 중요성을 일깨워주었다. 이들은 루터와 칼빈이 문자적 혹은 역사적 해석 그리고 문법적 해석을 통한 새로운 성경해석의 장을 펼칠 수 있도록 중요한 배경을 제공했다.

헬라어, 히브리어, 라틴어 등 고전어 성경과 독일어, 영어, 프랑스어, 보헤미아어, 스페인어 등 자국어 성경의 출간은 개인들이 성경을 해석하고 문자적, 역사적, 문법적 성경해석이라는 새로운 성경해석의 장을 활짝 열어주는 중요한 전기를 제공했다. 1520년 이전에 199종이 넘는 성경전서가 출판되었다. 이 중 156 종이 라틴어 성경이었고 17종이 독일어 성경이었다. 11종은 이탈리아어 성경, 2종은 보헤미아어 성경, 1종은 러시아어 성경이었다. 스페인어 성경은 1478년 발렌시아에서 출간된 리무진 역본과 1514-1517년에 출간된 추기경 히메네스의 **콜플루툼 대역성경**(*the Complutensian Bible*)이 있었다. 그리고 최초의 영어 성경은 1526년에 가서야 출간되었다.

이들 성경들이 역사적 의미를 지니는 것은 헬라어 성경을 모본으로 성경번역이 진행되었기 때문이다. 이미 벌게이트 라틴어 성경이 있었지만 인문주의자들은 헬라어에서 직접 성경을 번역하기를 원했다. 1516년에 출간된 에라스무스의 성경 역시 헬라어를 모본으로 삼아 라틴어로 번역한 헬라어-라틴어 역이었다. 이 성경이 출간되자 로마 가톨릭 신학자들은 에라스무스와 그를 따르는 이들을 강도 높이 비판하기 시작했다.

그들은 그리스어라는 언어를 발견했는데, 우리는 그 언어를 조심해야 한다. 모든 이단의 어머니이다. 나는 많은 사람들의 손에 신약성경이라고 불리는 책이 들려 있는 것을 본다. 가시와 독이 가득한 책이다. 내 형제들이여, 히브

리어를 배우는 사람은 조만간 유대인[유대교]으로 전향하게 될 것이 확실하다.[54]

　　로마 가톨릭은 평신도들에게 성경을 보급하는 일을 권장하지 않았다. 정확히 말하면 성경 보급을 권장하지 않은 것이 아니라 보급을 반대했다. 이노센트 3세(Pope Innocent III, 재위 1198-1216)는 단순하고 무학인 사람들은 성경을 만지거나 그 교리들을 설교하려고 해서는 안된다고 주장했고 1229년 툴루즈교회회의의 법령은 "원서든 번역본이든 평신도가 구약과 신약 성경을 읽는 것을 엄격히 금지했다." 이 법령은 종교개혁이 발흥할 때까지도 철회되거나 수정된 일이 없었다.[55] 실제로 스페인에서는 페르디난드(Ferdinand II of Aragon, 1452-1516)와 이사벨라(Isabella I of Castile, 1451-1504)가 종교개혁 전야에 성경을 번역하거나 성경책을 소유하는 것에 대해 엄한 형벌을 가했다. 이것은 스페인에서만의 현상은 아니었다. 15세기 초반 영국의 대주교 아룬들(Thomas Arundel, 1353-1414)은 위클리프의 영어성경을 읽은 것을 금하는 법령을 공표했고 1485년 독일의 마인츠 대주교 베르톨트(Berthold von Henneberg, 1442-1504)도 성경보급을 금했다.

　　중세 로마 가톨릭교회는 성경을 보급하지 않은 것은 물론 평신도가 성경을 읽는 것을 금했다. 틴데일의 다음 증언대로 "어떤 교황들은 성경을 영어로 번역하는 것은 불가능하다고 말하고, 어떤 교황들은 평신도들이 모국어로 된 성경을 소유하는 것이 불법이라고 말하며, 어떤 교황들은 성경을 영어로 번역하면 것이 모든 행위가 이단이라고 주장했다."[56] 심지어 존 칼빈의 종교개혁의 심볼 제네바는 1533년 시민들이 독일어 성경이나 프랑스어 성경을 읽는 것을 금지시켰고 모든 성경을 불태워버렸다. 1535년 프랑수아 1세는 인쇄소들을 폐쇄하고

54　Schaff, *History of Christian Church, Volume VI.*, 532.
55　Schaff, *History of Christian Church, Volume VI.*, 532.
56　Schaff, *History of Christian Church, Volume VI.*, 534.

구텐베르크 성경(Gutenberg-Bibel)

소르본대학의 허가를 받지 않고 종교서적을 출판할 경우 중벌에 처했다.[57]

이런 시대적 상황 속에서 성경이 널리 보급된 것은 하나님의 특별한 섭리였다. 르네상스 인문주의 발흥과 인쇄술의 발달을 통해 성경번역이 활발하게 진행되었고 번역된 고전어와 자국어로 성경이 출간되었다. 종교개혁 이전의 개혁자들과 르네상스 인문주의자들은 이 일에 큰 공헌자들이었다. 중세 말 종교개혁 이전의 개혁자들을 대표하는 위클리프는 "성경이 신조와 삶을 주관하는 권위의 원천으로서 자유롭게 널리 보급"되어야 한다는 입장이었고, 그런 정신을 가장 잘 대변한 인물이 에라스무스였다. 에라스무스는 성경은 배우지 못한 사람들에게도 널리 보급되어야 한다고 확신했다.

> 나는 성경을 배우지 못한 사람들이 자신의 저속한 언어로 번역하여 읽는 것을 꺼려하는 사람들에게 전적으로 반대한다. 마치 기독교 신앙의 힘이 사람들의 무지에 있는 것처럼 말이다. 왕의 조언은 숨겨두는 것이 훨씬 낫지만

57　Schaff, *History of Christian Church*, Volume VI., 535.

그리스도는 자신의 비밀들이 가능한 한 밝히 공개되기를 원하셨다. 저는 가장 연약한 여성이라도 복음서와 바울 서신들을 읽었으면 좋겠다. 그리고 나는 그것들이 모든 언어로 번역되어 스코틀랜드인과 아일랜드인 뿐만 아니라 터키인과 사라센들까지도 읽고 이해할 수 있기를 바란다. 나는 농부가 쟁기로 밭을 갈면서, 직조공이 베틀의 곡조에 맞춰 흥얼거리면서, 여행자가 자신의 이야기로 여행의 지루함을 달래면서 성경의 일부를 읽기를 갈망한다.[58]

종교개혁 전후 "독일과 네덜란드에서 대중들 가운데 자국어 성경에 대한 갈증이 널리 퍼져 있었다."[59] 무엇보다 1522년까지 199종의 성경전서 번역본이 출간되었다는 사실을 주목할 필요가 있다. 이들 성경 중에는 모국어로 번역한 성경들도 상당수 있었다. 당시 출간된 이들 모국어 성경 번역본에는 성경을 읽으라는 당부가 등장한다. 예를 들어 1480년 발행된 독일어 성경 서문에는 "모든 그리스도인에게 기도와 정직한 마음으로 성경을 읽으라"는 내용이 있다.

인쇄술의 등장은 성경출간을 용이하게 만들었다. 중세 말엽과 종교개혁 초반 그렇게 많은 성경이 출간될 수 있었던 것은 인쇄술의 발견이 만들어낸 놀라운 열매였다. 필립 샤프는 순교자 전기작가 폭스(Foxe)를 인용하여 인쇄술의 발달이 교황과 당시 로마 가톨릭교회에 얼마나 위협적이었는가를 이렇게 증언한다:

> 교황은 인쇄술을 폐지하거나 아니면 다스릴 새로운 세상을 찾아 나서거나 택일해야 했다. 그렇지 않으면 세상이 그대로 존속하는 한 인쇄술에 의해 교황이 폐지될 것이기 때문이다. 교황과 모든 추기경들은 인쇄술의 빛을 통해서 세상이 이제 볼 수 있는 눈과 판단할 수 있는 머리를 가지기 시작했다는

---

58 Schaff, *History of Christian Church, Volume VI.*, 533.
59 Schaff, *History of Christian Church, Volume VI.*, 535.

사실을 깨달아야 했다 … 하나님께서는 복음을 전파하시기 위해 인쇄소를 열어 주셨고, 교황이 그 외침을 삼중 왕관의 권력을 다 동원한다고 해도 결코 멈출게 할 수 없었다. 방언의 은사와 성령의 유일한 역사와 마찬가지로 인쇄술에 의해서도 복음의 교리가 하늘 아래 모든 민족과 나라에 울려 퍼졌고, 하나님이 한 사람에게 계시하신 것이 많은 사람에게 확산되었으며 한 민족에게 알려진 것이 모든 민족에게 알려졌다.[60]

폭스는 말씀을 널리 전파하도록 인쇄술을 열어두셨다고 증언한다. 실제로 종교개혁이 성공할 수 있었던 결정적인 이유 중 하나가 인쇄술의 발달이다. 종교개혁자들의 대행사를 통해 성경이 "모든 계층의 사람들에게 알려지고 자유롭게 보급되었다."[61]

종교개혁이 발흥하기 전 에라스무스는 교황이 성경해석을 독점하고 백성들이 성경을 소장하는 것을 막고 윤리적으로 타락한 그 시대를 개혁할 세력은 성경을 잘 아는 평신도들이라고 예견한 적이 있다. 이것은 정확한 예견이었다. 맥그레이스는 기독교 사상, 그 위험한 역사에서 역사적으로 이 사실을 잘 기술하였다.[62]

---

60   Schaff, *History of Christian Church, Volume VI*., 535.
61   Schaff, *History of Christian Church, Volume VI*., 535.
62   Alister McGrath, *Christianity's Dangerous Idea: The Protestant Revolution-A History from the Sixteenth Century to the Twenty-First*, 기독교 그 위험한 사상의 역사, 박규태 역 (서울: 국제제자훈련원, 2009), 56-57.

제 12장

종교개혁 이전의 개혁자들

> 교황은 교회에서 꼭 필요한 존재도 아니고 무오한 존재도 아니다 … 교황은 성경의 가르치는 바를 선언하거나 최고의 법이 무엇인지를 선언할 독점적 권한을 갖고 있지 않다.
>
> 나는 종국에는 진리가 승리할 것이라고 믿는다.
>
> 존 위클리프 (John Wycliffe, c. 1329-1384)

> 나는 오늘 기쁜 마음으로 내가 전해온 복음을 믿는 믿음으로 죽으리라.
>
> 얀 후스 (Jan Hus, 1369-1415)

14세기와 15세기는 종교회의 시대, 르네상스 인문주의 시대이면서도 동시에 종교 개혁 이전의 개혁자들이 활동했던 시대였다. 종교개혁 이전의 개혁자들은 종교개혁의 주요한 신학적 배경을 형성하였다.[1] 종교회의와 르네상스 휴머니즘이 16세기 종교개혁의 시대적 역사적 배경을 제공해주었지만 실제로 신학적

---

1 Albert Henry Newman, *A Manual of Church History* (Philadelphia: American Baptist Publication Society, 1912), 600-621. 종교개혁 이전의 대표적인 개혁자들은 존 위클리프와 얀 후스를 들 수 있다. 뉴먼은 이들을 "복음주의 교회 개혁자들"(Evangelical Churchly Reformers)이라고 불렀다.

사상적 토대를 제공해준 것은 종교개혁 이전의 개혁자들이라고 할 수 있다. 종교개혁 이전의 개혁자들은 비록 수적으로는 극히 적었지만 당대의 신학적 문제점들을 과감하게 지적하며 개혁을 시도했다. 때문에 그들의 영향은 보통 큰 것이 아니었다.

우리는 종교개혁 이전에 이와 같은 개혁을 외친 인물들 가운데 대표적인 인물로 영국의 존 위클리프(John Wycliffe, 1324-1384), 체코의 얀 후스(Jan Hus, 1369-1415), 공동생활형제단, 그리고 이탈리아의 지롤라모 사보나롤라 (Girolamo Savonarola, 1452-1498)를 들 수 있다. 중세 신비주의가 삶의 정화를 위해 분투했다면 이들은 중세교회의 타락한 교회 의식과 비성경적인 잘못된 교리를 개혁한 종교개혁 이전의 개혁자들이었다. 그 중에서 위클리프는 분명 가장 선구자였다.[2]

1. 존 위클리프, 종교개혁의 할아버지

"위클리는 그의 양들에게 고매한 모범을 보였는데 그것은 먼저 자신이 행한 후에 가르쳤다는 사실이다."[3] 중세시대 영국의 시인 제프리 초서(Geoffrey Chaucer, c.1342/3 – 1400)가 존 위클리프에 대해서 한 말이다. 위클리프는 교수, 신학자, 애국자, 성경 번역자, 그리고 무엇보다 말과 행동으로 개혁을 실천한 진정한 개혁자였다. 그가 있었기 때문에 보헤미아의 얀 후스, 피렌

---

2   John Antony Bossy, *Christianity in the West 1400-1700* (Oxford: Oxford University Press, 2010); Charles River Editors, *John Wycliffe and Jan Hus* (Independently published, 2020); Diarmond Ninian John MacCulloch, *The Reformation: A History* (New York: Penguin Books, 2005); Ulinka Rublack, *The Oxford Handbook of the Protestant Reformations* (Oxford: Oxford University Press, 2019); Chad Stewart, *The Reformers: Biographical Sketches of Twelve of the Greatest Men in the History of the Church* (Millennial Word Publications, 2018); Various Ancient Authors, *The Bible*, King James Translation (Thomas Nelson, 2000).

3   Philip Schaff, *History of Christian Church, Vol. VI.: The Middle Ages from Boniface VIII., 1294 to The Protestant Reformation, 1517* (Grand Rapids: Eerdmans, 1949), 237.

체의 사보나롤라, 독일 북부의 베셀 한스포르트(Wessel Harmensz Gansfort, 1419-1489)과 고흐의 요한(Johannes von Goch, c.1400-1475), 베셀의 요한(Johann Ruchrat von Wesel, c.1420-1481)이 등장할 수 있었다.

종교개혁의 샛별, 종교개혁의 할아버지

필립 샤프를 비롯한 많은 교회사가들은 그를 '종교개혁의 샛별'[4]이라고 불렀다. 위클리프가 없었다면 중세는 영적으로 더 한층 혼탁했을 것이다. 위클리프는 로마의 교황청이 프랑스 왕권 아래 프랑스의 아비뇽으로 옮겨가 있는 가장 혼란했던 시대 루터(Martin Luther, 1483-1546)와 칼빈(Jean Calvin, 1509-1564)이 훗날 가르쳤던 개혁사상을 설파했다. 그래서 스위스의 개신교 역사가 잔 앙리 마흘레 드바이녜(Jean Henri Merle d'Aubigné)는 루터와 칼빈을 종교개혁의 아버지, 존 위클리프를 종교개혁의 할아버지라고 불렀다.

위클리프는 학자로서, 애국자로서, 설교자로서, 교리개혁가로서, 그리고 성경번역가로서 많은 족적을 남겼다.[5] 그는 오랜 교수 활동을 통해 옥스퍼드를 빛낸 저명한 학자 중 한 명으로 인정을 받았다. 그는 존 그리소스톰(John Chrysostom, c.347-407), 어거스틴(Augustine of Hippo, 354-430), 제롬(Jerome, c.347-419/20), 라틴 신학자들에 정통했으며, 온건한 실재론의 입장에 서 있었고, 외세의 간섭에 맞서 영국의 주권을 강조한 애국자였다.

존 위클리프는 1328년 요크셔의 힙스웰에서 태어났다. 그는 당대의 명문 옥스퍼드대학교 베일리얼 칼리지에서 최고의 학문을 섭렵하고 1361년 그 학교 교수가 되었다. 교수로 재직하는 동안 위클리프는 유능한 신학교수로 명성이 높아 큰 강당에서 다수 학생에게 지대한 영향을 미쳤다.[6] 그는 자신의 학문을 상아

---

4 Schaff, *History of Christian Church, Volume VI.*, 237; Henry Cowan, *Landmarks of Church History to the Reformation* (New York: Anson D. F. Randolph & Co., 1896), 140.

5 Newman, *A Manual of Church History*, 601-607.

6 Williston Walker, *A History of the Christian Church* (New York: Charles Scribner's Sons,

탑 속에 가두어 두지 않고 실제로 목회를 하면서 자신의 가르침을 목회 현장에 접목했다. 그는 현장감 있고 살아 있는 강의로 수많은 학생들을 매료시켰다. 그의 학문적 깊이를 더해준 것은 고전에 대한 연구, 특히 어거스틴에 대한 연구였다. 그는 어거스틴 사상 연구를 통해서 초대교회 신앙과 신학, 어거스틴의 성경 해석을 통해 초대교회가 견지한 복음의 순수성을 접할 수 있었다. 위클리프는 그런 남다른 시각을 가지고 당대를 조명하고 평가했다.

위클리프는 중세시대 영국의 위상을 높여주었다. 그는 1366년 국왕의 전속 사제단의 일원으로 교황의 수위권을 반대했다. 그는 교황 우르반 5세(Pope Urban V, 재위 1362-1370)가 영국 왕 에드워드 3세(Edward III of England, 1312-1377)에게 조공을 바치라고 요구하자 그 해 영국 의회로 하여금 왕이 국민의 동의없이 외국 군주에게 복종할 권한이 없다고 결정하도록 영향력을 행사했다. 위클리프는 외국의 침탈에 용기 있게 맞서며 영국의 권익을 보호하는 일에 앞장섰고, 1374년 프랑스와 평화협정을 체결할 때도 사절단의 일원으로 참여했다.

위클리프의 신앙개혁

위클리프는 후대 종교개혁자들이 갖고 있던 성경적인 개혁사상을 갖고 있었다. 그의 가장 큰 역사적 공헌은 "성경의 최종적 권위"[7]에 근거한 신앙개혁이었다. 그 출발은 그의 교회론에 대한 성경적인 관점이었다.[8] 위클리프는 어거스틴의 예정론에 근거하여 구원으로 예정된 사람들은 구원을 받지만 그 외의 사람들은 구원을 받을 수 없으며, 따라서 제도적인 교회가 우리의 구원을 실제로 돕

    1922), 298.

7   Anthony N. S. Lane, *A Concise History of Christian Thought*, 기독교인물사상사전, 박도웅, 양정호 역 (서울: 홍성사, 2007), 203.

8   Lars Pederson Qualben, *A History of the Christian Church* (New York: Thomas Nelson and Sons, 1956), 193.

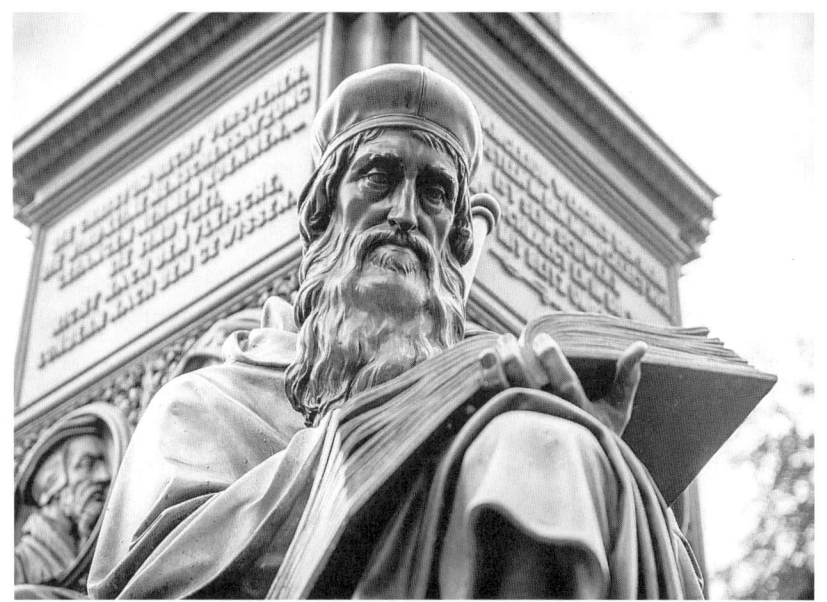

존 위클리프(John Wycliffe, 1324-1384)의 동상

는 일도 방해하는 일도 힘들다고 말한다. 믿음의 문제의 권위를 교회에 둘 것이 아니라 하나님의 말씀 성경에 두어야 한다며 성경으로 돌아갈 것을 촉구했다.[9] 그는 교회의 법은 성경뿐이라고 이해했다.

"교회 그 자체는 일반인이 상상하는 것처럼 교황과 추기경이 중심이 아니다. 교회는 선택받은 자들의 전체 단체이다. 교황은 선택 받은 자 중 하나가 아닐 수 있기 때문에 교회의 유일한 확실한 머리는 교황이 아니라 그리스도이시다."[10] 타락한 교황은 적그리스도이며, 교황은 택함받은 자 가운데 하나가 아닐 수 있다는 중세 시대는 상상할 수 없는 개혁적 선언을 했다. 이런 시각 속에서 위클리프는 옥스퍼드와 런던에서 설교를 통해 교황의 세속주권을 강하게 비판하면서 로마 주교를 향해 '적그리스도, 거만하고 세속적인 로마 사제, 흉

---

9 William Carl Placher, *A History of Christian Theology: An Introduction*, 기독교 신학사, 박경수 역 (일산: 크리스챤다이제스트, 2000), 236.

10 Walker, *A History of Christian Church*, 299.

악한 도적과 강도'라고 강도 높게 비판했다.[11] 위클리프는 이노센트 3세(Pope Innocent III, 재위 1198-1216)가 교황권을 남용하고 영국에 부당하게 세금을 부과하자 1374년 에드워드 3세의 아들 간트의 요한(John of Gaunt, 1340-1399)과 함께 대륙에 건너가 교황의 이권 개입을 비난했다. 이와 같은 위클리프의 용기 있고 실천적인 개혁운동은 교황청의 중과세로 시달리는 대중들과 영국 왕 에드워드 3세의 아들 요한의 지지를 받았다.

위클리프는 교황이 '여느 사제보다 매고 푸는 권세를 더 많이 지니고 있지 않다'고 밝혔다. 그는 교황이 교회 정치를 잘못할 경우 반드시 물러나야 한다고 주장했다. 뿐만 아니라 교황에 대해 이렇게 강도 높게 비판했다. "사악한 교황은 반그리스도적이며 악마이다. 왜냐하면 그는 거짓 그 자체이자 거짓말의 아버지 둘 다이기 때문이다."[12] 위클리프는 라틴어와 영어를 사용하여 당대의 교황과 교회의 문제점을 민중들에게 전달했다. 특별히 그는 1378년부터 루터가 그랬던 것처럼 당대의 교황과 교황청의 타락과 교회의 부패를 소책자나 설교를 통해 비판했다.

위클리프는 세속주권에 관하여에서 "교황이든 성직자 집단이든 자신들에게 맡겨진 재산을 남용하면 국가가 그것을 박탈할 수 있다"고 밝혔고,[13] 교황과 세속적 고위성직자들을 겨냥해 "그들은 세상의 이익과 즐거움을 좇기 위해 그리스도의 양들을 치는 참된 일에서 떠난 적그리스도이자 마귀의 종, 즉 마귀라고 비난했다."[14] 그는 죽은 자를 위한 기도를 비판했고 돈을 바라고 설교하는 탁발수사들을 강도 높게 비판했다. 무엇보다 위클리프는 복음의 능력을 재발견한 중

---

11   Newman, *A Manual of Church History*, 605. 위클리프가 교황과 교황청으로부터 완전히 돌아선 결정적인 이유 중의 하나는 아비뇽에서 직접 교황과 교황청의 문제점을 눈으로 확인했기 때문이다. 그는 1374년 대사로 아비뇽에 파견되어 그곳에서 약 2년 동안 머무르면서 아비뇽에서 진행된 모든 절차를 세심하게 지켜보았다. 그는 그곳 교황청의 탐욕과 부도덕함에 깊은 실망을 느끼고 교황과 교황청을 강도 높게 비판하고 반대하기 시작했다. 위클리프는 이런 교황과 교황청의 탐욕에서 영국을 지켜야 한다는 소명의식을 강하게 느끼고 실천에 옮겼다.

12   Placher, 기독교 신학사, 235.

13   Schaff, *History of Christian Church, Volume VI.*, 246.

14   Schaff, *History of Christian Church, Volume VI.*, 246.

세의 사도 같은 존재였다. 그는 "복음이 사도시대처럼 선포되면 교회가 장성하게 된다"고 가르쳤다. 그는 그리스도의 말씀과 그리스도의 권위가 교황이나 당시 교회의 의식보다 높다고 강조했다.

위클리프는 자신의 중요한 작품 중의 하나인 교황의 권력에서 "교황권은 하나님이 세운 것이 아니라 인간이 세운 공적인 제도일 뿐이라고 역설했다."[15] "교황은 교회에서 꼭 필요한 존재도 아니고 무오한 존재도 아니다 … 교황은 성경의 가르치는 바를 선언하거나 최고의 법이 무엇인지를 선언할 독점적 권한을 갖고 있지 않다."[16] 위클리프는 교황을 적그리스도라고 표현했고, 배교자(1379)와 성만찬(1380)에서 화체설을 강하게 반대했다.[17] 그는 교황청의 구성원들이 그리스도를 따르지 않을 경우 교황청은 이단들의 그물이요 독이 퍼져 있는 샘이요 성경이 말하는 "멸망의 가증한 것"[18]이라고 비판했다.

독신제와 관련하여 구약성경이나 신약성경이 이를 지지하지 않는다고 밝혔다. 사제들에게 삶의 실천의 중요성을 이렇게 역설했다. "사제는 기도와 열망과 생각, 경건한 대화와 정직한 가르침으로 거룩하게 살아야 하며, 하나님의 계명과 복음을 항상 입에 달고 살아야 한다. 그리고 그의 행위가 너무 의로워서 어떤 사람도 그에게서 잘못을 발견 할 수 없도록 하고, 그의 행위를 열어 모든 죄악의 사람과 악한 사람들에게 하나님을 섬기는 참된 교과서가 되어야 한다. 선한 삶의 본이 실천 없이 말로만 하는 참된 설교보다 사람들을 더 감동시키기 때문이다."[19]

위클리프는 당대의 잘못된 비성경적 교리들과 교회의 폐습들을 강도 높게 비판하였다. 고해성사를 정죄하지 않았지만 하나님께 직접 죄를 고백하는 것이 더 성경적이라는 사실을 지적하였다. 그는 성인 숭배, 성지순례, 유물숭배를 배

15　Lane, 기독교인물사상사전, 202.
16　Schaff, *History of Christian Church, Volume VI.*, 249.
17　Lane, 기독교인물사상사전, 204. 그가 화체설을 반대한 근거는 최근에 고안된 교리이고 철학적으로 일관성이 없고 성경의 가르침과 모순된다는 것이다.
18　Schaff, *History of Christian Church, Volume VI.*, 243.
19　Schaff, *History of Christian Church, Volume VI.*, 247.

격하였으며, 일곱가지 성례를 부인하지 않았으나 세례와 성찬을 더 중시하였다. 당시 가톨릭에서 널리 통용되던 화체설을 비성경적이라며 거부했고[20] 연옥은 인정했지만 면죄부 판매와 죽은 자를 위한 미사 역시 성경적이 아니라면서 비판했다. 예배에 있어서는 의식보다 하나님 앞에 신령과 진정으로 드리는 예배가 살아 있는 예배라고 보았다.

이 때문에 그는 이와 같은 가톨릭교회의 잘못을 지적하면서 개혁을 추진해 나갔다. 위클리프의 이와 같은 교황권에 대한 도전, 로마 가톨릭 교회의 교리에 대한 강도 높은 개혁 주장은 당시로서는 보통 대단한 사건이 아니다.

성경번역과 성경해석

이 모든 것보다도 위클리프가 기독교 역사에 이룩한 가장 큰 공헌은 성경번역이다.[21] 그는 성경의 권위를 절대적으로 옹호했으며 성경의 가르침을 당시 교회의 권위 위에 두었다.[22] 1378년 저술된 성경의 진리에서 위클리프는 "성경을 가장 궁극적인 기준으로 제시하면서 교회, 전통, 공의회, 심지어 교황까지도 반드시 성경의 검증을 받아야 한다고 주장했다. 성경은 어떠한 부수적인 전통의 도움 없이 그 자체로 구원에 필요한 모든 것을 담고 있다. 더 나아가 사제들만이 아니라 모든 그리스도인들이 스스로 성경을 읽어야 한다. 이러한 이유로 위클리프는 성경을 당시의 일상 언어로 옮기는 일에 적극적이었다."[23]

필립 샤프에 따르면 "안셀름(Anselm of Canterbury, 1033/34-1109)와 아벨라드(Peter Abelard, 1079-1142)부터 토마스 아퀴나스(Thomas Aquinas, 1224/25-1274)와 둔스 스코투스(John Duns Scotus, c.1266-

---

20 Newman, *A Manual of Church History*, 606-607.
21 Roland Herbert Bainton, *Christendom: A Short History of Christianity and Its Impact on Western Civilization*, 기독교의 역사, 이길상 역 (일산: 크리스챤다이제스트, 1997), 241.
22 Bainton, 기독교의 역사, 241.
23 Lane, 기독교인물사상사전, 203.

1308)에 이르기까지 스콜라 학자들 가운데 위클리프만큼 성경을 높은 지위에 올려놓은 사람은 없었다."[24] 그는 성경의 문자적 의미의 중요성을 일깨워주었고, 성경을 신앙과 행위의 표준이라는 인식을 심어주었다. 필립 샤프는 위클리프의 성경관을 다음과 같이 정리했다.

> 성경은 그리스도의 율법, 하나님의 율법, 하나님의 말씀, 생명책, 즉 생명의 책(liber vitae)이다. 성경은 주님의 흠 없는 율법이며, 가장 참되고, 가장 완전하고, 가장 건전한 율법이다. 성경은 결코 변하지 않는다. 성경은 영원히 서 있다. 모든 논리, 모든 법률, 모든 철학, 모든 윤리가 그 안에 있다 … 성경의 최고 권위는 성경의 내용과 성경이 지향하는 유익한 목적, 성경에 대한 그리스도의 증거에서 드러난다. 하나님은 모든 성경에서 말씀하신다. 성경은 유일한 위대한 하나님의 말씀이다. 신구약 성경의 모든 음절이 진실이며, 성경의 저자들은 단지 필경사들이나 전령들에 지나지 않는다. 만약 성경에 어떤 오류가 발견되는 듯이 보인다면 그것은 인간의 무지와 패역함(human ignorance and perverseness) 때문에 기인한 것이다. 성경에 토대를 두지 않는 것은 아무것도 믿어서도 안 되며 성경이 가르침에 어떤 것도 추가되어서도 안 된다.[25]

위클리프는 성경의 문자적 의미를 상당히 중시했다. "사실 성경에는 오직 한 가지 의미, 즉 한 분 하나님께서 직접 그 안에 길 잃은 인간을 위한 생명책으로 주시면서 친히 성경 안에 두신 의미 밖에 없다. 이단은 성경의 가르침과 모순된다."[26] 위클리프는 성경을 교황이 독점하고 성경해석권을 교회가 독점하는 것을 반대했다. 필립 샤프가 지적한 것처럼 "수백 년 동안 어떠한 저명한 교사도

---

24   Schaff, *History of Christian Church, Volume VI.*, 254.
25   Schaff, *History of Christian Church, Volume VI.*, 254-255.
26   Schaff, *History of Christian Church, Volume VI.*, 255.

위클리프만큼 하나님의 말씀에 대한 평신도들의 권리를 강조한 적이 없었다."[27]

> 성경은 성직자를 위한 책으로 간주되었고, 그 의미에 대한 해석은 대체로 교회법학자들(the decretists)과 교황에게 맡겨져 있다고 여기는 것이 관례였다. 1229년 툴루즈 공의회는 평신도가 성경을 사용하는 것을 금지했다 … 이런 상황에서 위클리프는 열린 성경의 수호자로 우뚝 섰다. "성경은 모든 진리"이기 때문에 모든 기독교인이 연구해야 할 책이다. 성경은 교회에 주어졌기 때문에 그리스도 자신과 마찬가지로 모든 사람에게 성경의 가르침이 자유롭게 열려 있다. 평신도에게 성경을 금하는 것은 근본적인 죄악이다. 평신도들이 성경을 모국어로 알게 하는 것은 사제의 최우선의 의무이다.[28]

위클리프는 평신도들이 성경을 연구해야 한다고 생각했다. 그것은 다음과 같은 그의 글에서 그대로 읽을 수 있다. "그리스도인은 남녀노소를 막론하고 신약성경을 빨리 연구해야 하며, 재치 있는 단순한 사람도 성경 본문을 연구하는 일을 게을리 하지 말아야 한다. 사제들의 교만과 탐욕은 그들의 맹목과 이단의 원인이 되며, 성경을 진실로 이해하지 못하게 만든다. 신약 성경은 구원에 가장 필요한 핵심 교훈에 관해서는 완전한 권위를 가지며, 단순한 사람들도 그것을 이해할 수 있다."[29]

위클리프는 이런 확신에 기초해서 라틴어 성경을 영어로 번역하여 영국인들에게 모국어 성경을 안겨준 최초의 인물이 되었다. 하지만 위클리프 역본은 교회 당국자들에 의해 버림을 당했고 통과를 보지 못했다. 1391년 영국 의회는 영어역본을 단죄하는 법안을 상정하려고 했으며, 1414년에는 영어성경을 읽는 자들에게 토지와 가축과 목숨과 재산을 영구히 상실하도록 하는 법을 만들어 성경을 읽는 것을 금지시켰다. 실제로 교황과 로마 교황청은 19세기까지 평신도

27　Schaff, *History of Christian Church*, Volume VI., 255.
28　Schaff, *History of Christian Church*, Volume VI., 255.
29　Schaff, *History of Christian Church*, Volume VI., 256.

가 성경을 소지하고 읽는 것을 철저하게 금했다.

위클리프는 성경번역이 완료된 다음에는 번역한 성경을 가지고 자신의 사상을 따르는 자들로 "순회전도자들"(Itinerant Preachers)을 조직해 가는 곳마다 복음을 전했다. 이와 같은 개혁사상과 직접적인 순회전도를 통해 위클리프의 사상은 영국전역으로 놀랍게 확산되어 나갔다. 교황지상주의를 외치던 이노센트 3세 치하에서 개혁의 횃불을 드높이 들었던 위클리프의 개혁 사상은 민중 속으로 파고들어 민중들 가운데 적지 않은 세력을 형성할 수 있었다.

재판부가 위클리프에게 더 이상 개혁사상을 전파하지 말라고 단죄했음에도 불구하고 그는 대학교에서 강의와 설교를 통해 자신의 개혁사상을 계속 확산시켜 나갔다. 위클리프는 랭캐스터 공작이 그에게 더 이상 옥스퍼드에서 개혁적인 발언을 하지 말라고 금하자 '나는 종국에는 진리가 승리할 것이라고 믿는다'[30]며 담대히 맞섰다.

설교 금지령을 받은 위클리프는 교수직을 은퇴하고 리터워스의 주임사제 직위로 돌아가 그곳에서 성경번역에 몰두하면서 십자군 전쟁을 반대하는 소책자를 만들어 각처에 발송했다. 교황 우르반이 십자군에 참전하는 자들에게 일년간 모든 죄의 완전 면죄를 선언하였고 그것도 면죄부가 살아 있는 자들뿐 아니라 죽은 자들에게까지 그 효력이 확대 적용된다고 호도하면서 면죄부는 널리 유행했다. 이에 대해 "위클리프는 십자군을 세속적 야심을 위한 원정이라고 선언했고 면죄부에 대해서는 '성소에 선 멸망의 가증한 것'"이라고 강도 높게 비판했다.[31]

교회회의는 위클리프의 가르침 "24개 조항을 정죄했는데 그 중 10개 조항을 이단으로 정죄하고 그 나머지도 교회의 결정을 반하는 것으로 정죄했다."[32] 위클리프 가르침 중에서 교회회의가 이단 사상으로 지목한 것들은 성찬 때 그리스도가 육체로 임하시는 것이 아니라는 사실, 영혼이 죽음을 준비할 때 고해

---

30 Schaff, *History of Christian Church, Volume VI.*, 241.
31 Schaff, *History of Christian Church, Volume VI.*, 243.
32 Schaff, *History of Christian Church, Volume VI.*, 242.

가 꼭 필요한 것이 아니라는 사실, 우르반 6세(Pope Urban VI, 재위 1378-1389)가 세상을 떠난 뒤 영국교회가 어떤 교황도 인정하지 말고 자치를 시행해야 한다는 사실, 그리고 성직자가 세속 재산을 보유하는 것은 성경에 위배된다는 사실 등이다.

위클리프의 사상을 따르며 개혁을 외쳤던 이들을 위클리프파(Wycliffites) 혹은 롤라즈(Lollards)라고 불렀다.[33] 위클리프의 성경번역과 개혁사상은 롤라즈들에게 지대한 영향을 미쳤다. 이들은 '평신도파' 혹은 '성경의 사람들'이라고 불렸다. 화상숭배, 순례, 교회의 토지보유, 성직자들 간의 서열, 수도회들, 미사, 맹세, 전쟁 등은 이들이 중시한 사역들이었다.[34] 이들은 위클리프를 따라 사제 중심의 고해성사, 순례, 화체설, 비밀고해, 화상숭배를 반대하고 성찬시 그리스도가 육체적으로 임하신다는 가르침을 부정했다.[35]

콘스탄스 공의회의 위클리프 정죄

교황청이 이와 같은 반 교권적이고 반 교황적인 위클리프와 그를 따르는 이들을 그대로 둘 수는 없었다. 이들은 주교들과 영국 의회가 승인한 종교재판

---

33 Newman, *A Manual of Church History*, 589-593; Richard Chenevix Trench, *Lectures on Medieval Church History: Being the Substance of Lectures Delivered at Queen's College, London* (London: Macmillan and Co., 1879), 318-319. 뉴먼은 롤라즈의 역사를 네 단계로 대별했다: (1) 위클리프 죽음부터 랭커스터 가문이 왕위에 오르기까지(1384-1399), (2) 1399년부터 코햄 경이 처형될 때까지(1417년), (3) 1417년부터 박해가 종식될 때까지(1431년), (4) 1431년부터 종교개혁까지가 그것이다. 1기는 롤라즈가 급속도로 퍼져 나간 기간이고, 2기는 롤라즈가 이단으로 탄압을 받고 많은 이들이 화형을 당하는 기간이고, 3기는 롤라즈가 상당히 위축을 당하고 비밀리에 활동하는 기간이고, 4기는 1431년부터 1517년 종교개혁 전까지로 롤라즈가 감시와 박해 속에서도 소멸되지 않고 적지 않은 이들이 살아남았다.

34 Schaff, *History of Christian Church, Volume VI.*, 267.

35 Newman, *A Manual of Church History*, 590-593. 1395년 롤라즈는 교회의 부패는 교만의 결과이며, 로마에서 시작된 사제직은 그리스도께서 제정하신 사제직이 아니며, 독신주의 법은 부자연스러운 악행을 유도하고, 화체설 교리는 우상숭배로 이어지고, 포도주, 빵, 물, 밀랍 등에 행해지는 퇴마와 축복은 강령술이며, 죽은 자를 위한 기도는 자선의 거짓 기초라고 선언했다. 그들은 복음의 본질과 율법과의 구별에 대한 명확한 통찰력을 가졌다. 롤라즈는 위클리프보다 훨씬 더 명확하게 믿음에 의한 칭의 교리를 제시했다. 뉴먼에 따르면 롤라즈는 위클리프보다도 훨씬 더 복음주의적인 입장을 가졌다.

을 통해 강한 탄압을 받았다.³⁶ 1384년 그가 세상을 떠난 후 위클리프와 롤라즈에 대한 박해의 불길이 타올라 1401년 영국 의회는 이단화형법안을 통과시켰고, 1406년에는 위클리프를 반대하는 법안을 통과시켰다.

다시 3년 후 1409년에는 감독 총회에서 그의 교리를 정죄하고 성경번역과 순회전도를 금지시키는 결정을 내렸다. 이 법안은 롤라즈파가 설교하고 학교를 운영하고 집회를 열고 서적을 간행하는 것을 금했다. 어길 경우 주교법원에서 재판을 받고 유죄가 확인되었는데도 철회를 하지 않으면 세속관리에게 넘겨져 화형에 처했다. 화형은 공포감을 조성하기 위해 높은 곳에서 공개적으로 집행되었다. 15세기 동안에 종교재판을 통해 수많은 롤라즈인들이 화형이나 참수로 순교했다.

1415년 후스를 화형에 처했던 콘스탄스 공의회에서는 무려 260개의 종목의 죄를 위클리프에게 씌우고 그의 모든 저서를 불태웠다.³⁷ 1428년에는 교황의 명령으로 그의 유해를 파내 불태워 남은 재를 강물에 흘려버렸다. 그러나 이것으로 그의 개혁사상이 중단된 것은 아니다. 그 후에도 위클리프를 따르는 롤라즈 운동은 박해 속에서도 영국의 개혁의 불씨로 남아 있었다. 롤라즈파는 영국에서 주로 평신도운동으로 16세기 영국 종교개혁을 준비하는 일에 결성적인 역할을 했다. 영국에서 초기 루터파는 위클리프의 직계 추종자들로 간주되었다. 그 결과 비록 15세기에는 역사에 표면에 부상하지 않았지만 이미 종교개혁은 유럽에 조용하게 시작되었다.³⁸

---

36 Cowan, *Landmarks of Church History to the Reformation*, 143-145.
37 Lane, 기독교인물사상사전, 205.
38 Lane, 기독교인물사상사전, 205. "위클리프와 후스는 모두 성경의 권위를 앞세워 교황과 공의회의 권위를 거부했다는 점에서 프로테스탄트 종교개혁의 선구자들이었다. 또한 개개의 로마 가톨릭교회 교리들을 공격한 16세기 종교개혁자들의 선구자들이었다. 그러나 믿음으로 의롭게 된다는 종교개혁에서 가장 중요한 교리에 대해서는 분명한 입장을 보여주지 않았다."

2. 얀 후스

위클리프의 개혁사상은 바다 건너 보헤미아(현 체코)로 이어져 유럽으로 저변확대 되었다. 윌리스톤 워커가 지적한 것처럼 "위클리프가 가장 큰 영향을 미친 곳은 그가 태어난 땅 영국이 아니라 보헤미아였다."[39] 그곳에서 위클리프의 사상은 영국에서보다 더 깊이 뿌리를 내리고 체계화되었다.[40] 그곳에서 시작된 개혁운동을 주도한 인물은 얀 후스(Jan Hus, c.1370-1415)와 프라하의 제롬(Jerome of Prague, c.1365-1416)이었다.[41] 특히 얀 후스는 위클리프의 사상을 계승하여 한층 더 강력한 개혁운동으로 발전시켰다. 보헤미아에서의 개혁운동은 초기 단계에서는 위클리프주의로 알려졌으나 후에는 후스파와 후스주의로 알려졌다.

1360년 보헤미아의 왕 겸 황제 카를 4세(Charles IV, 1316-1378)가 통치하는 32년 동안(1346-1378) 보헤미아는 학문과 종교의 황금기를 구가하고 있었다. "보헤미아는 14세기에 괄목할 만한 지적, 정치적 발전을 이루었다. 신성 로마 황제 카를 4세도 보헤미아의 왕을 겸했으며 그 나라를 위해 많은 족적을 남겼다. 1344년 프라하에 대주교좌를 설치하여 보헤미아가 마인츠의 감독구 관할에서 벗어나게 했다. 4년 후 그는 프라하에 대학을 설립했다 … 카를 4세는 도덕적 개혁도 외면하지 않았다."[42] 왕은 발트하우젠의 콘라드(Konrad von Waldhausen, 1320/25-1369)를 초빙하여 교회의 부패에 대하여 설교하게 하였다. 그 때 이후로 보헤미아에는 전국적으로 개혁운동이 시작되었다. 그로부터 10년 후 1372년 보헤미아 남부의 후세넥에서 체코인 부모 사이에서 얀 후스가 태어났다. 얀 후스의 개혁사상이 놀라운 영향력을 미칠 수 있었던 것은 이미 조성된 개혁운동의 배경 때문

---

39 Walker, *A History of Christian Church*, 301.
40 Trench, *Lectures on Medieval Church History*, 323.
41 Schaff, *History of Christian Church, Volume VI.*, 268.
42 Walker, *A History of Christian Church*, 320-321.

얀 후스(Jan Hus, c.1370-1415)

이었다. 트렌취가 "보헤미아 종교개혁의 중심인물"[43]이라고 평했던 얀 후스는 18세 되던 1390년 프라하대학에 입학했다. 후스는 부모가 가난한 농부였기 때문에 노래를 부르고 노동을 하면서 학비를 벌면서 학교를 다녔다.[44] 그는 그곳에서 1393년 문학사 학위를 받았고, 1396년에는 문학석사 학위를 그리고 1397년에 신학사 학위를 취득했다. 후스는 그 이듬해 1398년 프라하대학 문학부 교수가 되었고, 4년 후 1402년 32세에 총장에 선출되었다. 후스는 총장이 되고

---

43 Trench, *Lectures on Medieval Church History*, 324.
44 Schaff, *History of Christian Church, Volume VI.*, 269.

나서 더 대범하게 위클리프의 견해를 지지하는 태도를 취했다.

후스는 1402년 프라하 소재 베들레헴 채플에서 교구 목사와 설교자로 임명받은 후 개혁운동을 전개했다. 체코에서는 매일 두 번의 설교가 있었기 때문에 후스는 이 베들레헴 채플을 배경으로 전국적인 개혁의 봉화를 높이 들 수 있었다. 민중들의 반응은 대단했다. 후스의 "많은 사람들이 그의 설교에 매료되었다. 1410년 후스가 쓴 글에 따르면 도시나 마을, 마을이나 성 등 어디에서나 거룩한 진리의 설교자가 나타나면 군중들이 모여들었다."[45]

후스의 개혁은 영국과 보헤미아 양국의 밀접한 유대관계를 타고 보헤미아 안에 더욱 저변확대되었다. 1382년 영국 왕 리차드 2세(Richard II of England, 1367-1400)는 보헤미아의 앤(Anne)과 결혼한 이래 영국과 보헤미아는 매우 좋은 관계를 유지하고 있었으며, 이미 14세기 보헤미아에는 영국의 위클리프의 사상이 널리 보급되었다. 1401년 프라하의 제롬이 위클리프의 좀 더 급진적인 개혁사상을 담은 서적들을 영국으로부터 가져와 보급하면서 개혁의 물결은 더욱 확산되었다. 이와 같은 분위기 속에서 1402년 후스가 베들레헴 채플에서 설교를 시작한 것이다.

후스가 위클리프로부터 받은 많은 개혁 사상 가운데 하나는 교회에 대한 성경적 개혁사상이었다. 위클리프는 제도적 성직자 계급주의적 교회 대신 택자들의 불가시적 교회를 강조했다. 그는 "보이지 않는 교회의 우월성"을 주장했다. "제도적이고 위계적인 보이는 교회는 택함 받은 사람들의 보이지 않는 교회에 종속된다"는 것이다.[46] 위클리프의 이 같은 사상은 제도적 교회관으로부터 하나님의 주권 하에 있는 불가시적 교회가 참된 교회라는 인식을 심어주었다. 프라하대학에서 개혁의 방해 요인으로 작용했던 상당수를 차지한 독일인 교수들이 대학에서 총사퇴하고 이들이 중심이 되어 라이프치히에 새로운 대학을 설립하였다. 이후 프라하대학은 보헤미아 인들이 관할하게 되었고 후스가 이 대학

---

45 Schaff, *History of Christian Church*, Volume VI., 271.
46 Lane, 기독교인물사상사전, 206-207.

의 총장으로 선출되었다.

후스는 위클리프와 달리 정부적인 차원의 지원을 받으며 개혁의 봉화를 높이 들었다. 후스는 이미 존 위클리프를 통해 개혁사상이 무르익은 가운데 프라하대학과 예루살렘 예배당에서 개혁을 외친 것이다. 그러나 프라하의 대주교 쯔비넥(Zbyněk Zajíc of Hazmburk, 1376-1411)은 처음에는 후스파 개혁파들을 지지하다 1408년부터 개혁파를 반대하기 시작했다. 그는 베들레헴 채플과 다른 예배당에서 후스가 설교하는 것을 금하는 금지령을 교황의 재가를 얻어 내렸다. "1410년에 교황 알렉산더 5세(Antipope Alexander V, c.1339-1410)의 교서가 발표된 후 프라하 대주교 스빈코(Sbinko)는 위클리프의 저서들을 압수하여 불태우라고 명했으며 승인 받지 않은 장소에서 설교하는 것을 일체 금했다."[47] 하지만 후스는 대주교와 교황의 대칙서를 무시하고 베들레헴에서 계속해서 설교했고, 그의 설교는 청중들의 잠자는 개혁정신을 일깨웠다. 그의 설교를 듣기 위해 수많은 사람들이 모여들었고 설교 금지에 대해 후스는 설교야말로 양보할 수 없는 사제의 권한이라고 맞섰다.

그러자 대주교는 1410년 후스를 파문하고 위클리프의 작품 200권을 불태웠다.[48] 후스는 로마로 소환 당했으나 직접 가지 않고 대리사를 보냈다. 1412년 상황이 극도로 악화되어 로마 교황 요한 23세(Antipope John XXIII, 재위 1410-1415)는 나폴리의 왕에 대항해 십자군을 파병했고 자기를 지지하는 모든 자들의 경우 그들의 죄를 완전히 사해준다고 발표했다. 그러자 후스는 이를 사죄권의 남발로 보고 교황의 사죄의 매매 행위를 심하게 공격하였다. 그러자 로마 교황청이 후스를 파문하고 후스가 그곳에 있는 동안 프라하 시에 성사 금지령을 내렸다. 모든 예배와 예식 심지어 세례와 장례식도 집례할 수 없도록 만든 것이다. 금제(interdict)의 상태에 놓인 후스는 그 도시를 떠날 수 밖에 없었다.[49] 그는 보헤미아 남부로 물러가 그곳에서 종교개혁의 실질적인 사상적 토대

47　Schaff, *History of Christian Church, Volume VI.*, 271.
48　Lane, 기독교인물사상사전, 207.
49　Lane, 기독교인물사상사전, 207.

를 이룬 교회론(The Church)과 성직 매매(Simony)를 출간했다.

교회론에서 후스는 교회가 죽은 자들과 살아 있는 자들 그리고 장차 태어날 자들을 포함하여 예정된 모든 자들의 모임이라고 밝혔다. "로마 교황과 추기경들은 교회가 아니다. 교회는 추기경들과 교황 없이도 존재할 수 있으며 실제로 수백년 동안 교회는 추기경들 없이 존재했다"고 진술한다. 그는 설교를 하지 못하게 금한 요한 23세의 대칙서들이 '적그리스도적 판결'로 순종할 가치가 없다고 분명하게 밝혔다. 예수님이 온 세계에 가서 복음을 전하라고 하신 명령과 배치된다는 것이다.

그는 교황의 면죄부 발행, 교황과 가시적 교회의 무오성 부정, 사제들이 천국의 문을 여닫을 수 있는 권한을 부정하였다. 당시 중세의 교회의 타락과 교리적 타락을 용기 있게 지적한 것이다. 이런 지적은 위클리프가 앞서 했던 개혁사상이었다. 실제로 교회론에서 후스는 위클리프의 책을 상당히 인용하여 개혁의지를 피력하였다. 하지만 후스는 위클리프에게서 배운 것을 철저하게 자기 것으로 만들어 보헤미아인들에게 설득력 있게 전달했다. 그 결과 위클리프가 영국인들에게 호소력이 있었던 것처럼 후스의 가르침이 보헤미아인들의 마음을 강하게 움직일 수 있었다.

후스는 이와 같은 개혁 사상으로 말미암아 1414년 콘스탄스 공의회가 열렸을 때 이 회의에 소환 명령을 받았다. 그는 기꺼이 가겠다는 의사를 밝히고 프라하에 벽보를 통해 자신의 결심을 알렸다. 벤첼(Václav IV, 1361-1419)과 왕비에게도 소환에 응하겠다고 편지를 썼다. 1414년 9월 1일 후스는 지기스문트(Sigismund of Luxembourg, 1368-1437)에게도 자신에게 약속한 안전통행권을 가지고 콘스탄스로 가겠다고 알렸다. 그는 1414년 10월 14일 프라하를 떠나 11월 3일 콘스탄스에 도착했다. 후스는 콘스탄스 공의회에 출두하여 다이(Pierre d'Ailly, 1350-1420)의 비판에 답하면서 자신이 이곳에 오지 않고 보헤미아 귀족들의 보호를 받을 수 있었지만 '나의 자발적 의지로 이곳에 왔다'[50]

---

50   Schaff, *History of Christian Church, Volume VI.*, 274.

고 밝혔다. 후스는 콘스탄스에 도착한지 얼마 후 연금에 처해졌고 다시 군인들에 의해 끌려가 추기경 앞에서 심문을 받고 도미니크 수도원 지하 감옥에 감금되었다.[51] 그는 그곳에서 성경과 서적들도 빼앗긴 상태에서 석 달 동안 육체적 정신적 고통 가운데 지내야 했다. 이 기간 그는 십계명과 주기도, 대죄와 결혼에 관한 소책자를 쓰고 친구 클룸의 요한에게 보내는 편지를 포함하여 몇 통의 편지를 썼다.

이들 편지에는 사형언도를 받고 죽음에 처해질 것을 예견한 내용도 있었다. 그런 가운데서도 그는 흔들리지 않고 하나님을 깊이 신뢰했다. "만약 자신의 죽음이 하나님의 영광에 기여할 수 있다면 죄악된 두려움 없이 죽음을 맞을 수 있게 해달라고 기도드렸다."[52] 모라비아와 보헤미아의 귀족 250명이 5월 13일 서명한 프라하 항의서를 지기스문트에게 보냈다. 후스가 공개심문을 받고 안전하게 귀국하게 해달라는 요청이었다. 1415년 6월 5-8일 수도원 식당에서 공개 심문이 진행되었다. 추기경 다이가 위원회 수장으로 심문을 주도했고 그곳에는 추기경들, 대주교들, 주교들, 신학자들 그리고 좀 더 낮은 직급의 사람들이 대거 참석했다. 위원회는 260가지 오류와 이단설로 후스를 단죄하였다. 6월 15일 콘스탄스 공의회는 평신도들에게 성찬의 잔을 주지 못하게 하는 결정을 내렸고, 6월 25일 공의회의 명령으로 후스의 저술들이 소각 처분되었다. 위원회는 얀 후스에 대해 다음과 같이 판결했다.

> 거룩한 공의회는 오직 하나님께서 보시는 앞에서 얀 후스를 참되고 실제적이며 공개적인 이단이었고 지금도 여전히 이단으로 정죄하며, 그가 그리스도의 제자가 아니라 존 위클리프의 제자였으며 프라하대학교에서 그리고 성직자들과 민중 앞에서 위클리프를 '가톨릭적이고 복음적인 박사'(vir catholicus dt doctor evangelicus)라고 선언한 것을 정죄한다.[53]

---

51 Bainton, 기독교의 역사, 243.
52 Schaff, *History of Christian Church, Volume VI.*, 277-278.
53 Schaff, *History of Christian Church, Volume VI.*, 284.

콘스탄스 공의회는 후스의 사제직을 파면하고 그를 세속 권력에 넘긴다고 선포했다.[54] 이어 주교 여섯 명이 나와 후스의 사제복을 벗기고 그의 머리에 마귀의 모습과 이단의 괴수라는 글귀를 적은 모자를 씌웠다. 예수 그리스도의 처형 장면을 연상케 한다. 후스는 하늘을 우러러 보며 '지극히 자비로우신 주 예수님께 저를 의탁하옵니다.'라고 기도드렸다.[55] 1415년 7월 6일 후스는 사형장으로 향했고 그의 손이 뒤로 묶이고 그의 목은 사슬로 화형대에 고정되었다. 그는 사상을 철회하면 목숨을 살려주겠다는 제의를 단호하게 거절하였다.

나는 오늘 기쁜 마음으로 내가 전해온 복음을 믿는 믿음으로 죽으리라.[56]

후스는 이날 죽어가면서 이렇게 기도했다. "나는 복음의 진리와 교부들의 교훈을 따라 글을 쓰고 가르치고 설교하여 사람들을 죄에서 구원하려 했습니다. 주 예수 그리스도시여, 나는 당신의 복음과 거룩한 말씀을 가르치기 위해 이 무섭고 부끄러운 잔인한 죽음을 인내와 겸손으로 참나이다. 오 그리스도 살아계신 하나님의 아들이시여, 나를 불쌍히 여기소서!"[57]

화형의 불길이 치솟자 후스는 '살아계신 하나님의 아들 그리스도시여, 제게 긍휼을 베푸소서'라는 찬송을 두 번 부르고 화형의 불길 속에서도 최후 순간까지 기도하고 찬송을 부르며 죽음을 맞았다. 그의 마지막 모습은 스데반과 폴리갑의 죽음을 연상시킨다. 필립 샤프가 지적한 대로 "진정한 의미에서 후스는 종교개혁의 선구자였다."[58] 콘스탄스에서 송사의 결과와 상관없이 안전을 보장해주겠다는 지기스문트(Sigismund) 황제의 약속은 끝내 지켜지지 않았다. 이렇게 후스는 1415년 7월 6일 이단으로 정죄 받고 화형을 당했다. 후스는 화형

---

54 Walker, *A History of Christian Church*, 303-304.
55 Schaff, *History of Christian Church, Volume VI.*, 285.
56 Schaff, *History of Christian Church, Volume VI.*, 285.
57 Williston Walker, 기독교회사, 류형기 역편 (서울: 기독교문화원, 1988), 323.
58 Schaff, *History of Christian Church, Volume VI.*, 288.

으로 한 줌의 재가 되었고 수습되어 라인 강에 뿌려졌다. 얀 후스는 자신의 가르침 때문에 순교한 것이다.

후스는 성경을 최종적인 권위로 삼고 위클리프를 마지막 순간까지 옹호하고 로마 교황이 교회의 수장이 아니라고 강하게 주장하고 하나님의 교회가 건물에 있는 것이 아니라 선택된 자들의 '회'라고 주장했다. 종교개혁 이후의 표현을 빌린다면 개신교적이고 개혁적인 교회론을 설파한 것이다. 이렇게 후스는 자신의 신앙을 굽히지 않고 당대의 불의에 항거하며 진리를 변호하다 순교를 당했다.

하지만 그의 순교는 결코 헛되지 않았다. 후스의 뒤를 이어 1416년 5월 30일 프라하의 제롬이 공의회의 단죄를 받고 순교했다. 평신도였던 제롬이 후스와 달리 자신의 입장을 철회했지만 감옥에서 풀려나지 못했다. 제롬은 주교좌성당에서 최후 연설을 했다. 포조 브라촐리니(Gian Francesco Poggio Bracciolini, 1380-1459)는 이렇게 제롬의 연설을 기록했다.

> 제롬이 어떤 말로, 어떤 웅변으로, 어떤 주장으로, 어떤 얼굴 표정으로, 어떤 침착함으로 그의 반대자들에게 대답했는지, 그리고 자신의 입장을 얼마나 공정하게 변론했는지 이를 바라보는 것은 정말 놀라웠습니다 … 그는 화형 선고를 받은 얀 후스를 칭송하면서 그를 선하고, 의롭고 거룩하며 그런 죽음을 당할 아무런 이유가 없는 사람이라고 부르며 그 자신은 어떤 형벌이라도 받을 준비가 되어 있다고 말했습니다. 그는 후스가 결코 하나님의 교회에 적대적인 의견을 가지고 있지 않았으며 오직 성직자의 학대, 교만, 오만, 고위 성직자들의 허세에 반대한다고 말했습니다 … 그는 가장 영리함을 보여주었습니다 … 그는 죽음을 경멸하고 오히려 죽음을 기다리며 조금도 두려움이나 겁 없이 당당히 서 있었습니다 … 이렇게 합당한 사람이 오직 믿음 때문에 화형 당했습니다.[59]

---

59 Schaff, *History of Christian Church, Volume VI.*, 291.

공의회는 제롬이 화형을 당한 후 그의 이름을 위클리프와 후스와 나란히 이단자에 포함시켰다. 후스의 순교가 제롬에게 깊은 영향을 준 것은 의심의 여지가 없다.

후스의 죽음이 제롬에게만 영향을 준 것이 아니었다. 후스 처형 소식이 전해지자 "보헤미아 국민은 큰 충격에 빠졌다."[60] 보헤미아 백성들은 후스를 '민족의 영웅이자 순교자'로 추앙했다. 1415년 9월 2일 보헤미아 의회는 452명의 귀족들이 공의회에 후스의 처형에 강력하게 항의하는 항의서를 발송했다. 9월 5일 귀족들은 동맹을 결성해 자신들의 영지에서 복음을 자유롭게 전파하도록 하였다. 그 결과 보헤미아에서 교황권은 존립의 위기에 직면하게 되었다. "중세의 다른 어떤 반대운동도 그처럼 가공할 세력으로 진행된 적이 없었다."[61] 후스의 순교가 보헤미아가 로마 가톨릭으로부터 분리하도록 불을 당겨준 것이다.

후스를 따르는 이들은 크게 셋으로 대별되는데 하나는 평신도가 성찬시에 떡과 잔까지 받아야 한다고 주장하는 자들로 역사에 칼릭스틴스(Calixtines, "calix" "잔"에서 유래) 혹은 우트라퀴스츠(Utraquists, "utragic" "둘다")로 불리었다. 두 번째는 보헤미아 남쪽에 후스를 따르는 이들이 많이 거주했던 산지에서 유래된 타보리츠(Taborites)로 보다 철저한 개혁을 촉구하였다.[62] 이들은 왈도파와 유대관계를 가지는 한편 종교개혁이 발흥하게 되었을 때 루터 및 칼빈과 접촉하게 되었다. "세 번째 집단인 일치 형제회(the Unitas Fratrum) 혹은 보헤미아 형제회(Bohemian Brethren)는 후스가 사망한지 40년이 지난 15세기 중반에 시작되었다."[63] 후스의 정신에 감동을 받아 태동된 보헤미아 형제회는 1500년 당시 보헤미아와 모라비아에 300-400개 지교회, 20만 명의 신도들이 있었다.

후스는 종교개혁 이전의 개혁자 가운데 종교개혁자들에게 가장 큰 영향을

---

60   Schaff, *History of Christian Church, Volume VI.*, 291.
61   Schaff, *History of Christian Church, Volume VI.*, 291.
62   Walker, *A History of Christian Church*, 305.
63   Schaff, *History of Christian Church, Volume VI.*, 292.

미쳤다.⁶⁴ 마르틴 루터는 후스의 글과 사상과 용기에 깊은 감동을 받고 용기 있게 보름스회의에 출두할 수 있었고 종교개혁을 성공적으로 이끌 수 있었다.

확실히 위클리프와 얀 후스는 당시 잘못된 로마 가톨릭의 교리를 성경에 비추어 비평하고 자신들이 발견하고 깨달은 진리를 생명 내걸고 변호하다 순교했다. 그런 면에서 이들은 종교개혁 이전의 참된 개혁자들이었다.

3. 공동생활 형제회: 요한 푸퍼, 베셀의 요한, 베셀 한스포르트

공동생활 형제단은 14세기 말 네덜란드 데벤테르를 중심으로 일어났다.⁶⁵ 이들의 특징 가운데 하나는 상당히 자유로운 형태의 수도원 생활을 실천하고 초기에는 종신 서약도 하지 않았다. 이들은 "유럽 전역의 학교들과 대학교들에 교사로 파견했다는 점"에서는 도미니크수도회를 닮았지만 경건의 측면은 프란시스수도회에 더 가까웠다.⁶⁶ 공동생활형제단은 중세 시대 교리 개혁에 앞장선 고흐의 요한, 베셀의 요한, 베셀 한스포르트에게 영향을 미쳤다. 이들 세 사람은 성경의 최종권위, 교황의 오류성, 가시적 교회와 불가시적 교회의 구분, 그리고 사제의 중보 없는 하나님의 은혜로 말미암는 구원을 가르쳤다.

고흐의 요한으로 알려진 요한 푸퍼는 라인 강 하류의 클레베스에서 멀지 않은 고흐에서 출생했다. 그가 고흐의 요한이라고 알려진 것도 그 때문이다. 그

---

64 Walker, *A History of Christian Church*, 306. 반면 윌리스톤 워커는 이들이 종교개혁에 미친 영향은 크지 않다고 주장한다. "그들의 종교적 진지함은 깊은 감탄을 불러 일으키지만 루터가 후스와 많은 부분 일치하는 점을 인정 했음에도 불구하고 종교 개혁은 그들의 노력에 거의 빚을 지지 않았다."

65 Cowan, *Landmarks of Church History to the Reformation*, 154-155. 공동생활 형제단은 수도원 서약이나 엄격한 규율이 없는 반(半) 수도회로 14세기 말에 설립되었다. 이들은 데벤테르(Deventer), 즈볼(Zwoll) 및 네덜란드와 독일북부에서 활발했고, 당시 성직자 전체가 무지하고 태만했던 것과 달리 성경 지식과 깊은 경건함을 지녔다. 여기서 1470년경 토마스 아 켐피스(Thomas a Kempis)의 유명한 그리스도를 본받아(*Imitation of Christ*)가 출판되었다. 이 책은 종교개혁 이전에 이미 80판이나 출간되었다.

66 Bainton, 기독교의 역사, 257.

는 공동생활 형제단에서 교육을 받고 쾰른대학을 졸업하였으며 메켈른 근처에 어거스틴 수도원을 설립하고 죽는 날까지 수도원 원장을 지냈다. 정경에 속한 성경을 신학적 근거로 삼았고 스콜라 학자들의 저서를 죽은 책으로 이해한 반면 성경은 생명의 책이라고 가르쳤다. 성경의 최종적 권위를 인정한 점에서 그는 위클리프와 후스 그리고 후대 종교개혁자들과 맥을 같이했다.

베셀의 요한이라 알려진 요한 루크라트 폰 베셀은 에르푸르트대학 교수와 부총장을 지냈고 후에 바젤대학 교수와 마인츠와 보름스의 주교좌성당 설교자로 봉직했다. 그는 성경만이 신뢰할 수 있는 권위의 원천이고, 예정된 자들이 생명책에 기록되었으며, 면죄부는 유익이 없다고 가르쳤다. 그는 교황과 공의회가 성경에 일치하지 않을 경우 그들에게 복종할 의무가 없다고 가르쳤고 택자들은 구원을 받으며, 교회를 가시적 교회와 불가시적 교회로 구분하였다. 당시 로마 가톨릭의 면죄부와 공로축적 교리가 비성경적인 가르침이고 오직 선택된 자들이 하나님의 은혜로 말미암아 구원을 받는다고 주장했다.

베셀 한스포르트(Wessel Harmensz Gansfort)는 요한 베셀로 알려진 인물로 종교개혁 이전의 개혁자들 가운데 가장 종교개혁 사상에 가까운 사상가였다. 쾰른대학에서 헬라어와 히브리어를 배웠고 하이델베르그와 파리대학에서도 연구하였다. 필립 샤프는 베셀 한스포르트는 "종교개혁자들의 견해에 더 근접한 접근"을 한 사람[67]이라고 평했다. 실제로 놀라울 정도로 그의 사상은 훗날 루터가 제기한 종교개혁사상과 일치했다. 1522년 루터는 베셀의 저서 서문에 이런 고백을 하였다.

> **베셀의 글을 더 일찍 읽었다면 나의 적들은 루터가 모든 것을 베셀에게서 가져왔다고 말했을지도 모른다. 그만큼 우리 두 사람은 생각이 잘 일치한다.**[68]

67　Schaff, *History of Christian Church, Volume VI.*, 503.
68　Schaff, *History of Christian Church, Volume VI.*, 503.

위에서 언급한 요한 푸퍼, 베셀의 요한, 베셀 한스포르트 등 세 명의 종교 개혁 이전의 개혁자들은 공동생활형제회와 긴밀한 관계를 갖고 있었다. 이들은 놀라울 정도로 종교개혁자들과 유사한 개혁사상을 갖고 있었지만 루터처럼 자신들이 깨달은 진리를 위해 생명을 아끼지 않고 개혁의 봉화를 높이 들지는 못했다.[69]

4. 지롤라모 사보나롤라

중세 시대 종교개혁의 토양을 구축했던 종교개혁 이전의 마지막 개혁자는 사보나롤라(Girolamo Savonarola, 1452-1498)였다.[70] 피렌체 시는 15세기 마지막 10년 동안 기독교 영향력이 가장 강력했던 도시였다. 이런 도시 변화를 이끈 주인공은 지롤라모 사보나롤라였다.[71] 필립 샤프가 지적한 것처럼 사보나롤라는 "중세 시대의 가장 인상적인 설교자이자 사도바울 이후 가장 주목받는 공의로운 설교자 중 한 명"[72]으로 성 마가 도미닉 수도원 원장이었다. 당대인들이 그랬던 것처럼 사보나롤라도 성경 연구나 개혁자들의 작품들을 통해 신앙의 눈을 뜨기 시작했다.

1452년 9월 21일 이탈리아의 페라라(Ferara)에서 출생한 사보나롤라는 1498년 5월 23일 피렌체에서 46세로 순교했다. 23살에 아버지 몰래 집을 나와 볼로냐로 가서 그곳 도미니크수도회에 들어가 수사가 되었다.[73] 도미니크 성

---

69 Cowan, *Landmarks of Church History to the Reformation*, 155-157.
70 Walker, *A History of Christian Church*, 319-320.
71 Qualben, *A History of the Christian Church*, 194.
72 Schaff, *History of Christian Church, Volume VI.*, 504-505.
73 Schaff, *History of Christian Church, Volume VI.*, 505. 볼로냐에 도착한지 이틀이 지난 후 사보나롤라는 왜 자신이 집을 떠나와야 했는지 아버지에게 편지로 다음과 같이 해명했다. "저는 이탈리아의 눈 먼 백성들이 저지르는 죄악들을 더 이상 참을 수 없었습니다. 저는 도처에서 덕이 경멸당하고 악이 높이 평가되고 존중받고 있는 것을 보았습니다. 저는 간절한 심정으로 매일 하나님께 짧게나마 이 눈물의 골짜기에서 저를 구해 달라고 기도드렸습니다. '제

마가수도원에서 사보나롤라는 어거스틴과 아퀴나스를 연구하고 성경을 읽었다. "피렌체에는 그가 친필로 행간과 여백에 주해를 많이 달아놓은 성경사본 2권이 보존되어 있다."[74] 그는 히브리어와 헬라어 성경연구를 했다. 그는 그곳에서 성경을 깊이 연구하는 가운데 구원이 예수 그리스도의 십자가의 대속으로 인한 하나님의 은혜로만 가능하다고 확신했다. 이후 그는 영적인 변화를 경험했다.

사보나롤라는 1481년 피렌체에 파견되어 성 마가 수도원의 수사가 되었다. 남들이 발견하지 못하는 깊은 진리, 하나님의 구원에 대한 놀라운 진리를 발견한 후 그는 1482년부터 피렌체에서 자신이 발견한 구원의 복음을 설파했다. 사보나롤라가 피렌체에 도착할 당시 그 도시는 "문화의 중심지이자 로렌초 대제(Lorenzo de' Medici, 1449-1492)의 화려한 후원 아래 경쾌한 해방의 장소"[75]였다. 개혁을 향한 피렌체 강단에서의 "그의 첫 번째 시도는 실패로 돌아갔다."[76]

그가 설교를 시작한 피렌체 산 로랜초 성당에 그의 설교를 듣기 위해 모인 회중은 25명에 불과했다. 그가 명성을 얻기 시작한 것은 그로부터 4년 후 1486년 사순절 계시록을 주제로 설교하면서 였다. 그는 자신의 설교를 통해 지속적으로 죄악으로 덮인 피렌체 시에 대한 심판을 예언했다.[77] 무서운 경고와 예언들이 그의 입에서 터져 나왔고 그와 함께 방탕과 사치의 피렌체 사람들에게 무서운 경종이 울려 퍼졌다. 그런데도 피렌체 사람들은 그의 설교를 듣기 위해 '사

가 제 영혼을 당신께 들어 올리오니 제가 걸어가야 할 갈 길을 제게 알리소서'라고 부르짖었습니다. 저는 그처럼 구별되는 은혜를 받을 자격이 전혀 없는데 하나님께서는 그분의 무한한 자비로 나에게 그 길을 제게 보여 주셨습니다."

74 Schaff, *History of Christian Church, Volume VI.*, 505.
75 Schaff, *History of Christian Church, Volume VI.*, 505.
76 Schaff, *History of Christian Church, Volume VI.*, 506.
77 Wilson Lloyd Bevan, *Church History, Mediaeval and Modern* (Sewanee, Tenn.: The University Press at the University of the South, 1914), 183. "모든 인기 있는 설교자 중에 가장 주목할 만한 인물은 도미니크수도회 출신 사보나롤라(1452년생)이다. 그는 수년간 교회와 국가의 부패에 반대하여 설교했다. 구약성경의 예언을 꾸준히 읽고 감동을 받고 요아킴의 묵시록 서적들에 영향을 받은 사보나롤라는 자신의 가르침을 예언적 언어로 옷 입히고, 국가와 교회 모두의 개혁과 뿌리뽑기를 예고하는 환상을 경험했다."

지롤라모 사보나롤라(Girolamo Savonarola, 1452-1498)의 설교

람들이 몰려들었다.'[78] 필립 샤프는 그의 설교와 반응을 이렇게 표현했다.

> 사보나롤라의 설교는 번갯불의 섬광과 천둥의 울림과 같았다. 죄 용서의 위로와 하나님과의 교통을 전하는 것보다 불신앙과 방탕의 뿌리에 도끼를 놓는 것이 그의 사명이었다. 따라서 그는 하나님의 새롭게 하시는 긍휼의 샘보다는 하나님의 진노의 위협에 더 많이 의존했다 ⋯ 가장 인기가 높았을 때는 군중들이 설교자가 도착하기를 대성당 문에서 몇 시간 동안 기다렸고 빌라리(Villari)가 계산한 바에 의하면 1만 명 내지 1만 2천 명의 청중들이 그의 설교를 경청했다. 바람에 흔들리는 곡식밭처럼 설교자의 목소리에 청중의 감정이 요동쳤다. 그들은 이제는 분노에 휩싸이는가 하면 이제는 눈물을 흘리며 누그러졌다.[79]

사보나롤라의 설교를 직접 들었던 빌라리는 '나는 흐르는 눈물을 주체할

---

78 Schaff, *History of Christian Church, Volume VI.*, 506.
79 Schaff, *History of Christian Church, Volume VI.*, 506-507.

수 없어 더 이상 계속 설교를 받아 적을 수 없었다'[80]고 증언했다. 1491년 성 마가 수도원 원장에 오른 사보나롤라는 당시의 정치적 부패와 도덕적 타락을 과감하게 지적하고 교회 개혁을 강하게 추진해 나갔다. 당시 성직자들의 문제점을 다음과 같이 용기 있게 지적했다.

> 오늘날 고위 성직자들과 설교자들이 세상적인 것들에 대한 사랑에 완전히 사로잡혀 있습니다. 영혼들을 돌보는 일은 더 이상 그들의 관심사가 아닙니다. 그들은 그저 수입을 얻는 것으로 만족합니다. 설교자들이 제후들의 비위를 맞추고 그들에게 칭찬을 받기 위해 설교합니다. 그들은 더 나쁜 짓을 했습니다. 그들은 하나님의 교회만 파괴한 것이 아닙니다. 그들은 자신들의 방식대로 새로운 교회를 세웠습니다. 로마에 가서 보십시오! 고위 성직자들의 저택에서는 시와 웅변 예술 외에는 관심이 없습니다. 거기로 가서 보세요! 당신은 그들 모두가 인문학 서적을 손에 들고 버질, 호레이스, 키케로를 통해 인간의 영혼을 인도할 수 있다고 서로 이야기하는 것을 발견하게 될 것입니다 … 예전의 성직자들은 금 주교관과 성배를 거의 갖고 있지 않았고 그들이 소유한 소수의 것도 구제를 위하여 가난한 사람들의 필요를 채워주기 위해 녹여 사용했습니다. 그러나 우리 시대의 고위 성직자들은 성배를 얻기 위해 가난한 사람들의 생계수단마저 빼앗을 것입니다. 제가 당신에게 무슨 말을 하는지 당신은 모르시나이까? 오 주님, 당신은 무엇을 하십니까! 일어나시옵소서, 그리고 오셔서 악마의 손과 폭군의 손과 사악한 고위 성직자들의 손에서 당신의 교회를 구해주시옵소서.[81]

사보나롤라는 당시 교회에 만연된 성직자들의 부정부패와 도덕적 성적 타락을 이렇게 강도 높게 비판했다. "그는 성전이 모든 죄악의 좌소라고 외쳤다.

80　Schaff, *History of Christian Church, Volume VI*., 507.
81　Schaff, *History of Christian Church, Volume VI*., 507.

그것은 성직자들이 그리스도와 성인들을 조롱하는 로마에서 시작된다. 그렇다. 그들은 터키인보다 더 나쁘고 무어인보다 더 나쁘다. 그들은 성례를 이권을 위해 거래한다. 그들은 최고 입찰자에게 혜택을 판다. 로마의 사제들에게는 창녀와 마부와 말과 개가 있지 않는가? 저들의 저택들에 고급 융단과 비단, 향수와 하인들로 가득한 궁전이지 않는가? 여기가 하나님의 교회란 말인가?"[82]

그는 교황도 오류를 범할 수 있다는 입장을 천명했고, 교황의 도시 로마를 뒤덮고 있는 타락과 부패를 과감하게 지적했다. 그는 로마의 사제들이 첩을 두고 살고 자기들의 사생아를 조카라고 부르지 않고 노골적으로 자녀라고 부른다고 토로했다. 사보나롤라는 이처럼 당시 로마의 사제들의 부패와 타락을 강도 높게 비판했다.

담대하고 용기 있는 사보나롤라의 개혁 사상은 곧 피렌체 시 전체에 파급되기 시작했다. 1496-1498년 그의 영향력은 절정에 달했다. 이미 존 위클리프와 존 후스를 통해 개혁사상이 얼마나 파급효과가 큰가를 잘 알고 있던 교황이 사보나롤라의 개혁운동을 중단시키기 위해 그를 추기경으로 임명하여 회유하려고 했지만 이미 개혁정신에 확고하게 선 사보나롤라는 "나는 추기경의 모자를 받지 않겠소. 그 대신 나의 붉은 피로 물들인 순교자의 모자를 쓸 것이요"라며 추기경 제의를 거절하였다. 그리고 교황을 향해서는 "교황은 하나님을 모독하고 성직을 매매하는 자이며 무신론자이며 그 밖의 여러 가지 죄를 범한 자"라고 강도 높게 비판하였다.

사보나롤라의 강력한 개혁운동은 놀라운 반향을 일으켰다. 민중들은 사보나롤라의 설교에 깊은 감동과 도전을 받았고 1497년 사육제 마지막 날에는 사보나롤라의 설교에 고무된 청년들이 시내 곳곳에 집집마다 다니면서 사치스런 물건, 외설스런 책들을 불태웠다. 피렌체의 모든 시민들이 그의 설교에 감동을 받고 신앙에 귀의할 분위기였다. "사람들이 날마다 성찬을 받았고 젊은이들이

---

82 Schaff, *History of Christian Church, Volume VI.*, 518.

날마다 미사에 참석했다."[83] 그의 영향으로 심지어 "아내들이 남편을 떠나 수녀원에 들어갔다. 다른 아내들은 금욕을 서약"하는 현상도 벌어졌다.[84]

로마 교황과 로마 사제들에 대한 비판은 사보나롤라의 반대자들의 입지를 강화시켜주었고, 시의회 역시 로마교황과의 극도의 대립을 원치 않았다. 1498년 3월 17일 피렌체 시의회는 그에게 설교를 중지해달라는 뜻을 전달했고, 사보나롤라는 그것을 받아들였다. 그 이후 재판이 진행되었고, 시의회는 표결을 통해 사보나롤라를 즉각 추방하기로 결의했다. 강도 높은 심문과 고문이 그에게 가해졌다. "사보나롤라는 두 손이 뒤로 묶인 채 도르래를 통해 공중에 매달려 있다가 갑자기 바닥으로 떨어지는 고문을 당했다. 그는 하루에 열네 번 그런 고문을 받았다."[85]

그는 극심한 고통으로 말미암아 정신 착란 상태에서 4월 17일, 21-23일 두 차례 심문을 받았는데 자신이 선지자라는 사실, 자신이 한 예언이 하나님에게 나온 것이라는 사실을 부인하였다. 한 때 그의 열렬한 지지자였던 약제사 란두치는 1498년 4월 19일 이렇게 사보나롤라의 결심공판에 대해 기록했다.

> 나는 우리 모두가 그를 예언자로 여겼던 사보나롤라에 대한 결심 공판이 있던 날 그 자리에 참석했다. 하지만 그는 자신이 선지자가 아니며 자신이 한 예언들이 하나님에게서 나온 것이 아니라고 말했다. 그 말을 들었을 때 나는 놀라움을 금할 수 없었다. 그처럼 훌륭한 건물이 땅에 무너져 내리는 것을 보았을 때 깊은 고통이 내 영혼을 사로잡았다. 비탄에 사로잡힌 것은 그 건물이 거짓이라는 안타까운 토대 위에 세워졌기 때문이다. 나는 피렌체가 장차 새 예루살렘이 되기를 기대했다. 이 도시의 법과 선량한 생활의 본보기가 교회의 혁신을 위해 널리 퍼져나가 불신자들이 회심하고 선행을 위로하기를 기대했다. 그러나 나는 그 정반대의 상황을 느끼고, 나는 "오, 주님, 모든

---

83   Schaff, *History of Christian Church*, Volume VI., 516.
84   Schaff, *History of Christian Church*, Volume VI., 516.
85   Schaff, *History of Christian Church*, Volume VI., 522.

것이 당신의 뜻 안에 놓여 있습니다."라는 말씀으로 약을 삼았다.[86]

사보나롤라의 법정 진술이 과연 고문에 의한 것인지, 정신 착란에 의한 것인지 흔히 우리가 배도 혹은 변절이라고 부르는 그런 차원의 행위인지 정확히 알 수 없다. 순교 전 마지막 진술은 사보나롤라를 사랑하는 사람들에게는 깊은 미련과 아쉬움을 남긴다. 매우 당황스럽고 곤혹스러운 진술이기 때문이다. 1497년 교황 알렉산더 6세(Pope Alexander VI, 재위 1492-1503)는 사보나롤라를 파문하고 1498년 5월 23일 교수형에 처했다. 하지만 사보나롤라는 전혀 순교를 두려워하지 않았다. 사보나롤라는 사형대에서 교수형을 당했고 그의 시신은 불태워졌으며, 그의 화장재는 아르노 강에 뿌려졌다. 그의 죽음으로 피렌체의 교회개혁과 완전한 성시화는 현실에서 멀어져갔다.

우리는 마지막 중세 종교개혁 이전의 개혁자 사보나롤라를 교회사적으로 어떻게 평가할 것인가?

첫째, 사보나롤라는 영적-도덕적 개혁가였다. 그는 에스겔, 이사야, 나단, 세례요한, 후대 존 낙스와 같이 당시 윤리적 타락을 비판하고 죄에서 돌이킬 것을 촉구했다. 그는 마치 세례요한이 그랬던 것처럼 당시 절대적 권력을 가진 교황의 타락을 무섭게 질책했다. "1505년 율리우스 2세(Pope Julius II, 재위 1503-1513)의 교서(*Cum tanto divino*)는 성직매매를 통해 이루어진 교황권 선거는 무효이라고 선언했다."[87] 피렌체가 그가 목회하는 동안보다 도덕적으로, 신앙적으로 바로 선 때가 없었다.

둘째, 사보나롤라는 성령의 충만을 받고 용기 있게 복음을 전했고 그의 설교를 통해 각성이 일어났다. 필립 샤프에 따르면 그는 말씀의 능력을 체험하고 담대히 복음을 외친 성령충만한 설교자요 부흥사였다. 그의 메시지를 통해 중세 시대 근대적 의미의 영적각성이 일어났다. 사보나롤라는 피렌체 안에 영적 개

---

86   란두치, 일기, 173, Schaff, *History of Christian Church, Volume VI.*, 523에서 재인용.
87   Schaff, *History of Christian Church, Volume VI.*, 625.

혁이 일어나자 피렌체 도시 전체를 하나님의 도성으로 만들기를 원했다. 그 같은 그의 이상은 자연스럽게 기독교 애국으로 이어져 피렌체를 '나의 피렌체'라고 불렀고 피렌체를 제 2의 예루살렘으로 만들려고 하였다. 그는 하나님의 말씀의 지배를 받는 신정국가를 꿈꾸었다. 피렌체 인들은 사보나롤라를 대할 때 하나님께서 그를 통해 자신들에게 말씀하시는 것으로 받아들였다. 그가 죽은 뒤에도 사람들은 모여 기도하였다.

셋째, 사보나롤라는 하나님의 은혜를 높였다는 점에서 종교개혁의 길을 준비하였다. 비록 그가 교리적 개혁을 추구한 것도 이신칭의 교리를 옹호한 것도 아니지만 구원이 행위를 통해서가 아니라 은혜를 통해서라고 확신했다. 그의 사상은 도덕적이었고, 실천적이었고, 무엇보다 복음적이었다. 그는 훗날 종교개혁자들에게서나 찾을 법한 강력한 복음적 메시지를 담대히 외쳤다. "마치 선행과 공로가 예정의 원인인 것처럼 하나님의 은혜를 선행으로 얻는다는 것은 사실이 아닙니다. 오히려 이것들은 예정의 결과입니다. 베드로여 내게 말해주십시오, 막달라 마리아여 내게 말씀해주십시오. 당신들이 어찌하여 낙원에 있습니까? 당신들이 구원을 얻은 것이 당신 자신의 공로 때문이 아니라 하나님의 선하심으로 말미암았음을 고백하십시오."[88]

이처럼 그는 "영적-도덕적 개혁가, 영적각성을 촉구한 설교자, 종교개혁을 위한 길을 준비한 종교개혁 이전의 개혁자였다. 피렌체가 처형한 사보나롤라는 피렌체가 추방한 단테(Dante Alighieri, 1265-1321)와 더불어 중세를 빛낸 위대한 중세인들이었다. 다만 단테가 평신도였고 사보나롤라가 사제였다는 점이 다를 뿐이다. 필립 샤프는 이렇게 사보나롤라를 평가했다.

"사보나롤라는 이탈리아가 배출한 가장 훌륭한 인물 중 한 명이었다. 가톨릭과 개신교를 망라해서 현대기독교 세계는 그를 모든 국가, 모든 세기의 신앙의 거장들에 포함시킨다. 그는 의로운 설교자였고 애국자였다. 이탈리아의 신앙의 인물들 중에서도 그레고리 7세(Pope Gregory VII, 재위 1073-1085)와 이

---

88   Schaff, *History of Christian Church, Volume VI.*, 526-527.

노센트 3세, 이탈리아의 시인이자 세계의 시인인 단테, 아시시의 성 프란시스코(Francis of Assisi, 1181/82-1226), 토마스 아퀴나스와 같은 당당한 교황과도 구별되는 독보적인 위치를 차지하고 있다 ⋯ 그는 의로운 설교자였으며 '선지자들의 선한 교제'에서 한 자리를 차지했다 ⋯ 그는 메시지를 전할 때 의식과 관행을 뛰어넘었다. 그는 마음의 중생을 요구했다."[89]

일련의 종교회의(피사 공의회, 콘스탄스 공의회, 바젤 공의회), 르네상스 휴머니즘, 그리고 종교개혁 이전의 개혁자들은 종교개혁 전야의 유럽 기독교를 특징 짓는 중요한 세 가지 요소들이었다. 이들 셋은 비록 성격이 다르고 발흥 배경이 다르지만 그러나 한 가지 분명한 사실은 하나님께서 종교개혁을 용의주도하게 준비해 가셨다는 사실이다.

---

89 Schaff, *History of Christian Church, Volume VI.*, 525.

제 13장

교황청타락과 면죄부 판매

> 1512년. 테첼은 독일에서 설교를 통해 막대한 돈을 벌어 로마로 보냈다. 성 안나버그의 새로운 광산에서 매우 큰 금액이 모였고, 그곳에서 2년 동안 그의 설교를 들었다. 이 무지하고 뻔뻔스러운 수도사가 한 말이 놀랍다 … 그는 그들이 기꺼이 기부하고 은혜와 면죄부를 사면 성 안나 버그의 모든 언덕이 순수한 거대한 은이 될 것이라고 선언했다. 또한 동전이 가슴에 부딪히자마자 돈을 지불 한 영혼은 곧장 천국으로 갈 것이다.
>
> Friedrich Myconius, *Geschichte der Reformation*, 1914

중세 말 교황청 타락과 면죄부 판매는 종교개혁의 중요한 종교적, 도덕적 배경을 형성했다. 중세 말 1447년부터 마르틴 루터(Martin Luther, 1483-1546)에 의해 종교개혁의 포문이 열린 1517년까지 70년의 역사를 살펴보면 종교개혁 전야 유럽의 기독교 역사는 칠흑같이 어두운 가운데 "마치 역사가 어떤 거대한 클라이막스를 향해 진행해 나가는 듯하였다."[1]

이 어두운 70년 동안에 인류 역사에 항구적인 영향을 끼친 네 가지 중요한 사건이 발생했다. 1453년 비잔틴 제국의 멸망, 15세기 르네상스 휴머니즘의

---

1   Philip Schaff, *History of Christian Church, Vol. VI.: The Middle Ages from Boniface VIII., 1294 to The Protestant Reformation, 1517* (Grand Rapids: Eerdmans, 1949), 304.

발흥과 1445년 구텐베르크(Johannes Gensfleisch zur Laden zum Gutenberg, c.1400-1468) 금속활자의 발명, 그리고 1492년 신대륙의 발견이 그것이다. 1453년 오스만 터키군에 의해 동방제국이 무너지면서 2천년의 역사를 지닌 로마제국이 역사에 사라지고 콜럼버스(Christopher Columbus, 1451-1506)에 의한 신대륙의 발견을 통해 진행될 새로운 제국이 역사에 부상하기 시작했다. 비잔틴 제국의 멸망으로 헬라학자들이 서방으로 망명을 함으로 고전어 연구와 성경연구와 성경번역이 활발하게 진행되어 르네상스 휴머니즘이 더욱 강하게 발흥했다. 이런 일련의 움직임은 종교개혁과 신대륙의 발견 이후 진행될 새로운 시대를 위한 준비였다. 무엇보다 인쇄술의 발명은 성경번역과 출간을 가속화시켰고, 수많은 서적출간을 통해 사상의 혁명을 가져다주었다.[2]

로마 가톨릭 안에 중세 말엽 교황들과 교황권의 타락이 극에 달하고, 면죄부 판매가 전에 없이 유행할 때 성경번역이 활발하게 일어나고 인쇄술의 발달로 성경출판과 보급이 널리 확산되었다. 성경에 대한 목마름이 민중들 가운데 조용히 일고 있었고 인쇄술의 발흥은 고전에 대한 관심을 더욱 환기시켰고 말씀에 목마른 민중들에게 성경번역과 성경보급을 촉진시켰다. 이것들은 중세를 이해하는 아주 중요한 사건들이다. 중세 마지막 70년 동안 새식한 교황들의 행적은 당대 교황과 로마 가톨릭 교회가 얼마나 부패하고 타락했는가를 단적으로 보여준다. 가장 어두운 중세 말엽, 종교개혁과 근대를 준비하는 결정적인 사건이 발생한 것이다.

1. 중세의 마지막 교황들과 족벌주의

피사 공의회-콘스탄스 공의회-바젤 공의회로 대변되는 일련의 종교회의

---

2 Henry Cowan, *Landmarks of Church History to the Reformation* (New York: Anson D. F. Randolph & Co., 1896), 152-153.

는 종교회의가 교황권의 우위에 있다는 중요한 결정을 내려 새로운 시대를 열었다. 하지만 교황이 이를 순순하게 받아들이지 않고 교황의 최고 권위를 주장하면서 교황과 공의회 사이의 큰 투쟁이 벌어졌다. 교황 유게니우스 4세(Pope Eugene IV, 재위 1431-1447)가 공의회의 수위권을 법령으로 공포한 콘스탄스 공의회 결정을 죽은 문서로 만들었고 이어 공의회와의 큰 투쟁에서 승리한 피우스 2세(Pope Pius II, 재위 1458-1464)는 교회 행정에 중요한 변화를 주거나 개혁을 도입하려는 모든 시도를 성공적으로 막아냈다.

피우스 2세는 "교황의 판결에 대해 공의회에 항소하는 행위를 금지하고 교황권의 최종성을 강조하는 대칙서를 공포"했다.

> 극악하고 지금까지 알려지지 않은 오용이 우리 시대에 자라고 있다. 곧 어떤 사람들이 더 나은 판단을 얻고자 하는 욕망에서가 아니라 자신이 저지른 어떤 범죄에 대한 형벌을 피하기 위한 반역 정신에 물들어서 교황이 예수 그리스도의 대리자임에도 불구하고 교황으로부터 다음 공의회에 호소한다. 성 베드로가 그에게 다음과 같이 말했다: "내 양을 먹이라"[요한복음 21:17] 그리고 "무엇이든지 너희가 땅에서 매면 하늘에서도 매일 것이요"[마태복음 18:18]. 그러므로 우리 형제 추기경들의 조언과 동의를 받아 그리스도의 교회에서 이 해로운 독을 몰아내고 우리에게 맡겨진 양 떼의 구원을 돌보며 우리 구주의 우리(The fold)에서 모든 범죄의 원인을 제거하기를 원하노라. 우리 법정에 있는 거룩한 로마 교회와 모든 장상들과 교회법과 민법으로 훈련 받은 사람들과 우리 자신의 확실한 지식으로 우리는 그러한 모든 상소를 정죄하고 그것들을 잘못되고 혐오스러운 것으로 금지한다.[3]

---

3   *Densinger*, p. 172, in Oliver Joseph Thatcher & Edgar Holmes McNeal, "174. Pius II, by the Bull "Execrabilis," Condemns Appeals to a General Council, 1459," *A Source Book for Medieval History: Selected Documents Illustrating the History of Europe in the Middle Age* (New York: Charles Scribner's Sons, 1905), 332.

교회의 머리, 교황 중심의 중세 타락 상징화

이로서 교황권에 대한 공의회 수위권은 완전히 폐기되고 말았다. 1447년부터 1521년까지 중세의 마지막 교황들의 부패 정치, 특별히 그들의 족벌주의는 종교개혁 전야를 한층 더 어둠으로 몰아넣었다. 교황의 타락과 부패 그리고 교회의 대분열을 치유하기 위해 열린 공의회였지만 그것이 교황권의 진정한 개혁으로 이어지지 못한 것도 그런 환경을 촉발시킨 중요한 요인이였다. 르네상스 교황들이 재직하는 동안에는 공의회가 단 한 번도 열리지 않았다.[4]

1450년부터 1517년까지 교황에 오른 열 명의 교황들은 당연히 갖추어야 할 신앙적 덕목을 갖추지 못했고 교회 감독에 대한 책임의식도 그들에게 찾을 수 없었다. 오히려 족벌주의가 만연했다. 이 시기의 교황들은 아무런 자격도 갖추지 못한 자기들의 어린 조카들, 종손들, 제후의 자녀들을 추기경으로 임명했다.[5] 그 결과 신성해야 할 바티칸이 "명예와 재물에 굶주린 교황의 인척들"로 둘러싸이고 말았다.

필립 샤프는 이렇게 그 시대 족벌주의 폐단을 고발했다. 대주교, 대수도원

---

4 Mary I. M. Bell, *A Short History of the Papacy* (New York: Dodd, Mead and Company, 1921), 262-278.

5 Schaff, *History of Christian Church, Volume VI.*, 303.

장 및 기타 교회 직책은 교황의 자녀, 조카 및 총애를 받는 사람들에게 주어졌다. 경건이나 학식을 기준으로 추기경 직을 수여한 경우는 드물었지만 만투아(Mantua) 가문, 페라라(Ferrara) 및 모데나(Modena) 가문, 피렌체의 메디치(Medici) 가문, 밀라노의 스포르자(Sforza) 가문, 콜로나(Colonna) 가문, 오르시니(Orsini) 가문에서는 교황의 내실에 쉽게 접근할 수 있었다.[6]

1) 니콜라스 5세

유게니우스 4세를 계승한 니콜라스 5세(Pope Nicholas V, 재위 1447-1455)는 르네상스의 정신의 지배를 받은 인물이다. "그의 통치 기간 동안에 이 영원한 도시는 폐허와 황폐의 상황에서 예술 작품과 건축물로 장식된 수도로 변모하는 실질적인 변화의 시작을 목격했다. 니콜라스 교황은 바티칸 궁과 성 베드로 성당을 복원하고 아름답게 꾸몄으며, 바티칸 도서관의 기초를 닦고 학자들

---

[6] Schaff, *History of Christian Church, Volume VI.*, 302-303. "이 시기는 바티칸에서 친족주의가 번성하던 시기였다. 교황이 조카와 다른 친척들에게 교황의 호의를 베푸는 것은 보니파스 8세 때부터 인정된 관행이었다 … 바티칸은 명예와 이익을 갈구하는 교황의 친척들로 둘러싸여 있었다. 다음은 30세 이전에 추기경이 된 사람들 중 일부이다: 칼릭투스 3세(Pope Callixtus III, 재위 1455-1458)는 자기 조카들인 후안(Juan)과 로드리고 보르지아(Rodrigo Borgia, 23살. 훗날 교황 알렉산더 6세, Pope Alexander VI), 포르투갈 왕의 어린 아들을 추기경으로 임명했다. 피우스 2세(Pope Pius II, 재위 1458-1464)는 23살인 자기 조카와 17살인 프란체스코 곤자기(Francis Gonzaga)를, 식스투스 4세(Pope Sixtus IV, 재위 1471-1484)는 14살인 아라곤의 요한(John of Aragon)과 자신의 17살 난 조카인 라파엘로 리아리오(Rafaelle Riario)를, 이노센트 8세(Pope Innocent VIII, 재위 1484-1492)는 23살인 요한 스클라페나투스(John Sclafenatus)와 13살인 지오바니 드 메디치(Giovanni de' Medici)를, 1493년에 알렉산더 6세는 15살 난 에스테의 히폴리토(Hippolito of Este)를, 식스투스는 그가 8살 때 스트리고니아(Strigonia)와 18살인 자기 아들 카이사르 보르지아(Cesare Borgia)와 25살인 교황의 정부(情婦)인 줄리아 파르네세(Giulia Farnese)의 오라비 알렉산더 파르네세(Alessandro Farnese, 훗날의 교황 파울루스 3세), 그리고 19살인 폴란드 왕의 아들 프리드리 카시미르(Friedrich Kasimir)를, 레오 10세(Pope Leo X, 재위 1513-1521)는 1513년에 21살인 자기 조카 이노센트 치보(Innocenzo Cybo)와 사촌인 서자 율리우스 데 메디치(Giulio di Giuliano de' Medici, 훗날의 교황 클레멘스 7세)를, 그리고 1517년에 자신의 다른 조카 세 명을, 그들 중 한 명은 자기 형제의 서자, 7살 포르투갈의 알폰소(Afonso of Portugal), 그리고 20살인 시칠리아 공작의 아들 로렌의 요한(Jean de Lorraine)을 각각 추기경으로 임명했다. 물론 이것은 불완전한 목록일 뿐이다."

니콜라스 5세(Pope Nicholas V, 재위 1447-1455)

과 예술가들을 궁정으로 불러들였다."[7] 그는 행정과 재정운영에서도 뛰어난 면모를 보였다. 그는 교황청 재정을 잘 관리했고 "교황령에 대한 교황의 통치를 강화했고 볼세나와 스폴레토 성을 되찾았으며" 추기경을 선정할 때도 현명하게 처신했다.[8]

하지만 그가 교황으로 재직하는 동안 1453년 5월 29일 콘스탄티노플이 오스만 터키 군대에 의해 함락되어 이슬람 수중에 들어갔다. 이 당시 동방황제가 로마 가톨릭 교황에게 지원을 요청했지만 교황과 서방교회는 자신들의 교권의 확장과 이 기회를 이용하는 데만 혈안이 되었다. 교황은 서방교회의 통일에만 관심을 기울여 오스만 터키의 침략에 효과적으로 대응하지 못했다. 결국은 기독교 역사에 가장 부끄러운 오점을 남기고 말았다.

동방교회로부터 지원을 요청 받은 교황 니콜라스 5세는 교황특사로 임명

---

7   Schaff, *History of Christian Church, Volume VI.*, 305.
8   Schaff, *History of Christian Church, Volume VI.*, 306.

13장 교황청나락과 면죄부 판매   475

된 이시도루스와 200명의 병력을 콘스탄티노플에 파견했지만 오스만 터키군을 물리치기에는 턱없이 부족한 군대 규모였다. 그나마 너무도 모욕적인 조건을 붙였다. 교황은 "동방황제를 지원하는 조건으로 콘스탄티노플 당국이 페라라 공의회의 연합안을 비준해줄 것을 요구"[9]한 것이다. 심각한 침략 위기 앞에 선 비잔틴 제국으로서는 선택의 여지가 없었다. "1452년 12월, 특사 이시도루스는 300명의 사제들에게 둘러싸인 채 성 소피아교회에서 그리스교회와 라틴교회의 통합을 선언했다."[10] 하지만 그리스 민중은 동방교회의 서방교회와의 통합에 격렬히 저항했다. 1453년 4월 교황은 갤리선 열 척과 다른 선박이 나폴리와 베네치아, 제노바를 출항했지만 이미 때는 늦었다.

니콜라스 5세는 서방교회 수장으로 콘스탄티노플의 멸망에 대한 책임을 피할 수 없었다. 이 부끄러운 오점을 남긴 교황으로 역사에 남을 것을 의식했는지 그는 몇 가지 대응책을 세웠다. 그것은 새로운 십자군 원정이었다 "기독교 국가들을 향해서 콘스탄티노플 수복을 위한 십자군을 모집하는 대칙서를 발행했으며 메흐메트 2세(Mehmed II, 1432-1481)를 계시록에 묘사된 용으로 간주했다. 그 성스러운 원정에 여섯 달을 복무하거나 그 기간에 해당하는 비용을 내는 사람들에게는 면죄를 약속했다." 그러나 십자군에 대한 유럽 사회의 반응은 싸늘했다. 십자군의 열기가 이미 사라진 뒤였고 유럽인들은 오스만 터키군을 두려워했다. 1454년 봄 이 문제를 논의하기 위한 레겐스부르크에 의회가 소집되었다. 하지만 황제는 참석하지 않았다. 십자군 의제가 10월에 프랑크푸르트에서 열릴 의회로 넘겨졌지만 그 때에도 황제는 참석하지 않았다. 결국 의회는 동방제국과 콘스탄티노플 수복을 위한 아무런 결정을 내리지 못했다.

1453년 콘스탄티노플이 오스만 터키군에 함락을 당한 후 거룩한 도성은 급속하게 이슬람 도성으로 바뀌었고 하나님의 영광은 처참하게 땅에 짓밟히고 말았다. 비잔틴 제국의 상징 유스티니아누스가 설립한 성 소피아 교회가 이슬람

---

9   Schaff, *History of Christian Church, Volume VI.*, 307.
10   Schaff, *History of Christian Church, Volume VI.*, 307.

교 사원으로 개조되었다. "터키 병사들이 십자가 상을 들고 거리를 돌아다니면서 '이것이 기독교의 하나님이다'라고 외쳤다."

콘스탄티노플의 함락은 어느 정도 예견된 사건이었다. 서방교회는 1145년 에뎃사를 상실하고, 1187년 예루살렘을 상실하였고, 1453년 오스만 터키의 콘스탄티노플의 침략으로 비잔틴 제국이 사라진 것이다. 그리하여 니콜라스 5세는 동방제국을 역사의 뒤안길로 접어들게 만든 결정적인 책임을 피할 수 없게 되었다. 한때 비잔틴 제국의 빛났던 도성 콘스탄티노플도 함락에 대한 책임에서 자유로울 수 없었다. 콘스탄티노플이 함락되기 전야 부흥에 대한 움직임은 전혀 감지되지 않았고 형식적인 종교 의식문이 경건을 대체했으며, 그리하여 영적 상태는 말 그대로 참혹했다.

2) 칼릭투스 3세, 피우스 2세, 파울루스 2세

니콜라스 5세의 뒤를 이어 칼릭투스 3세(Pope Callixtus III, 재위 1455-1458)가 교황에 올랐다. 그는 "전능하신 하나님과 성 삼위일체 앞에서 전쟁과 저주와 성무 중지령과 파문 등 모든 수단을 동원하여 터키족을 응징할 것"이라고 서약했다. 하지만 그는 아무것도 실천에 옮기지 못했다. 오히려 그의 재임 동안 지금까지의 역대교황들의 족벌주의를 능가하는 "뻔뻔한 족벌주의"[11] 가 자행되었다.

칼릭투스 3세를 계승한 피우스 2세(Pope Pius II, 재위 1458-1464)는 "숭고한 열정과 목표"가 없었고 "매사에 개인의 이익을 추구했으며," 원칙보다 편의를 따라 살았다. 그는 1458년 교황에 오르기 전 "방탕한 생활을 했으며 많은 여성들과 연애"[12]를 나누었고 적어도 두 명의 여자에게서 2명의 자녀를 두었다. "한 아들은 스코틀랜드에서, 또 다른 아들은 스트라스부르그에서 영국인 여

---

11   Schaff, *History of Christian Church, Volume VI.*, 309.
12   Schaff, *History of Christian Church, Volume VI.*, 311.

칼릭투스 3세	피우스 2세	파울루스 2세
(Pope Callixtus III, 재위 1455-1458)	(Pope Pius II, 재위 1458-1464)	(Pope Paul II, 재위 1464-1471)

인에게서 낳았다."[13] 방탕한 피우스 2세는 '성적 자유분방을 케케묵은 악'이라고 비판했다. 이런 방탕한 생활로 젊음을 다 소진한 그가 53세에 교황에 올랐을 때는 이미 건강을 잃은 상태였다.

피우스 2세는 교황에 오른 뒤 부지런한 생활, 매력적인 행동, 가식 없는 사람, 사람들과 사건들을 예리하게 관찰하는 탁월한 관찰력을 소유자, 문법학자, 지리학자, 역사가, 소설가, 그리고 웅변가라는 호칭이 따랐지만 그 시대 그에게 주어진 가장 중요한 책무였던 동방제국의 회복에는 전혀 관심이 없었다. 그는 콘스탄티노플을 탈환하기 위한 십자군 원정을 계획했지만 어디까지 계획뿐이었다. 1458년 무슬림이 아테네의 아크로폴리스를 점령했고, 1459년 세브리바, 1462년 보스니아가 침략자들의 수중에 떨어졌는데도 아무런 조치를 취하지 않았다. 피우스 2세는 콘스탄티노플의 회복에는 전혀 기여를 하지 못했다.

이어 교황에 오른 파울루스 2세(Pope Paul II, 재위 1464-1471) 역시 터키 원정을 독려하지도 않았으며 "열렬한 귀금속, 수석, 주화, 도자기 수집"[14]에

---

13   Schaff, *History of Christian Church, Volume VI.*, 311.
14   Schaff, *History of Christian Church, Volume VI.*, 320.

식스투스 4세
(Pope Sixtus IV,
재위 1471-1484)

이노센트 8세
(Pope Innocent VIII,
재위 1484-1492)

알렉산더 6세
(Pope Alexander VI,
재위 1492-1503)

만 열을 올렸다. 전해오는 바에 의하면 그는 낮에는 자고 밤에 깨어나 자신의 보석함을 꺼내 보는 것을 낙으로 삼았다.

3) 식스투스 4세, 이노센트 8세, 그리고 알렉산더 6세

파울루스 2세의 뒤를 이어 교황에 오른 식스투스 4세(Pope Sixtus IV, 재위 1471-1484), 이노센트 8세(Pope Innocent VIII, 재위 1484-1492), 그리고 알렉산더 6세(Pope Alexander VI, 재위 1492-1503) 등 15세기 마지막 세 명의 교황들도 "교황청의 권익을 자신들의 쾌락과 친족들의 치부와 출세에 철저히 종속시켰다."[15]

식스투스 4세는 면죄부의 효과를 연옥에 있는 영혼들에게까지 확대시켰다. 그는 면죄부 판매에 열성을 기울였고 1426년 스페인 종교재판소를 승인했으며, 마리아 숭배와 성모 무원죄 잉태교리와 관련된 대칙서 두 편을 발행했

---

15 Schaff, *History of Christian Church, Volume VI.*, 320.

다.[16] 그는 예술의 후원자였고 교황청 문서보관소의 목록을 제작했지만 인격적 자질을 갖추지 못한 친족들을 주변에 세웠고, 인간적 복수에 불탔다. "식스투스 4세는 르네상스 전제군주들과 똑같이 음모를 일삼았다."[17] 필립 샤프에 따르면 "그는 하나님에 대한 두려움도, 기독교 세계에 대한 사랑도, 어떤 자선도 없었다. 오히려 탐욕, 헛된 과시와 허식을 사랑하고 극히 잔인하고 남색에 빠진 사람이었다."[18] 남색에 빠짐으로 교황청을 동성애의 소굴로 만들고 말았다.

식스투스 4세가 세상을 떠난 뒤 유럽은 엄청난 혼란에 빠져들었고 폭도들이 거리에서 광란을 벌였다. "로마에서는 성직자의 방탕, 성직자의 부패, 그리고 전반적인 불법이 만연했다 … 여성들이 밤에 납치를 당했다. 살해된 사람들이 아침에 거리에서 발견되었다. 범죄가 돈으로 무마되었다. 심지어 교회도 도둑질을 당했다 … 모든 교회 성직들이 매매되었다. 교황이 가장 높은 값을 주고 교황직을 산 판국에 어찌 그렇지 않을 수 있겠는가?"[19]

게다가 교회에 부가 집중되었고,[20] 교황 문서들을 위조하는 것이 일종의 업으로 자리 잡았고, 거의 모든 성직자들이 첩이나 정부를 두고 살았으며 당시 로마에는 6,800명의 공창이 활동했다.

16　Schaff, *History of Christian Church, Volume VI.*, 324.

17　Roland Herbert Bainton, *Christendom: A Short History of Christianity and Its Impact on Western Civilization*, 기독교의 역사, 이길상 역 (일산: 크리스챤다이제스트, 1997), 251.

18　Schaff, *History of Christian Church, Volume VI.*, 324-325.

19　Schaff, *History of Christian Church, Volume VI.*, 326.

20　*Goldast's Reichssatzung*, p. 280, in Thatcher & McNeal, "177. Popular Dissatisfaction that the Church had so much Wealth, ca. 1480," *A Source Book for Medieval History*, 336. 당시 교회가 너무 많은 부를 갖고 있다는 것으로 인해 대중들의 불만이 컸다. 약 1480년경 이름이 알려지지 않은 한 저자의 글이다. "성직자들이 부드럽고 교활한 말로 우리에게서 정당한 재산을 빼앗아 갔다는 것은 너무나 명백하다. 그들은 우리 조상들의 눈을 멀게 하고, 천국을 그들의 땅과 소유물과 함께 사도록 설득했다. 만일 너희 사제들이 가난한 자들과 택하신 하나님의 자녀들에게 아버지의 유산을 주며 하나님 앞에서 그들에게 빚진 것을 주면 하나님께서 혹시 너희가 스스로 알게 될 만큼 은총을 베풀어 주실 것이라. 그러나 당신이 하나님의 자녀들 대신에 사랑하는 창녀와 방탕한 자들에게 돈을 쓰는 한, 하나님께서 당신의 공로에 따라 보상해 주실 것임을 확신할 수 있다. 당신이 제국의 모든 사람들을 화나게 하고 과도한 부담을 주었기 때문이다. 당신들의 소유물이 원수의 소유물인 것처럼 빼앗기고 나누어질 때가 다가오고 있다. '네가 백성을 학대하였으므로 그들이 일어나 너를 대적하여 네가 머물 곳을 찾지 못하게 할 것이라.'"

이런 혼란의 시대 이노센트 8세가 교황에 올랐다. "이노센트 8세 때 로마의 상황은 전임자 식스투스 4세 때보다 더 나빴다. 그는 특별한 이상을 품지 않은 채 되는대로 살아갔으며 거창한 계획을 구상하거나 실행할 능력이 없었다. 그가 주목을 받은 것은 사생아 가족을 공개적으로 밝히고 마술을 금하는 대칙서를 발행한 일 때문이다."[21] 그의 본명은 로렌초 치보(Lorenzo Cibo)였다.

15세기 마지막 황제 교황 알렉산더 6세는 "르네상스 시대 교황 중에서 가장 부패한 교황으로 악명을 떨쳤다."[22] 그는 성직자 축첩행위를 대변하는 교황으로 널리 알려진 인물로 서자가 넷이나 있었다.[23] 심지어 가톨릭 역사가들의 판단에서도 알렉산더 6세는 "아무런 제약 없이 타락에 빠져들었고 자신의 개인적인 목적을 채우기 위해 기꺼이 교황청의 위신을 실추시킬 그런 교황이었다."[24] 그는 한 마디로 매우 호색적이고 탐욕적인 사람이었다. 그 시대 "거의 모든 사제가 정부를 두고 있었고 모든 로마 수도원이 매춘업소로 바뀌었다."[25]

4) 율리우스 2세와 교황권 재확립

알렉산더 6세를 이어 피우스 3세(Pope Pius III, 재위 1503)가 교황에 올랐지만 한 달도 못되어 세상을 떠나고 말았다. 이어 "거액의 뇌물"을 살포하고 1503년 10월 31일 율리우스 2세(Pope Julius II, 재위 1503-1513)가 교황에 올랐다. 필립 샤프는 그에게 '전사(戰士) 교황'이라는 명칭을 덧붙였다.

> 그는 타고난 통치자였다 … 그는 성급할 정도로 움직임이 빨랐고 대담할 정도로 용감했다 … 추기경으로서 그는 성자라기보다는 외교관으로, 교황으

---

21 Schaff, *History of Christian Church, Volume VI.*, 325.
22 Schaff, *History of Christian Church, Volume VI.*, 330.
23 Bainton, 기독교의 역사, 252.
24 Schaff, *History of Christian Church, Volume VI.*, 330.
25 Schaff, *History of Christian Church, Volume VI.*, 342.

로서 그는 사제라기보다는 전사로서 자신의 면모를 드러냈다.[26]

실제로 교황에 오른 율리우스 2세는 이탈리아를 외국의 침략자들에게서 구출하는데 전념했다. 당시 가장 큰 침략세력은 "카이사르 보르지아와 이탈리아 도시들의 독재 군주들,"[27] "밀라노와 제노바를 강점하고 있던 프랑스,"[28] 그리고 "나폴리와 시칠리아를 차지하고 있던 스페인"[29]이었다. 전사적인 교황 율리우스 2세는 1511년 1월 한겨울의 혹한 속에서 교황 군대의 막사를 방문하고 막사 생활의 불편과 고통을 참아내며 몸소 본을 보여주었다. 그는 프랑스와 전투에서 승리를 이끌어내기 위해 1511년 10월 스페인과 베네치아와 신성동맹을 체결하고 다시 세 동맹이 막시밀리안(Maximilian I, 1459-1519)과 잉글랜드의 헨리 8세(Henry VIII of England, 1491-1547)와 손을 잡았다. 피사 공의회에 매달리고 있던 프랑스에 맞서 라테란 공의회를 소집하여 피사공의회의 영향력을 반감시켰고 마침내 프랑스와의 전투에서 승리를 거두었다.

율리우스 2세가 1513년 2월 20일 세상을 떠났을 때 "경외감과 존경의 분위기가 도시를 가득 채웠다. 죽은 교황이 애국자로 추앙되었고 로마의 시민 질서와 영광을 위한 그의 봉사는 하나님의 사제로서 그의 부족을 상쇄해주었다."[30] 자격이 없는 교황들이 판을 치는 중세 말엽 율리우스 2세는 교황권의 위상을 대단히 높여주었다. 바티칸이 추문들에서 벗어났고, 교황권이 다시 확립되었으며, 브라만테(Donato d' Aguolo Bramante, c.1444-1514), 미켈란젤로(Michelangelo di Lodovico Buonarroti Simoni, 1475-1564), 라파엘로(Raffaello Sanzio, 1483-1520) 같은 완숙한 미술의 거장들에게 활동 무대를 제공했다. 율리우스 2세는 "13세기 이노센트 3세(Pope Innocent III, 재위

---

26 Schaff, *History of Christian Church, Volume VI.*, 346.
27 Schaff, *History of Christian Church, Volume VI.*, 346.
28 Schaff, *History of Christian Church, Volume VI.*, 346.
29 Schaff, *History of Christian Church, Volume VI.*, 346.
30 Schaff, *History of Christian Church, Volume VI.*, 353.

1198-1216)와 그레고리 9세(Pope Gregory IX, 재위 1227-1241) 시대 이후 교회 역사상 가장 유능하고 활기찬 교황이었음을 증명했다."[31]

하지만 그것이 그가 개혁적 성향을 가졌고, 종교개혁에 우호적이었다는 의미는 전혀 아니다. 루터가 시작한 새로운 종교개혁을 그가 진지하게 고려했다는 징후는 전혀 찾을 수 없었다.[32] 1510년 독일인들은 교황에게 자신들의 불만 사항 10개 목록을 만들어 제출했다.

(1) 교황은 전임자들이 발표한 교서, 협약, 특권, 서신을 준수할 의무를 느끼지 않으며, 심지어 낮은 계층의 사람들의 요청에 따라 종종 이를 생략, 유예, 취소한다. (2) 교황은 때때로 주교의 교회법적 선출을 확증하기를 거부한다. (3) 교황은 때때로 선거권을 위해 높은 대가를 치른 지부들(chapters)이 선출한 총대주교[provosts]의 선출을 거부하기도 한다 … (4) 더 나은 혜택과 고위성직은 추기경들과 교황청의 최고 관리들을 위해 예약되었다. (5) 기대치(expectancies)가 무제한으로 부여되고, 같은 직책에 대해 여러 사람에게 많은 기대치가 부여된다. 그리고 많은 기대치가 같은 사람에게 판매된다. 이러한 관행으로 인해 매일 소송이 발생하여 모든 관련자가 막대한 비용을 부담하게 된다. 어떤 사람이 기대치를 사면 직분을 얻지 못할 수도 있지만 반드시 소송에 휘말려 막대한 비용이 들게 될 것이기 때문이다. 이 때문에 "누구든지 로마에서 기대권을 얻으면 소송에 필요한 금화 100개 혹은 200개는 따로 떼어놓으라"는 속담이 생겨났다. (6) 주교단이 몇 년 안에 사망으로 인해 여러 차례 공석이 된 경우에도 교황은 자비없이 신속하고 완전한 연보금을 요구한다. 그리고 때때로 교황이 새로운 직책을 만들고 궁정을 확장할 때, 적정보다 더 많은 연보를 요구한다.… (7) 교회는 교황청의 구성원들에게 주어지는데 그들 중 일부는 목회자보다 노새 마부(mule drivers)가 되기에 더

---

31 Schaff, *History of Christian Church, Volume VI.*, 345.
32 Schaff, *History of Christian Church, Volume VI.*, 353.

율리우스 2세(Pope Julius II, 재위 1503-1513)   레오 10세(Pope Leo X, 재위 1513-1521)

적합하다. (8) 단지 돈을 벌기 위해 오래된 면죄부가 취소되고 새로운 면죄부가 판매되지만, 이로 인해 평신도들은 성직자에 대해 불평하게 된다. (9) 십일조가 투르크족과의 전쟁을 벌인다는 구실로 징수되지만 실제로는 아무 일도 일어나지 않았다. (10) 독일에는 선하고 정의로운 판사들이 있기 때문에 쉽게 해결될 수 있는 사건들이 로마 교황청에 무차별적으로 회부된다. 성 버나드는 유게니우스 3세에게 보낸 편지에서 이러한 관행을 신랄하게 비판했다.[33]

성직매매와 금권타락과 관련된 불만 사항이 주를 이루고 있다. 교회, 성직자, 교황청의 금권 타락이 중세 말에 심각한 수준이었음을 보여준다. 면죄부 문제도 불만 중의 하나였다. 율리우스 2세는 교황으로 재직하는 동안 교황 재정이 넘쳐서 400,000 디카트 상당의 금은과 주화를 남겼다. 하지만 이 금액의 상당

---

33 Gebhardt, *Gravamina gegen den Römischen Hof*, pp. 83 f. in Thatcher & McNeal, "178. Complaints of the Germans against the Pope, 1510." *A Source Book for Medieval History*, 337.

수가 현세와 연옥에서의 사죄를 앞세운 면죄부 판매 수익금이었다. 그만큼 면죄부 판매가 활성화되었다.

5) 레오 10세

율리우스 2세의 뒤를 이어 레오 10세(Pope Leo X, 재위 1513-1521)가 교황에 올랐다. 레오 10세는 1447년부터 1517년 종교개혁이 발흥하기까지 70년 기간 동안에 재직한 중세 마지막 교황이었다. 그는 권모술수에 능했고 에피쿠로스적 쾌락을 추구했다. "도박에 더 많은 시간을 보냈고 체스를 좋아했다."[34] 레오 10세는 교황에 선출된 후 자신의 형제에게 보낸 편지에 "하나님께서 우리에게 교황직을 주셨으니 이제 교황직을 즐기자"[35]고 말했다. 교황 레오 10세는 철저하게 이중적이었다. "그는 일주일에 세 번 금식하고 수요일과 금요일에는 육식을 삼가고 매일 고해성사를 읽었으며 미사 전에 전속 고해신부에게 사죄를 구하는데 익숙했다."[36] 형식적인 종교적 경건의 모양을 갖추었지만 그에게서 영적인 책임의식은 찾을 수 없었다. 필립 샤프는 이렇게 레오 10세를 평가했다.

> 그 안에는 다음과 같은 "하나님께서 우리에게 교황권을 주셨으니, 교황권을 누리자"라는 말씀이 있었다. 그에게는 성스러움이 없었고 깊은 신앙적 확신도 없었다. 경건의 이슈가 그의 습관을 규율함에 있어서 전혀 영향을 미치지 못했다 … 레오는 하나님의 사람의 발걸음과 음성을 들어야 할 곳 바티칸을 세상 어느 곳보다도 환락과 경박함이 난무하는 집으로 변질시켰다. 레오는 자신의 높은 직분을 신성하게 여기지 않고 자신의 육욕적 성향을 위한 수단

---

34 Bainton, 기독교의 역사, 252.
35 Schaff, *History of Christian Church, Volume VI.*, 354.
36 Schaff, *History of Christian Church, Volume VI.*, 364.

으로 전락시켰다.[37]

지금까지 살펴본 것처럼 종교개혁 전야 70년 동안 교황에 오른 이들은 교황에 대한 소명의식은 물론 영적인 자질도 도덕적 자질도 찾을 수 없었다. 이런 교황들의 등장은 로마 가톨릭의 입장에서는 불행한 일이었다. 하지만 교황의 교리적 윤리적 타락은 사회와 민중들이 무언가 새로운 시대, 새로운 종교를 갈망하도록 분위기를 조성했다.

돌이켜 볼 때 교황과 로마 가톨릭의 타락은 종교개혁을 태동시키시기 위한 하나님의 간섭과 섭리로 작용했다. 영적인 무자격자, 면죄부로 대변되는 극심한 교리적인 이탈, 족벌주의와 성적 타락과 도덕적인 타락은 종교개혁의 무대를 제공했다. 어둠이 짙을수록 빛은 더욱 발하듯이 믿음으로 말미암는 구원의 진리를 드높인 마르틴 루터의 종교개혁은 중세의 암흑 속에서 어둠을 밝히는 진리의 횃불이 되었다.

2. 면죄부 판매

교황과 로마 가톨릭의 타락상은 교리적 타락과도 깊이 맞물려 진행되었다. 중세 말엽 로마 가톨릭이 교리적으로 얼마나 타락했는가를 단적으로 보여주는 것이 면죄부 판매이다. 면죄부는 사실 서방교회와 동방교회가 분열하고, 로마 가톨릭과 개신교가 나뉘는 결정적인 요인 중 하나였다.

면죄부(indulgence)가 본격적으로 역사에 등장한 것은 13세기이다. 13세기 면죄부가 처음 등장할 때 면죄부는 현세와 연옥에서 죄로 인한 형벌을 면제해주는 것이 면죄부의 핵심이고, 그 근거는 예수 그리스도, 마리아, 성인들의 잉여공로 사상이다. 교황 클레멘스 6세(Pope Clement VI, 재위 1342-1352)는

---

37 Schaff, *History of Christian Church*, Volume VI., 364-365.

1343년 교회의 곳간에 예수 그리스도의 공로, 성인들의 공로, 그리고 마리아의 공로 즉 이들의 잉여공로로 공로의 기금이 조성되어 있다고 가르쳤다. "그들이 남긴 공로들로 인하여 축적된 방대한 공로를 근거로 교회가 죄인들을 죄로 인한 형벌에서 면제할 수 있는 권한을 지닌다"는 것이다.

다티는 1893년 자신의 책에서 카톨릭의 면죄부의 신학적 근거를 이렇게 설명한다.

> 죄를 용서받는다고 해서 그 형벌이 동시에 면제되는 것은 아니라는 것이 가톨릭의 교리이다. 열쇠의 권능을 통해 영원한 형벌은 면제되지만, 일반적으로 이 세상에서는 선행을 통해, 또는 다음 세상에서는 연옥에서 형벌을 견뎌내야 하는 현세적 형벌이 남아 있다. 성경은 영원한 죄책과 형벌이 제거되었다고 해서 현세적 형벌이 항상 면제되는 것은 아니라고 말씀할 뿐만 아니라 예를 통해 가르치고 있다. 아담과 하와는 죄를 지은 후 회개하고 하나님으로부터 의롭다 함을 받았지만, 죄의 형벌로 낙원에서 쫓겨나 무한한 불행, 심지어 죽음까지도 견뎌야 했다. 우리는 모세의 기도를 통해 원망의 죄를 사함 받았지만 그 죄의 형벌로 약속의 땅에서 배제되어 광야에서 멸망한 이스라엘 백성의 예에서 같은 교훈을 얻는다 … 이것으로부터 성경은 심령의 회심뿐만 아니라 죄에 대한 현세적 형벌을 견딤으로써 만족을 주어야 함을 알 수 있다 …
>
> 우리가 드려야 할 이 보속[즉, 우리가 견뎌야 하는 이 현세적 형벌]은 고해성사의 일부이며, 고해성사의 봉사재[즉, 사제]가 우리에게 부과해야 한다. 면죄부 교리는 만족의 교리와 불가분의 관계에 있다. 면죄부란 사제가 교회의 보물을 사용하여 현세적 형벌을 면제하는 것을 의미한다. 교회의 보물은 모든 성도들의 모든 선행이나 공덕에 더하여 예수 그리스도의 공덕의 전체 합계이다 … 성 토마스 아퀴나스가 잘 말했듯이 교회에서 어떤 사람들은 자신의 죄의 척도가 요구하는 것보다 더 큰 참회를 했다. 다른 사람들은 자신이 지은 죄보다 훨씬 더 많은 현세적 형벌을 면할 수 있는 많은 불의한 고난을 인내심을 가지고 겪었다. [자신의 죄를 만족시키는 데 필요한 것을 초과하는 그러한 모든 선행을 잉여 선

면죄부 판매

행이라고 하며, 공로가 있기 때문에 그들의 공로는 교회의 보물에 추가되며 교회의 재량에 따라 그러한 선행이 부족한 다른 사람들의 유익을 위해 적용될 수 있다.] 교회가 이 공동의 소유물(공로의 보물)을 분배하는 방법 중 하나는 면죄부를 수단으로 이루어진다.[38]

처음 면죄부가 면죄의 범위를 형벌에서의 죄 면제에 국한시켰지만 민간인

---

38   Dati, *Theologia Dommatica* (Florence: n.p., 1893), vol. iii, Chap. XXIX, in Thatcher & McNeal, "179. Abuses in the Sale of Indulgences, 1512," *A Source Book for Medieval History*, 338-339.

들 사이에서는 중세 말에 이르러 죄의 형벌만 아니라 죄책에서도 면제해 준다는 믿음이 널리 확산되었다. 이것은 사실 단순한 민간 신앙이 아니라 호노리우스 3세가 프란시스회에 부여한 "포르티운쿨라"(portiuncula)라는 대 칙서를 발행한 때부터 교황이 서방교회를 확고히 장악하던 마지막 시간까지 발행된 교서에서 '완전한 죄 사함'이라는 말이 반복해서 나타나는 것에서 확인할 수 있다. 예를 들어, 로마의 성령병원을 건축하기 위해 레오 10세가 발행한 면죄부에는 "거룩하고 위대한 면죄부와 완전사면"(a culpa et poena-죄책과 형벌로부터)" 이라고 적혀 있었다. 면죄부로 말미암는 완전한 죄 사함은 루터가 받아들이기 힘들었던 부분이었다. 루터는 1517년 마인츠의 알브레히트에게 보낸 편지에서 일반 민중들이 면죄부가 마치 모든 형벌과 죄책에서 면제해 주는 것처럼 받아들인다고 탄식했다.[39]

교황과 주교가 면죄부 부여권을 공유했다. 식스투스 4세는 면죄부를 연옥까지 확대시켜 살아 있는 자들의 기도가 연옥에 있는 영혼들에게 도움이 된다고 주장했다. 1476년 식스투스는 죽은 자들의 죄를 사면하는 대칙서를 공포하였다. 중세 스콜라주의 대변자 토마스 아퀴나스(Thomas Aquinas, 1224/25-1274)는 연옥에 있는 영혼들이 지상 교회의 관할권에 속했다고 가르쳤다.

면죄부를 사면 모든 형벌과 죄책에서 면제를 받는다는 통념이 대륙은 물론 영국에서도 널리 퍼져 있었다. 면죄부가 당시 널리 통용된 것은 교황청의 재정 수입과도 깊은 관계가 있었다. 처음 면죄부가 병원과 같은 자선단체의 재정을 지원하기 위해 발급되다 교황청의 재정수입과 성당건축기금을 위해 상업적으로 발행되기 시작했다. 1514년 빈의 탑 건립, 1511년 콘스탄스 주교좌성당 개축, 1514년 아우크스부르크의 도미니크회 교회 건축, 1515년 뉘른베르크 병원, 1516년 로마의 성령병원, 1518년 스트라스부르크 병원은 그들 중 일부이다. 면죄부 발급으로 거둬들인 기금 중 33-50%가 로마 교황청으로 흘러들어 갔다. 면죄부 판매는 로마, 스위스, 오스트리아, 노르웨이, 스웨덴, 비텐베르크

---

39   Schaff, *History of Christian Church, Volume VI.*, 555-557.

등 게르만 민족이 거주하는 지역들에 집중되었다. 영국과 프랑스와 스페인에서는 면죄부가 판매된 적이 없었다. 가장 많이 면죄부를 발급한 곳은 로마였다. 교황청이 위치한 교황들의 도시 로마에서는 면죄부가 비오는 날의 빗방울만큼이나 많이 발급되었다.[40]

독일의 교회당 건축을 위해 면죄부가 발급되어 판매되었다. 1506년 4월 18일 율리우스 2세는 성당 건축에 기부하는 사람들에 대한 면죄를 약속하는 '파브리카'(fabrica)라 불린 대칙서를 발행했다. 성당 건축을 위한 중세 면죄부 발행과 관련하여 가장 주목을 받은 것은 역시 율리우스 2세와 레오 10세 두 교황이 추진한 성 베드로 성당 건축비 마련을 위한 면죄부 발행이다. 성 베드로 성당 면죄부에 대한 대칙서가 1515년 3월 31일 발행되었고 독일의 젊은 고위 성직자들에게 사죄를 베풀 권한을 부여했다. 루터의 종교개혁의 본 고장 비텐베르크의 두 교회도 면죄부 판매권을 허락 받았다.

면죄부에 대한 백성들의 반응은 한 마디로 대단했다. "1516년 올데콥(Oldecope)은 자신이 지켜본 바를 기록하면서 사람들이 죄의 죄책감과 죄의 형벌로부터 구원을 받고 부모와 친구들을 연옥에서 해방시키려는 열망으로 하루 종일 돈궤에 돈을 넣는다"[41]고 증언했다.

중세의 마지막 교황들은 면죄부를 너무도 남용했다. 이 시대 면죄부 판매에 가장 앞장선 인물은 테첼(Johann Tetzel, c.1465-1519)이었다. 그리스도만이 갖고 있는 사죄권을 교황이 갖고 있고 심지어 죽은 자의 사죄권까지 주창한 중세 말 로마 가톨릭의 타락상은 그 시대의 단면이었다.

성직과 사죄를 매매하는 장면이 중세 교회사의 최종적 마지막 무대를 장식했다. 종교개혁 전야에 우리는 교황이 다시 한 번 세속과 교회 두 영역 모두에 대한 통치권의 주장을 엄숙히 갱신하고 손에 온 인류의 구원을 거머쥔 성

---

40 Schaff, *History of Christian Church, Volume VI.*, 559.

41 Schaff, *History of Christian Church, Volume VI.*, 561.

물 거래에서 번 돈으로 자신의 세속적인 궁정을 호화롭게 지원하는 광경을 목격했다. 그 악의적인 원칙이 얼마나 뿌리 깊게 자리 잡았는지는 비텐베르크의 교회 문에 95개조 논제가 못 박힌 지 1년 뒤인 1518년 11월 9일에 교황 레오가 발표한 교서에서 분명하게 드러난다. 레오는 교서에서 교황이 면제부를 부여할 권한이 있다고 설교하고 믿지 못하는 모든 자들을 파문하겠다고 위협했다.[42]

면죄부 문제에 있어서 개혁의 필요성이 종교개혁 이전에 로마 카톨릭 자체 안에서도 여러 번 언급되었다. 일찍이 중세 개혁자 존 위클리프(John Wycliffe, c.1330-1384), 얀 후스(Jan Hus, c.1370-1415), 그리고 심지어 인문주의자 에라스무스(Desiderius Erasmus Roterodamus, c.1469-1536)도 교황의 죄 사면권을 강하게 비판했다. 위클리프는 교황이 십자군에 참전하는 이들의 죄를 완전히 면제한 것을 비판했고, 후스도 1412년 교황이 라디슬라우스(Ladislaus the Magnanimous, 1377-1414)를 토벌하기 위해 십자군 참전자들에게 면제 대칙서를 발행하자 강하게 비판했다.

에라스무스도 우신예찬에서 "용서를 돈으로 사는 이 손쉬운 방법에 힘입어 악명 높은 강도들 약탈을 일삼는 산적들 뇌물을 탐하는 판사들이 부당하게 취득한 돈으로 위증과 간음과 살인과 방탕 같은 중죄를 사면 받고 밀린 부채를 청산한 뒤 인생을 새로 시작한다"며 면죄부를 강도 높게 비판했다. 틴데일(William Tyndale, c.1494-1536)도 "사람들은 동전 세 닢이면 무서운 지옥불도 끌 수 있다"며 토머스 모어에게 보낸 답신에서 면죄부 판매를 강하게 비판했다.

면죄부는 너무도 많은 남용과 폐습을 낳았다. 예를 들어 1503년 교황 특사였던 레이먼드 추기경은 면죄부를 판매하는 대리인들이 이익을 얻으려는 가장 기본적인 동기에 의해서만 행동하며 철저히 부정직하다고 불평했다.[43] 프로테

---

42 Schaff, *History of Christian Church, Volume VI.*, 562.
43 Thatcher & McNeal, "179. Abuses in the Sale of Indulgences, 1512," *A Source Book for Medieval History*, 338.

1515년 존 테첼(Johann Tetzel)이 면죄부에 대해 설교하는 장면

스탄트가 된 프란시스수도회 수도사 미코니우스(Friedrich Myconius, 1490-1546)는 자신의 종교개혁사(Geschichte der Reformation)에서 1512년 면죄부의 교리와 남용과 관련하여 테첼을 매우 예리하게 비판하였다.

> 1512년. 테첼은 독일에서 설교를 통해 막대한 돈을 벌어 로마로 보냈다. 성 안나버그의 새로운 광산에서 매우 큰 금액이 모였고, 그곳에서 2년 동안 그의 설교를 들었다. 이 무지하고 뻔뻔스러운 수도사가 한 말이 놀랍다 … 그는 그들이 기꺼이 기부하고 은혜와 면죄부를 사면 성 안나버그의 모든 언덕이 순수한 거대한 은으로 바뀌게 될 것이라고 선언했다. 또한 동전이 가슴에 부딪히자마자 돈을 지불한 영혼은 곧장 천국으로 갈 것이다 … 면죄부는 매우 소중히 여겨졌기 때문에 에이전트가 도시에 왔을 때 황소는 새틴이나 금색 천으로 운반되었다. 모든 사제와 수도사, 공의회, 학교장, 학자, 남자, 여성, 여자, 아이들이 깃발과 촛불, 노래를 들고 황소를 맞이하기 위해 행렬을 지어 나갔다. 모든 종이 울리고 오르간이 연주되었다. 교황은 성당으로 인도

되었고, 성당 중앙에 붉은 십자가, 교황의 깃발이 세워졌다 …"[44]

미코니우스에 따르면 테첼은 심지어 교황의 위상이 그리스도와 동등하다고 가르쳤다. "주후 1517. 이 무식한 수도승[테첼]의 말과 설교는 참으로 놀랍다. 그는 사람이 저지르려고 했던 죄도 용서받을 수 있다는 봉인된 편지를 주었다. 그는 교황이 모든 사도, 모든 천사와 성도, 심지어 성모 마리아 그녀 자신보다 더 큰 권세를 가지고 있다고 말했다. 이들은 모두 그리스도에게 복종했지만 교황은 그리스도와 동등했기 때문이다. 그리스도께서는 승천하신 후 심판의 날까지 교회 운영과는 전혀 무관하시고 그 모든 것을 대리자이자 하나님의 지상 대리자(vicar and vice-gerent)인 교황에게 맡기셨다."[45]

마르틴 루터는 테첼과 면죄부를 놓고 강도 높은 논쟁을 벌이며 면죄부 판매를 강하게 비판했다. 루터는 1517년 95개 조항에서 면죄부의 문제점을 지적했고, 그 해 마인츠의 알브레히트에게 보낸 편지에서 '사람들이 면죄부를 마치 모든 형벌과 죄책에서 면제해 주는 것처럼 받아들이는 현실을 개탄'했다. 루터는 95개 조항에서 죄의 용서는 면죄부 판매가 아닌 회개를 통해서라고 분명히 밝혔다.[46]

"(21조) 면죄부를 설교하는 자들이 교황의 면죄부에 의해 인간은 모든 형벌로부터 사면되며 구원 받는다고 말한다면 그것은 오류에 빠져 있는 것이다."
"(22조) 면죄부에 의하여 자신의 구원이 확실하다고 스스로 믿는 모든 사람은

---

44 Fr. Myconius, *Geschichte der Reformation*, in Thatcher & McNeal, "179. Abuses in the Sale of Indulgences, 1512," *A Source Book for Medieval History*, 339.

45 Fr. Myconius, *Geschichte der Reformation*, in Thatcher & McNeal, "179. Abuses in the Sale of Indulgences, 1512," *A Source Book for Medieval History*, 339-340.

46 Roland Herbert Bainton, *Here I Stand: A Life of Martin Luther* (Nashvile: Abingdon Press, 2013); John Antony Bossy, *Christianity in the West 1400-1700* (Oxford: Oxford University Press, 2010); Diamond Ninian MacCulloch, *The Reformation: A History* (New York: Penguin Books, 2005); Lyndal Anne Roper, *Martin Luther: Renegade and Prophet* (Random House Trade Paperbacks, 2018); Ulinka Rublack, *The Oxford Handbook of the Protestant Reformations* (Oxford: Oxford University Press, 2019); Susan Wise Bauer, *The History of the Renaissance World* (New York: W. W. Norton & Company, 2010).

그렇게 가르치는 사람들과 함께 영원히 저주를 받을 것이다.'"(36조) 진정으로 회개하는 그리스도인은 그 누구든지 형벌과 죄로부터 완전히 사함을 누리게 되는데, 이는 면죄부 없이 그에게 주어진다."

맺는 말

우리는 지금까지 590년부터 1517년까지 930년에 이르는 방대한 중세의 역사를 살펴보았다. 이 방대한 역사가 복잡하게 얽히고설켜 중심 주제를 도출하는 것이 쉽지 않다. 하지만 한 가지 분명한 사실은 중세를 지배하는 중요한 중심 주제들을 어렵지 않게 발견할 수 있다는 사실이다. 중심주제들은 바로 교황권의 발흥과 몰락, 동서방교회 분열, 이슬람의 발흥과 십자군운동, 수도원운동과 스콜라주의, 서방교회의 분열과 종교회의, 종교개혁을 위한 일련의 준비(중세 신비주의운동, 르네상스 휴머니즘, 종교개혁 이전의 개혁자들), 그리고 중세 말엽 교황청의 타락과 면죄부다. 놀라운 사실은 이들 중심 주제들이 독립적으로 작용하지 않고 상호 밀접한 연계성을 지니면서 중세사 전체에 진행되어 왔다는 사실이다.

첫째, 교황과 교황권 문제는 중세교회사의 가장 중요한 중심 수제이다.[1] 그레고리 1세(Pope Gregory I, 재위 590-640)의 등장으로 시작된 중세교회사는 교황 레오 10세(Pope Leo X, 재위 1513-1521)를 끝으로 중세가 종결되

---

1 획일화시킬 수 없지만 또 이면에 수많은 복합적인 요소들이 얽히고설켜 진행되었지만 590년 그레고리 1세(Pope Gregory I, 재위 590-640)의 등장부터 1517년 마르틴 루터에 의해 종교개혁의 포문이 열릴 때까지 900여년의 중세교회사를 통시적으로 고찰할 때 교황권의 강화가 동서방교회의 대립과 분열로 이어졌고, 이슬람세력의 급부상으로 동로마 제국은 심각한 위협을 받았고, 서방교회에 도움을 요청하면서 성지탈환을 위한 십자군운동이 진행되었지만 십자군은 성지탈환을 달성한 것도 동방교회와 화합한 것도 아니었다. 오스만 터키의 침략 앞에 서방교회는 동방교회의 우위권만 중시했지 실질적인 도움을 주지 못했고 결국 동로마 제국은 1453년 오스만 터키에 의해 힘없이 무너지고 말았다. 교황권과 세속권력과의 대립은 교황청의 아비뇽 유수로 이어지고 70년 후 로마로 복귀되었지만 교황난립으로 분열의 시대를 맞고 말았다. 교황난립문제를 해결하기 위해 공의회가 열려 공의회의 우위권을 결정했지만 이것 역시 교황들에 의해 처절하게 무너지고 교황권은 더욱 타락의 길로 접어들었다. 교황청의 타락은 성직매매, 성적타락, 면죄부판매를 통해 더욱 중세를 어둠의 세계로 몰아넣었다. 전혀 희망을 찾을 수 없었다.

고 종교개혁 시대가 도래했다. 이 기간 동안 교회권의 발달, 영향, 쇠퇴, 그리고 부패와 타락에 이르기까지 일련의 진행과정은 중세교회사의 가장 중요한 중심 내용을 형성하고 있다. 특별히 이노센트 3세(Pope Innocent III, 재위 1198-1216)부터 보니파스 8세(Pope Boniface VIII, 재위 1294-1303)까지 진행된 교황지상주의 시대 교황은 교회와 세속권력까지 장악하였다.

교황의 난립과 서방교회의 분열을 치유하기 위해 피사, 콘스탄스, 바젤 공의회가 열려 종교회의가 교황의 권위 위에 있다는 결정을 내렸지만 이 결정은 르네상스 교황들에 의해 원점으로 돌아가고 말았다. 르네상스 교황들은 70년 동안 종교회의를 한 번도 열지 않았다. 이 기간 자격이 없는 자들이 교황으로 선출되었고, 족벌주의가 관영했으며, 교황청은 타락과 부패의 상징이었다. 교황들의 타락은 종교개혁 시대 교황 레오가 교황에 선출된 뒤 '자, 교황직을 즐기자'고 외친 것에서 단적으로 알 수 있다.

"발라(Valla)는 교황제가 이탈리아의 최대의 적이며, 모든 불행의 원인이었다고 거듭해서 말했다."[2] 단테(Dante Alighieri, 1265-1321), 에라스무스(Desiderius Erasmus Roterodamus, c.1469-1536), 발라(Lorenzo Valla, 1407-1457), 위클리프(John Wycliffe, c.1330-1384), 후스(Jan Hus, c.1370-1415), 사보나롤라(Girolamo Savonarola, 1452-1498)를 비롯한 의식 있는 이들은 하나 같이 교황권의 타락과 교황청의 부패를 비판했다. 그럼에도 교황은 비판에는 눈을 감았다. 오히려 교황 요한 22세(Pope John XXII, 재위 1316-1334)는 단테의 군주론을 불살랐고, 독일신학을 금서목록에 올렸으며, 종교회의는 위클리프의 유해를 무덤에서 파헤쳐져 불살라버렸다.

둘째, 이슬람의 발흥과 동서방교회의 분열은 중세 기독교가 가장 먼저 직면한 사건이었다. 모하메드(Muhammad, c.570-632)가 622년 메카(Mecca)를 떠나 메디나로 옮기면서 시작된 이슬람교는 번개처럼 중앙아시아와 북아프

---

2 Philip Schaff, *History of Christian Church, Vol. VI.: The Middle Ages from Boniface VIII., 1294 to The Protestant Reformation, 1517* (Grand Rapids: Eerdmans, 1949), 567.

리카, 프랑스 남부로 세력을 확장하며 기독교의 판도를 바꾸어 놓았다. 과거 기독교의 위대한 성지였던 예루살렘, 안디옥, 알렉산드리아, 카르타고가 이슬람 수중에 넘어갔다. 이슬람의 무서운 세력 확장 앞에 기독교는 살아남기에 급급했다. 이런 상황에 동서방교회 사이에는 대립과 반목이 계속되었다. 692년 제 2차 투룰란 대회(The Council in Trullo, 692)부터 표면화된 동서방교회 대립은 점차 더 심해졌다.

동서방교회의 차이가 대립과 분열의 요인이었지만 본질적인 원인은 서방교회의 교황권 강화였다. 교황권의 강화는 동방교회에 대한 서방교회의 우위성을 주장하는 것으로 자연스럽게 이어졌고 그 결과 동방교회의 콘스탄티노플 대주교와 교황 사이의 긴장관계가 계속되었다. 급기야 교황 레오 9세(Pope Leo IX, 재위 1049-1054)가 파송한 특사 훔벌트(Humbert of Silva Candida, c.1000-1061)가 1054년 7월 16일 대표적인 동방교회 소피아성당에서 교황의 이름으로 콘스탄티노플의 주교 케룰라리우스(Michael Cerularius, 재위 1043-1058)도 교황에게 파문장을 던짐으로 동서방교회는 돌이킬 수 없는 분열을 맞았다.

셋째, 성지탈환과 동방교회와의 연합을 목표로 시작된 십자군운동은 성지탈환도 이루지 못했고, 동방교회와의 연합에도 전혀 도움이 되지 못했다. 1054년 동서방교회가 분열된 후 150년이 지난 1204년 서방의 십자군이 도움을 요청한 콘스탄티노플을 오히려 침략해 정복하고 살인과 약탈을 일삼으면서 둘의 관계는 회복할 수 없는 상황에 이르렀다. 적어도 성지탈환이라는 본래의 목적에 비추어 보거나 동방교회와의 연합이라는 2차 목표에 비추어 볼 때도 십자군운동은 처절하게 실패한 운동이었다.

1054년 분열 이후 서방교회 로마 가톨릭은 동방교회와 진지하게 연합을 위해 노력하지 않았다. 오히려 서방교회는 동방교회의 위기에 철저하게 눈을 감고 외면했다. 눈을 감은 정도가 아니라 동방교회의 요청을 서방교회 확장의 기회로 삼으려했다. 오스만 터키 군의 침략 앞에 생존의 위협을 받고 있던 동방제국이 서방 로마 가톨릭 교회에게 도움을 요청해 교황이 특사를 파송하고 200명의 군대를 파송했지만 오스만 터키군을 물리치기에는 역부족이었다. 군사적 지원도 동방교회를 서방교회로 합병하는 조건을 전제로 한 지원이었다. 동서방이 연합하여 오스만 세력에 맞서도 감당하기 힘든데 기독교는 동서방이 하나되지 못했다. 그 결과 동방제국은 오스만 터키군에 힘없이 무너졌다.

1453년 오스만 터키군에 의해 콘스탄티노플이 함락되고 1458년 아테네의 아크로폴리스가 터키군에 의해 함락되었으며 이탈리아 해안의 오트란토, 빈도 함락당했다. 무섭게 등장한 이슬람세력이 성지를 장악하고 결국 콘스탄티노플마저 정복하면서 동방제국은 오스만의 손에 넘어갔다. 1054년 동서방교회의 분열과 1453년 오스만 터키군에 의한 콘스탄티노플의 함락은 직간접으로 깊은 연계성을 지닌다.

넷째, 하지만 십자군운동과 동방제국의 몰락은 전혀 예기치 않게 중세시대 개혁과 갱신의 환경을 조성해주었다. 십자군 전쟁은 서방교회가 처참하게 실패한 전쟁이지만 십자군 전쟁을 통해서 동서방의 교류, 상업과 무역업이 활발하게 촉진되었다. 그리하여 중세 마지막 70년 동안에 상업과 교역은 십자군운동 때와 비교할 수 없을 정도로 더 왕성하고 강력하였다.[3] 이 같은 왕성한 상업은 15세기 유럽에 사상적 변화를 가져다 준 강력한 힘으로 작용했다. "종교개혁이 일어났을 때 독일과 영국의 상업의 중심지들 대부분이 새로운 종교 운동의 중심지가 되었다. 예를 들어 뉘른베르크, 울름, 아우크스부르크, 제네바, 스트라스부르그, 프랑크푸르트, 뤼벡, 그리고 런던이다."[4] 상업의 발달은 신대륙의 발견과 탐험과 함께 교회로 하여금 능동적으로 선교하도록 대단한 자극과 도전을 주었다.

1453년 동방제국의 멸망은 참으로 불행한 사건이었지만 르네상스 휴머니

---

3   그로 인해 빈부격차, 특별히 상업에 종사하는 이들과 농민들 사이에 빈부 격차는 심각했다. 이 시대 상업은 부의 축적으로 이어졌고 부의 증가로 의복과 음식이 사치스러워졌다. 하지만 농민계층은 지주들에게 경작지를 잠식당하고 더욱 고된 상황으로 내몰렸고, 1525년 발생한 농민전쟁은 그 본질이 생존을 위한 농민들의 투쟁이었다. 영국에서도 노동자들의 노동환경은 열악하기 마찬가지였다. 1515년 공포된 법률에 따르면 하절기 하루 노동시간은 새벽 5시부터 저녁 7-8시까지였고 겨울에는 해질 때까지였다.

4   Schaff, *History of Christian Church, Volume VI.*, 571.

즘이 발흥하는 동력과 무대를 제공하였다. 콘스탄티노플의 함락으로 수많은 헬라 학자들이 서방으로 이주해 헬라어 연구가 활발하게 진행되었고 고전에 대한 연구와 성경번역이 전에 없이 강하게 진행되었다. 콘스탄티노플의 함락이 르네상스 휴머니즘의 중요한 무대를 제공한 것이다. 우리가 역사를 연구할 때 단지 외형적 사건만 볼 것이 아니라 그 사건이 주는 의미와 결과를 주목해야 할 이유가 거기 있다.

다섯째, 넓은 의미에서 일련의 갱신과 개혁운동이 중세시대에도 계속되었다. 이것은 중세 신비주의운동, 종교개혁 이전의 개혁자들, 르네상스 휴머니즘 세 가지 방향에서 나왔다. 중세 말엽 에크하르트(Meister Eckhart, c.1260-1327/28), 타울러(Johann Tauler, c.1300-1361), 주조(Heinrich Suso, Heinrich von Berg, 1295?-1366)로 대변되는 독일신비주의운동이 발흥하고 그리스도를 본받아, 독일신학 같은 영향력 있는 작품들을 남겨 훗날 루터의 종교개혁의 사상적 배경을 제공했다.

신비주의운동과 위클리프, 후스, 공동생활형제단, 사보나롤라로 대변되는 종교개혁 이전의 개혁자들은 서로 성격이 달랐지만 기독교 신앙의 본질을 찾으려는 진리를 위한 투쟁이요, 신앙개혁의 움직임이라는 점에서 상호 통하는 점이 많았다. 특별히 그리스도와의 연합과 성경에 대한 재발견과 성경진리의 추구는 루터와 다른 종교개혁자들과 통하는 점이 많았다. 중세시대 개혁운동은 왈도파, 위클리프와 그의 사상을 따르는 롤라즈파, 후스를 따르는 후스파, 독일신비주의운동과 공동생활형제단, 하나님의 친우회는 종교개혁자들에게 지대한 영향을 미쳤다.[5] 루터는 이들에게서 개혁의 모델, 교회의 개혁, 진리의 재발견의 모델을 찾을 수 있었다. 루터에게는 후스나 위클리프가 가졌던 진리에 대한 담대한 용기가 있었고, 스타우비츠(Johann von Staupitz, c.1468/69-1524)를 통해서 진노의 하나님과 사랑의 하나님 둘의 균형과 성령 하나님에 대해 새롭게 이해할

---

5 Roland Herbert Bainton, *Christendom: A Short History of Christianity and Its Impact on Western Civilization*, 기독교의 역사, 이길상 역 (일산: 크리스챤다이제스트, 1997), 257.

수 있었다.

타울러와 토마스 아켐피스(Thomas à Kempis, 1379/80-1471)를 비롯한 독일-네덜란드 신비주의운동의 거장들을 배출한 북방 르네상스는 종교개혁을 위한 중요한 사상적 종교적 토양을 제공했다. 이곳에서 최초의 헬라어 신약성경이 편찬되었다.[6] 상업의 발달이 사회를 변혁시키는 동력을 제공했다면 르네상스 휴머니즘은 백성들의 눈을 열어 로마 가톨릭교회와 스콜라학자들이 망각한 인간과 자연과 세계를 보게 만들었다. 중세인들의 눈을 열어 새로운 세계를 발견하도록 인도하였다.

르네상스 휴머니즘이 중세 영혼들을 문화적으로 사상적으로 깊은 잠에서 깨운 것이다. 르네상스 휴머니즘은 고전연구와 성경연구 그리고 성경번역 출판을 통해 종교개혁의 지적 사상적 토양을 제공해주었다. 르네상스 휴머니즘은 성경번역과 출간을 촉진시켰고 인쇄술의 발흥은 고전연구, 헬라어와 히브리어 연구, 성경번역과 출간을 촉진시켰다. 1516년 에라스무스의 헬라어-라틴어 성경 출간은 종교개혁을 위한 영적 사상적 토양을 제공했다.

헬라어 성경은 '장차 올 시대를 위한 적극적인 준비'였다. 독일 인쇄업자들이 로마나 바르셀로나로 진출했고 그들이 출간한 성경과 기독교 서적들을 비롯한 "그들이 인쇄한 책들이 복음의 전령이 되어 진리와 지혜의 전파자들"[7]이 되었다. 필립 샤프가 지적한 대로 "헬라어 신약성경과 인쇄소"는 "마르틴 루터를 위해 섭리로써 준비된 두 가지 주된 도구들"이었다. "그것들이 루터를 여러 개혁자들 중의 한 사람으로 만들지 않고 새 시대의 지도자로 만들었다."[8] 로이힐린(Johannes Reuchlin, 1455-1522)과 에라스무스, 구텐베르크(Johannes Gensfleisch zur Laden zum Gutenberg, 1398-1464)가 헬라어 성경과 히브

---

6 종교개혁이 발흥한 것은 로마가 아니라 북유럽이었다. 그리고 그 원동력은 성경을 통한 진리의 재발견, 믿음으로 말미암아 의롭다 함을 받는다는 칭의론이었다. 중세 스콜라주의, 종교회의, 교황, 신비주의운동이 로마 가톨릭의 타락을 근본적으로 치유할 해결책을 제시하지 못했다. 성경을 통한 진리의 재발견이 중세시대를 종식시킨 위대한 힘이었다.

7 Schaff, *History of Christian Church, Volume VI.*, 572.

8 Schaff, *History of Christian Church, Volume VI.*, 572.

리어 성경이라는 외형적인 형식을 준비했다면 마르틴 루터는 그 안의 진리를 재발견하고 그것을 그가 살았던 시대에 널리 알린 것이다. 확실히 마이스터 에크하르트, 요한 타울러, 주조 같은 인물들로 대변되는 중세 신비주의운동, 존 위클리프, 얀 후스, 사보나롤라로 대변되는 종교개혁 이전의 개혁자들, 그리고 르네상스 휴머니즘은 중세시대 진행된 개혁운동으로 종교개혁의 사상적 시대적 배경을 형성했다.

마지막으로 중세사 특별히 중세 말엽 기독교 역사는 마치 거대한 종교개혁이라는 클라이막스를 향해 달려가고 있었다. 인물, 사건, 환경, 사상, 운동들이 마치 한 시대의 종말을 향해 역사가 움직이고 있었다. 교황과 황제의 대립과 그 후 전개된 교황청의 아비뇽 유수(1309-1377)와 이어진 교황 난립으로 인한 교회의 대분열, 그리고 이 문제를 해결하기 위한 일련의 종교회의는 결코 우연의 역사로 보이지 않는다. 한 시대가 종말을 고하고 새로운 시대를 여시기 위해 하나님께서는 교회(종교회의)와 문화(르네상스 휴머니즘) 그리고 인간(종교개혁 이전의 개혁자들)을 두루두루 사용하셨다. 하나님은 때로는 교황들을 사용하셨고, 때로는 황제들을 사용하셨으며, 때로는 수도사들을 사용하셨다. 때로는 신학자들을 사용하셨고, 때로는 이슬람까지 사용하셔서 당신의 역사를 이끌어 가셨다. 이슬람 터키의 위협과 침략으로 피신해온 헬라 신학자들을 통해 르네상스 휴머니즘을 발흥시키셔서 헬라어, 히브리어, 라틴어를 비롯하여 고전어 연구와 교부들의 작품 연구가 활기를 띠게 하셨다.

확실히 중세는 이슬람의 도전, 교황권의 부패, 교회의 교리적 윤리적 타락으로 복음의 빛이 가리어진 어둠의 시대였지만 칠흑같이 어두운 암흑 속에서도 하나님께서 살아 역사하셔서 당신의 교회를 이끌어 가셨다. 아무것도 보이지 않은 그 깜깜한 시대에도 하나님의 일하심은 멈추지 않았다. 중세 인간들의 실수와 죄악들이 온 지면을 덮을 만큼 관영했음에도 불구하고 하나님께서는 인간들의 실수와 잘못을 넘어서, 때로는 심지어 그들의 실수를 선용하시면서 역사를 이끌어 가셨다. 페트라르카가 중세를 암흑시대라고 했지만 진리의 빛은 중세 시대에도 꺼지지 않고 이어져 왔다.

암흑의 시대에 성경이 널리 보급되면서 평신도들이 성경을 읽고 당대의 문제가 무엇인지를 서서히 이해하기 시작했다는 것은 종교개혁을 준비하시려는 하나님의 특별한 섭리였다. 성경번역과 교부들의 작품 번역을 통해 교회의 바른 신앙과 신학을 회복시키시며 직접 성경의 가르침을 신앙의 표준과 기준으로 삼게 하셨다. 그리고 교회의 위협 앞에서도 굴하지 않고 생명을 담보로 복음을 외치는 개혁자들을 세우셔서 종교개혁을 준비하셨다. 백성들은 말씀에 목말랐고 마르틴 루터는 성경을 연구하고, 성경을 번역하고, 성경을 출간하고, 성경을 신앙과 행위의 표준으로 삼고 당대 로마 가톨릭의 교리적 윤리적 타락을 생명 내걸고 비판했다.

역사가 인간들의 무대처럼 보이지만 그리고 그 속에서 차마 눈뜨고 볼 수 없을 정도로 참혹한 인간의 죄악들이 자행되고 있었지만 하나님께서는 그 가운데서도 당신의 거룩한 나라를 조용히 그러면서 줄기차게 확장해 나가셨다. 바로 이것이 우리가 하나님께서 역사의 주관자가 되신다는 사실을 고백하는 이유이다. 우리가 중세교회사를 폄하하지 않고 주목해야 할 이유가 거기 있다. 그리고 이 때문에 우리는 인류의 역사(History)를 그분(His)의 이야기(Story)라고 고백하는 것이다.

중세교회사 연표[1]

325. 5. 20.-6. 19.	제1차 니케아회의(The Council of Nicaea I)
328-373	알렉산드리아 주교 아타나시우스(Athanasius, c.293-373), 현대 27권 신약 정경 최초 인용.
330. 5. 11.	콘스탄틴 대제 비잔틴을 로마제국 수도 이전.
337. 5. 22.	콘스탄틴 대제 사망.
381	콘스탄티노플회의(The Council of Constantinople I).
395	데오도시우스 황제(Flavius Theodosius, 재위 379-395) 사후 동로마 제국과 서로마 제국으로 분할.
400	제롬(Jerome, c.347-419/20)의 벌게이트(라틴어 성경, Vulgate Bible) 출간.
406	아르메니아어 성경(성 메스롭 역) - 표준 아르메니아어 정교회 성경.
410	알라릭(Alaricus I, 재위 395-410)이 이끄는 고트족이 서로마 제국 로마 침략.
413-425	어거스틴(Augustine of Hippo, 354-430)의 신의 도성(*City of God*)을 출간.
423-457	카루스의 주교 테오도레스(Theodoret of Cyrus, c.393-c.458), 교회사 저술.
431	에베소회의, 제3차 에큐메니칼 공의회, 네스토리우스와 펠라기우스 정죄.
432	패트릭(Patrick, c.386-c.461) 아일랜드 선교 착수.
440-461	교황 레오 대제(Pope Leo I, 재위 440-461)
449	제2차 에베소회의, 난성톤 정죄.
451	칼케돈회의, 제4차 에큐메니칼 공의회.
455	반달족의 로마 약탈.
c. 459	아일랜드 사도 성 패트릭 사망.
476. 9. 4.	게르만 오도아케르에 의해 서로마황제 로물루스 아우구스투스 퇴위
481	클로비스(Chlodovechus I, 재위 509-511)의 프랑크 왕 즉위, 서유럽의 새 시대(The Merovingian Age) 개막.
484-519	황제의 법(Henoticon)을 둘러싼 동방교회와 서방교회 분열
491	동서방교회로부터 아르메니아 정교회 분리.
495. 5. 13.	로마의 감독, 교황 젤라시우스 1세(Pope Gelasius I, 재위 492-496) 그리스도의 대리자 선포.

---

[1] 중세교회사 연표 정리는 다음을 참고하였다. "Timeline Of Events In The Middle Ages," https://www.encyclopedia.com/history/encyclopedias-almanacs-transcripts-and-maps/timeline-events-middle-ages 〈2023 12 14 접속〉

496	프랑크족의 왕 클로비스 1세, 세례 받고 기독교로 개종.
524	로마 기독교 철학자 보에타우스(Boethius, -524) 사망.
529	누르시아 베네딕트(St. Benedict, 480-547) 몬테 카지노(Monte Cassino)에 베네딕트 수도원 설립.
538	비잔틴 장군 벨리사리우스(Flavius Belisarius, 505-565)가 마지막 아리우스 왕국을 정복하고 서유럽을 가톨릭화.
543	유스티니아누스, 오리겐을 정죄.
544	유스티니아누스, 몹수에스티아의 테오도르(Theodore of Mopsuestia, c.350-c.428)의 세 장과 칼케돈회의 기독론 정죄.
553	유스티니아누스 황제에 의해 제 2차 콘스탄티노플회의 소집.
563	콜럼바(Colmcille, Columba, c.521-597), 스코틀랜드에 이오나 섬에 수도원 설립.
570	모하메드(Muhammad, c.570-632) 출생.
589	제 3차 톨레도공의회, 니케아신조에 필리오쿠에(Filioque) 삽입, 라카르드 왕 가톨릭 개종.
590-604	교황 그레고리 1세(Pope Gregory I, 재위 590-640) 즉위.
595	그레고리 1세, 어거스틴(Augustine of Canterbury, 재임 597-604)을 앵글로 색슨 선교사로 파송.
610	무하마드, 가브리엘 천사로부터 첫 번째 계시 받았다 주장.
622	무하마드의 메디나 도피(Hegira), 이슬람 원력 시작.
624	이슬람 제국의 시작으로 간주되는 바드르 전투(Battle of Badr).
625	요크의 바울리누스(Paulinus of York, 재임 625-644), 노섬브리아 선교.
628	동방 교회의 바바이 대제(Babai the Great, 551-628) 사망.
628-629	무타 전투: 헤라클레이우스(Flavius Heraclius Augustus, c.575-641)가 638년까지 이슬람으로부터 그리스도의 십자가와 예루살렘을 회복.
632	이스트 앵글리아의 에오르프발트(Eorpwald of East Anglia) 세례.
632-661	무하마드 사망과 이슬람의 영토 확장.
633-680	단의론과 양의론 논쟁, 680년 제 7차 에큐메니칼 회의에서 최종결정.
634-644	이슬람의 세력확장: 다마스쿠스의 수도, 시리아 정복(635), 헤라클레이우스 격파(636), 이집트 및 아르메니아 정복(639), 페르시아 정복(642).
635	웨섹스의 시네길스(Cynegils of Wessex, 재위 611-642), 비리누스 감독(St. Birinus, 600-650)에게 세례.
653	황제 콘스탄스 2세(Constans II, 재위 641-668)가 교황 폐위.
664	휘트비대회(Synod of Whitby), 영국 켈트 기독교와 로마 가톨릭을 통합.
680. 11. 7.-681. 9. 16.	Trullan에서 6차 에큐메니칼 공의회 단성론 정죄.
698	카르타고 함락.

700	윌리브로드(Willibrord of Utrecht, c.658-739) 덴마크 선교 착수.
711	북아프리카 이슬람 무어족 스페인 침략.
716	보니파스(Boniface, c.675-754)와 2명의 동료가 독일 선교 착수.
717-718	제 2차 아랍의 콘스탄티노플 포위 침략.
727	성상논쟁으로 그리스에서 6년 전쟁 발발.
730-787	최초의 성상논쟁
731	베데(The Venerable Bede) 영국인 교회사(*Ecclesiastical History of the English People*) 출간.
732	투르 전투. 샤를 마르텔(Charles Martel, c.680-741)이 이끄는 군대가 투르(Tours)에서 이스람 무어족 침략 격퇴, 이슬람의 서진(서유럽 침략) 저지.
742. 4. 2.	샤를마뉴 대제(Carolus Magnus, c.747-814) 출생.
750	이라크 바그다드에 압바스 칼리프 왕국(Abbasid Caliphate, 750-1517) 설립.
751	카롤링거 시대 개막.
768	샤를마뉴 대제 서유럽 통치 시작.
782	샤를마뉴, 영국인 학자 알퀸(Alcuin, c.732-804)을 프랑스로 초청.
787	7차 에큐메니칼(2차 니케아회의, The Council of Nicaea II) 개최
793	바이킹 해적들이 영국 연안의 린디스판의 수도원 약탈.
797	아테네의 아이린(Irene of Athens, 재위 797-802)비잔틴 제국 황후로 즉위.
800s	봉건주의가 유럽에서 형성.
800	교황 레오 3세(Pope Leo III, 재위 795-816)가 샤를마뉴 대제를 신성로마제국 황세토 세반식.
801	이슬람의 신비로운 수피 종파를 창시한 노예 출신 라비아 알-아다위야(Rabia al-Adawiyya)의 사망.
820	노르만인으로 알려진 바이킹 집단이 프랑스 북서부에 정착.
829	안스가르(St. Anschar, c.801-865)에 의해 스웨덴 선교 착수.
843	베르덩 조약(Treaty of Verdun)으로 카롤링거 제국 3분할, (1) 현대 프랑스를 중심한 서프랑크 제국 (2) 현대 네덜란드에서 이탈리아까지 이어지는 "중(미들) 왕국" 그리고 (3) 동프랑크 제국 혹은 현대 독일.
c.850	'고트샬크(Gottschalk of Orbais, c.803-c.868)의 예정론 논쟁 시작
857	평신도 포타우스(Photius, 재위 857-867; 877-886) 콘스탄티노플 대주교 즉위.
860	바이킹, 아이슬란드 발견.
863	시릴(Cyril, c.827-869)과 메토디우스(Methodius, c.815-885)의 슬라브어 성경 번역.
869-870	제4차 콘스탄티노플회의 총대주교 포타우스와 니콜라스 1세(Pope Nicholas I, 재위 858-867)가 필리오쿠에 교리 정죄
886	알프레드 대왕(Alfred the Great, 849-899) 첫 전 앵글로색슨족 통일.

897. 1.	교황 스테반 6세(Pope Stephanus VI, 재위 896-897), 대중의 반란으로 투옥, 목이 졸림.
910	클루니 수도원 설립.
911	오토 대제의 아버지, 작센의 파울러 하인리히(Heinrich I, c.876-936)가 독일 국가의 지도자 등극.
927-941	2대 클루니 수도원장 오도(Odo, 재임 927-942)의 수도원 개혁운동.
c. 930	아랍 의사 알자지(al-Rāzī, c.854-925/935), 의학 종합서(The Comprehensive Book) 출간.
955	독일 왕 오토 대제(오토 1세)의 마자르족(훗날 헝가리 국가 건설) 패퇴
957	아랍 세계의 가장 위대한 역사가 알-마수디(al-Mas'ūdī, c.893-956)의 사망.
962	오토 대제 샤를마뉴 황제로 즉위, 이후 독일 왕은 신성로마제국의 황제로 호칭.
966	폴란드의 미슈코 1세(Mieszko I, c.930-992) 공작 세례, 폴란드가 기독교 국가.
982	바이킹이 그린란드 발견하고 4년 후 영구 정착지 건설.
984	보니파스 7세(Antipope Boniface VII, 재위 974; 984-985)가 베네딕토 6세(Pope Benedict VI, 재위 973-974)를 살해한 혐의로 교황 요한 14세(Pope John XIV, 재위 983-984)를 살해.
987	러시아가 그리스 정교회로 개종

1000-1300 유럽의 중세 전성기

1000 또는 1001	헝가리의 성 스테판(István I, 재위 1000-1038) 즉위, 헝가리가 기독교 국가.
1001	비잔틴 황제 바실 2세(Basilius II Makedon Bulgarokdonos, 재위 976-1025)와 파티미드 칼리프 알-하킴 비-아므르 알라(Al-Hakim bi-Amr Allah, 재위 996-1021)가 성지 순례길 보호를 보장 조약 체결.
1002	신성 로마 황제 오토 3세(Otto III, 재위 996-1002) 23세로 사망.
1014	비잔틴 황제 바실 2세가 불가리아 인들과 분쟁에서 승리.
1025	비잔틴 제국을 최고의 전성기로 이끌었던 바실 2세 사망.
1030	스티클레스타드 전투, 노르웨이 이교와의 전투에서 기독교의 승리.
1033	캔터베리 안셀름(Anselm of Canterbury, 1033/34-1109) 출생.
1039	최초의 광학 이론의 과학자, 아랍의 수학자이자 물리학자 알하젠(Ibn al-Haytham, c.965-c.1040) 사망.
1045	베네딕토 수도회 스웨덴의 지그프리드(Sigfrid of Sweden) 사망.
1046	수트리 공의회: 교황 클레멘트 2세(Pope Clement II, 1046-1047)를 임명.
1053	콘스탄티노플 주교 케룰라리우스(Michael Cerularius, 재위 1043-1058)가 콘스탄티노플의 라틴교회 수도원 폐쇄.
1054	동서방교회 대분열(East–West Schism). 1054. 7. 16. 교황이 동방교회 케룰라리우스 주교 파문, 케룰라리우스도 교황을 파문, 레오 9세(Pope Leo IX, 재위 1049-

	1054) 사망.
1058-1059	교황 니콜라스 2세(Pope Nicholas II, 재위 1058-1061) 및 노르만족과의 전쟁에서 반교황 베네딕토 10세(Antipope Benedict X, 재위 1058-1059) 패함.
1060	토그릴 베그(Abu Talib Mohamed Tughril ibn Mika'il, Tughril I, 재위 1037-1063)가 술탄을 선포하고 셀주크 왕조(Seljuk Empire, 1040-1157) 수립.
1065	웨스트민스터 수도원 봉헌.
1066	노르만 정복자 윌리엄(William I, 재위 1066-1087)이 앵글로색슨 군대를 물리치고 잉글랜드의 지배권을 확보.
1069-1109	기욤(Wilhelm von Hirschau, 재임 1069-1091)과 휴(Hugh of Cluny, 재임 1049-1109)에 의한 클루니 수도원 개혁운동.
1071	셀주크투르크가 아르메니아의 만지케르트 전투에서 비잔틴 군대를 격파.
1072	로버트 귀스카르(Robert Guiscard, 1015-1085)의 동생 로저(Roger Bosso, 1031-1101)이랍인 추방 후 시실리아 섬을 장악.
1073-1085	교황 그레고리 7세(Pope Gregory VII, 재위 1073-1085)가 황제 하인리히 4세(Heinrich IV, 재위 1056-1105), 시모니, 반교황 클레멘트 3세(Antipope Clement III, 재위 1080-1100)와 수사 논쟁.
1073	힐데브란트 추기경이 교황 그레고리 7세로 즉위.
1075-1077	교황 그레고리 7세와 신성로마제국 황제 하인리히 4세 사이 '수사권 논쟁' 진행, 하인리히 4세의 카노사의 굴욕.
1079	피터 아벨라드(Peter Abelard, 1079-1142) 출생.
c.1080	볼로냐(Bologna)대학교 설립.
1084	하인리히 4세가 로마를 점령하고 그레고리 7세를 강제 퇴위시킴.
1085	그레고리 7세 사망.
1094	로드리고 디아즈 데 비바르(Rodrigo Díaz de Vivar, El Cid Campeador, c.1043-1099) 발렌시아에서 무어인 알모라비드 격파.
1094	노르만 전사 보헤몬드(Bohemund I, c.1050/58-1109) 로마를 장악하고 교황 우르반 2세(Pope Urban II, 재위 1088-1099)에게 이양.
1095. 11. 26.	교황 우르반 2세 프랑스 클레르몽 공의회에서 십자군 선언.

1096-1270 십자군 전쟁

1096	제 1차 십자군, c.1096 옥스퍼드대학교 설립.
1098	로베르 몰레즘(Robert Molesme, c.1027-1110) 시토 수도원 설립.
1099	제1차 십자군 원정으로 예루살렘을 탈환.
1100	피터 롬바르드(Pierre Lombard, 1096-1160) 출생.
1101	교황 파스칼 2세(Pope Pascahal II, 재위 1099-1118)에 의해 반교황 테오도릭(Antipope Theodoric, 재위 1100-1101)과 반교황 아달베르트(Antipope

	Adalbert, 재위 1101)가 축출됨.
1105	영국의 헨리 1세(Henry I, 재위 1100-1135)와 영국 교회의 수장인 캔터베리의 성 안셀름이 협정.
1112	클레르보 버나드(Bernard of Clairvaux, 1090-1153)가 시토 수도원에 수도사로 합류.
1118	안나 콤네나(Anna Komnene, 1083-1153)가 1069-1118년 비잔티움의 역사서 알렉시아드 집필 착수.
1123	가톨릭 1차 라테란 공의회(The Council of Lateran I, 1123) 개최.
1128	스코틀랜드 홀리루드 수도원 설립.
1130	브루이의 피터(Peter of Bruys, 1117-c.1131) 화형.
1139	제 2차 라테란 공의회(The Council of Lateran II, 1139) 개최.
1140?	피터 아벨라드, 클레르보의 버나드에 의해 이단 혐의로 기소.
1142	피터 아벨라드, 아벨라드와 엘로이제(Heloise d'Argenteuil, 1100-1164)의 편지 교환.
1144	최초의 고딕 양식 건물 성 데니스 바실리카 대성당(The Saint Denis Basilica of Abbot Suger) 완공.
1146	1144년 버나드 십자군 지원 연설과 제 2차 십자군 추진하다.
1147-1149	제 2차 십자군이 에뎃사 탈환에 실패와 다마스커스의 대패.
1150	파리대학교 설립.
1154-1159	최초로 영국 출신 교황 아드리안 4세(Pope Adrian IV, 재위 1154-1159) 즉위, 잉글랜드 헨리 2세(Henry II of England, 재위 1154-1189) 왕위 즉위.
1155	블라디미르의 테오토코스(Theotokos of Vladimir)가 보고라유보에 도착.
1155	카멜 수도회 창립.
1158	신성로마제국 황제 프레드릭 1세 바르바로사(Frederick I Barbarossa, 재위 1155-1190)가 유럽 최초 이탈리아 볼로냐대학교 설립.
1162	중세 최고의 유대인 철학자 모세 마이모니데스(Moses Maimonides, 1135-1204)가 배교에 관한 편지를 출판.
1163	노트르담 대성당 건축 착수.
1165	중세시대 개혁자 피터 왈도(Peter Waldo, c.1140-c.1218) 영적 체험.
1168	압살론의 루지아 공국 선교.
1174-1180	아랍 철학자 아베로에스(Averroës, 1126-1198), 강경파 무슬림의 공격에 대한 대응으로 불일치의 불일치 저술.
1179	제 3회 라테란회의(Third Council of Lateran, 1179; 교황 알렉산더 3세 주최)에서 왈도와 왈도파의 설교 청원 기각.
1180	볼로냐대학교와 몽펠리에대학교 설립.
1183	프레드릭 1세 바르바로사가 롬바르드 연맹의 도시들과 콘스탄스 평화 조약을 체결.

1185	헤일스 알렉산더(Alexander of Hales, 1170/85-1245) 출생.
1187	살라딘(Salah ad-Din Yusuf ibn Ayyub, 1138-1193)의 이슬람 군대가 예루살렘 정복.
1189	제 3차 십자군.
1191	영국의 리처드 1세와 프랑스의 필립 2세가 이끈 십자군.
1192	리처드 1세가 살라딘과 조약 체결하고 3차 십자군 전쟁 종식.
1193	알베르투스 마그누스(Albertus Magnus, c.1200-1280) 출생.

1198-1303 교황 지상주의와 교황권의 몰락

1198	교황 이노센트 3세(Pope Innocent III, 재위 1198-1216)가 18년의 교황지상주의.
1200년대	파리대학, 옥스퍼드대학, 살레르노대학 설립.
1202	제4차 십자군.
1204-1261	4차 십자군 콘스탄티노플 점령, 라틴 제국 수립.
1205	아시시의 성 프란시스(Francis of Assisi, 1181/82-1226)가 프란시스 수도원 설립.
1206	인도 쿠트브-우드-딘 아이박(Qutb ud-Din Aibak, 재위 1206-1210)이 델리 술탄국(Delhi Sultanate, 1206-1526) 설립; 징기스칸(Genghis Khan, 재위 1206-1227)이 중국 성 왕조(南宋)와 전쟁.
1208	교황 이노센트 3세 카타리파를 상대로 알비젠시아 십자군 원정 착수.
1209	프란시스가 프란시스수도회 설립, 케임브리시대학교 설립.
1211	약 80명의 왈도파가 스트라스부르그에서 순교.
1212	제 5차 십자군 원정.
1214	도미니크(Dominic de Guzman, c.1170-1221)가 도미니크 수도원 설립
1215	가톨릭 제4차 라테란 공의회, 정기적인 고해성사, 왈도파와 카타리파 이단 규정
1216	도미니크의 도미니크수도회 설립.
1217-1221	제5차 십자군 이집트 정복 시도, 그러나 실패.
1219	아시시의 프란시스가 제5차 십자군 전쟁 중 술탄 알 카밀(al-Malik al-Kamel Naser al-Din Abu al-Ma'ali Muhammed, 재위 1218-1238)과 회담.
1221	보나벤투라(St. Bonaventure, c.1217-1274) 출생.
1225	중세 스콜라주의 대변자 토마스 아퀴나스(Thomas Aquinas, 1224/25-1274) 출생.
1226. 10. 3.	프란시스 사망.
1227	징기스칸 사망.
1228-1229	제6차 십자군 알 카밀과 조약을 체결

1229	1209년부터 20년 동안 진행된 알비겐(Albigenses) 십자군 원정.
1231	교황 그레고리 9세(Pope Gregory IX, 재위 1227-1241) 종교재판소 설립.
c. 1235	사하라 사막 이남 아프리카에서 가장 강력한 말리제국(The empire of Mali, 1226-1670) 태동.
1239-1240	제7차 십자군 성지 탈환 실패.
1241	몽골군 6년 간의 대장정과 회군
1242	러시아의 알렉산더 네프스키(Alexander Yaroslavich Nevsky, c.1220-1263)와 그의 형제 앤드류(Andrey II Yaroslavich, c.1222-1264)가 독일 침략자들에 맞서 러시아군의 노브고로드 방어전 지휘.
1243	몽골군 중동에서 셀주크투르크 잔당 패퇴.
1245	가톨릭 최초의 리옹 공의회 개최.
1248-1254	프랑스의 루이 9세(Louis IX of France, 재위 1226-1270) 제 8차 십자군.
1252	일단의 맘루크족이 이집트의 살라딘의 아유비드 왕조로부터 권력을 쟁탈.
1260	맘루크 족이 최초로 팔레스타인의 골리앗 샘에서 몽골족 패퇴.
1261	마카엘 8세 팔래올로구스(Michael VIII Palaiologos, 재위 1261-1282) 라틴 제국으로부터 콘스탄티노플 탈환.
1263. 7. 20-24.	바르셀로나 논쟁: 도미니크 수도사 파블로 크리스티안니(Pablo Christiani)와 랍비 나흐마니데스(Moses ben Nachman, 1194-1270)의 논쟁.
1266	존 둔스 스코투스(John Duns Scotus, c.1266-1308) 출생.
1270-1272	마지막 제 9차 십자군이 맘루크족에 패전.
1271	마르코 폴로(Marco Polo, 1254-1324) 24년간의 동방 여행 착수.
1273	합스부르크 왕조(Haus Habsburg) 신성로마제국 장악.
1273	아퀴나스가 1265년에 착수한 신학대전 완성.
1274	제 2차 리옹공의회 개최.
1279	쿠빌라이 칸(Kublai Khan, 재위 1264-1294)이 이끄는 몽골군이 중국 성 왕조와 전쟁에서 최종 승리하고 원나라(Yuan dynasty, 1271-1368) 시작.
1280	윌리암 옥캄(William of Ockham, c.1285-1347/49) 출생.
1291	이슬람 맘루크족이 마지막 기독교 거점 에이커를 정복 십자군 전쟁 종식.
1292	유럽에서 가장 중요한 과학자 중 한 명인 로저 베이컨(Roger Bacon, 1220-1292) 사망.
1294	보니파스 8세(Pope Boniface VIII, 재위 1294-1303)의 교황권 몰락.
1294	쿠빌라이 칸이 사망. 몽골 역사상 가장 큰 제국 형성.
1299	터키의 족장 오스만 1세(Osman I, 재위 1299-1326) 몽골에 조공 거부, 오스만 제국(Ottoman Empire, 1299-1922)의 서막.

기독교의 중세 후기 (1300-1499)

1303	프랑스 필립 왕(Philip IV of France, 재위 1285-1314)이 교황 보니파스 8세 체포, 교황권의 몰락을 상징.
1307	많은 기사단원들이 체포되고 재산 몰수당함.
1305-1378	아비뇽 교황청, 교황이 프랑스 아비뇽 유수.
1308	단테 알리기에리(Dante Alighieri, 1265-1321)가 신곡(the Divine Comedy) 집필 착수, 1321년 완성.
1309-1377	교황청의 프랑스 아비뇽 유수 시대.
1309	교황 클레멘트 5세(Pope Clement V, 재위 1305-1314)가 교황청을 로마에서 프랑스 남부 아비뇽으로 이전.
1311-1312	가톨릭 비엔나 공의회 개최; 기사단 해체.
1314	마지막 기사단 자크 드 몰레이(Jacques de Molay, c.1243-1314)가 화형 당함.
1324	말리의 황제 만사 무사(Mansa Musa, 재위 1312-1337)가 메카로 순례 여행을 착수.
1326	메트로폴리탄 피터(Peter of Moscow, 재위 1308-1326), 키예프에서 모스크바로 주교좌를 옮김.
1328	프란시스수도회와 교황청 간의 분쟁으로 윌리엄 옥캄이 교황청을 떠남.
1337	영국과 프랑스의 백년전쟁(the Hundred Years' War, 1337-1453) 시작.
1341-1351	콘스탄티노플 정교회 제5차 공의회 개최.
1347-1351	유럽에 '페스트'로 불린 흑사병(Black Death)이 창궐하여 4년 동안 당시 유럽 인구의 약 3분의 1인 약 3,500만 명이 사망.
1365	비엔나대학교 설립.
1368	추위안창(洪武帝 朱元璋, 재위 1368-1398)이 이끄는 반란군이 중국의 몽골 원나라를 전복하고 명나라를 설립.
1374	페트라르카(Francesco Petrarca, 1304-1374) 사망.
1378-1423	서방 로마 카톨릭 교회 대분열, 로마와 아비뇽에서 교황 난립.
1379	에르푸르트대학 설립.
1380-1382	옥스퍼드의 저명한 신학자 존 위클리프(John Wycliffe, c.1330-1384)가 신약(1380)과 구약(1382) 영어성경 완성.
1383	타메를레인(Tamerlane, 재위 1370-1405, Amir of the Timurid Empire) 중앙 및 서남아시아의 대부분을 정복.
1385	하이델베르그대학 설립.
1386	제프리 초서(Geoffrey Chaucer, c.1342/43-1400)가 캔터베리 이야기(Canterbury Tales) 집필 착수.
1388	롤라드 25개 조항 출판.
1389	이슬람의 오토맨 군대(Ottoman forces) 그리스를 제외한 모든 남동부 유럽 지배.

1390	타메를레인이 같은 몽골 혈통인 황금 호드.
1398	타메를레인이 인도 도시 델리 약탈 1413년 델리 술탄국의 종말.
1402	타메를레인 이란과 주변 지역 대부분 정복 후 서쪽으로 이동 오스만 술탄 바자제드(Bayezid I, 재위 1389-1402) 격파.
1404-1405	유럽 최초의 여성 전문 작가 크리스틴 드 피산(Christine de Pizan, 1364-c.1430) 여인들의 도시 집필.
1405	명나라 황제 영조(明 英宗) 청호 제독에게 일곱 번의 서역 항해 착수.
1408	옥스퍼드 공의회, 승인 없이 모국어 성경번역 금지.
1409-1449	종교회의 시대, 피사 공의회 교황 알렉산더 5세(Antipope Alexander V, c.1339-1410, 피산 교황으로 불림) 선출.
1414-1418	가톨릭 콘스탄스 공의회, 교황 마르틴 5세(Pope Martin V, 재위 1417-1431) 선출, 존 위클리프와 얀 후스(Jan Hus, c.1370-1415)를 정죄, 화형에 처함.
1417	콘스탄스 공의회 대분열을 종식, 교황 마르틴 5세가 유일한 교황이요, 지도자라고 선언.
1418	항해사 헨리 왕자가 항해 '학교' 설립하고 향후 42년 동안 대서양 중부와 아프리카 서해안 탐험 착수.
1421	융로 황제가 중국의 수도를 난징에서 베이징으로 이전.
1423-1424	시에나 공의회.
1425	루벤 가톨릭 대학교.
1429	잔 다르크(Joan of Arc, c.1412-1431)가 이끄는 소규모 프랑스 군대가 영국군의 오를레앙 포위 해제 성공, 영국과 프랑스의 100년 전쟁의 전환점.
1430-1431	잔 다르크가 화형 당함.
1431-1445	바젤-페라라-플로렌스 가톨릭 공의회 개최.
1438	페라라-피렌체공의회(1438-1439) 개최.
1439	노틀담, 1874년까지 세계에서 가장 높은 건물.
1441	아프리카 노예무역이 시작.
1451	오스만 제국의 놀라운 재건.
1452	*Dum Diversas*, 1452년 6월 18일에 니콜라스 5세(Pope Nicholas V, 재위 1447-1455) 교황에 의해 발행된 교황 교서는 서아프리카 노예무역의 시초.
1453	프랑스가 영국과 100년 전쟁에서 승리.
1453. 5. 29.	메흐메트의 오스만 터키군에 의한 콘스탄티노플 함락.
1455	요한 구텐베르크(Johannes Gensfleisch zur Laden zum Gutenberg, 1398-1468)가 최초로 인쇄한 구텐베르크 성경 출간, 구텐베르크가 이동식 인쇄술을 개발하고 첫 번째로 성경을 인쇄, 세계 역사의 전환점.
1456	교황 칼릭투스 3세(Pope Callixtus III, 재위 1455-1458) 1431년의 잔 다르크에 대한 평결이 부당한 판결이라고 선언.
1470	토머스 맬러리(Thomas Malory) 경의 아더왕의 죽음(*La Morte D'Arthur*) 영국

	최초의 인쇄 책 중 하나.
1473-1481	시스티나 예배당(Sistine Chapel) 건축.
1478	교황 식스투스 4세(Pope Sixtus IV, 재위 1471-1484)에 의해 스페인 종교 재판소 설립.
1483	종교개혁의 포문을 연 종교개혁자 마르틴 루터(Martin Luther, 1483-1546)가 아이슬레벤에서 출생.
1484. 12. 5.	교황 이노센트 8세(Pope Innocent VIII, 재위 1484-1492)가 주술에 반대하는 서미스 데시테란테스(Summis desiderantes) 발표.
1487	교황 이노센트 8세가 발덴안들에 대한 박해와 십자군 전쟁을 선동.
1492	스페인은 1469년 가장 강력한 군주였던 아라곤의 페르디난드 2세(Fernando II de Aragón, 재위 1479-1516)와 카스티야의 이사벨라 1세(Isabel I de Castilla y Aragón, 재위 1479-1504)의 결혼을 통해 통합하고, 무슬림들을 몰아내고 모든 유대인을 추방.
1492	크리스토퍼 콜럼버스(Christopher Columbus, 1450-1506)가 이끄는 탐험대 개시.
1493	모하메드 1세 아스키아(Askia Mohammed, 재위 1493-1528)가 아프리카 송가이 제국(Songhai Empire, 1464-1591)의 왕좌에 즉위.
1498	지롤라모 사보나롤라(Girolamo Savonarola, 1452-1498), 허영의 모닥불(Bonfire of the Vanities) 집필.
1500	중세가 종말을 고하고 르네상스의 새 시대 도래.
1506	교황 율리우스 2세(Pope Julius II, 재위 1503-1513)가 구(舊) 성 베드로 대성당 철거를 명령, 도나토 브라만테(Donato d' Aguolo Bramante, 1444-1514)에게 새 건축, 재건 승인(1606년 최종 완료).
1508-1512	미켈란젤로(Michelangelo di Lodovico Buonarroti Simoni, 1475-1564)가 시스티나 성당의 아치형 천장에 대작 '천지창조' 그림.
1512-1517	가톨릭 제5차 라테란 공의회
1517. 10. 31.	마르틴 루터 비텐베르크 성문에 95개조 게재.

중세교회사 참고문헌

*로 표시한 것은 본서에 인용된 문헌.

중세교회사 1차 자료 문헌

1. LARGE COLLECTIONS; NATIONAL

Avenel, Martial. *Lettres, instructions diplomatiques et papiers d'état du cardinal de Richelieu*. 8 vol. Paris: Imprimerie impériale [puis] nationale, 1853-1877.

Böhmer, Johann Friedrich Böhmer, Engelbert Mühlbacher, Johann Lech, Emil von Ottenthal, Julius Ficker, Eduard Winckelmann, Oswald Redlich, Österreichische Akademie der Wissenschaften, *Regesta Imperii Kurztitelverzeichnis*, Vol. 1, Vol. 5. G. Olms, 1966.

Böhmer, Johann Friedrich. *Fontes rerum Germanicarum=Geschichtsquellen Deutschlands*; 4 vols. J. G. Cotta'scher Verlag, Stuttgart, 1843-1868.

Bouquet, Martin. *Recueil des historiens des Gaules et de la France, French collection of mediæval sources*, in 23 vols. Paris V. Palmé, 1840.

Canestrini, Giuseppe et Desjardins, Abel. *Négociations diplomatiques de la France avec la Toscane*, 6 vol Paris: Imprimerie impériale [puis] nationale, 1859-1886.

Charrière, Ernest. *Négociations de la France dans le Levant, ou Correspondances, mémoires et actes diplomatiques des ambassadeurs de France à Constantinople et des ambassadeurs, envoyés ou résidents à divers titres à Venise, Raguse, Rome, Malte et Jérusalem, en Turquie, Perse, Géorgie, Crimée, Syrie, Égypte ⋯ et dans les États de Tunis, d'Alger et de Maroc*. 4 vols. Paris: Imprimerie nationale, 1848-1860.

Glay, Edward Le. *Négociations diplomatiques entre la France et l'Autriche durant les trente premières années du XVIe siècle*. 2 vols. Paris: Imprimerie royale, 1845.

Jaffe, Philipp. *Bibliotheca rerum germanicarum*. Apud Weidmannos, Berolini, 1864-1873.

Mignet, Auguste. *Négociations relatives à la succession d'Espagne sous Louis XIV ou Correspondances, mémoires, et actes diplomatiques concernant les prétentions et l'avènement de la maison de Bourbon au trône d'Espagne*. 4 vols. Paris: Imprimerie royale, 1835-1842.

Monumenta Germaniae historica, *Scriptores rerum germanicarum in usum scholarum ex Monumentis Germaniae historicis separatim editi*. Impensis Bibliopolii Hahniani, Hannoverae & Lipsiae, 1841-1819 [v. 1, 1871].

Muratori, Ludovico Antonio. *Rerum Italicarum Scriptores; collection of chronicles relating chiefly to the history of Italy in the Middle Age*, in 28 vols. Milan, Mediolani, 1723.

Niccolo, Tommaseo. *Relations des ambassadeurs vénitiens sur les affaires de France au XVIe siècle.* Paris: Imprimerie royale, 1838; 2 vols.

Paris, Louis. *Négociations, lettres et pièces diverses relatives au règne de François II, tirées du portefeuille de Sébastien de l'Aubespine, évêque de Limoges.* Paris: Imprimerie royale, 1841.

Rymer and Robert Sanderson. *Public Record Office: Record Commission Transcripts, Series II.* 20 vols (Federa, Conventiones et Cujuscunque generis Acta Publica) 1704-1735.

The Master of the Rolls. (ed.) *The Chronicles and Memorials of Great Britain and Ireland during the Middle Ages* (Latin: Rerum Britannicarum medii aevi scriptores), widely known as the Rolls Series. 253 vols 253. By the authority of Her Majesty's Treasury, 1858-1911.

2. LARGE COLLECTIONS; ECCLESIASTICAL AND PAPAL

Baronius, Caesar. *Annales Ecclesiastici; Collection of Chronicles Relating to the History of the Roman Catholic Church.* published in 1598.

_____. & Raynaldi, Odorico. *Annales ecclesiastici a Christo nato ad annum 1198.* 12 vols. 1588-1607.

Duchesne, Louis. *Liber pontificalis.* E. Thorin, 1886-1892.

Hefele, Charles. *History of the Councils of the Church.* 9 vols. Albany, OR USA: Books For The Ages, 1997.

Holstenius, Lucas. ed. *Liber diurnus Romanorum Pontificum collection of forms of papal documents, letters, grants, bulls, etc., to serve as models for the papal secretaries.* Rome, 1650.

Magnum Bullarium Romanum, Collection of Papal Bulls, 450–1550. 11 vols. Luxemburgi, Andree Chevalier, 1730-1758.

Mansi, Gian Domenico. *Sacrorum conciliorum nova et amplissima collectio.* 1765.

Migne, Jacques-Paul. *Patrologia Cursus completus patrologiæ ··· Series Latina; acts and writings of the fathers and popes, 221 vols.* Paris, 1844-1864.

The Corpus juris canonici[Body of Canon Law]; collection of decrees of councils and popes, forming the body of the canon or church law.

Watterich, Johann M. *Pontificum Romanorum vitæ; lives of the popes, 9th to 13th centuries.* Mainz: Vitæ seu Gesta. Romanorum, 1602.

3. SPECIAL TOPICS, SELECTED DOCUMENTS, ETC.

Altmann, Wilhelm. & Bernheim, Ernst. *Ausgewählte Urkunden; selected documents referring to the history of Germany in the Middle Age.* Weidmann, 1920.

Bresslau, Harry. *Diplomata Centum in Usum Scholarum Diplomaticarum; a collection of one hundred documents illustrating mediæval diplomatics.* apud Weidmannos, 1872.

Die Chroniken der deutschen Städte 12 vols. bis ins 16. Jahrh.; 22 vols. Leipzig: Berlag von S.

Hirzel, 1887.

Doeberl, Michael. *Monumenta Germaniæ Selecta; selected documents referring to the history of Germany,* vols. 3–5, 1037–1250 A.D. 3 vols. München, J. Lindauersche buchhandlung, 1889-1894.

Huilliard-Bréholles, Jean Louis Alphonse, *Historica diplomatica Friderici secundi.* 12 vols. Parisiis: Plon, 1852-1861.

중세교회사 영어 단행본

Addison, James T. *The Medieval Missionary: A Study of the Conversion of Northern Europe A.D. 500-1300*. New York: International Missionary Council, 1936.

Adil, Hajjah A. *Mohamed, the Messenger of Islam: His Life & Prophecy*. Washington, DC: Islamic Supreme Council of America, 2002.

Aland, Kurt. *A History of Christianity*. 2 vols. trans by James L. Schaff. Philadelphia: Fortress, 1985.

Anderson, Charles S. *Augsburg historical atlas of Christianity in the Middle Ages and Reformation*. Minneapolis: Augsburg, 1967.

Anderson, William. *Dante the Maker*. London: Routledge & Kegan Paul, 1980.

Angold, Michael. (ed.) *The Cambridge History of Christianity*. vol. 5. *Eastern Christianity*. New York: Cambridge University Press, 2006.

* Anonymous Monk of Whitby, *The Earliest Life of Gregory the Great*. trans & ed. by Colgrave, Bertram. Cambrige: Cambridge University Press, 1985.

* Aquinas, Thomas, *Summa Theologica, 3 vols.* trans. Fathers of the English Dominican Province. Chicago: Brenziger Brothers, Inc., 1947.

* _____. *Summa Theologica, 22 vols.* trans by Fathers of the English Domincan Province. London: Burns Oates and Washbournes Ltd., 1914.

* _____. *The Summa Theologica of St. Thomas Aquinas*. Christian Classics, 1981.

* _____. *On Law, Morality, and Politics*. Massachusetts: Hackett Publishing Company, 2003.

Artz, Frederick B. *The Mind of the Middle Ages, A.D. 250-1500*. Chichgo: The University of Chicago Press, 1953.

Asbridge, Thomas S. *The Crusades: The Authoritative History of the War for the Holy Land*. New York: Ecco, 2010.

_____. *The First Crusade: A New History*. New York: Oxford University Press, 2004.

Aston, Margaret. & Richmond, Colin. (ed.) *Lollardy and the Gentry in the Later Middle Ages*. London: Palgrave Macmillan, 1997.

* Atiya, Aziz S. *A History of Eastern Christianity*. London: Methuen & Co Ltd, 1967.

* Bainton, Roland H. *Christendom: A Short History of Christianity and Its Impact on Western Civilization*. 기독교의 역사. 이길상 역. 서울: 크리스챤다이제스트, 1997.

_____. *Early and Medieval Christianity*. Boston: Beacon Press, 1962.

* _____. *Here I Stand: A Life of Martin Luther*. Nashvile: Abingdon Press, 2013.

* _____. *The Medieval Church*. Princeton, NJ: D. Van Nostrand Company, INC, 1962.

Baldwin, John W. *The Scholastic Culture of the Middle Ages, 1000-1300*. Prospect Heights: Waveland Press, 1997.

Baldwin, Marshall W. *The Mediaeval Church*. New York: Cornell University Press, 1953.

* Barber, Malcolm C. *The Cathars: Dualist Heretics in Languedoc in the High Middle Ages*. New York: Routledge, 2000.

* Barbero, Alessandro. *Charlemagne: Father of a Continent*. LA: University of California Press, 2004.

Barr, Helen. & Hutchison, Ann M. (ed.) *Text and Controversy from Wyclif to Bale: Essays in Honour of Anne Hudson*. Turnhout: Brepols, 2005.

* Bartlett, Roger. & Schönwälder, Karen. (eds.) *The German Lands and Eastern Europe*. London: Palgrave Macmillan, 1999.

Bassett, Paul M. *The Medieval Church: Christianity in the Age of Princes And Peasants, AD 600-1450*. Grand Rapids: Baker, 2009.

Bast, Robert J. & Gow, Andrew C. (ed.) *Continuity and Change: The Harvest of Late Medieval and Reformation History*. Boston: Brill, 2000.

* Bauer, Susan W. *The History of the Renaissance World*. New York: W. W. Norton & Company, 2010.

Bauman, Michael & Martin, Klauber. I. (ed.) *Historians of the Christian Tradition : Their Methodology and Influence on Western Thought*. Nashville, Tenn.; Broadman & Holman, 1995.

Bebbington. David. *Patterns in History: a Christian Perspective on Historical Thought*. Leicester : InterVarsity Press, 1990.

* Bede the Venerable, *Bede's Ecclesiastical History of the English Nation*. London: J. Parker & Company, 1870.

Bejczy, István. *Erasmus and the Middle Ages: The Historical Consciousness of a Christian Humanist*. Boston: Brill, 2001.

Bell, David N. *Many Mansions: an Introduction to the Development and Diversity of Medieval theology West and East*. 중세교회 신학: 중세 신학의 발전과 다양성에 대한 입문서. 이은재 역. 서울: CLC, 2012.

* Bell, Mary. *A Short History of the Papacy*. New York: Dodd, Mead and Company, 1921.

Benedetto, Robert. *The New Westminster Dictionary of Church History*. Louisville, Ky.; London, UK: Westminster John Knox Press, 2008.

Benedict XVI, Pope. *Great Christian Thinkers: from the Early Church Through the Middle Ages*. Minneapolis: Fortress Press, 2011.

Bennett, Judith M. & Hollister, Charles W. *Medieval Europe: A Short History*. Boston: McGraw Hill, 2002.

Berardino, Angelo Di. (ed.) *Encyclopedia of the Early Church*. trans by Adrian Walford. New

York: Oxford University Press, 1992.

Berman, Constance H. (ed.) *Medieval Religion: New Approaches*. New York: Routledge, 2004.

* Bettenson, Henry. (ed.) *Documents of the Christian Church*. 2nd ed. London: Oxford University Press, 1963/1999.

* Bevan, Wilson L. *Church History, Mediaeval and Modern*. Sewanee, Tenn.: The University Press at the University of the South, 1914.

Biller, Peter. & Hudson, Anne. *Heresy and Literacy, 1000-1530*. New York: Cambridge University Press, 1996.

Bishop, Morris. *The Middle Ages*. Boston: Houghton Mifflin Trade, 1990.

* Blair, Adam, *History of the Waldeness*. 2 vols. Edinburgh: Adam & Charles Black, 1833.

* Blasi, Anthony J. & Jean, Duhaime. & Paul-André, Turcotte. (ed.) *Handbook of Early Christianity: Social Science Approaches*. Walnut Creek, Calif.: AltaMira Press, 2002.

* Blockmans, Willem P. & Hoppenbrouwers, Peter C. *Introduction to Medieval Europe 300–1500*. New York: Routledge, 2017.

Blythe, James M. *Ideal Government and the Mixed Constitution in the Middle Ages*. Princeton, NJ: Princeton University Press, 1992.

Bolton, Whitney F. *The Middle Ages*. UK: Time Warner Books, 1987.

Bonaventure, *The Life of Christ*. Tr. & ed. by Hutchings, W. H. London: Rivingtons, 1888.

Bonaventure, *The Life of St. Francis of Assisi*. US, Illinois: TAN Books, 2010.

Bora, Fozia. *Writing History in the Medieval Islamic World: The Value of Chronicles as Archives*. New York: Bloomsbury Publishing, 2019.

* Bornstein, Daniel E. (ed). *Medieval Christianity*. Minneapolis: Fortress Press, 2009.

Bowman, Cyril. *Christianity: the East/West Divide: The Great Schism*. Independently Published, 2017.

* Bossy, John A. *Christianity in the West 1400-1700*. Oxford: Oxford University Press, 2010.

Bradley, James E. & Muller, Richard A. *Church History: An Introduction to Research, Reference Works, and Methods*. Grand Rapids: Eerdmans, 1995.

Brady, Thomas, et al. *Handbook of European History: 1400-1600*. 2 vols. Leiden: Brill, 1994.

Bredero, Adriaan H. *Christendom and Christianity in the Middle Ages: The Relations between Religion, Church, and Society*. Grand Rapids: W. B. Eerdmans, 1994.

Breisach, Ernst. *Historiography: Ancient, Medieval, and Modern*. Chicago: University of Chicago Press, 3rd. ed. 2007.

* Brennan, Robert E. "Troubadour of Truth," in *Essays in Thomism*, (ed.) Robert E. Brennan. New York: Sheed and Ward, 1942.

Brinton, Selwyn. *The Renaissance: Its Art and Life; Florence (1450-1550)*. London: Goupil & Company, 1908.

* Bromiley, Geoffrey W. *Historical Theology: An Introduction*. 역사신학. 서원모 역. 일산: 크

리스챤다이제스트, 1999.

Brooke, Christopher. *Churches and Churchmen in Medieval Europe*. Rio Grande: Hambledon Press, 1999.

_____. *Europe in the Central Middle Ages 962-1154*. New York: Holt, Rinehart And Winston, 1963.

_____. *The Age of the Cloister: the Story of Monastic Life in the Middle Ages*. Mahwah: HiddenSpring, 2002.

_____. *The Structure of Medieval Society*. London: Holt, Rinehart And Winston, 1963.

* Brooke, Rosalind. & Brooke, Christopher. *Popular Religion in the Middle Ages*. New York: Barnes & Noble Books, 1996.

Brown, Harold O. J. *Heresies Heresy and Orthodoxy in the History of the Church*. 교회사 안에 나타난 이단과 정통. 라은성 역. 서울: 그리심, 2001.

* Brown, Peter. *The rise of Western Christendom: Triumph and Diversity, A.D. 200-1000* 3rd ed. Oxford, UK: Blackwell Publishers, 2013.

* _____. *The World of Late Antiquity, A. D. 150-750*. London: Thames and London, 1971.

Browning, Robert. *The Byzantine Empire*. Washington, D.C.: Catholic University of America Press, 1992.

Burgess, Stanley M. *The Holy Spirit: Medieval Roman Catholic and Reformation Traditions (sixth-sixteenth Centuries)*. Grand Rapids: Baker Books, 1994.

* Burrus, Virginia. (ed.) *Late Ancient Christianity (People's History of Christianity, vol.2)*. Minneapolis: Fortress Press, 2005.

Crowder, Christopher. *Unity, Heresy and Reform, 1378–1460: The Conciliar Response to the Great Schism*. London: Palgrave Macmillan, 1977.

Cairns, Earle E. *Christianity Through the Centuries: A History of the Christian Church*. 세계교회사 I (고대 및 중세편). 엄성옥 역. 서울: 은성, 1995, 2010(2판), 2017(3판).

Calkins, Robert G. *Illuminated Books of the Middle Ages*. London: Thames & Hudson Ltd., 1983.

Cameron, Euan. *Interpreting Christian History: the Challenge of the Churches' past*. Malden, MA: Blackwell, 2005.

Cameron, Nigel M. (ed.) *Dictionary of Scottish Church History and Theology*. Downers Grove: IVP, 1994.

* Campbell, Gordon. *The Oxford Illustrated History of the Renaissance*. Oxford: Oxford University Press, 2019.

* Cannon, William R. *History of Christianity in the Middle Ages: From the Fall of Rome to the Fall of Constantinople*. 중세교회사, 서영일 역. 서울: 기독교문서선교회, 1995.

* Cantor, Norman F. *Medieval History: the Life and Death of a Civilization* 2nd ed. London: Collier-Macmillan Limited, 1969.

* _____. *The Civilization of the Middle Ages*. New York: Harper Perennial, 1994.

* Celenza, Christopher S. *The Intellectual World of the Italian Renaissance: Language, Philosophy, and the Search for Meaning*. New York and Cambridge: Cambridge

University Press, 2018.

* _____. *The Lost Italian Renaissance: Humanism, Historians, and Latin's Legacy.* Baltimore: Johns Hopkins University Press, 2004.

Chadwick, Henry. *East and West: The Making of a Rift in the Church: From Apostolic Times Until the Council of Florence.* Oxford: Oxford University Press, 2005.

Cheney, Christopher R. *Medieval Texts and Studies.* Oxford: Clarendon Press, 1973.

* Chenu, Marie D. *Toward Understanding Saint Thomas.* trans by Landry, Albert M. and Hughes, Dominic. Chicago: Henry Regnery Company, 1964.

Chesterton, Gilbert K. *St. Francis of Assisi.* Mineola: Dover Publications, 2008.

* _____. *St. Thomas Aquinas.* New York: Angelico Press, 2011.

Chrisp, Peter. *The Middle Ages.* London: Two-Can Publishers LLC., 2000.

* Clark, Francis. "St. Gregory the Great, Theologian of Christian Experience," *American Benedictine Review 3.* (September, 1988): 261-276.

Cobban, Alan B. *Universities in the Middle Ages.* Liverpool: Liverpool University Press, 1990.

Colish, Marcia L. *The Fathers and Beyond: Church Fathers Between Ancient and Medieval Thought.* Burlington: Ashgate, 2008.

* Collins, Roger. *The Arab Conquest of Spain: 710–797.* Oxford, England: Blackwell, 1989.

* Comba, Emilio. *History of the Waldenses of Italy, from Their Origin to the Reformation.* New York: AMS Press, 1978.

Constable, Giles. *Culture and Spirituality in Medieval Europe.* Aldershot: Variorum, 1996.

Contamine, Philippe. *War in the Middle Ages.* Cambridge: B. Blackwell, 1984.

* Cook, William R. *The Medieval World View: An Introduction,* New York: Oxford University Press, 1983.

Cootes, Richard J. *The Middle Ages.* London: Longman, 1980.

Coulton, George G. *From St. Francis to Dante.* London: David Nutt, 1906.

_____. *Medieval Panorama: The English Scene from Conquest to Reformation.* New York: Cambridge University Press, 2010.

_____. *Studies in Medieval Thought.* London: Thomas Nelson & Sons, 1940.

* _____. *Medieval Village, Manor, and Monastery.* New York: Harper & Row, 1960.

* Cowan, Henry. *Landmarks of Church History to the Reformation.* New York: Anson D. F. Randolph & Co., 1896.

Cowdrey, Herbert E. J. *Pope Gregory VII, 1073-1085.* Oxford: Clarendon Press, 1998.

Craun, Edwin D. *Ethics and Power in Medieval English Reformist Writing.* New York: Cambridge University Press, 2010.

* Creighton, Oliver H. *Castles and Landscapes.* UK: Equinox Publishing Limited, 2004.

Cross, Frank L. & Livingstone, Elizabeth A. (ed.) *The Oxford Dictionary of the Christian Church.* 3rd edition. Oxford: Oxford University Press, 2005.

* Crowder, Christopher M. *Unity, Heresy and Reform, 1378–1460: The Conciliar Response to*

        the Great Schism. London: Palgrave Macmillan, 1977.

Daniel-Rops, Henri. *Cathedral and Crusade: Studies of the Medieval Church, 1050-1350*. trans by Warrington, John. New York: Dutton, 1957.

Davis, Ralph H. C. *A History of Medieval Europe: From Constantine to Saint Louis*. New York: Taylor & Francis, 2013.

Dawson, Christopher. *The Making of Europe: An Introduction to the History of European Unity*. 유럽의 형성: 유럽통합체의 기원을 찾아서. 김석희 역. 파주: 한길사, 2011.

* De Wulf, Maurice. *Scholasticism Old and New*. London: Longmans, Green & Co., 1910.

Deane, Jennifer K. *A History of Medieval Heresy and Inquisition*. Lanham: Rowman & Littlefield, 2011.

* Deanesly, Margaret. *A History of the Medieval Church 590-1500*. London: Methuen & Co., 1925.

* Demacopoulos, George E. *Gregory the Great: Ascetic, Pastor, and First Man of Rome*. Notre Dame: University of Notre Dame Press, 2015.

Donner, Fred M. *Mohamed and the Believers: At the Origins of Islam*. Cambridge: Harvard University Press, 2012.

* Drobner, Hubertus R. *The Fathers of the Church: a Comprehensive Introduction*. Peabody, Mass.: Hendrickson, 2007.

* Duffen, Frederick H. *Gregory the Great: His Place in History and Thought*. 2 vols. London: Longmans, Green, and Co., 1905.

* Dunham, Samuel A. *History of the Germanic Empire*. London: Longman & John Taylor, 1835.

* Eden, Bradford L. "Gregory I, Pope," *Medieval Italy: An Encyclopedia*. Christopher Kleinhenz, ed. New York: Routledge, 2004.

* Editors, Charles R. *John Wycliffe and Jan Hus*. Independently published, 2020.

Eldevik, John. *Episcopal Power and Ecclesiastical Reform in the German Empire: Tithes, Lordship and Community, 950-1150*. New York: Cambridge University Press, 2012.

Elliott-Binns, Leonard E. *The History of the Decline and Fall of the Medieval Papacy*. London: Methuen, 1934.

Esposito, John. *The Oxford History of Islam*. New York: Oxford University Press, 1999.

Estep, William R. *Renaissance and Reformation*. 르네상스와 종교개혁. 라은성 역.서울: 그리심, 2002.

* Evans, Gillian R. *Faith in the Medieval World*. Oxford: Lion, 2002; Downers Grove, Ill.: InterVarsity Press, 2002.

* _____. *The Church in the Early Middle Ages*. London: I. B. Tauris, 2007.

_____. *The Roots of the Reformation: Tradition, Emergence and Rupture*. Downers Grove: Inter Varsity Press, 2012.

_____. (ed.) *The Medieval Theologians: An Introduction to Theology in the Medieval Period*. 중세신학과 신학자들. 한성진, 오흥명 역. 서울: CLC, 2009.

Feldmeth, Nathan P. *Pocket Dictionary of Church History*. Downers Grove, Ill.: Inter Varsity

Press, 2008.

* Ferguson, Everett. *Church History: From Christ to the Pre-Reformation*. Grand Rapids: Zondervan, 2013.

_____. (ed.) *Encyclopedia of Early Christianity*. 2nd ed. New York: Garland, 1990.

* Fichtenau, Heinrich. *Heretics and Scholars in the High Middle Ages, 1000-1200*. Pennsylvania: Penn State University Press, 1998.

* Finucane, Ronald. "The Waldensians," *Eerdmans' Handbook to the History of Christianity*. Tim Dowley, ed. Grand Rapids: Eerdman, 1987.

Fisher, George Park. *History of the Christian Church*. New York: Charles Scribner's Sons, 1913.

Flick, Alexander Clarence. *The Decline of the Medieval Church*. 2 vols. London: K. Paul, Trench, Trubner, 1930.

* Fouracre, Paul. (ed.) *The New Cambridge Medieval History. vol I c.500-c.700*. Cambridge: Cambridge University Press, 2015.

Francis of Assisi, *The Little Flowers of St. Francis of Assisi*. trans & edited by Mannig, H. E. London: Burns & Lambert, 1863.

_____, *Works of the Seraphic Father St. Francis of Assisi*. London: R. Washbourne, 1882.

Frassetto, Michael. *Medieval Purity and Piety: Essays on Medieval Clerical Celibacy and Religious Reform*. New York: Garland Pub., 1998.

Frassetto, Michael. & Livingstone, Amy. & Blanks, David. *Medieval Monks and Their World: Ideas and Realities. Studies in Honor of Richard Sullivan*. Boston: Brill, 2006.

* Freeman, Charles. *A New History of Early Christianity*. New Haven: Yale University Press, 2009.

Frend, William H. C. *The Rise of Christianity*. London: Darton, Longman and Todd, 1984.

Fudge, Thomas A. *The Memory and Motivation of Jan Hus, Medieval Priest and Martyr*. Turnhout: Brepols Pub., 2013.

_____. *The Trial of Jan Hus: Medieval Heresy and Criminal Procedure*. New York: Oxford University Press, 2013.

Fuhrmann, Horst. *Einladung ins Mittelalter*. 중세로의 초대. 안인희 역. 서울: 이마고, 2003.

* Gameson, Ricard. (ed.) *St. Augustine and the Conversion of England*. UK: Sutton Pub Ltd, 1999.

Geary, Patrick J. (ed.) *Readings in Medieval History*. Toronto: University of Toronto Press, 2016.

* Gibbon, Edward. *The History of the Decline and Fall of the Roman Empire*. Grand Rapids, MI: Christian Classics Ethereal Library, 1845.

* Gies, Francis. & Gies, Joseph. *Life in a Medieval City*. New York: Harper Perennial, 1969.

* _____. *Life in a Medieval Village*. New York: Harper Perennial, 1975.

* Gilby, Thomas. trans. & ed. *St. Thomas Aquinas: Theological Texts*. Oxford University Press, 1955; reprinted, Durham, NC: The Labyrinth Press, 1982.

* Gillies, John. (ed.) *Historical Collections of Accounts of Revival*. Edinburgh, UK: Banner of Truth Trust, 1981.
* González, Justo L. *The Story of Christianity*. 2 vols. 중세교회사. 서영일 역. 서울: 은성출판사, 1987, 1995(2판); 중세교회사. 엄성옥 역. 제3판. 서울: 은성출판사, 2012.

_____. *The Changing Shape of Church History*. St. Louis, Mo.: Chalice Press, 2002.

Gregory I, Pope. *Reading the Gospels with Gregory the Great: Homilies on the Gospels, 21-26*. trans by Bhattacharji, Santha. Petersham: St. Bede's Publications, 2002.

_____. *Saint Gregory The Great Dialogues: The Fathers of the Church: A New Translation Vol. 39*. Tr. Zimmerman, Odo John. New York: Fathers of the Church, Inc., 1959.

_____. *Collectanea. Out of St Gregory the Great, and St Bernard the Devout, against the Papists who adhere to the doctrine of the present Church of Rome, in the most fundamentall points betweene them and us. [The dedicatory epistle signed: John Panke]*. Oxford: Petersham, 1618.

_____. *The Book of Pastoral Rule*. Yonkers: St. Vladimir's Seminary, 2007.

Grundmann, Herbert. *Religious Movements in the Middle Ages*. Notre Dame: University of Notre Dame Press, 1995.

* Guignebert, Charles. *Ancient, Medieval and Modern Christianity The Evolution of a Religion*. New Hyde Park, NY: University Books, 1961.
* Guzie, Tad W. "The Act of Faith according to St. Thomas: A Study in Theological Methodology." *The Thomist: A Speculative Quarterly Review* 29, No. 3 (1965): 239-280.

Hägglund, Bengt. *History of Theology*. 신학사. 박희석 역. 서울: 성광문화사, 1993.

* Hale, John R. (ed.) *The Thames & Hudson Dictionary of the Italian Renaissance*. UK: Thames & Hudson Ltd, 1985.
* Hamilton, Bernard. *The Christian World of the Middle Ages*. Stroud, Gloucestershire: Sutton Pub., 2003.

Hamilton, Sarah. *Church and People in the Medieval West, 900-1200*. New York: Routledge, 2013.

Hannah, John D. *Charts of Ancient and Medieval Church History*. 차트 고대와 중세 교회사. 장광수 역. 서울: CLC, 2002.

* Harbison, Elmore H. *The Christian Scholar in the Age of the Reformation*. New York: Charles Scriner's Sons, 1956; reprinted, Grand Rapids: Wm. B. Eerdmans Publishing Com., 1983.

Haskins, Charles H. *The Renaissance of the Twelfth Century*. Cambridge: Harvard University Press, 1957.

Havely, Nick R. *Dante and the Franciscans: Poverty and the Papacy in the Commedia*. New York: Cambridge University Press, 2004.

Haykal, Mohamed H. *The Life of Mohamed*. New York: American Trust Publications, 1976.

Healy, Patrick. *The Chronicle of Hugh of Flavigny: Reform and the Investiture Contest in the Late-Eleventh Century*. Burlington: Ashgate, 2006.

Heath, Gordon L. *Doing Church History: a User-friendly Introduction to Researching the*

History of Christianity. Toronto: Clements Pub., 2008.

Heer, Friedrich. *The Medieval World: Europe, 1100-1350*. New York: Whittaker, 1843.

Heinze, Rudolf W. *The Monarch History of the Church Vol. 4: Reform and Conflict - From the Medieval World to the Wars of Religion, A.D. 1350-1648*. 개혁과 투쟁 - A.D. 1350-1648, 중세 세계로부터 종교 전쟁까지. 원종천 역. 서울: 그리심, 2010.

* Henel, Ingeborg C. *Philosophie und Theologie im Werk Paul Tillichs*. 폴 틸리히의 그리스도교 사상사. 송기득 역. 서울: 한국신학연구소, 1987.

* Higham. Nicholas J. *An English Empire: Bede, the Britons, and the Early Anglo-Saxon Kings*. Manchester: Manchester University Press, 1995.

Hillerbrand, Hans J. (ed.) *The Oxford Encyclopedia of the Reformation*. 4 vols. New York: Oxford University Press, 1996.

* History, Hourly. *Thomas Aquinas*. Independently published, 2020.

* Holmes, George. *The Oxford History of Medieval Europe*. Oxford: Oxford University Press, 2002.

Holze, Heinrich. *Die Abendländische Kirche im hohen Mittelalter (12./13. Jahrhundert)*. KGE 교회사 전집 12: 중세 전성기의 서방 교회 (12-13세기). 권진호, 최영재, 황훈식 공역. 천안: 호서대학교 출판부, 2015.

Horne, Richard H. *Gregory VII: A Tragedy*. London: Saunders & Otley, 1840.

Horsburgh, Edward L. S. *Girolamo Savonarola*. London: Methuen, 1911.

* Houghton, Sidney M. & Murray, Iain H. *Sketches from Church History: An Illustrated Account of 20 Centuries of Christ's Power*. 복음적 개혁신앙의 관점에서 본 기독교 교회사. 정중은 역. 서울: 도서출판 나침반사, 1990.

Hudson, Anne. & Wilks, Michael. (ed.) *From Ockham to Wyclif: Studies in Church History, Subsidia 5*. Oxford: Published for the Ecclesiastical History Society by B. Blackwell, 1987.

Huizinga, Johan. *The Waning Of The Middle Ages: A Study of the Forms of Life, Thought, and Art in France and the Netherlands in the XIVth and XVth Centuries*. London: Penguin Books, 1922.

* Hurst, John F. *Short History of the Medieval Church*. New York: Chautauqua Press, 1887.

* Inge, William R. *Christian Mysticism*. New York: Charles Scribner's Sons, 1933.

Ingesman, Per. (ed.) *Religion as an Agent of Change Crusades–Reformation–Pietism*. Boston: Brill, 2016.

* James, Frank A. III. & Woodbridge, John D. *Church History: From the Pre-Reformation to Present*. Grand Rapids: Zondervan, 2013.

* Jenkins, Philip. *The Lost History of Christianity: the Thousand-Year Golden Age of the Church in the Middle East, Africa, and Asia- and How It Died*. New York: Harper One, 2008.

Kagay, Donald J. & Villalon, Andrew. (ed.) *The Hundred Years War: A Wider Focus*. Boston: Brill, 2005.

Kantzenbach, Friedrich W. *Die Geschichte der Christlichen Kirche im Mittelalter*. Gutersloh: Mohn, 1967.

Kee, Howard C. et. al. *Christianity: a Social and Cultural History*. New York: Macmillan, 1991.

* Keen, Maurice. *The Pelican History of Medieval Europe*. New York: Viking Penguin, 1968.

* _____. *The Penguin History of Medieval Europe*. New York: Penguin Books, 1991.

* Kelsey, David. *The Uses of Scripture of Recent Theology*. Philadelphia: Fortress Press, 1975.

* Kempis, Thomas A. *The Imitation of Christ*. New York: Penguin books, 1952.

Kernaghan, Pamela. *The Crusades: Cultures in Conflict*. New York: Cambridge University Press, 1993.

* Kerr, Fergus G. T. *Thomas Aquinas*. Oxford: Oxford University Press, 2009.

Khan, Maulana W. *The Prophet Mohamed: A Simple Guide to His Life*. Goodword, 2002.

* Kirby, David P. *The Earliest English Kings*. New York: Routledge, 2000.

Klotsche, Ernest H. *The History of Christian Doctrine*. 기독교 교리사. 강정진 역. 서울: CLC, 2002.

* Knowles, David. *The Evolution of Medieval Thoughts*. New York: Vintage Books, 1962.

Koschorke, Klaus. et. al. *A History of Christianity in Asia, Africa, and Latin America, 1450-1990: A Documentary Sourcebook*. Grand Rapids: Eerdmans, 2007.

Lahey, Stephen E. *Philosophy and Politics in the Thought of John Wyclif*. New York: Cambridge University Press, 2003.

* Lane, Anthony N. S. *A Concise History of Christian Thought*. 기독교 사상사. 김응국 역. 서울: 나침반, 1991; 기독교인물사상사전. 박도웅, 양정호 역. 서울: 홍성사, 2007.

Lardner, Dionysius. *Europe During The Middle Ages*. 4 vols. London: Longman, Rees, Orme, Brown, Green & Longman, 1833-1834.

* Latourette, Kenneth S. *A History of Christianity*. New York: Harper & Row, 1953.

Laursen, John C. & Nederman, Cary J. & Hunter, Ian. (ed.) *Heresy in Transition: Transforming Ideas of Heresy in Medieval and Early Modern Europe*. Burlington: Ashgate, 2005.

Leff, Gordon. *Heresy in the Later Middle Ages: The Relation of Heterodoxy to Dissent, C. 1250-c.1450*. Manchester: Manchester University Press, 1999.

_____. *Medieval thought: St. Augustine to Ockham*. Baltimore: Penguin Books, 1958.

* Lenski, Noel. (ed.) *The Cambridge Companion to the Age of Constantine*. Cambridge: Cambridge University Press, 2012; 2005.

* Leo XIII, Pope. "Aeterni Patris" *Aeterni Patris*. Pope Leo XIII, ed. Vatican, 1879.

Leppin, Volker. *Kirchengeschichte in Einzeldarstellungen (KGE) 11: Theologie im Mittelalter*. KGE 교회사 전집 1: 중세신학. 이준섭 역. 천안: 호서대학교 출판부, 2014.

Lewis, Donald M. (ed.) *The Blackwell Dictionary of Evangelical Biography: 1730-1860*. 2 vols. Oxford: Blackwell, 1995.

Liz, Herbert M. *Medieval Anchoritisms: Gender, Space and the Solitary Life*. Rochester, New York: D. S. Brewer, 2011.

* Logan, Francis D. *A History of the Church in the Middle Ages*. London: Routledge, 2013.

_____. *Excommunication and the Secular Arm in Medieval England: A Study in Legal Procedure from the Thirteenth to the Sixteenth Century*. Toronto: Pontifical Institute of Mediaeval Studies, 1968.

Ludlow, James M. *The Age of the Crusades*. New York: Christian Literature Company, 1896.

Luxford, Julian M. *Studies in Carthusian Monasticism in the late Middle Ages*. Turnhout: Brepols, 2008.

Lynch, Joseph H. *The Medieval Church: A Brief History*. 중세교회사. 심창섭, 채천석 역. 서울: 솔로몬, 2005.

Maalouf, Amin. *Les Croisades Vues Par Les Arabes*. 아랍인의 눈으로 본 십자군 전쟁. 김미선 역. 서울: 아침이슬, 2002.

* MacCulloch, Diarmaid. *A History of Christianity: the First Three Thousand Years*. London; New York: Allen Lane/Penguin Books, 2009.

* _____. *The Reformation: A History*. New York: Penguin Books, 2005.

_____. *A History of Christianity: the First Three Thousand Years*. 3천년 기독교역사 2: 중세·종교개혁사. 배덕만 역. 서울: CLC, 2013.

Madelung, Wilferd. *Studies in Medieval Muslim Thought and History*. Schmidtke, Sabine, ed. New York: Taylor & Francis, 2022.

Madigan, Kevin J. *Medieval Christianity: A New History*. New Haven: Yale University Press, 2015.

* Mango, Cyril. *Byzantium: the Empire of New Rome*. New York: Scribner's, 1980.

* _____. *The Oxford History of Byzantium*. Oxford: Oxford University Press, 2002.

* Maritain, Jacques. *St. Thomas Aquinas*. New York: Meridian Books, Ins., 1958.

* Markus, Robert A. *Gregory the Great and His World*. Cambridge: Cambridge University Press, 1997.

* Marshall, Taylor. *Thomas Aquinas in 50 Pages: A Layman's Quick Guide to Thomism*. Saint John Press, 2014.

Mathew, Arnold H. *The Life and Times of Hildebrand, Pope Gregory VII*. London: F. Griffiths, 1910.

Mayer, Hans E. *The Crusades*. trans by Gillingham, John. London: Oxford University Press, 1988.

* McDow, Malcolm. & Reid, Alvin L. *FireFall: How God Shaped History Through Revivals*. Nashville, Tenn.: Broadman and Holman, 1997.

McGrath, Alister E. *Christianity: An Introduction*. 2nd ed. Malden, MA: Blackwell Pub., 2006.

_____. *The Intellectual Origins of the European Reformation*. New York: B. Blackwell. 2008.

* _____. *Christianity's Dangerous Idea: The Protestant Revolution-A History from the Sixteenth Century to the Twenty-First*. 기독교, 그 위험한 사상의 역사. 박규태 역. 서울: 국제제자훈련원, 2009.

_____. & Galloway, Allan Douglas. *The History of Christian Theology Vol. 1: The Science of Theology*. 기독교 사상사. 서영일 역. 서울: CLC, 1994.

* McKitterick, Rosamond. (ed.) *The New Cambridge Medieval History Vol. 2 c.700-c.900*. Cambridge: Cambridge University Press, 2006.

Mellone, Sydney H. *Western Christian Thought in the Middle Ages: An Essay in Interpretation*. London: W. Blackwood & sons, 1935.

* Miethe, Terry L. & Bourke, Vernon J. *Thomistic Bibliography, 1940-1978*. Westport, CT: Breenwood Press, 1980.

Miller, Frederic P. *History of the Catholic Church*. Beau Bassin, Mauritius: Alphascript Publishing, 2010.

Mombert, Jacob I. *A Short History of the Crusades*. New York: D. Appleton and Company, 1894.

* Moorhead, John. *Gregory the Great. The Early Church Fathers*. New York: Routledge, 2005.

* Morris, Colin. *The Discovery of the Individual, 1050–1200*. London: SPCK, 1972.

* _____. *The Papal Monarchy: The Western Church from 1050 to 1250*. Oxford: Clarendon, 1989.

* _____. *The Sepulchre of Christ and the Medieval West: from the Beginning to 1600*. Oxford: Oxford University Press, 2006.

* Morris, William B. *The Life of Saint Patrick Apostle of Ireland*. London & New York: Burns & Oates, Limited, 1888.

Moss, Henry St Lawrence B. *The Birth Of The Middle Ages 395-814*. London: Oxford University Press, 1935.

Moule, Gregory S. *Corporate Jurisdiction, Academic Heresy, and Fraternal Correction at the University of Paris, 1200-1400*. Boston: Brill, 2016.

* Moyer, Elgin S. *Great Leaders of the Christian Church*. 인물중심의 교회사. 곽안전 역. 서울: 대한기독교서회. 2003.

Muessig, Carolyn A. *Preacher, Sermon and Audience in the Middle Ages*. Boston: Brill, 2002.

* Mullen, Roderic L. *The Expansion of Christianity: a Gazetteer of Its First Three Centuries*. Leiden; Boston, Mass.: Brill, 2004.

Murray, Alexander. *Conscience and Authority in the Medieval Church*. New York: Oxford University Press, 2015.

* Nauert, Charles G. *Humanism and the Culture of Renaissance Europe (New Approaches to European History)*. Cambridge: Cambridge University Press, 2006.

Neil, Bronwen. & Santo, Matthew J. Dal. (ed.) *A Companion to Gregory the Great*. Boston: Brill, 2013.

* Newman, Albert H. *A Manual of Church History*. Philadelphia: American Baptist Publication Society, 1912.

* Nigg, Walter. *The Heretics: Heresy Through the Ages*. New York: Dorset Press, 2019.

* Noble, Thomas. & Smith, Julia. (ed.) *Early Medieval Christianities, c.600–c.1100*. Cambridge: Cambridge University Press, 2008.

Nystrom, Bradley P. & Nystrom, David P. *The History of Christianity: An Introduction*.

Boston: McGrawHill, 2004.

* Oakley, Francis C. *The Western Church in the Later Middle Ages*. Ithaca: Cornell University Press, 1979.

Oldenbourg, Zoé. *The Crusades*. New York: Pantheon Books, 1966.

* _____. *Massacre at Montsegur*. New York: Marboro Books, 1988.

* Oman, Charles W. *Art of War in the Middle Ages A.D. 378-1515*. New York: Cornell University Press, 1960.

Previté-Orton, Charles W. *Outline of Medieval History*. Cambridge: Cambridge University Press, 1916.

Ostrogorski, Georgije. *History of the Byzantine State*. 비잔티움 제국사 324-1453. 한정숙, 김경연 역. 서울: 까치, 1999.

* Otten, Bernard J. *A Manual of the History of Dogmas Vol. II The Development of Dogmas During the Middle Ages and After 869-1907*. St. Louis, Mo: B. Herder Book Co., 1918.

Ozment, Steven E. *The Age of Reform (1250-1550): An Intellectual and Religious History of Late Medieval and Reformation Europe*. New Haven: Yale University Press, 1980.

* Paoletti, John T. & Radke, Gary M. *Art in Renaissance Italy*. London: Pearson, 2011.

Pastor, Ludwig Von. *History of the Popes*. Vol. I: *The Great Schism*. Lulu.com, 2015.

_____. *The History of the Popes, from the Close of the Middle Ages: Drawn from the Secret Archives of the Vatican and Other Original Sources*. vol. 1. London: J. Hodges, 1891.

Pears, Edwin. *The Fall of Constantinople: Being the Story of the Fourth Crusade*. London: Longmans, Green and Company, 1885.

* Pegis, Anton C. (ed.) *Basic Writings of Saint Thomas Aquinas*. 2 vols. New York: Random House, 1945.

Pelikan, Jaroslav. *The Christian Tradition: A History of the Development of Doctrine*. 5 vols. Chicago: University of Chicago Press, 1971-1989.

Peters, Francis E. *Mohamed and the Origins of Islam*. Albany: State University of New York Press, 1994.

Phillips, Jonathan. *The Crusades, 1095-1204*. New York: Routledge, 2014.

* Placher, William C. *A History of Christian Theology: An Introduction*. 기독교 신학사. 박경수 역. 일산: 크리스챤다이제스트, 2000.

* Poole, Reginald L. (ed.) *Illustrations of the History of Medieval Thought and Learning*. New York: The Macmillan company, 1920.

Price, Betsy B. *Medieval Thought: An Introduction*. Cambridge: B. Blackwell, 1991.

* Qualben, Lars P. *A History of the Christian Church*. New York: Thomas Nelson and Sons, 1956.

* Radbertus, "De corpore et sanguine domini," in Ritter, Adolf Martin. & Lohse, Bernhard. & Leppin, Volker. *Kirchen-und Theologiegeschichte in Quellen vol. II: Mittelalter*. 교회의 역사와 신학 원전 II - 중세교회. 공성철 역. 서울: 한국신학연구소, 2010.

Rashdall, Hastings. *The Universities of Europe in the Middle Ages*. 3 vols. Oxford: Clarendon Press, 1895-1936.

* Reuter, Timothy. *Germany in the Early Middle Ages c.800-1056*. New York: Routledge, 2014.
* Rice, Eugene F. Jr. & Grafton, Anthony. *The Foundations of Early Modern Europe, 1460-1559*. New York: W. W. Norton & Company, 1994.

Richards, Jeffrey. *The Popes and the Papacy in the Early Middle Ages 476-752*. New York: Routledge, 2014.

Riley-Smith, Jonathan. *The Crusades: A Short History*. New Haven: Yale University Press, 1987.

_____. *The Oxford History of the Crusades*. New York: Oxford University Press, 1999.

Rittgers, Ronald K. *The Reformation of Suffering: Pastoral Theology and Lay Piety in Late Medieval and Early Modern Germany*. New York: Oxford University Press, 2012.

River, Charles. *The Great Schism: The History and Legacy of the Split Between the Catholic and Eastern Orthodox Churches in 1054*. Independently Published, 2020.

* Robinson, Thomas A. *The Early Church: an Annotated Bibliography of Literature in English*. Metuchen: ATLA & The Scarecrow Press, 1993.
* Rollason, David W. *Early Medieval Europe 300-1050*. New York: Routledge, 2012.
* Roper, Lyndal A. *Martin Luther: Renegade and Prophet*. New York: Random House, Inc., 2018.
* Rosser, John H. *Historical Dictionary of Byzantium*. Metuchen: ATLA & The Scarecrow Press, 2001.
* Rougemont, Denis De. *Love in the Western World*. Princeton: Princeton University Press, 1983.
* Rousseau, Philip. *The early Christian Centuries*. London; New York: Longman, 2002.
* Rubin, Miri. & Simons, Walter. (ed.) *Christianity in Western Europe, c.1100-c.1500*. Cambridge: Cambridge University Press, 2009.
* Rublack, Ulinka. *The Oxford Handbook of the Protestant Reformations*. Oxford: Oxford University Press, 2019.
* Rummel, Erika. *The Case Against Johann Reuchlin*. Toronto: University of Toronto Press, 2002.

Runciman, Steven. *A History of the Crusades*. 3 vols. New York: Cambridge University Press, 1951-1954.

* Rundle, David. *The Hutchinson Encyclopedia of the Renaissance*. London: Hodder Arnold, 2000.

Russell, Jeffrey B. *A History of Medieval Christianity: Prophecy and Order*. Arlington Heights: H. Davidson, 1986.

Sabatier, Paul. *Life of St. Francis of Assisi*. New York: C. Scribner's Sons, 1902.

Saunders, John J. *A History of Medieval Islam*. New York: Taylor & Francis, 2002.

* Schaff, David S. *De Ecclesia by Jan Hus*. New York: Franklin Classics, 2018.

* Schaff, Philip. *History of Christian Church. Vol. IV.: Medieval Christianity from Gregory I to Gregory VII A.D. 590-1073*. 필립 샤프 교회사 전집 4권: 그레고리우스 1세부터 그레고리우스 7세까지. 이길상 역. 고양: 크리스챤다이제스트, 2004.
* Schaff, Philip. *History of Christian Church. Vol. V.: The Middle Ages from Gregory VII to Boniface 1294*. 필립 샤프 교회사 전집 5권: 그레고리우스 7세부터 보니파키우스 8세까지. 이길상 역. 고양: 크리스챤다이제스트, 2004.
* Schaff, Philip. *History of Christian Church. Vol. VI.: The Middle Ages from Boniface VIII., 1294 to The Protestant Reformation, 1517*. 필립 샤프 교회사 전집 6권: 보니파키우스 8세부터 루터까지. 이길상 역. 고양: 크리스챤다이제스트, 2004.
* Scharpf, Paulus. *History of Evangelism: Three Hundred Years of Evangelism in Germany, Great Britian, and the United States of America*. trans by Helga Bender Henry. Grand Rapids: Eerdman, 1964.

Schmidt, Kurt D. *Grundriss der Kirchengeschichte*. 교회사: 살아있는 역사. 정병식 역. 서울: 성서와신학연구소, 2004.

Schnürer, Gustav. *Church and Culture in the Middle Ages*. trans by Undreiner, George J. Patterson: St. Anthony Guild Press, 1956.

* Seeberg, Reinhold. *Text-Book of the History of Doctrines*. 기독교 교리사. 김영배 역. 서울: 도서출판 엠마오, 1987.

Setton, Kenneth M. (ed.) *A History of the Crusades, Vol. 1: The First Hundred Years*. Philadelphia: University of Pennsylvania Press, 1958.

Seward, Desmond. *The Hundred Years War: The English in France 1337-1453*. New York: Penguin Books, 1999.

Sheldon, Henry C. *History of the Christian Church. Vol. 2: The Medieval Church*. New York, Boston: T.Y. Crowell & Co., 1894.

* Shepard, Jonathan. *The Cambridge History of the Byzantine Empire c. 500-1492*. Cambridge: Cambridge University Press, 2019.

Sheppard, James A. *Christendom at the Crossroads: The Medieval Era*. Louisville: Westminster John Knox Press, 2005.

Shriver, George H. (ed.) *Contemporary Reflections on the Medieval Christian Tradition: Essays in Honor of Ray C. Petry*. Durham: Duke University Press, 1974.

* Singman, Jeffrey L. *The Middle Ages*. New York: Sterling, 2013.

Somerville, Robert. *Papacy, Councils, and Canon Law in the 11th-12th Centuries*. Aldershot: Variorum, 1990.

* Southern, Richard W. *Western Society and the Church in the Middle Ages*. New York: Penguin, 1970.

* Stewart, Chad. et. al. *The Reformers: Biographical Sketches of Twelve of the Greatest Men in the History of the Church*. Millennial Word Publications, 2018.

Straw, Carole. *Gregory the Great: Perfection in Imperfection*. Berkeley and Los Angeles: University of California Press, 1991.

Strayer, Joseph R. (ed.) *Dictionary of the Middle Ages*. 13 vols. New York: Charles Scribner's, 1982-1989.

* Strecer, Georg. *Theologie im 20. Jahrhundert. Stand und Aufgaben*. Tübingen: Mohr, 1983.

Sumption, Jonathan. *The Hundred Years War*. 4 vols. Philadelphia: University of Pennsylvania Press, 1999-2015.

Swanson, Robert N. *The Routledge History of Medieval Christianity 1050-1500*. New York: Routledge, 2015.

* Symonds, John A. *Renaissance in Italy Vol. I, Italian Literature*. New York: Henry Holt and Company, 1888.

* Szabo, Franz A. J. & Ingrao, Charles W. (ed.) *The Germans and the East*. Indiana: Purdue University Press, 2008.

Tellenbach, Gerd. *The Church in Western Europe from the Tenth to the Early Twelfth Century*. trans by Reuter, Timothy. New York: Cambridge University Press, 1993.

* Thatcher, Oliver J. & McNeal, Edgar H. *A Source Book for Medieval History: Selected Documents Illustrating the History of Europe in the Middle Age*. New York: Charles Scribner's Sons, 1905.

* Thompson, Bard. *Humanists and Reformers: a History of the Renaissance and Reformation*. Grand Rapids: Eerdmans, 1996.

Tierney, Brian. *Origins of Papal Infallibility, 1150-1350: A Study on the Concepts of Infallibility, Sovereignty and Tradition in the Middle Ages*. Leiden: E. J. Brill, 1972.

_____. *Western Europe in the Middle Ages, 300-1475*. 서양 중세사: 유럽의 형성과 발전. 이연규 역. 서울: 집문당, 2019.

Treadgold, Warren T. *A History of the Byzantine State and Society*. Stanford: Stanford University Press, 1997.

* Trench, Richard C. *Lectures on Medieval Church History: Being the Substance of Lectures Delivered at Queen's College, London*. London: Macmillan and Co., 1879.

Tuchman, Barbara. *A Distant Mirror: The Calamitous 14th Century*. US: Alfred A. Knopf, 1978.

Ullmann, Walter. *A History of Political Thought: The Middle Ages*. 서양중세 정치사상사. 박은구, 이희만 역. 서울: 숭실대학교 출판부, 2000.

_____. *A Short History of the Papacy in the Middle Ages*. New York: Routledge, 2003.

_____. *Medieval Papalism: The Political Theories of the Medieval Canonists*. London: Methuen, 1949.

Vanderputten, Steven. *Monastic Reform as Process: Realities and Representations in Medieval Flanders, 900-1100*. Ithaca: Cornell University Press, 2013.

* Various Ancient Authors. *The Bible, King James Translation*. Thomas Nelson, 2000.

Villari, Pasquale. *Life and Times of Girolamo Savonarola*. 2 vols. London: T. F. Unwin. 1888-1889.

Volz, Carl A. *The Medieval Church: From the Dawn of the Middle Ages to the Eve of the Reformation*. Nashville: Abingdon Press, 1997.

* Wagner, John A. *Historical Dictionary of the Elizabethan World*. California: Greenwood, 1999.

Walish, Kartherine. & Wood, Diana. *The Bible in the Medieval World: Essays in Memory of Beryl Smalley: Studies in Church History, Subsidia 4*. New York: Published for the Ecclesiastical History Society by Blackwell, 1985.

* Walker, George S. M. *The Growing Storm; Sketches of Church History from A.D. 600 to A.D. 1350*. Grand Rapids: Eerdmans, 1961.

* Walker, Williston. *A History of the Christian Church*. 기독교회사 상. 송인설 역. 서울: 크리스챤다이제스트, 1993; 기독교회사, 류형기 역편. 서울: 한국기독교문화원, 1988. 기독교회사. 송인설 역. 제4판. 서울: 크리스챤다이제스트, 2000.

* Watson, William E. "The Battle of Tours-Poitiers Revisited." Providence: *Studies in Western Civilization 2.1* (1993): 51-68.

* Wedderburn, Alexander J. M. *A History of the First Christians*. London: T&T Clark International, 2004.

Whalen, Brett. *The Medieval Papacy*. London: Palgrave Macmillan, 2017.

_____. *The Two Powers: The Papacy, the Empire, and the Struggle for Sovereignty in the Thirteenth Century*. Philadelphia: University of Pennsylvania Press, 2019.

White, Lynn T. Jr. *Medieval Technology and Social Change*. 중세의 기술과 사회변화 : 등자와 쟁기가 바꾼 유럽역사. 강일휴 역. 서울: 지식의풍경, 2005.

* Wilken, Robert L. "Interpreting Job Allegorically: The Moralia of Gregory the Great," *Pro Ecclesia. 10.2* (2001): 213-226.

Williams, Walter. *The Historical Origin of Islam*. Maathian Press, 2003.

Wolff, Robert L. & Hazard, Harry W. *A History of the Crusades, Vol. 2. The Later Crusades, 1189-1311*. Philadelphia: University of Pennsylvania Press, 1962.

Wood, Susan. *The Proprietary Church in the Medieval West*. New York: Oxford University Press, 2006.

* Woodbridge, John D. (ed.) *Great Leaders of the Christian Church*. 인물로 본 기독교회사 상. 박용규 역. 서울: 도서출판 횃불, 1993.

Workman, Herbert B. *John Wyclif, A Study of the English Medieval Church*. 2 vols. Oxford: The Clarendon press, 1926.

_____. *The Evolution of the Monastic Ideal*. London: Charles H. Kelly, 1913.

* Wright, William J. *Martin Luther's Understanding of God's Two Kingdoms*. Grand Rapids: Baker, 2010.

* Wyatt, Michael. *The Cambridge Companion to the Italian Renaissance*. Cambridge: Cambridge University Press, 2014.

* Young, Frances M. *From Nicaea to Chalcedon: a Guide to the Literature and Its Background*. London: SCM, 2010.

한글 단행본

강민수, 정준기. (영성으로 본) 초대 중세 교회사. 서울 : 부크크, 2020.

* 그레고리 1세. "하나님 아버지 어둔 밤이 지나." 찬송가. 서울: 한국찬송가공회, 2009.
  김광채. 중세교회사. 서울: 아침동산, 2009; 서울: CLC, 2016.
  김봉수. 페트루스 다미아니와 중세의 교회개혁운동. 서울: 그리심, 2005.
  김승진 외 6인. 침례교신학연구소 편. 종교개혁 그 이전: 종교개혁의 중세후기배경. 대전: 침례신학대학교 출판부, 하기서원, 2016.
* 김영재. 기독교교회사. 수원: 합동신학대학원출판부, 2005.
* 김의환. 기독교회사. 서울: 총신대학교 출판부, 2004.
  김창의. 중세 수도원 제도사. 서울: 경인문화사, 1970.
  김호동. 동방 기독교와 동서문명. 서울: 까치, 2002.
  남정우. 동방정교회. 서울: 쿰란출판사, 1997.
  라은성. 이것이 교회사다: 묻어둔 진리(중세교회사편). 서울: PTL, 2019.
  _____. 천상의 누이들: 중세교회사 편. 서울: 그리심, 2006.
  박양규. 중세 교회의 뒷골목 풍경. 서울: 예책, 2019.
* 박용규. 세계부흥운동사. 서울: 한국기독교사연구소, 2023.
* _____. 초대교회사. 서울: 한국기독교사연구소, 2004.
* 서요한. 중세교회사. 서울: 그리심, 2003.
* 심창섭, 채천석 편. 중세교회사. 서울: 솔로몬, 1998.
  오연수. 세계교회사 (상): 고대 및 중세편. 한국크리스천문학가협회, 2002.
* 원종천. 중세 영성의 진수 성 버나드. 서울: 대한기독교서회, 2004.
* 이영재. 유럽 중세교회의 향연 1: 11세기 교황 그레고리우스 7세의 개혁을 중심으로. 서울: 혜안, 2020.
* _____. 유럽 중세교회의 향연 2: 근대를 품은 중세교회. 서울: 혜안, 2021.
  이원근. 상징물과 중세 유럽 사회. 서울: 중문, 1999.
  _____. 중세 유럽의 사회와 문화. 서울: 중문, 1995.
  임도건. 초대 중세 교회의 역사와 신학. 서울: CLC, 1995.
  임원택. 역사의 거울 앞에서: 중세교회사 바로 보기. 서울: 수풀, 2008; 서울: 기독교연합신문사, 2012.
  장준철. 서양중세교회의 파문. 서울: 혜안, 2014.
  전수홍. 세계 교회사 산책(상). 서울: 성바오로, 2002.
  정수영. (신약교회 사관에 의한) 중세교회사 1-2. 서울: 쿰란출판사, 2015.
* 정원래. "12/13세기 설교에 대한 이해: 도미니쿠스 수도회를 중심으로." 성경과 신학 Vol. 87. (2018. 7): 131-164.
* _____. "13세기 토마스 아퀴나스의 이교도 대전(Summa contra Gentiles)에서 드러난 이교도(Gentiles)에 대한 이해 및 라이문두스 룰루스 등의 선교 전략을 통한 현재의 다문화에 대한 접근." 개혁논총 Vol. 27. (2013. 10): 123-160.
* _____. "마르실리우스를 통해 본 참 평화의 수호자(Defensor pacis)." 성경과 신학 Vol. 77. (2016. 4): 29-58.

_____. "성찬과 경건의 연습- 토마스 아 켐피스의 그리스도를 본받아에서-." 신학지남 Vol. 88. No. 3. (2021. 9): 203-238.

_____. "인간은 행복할 수 있는가: 토마스 아퀴나스의 행복론의 관점에서." 성경과 신학 Vol. 54. (2010. 6): 151-180.

_____. "종교개혁 시기의 세 가톨릭 권력자들 - 교황들, 카알 5세, 그리고 프란시스 1세 -." 신학지남 Vol. 87. No. 4. (2020. 12): 159-190.

* _____. "중세 스콜라 신학에 미친 이슬람 철학자들의 영향." 한국개혁신학 Vol. 73. (2022. 2): 143-183.

_____. "중세 신학과 철학 다시 보기." 목회와 신학 (2021. 1): 136-142.

* _____. "중세의 성찬논쟁과 화체설 교리의 발달." 개혁논총 Vol. 63. (2023. 3): 73-109.

_____. "카르투지오 수도회: 고독과 침묵의 문화." 개혁논총 Vol. 50. (2019. 12): 61-99.

_____. "토마스 아퀴나스의 학업 방법에 대하여의 소개, 번역 및 평가." 신학지남 Vol. 85. No. 4. (2018. 12): 101-124.

* _____. "토마스 아퀴나스의 성경 이해." 성경과 신학 Vol. 73. (2015. 4): 37-71.

* 최형걸. 중세교회사. 서울: 이레서원, 2000; 서울: 비움과 채움, 2008.

색인

[ㄱ]

가이세리크(Geisericus) 39
가이슬러(Johann Karl Ludwig Gieseler) 143
게르만 16, 17, 18, 19, 20, 21, 23, 24, 35, 36, 37, 38, 39, 40, 41, 42, 43, 68, 70, 87, 88, 89, 90, 97, 164
겔라시우스 2세(Pope Gelasius II) 227
경교 45, 75
고드프리, 불로냐(Godfrey of Bouillon) 194, 195
고드프리, 생 빅토르(Godfrey of Saint Victor) 273
고트샬크, 오보트리트(Gottschalk, Obotrite Prince) 104, 105
고트샬크(Gottschalk of Orbais) 134, 143, 144, 145, 146, 147, 148
고트족 36, 37, 38, 39, 40, 41, 42, 51, 58, 87, 88, 89
공동생활 형제단 374, 386, 387, 388, 389, 427, 459
구텐베르크(Gutenberg) 471, 498
귀도 세테(Guido Sette) 406
귀차드(Guichard de Pontigny) 238
그래스스톤(Gladstone, William Ewart) 390
그레고리 1세(Pope Gregory I) 11, 18, 19, 20, 21, 22, 35, 42, 58, 59, 60, 61, 62, 63, 64, 65, 66, 67, 69, 72, 73, 75, 76, 83, 89, 92, 112, 128, 138, 189, 379, 493
그레고리 2세(Pope Gregory II) 94
그레고리 3세(Pope Gregory III) 94
그레고리 6세(Pope Gregory VI) 132
그레고리 7세(Pope Gregory VII) 20, 21, 28, 30, 121, 128, 132, 167, 168, 170, 171, 172, 173, 174, 176, 177, 178, 179, 180, 182, 183, 184, 185, 223, 225, 226, 227, 228, 256, 332, 337, 342, 468
그레고리 8세(Pope Gregory VIII) 198
그레고리 9세(Pope Gregory IX) 243, 244, 249, 251, 267, 273, 301, 355, 482
그레고리 10세(Pope Gregory X) 206, 303

그레고리 11세(Pope Gregory XI) 333, 350, 352, 353
그레고리 12세(Pope Gregory XII) 355, 358
그레고리, 나지안주스(Gregory of Nazianzus) 138, 257, 380
그레고리, 위트레흐트(Gregory of Utrecht) 96
그로세테스테(Robert Grosseteste) 273
기네(Guignes, Joseph de) 37
기번(Gibbon, Edward) 37
기베르(Guibert of Nogent) 269, 270
기욤, 생 아무르(Guiliaume de Saint-Amour) 236
기욤, 생 티에리(Guillaume de Saint-Thierry) 233
기욤, 샹포(William of Champeaux) 270, 282
기욤, 아키텐(Guillaume I, Duke of Aquitaine) 222, 223, 224
기욤, 콩셰(Guillaume de Conches) 270
기퍼드(William Giffard) 235

[ㄴ]

나폴리 대학(University of Naples) 301, 302
네스토르(Nestor the Chronicler) 110
네스토리우스(Nestorius) 44, 134
네안더(Neander, Johann August Wilhelm) 143, 286
노르베르트(Norbert of Xanten) 225
노벨라 단드레아(Novella d'Andrea) 266
노턴(Norton, Charles Eliot) 400
니니안(Ninnian of Candida Casa) 84
니케아 신조(Nicene Creed) 26, 43, 71, 135, 136, 138, 159, 165
니콜라스 1세(Pope Nicholas I) 30, 128, 136, 165
니콜라스 4세(Pope Nicholas IV) 206
니콜라스 5세(Pope Nicholas V) 395, 417, 418, 474, 475, 476
니콜라스, 뢰벤(Nikolaus von Lowenstein) 386
니콜라스, 리라(Nicholas of Lyra) 244, 431

니콜라스, 메토네(Nicholas of Methone) 136
니콜라스, 스트라스부르그(Nikolaus von Strasburg) 376
니콜라스, 쿠사(Nicholas Of Cusa) 388
니콜라스, 클레망제(Nicholas of Clemanges) 236
닐루스(Nilus of Rossano) 222

[ㄷ]

다비드(David of Augsburg) 244
다빈치(Leonardo di ser Piero da Vinci) 418
단테(Dante Alighieri) 350, 398, 399, 400, 401, 402, 403, 404, 406, 409, 414, 415, 416, 418, 468, 469, 494
테오도시우스 대제(Flavius Theodosius) 24, 39, 122
데우스테디트(Deusdedit) 77
도미니크 수도원(Abbaye de Dominic) 28, 214, 216, 253, 256, 384, 455
도미니크수도회 22, 244, 245, 253, 255, 298, 302, 308, 339, 345, 376, 381, 461
도미니크(Dominic de Guzman) 244, 253, 254, 255
동로마 제국(Imperium Romanum) 18, 23, 24, 39, 40, 43, 47, 51, 108, 162, 186, 189, 201, 212, 370, 470, 471, 475, 476, 495
동방교회 20, 26, 27, 28, 30, 46, 51, 57, 67, 103, 106, 108, 111, 112, 113, 133, 134, 135, 136, 137, 138, 140, 142, 155, 157, 158, 159, 160, 161, 162, 163, 164, 165, 166, 167, 168, 169, 185, 186, 187, 200, 202, 212, 216, 332, 333, 339, 367, 368, 369, 370, 474, 475, 486, 495, 496
두란두스(Durandus of Saint-Pourçain) 244, 275, 288
둔스 스코투스(John Duns Scotus) 244, 268, 274, 275, 307, 316, 317, 321, 322, 323, 324, 327, 375, 444

드바이네, 장 앙리 마흘레(d'Aubigne, Jean-
　　Henri Merle) 439

[ㄹ]

라데빈(Florentius Radwyn) 387, 390
라디슬라우스(Ladislaus the
　　Magnanimous) 490
라몬 룰(Ramon Llull) 206
라바누스 마우르스(Rabanus Maurus) 145,
　　148, 262
라스 카사스(Bartolome de las Casas) 244
라스티슬라프(Rastislav of Moravia) 105,
　　106
라우렌티우스(Laurentius of
　　Canterbury) 76, 77
라이브니츠(Leibniz, Gottfried
　　Wilhelm) 16
라테란 회의, 1차(First Council of
　　Lateran) 141
라테란 회의, 3차(Third Council of
　　Lateran) 238
라테란 회의, 4차(Fourth Council of
　　Lateran) 340, 341, 342
라토렛(Latourette, Kenneth Scott) 21, 25,
　　240
라트람누스(Ratramnus of Corbie) 136,
　　148, 151, 152
라파엘로(Raffaello Sanzio) 418, 482
란프랑쿠스(Lanfranc of Canterbury) 83,
　　152, 276
랑겐슈타인(Henry of Langenstein) 360
레미기우스, 랭스(St. Remigius) 89
레미기우스, 리용(Remigius of Lyon) 148
레스티투투스(Restitutus) 71
레오 1세(Pope Leo I) 58, 62, 135, 138,
　　142, 162
레오 2세(Pope Leo II) 143
레오 3세(Leo III the Syrian) 45, 46
레오 3세(Pope Leo III) 118, 136
레오 9세(Pope Leo IX) 26, 65, 165, 167,
　　168, 169, 170, 495
레오 10세(Pope Leo X) 65, 300, 396, 428,
　　474, 484, 489, 493
레오 12세(Pope Leo XII) 307
레오 13세(Pope Leo XIII) 300, 303
레오(Brother Leo) 253

레지놀드(Reginald of Piperno) 306
레카레드 1세(Reccared I) 41, 66, 135
로드릭(Roderick) 41, 51
로렌초 대제(Lorenzo de' Medici) 462
로무알드(St. Romuald) 222
로뮬루스(Agustulus Romulus) 16, 24, 40
로베르 1세(Robert I, Count of Artois) 203
로베르트(Roberto d'Angio de Naples) 415
로스켈리누스(Johannes Roscellinus) 275,
　　282, 283
로욜라(Sanctus Ignatius de Loyola) 267
로이힐린(Johannes Reuchlin) 420, 422,
　　423, 424, 425, 426, 498
로타르(Lotarius) 125, 126, 128
롤(Richard Rolle of Hampole) 374, 392
롬바르드족 40, 58
루시안(Lucian of Samosata) 398
루이 7세(Louis VII of France) 196
루이 9세(Louis IX of France) 193, 203,
　　205
루터(Luther, Martin) 20, 22, 234, 251,
　　271, 316, 328, 380, 383, 385,
　　389, 393, 421, 423, 424, 425,
　　426, 427, 428, 429, 430, 431,
　　432, 439, 442, 449, 458, 459,
　　460, 461, 470, 482, 485, 489,
　　491, 492, 493, 497, 498, 499,
　　500
루트비히 1세(Ludwig I) 124, 125
루트비히 2세(Ludwig II) 105, 126
루트비히 4세(Ludwig IV of Germany) 351
루프스(Friedrich Loofs) 276
룰만 메르스빈(Rulman Merswin) 386
르네상스 휴머니즘(Renaissance
　　Humanism) 11, 23, 29, 31,
　　264, 275, 331, 370, 371, 394,
　　396, 397, 398, 403, 404, 414,
　　416, 417, 419, 420, 428, 437,
　　469, 470, 471, 496, 497, 498,
　　499
르페브르(Jacques Lefevre d'Etaples) 420,
　　421, 422
리스트(Liszt, Franz) 414
리용 공의회(Council of Lyon) 186, 206
리차드 1세(Richard the Lionhearted of
　　England) 198
리차드 2세(Richard II of England) 452
리차드(Richard of Saint Victor) 275, 297,

298

릴케(Rainer Maria Rilke) 410
림베르트(Rimbert) 101

[ㅁ]

마로지아(Marozia de Tusculum) 131
마르그리트 당굴렘(Marguerite
　　d'Angouleme) 422
마르티누스 1세(Pope Martin I) 141, 142
마르티누스 5세(Pope Martin V) 355, 361,
　　365, 366
마욜루스(Majolus) 226, 227
마자르족 127
막시무스(Maximus of
　　Constantinople) 141, 142,
　　163
말리크샤 1세(Zaral al-Daulra muize al-
　　Din Abulpas Maliksha even alf
　　arslan) 194
말리크 알 카멜(Malik Al-Kamil
　　Ayyubid) 203
메카(Mecca) 26, 48, 50
메토디우스(Methodius) 105, 106, 107
메흐메트 2세(Mehmed II) 476
멜리투스(Mellitus) 75, 76, 77
몰레즘(Robert Molesme) 231
몽펠리에 대학(Universite de
　　Montpellier) 265, 406
무라비에프(Boris Mouravieff) 108, 136
무함마드(Muhammad) 26, 47, 48, 49, 50,
　　53, 54, 55, 56
뮐러, 프리드리히 막스(Muller, Friedrich
　　Max) 70
미카엘 1세(Michael I Rangabé) 123, 124
미카엘 3세(Michael III) 105, 106
미켈란젤로(Michelangelo di Lodovico
　　Buonarroti Simoni) 417, 418,
　　419, 482
미코니우스(Friedrich Myconius) 490, 491
밀턴(John Milton) 410

[ㅂ]

바라데우스(Jacobus Baradaeus) 45
바르바로사(Frederick I Barbarossa) 198,
　　203

바실리우스(Basilius II Makedon Bulgarokdonos) 108, 110
바실(Basil of Caesarea) 166
바우어(Bauer, Walter) 143
바이바르스(Al-Malik al-Zahir Rukn al-Din Baibars al-Bunduqdari) 205
바이츠새커(Karl Heinrich Weizsacker) 143
바이킹족 127, 188
바젤 공의회(Council of Bazel) 31, 358, 366, 367, 419, 469, 471
바카리우스(Roger Vacarius) 268
바흐, 에티엔(Bach, Etienne Pierre) 252
반달족 36, 37, 38, 39, 40, 41, 88
반어거스틴주의(Semi-Augustinianism) 143, 144, 149, 150
반펠라기우스주의(Semi-Pelagianism) 61, 143, 328
발라(Lorenzo Valla) 432, 494
발렌스(Flavius Iulius Valens) 39
백년 전쟁 345, 358
버나드(Bernard of Clairvaux) 23, 28, 196, 214, 216, 230, 231, 232, 233, 234, 235, 256, 275, 276, 281, 283, 288, 291, 292, 293, 294, 295, 296, 297, 308, 379, 402, 444
버질(Publius Vergilius Maro) 404, 409, 414
버타(Bertha of Kent) 74
베네딕투스(Benedictus of Aniane) 221, 222
베네딕트 9세(Pope Benedict IX) 130
베네딕트 11세(Pope Benedict XI) 348
베네딕트 12세(Pope Benedict XII) 231, 333, 349, 351, 353
베네딕트 13세(AntiPope Benedict XIII) 235, 355
베네딕트 15세(Pope Benedict XV) 252
베네딕트 수도원(Abbaye de Benedicti) 28, 66, 90, 168, 214, 217, 218, 221, 222, 224, 231, 246, 301
베네딕트수도회 221, 263
베네딕트(St. Benedict) 216, 218
베데(Bede the Venerable) 87
베르나르디노(Bernardinus de Siena) 244
베르나르(Bernard of Chartres) 270
베르톨트, 레겐스부르크(Bertold of Regensburg) 244
베르톨트, 헨네버그(Berthold von Henneberg) 433
베셀 한스포르트(Wessel Harmensz Gansfort) 388, 432, 439, 459, 460, 461
베아투스 레나누스(Beatus Rhenanus) 421
베아트리체(Beatrice di Folco Portinari) 399, 400, 402, 409, 415
베이컨(Bacon, Roger) 244, 275
베인톤(Bainton, Roland Herbert) 19, 127, 188, 347, 395
벤드족 103, 104
벰보(Pietro Bembo) 404
보나벤투라(St. Bonaventure) 244, 275, 288, 291, 316, 317, 318, 319, 320, 321
보니파스 8세(Pope Boniface VIII) 20, 21, 30, 332, 343, 345, 346, 347, 348, 350, 494
보니파스 9세(Pope Boniface IX) 355
보니파스(Boniface) 92, 93, 94, 95, 96, 114, 355
보름스 회의(Council of Worms) 184
보에티우스(Boethius) 40
보카치오(Giovanni Boccaccio) 398, 399, 404, 407, 414, 415, 416
볼드윈, 라틴제국(Baldwin I, Latin Emperor) 200
볼드윈, 에뎃사(Baldwin of Bouillon) 189, 195
볼로냐 대학(Universita di Bologna) 265, 406
부데(Guillaume Budé) 425
브라만테(Donato de Aguolo Bramante) 482
브라촐리니(Gian Francesco Poggio Bracciolini) 457
브래드워딘(Thomas Bradwardine) 275, 316, 328, 329
브루노(St. Bruno) 224, 225
브리데이(Bridei son of Maelchon) 85
브리젯(Brigit of Kildare) 78, 81
브리트월드(Berhtwald) 77
브리튼족 68, 69, 70, 72, 76, 77, 80, 81, 84
비에네르트(Bienert, Wolfgang Authr) 16
비엔나 대학(Universitat Wien) 419
비엘, 가브리엘(Biel, Gabriel) 275, 328
비첸차 대학(University of Vicenza) 265
빅토르 2세(Pope Victor II) 65
빅토르 3세(Pope Victor III) 185, 256
빌헬름, 히르샤우(Wilhelm von Hirschau) 225, 227

[ㅅ]

사보나롤라(Girolamo Savonarola) 31, 244, 255, 418, 425, 438, 461, 462, 463, 464, 465, 466, 467, 468, 494, 497, 499
사이먼즈(Symonds, John Addington) 414, 418
살라딘(Selahaddin Eyyubi) 198, 199
색슨족 36, 37, 42, 62, 68, 69, 72, 75, 76, 77, 81, 83, 92, 112, 115, 127, 144, 173
샤를 2세(Charles the Bald) 126
샤를마뉴(Carolus Magnus) 20, 22, 24, 25, 33, 42, 90, 92, 97, 98, 104, 105, 107, 112, 114, 115, 116, 117, 118, 119, 120, 121, 122, 123, 125, 127, 131, 136, 221, 263
샤를(Charles I of Anjou) 203
샤프(Schaff, Philip) 20, 21, 49, 50, 53, 56, 57, 59, 62, 86, 90, 92, 110, 117, 128, 129, 130, 143, 158, 162, 184, 187, 194, 207, 211, 227, 251, 263, 266, 275, 276, 286, 287, 306, 307, 342, 348, 351, 355, 360, 373, 375, 379, 381, 386, 387, 401, 428, 429, 435, 439, 444, 445, 460, 461, 463, 467, 468, 473, 479, 481, 482, 484
서로마 제국(Western Roman Empire) 11, 17, 19, 20, 21, 23, 24, 25, 35, 36, 37, 38, 40, 162
서방교회 20, 26, 27, 28, 30, 31, 46, 57, 58, 66, 67, 103, 133, 134, 135, 136, 137, 140, 142, 143, 155, 157, 158, 160, 161, 162, 163, 164, 165, 166, 167, 168, 169, 185, 186, 187, 188, 193, 200, 202, 212, 276, 332, 333, 348, 352, 355, 358, 367, 368, 369,

색인 539

370, 374, 474, 475, 476, 486, 494, 495, 496
성 빅토르 수도원 학교(Augustinian abbey of St Victor) 267
성 제네바 학교(Ste Genevieve) 267
세네카(Lucius Annaeus Seneca the Younger) 409, 414
세르기우스 3세(Pope Sergius III) 131
세르기우스(Sergius of Radonezh) 111
세르바투스 루푸스(Servatus Lupus) 148
셰익스피어(Shakespeare, William) 410
소르본 대학(Universite Paris-Sorbonne) 267
소포클레스(Sophocles) 398
수도원운동 8, 11, 12, 25, 28, 66, 155, 213, 215, 216, 236
수에비족 36, 37, 89
쉐델, 하르트만(Schedel, Hartmann) 16
스바토플루크(Svatopluk Olomoucky) 106
스뱌토슬라비치(Vladimir Sviatoslavich) 109, 110, 111
스칸디나비아 28, 37, 38, 69, 98, 112, 127, 216
스코트족 42, 72, 85
스콜라주의(Scholasticism) 6, 11, 12, 21, 22, 23, 25, 29, 57, 164, 227, 255, 259, 261, 263, 271, 272, 273, 274, 275, 276, 280, 281, 287, 288, 291, 292, 297, 300, 306, 307, 308, 316, 317, 321, 324, 325, 327, 328, 330, 331, 375, 379, 396, 404, 425, 487
스타우비츠(Johann von Staupitz) 383, 497
스타풀렌시스(Stapulensis, Jacobus Faber) 16
스투름(Sturm of Fulda) 96
스틸리코(Flavius Stilicho) 38, 39
슬라브족 28, 36, 37, 38, 70, 92, 103, 104, 105, 106, 107, 108, 110, 112, 113, 115, 131, 163, 164, 165, 216
시릴, 알렉산드리아(Cyril of Alexandria) 44
시릴, 예루살렘(Cyril of Jerusalem) 135
시릴(Cyril) 105, 106, 107, 110, 113
시몬 마구스(Simon Magus) 142
시토 수도원(Abbaye de Citeaux) 28, 216,
231, 303
시토수도회 28, 216, 231, 236, 263
식투스 4세(Pope Sixtus IV) 417, 473, 478, 479, 480
식투스 5세(Pope Sixtus V) 430
신성로마제국(Heiliges Romisches Reich) 17, 22, 23, 24, 25, 42, 114, 115, 119, 120, 122, 125, 127, 128, 162, 362
십자군 운동(The Crusades) 11, 23, 27, 29, 188, 189, 193, 196, 206, 215, 228, 262, 264, 334, 336, 339, 341, 342, 370, 495, 496
십자군 전쟁(The Crusades War) 12, 21, 25, 27, 167, 188, 192, 193, 195, 202, 206, 207, 208, 209, 210, 211, 212, 216, 228, 245, 447, 496

[ㅇ]

아가토(Pope Agatho) 142, 143
아나클레투스 2세(Antipope Anacletus II) 227
아놀드(Arnold of Brescia) 283
아다나시우스(Athanasius) 71, 138, 427
아달가르(Adalgar) 101
아담난(Adamnan of Iona) 83, 86
아담 마쉬(Adam Marsh) 244
아델베르트(Adalbert of Gaul) 93
아델피우스(Adelfius) 71
아런들(Thomas Arundel) 433
아를레스공의회(Council of Arles) 71
아리스토텔레스(Aristotle) 29, 57, 264, 273, 274, 298, 299, 301, 302, 304, 308, 310, 311, 317, 319, 321, 328, 330, 421
아리우스(Arius) 40, 41, 42, 71, 88, 89, 90, 91, 135
아벨라드(Peter Abelard) 230, 267, 270, 271, 275, 280, 281, 282, 283, 284, 285, 286, 287, 288, 295
아비뇽 유수 30, 332, 333, 347, 348, 349, 350, 351, 352, 353, 355, 359, 499
아이네아스(Aeneas of Paris) 136
아이마르두스(Aymardus) 226
아이스툴프(Aistulf) 116
아프리카누스(Publius Cornelius Scipio Africanus) 406
안드레아 델 사르토(Andrea del Sarto) 418
안디옥 신학(School of Antioch) 21
안셀름, 랑(Anselm of Laon) 270
안셀름, 캔터베리(Anselm of Canterbury) 83, 137, 222, 261, 271, 275, 276, 277, 278, 279, 280, 282, 287, 291, 444
안셀름, 하벨베르크(Anselm of Havelberg) 137
안스가르(St. Anschar) 99, 100, 101
안토니우스(Anthony the Great) 222
안토니, 키예프(Anthony of Kiev) 111
안토니, 파두아(Anthony of Padua) 244
알라리크 1세(Alaricus I) 38, 39
알라치, 레오(Alacci, Leo) 137
알란족 37
알렉산더 2세(Pope Alexander II) 170, 171
알렉산더 3세(Pope Alexander III) 238
알렉산더 4세(Pope Alexander IV) 267
알렉산더 5세(Antipope Alexander V) 355, 361, 362
알렉산더 6세(Pope Alexander VI) 130, 467, 473, 478, 480, 481
알렉산더(Alexander of Hales) 244, 275, 288, 298
알렉시우스 1세(Alexius I Comnenus) 189
알렉시우스 3세(Alexius III Angelos) 201
알베르투스 마그누스(Albertus Magnus) 244, 255, 275, 288, 298, 299, 300, 302, 317, 321, 331, 375
알브레히트(Albrecht von Brandenburg) 491
알비파, 알비젠시스파(the Albigenses, Cathari) 212, 243, 336, 339, 340
알퀸(Alcuin) 97, 117, 122, 135
알폰소(Alphonse of Poitiers) 203
암브로스(Ambrose) 59, 62, 138, 427
앙크마르(Hincmar) 128, 134, 148, 149
앵글로족 42
야로슬라프(Yaroslav I Vladimirovich) 111
어거스틴(Augustine of Canterbury) 42,

43, 61, 66, 69, 72, 73, 74, 75, 76, 77, 83, 92, 112
어거스틴(Augustine of Hippo) 21, 39, 59, 66, 71, 134, 135, 138, 143, 144, 145, 146, 147, 149, 150, 160, 163, 183, 214, 234, 273, 274, 276, 278, 290, 292, 296, 298, 300, 308, 311, 315, 316, 317, 321, 324, 328, 329, 379, 385, 386, 389, 402, 404, 407, 408, 427, 439, 440, 460, 462
어서(Ussher, James) 143, 147
에델버트(Ethelberht of kent) 74
에드워드 3세(Edward III of England) 442
에라스무스(Desiderius Erasmus Roterodamus) 206, 388, 420, 425, 426, 427, 428, 429, 430, 431, 432, 434, 436, 490, 494, 498
에르푸르트 대학(Universitat Erfurt) 419, 460
에밀리우스(Paulus Aemilius) 421
에베소 공의회(Council of Ephesus) 44
에보리우스(Eborius) 71
에크하르트(Meister Eckhart) 244, 255, 374, 375, 376, 377, 378, 379, 380, 381, 383, 385, 387, 497, 499
에피파니우스(Epiphanius of Constantia) 135, 427
엑스라샤펠 공의회(Council of Aix-la-chapelle) 135
엑테시스 칙령(Edict of Ecthesis) 140
엘로이제(Heloise d'Argenteuil) 281, 282, 284, 285, 286, 287
엘리아스(Elias of Cortona) 253
오도아케르(Flavius Odoacer) 16, 21, 24, 38, 40
오도(Odo) 225, 227
오딜로(Odilo) 226, 227, 229
오리겐(Origen) 427
오보트리트족 103, 104
오토 1세(Otto I) 25, 131
오토 2세(Otto II) 104
옥스포드 대학(University of Oxford) 244, 265, 268, 271, 324, 328, 361, 426, 427, 439
올가(Olga of Kiev) 109
올라프 2세(Olaf II Haraldsson) 102

왈도파(Waldensians) 31, 236, 237, 239, 240, 242, 243, 244, 340, 458, 497
왈도(Peter Waldo) 236, 237, 238, 240, 242
외쿠메니우스(Oecumenius of Trikka) 163
요세프 2세(Joseph II of Constantinople) 368
요하네스 스코투스 에리우게나(John Scotus Eriugena) 262
요한 6세(Ioannes VI Kantakouzenos) 368, 369
요한 11세(Pope John XI) 131
요한 12세(Pope John XII) 127, 130
요한 22세(Pope John XXII) 303, 307, 333, 349, 351, 353, 376, 494
요한 23세(Antipope John XXIII) 130, 355, 362, 453, 454
요한, 간트(John of Gaunt) 442
요한, 고흐(Johannes von Goch) 439, 459, 461
요한, 다마스쿠스(John of Damascus) 138, 163, 300
요한, 로이스부르크(John van Ruysbroeck) 374, 386, 387
요한, 베셀(Johann Ruchrat von Wesel) 432, 439, 459, 460, 461
우니(Unni) 102
우도(Udo of Nellenburg Archbishop of Trier) 174
우르반 2세(Pope Urban II) 27, 185, 189, 195, 211, 227, 228, 256
우르반 5세(Pope Urban V) 333, 349, 352, 353, 440
우르반 6세(Pope Urban VI) 333, 353, 354, 355, 448
울필라스(Ulfilas) 88
워커(Walker, Williston) 21, 98, 193, 207, 234, 244, 307, 308, 362, 376, 389, 395, 403, 450
웨슬리(Wesley, John) 22, 268
위고, 생 빅토르(Hugh of Saint Victor) 275, 291, 297
위고, 클루니(Hugh of Cluny) 226, 227
위 디오니시우스 아레오파기테스(Pseudo-Dionysius Areopagita) 379
위클리프(John Wycliffe) 31, 242, 268,

271, 330, 365, 431, 433, 434, 438, 439, 440, 441, 442, 443, 444, 445, 446, 447, 448, 449, 450, 452, 453, 454, 455, 457, 458, 459, 460, 465, 490, 494, 497, 499
윌리볼트(Willibald bishop of Eichstatt) 96
윌리브로드(Willibrord of Utrecht) 92, 99
윌리엄, 오버(William of Auvergne) 273
윌리엄, 옥캄(William of Ockham) 244, 261, 268, 275, 288, 316, 324, 325, 326, 327, 328, 331
윌리엄, 위트레흐트(William I, bishop of Utrecht) 174
윌리엄, 정복자(William the Conqueror) 83, 170
유게니우스 3세(Pope Eugene III) 196, 231, 256, 296
유게니우스 4세(Pope Eugene IV) 235, 366, 367, 369, 472, 474
유스투스(Justus) 75, 77
유스트라티우스(Eustratius of Nicaea) 136
유스티안 1세(Flavius Justinianus) 41
유티케스(Eutyches of Constantinople) 44, 133
율리우스 2세(Pope Julius II) 417, 418, 467, 481, 482, 484, 489
은둔자 베드로(Pierre l'Ermite) 193
이고르(Igor I Ruricovich) 108
이그나티우스(Ignatius of Constantinople) 165
이노센트 2세(Pope Innocent II) 228
이노센트 3세(Pope Innocent III) 30, 200, 201, 211, 226, 247, 254, 255, 256, 308, 332, 333, 334, 335, 336, 337, 338, 339, 340, 341, 342, 343, 345, 347, 433, 442, 447, 468, 482, 494
이노센트 6세(Pope Innocent VI) 333, 349, 352, 353
이노센트 7세(Pope Innocent VII) 355
이노센트 8세(Pope Innocent VIII) 473, 478, 480
이레나이우스(Irenaeus) 427
이보(Ivo of Chartres) 257
이사벨라(Isabella I of Castile) 433
이슬람(Islam) 6, 12, 20, 25, 26, 27, 28, 35, 42, 46, 47, 48, 50, 51, 52, 53, 54, 55, 56, 57, 58, 109,

색인 541

115, 117, 164, 187, 188, 193, 194, 203, 207, 212, 216, 249, 474, 476
이시도르(Isidore of Seville)   35, 41
일네리우스(Irnerius)   266
잉게, 윌리엄(Inge, William Ralph)   291

[ㅈ]

자카리아스(Pope Zacharias)   96
작센족   69, 97
장기(Imad al-Din Zengi)   196
장, 생 올번스(Jean de Saint Albans)   244
제 1차 니케아공의회(First Council of Nicaea)   88, 158
제 1차 콘스탄티노플 회의(First Council of Constantinople)   44
제 2차 니케아 회의(Second Council of Nicaea)   137
제 2차 투룰란 대회(The Council in Trullo)   26, 164, 495
제 3차 콘스탄티노플 회의(Third Council of Constantinople)   140, 141, 142, 143, 158
제 3차 톨레도 회의(Council of Toledo)   135
제노폰(Xenophon of Athens)   398
제롬, 프라하(Jeronym Prazsky)   365, 450, 452, 457, 458
제롬(Jerome)   59, 138, 257, 315, 379, 422, 427, 439
제르송(Jean Charlier de Gerson)   358, 360
조에르니카프(Adam Zornikav)   136
존, 솔즈베리(John of Salisbury)   287
존, 왕(John of England king)   338
주조(Heinrich Suso)   374, 383, 384, 385, 497, 499
주트족   72
줄리안(Julian of Norwich)   374, 393
중세교회사   5, 6, 7, 11, 12, 13, 14, 15, 18, 19, 21, 22, 25, 33, 36, 41, 47, 57, 59, 69, 71, 98, 103, 116, 121, 122, 123, 131, 132, 158, 168, 215, 216, 344, 493, 494, 522
지가베누스(Euthymius Zigabenus)   136
지그프리드(Sigfrid of Växjö)   101

지그프리트(Siegfried I archbishop of Mainz)   174
지기스문트(Sigismund of Luxembourg)   362, 454, 455, 456
지오바니 단드레아(Giovanni d'Andrea)   266
지오바니 아르기로풀로(Giovanni Argiropulo)   421
지오바니 아우리스파(Giovanni Aurispa Piciunerio)   398
지오바니 안드레아 데이 부시(Giovanni Andrea dei Bussi)   16
질베르(Gilbert de la Porree)   275, 287
쯔비넥(Zbyněk Zajíc of Hazmburk)   453

[ㅊ]

찰스 마르텔(Karl Martel)   46, 115
쵸서, 제프리(Chaucer, Geoffrey)   438

[ㅋ]

카니시우스(Heinrich Canisius)   16
카롤루스 보빌루스(Carolus Bovillus)   421
카를 4세(Charles IV)   450
카를로마누스 1세(Carlomanus I)   116
카말돌리 수도원(Monastery of Camaldoli)   222
카이사르 율리우스(Gaius Julius Caesar)   38, 481
카타리나(Santa Caterina da Siena)   374
칼릭투스 2세(Pope Callixtus II)   228
칼릭투스 3세(Pope Callixtus III)   473
칼빈(Calvin, Jean)   267, 421, 428, 432, 433, 439, 458
칼케돈 신조(Chalcedonian Definition)   140
칼케돈 회의(Council of Chalcedon)   21, 44, 45, 58, 142
캐논(Canon, William Ragsdale)   21, 150, 166, 200
캐더린(Catherine of Siena)   352
케룰라리우스(Michael Cerularius)   26, 165, 166, 495
케사리니(Julian Cesarini the Elder)   366, 367

케임브리지 대학(University of Cambridge)   265, 268, 426
켄티건(St. Kentigern)   84
켈라리우스, 크리스토프(Cellarius, Christoph Keller)   16
켈레스티우스(Celestius)   71
켈레스틴 3세(Pope Celestine III)   336
켈트족   68, 69, 70, 78, 82, 84
코니아테스(Nicetas Choniates)   136
코레지오(Antonio Allegri da Correggio)   418
콘라드 3세(Conrad III of Germany)   197, 203
콘라드(Konrad von Waldhausen)   450
콘스탄스 공의회(Council of Constance)   31, 358, 361, 362, 363, 364, 365, 367, 370, 448, 449, 454, 469
콘스탄츠 2세(Constans II Pogonatus)   141, 142
콘스탄티누스 4세(Constantine IV Pogonatus)   142
콘스탄티누스 9세(Constantine IX Monomachos)   165
콘스탄틴 대제(Constantine the Great)   16, 17, 18, 25, 71, 122, 218
콘스탄틴 라스카리스(Constantine Lascaris)   397
콘트란(Chilpericus I, Guntram)   90
콜랫(John Colet)   420, 425, 426, 427, 428, 432
콜롬바누스(Columbanus)   82, 92
콜롬바(Colmcille)   82, 85, 86, 87, 90, 92
쿠르츠, 요한 하인리히(Kurtz, Johann Heinrich)   143
쿠미안(Cummian of Ireland)   83
퀴앵, 미카엘 르(Quien, Michael Le)   137
크리소스톰(John Chrysostom)   88, 138, 166, 427, 439
크리솔라누스(Peter Chrysolanus)   137
크리솔로라스(Emanuel Chrysoloras)   397, 398
크트베르트(Cuthbert of Lindisfarne)   84
클라라, 아시시(Clare of Assisi)   249
클래르몽 회의(Council of Clermont)   27, 189
클레멘트 2세(Pope Clement II)   167
클레멘트 3세(Pope Clement III)   336

클레멘트 5세(Pope Clement V) 333, 348, 349, 351, 353, 406
클레멘트 6세(Pope Clement VI) 333, 349, 351, 353, 486
클레멘트 7세(Antipope Clement VII) 333, 354, 355, 358, 474
클레멘트 8세(Antipope Clement VIII) 355
클레멘트 8세(Pope Clement VIII) 430
클레멘트(Clement of Ireland) 93
클로비스(Louis, Chlodovechus I) 41, 42, 89, 90
클로틸다(Clotilde) 41, 89
클루니 수도원(Abbaye de Cluny) 28, 189, 214, 216, 222, 223, 224, 225, 226, 227, 228, 229, 231, 235, 245, 287
키케로(Marcus Tullius Cicero) 404, 406, 409, 414

[ㅌ]

타라시우스(Tarasius of Constantinople) 137
타울러(Johannes Tauler) 22, 244, 255, 374, 375, 380, 381, 382, 383, 385, 387, 497, 499
다이페 칙령(Edict of Type) 141
타치아노(Tiziano Vecellio) 418
타트윈(Tatwine) 77
테오델린데(Theudelinde) 89
테오도라 2세(Theodora II senatrix) 131
테오도라(Theodora the Rome, Senatrix) 131
테오도레투스(Theodoret of Cyrus) 138
테오도루스 타르시엔시스(Theodorus Tarsiensis) 77
테오도루스(Theodore of Mopsuestia) 138
테오도시우스(Theodosius of Kiev) 111
테오둘프(Theodulph of Orleans) 135
테오필락투스(Theophylact) 136, 163
테첼(Johann Tetzel) 489, 490, 491
토마스 모어(Thomas More) 426, 428
토마스 아 켐피스(Thomas à Kempis) 374, 388, 389, 390, 391, 392
토마스 아퀴나스(Thomas Aquinas) 22, 23, 137, 192, 244, 255, 274, 275, 288, 291, 292, 298, 300, 301, 302, 303, 304, 305, 306, 307, 308, 309, 310, 311, 312, 313, 314, 315, 316, 317, 321, 322, 324, 326, 327, 328, 375, 403, 425, 444, 462, 469, 487
토미안(Tömméne) 83
투르 전투(Battle of Tours) 42, 46
튜턴족 36, 68, 69, 70, 87, 89, 94, 98, 99, 119
틴데일, 윌리엄(Tyndale, William) 431, 433, 490

[ㅍ]

파렐, 기욤(Farel, Guillaume) 421
파르둘루스(Pardulus of Laon) 148
파리 대학(Universite de Paris) 236, 302, 335, 356, 357, 358, 361, 376, 387, 421, 431, 460
파스카시우스 라트베르투스(Paschasius Radbertus) 151, 152
파스칼리스 2세(Pope Paschal II) 227, 228, 256
파울루스 2세(Pope Paul II) 476, 477, 478
파울루스 3세(Pope Paul III) 474
파울루스 4세(Pope Paul IV) 430
파울리누스 2세(Paulinus II of Aquileia) 135
파울리누스(Paulinus of York) 76
팔렌시아 대학(University of Palencia) 265
패트릭(Patrick) 42, 78, 80, 81, 82
페루지노(Pietro Perugino) 418
페르디난드(Ferdinand II of Aragon) 433
페이지, 커비(Page, Kirby) 253
페트라르카(Francesco Petrarca) 13, 14, 16, 351, 398, 403, 404, 405, 406, 407, 408, 409, 410, 411, 412, 413, 414, 415, 416
펠라기우스(Pelagius) 71, 134, 143, 328, 329
펠릭스 5세(Antipope Felix V il Pacifico) 369
포에티에 전쟁(Battle of Poitiers) 42
포티우스(Photius) 78, 108, 136, 163, 164, 165
폰티우스(Pons of Melgueil) 230
폴리치아노(Angelo Poliziano) 11, 16
표트르 대제(Pyotr I Alekseyevich) 112
풀겐티우스(St. Fulgentius of Ruspe) 144
풀렌(Robert Pullen) 268, 287
프라하 대학(University of Prague) 271, 419, 451, 452, 453, 455
프란시스 수도원(Abbaye de Francis) 28, 214, 216, 244
프란시스수도회 244, 245, 247, 248, 249, 251, 253, 254, 255, 257, 339, 345
프란시스(Francis of Assisi) 216, 237, 244, 245, 253, 255, 469
프란츠 2세(Franz II/Franz I) 24, 25
프랑수아 1세(François I) 421, 433
프랑수와 바타블(François Vatable) 421
프랑크족 36, 37, 69, 88, 89, 90, 115
프로렌스 공의회(Council of Florence) 368
프로코포비치(Prokopovich, Feofan) 136
프루덴티우스(Prudentius of Troyes) 148
프리드리히 2세(Federico II) 202, 203, 301, 302, 338
프리지아족 72
플라이더러, 오토(Pfleiderer, Otto) 380
플라톤(Plato) 398, 404, 421
플루타크(Plutarch) 398
피니안(Finnian of Clonard) 85
피렌체 공의회(Council of Florence) 186
피사 공의회(Council of Pisa) 31, 358, 359, 360, 362, 366, 369, 469, 471
피에르 다이이(Pierre d'Ailly) 358, 454, 455
피에르(Peter the Venerable) 225, 230
피우스 2세(Pope Pius II) 417, 472, 473, 476, 477
피우스 3세(Pope Pius III) 481
피우스 5세(Pope Pius V) 303
피우스 9세(Pope Pius IX) 324
피터 롬바르드(Peter the Lombard) 275, 287, 288, 289, 290, 291, 302, 304, 308
피핀 3세(Pippinus III Brevis) 115, 116
픽트족 42, 72, 84, 85, 87
필라레트(Philaret Voznesensky) 136
필리오쿠에(Filioque) 26, 57, 106, 134, 135, 136, 138, 159, 165, 166, 186, 368

색인 543

필립 2세(Philip II of France)　198, 267, 338
필립 4세(Philip IV of France)　346, 347, 348, 350

[ㅎ]

하나님의 친우회(Friends of God)　374, 383, 385, 386, 387, 497
하드리아누스 1세(Pope Adrian I)　118, 137
하드리아누스 4세(Pope Adrian IV)　83, 256
하이델베르그 대학(Universität Heidelberg)　419
하인리히 3세(Heinrich III)　132, 167, 169
하인리히 4세(Heinrich IV)　30, 132, 169, 172, 173, 176, 177, 178, 179, 180, 181, 182, 183, 184, 332, 337
하인리히 5세(Heinrich V)　184
하인리히 6세(Heinrich VI)　337
하인리히, 뇌르틀링겐(Heinrich of Nordlingen)　386
하인리히, 비르네부르크(Heinrich II of Virneburg)　376
하콘(Haakon the Good)　102
허풀리족　40
헤라클리우스(Flavius Heraclius)　141
헤르겐뢰티(Hergenröther, Joshep)　137
헨리 2세(Henry II of England)　83
헨리 3세(Henry III of England)　235
헨리 8세(Henry VIII of England)　425, 481
호노리우스 1세(Pope Honorius I)　82
호노리우스 3세(Pope Honorius III)　244, 255
호노리우스, 캔터베리(Honorius)　77
호른(Horn, Georg)　16
호리크 1세(Horik I or Hárik)　100
호팅거(Hottinger, Johann Heinrich)　143, 147
후스(Jan Hus)　31, 242, 271, 344, 365, 366, 367, 438, 449, 450, 451, 452, 453, 454, 455, 456, 457, 458, 459, 460, 465, 490, 494, 497, 499
훈족(Huns)　36, 37, 38, 39

훔벌트(Humbert of Silva Candida)　26, 166, 167, 169, 369, 495
휫필드(Whitefield, George)　268
훈노　37, 38
흐로테(Gerrt Groote)　374, 387, 388, 389
힐라리온, 키예프(Hilarion of Kiev)　111
힐라리온(Hilarion the Great)　222
힐라리우스(Hilary of Poitiers)　427
힐튼(Walter Hilton)　374, 393

한국기독교사연구소 출간도서

한국교회와 민족을 깨운 평양산정현교회

편하설, 강규찬, 조만식, 주기철 같은 걸출한 인물을 배출했던 평양산정현교회는 광복 전 40년간 부흥운동, 기독교민족운동, 신사참배반대운동, 공산정권에 대한 저항운동의 보루로서 겨레와 함께한 교회였다. 본서는 한국교회와 민족과 사회에 지대한 영향을 끼쳤던 평양산정현교회를 조명하여 민족부흥의 기치를 올리고자 했다.

박용규 지음
2006
신국판 양장
423쪽
17,000원

강규찬과 평양산정현교회

본서는 한학자, 기독교민족운동가, 목회자로 한국교회의 중요한 족적을 남긴 강규찬 목사를 조명한다. 그의 영향으로 산정현교회가 조만식 선생과 같은 많은 민족지도자들을 배출할 수 있었다. 본서를 통하여 교회가 민족과 사회에 대한 책임을 어떻게 감당해나가야 할지를 통찰을 얻게 될 것이며, 강규찬 목사와 그 시대 중요한 인물들을 만날 수 있을 것이다.

박용규 지음
2011
신국판
368쪽
12,000원

평양대부흥이야기

본서는 지난 100년 동안 한국교회가 놀라운 영적 생명력을 유지할 수 있었던 원동력인 한국의 오순절, 1907년 평양대부흥운동에 대하여 잘 소개해 주고 있다. 1907년 1월 평양 장대현교회에서 시작된 강력한 성령의 역사인 평양대부흥운동에 대한 관련 자료, 선교사들의 생생한 보고서와 서신과 중요한 문헌들을 팀으로 있는 이 책을 통해 다시금 한국교회에 부흥운동의 역사를 소망해 볼 수 있을 것이다.

박용규 지음
2013
신국판
182쪽
10,000원

평양노회 지경 각 교회 사기

평양노회는 한국장로교의 중심축이다. 평양대부흥운동이 일어난 곳이고, 평양장로회신학교가 위치한 곳이며, 신사참배를 결정한 곳이다. 영광과 치욕의 역사를 그대로 간직하고 있다. 그 같은 평양노회에 속한 교회의 소중한 역사가 이 책 한권에 그대로 녹아 있다. 당시 평양교회의 산 증인 강규찬, 김선두, 변인서는 평양노회의 교회들의 역사를 생생하게 그려냈다.

강규찬, 김인두, 변인서 편집
2013
신국판
260쪽
10,000원

총회 100년, 한국장로교회 회고와 전망

본서는 2012년 총회 설립 100주년을 맞아 한국장로교를 대표하는 여러 장로교신학교의 역사신학교수들이 지난 100년의 총회 역사, 신학, 논의를 심도 있게 논의하고 발표한 논문들이다. 성경관, 통일문제, 사회참여, 연합운동, 교회분열과 연합 등 다양한 주제들이 다루어졌다. 본서에서 기고자들은 지난 100년의 장로교 역사를 회고·진단하고 앞으로의 방향을 제시할 것이다.

박용규, 이은선 편집
2014
신국판
442쪽
15,000원

조선예수교장로회사기 (상)
한국장로교 역사를 독노회 이전부터 총회가 설립되기 전까지 노회록에 근거하여 객관적이고 체계적으로 정리한 책이다. 조선예수교장로회 사기 上은 총회가 엄선한 위원들이 중심이 되어 기술된 이 분야의 가장 권위 있는 저술로 한문으로 되어 있어 있다. 초판의 편집상의 문제점을 보완하고 현대 독자들이 쉽게 접할 수 있도록 한문에다 한글로 토를 달고 세로쓰기를 가로쓰기로 바꾸고 색인도 첨부하였다.

차재명 편저
2014
신국판
448쪽
20,000원

조선예수교장로회사기 (하)
1912년, 제 1회 총회부터 1923년, 제 12회 총회까지의 장로교 역사를 총회록을 중심으로 기술하였다. 함태영을 비롯한 위원들이 기술하였고 1930년에 교정이 완료되었지만 일제하에 출판을 하지 못하다가 백낙준 박사가 오윤태 목사로부터 원고를 입수하여 1968년에 출간하였다. 초판의 편집상의 문제점을 보완하고 세로쓰기로 된 것을 가로쓰기로 하고, 선교사의 영어 이름을 삽입하고, 색인을 만들어 가독성을 높였다.

양전백, 함태영, 김영훈 편저
2017
신국판
767쪽
30,000원

세계부흥운동사 개정판
본서는 신구약성경과 지난 2천년간의 세계기독교회사에 나타난 놀라운 부흥운동, 영적각성운동 역사를 심도 있게 조명한 책으로서, 세계 각국의 개인, 교회, 민족 가운데 일어난 놀라운 성령의 역사를 생생하게 접할 것이다.

박용규 지음
2016
신국판 양장
1153쪽
55,000원

교회사총서 4 근대교회사
1648년 베스트팔렌 조약부터 1789년 프랑스 혁명과 1861년 남북전쟁에 이르는 이성과 자율의 시대 세계근대교회사를 통시적인 안목을 가지고 재구성한 책으로서, 종교개혁 이후 급속한 변천을 맞은 이 시대 세계 기독교의 역사, 중요사건, 인물을 흥미있게 만날 것이다.

박용규 지음
2016
신국판
394쪽
23,000원

교회사총서 1 초대교회사
세계초대교회 배경부터 5세기에 이르는 세계초대교회사를 원자료에 근거하여 재구성한 책으로 초대교회 박해, 속사도, 기독교 변증가, 이단의 발흥, 삼위일체논쟁, 기독론논쟁, 어거스틴을 비롯한 초대교회 사상가들, 수도원제도, 교황제도와 세계선교 사건을 생생하게 만날 것이다.

박용규 지음
2016
신국판
621쪽
32,000원

자연과학으로부터의 반기독교적 유추

한국이 낳은 가장 위대한 신학자 중 한 명인 죽산 박형룡 박사의 박사학위 논문을 번역한 책이다. 자연과학으로부터의 반기독교적 유추를 논박하기 위해종교, 성경, 하나님의 존재, 하나님의 사역, 인간의 본성에 관한 고등개념, 죄와 구원이라는 여섯 가지 중심 주제를 제시하며 내용을 전개한다. 학위 논문의 각주와 참고문헌을 현대적으로 다듬었고, 내용 전개 과정에서 생략된 순서를 재조정하였으며, 독자들을 위해 색인을 추가하였다.

박형룡 지음
2016
신국판
300쪽
12,000원

한국기독교회사 1: 1784-1910

저자는 한국과 외국에 흩어진 방대한 자료를 수집하여 1784년부터 1910년까지 한국교회의 모습을 생생하게 담아냈다. 본서에는 한국에 파송된 선교사들의 신학과 신앙, 그들이 남겨준 신앙의 발자취와 결실들이 생동감 있게 그려져 있다. 한국에 파송된 선교사들이 어떻게 복음의 순수성 계승, 복음전파, 복음의 대 사회적 책임을 선교현장에서 구현했는지를 생생하게 만날 것이다.

박용규 지음
2017
신국판 양장
1091쪽
55,000원

한국기독교회사 2: 1910-1960

저자는 1910년부터 1960년까지 반세기 동안 한국교회의 모습을 신학적으로, 역사적으로, 사회문화적으로 균형 있게 고찰하였다. 독자들은 한국교회의 조직부터 해외선교운동, 105인 사건과 3.1독립운동 같은 기독교민족운동, 사회계몽운동, 신사참배반대운동, 해방 후 남북한 교회의 재건과 갈등에 이르기까지 한국교회의 진 모습을 만날 것이다.

박용규 지음
2017
신국판 양장
1151쪽
55,000원

한국기독교회사 3: 1960-2010

한국교회는 한국근대화의 주역이었다. 1960년 4.19혁명과 5.16군사정변이후 급속하게 전개되는 한국사회의 변화 속에서 한국은 민주발전, 경제발전, 세계화를 이룩했다. 본서는 혁명과 정체성파악, 대중전도운동과 교회성장, 전환기의 교회, 복음주의운동과 해외선교, 도전받는 교회, 새로운 밀레니엄 시대의 한국교회를 심도 있게 다루었다.

박용규 지음
2018
신국판 양장
1284쪽
58,000원

제주기독교회사

제주선교는 평양대부흥의 결실이다. 평양대부흥의 주역 이기풍이 제주도에 파송 받아 복음의 불모지 제주에 복음의 씨앗을 뿌리고 오늘의 기적을 가능케 했다. 비운의 땅 제주의 역사는 수난의 역사였다. 그러나 복음이 들어간 후 제주는 희망의 섬, 영광의 땅, 태평양으로 나아가는 세계화의 길목으로 바뀌었다. 본서는 한국 최초의 고난과 영광의 제주기독교통사이다.

박용규 지음
2017
신국판
710쪽
32,000원

개혁주의 신학: 현대 개혁주의 역사

프린스톤신학, 웨스트민스터신학, 화란개혁주의, 남부개혁주의전통과 신정통주의신학 등 미국의 근대개혁주의신학과 역사를 각 분야의 최고의 권위자들이 정확하면서도 심도 있게 그려낸 본서는 개혁주의의 의미를 둘러싸고 발생하는 많은 혼란들을 해결해 줄 것이며, 오늘날 개혁주의가 어떤 의미를 지니는가를 정확히 제시해줄 것이다.

데이빗 F. 웰스 편집
2017
신국판
526쪽
24,000원

기독교역사와 역사의식

기독교 세계관의 근간은 바른 기독교 역사의식이다. 기독교와 역사는 불가분리의 관계를 지닌다. 본서는 이 세상을 살아가는 목회자, 신학생, 그리스도인들에게 기독교 역사에 대한 깊은 안목과 바른 역사의식을 심어줄 것이다.

박용규 지음
2018
신국판
264쪽
12,000원

한국장로교회와 민족운동

한국장로교회는 한국교회의 성장과 발전만 아니라 한국의 근대화에 지대한 공헌을 이룩하였다. 특별히 한국의 민족운동에 끼친 영향은 한 마디로 지대하다. 그럼에도 불구하고 그동안 이 분야에 대한 연구가 매우 부족했던 것이 사실이다. 본서는 풍부한 자료와 균형잡힌 역사해석과 함께 한국장로교회와 민족운동의 관계에 대한 통시적인 안목을 제시해 준다.

이영식 지음
2019
신국판
446쪽
22,000원

성령의 복음

본서는 의사 누가가 기록한 사도행전이 처음부터 마지막까지 성령이 중심 주제가 되어 진행된 성령의 복음이라는 사실을 설득력 있게 제시하였다. 본서는 사도행전이 기록된 당시의 역사와 시대적 환경은 물론 요세푸스, 유세비우스, 크리소스톰을 비롯한 고대 교부들, 존 칼빈, 램지와 브루스에 이르기까지 18-20세기의 고전적인 사도행전 연구서들을 통해 성령의 복음의 진수를 이 시대의 메시지로 재현했다.

박용규 지음
2020
신국판 양장
1212쪽
55,000원

성령의 복음 입문

본서는 성령의 복음의 중심 주제와 핵심 메시지를 알기 쉽게 이야기 형식으로 정리하였다. 본서는 사도행전에 대한 안목과 시각과 적용을 새롭게 만들어 줄 것이다. 독자들은 본서를 읽으면 사도행전에 대한 새로운 안목이 열릴 것이고, 사도행전을 더 깊이 알고 싶은 마음이 생길 것이다.

박용규 지음
2020
신국판
268쪽
12,000원

한국장로교사상사

본서는 한국장로교를 특징 짓는 가장 중요한 중심 주제는 성경의 권위라는 사실을 한국선교 초부터 1959년 예장합동과 예장통합의 분열까지 심도 있게 다루었다. 한국에 파송된 장로교 선교사들은 성경이 영감된 오류 없는 하나님의 말씀이라는 사실을 믿고 확신했다. 이와 같은 성경관은 사경회와 평양장로회신학교를 통해서 한국교회에 그대로 계승 발전되었다. 독자들은 왜 한국교회가 짧은 역사 속에서 전 세계에서 유래를 찾을 수 없을만큼 놀랍게 성장했는지 그 사상적 배경을 본서를 통해서 만날 것이다.

박용규 지음
2023
신국판
480쪽
30,000원

교회사총서 2 중세교회사

590년 그레고리 1세부터 1517년 루터의 종교개혁이 일어나기 전까지 900여 년의 중세교회 역사를 교황과 대립의 시대라는 시각으로 중세를 한눈에 이해할 수 있도록 정리하였다. 중세를 특징 짓는 교황제도, 이슬람과 기독교의 대립, 동서방교회의 분리, 스콜라주의, 수도원운동과 중세신비주의부흥운동, 종교개혁 이전의 개혁자들, 그리고 르네상스 휴머니즘에 이르는 장구한 기독교 역사를 한 권에 담았다.

박용규 지음
2024
신국판 양장
550쪽
33,000원

교회사총서 3 종교개혁사 (근간)

1517년 10월 31일 마르틴 루터가 종교개혁의 포문을 연 이후부터 1648년 베스트팔렌 평화조약이 체결되기까지 종교개혁운동이 어떻게 발흥하고 전개되고 영향을 미쳤는가를 통시적으로 고찰하였다. 루터, 츠빙글리, 칼빈으로 대변되는 대륙의 종교개혁, 영국의 종교개혁, 급진종교개혁, 프랑스 위그노종교개혁과 네델란드 종교개혁, 그리고 로마 카톨릭의 반종교개혁으로 이어지는 종교개혁의 흐름을 한눈에 이해하도록 정리하였다.

박용규 지음
신국판 양장

교회사총서 5 현대교회사 (근간)

1789년 프랑스혁명과 1861년 남북전쟁 이후의 교회 역사를 다룬다. 독일에서 발흥한 고등비평, 영국의 찰스 다윈의 진화론, 칼 마르크스의 공산주의를 배경으로 한 현대주의가 무섭게 역사적 기독교를 위협하였다. 자유주의발흥, 근본주의, 신정통주의, 에큐메니칼운동, 복음주의가 역사에 부상했다.

박용규 지음
신국판 양장

박용규 교수의 저서와 역서 소개

◆ 저서

- 한국장로교사상사. 총신대학교 출판부, 1992. (수정판, 한국기독교사연구소, 2023).
- 초대교회사. 총신대학교 출판부, 1994, 한국기독교사연구소, 2016.
- 근대교회사. 총신대학교 출판부, 1995, 한국기독교사연구소, 2016.
- 죽산 박형룡 박사의 생애와 사상. 총신대학교 출판부, 1996.
- 한국교회를 깨운 복음주의 운동. 두란노, 1998.
- 한국교회를 깨운다. 생명의 말씀사, 1998.
- 평양대부흥운동. 생명의 말씀사, 2000.
- 한국기독교회사 1권 1784-1910, 2권. 1910-1960, 한국기독교사연구소, 2016.
- 평양대부흥이야기. 생명의 말씀사, 2005, 한국기독교사연구소, 2014.
- 평양산정현교회. 생명의 말씀사, 2006.
- 제주기독교회사. 생명의 말씀사, 2008, 한국기독교사연구소, 2017.
- 부흥의 현장을 가다. 생명의 말씀사, 2008.
- 안산동산교회이야기. 큰숲, 2009.
- 강규찬과 평양산정현교회. 한국기독교사연구소, 2012.
- 사랑의교회 이야기. 생명의 말씀사, 2012.
- 세계부흥운동사. 생명의 말씀사, 2014(수정판, 한국기독교사연구소, 2016).
- 한국기독교회사 3권. 1960-2010, 한국기독교사연구소, 2018.
- 기독교역사와 역사의식. 한국기독교사연구소, 2018.
- 성령의 복음. 한국기독교사연구소, 2020.
- 성령의 복음 입문. 한국기독교사연구소, 2020.
- 중세교회사. 한국기독교사연구소, 2024.
- 종교개혁사. 한국기독교사연구소, 2024(예정).
- 현대교회사. 한국기독교사연구소, 2024(예정).

◆ 공저

- 이 땅 부흥케 하소서. 생명의 말씀사, 2004.
- 총신대학교 100년사. 총신대학교, 2002.
- 장로교 총회 100년사. 예장총회, 2006.
- Accountability in Missions. Eugene: Wipf&Stock, 2011.
- 총회 100년, 한국장로교회 회고와 전망, 한국기독교사연구소, 2014.

◆ 번역서

- Noll, Hatch. Woodbridge. 기독교와 미국. 총신대학교 출판부, 1992.
- John D. Woodbridge. 인물로 본 기독교회사 상 하. 도서출판 햇불, 1993.
- David Wells, ed. 개혁주의신학. 엠마오, 1993, 한국기독교사연구소, 2017.
- Charles Allen Clark. 한국교회와 네비우스 선교정책. 기독교서회, 1994.
- George M. Marsden. 근본주의와 미국문화. 생명의 말씀사, 1997.
- John D. Woodbridge. ed. 세속에 물들지 않는 영성. 생명의 말씀사, 2004.

    한국기독교사연구소(The Korea Institute of Church History)는 비영리단체로서 복음주의적이고 개혁주의적인 신앙에 입각하여 한국교회사 전반에 대한 역사, 문화, 출판 사업을 통해 역사의식을 고취하고, 이 시대 복음의 대사회적 문화적 민족적 책임을 충실하게 감당하여 한국교회와 사회 전 영역에 그리스도의 주관을 확립하는 것을 그 목적으로 1997년 7월 14일 창립하였다.

    2004년부터 정기학술세미나를 개최하고 있으며, 2013년 4월까지 57차 정기학술세미나 및 심포지엄을 가졌다. 평양대부흥운동과 한국기독교회사 1, 2, 3을 비롯해 많은 저술을 발행했으며, 홈페이지 www.1907revival.com(www.kich.org)을 통해 평양대부흥운동, 세계부흥운동, 한국교회의 정체성과 이슈를 포함하여 기독교회사에 대한 심도 있고 균형 잡힌 정보를 제공하고 있다. 2021년 좀더 효과적인 사역을 위해 유튜브 '박용규 TV'를 개설하였다.

주 　 소 : 04083 서울시 마포구 성지길 54 (합정동376-32)
전 　 화 : (02) 3141-1964 [Fax. (02) 3141-1984]
이 메 일 : kich-seoul@hanmail.net
홈페이지 : www.kich.org(www.1907revival.com)
후원계좌 : 국민은행 165-21-0030-176 (예금주:한국교회사연구소)
　　　　　 우체국　104984-01-000223 (예금주:한국교회사연구소)